中国人文地理丛书

中国信息地理

路　紫　张秋娈　丁疆辉　韩瑞玲　李仁杰　著

科学出版社
北京

内 容 简 介

本书强调了地理、信息和中国三个方面，系统地探讨了中国信息地理问题。全书由基础篇、专题篇、综合篇、区域篇四部分组成。其中，基础篇分为信息地理学的学科性质和主要研究领域两章。专题篇按产业体系对ICTs的动力作用进行论述，包括ICTs影响下的农村居民交往空间与农村经济组织演变、ICTs影响下的工业企业空间组织变革与集群化及老工业基地改造、ICTs影响下的交通系统优化与通信使用发展、ICTs影响下的电子商务发展及其区域整合、ICTs影响下的旅游信息关注与旅游景观感知五章。综合篇针对网络空间与地理空间相互作用背景下的信息交流方面的问题展开，包括网络空间供给与需求、网络信息流距离衰减、网络使用者行为、网络信息流导引、网络人际节点空间联系五章。区域篇仅有区域信息化的动力作用一章，尝试证明信息网络系统已经成为一种新的生产力方式。

本书既可作为高等学校地理类及相关专业的教材和教学参考书，也可作为地理学相关专业的教师和科技工作者的学习参考书。

图书在版编目(CIP)数据

中国信息地理/路紫等著. —北京：科学出版社，2017.6
(中国人文地理丛书)
ISBN 978-7-03-053228-2

Ⅰ. ①中⋯ Ⅱ. ①路⋯ Ⅲ. ①信息产业–中国 Ⅳ. ①F492

中国版本图书馆 CIP 数据核字(2017)第 128433 号

责任编辑：彭胜潮 丁传标 李 静/责任校对：张小霞
责任印制：张 伟/封面设计：陈 敬

科学出版社 出版
北京东黄城根北街 16 号
邮政编码：100717
http://www.sciencep.com

北京建宏印刷有限公司 印刷
科学出版社发行 各地新华书店经销
*

2017 年 6 月第 一 版　开本：787×1092　1/16
2018 年 1 月第二次印刷　印张：35 1/2
字数：840 000

定价：228.00 元
(如有印装质量问题，我社负责调换)

《中国人文地理丛书》第二届编辑委员会

学术顾问 陆大道 陈宗兴 王恩涌 钱今昔 李润田
邬翊光 李文彦 佘之祥 许学强 毛汉英
邹逸麟 周一星

主　　编 郭来喜

副 主 编（以姓氏笔画为序）
方创琳（常务）　刘　毅　吴三保（执行）
沈道齐　张国友　李　锋　陆玉麒　林　鹏
周尚意　保继刚　顾朝林　樊　杰　潘玉君

委　　员（以姓氏笔画为序）
丁金宏　王兴中　王　铮　冯德显　宁越敏
朱　竑　刘卫东　刘沛林　刘君德　刘彦随
孙峰华　李九全　李小建　杜德斌　杨开忠
杨永春　吴楚材　沈伟烈　张小林　张小雷
张文尝　张平宇　张虹鸥　张　捷　张善余
张耀光　陈　田　陈　雯　罗　静　金凤君
修春亮　周春山　赵　媛　姚岁寒　柴彦威
高　峻　彭　斌　韩增林　曾　刚　路　紫
薛德升

学术秘书 冯　健　马海涛　张　莉

序

　　信息时代、网络经济、线上行为背景下的中国人文经济变革及其社会经济产物映射出区域发展与运行的新形式，这是近20多年间中国乃至国际"信息地理学"研究中起支配作用的命题，路紫教授团队的著作《中国信息地理》把这些题目结合在一起，开创了一门人文地理学新兴而富有生命力的分支——"中国信息地理"。作者在前言中说："中国信息地理强调了地理、信息和中国三个方面"，并尽"一切努力使之成为一个连贯的整体，对信息地理现象提供合理的解释"，以图弥补国内一些至关重要的人文地理领域的缺陷，"我们将不再留恋工业地理时代，而是朝着信息地理大步迈进"。

　　这部著作分为基础篇、专题篇、综合篇和区域篇四部分。基础篇着重对信息地理学的学科性质和主要研究领域审视。第1章论述学科性质、国内外学科发展和主要成就，第2章针对地理网络空间、ICTs对区域发展的作用、信息流及其导引作用、信息传输距离衰减与电子区位取向、社会性网络服务社区人际节点空间关系五个主要研究领域，逐一阐述，以求对学科研究对象、研究内容有准确定位。特别是对"人文地理学以信息为对象的研究"的发展和实践进行了重点论述(作者曾出版《通信网络与电信之地理学研究》专著，提出了地理学以信息为对象的人文地理研究与以地理数据加工、展示为对象的地理信息系统研究之间的区别)。专题篇关注ICTs自身，从ICTs的动力作用出发，从产业视角说明了ICTs在区域发展与运行中的变革性效用，包括其影响下的农村居民交往空间与农村经济组织演变、工业企业空间组织变革与集群化及老工业基地改造、交通系统优化与通信使用发展、电子商务发展及其区域整合、旅游信息关注与旅游景观感知。研究表明ICTs不仅在传统产业部门发展中具有催化剂作用，而且具有创新性应用，如交通导引系统、旅游目的地营销系统、城市管理系统等。5章中每部分都给出了其在国家和国内不同地域层次应用的案例，试图充分揭示ICTs在中国社会经济发展中的意义和在20年间的变化及地理学含义。综合篇也由5章构成：一是网络空间供给与需求；二是网络信息流距离衰减；三是网络使用者行为；四是网络信息流导引；五是网络人际节点空间联系。它们针对的都是网络空间与地理空间相互作用背景下的信息交流方面的问题。区域篇中，作者认为信息网络系统已经成为一种新的生产力方式，并通过信息化的空间形式促进区域经济发展和跨区域融合。每章都列有详细的参考文献。

　　任何从事与路紫团队研究接近的学者都能识别出，这部著作是颇具特点，研究比较深入。它是高度抽象和具体实例的融合，成为讲述中国信息地理的重要著作之一。

　　(1)对于这一全新领域，如果准备解释其复杂过程的话，那么他们必须要依赖信手拈来的例子去说明迎面而来的复杂问题，用这种方法才可以弄明白关于信息时代、经济变革与区域发展的一些机理，本书甚至是用授课的笔调写出他们所选的例子，通过这种做法提供了一个非常合适的跨越时间和地区的"中国·信息·地理"的综合体。同时，这部著作涉及范围很广，内容上有关于虚拟社区的、国家信息政策的、流空间的、旅游网站的、城市电子政务的、消费者的，区域上有关于大区域协调发展的、城市群信息化的、省区信息化的。使得它以丰富的内容满足了不同的欣赏人士，从而吸引读者。

(2) 如果一本书以想当然的问题为研究对象，那么就任何特殊的事件而言，它的研究面很广，然而广泛议题下往往分析的比较肤浅，这样做会受人欢迎吗？路紫团队这本书的多数题目曾发表过，包括《地理学报》《地理科学》《地理研究》《地球科学进展》《地理科学进展》《人文地理》《旅游学刊》《经济地理》《地域研究与开发》《地理与地理信息科学》《世界地理研究》等。这些年来，我的人文地理和旅游地理方面的研究也都求助于这些刊物。可以说《中国信息地理》的研究是有基础的。

(3) 路紫团队的研究成果曾令某些读者疑虑：这种"信息与地理的混合研究"有多大用途，这本书很明智地解释了它。作者指出 ICTs 在区域发展与运行中具有动力作用和催化作用、网络空间与地理空间正在融合并形成新的地理网络空间(这两个思想也是贯穿全书的主旨)，同时也展示了很多用于描述这两种状态的例子。例如，ICTs 对传统的工业、农业、交通业、商业、旅游业、银行业的发展具有创新性作用；再如，假使我们要从不利区位中拯救自己，那么不得不对我们重建什么样的地方网络体系有非常清醒的认识，这点也必须通过新型网络关系予以解释；此外，网站功能性、电子服务性等都对区域发展与运行发挥积极作用，其地理学含义的解释也是令人期待的。

(4) 仔细阅读作者的研究方法，可注意到地理模型和统计学方法在这部书里受到重视。由于工作局限我至少可以这样评判第 6、7、9、11、12 章。所采用的方法很不错，令人信服有所创新，如社会网络服务社区人际节点关系的模糊社会网络分析方法、网络店铺区位取向的模糊评价方法、旅游地景观关注度和敏感度模型方法等。另外，从学科建设出发，第 1 章论述了"信息地理学的学科性质"，包括概念与对象、发展回顾、研究内容和研究目的、学科意义等，作者应用比较成熟的逻辑论证了学科的客观存在性与科学价值，所以这也是一部对学科建设有贡献的著作。

(5) 这本书从研究内容到研究结论都比较实在，这与路紫教授的处世思想是一致的。回想 1995 年会评他的国家自然科学基金项目《中国通信网络的需求与障碍研究》(49501006)，我作为组长与姚士谋、许自策教授商量，鉴于当时他的研究领域比较新颖便力主资助，并给申请人经费主动增加，且建议下年度申请追加几万元。当年审核其他项目都是减经费，唯有路紫项目是追加经费，这在国家自然基金申授书中具有唯一性。这件事至今记忆犹新。事实也证明，这个项目的资助达到了预期的目的。

忆及我当年受命主政云南省地理研究所时，我主张建立信息地理学，费尽口舌才申请 7 万元购置一台 286 的计算机，视作珍宝，专门装修一大间实验室，进出都要换衣服和鞋子，还要装空调除尘。几年后证明地理学必须信息化，我请陈述彭院士和何建邦院士赴昆明助我论证，申请 80 万美元装备"3S"中心的建造。此际我又写专门报告呈送钱其琛副总理，力主中国旅游业必须走高技术化、信息化和数字化之路。受到钱副总理的关注，不仅指示回复同意我的建议，还指令国家旅游局筹建国家旅游信息中心，任命留美归来的钟海生司长调任国家旅游信息中心主任！我作为一位老地理工作者，从改革开放之际便重视信息化，这皆源于陈述彭院士对我的谆谆教导！

当今，进入大数据时代，中国科学工作者突破西方的封锁，自主创新研究出超大型超大容量计算机，且连续多年荣获全球第一，证明中国人不怕封锁，能自主创新，后来居上！当代社会不但迎来数字地球，数字中国，也开启了智慧时代，推动人文中国的生态型可持续发展。期盼读者通过《中国信息地理》提供的理论方法，创造性研究中国，研究地球，推动创新型的可持续发展，让美丽、富饶、和谐普照，惠及世界，展示人文中国的新风采！

郭来喜

2016 年 8 月

前　　言

　　ICTs 通过不同网络正在迅猛增加着信息流的传输速率、改变着包括城镇和乡村在内的人类社会经济组织方式，这种作用比任何其他社会力量都明显。在此关键是研究 ICTs 的地理学含义。我们将不再留恋工业地理时代，而是朝着信息地理时代大步迈进。

　　这本以变革、引进、创新为宗旨的书引入了诸多信息地理领域的专题文献，尝试创造出一个综合的新的特殊的地理学基础，从产业、区域多个方面考查和解释信息地理的含义。中国信息地理强调了地理、信息和中国三个方面，我们将尽一切努力使之成为一个连贯的整体，对信息地理现象提供合理的解释。

　　信息地理的发展与以下四个关键过程密切相关：①信息正在成为重要的战略资源，高效的生产和流通，以及各服务领域逐渐依赖于信息；②信息流动正在改变着组织内部和组织间的交往方式，也形成跨区域的人际广泛交流；③信息流动需要 ICTs 和网络支撑，进而对多地点的各类信息活动产生相当程度的影响；④国际化信息经济形成，使全球贸易和地方市场的发展大为受益，也影响到区域管理、市场服务等。

　　信息地理在地区发展与运行中起着重要作用：①ICTs 的跨空间应用与别的因素融合为一起时支撑起一个不寻常的地区发展模式，过去 20 几年间信息经济已经在各类发达地区明显地成长起来了。反映了大城市在国际和国内组织中的作用。通信网络的迅速辐射为这种成长打下了基础，加强了信息城市在国家和地区系统中的支配地位。②在经济欠发达地区依靠 ICTs 灵活地组织商品生产和流通服务，使中小企业和发展较慢的地区得益。通信网络作为实现地区组织过程的一种手段已被用来创造竞争优势。很明显 ICTs 有迅速改变地区局面的潜力而不仅仅限于简单地巩固它的旧秩序。③信息产业发展中，关系到国家和地区信息经济发展的各要素和地理要素间的交融正在加强。信息网络基础设施的多元化正加强改变国家和地区发展的能力。不仅能作为取得平衡经济发展的一种方法，更重要的是能保证经济成为网络经济，从而在此基础上获得更大的效益。

　　针对以上四个关键过程和三个重要作用，信息地理研究又可具体落实在三部分中：①信息与地理结合表现出新的空间经济形式；②ICTs 在区域发展和运行中的重要作用；③信息在人群间和区域间的连接作用。

　　《中国信息地理》由基础篇、专题篇、综合篇、区域篇四部分组成。基础篇分两章，前者总结了信息地理学的学科性质和国内外学科发展历程。后者归纳了地理网络空间、ICTs 对区域发展的作用、信息流及其导引作用、信息传输距离衰减与电子区位取向、社会性网络服务社区人际节点空间关系五个方面的研究领域。本篇旨在准确定位该学科研究对象和内容。专题篇按产业体系对 ICTs 的动力作用进行论述，包括 ICTs 影响下的农村居民交往空间与农村经济组织演变、ICTs 影响下的工业企业空间组织变革与集群化及老工业基地改造、ICTs 影响下的交通系统管理与通信使用、ICTs 影响下的电子商务发展及其区域整合、ICTs 影响下的旅游信息关注与旅游景观感知五章。旨在从一些具体产业方面说明 ICTs 在区域发展与运行中的变革性效用。综合篇也由五章构成：一是网络空间供给与需求；二是网络信息流距离衰减；三是网络使用者行为；四是网络信息流导引；五是网络人际节点空间联系。它们针对的都是网络空间与地理空间相互作用背景下的信息交流方面的问题。试图充分揭示信息网络在我国社会经济中的意义和在 20 年间的变化及其地理学含义。区域篇仅有一章，涉及区域信息化的若干问题，尝试证明信息网络系统已经成为一种新的生产力方式，并通过信息化的空间形式促进区域经济发展和跨区域融合。

《中国信息地理》重点强调了四个基本观点：①强调信息时代的中国社会经济地理问题，将 ICTs、网络信息流和信息化所带来的新因素、新机制和新理念贯穿始终；②强调转型时期的中国信息地理，转型时期的区域信息地理在新动力的作用下将使区域发展与运行呈现出新的视角，对产业发展和布局产生了深刻的影响；③强调带有理论思维的中国信息地理，包括跨国公司、微区位、使用行为等新的研究对象不断涌现提出的对理论支撑的需求，中国信息地理新的发展机遇无疑与深入认识客观世界密切相关；中国信息地理面临理论、观念、方法的创新；④强调区域信息化研究向经济、社会、人文综合集成的方向发展，发挥中国信息地理的应用性特征为全国区域发展战略的实施、为新的区域发展规划作出贡献。对此书中给出了诸多关于 ICTs、网络信息流和信息化在国家和国内不同地域层次的应用案例。

《中国信息地理》汇集了由本书研究团队所有成员多个国家自然科学基金及其他基金项目的研究成果。概念广泛新颖，结构令人深思，实例丰富，有充分的论证，这本书为人文地理开辟了一个重要的新领域。我们希望它能广泛地被读者所传阅，我们也希望听到来自学界同仁及读者朋友的校正。谨将此书献给关心我们的研究的师长们，感激中国地理学会人文地理专业委员会郭来喜、方创琳等专家学者为我们出版这本本土性的书提供的指导和帮助。我们也同样感谢那些跟我们作毕业论文的研究生同学们，我的学生会在这本书中发现我们共同工作的许多踪迹。对我校重点学科为帮助我们出书而提供经费支持表示挚诚致谢。

《中国信息地理》就要问世了，在漫长道路的终点回过头来看一下我们的初衷，我们难以断定究竟是否达到了我们的目的。定稿的过程中我们就一再感到因水平有限而使这本书中存有诸多不妥之处，我们将再接再厉使研究工作再上一个新台阶。

路　紫
2016 年 8 月

目 录

序
前言

基 础 篇

第1章 信息地理学学科性质与研究进展 ... 3
1.1 信息地理学的学科性质 ... 3
1.1.1 信息地理学的学科名称 ... 3
1.1.2 信息地理学的研究对象 ... 4
1.1.3 信息地理学的学科关系 ... 5
1.1.4 信息地理学的学科意义 ... 6
1.2 信息地理学的研究进展 ... 7
1.2.1 国外信息地理学的发展历程 ... 7
1.2.2 国内"人文地理学以信息为对象的研究"演进 ... 10
1.2.3 国内信息地理学发展评述 ... 13
1.2.4 信息地理学未来发展 ... 14
参考文献 ... 16

第2章 信息地理学主要研究领域 ... 19
2.1 地理网络空间研究 ... 19
2.1.1 从现实空间到虚拟空间的转向 ... 19
2.1.2 国内外网络空间的地理学研究回顾 ... 20
2.1.3 地理网络空间研究展望 ... 23
2.2 ICTs对区域发展作用研究 ... 24
2.2.1 区域互联网发展研究 ... 24
2.2.2 ICTs对经济活动空间结构的影响研究 ... 26
2.2.3 ICTs对社会活动空间结构的影响研究 ... 28
2.2.4 信息化与区域经济发展关系研究 ... 29
2.2.5 ICTs对区域发展作用研究展望 ... 30
2.3 信息流及其导引作用研究 ... 31
2.3.1 信息流导引现实人流的相关影响要素研究 ... 31
2.3.2 信息流对现实人流导引过程和导引机理研究 ... 32
2.3.3 信息流与现实人流的相互作用研究 ... 35
2.3.4 信息流导引力模型设计 ... 36

2.3.5　信息流对现实人流导引作用研究展望 ··· 37
2.4　信息传输距离衰减与电子区位取向研究 ·· 38
　　2.4.1　信息传输距离衰减研究 ··· 38
　　2.4.2　电子区位取向研究 ··· 41
　　2.4.3　信息传输距离衰减与电子区位取向研究展望 ································· 43
2.5　SNS 社区人际节点空间关系研究 ·· 44
　　2.5.1　人际节点中心性研究 ··· 44
　　2.5.2　人际节点空间分布与等级研究 ··· 46
　　2.5.3　人际节点空间关系研究展望 ··· 48
参考文献 ··· 48

专 题 篇

第 3 章　ICTs 影响下的农村交往空间与农村经济组织演变 ···························· 59
3.1　农村 ICTs 应用特点与影响因素 ·· 59
　　3.1.1　ICTs 是农村地区变革的重要工具 ··· 59
　　3.1.2　农村 ICTs 应用特点与发展方向 ··· 62
　　3.1.3　农村 ICTs 空间作用的影响因素与机理 ··· 64
　　3.1.4　农村信息化空间影响的定量分析 ··· 65
　　3.1.5　小结 ··· 66
3.2　农村信息化发展态势及其区域差异 ·· 67
　　3.2.1　农村信息化发展态势与建设路径 ··· 68
　　3.2.2　农村信息化区域差异 ··· 70
　　3.2.3　小结 ··· 74
3.3　ICTs 应用对农村居民行为空间的影响 ··· 74
　　3.3.1　案例区农村信息化发展概况 ··· 75
　　3.3.2　农村居民 ICTs 应用及其人际交往空间变化 ··································· 76
　　3.3.3　小结 ··· 79
3.4　ICTs 应用对农村经济组织的空间影响 ··· 80
　　3.4.1　农村经济组织的 ICTs 应用 ··· 80
　　3.4.2　ICTs 影响下农村经济组织的空间变化 ·· 83
　　3.4.3　小结 ··· 85
3.5　省区涉农网站发展与区域特征 ·· 86
　　3.5.1　河北省涉农网站发展现状 ··· 87
　　3.5.2　河北省涉农网站发展的区域特征 ··· 89
　　3.5.3　小结 ··· 92
参考文献 ··· 92
第 4 章　ICTs 影响下的工业企业空间组织变革、集群化与老工业基地改造 ········· 95

4.1 企业 ICTs 应用过程及其空间作用特征 · 95
4.1.1 企业 ICTs 应用的发展过程 · 95
4.1.2 ICTs 作为新区位因子参与企业运行 · 96
4.1.3 ICTs 影响企业空间布局 · 97
4.1.4 信息网络：企业空间组织、联系和运行的战略要素 · 99
4.2 ICTs 应用对传统服装纺织企业的空间影响 · 103
4.2.1 服装纺织企业 ICTs 的应用现状 · 103
4.2.2 案例区服装纺织企业及其 ICTs 应用 · 104
4.2.3 ICTs 下企业生产链的空间组织变化 · 105
4.3 信息化对现代电器企业空间组织变革的驱动作用 · 106
4.3.1 海尔业务流程再造和信息化建设 · 107
4.3.2 海尔信息化与物流、人流和资金流 · 108
4.3.3 海尔信息化与企业空间布局 · 110
4.3.4 海尔信息化与企业间空间组织 · 110
4.3.5 小结 · 111
4.4 ICTs 影响下工业集群的空间变化 · 112
4.4.1 ICTs 应用的影响因素分析——以温岭市鞋业集群小企业为例 · 112
4.4.2 ICTs 影响下工业集群的空间调整——以华北药城为例 · 114
4.5 信息化在老工业基地改造中的作用 · 118
4.5.1 信息化在老工业基地改造中的作用 · 118
4.5.2 国外老工业基地改造的实践 · 120
4.5.3 东北老工业基地改造与信息化建设 · 122
参考文献 · 126

第 5 章 ICTs 影响下的交通系统优化与通信使用发展 · 128
5.1 交通导引系统的实施 · 128
5.1.1 交通导引系统的应用与关键技术 · 130
5.1.2 石家庄市交通导引系统的实施对城市空间格局的积极影响 · 132
5.1.3 数据通信支持的新一代航空运输体系与灵活管理 · 135
5.2 电信网络发展与电信流的区域空间结构 · 139
5.2.1 中国电信网络发展 · 139
5.2.2 国家间电信流的影响因子及空间结构 · 142
5.2.3 小结 · 149
5.3 移动通信使用量的空间差异与使用者特征 · 149
5.3.1 移动通信使用量差异的人口学分析 · 149
5.3.2 时空转换原理对知识人群使用移动通信的影响 · 154
5.3.3 小结 · 157
参考文献 · 157

第 6 章 ICTs 影响下的电子商务功能及其区位取向多元化 · 161

6.1 电子商务及其地区发展 161
　　6.1.1 电子商务企业研究 161
　　6.1.2 电子商务与传统商务的关系研究 163
　　6.1.3 电子服务空间布局的案例 164
6.2 旅游电子商务服务功能与旅游目的地营销系统 167
　　6.2.1 旅游电子商务服务功能发展态势 167
　　6.2.2 "中国名酒店组织成员酒店网站"服务功能 168
　　6.2.3 旅游目的地营销系统的区域整合功能 171
6.3 户外运动网站服务功能需求评估与区位取向 175
　　6.3.1 户外运动网站服务功能与区位需求 175
　　6.3.2 基于邻域设施的户外运动俱乐部网站的区位取向 178
6.4 基于领域设施的大城市网络店铺的区位取向 181
　　6.4.1 研究方法及其应用 182
　　6.4.2 研究结果 186
　　6.4.3 小结 188
6.5 网络购物的产业影响与空间影响 188
　　6.5.1 网络购物与快递物流的耦合关联性 189
　　6.5.2 体验性网络团购对城市商业空间组织的影响 192
参考文献 198

第7章 ICTs影响下的旅游信息关注与旅游景观感知 202
7.1 旅游信息推介服务的时空一体化 202
　　7.1.1 发展背景 202
　　7.1.2 研究回顾 203
　　7.1.3 解决策略 204
　　7.1.4 发展基础 205
　　7.1.5 时空一体旅游个性化推介服务内容 207
　　7.1.6 小结 209
7.2 自发地理信息基础上的旅游地景观关注度 209
　　7.2.1 研究回顾与基本概念 210
　　7.2.2 研究方法 211
　　7.2.3 实证研究 212
　　7.2.4 小结 215
7.3 山岳旅游区观光线路景观感知敏感度 217
　　7.3.1 研究回顾 217
　　7.3.2 景观感知敏感度概念 218
　　7.3.3 景观感知敏感度影响因子 219
　　7.3.4 计算模型与流程 221
　　7.3.5 观光线路感知敏感度计算 223

7.3.6 小结 227
7.4 文化旅游区景观语义感知 228
7.4.1 研究回顾 228
7.4.2 计算模型 229
7.4.3 实证研究 230
7.4.4 小结 235
7.5 主题公园多细节层次景观语义模型与虚拟表述 235
7.5.1 研究回顾 235
7.5.2 虚拟化对象分类体系 236
7.5.3 主题公园景观语义模型 237
7.5.4 实证研究 241
7.5.5 小结 243
7.6 旅游交通线文化景观感知与功能分段 243
7.6.1 研究综述 244
7.6.2 旅游交通线景观感知度模型 245
7.6.3 实证研究 246
7.6.4 旅游交通线上景观感知功能分段 248
7.6.5 小结 249

参考文献 250

综 合 篇

第8章 网络空间供给与需求 259
8.1 网络空间形成的物质基础 259
8.1.1 互联网应用的一般特征 259
8.1.2 国际互联网应用的空间特征 263
8.2 网络空间与地理空间的比较 269
8.2.1 以省域为单元的联系频率 270
8.2.2 基于各主干网的联系形式 272
8.2.3 城市节点间的联系速度 273
8.2.4 小结 274
8.3 网络空间信息流结构与流动模式 274
8.3.1 研究对象与研究方法 275
8.3.2 信息流结构与信息流模式 276
8.3.3 小结 279
8.4 城市节点信息辐射空间与地区差异 280
8.4.1 研究回顾 280
8.4.2 研究对象选取与研究资料生成 281

8.4.3 研究方法与应用 ………………………………………………………………… 282
8.4.4 小结 ……………………………………………………………………………… 285
8.5 城市节点间信息联系的通达性 ………………………………………………………… 285
8.5.1 研究数据与研究方法 …………………………………………………………… 287
8.5.2 等级体系 ………………………………………………………………………… 288
8.5.3 结果分析 ………………………………………………………………………… 292
8.5.4 小结 ……………………………………………………………………………… 293
参考文献 ……………………………………………………………………………………… 294

第9章 网络信息流距离衰减 ……………………………………………………………… 297
9.1 网络信息流距离衰减的复杂性及其空间形态 ……………………………………… 297
9.1.1 网络信息流距离衰减的复杂性特征 …………………………………………… 297
9.1.2 网络信息流距离衰减的空间形态 ……………………………………………… 304
9.1.3 小结 ……………………………………………………………………………… 307
9.2 网络信息流距离衰减的集中度特征 ………………………………………………… 308
9.2.1 研究资料与方法 ………………………………………………………………… 308
9.2.2 网络信息流距离衰减形态 ……………………………………………………… 309
9.2.3 网络信息流距离衰减集中度的计算 …………………………………………… 310
9.2.4 小结 ……………………………………………………………………………… 312
9.3 网络信息流距离衰减的集中性差异 ………………………………………………… 313
9.3.1 研究对象与方法 ………………………………………………………………… 313
9.3.2 网络信息流距离衰减集中性的差异 …………………………………………… 314
9.3.3 Zipf定律对网络信息流距离衰减集中性特征的检验 ………………………… 317
9.3.4 小结 ……………………………………………………………………………… 318
9.4 网络信息流距离衰减的本地集中性和经济集中性 ………………………………… 319
9.4.1 Zipf定律对空间集中性的表达 ………………………………………………… 319
9.4.2 地理集中度指数对本地集中性与经济集中性的表达 ………………………… 320
9.4.3 本地集中性与指数模型符合性的关系 ………………………………………… 321
9.4.4 小结 ……………………………………………………………………………… 322
9.5 网络信息流距离衰减的逆曲线拟合及其衰减形式 ………………………………… 322
9.5.1 研究资料 ………………………………………………………………………… 323
9.5.2 曲线拟合 ………………………………………………………………………… 323
9.5.3 结果分析 ………………………………………………………………………… 325
9.5.4 小结 ……………………………………………………………………………… 327
9.6 网络信息流距离衰减形态分异特征及其与网站功能的关系 ……………………… 327
9.6.1 网络信息流距离衰减形态特征 ………………………………………………… 328
9.6.2 网络信息流距离衰减形态分异特征与网站功能的关系 ……………………… 329
9.6.3 小结 ……………………………………………………………………………… 331
9.7 中、美旅游网站对比及"虚拟距离衰减"预测模型设计 ………………………… 331

目录

9.7.1 中、美旅游网站对比 ································· 331
9.7.2 旅游网站"虚拟距离衰减"预测模型设计 ················ 334
9.7.3 小结 ··· 336
参考文献 ·· 337

第10章 网络使用者行为 ································· 340
10.1 网络使用者对通信媒介的选择行为 ··················· 340
10.1.1 理论与概念 ·································· 340
10.1.2 模型与评估 ·································· 342
10.1.3 小结 ······································ 344
10.2 网络使用者决策分析与人群分析 ····················· 344
10.2.1 决策分析：网络购物的使用者决策行为的例子 ········ 345
10.2.2 人群分析：老年人应用互联网的态度与行为的例子 ···· 347
10.3 网络使用者满意度评估 ··························· 351
10.3.1 研究方法与过程 ······························ 351
10.3.2 资料与应用 ·································· 354
10.3.3 结果与分析 ·································· 356
10.4 网络使用者行为的时间分布及作用 ··················· 356
10.4.1 使用者行为的日分布特征 ······················· 357
10.4.2 使用者行为的周分布特征 ······················· 361
10.4.3 使用者行为的年分布特征 ······················· 364
10.4.4 小结 ······································ 366
10.5 网络使用者行为时间分布的复杂化与网站功能深度使用 ····· 367
10.5.1 使用者日内行为 ····························· 367
10.5.2 使用者周内行为 ····························· 370
10.5.3 使用者年内行为 ····························· 372
10.5.4 使用者行为时间分布的解释 ····················· 372
10.5.5 小结 ······································ 374
10.6 网络交互功能下的使用者行为多时间维度特征 ············ 374
10.6.1 理论基础 ··································· 375
10.6.2 以活跃率作为性能指标的多时间维度分析 ··········· 376
10.6.3 小结 ······································ 377
参考文献 ··· 377

第11章 网络信息流导引 ································· 381
11.1 网络信息流整合及其对人流导引作用的机理 ············· 381
11.1.1 网络信息流的整合 ···························· 381
11.1.2 网络信息流对人流的导引方式 ··················· 383
11.1.3 网络信息流所导引的人流 ······················· 386
11.1.4 小结 ······································ 388

- 11.2 网络信息流导引现实人流的替代作用与增强作用 388
  - 11.2.1 网络信息流对现实人流的替代作用 388
  - 11.2.2 网络信息流对旅游人流的增强作用 391
  - 11.2.3 小结 392
- 11.3 户外运动网站信息流对人流的导引 393
  - 11.3.1 户外运动网站信息流对人流生成的导引机制 393
  - 11.3.2 户外运动网站论坛功能评估及其互动作用对个人出行行为的导引 398
  - 11.3.3 小结 404
- 11.4 国家间网络信息流对现实人流的导引作用 405
  - 11.4.1 中澳留学网站信息流对留学人流的导引作用 405
  - 11.4.2 澳大利亚旅游网站信息流对旅游人流的导引：过程、强度和机理 410
  - 11.4.3 小结 416
- 11.5 虚拟社区信息流对现实居住社区人流的导引 417
  - 11.5.1 虚拟社区对城市居住空间结构的作用机理 417
  - 11.5.2 杭州市虚拟社区信息流对现实居住社区人流的导引作用 426
  - 11.5.3 小结 430
- 参考文献 430

第12章 网络人际节点空间联系 434
- 12.1 SNS社区人际节点空间分布特征及地缘因素 434
  - 12.1.1 数据及方法 434
  - 12.1.2 数据分析 436
  - 12.1.3 网络时代地缘因素的影响 439
  - 12.1.4 小结 440
- 12.2 SNS社区人际节点等级特征 440
  - 12.2.1 方法与数据 440
  - 12.2.2 等级特征 441
  - 12.2.3 小结 444
- 12.3 SNS社区人际节点空间关系的中心性 445
  - 12.3.1 研究方法 445
  - 12.3.2 案例选取与数据处理 446
  - 12.3.3 人际节点网络空间关系的中心性 447
  - 12.3.4 小结 452
- 12.4 模糊中心性分析模型与SNS社区人际节点空间关系 452
  - 12.4.1 研究目标、路径与结构 453
  - 12.4.2 模型与数据 454
  - 12.4.3 节点分布的均衡性及其群组极差的隶属度 457
  - 12.4.4 节点联系中的节点中心性地位及其渐变 457
  - 12.4.5 节点联系的网络中心性差异及网络化 458

12.4.6 小结 460
12.5 教育 SNS 社区空间交流特征 461
 12.5.1 研究回顾与研究方法 461
 12.5.2 资料选取与处理 463
 12.5.3 结果分析 464
 12.5.4 教育社会资源理论关键要素对 SNS 社区空间交流特征的解释 468
 12.5.5 小结 469
12.6 基于 SNS 社区人际节点关系的微博舆情时间扩散与空间分布 470
 12.6.1 研究案例和研究意义 470
 12.6.2 重大社会舆情的时间扩散与空间分布 472
 12.6.3 公众生活舆情的时间扩散与空间分布 476
 12.6.4 网络热点舆情的时间扩散与空间分布 482
 12.6.5 小结与讨论 491
参考文献 492

区 域 篇

第13章 区域信息化的动力作用 499
13.1 区域发展的新动力 499
 13.1.1 信息化是区域发展的催化剂 499
 13.1.2 区域信息化助推"一带一路"开放战略和区域整体脱贫战略的实施 500
 13.1.3 信息化带动创新园区建设 502
13.2 大区域协同发展的重要基础 503
 13.2.1 大区域经济圈构建及其信息化需求——以东北亚经济圈为例 503
 13.2.2 城市群一体化与信息化建设相互促进——以长株潭为例 508
 13.2.3 京津冀地区新型城镇化与信息化耦合分析 510
 13.2.4 环渤海区域信息化合作模式与合作框架 516
13.3 省域现代化的重要衡量标志 521
 13.3.1 互联网资源与中国省域经济发展的关系 521
 13.3.2 上海市信息化建设与数字上海 525
 13.3.3 信息化对河北省区域经济发展的促进作用 527
13.4 中国东部地区信息产业集群发展 529
 13.4.1 东部地区 IT 产业集群基本特征 529
 13.4.2 东部地区 IT 产业集群的分区与比较 535
13.5 区域旅游协同发展和集成化的重要"引擎" 538
 13.5.1 京津冀旅游信息化协同发展及其策略 538
 13.5.2 新时期省域旅游信息化规划的集成化 542
参考文献 547

基 础 篇

第 1 章 信息地理学学科性质与研究进展

1.1 信息地理学的学科性质

1.1.1 信息地理学的学科名称

信息地理学(information geography)发轫于 20 世纪 60 年代地理学者对电报和电话的关注(Kellerman，2000)，属人文地理学新分支，近年来一直是人文地理学研究的重要领域之一。最初的信息地理学研究主要为法国与美国学者。之后，由于电报和电话影响的有限性，导致通信被视为人文地理学研究的次要主题，一般归入交通运输地理学。到 20 世纪 80~90 年代，随着全球信息基础设施建设、互联网全球扩散和信息革命影响深化，研究迅速增多。国际地理联合会于 1988 年成立 Commission on Geography of Telecommunications and Communication，以该委员会为组织和交流平台，信息地理学发展明显加快。美国地理学会在 2003 年成立 Communication Geography Specialty Group。尽管英国皇家地理学会未成立类似委员会，但过去十余年也涌现出许多优秀成果。2009 年，世界第一本信息地理学大学教科书 *Geographies of Media and Communication* 出版。由于信息地理学是新学科，因此在称谓和研究对象方面存在较大争议，也很少有学者予以整合。直到最近，Adams(2009，2011)才尝试着利用媒介概念将通信地理学分成 4 类，即空间中的媒介(media in space)，研究通信网络的空间布局；媒介中的空间(space in media)，分析通过媒介连接创造的社会空间；媒介中的地方(place in media)，探讨通过媒介和交际互动地方获得意义的不同方式；地方中的媒介(media in place)，揭示媒介被用来定义何为进出地方的各种方式。国内信息地理学研究成果集中于经济地理学、城市地理学、信息地理学和媒介地理学。目前，国内外学者在信息地理学的称谓和研究对象等方面存在较大争议，已成为制约该学科发展的一大障碍。

由于受技术及其称谓变迁影响，近年来，国内外在信息地理学领域出现了诸多称谓(孙中伟和王杨，2013)，包括通信地理学(communication geography)、电信地理学(geography of telecommunications)、虚拟地理学(virtual geography)、网络空间地理学(the geography of cyberspace/cybergeography)、信息地理学、信息社会地理学(geography of the information society)、媒介地理学(media geography)和信息与通信地理学(information and communication geography)。造成这种现象的主要原因有：①技术发展及称谓变迁，从电信技术到信息技术再到目前的信息通信技术(information and communication technologies，ICTs)，其对信息地理学称谓影响很大；②研究客体变化，从电报、电话、通信网络到信息、媒介、互联网和网络空间，学科称谓随之变动；③多学科参与，涉及传播学、媒介学、电信学和地理学，学科差异致使命名产生差别。

归纳国内外学者对信息地理学学科名称与研究对象的描述，可以得出以下认识：①信息社会地理学基本上是指信息时代地理学，表明地理学在信息时代的发展，研究与农业社会地理学和工业社会地理学的连续性和差异性；②通信地理学包括电信地理学，后者是前者的主体；③国际上通信地理学和信息地理学逐渐占据上风，其中美国地理学会偏重通信，国际地理联合会侧重信息，国内学者也倾向此两者；④信息与通信不同，其中前者强调生产、消费与分布，后者强调通信网络与媒介。现已进入信息极其丰富阶段，信息本身也存在空间生产与生产空间问题，应将其与通信适当区分；⑤信息地理学和通信地理学虽称谓不同，但研究内容基本一致；⑥该学科名称统一命名为信息地理学，其既是学科发展必然，也与当前国际通行的 ICTs 名称及融合趋势符合；⑦地理学界对信息地理学归属人文地理学基本无异议(孙中伟和王杨，2013)。

基于上述分析，考虑到当前国际通行的 ICTs 界定，且信息已跻身重要生产和区位因子(张林和刘继生，2006)的事实，所以国内一致采用信息地理学概念。其体现了对传统的继承和时代变化的适应，且包容性与稳定性更强。

1.1.2 信息地理学的研究对象

ICTs 迅猛发展对地理学产生了重大影响，但对地理学三大分支影响程度却有较大差异。其中，对地理信息科学影响最大，促成了该学科的诞生；人文地理学次之，引发了人类交流方式与社会关系的根本变化；对自然地理学影响最小，主要是研究方法与表达手段的多样化。地理学的 ICTs 研究已分化为两个既相互区别又部分交叉的领域，即地理信息科学和信息地理学(孙中伟和路紫，2006；张捷等，2000)。前者研究在应用计算机技术对地理信息进行处理、存储、提取，以及管理和分析过程中所提出的一系列基本问题，如数据的获取和集成、分布式计算、地理信息的认知和表达、空间分析、地理信息基础设施建设、地理数据的不确定性及其对于地理信息系统操作的影响、地理信息系统的社会实践等(Goodchild，1992)。后者指人文地理学者进行的研究。

信息地理学的研究对象具体包括什么内容，国外学者也未形成一致观点，目前仍在探讨中。为了摆脱其对学科发展的阻碍，尝试给出统一界定：首先，研究应明确围绕 ICTs 展开；其次，研究对象为人文地理学在 ICTs 影响下的发展变化，重点检验与人文地理学相关的传统地理理论的新变化与适用性，以及揭示新理论的出现。

如果要给出更具体的界定，还需要从通信、ICTs 的概念和发展说起。通信从字面上讲就是指各种形式的信息传输；标准定义为按照达成的协议，信息在人、地点、进程和机器之间进行的传送(全国科技名词审定委员会，2007)。人类通信至少已有数千年历史，通信方式已由古老的烽火台、击鼓、旗语等，发展为电报、电话、电视和计算机网络等现代电信方式。ICTs 是信息技术与通信技术的合称。以前通信技术与信息技术是两个完全不同的范畴，前者着重信息传播的传送，而后者侧重信息的编码或解码，以及在通信载体的传输方式。随着技术的发展，两者逐渐融为一体。

由于对通信和 ICTs 认识的不同，信息地理学研究范畴也出现了狭义和广义之分。前者以电报、电话、广播、电视、互联网等电信技术为主，适当兼顾纸质信件等传统通信方式，全球信息社会地理学、虚拟地理学、网络空间地理学、电信地理学和通信地理学都属此类。后者认为在前者基础上，广告、书籍、报纸与杂志、视频与动画等也应纳入研究范畴，国外大部分通信地理学和媒介地理学属此类，以 Adams 和 Jansson 为代表。Adams 撰写了《人文地理学百科全书》中的通信地理学词条，但其 Geographies of Media and Communication 因研究范畴过于宽泛甚至囊括了文化地理学所有内容而受到质疑(Steinberg，2010)。Jansson 本身就是媒介与文化学者，他将通信地理学视为媒介研究的空间转向，并力促其成为媒介和文化研究的新分支(Falkheimer and Jansson，2006)。

当前信息地理学提供了一个可以探讨当代社会和地理学发展的新领域。原因有三个：第一，信息成为一种最重要的商品，并且带来新型商业模式的转换；第二，信息媒介开始融合成巨型网络；第三，信息成为可以带来智慧和创造力的文化(孙中伟和路紫，2005)。"信息社会的地理学"委员会在组建提案中列出相关内容：复杂的 ICTs 所带来的高水平的互联、全球化和对信息的依赖，与大量信息产生相伴随的信息经济活动；信息成为一种商品，可进行广泛地交换；信息处理正由特殊形式与专门渠道向通用形式与综合渠道过渡；信息文化以媒介的社会政治角色为代表；缩小了时空距离。探讨信息地理学，不能脱离信息化、全球网络与联系、新的地理网络空间、ICTs、电子商务、信息地理等基准点。

据上可概括出信息地理学为人文地理学的重要分支，是一门以 ICTs 和信息通信网络为对象，研究其空间动力、社会经济影响、地区政策及其他有关议题的新兴学科。具体而言，信息地理学是研究 ICTs 的地理特征及其社会内涵的人文地理学，特别关注信息与通信在空间中的组织与生产、ICTs 的空间动力、ICTs 对区域经济、人类交流与移动、社会关系与社区、空间与地方表征的影响、互联网和网络空间的空间维度、网络空间与传统地理空间的相互作用，以及其他与 ICTs 有关的人文地理学议题。依此界定，其基本囊括了除虚拟地理学和信息社会地理学两者中地理信息科学研究内容外的所有界定。

1.1.3 信息地理学的学科关系

信息地理学具有跨学科性质(Adams and Jansson，2012)，其与传播学(communication studies)有紧密联系。传播学是研究人类一切传播行为和传播过程发生、发展的规律，以及传播与人和社会关系的学科。传播学侧重研究人与人之间传播的本质、种类、机制、信息和符号在传播中的功能，以及传播媒介的功能和地位、传播制度、结构与社会各领域各系统的关系等。信息地理学关注不同传播媒介如何作用于人的交流，进而影响对空间与地方的认知和表征。电信学是研究电信技术、布局与服务的学科。信息地理学主要研究区域差异和政策如何影响信息通信基础设施与服务的空间布局，以及 ICTs 对空间以及社会经济的影响。

独特的研究对象决定了信息地理学和地理信息科学及人文地理学所有分支都有不同程度交叉。与地理信息科学的交叉是虚拟地理环境和现实地理环境的相互关系，但其较少涉及虚拟地理环境构建的技术层面；与经济地理学的交叉是 ICTs 对区域经济发展的影响，特别是区域空间与产业结构、生产要素的空间组织、产业集聚与分散、全球化与地方化、企业空间组织问题；与文化地理学的交叉是ICTs如何影响人类交流和对外部世界的感知，核心问题是不同通信媒介怎样改变空间与地方表征和信息如何塑造文化景观，主体是媒介地理学；与城市地理学的交叉是ICTs对城市内外部空间组织的影响；与政治地理学的交叉是网络空间中的国家疆界、区域发展政策制定、互联网接入与数字鸿沟、化身与监督、合法/非法集会组织等问题。此外，它与旅游地理学等其他人文地理学分支也都有部分交集。

1.1.4 信息地理学的学科意义

1. 在人文地理学学科发展中的意义

信息地理学在认识论上，增加和更新知识，开拓新的科学研究领域：一方面揭示信息地理领域复杂的相互关系，使人们对于信息地理现象有一种新的系统的认识；另一方面透视某些地理要素的时空变化。所以除将信息地理学作为一门知识学科外，还可作为一门实用学科。信息地理学在学科体系上，作为人文地理学的一门分支学科，有利于深化内容、完善结构。它阐述了信息通信对空间的影响、对经济的影响、对生活的影响等。信息地理学的发展有利于推动人文地理学科的演进。信息时代的研究思维十分有效地弥补了传统地理学研究方法的不足，使地理学方法更加完善。信息地理学的发展完善了结构主义，添加了信息通信作为一个地理因素。关于方法论的发展和应用问题在以后各章中还有详细描述。

2. 在社会发展中的指导作用

1) 微观效应——公司内部组织

在微观尺度上，信息通信在跨国公司空间关系和企业内部组织变化方面产生了影响。它对跨国公司及企业内部组织关系方面的变化、对公司发展来说提供了理论依据。其形成的空间作用和结构不呈明显的发展方向。集聚和分散不仅仅是聚集作用的问题，也不仅仅是分散结构的问题。策略考虑最终决定了聚集或分散的趋势，地理条件仅能在很小程度上导致集聚与分散的空间结果。ICTs在个人电子文档远距离进入方面表现出两个鲜明的特征：一方面，通过对个人文档管理的定位加强了相关功能；另一方面，功能被重新定位，组织的功能变化和发展过程都是一种空间重组过程。其功能的改变有助于这个地区建立一个新空间格局。

2) 中观效应——区域内、公司间组织

在中观尺度上，信息通信在区域内、公司间也产生了明显的影响。当谈及这些网络的中观效应时，论题多转移到空间关系及公司间关系等方面。信息通信服务使各公司间相关的市场、技术或其他专门化信息服务快速增长。一方面，通信技术发展使公司与外界关联度增加，相互联系的公司能够嵌入到全球价值链中去，可以带动产品走向国际；

另一方面，公司间联系的加强创造了多样化的产品生产。经历了信息通信市场自由化后，有更多的工业企业寻求通过信息通信来拓展新市场。可以看到区域内问题的研究有了新的视角，这对公司发展有一定意义。信息通信在公司间的作用表现主要是：第一，有利于实现公司间信息的科学获取。第二，有利于扩张市场范围，形成全球统一的大流通、大贸易，打破地域分割。第三，有利于公司与公司的良好沟通，从而更加有利于企业改进自己的产品和服务。第四，有利于提高劳动生产率，加大与各公司联系以及供货商、配送商进行合作。

3) 宏观效应——经济组织

在宏观尺度上，信息通信对于经济组织的贡献很大。伴随着ICTs自身的发展和向其他产业的更进一步渗透，其对经济增长、社会就业等的影响和作用将越来越显著，逐渐向国民经济的支柱产业迈进。企业信息化和电子政务是国民经济发展的新动力。因此信息地理学从经济地理学宏观尺度进行研究具有重要的意义。另外，信息化水平已经成为新经济时代衡量一个国家和地区综合实力的重要标志。信息化国策的出台、政府的推动、用户的巨大需求，对推进区域信息化水平创造了难得的机遇。相对于前几次物质的、技术设备的"硬革命"而言，本次的互联网革命是一场以ICTs、"比特"电子为核心的"软革命"。如能抓住这次技术革命的机遇，就能最大限度地弥补国家在物质的、技术设备的硬件领域的落后局面，赶超世界新技术革命的潮流。

1.2 信息地理学的研究进展

1.2.1 国外信息地理学的发展历程

1. 研究兴趣确立阶段

虽然1844年电报和1876年电话的发明标志着人类通信进入电信时代，但此后有近100年时间因使用的局限性导致了社会影响的有限性，进而阻碍了通信研究地位的确立。直到20世纪中期，通过Innis Harold和Marshall Mcluhan的共同努力，通信研究才真正开始成为社会科学的研究核心。前者在1950~1952年连续出版了 *Empire and Communications*、*The Bias of Communication* 和 *Changing Concepts of Time* 3部专著，并将通信技术视为政治和社会进程的基础，强调了通信在时空控制和通信系统塑造社会组织方面的能力。

虽然有前人的工作基础，以及通信固有的空间属性支持，但奇怪的是地理学家们却对这些问题缺乏兴趣。地理学家们对通信流与基础设施空间组织的兴趣始于20世纪60年代，他们倾向于通过物理学机理寻求理解其地理格局。最初的空间分析利用距离衰减模型来预测区域间的相互作用，之后更为复杂的模型建立于可达性基础上。

该阶段(20世纪60~70年代)只有少数地理学者参与其中，研究客体是电报和电话网络，主题为通信网络的空间组织及其时空效应；研究方法以借鉴物理学和传统空间分析为主；研究成果很少，代表性论著包括 Janelle(1968, 1969)著名的时空收敛，以及 Abler(1975)"通过电话通信完成时空收敛已成既定事实"的关系空间弹性研究。

该阶段的研究特点：①由于受电报与电话技术潜力、通信网络铺设与使用者数量、资费等限制，地理学者对 ICTs 地理特征及其潜力认识肤浅，因此对空间关系的把握和理论框架的建立还很初步；②通信特别是电信激起了地理学者的研究兴趣，为后续研究奠定了基础。

2. 通信网络主体阶段

互联网的大发展和国际地理联合会的关注促进了信息地理学的较快发展。由于 1983 年 1 月 TCP/IP 协议被正式确立为互联网最基本的通信协议，1986 年 NSFNET 建成并允许国外连接，以及其后 Web 技术和相应浏览器的出现，互联网发展和应用实现了质的飞跃。地理学对通信问题的重点强调就是从 20 世纪 80 年代互联网发展以后开始的(Kitchin，1998a)。国际地理联合会为促进信息地理学研究，先成立了 Geography of Telecommunication and Communication 研究小组(1984~1988)，后升格为委员会(1988~1992 年)，1992 年更名为"Commission on Communication Networks and Telecommunications"(1992~2000 年)。1987 年，该委员会的专业刊物 "NETCOM" (*Networks and Communication Studies*)正式创刊。

该阶段(20 世纪 80~90 年代)参与的地理学者数量明显增加，且很多人将其作为主导或是重要研究方向，研究团体逐渐形成并具有了持续性；研究客体是通信网络和互联网，主题除了传统的通信网络的空间组织及其时空效应外，还包括经济活动空间组织、城市内外部空间组织、网络空间的地理内涵、地理网络空间、虚拟地理学等；研究方法以定性与定量结合、空间分析、网络制图为主。研究成果大量涌现，代表性著作包括 *Geography of the Information Economy*、*Collapsing Space and Time: Geographic Aspects of Communications and Information*、*Telecommunications and Geography* 和 *Telecommunication and the City: Electronic Spaces, Urban Places*；代表性论文包括 1997 年 *Geographical review* 的网络空间专刊、*Virtual geography*(Batty, 1997)、*Network topologies and virtual place*(Adams, 1998)、*Towards geographies of cyberspaces*(Kitchin, 1998b)、*The end of geography or the explosion of place? Conceptualizing space, place and information technology*(Graham, 1998)等。

该阶段的研究特点：①研究客体由初期的通信网络逐渐转向后期的互联网和网络空间；②研究重点仍是 ICTs 对空间的约束及距离摩擦的跨越；③吸引了经济地理学、城市地理学、文化地理学和政治地理学等多学科学者参与；④发现由瞬时通信创建的空间远不像早期预想的简单；⑤开始探讨网络空间地理学和虚拟地理学。

3. 多元快速发展阶段

近年来地理研究者逐渐摆脱了 ICTs 发展可能带来"地理终结"的顾虑，基于 ICTs 重新审视地理学的变化，使地理学的发展进入新阶段。2000 年 8 月国际地理联合会(IGU)成立"信息社会的地理学"委员会，概括了这个阶段的特点，有效解决了当前信息地理学、虚拟地理学、电信地理学、赛博地理学等诸多学科对相关研究造成的混乱。

进入 21 世纪后，随着网民和手机用户的迅速增长，以及三网融合和媒介融合，信息地理学不仅吸引了更多学科及学者关注，而且研究客体愈发多元化。2000 年，Commission on Communication Networks and Telecommunications 更名为 Commission on the Geography of Information Society，并指出研究重点已从电信等传输媒介转移到了信息。现又调整为 Commission on the Geography of Global Information Society。该委员会十几年间的 3 次更名充分表明了信息地理学研究重点和地域范围的变迁。美国地理学会也特别成立了专业委员会来推动该领域发展。媒介地理学专业刊物 Aether 于 2007 年创刊。

该阶段(2000~2010 年)，参与的地理学者进一步增多，与之相伴的是成果数量和质量的大幅提高。本阶段研究客体除互联网外，还包括手机等其他 ICTs 媒介。在研究主题上逐渐多元化，由持续了 1/3 世纪的距离摩擦和空间组织转向了 4 个相互联系的社会途径，即 ICTs 作为一组争夺领地，ICTs 作为一种感知手段，ICTs 作为一种化身形式，ICTs 作为远离社会背景的虚拟地方或空间(Adams and Ghose，2003)。也就是说，信息地理学在先前时空结构和经济活动空间组织研究基础上，加强了 ICTs 对人类行为(申悦等，2011)、政治与监督、文化景观、空间与地方表征等社会文化影响方面的研究。在研究方法上，由于数据的可获得性提高，定量研究增多；同时充分借鉴了地理信息科学，以及社会学等其他学科方法。

该阶段的研究特点：①由于相关学者源自不同的学科和专业，且研究目标与目的不同，因此对问题的解答方式存在较大差异；②越来越关注网络空间对传统地理空间的影响，特别是引发的政治、经济、文化和社会变化，即互联网效应的地理学；③从 2009 年开始，国外学者也开始探讨本领域的学科界定问题。

4. 微观研究和应用研究发展阶段

当前国外关于信息地理学的研究日益显现出微观化特点，并强调应用性，在该阶段(2010 年至今)主要表现为以下几点：

首先，研究对象微观化。当前研究已经较少提及普遍概念上的 ICTs，而是用具体的信息使用方式替代，也就是研究对象由宽泛的信息使用方式转变为单一的信息使用方式。例如，从网站使用、移动通信、数据传输视角进行的系列研究就是将 ICTs 的普遍研究微观化的代表，其中对社交网站的剖析则是目前研究的热点。Perroud (2012)探究了社交媒体如 Facebook、Twitter、Trip Advisor 在预定和规划旅行行为方面起到的作用，以及这些社交媒体的使用对旅游产业产生的潜在影响。Basiouka 和 Potsiou (2014)通过在线平台对 250 名各年龄层、各受教育层希腊公民共享自发地理信息行为的调查，分析了这些公民参与绘制地图的目的，以及其参与的潜在动机。Picornell 等(2015)通过 Facebook 数十亿注册用户的社交网站数据，分析了相同定位事件的特性，以及通过社交网站共享高频位置的特征，不仅理解了用户共享某些位置的原因，还定量研究了不同类型的位置被共享的程度。结果显示除家和工作地以外的位置共享通常与社交有关。Arribas Bel 等(2015)认为大城市数据在科学研究和政策制定方面越来越重要，这些大数据有利于理解和描述当前智慧城市中的社会关系。他们基于阿姆斯特丹市民的 Twitter 使用数据研究了社交平台作为支持工具在智慧城市运行中所起到的巨大作用。研究发现具有地理特性的"推文"能够突出城市的物理空间特性,以及城市功能的空间分异。

其次,研究事件微观化。为将网站与使用者之间关系勾勒的更为清晰,当前学者多使用单一事件进行深入剖析。Tang 等(2015)以 2014 年在美国加利福尼亚州发生的干旱事件为例,研究了社交网站在此次干旱中所发挥的"政府部门单向信息发布的作用":政府同应急人员、公众之间的双向信息共享,态势感知与政府舆情控制;YouTube 作为一个发展成熟的社交视频网站,在解决干旱的策略上搜集了大量的信息;Twitter 则在干旱事件信息扩散中发挥了重要作用。Bahir 和 Peled(2016)通过事先确定文本信息的关键词再在社交网站中进行筛选,提取并追踪嵌入在社交网站文本信息中地理信息以确定重要事件发生的位置。他发现危险或极端事件发生后,含有地理位置信息的文本数量大增,这是由于舆情事件发生后公众对事件发生地的关注度提高。Sun 等(2013)以 Flickr(雅虎网络相册)照片为例,探究使用自发地理信息分析奥地利维也纳游客住宿时空格局的特性。使用核密度估计和空间扫描统计数据探索照片的空间分布,同时将旅游自身所具有的季节性特征作为辅助考虑因素,结果显示游客住宿具有季节性趋势,还发现 Flickr 照片能够推动旅游的相关研究。

最后,研究人群微观化。由于对 ICTs 使用和掌握程度的差异,使得研究者越来越倾向于细分技术的使用者,从而达到精准分析 ICTs 使用特点及产生的影响。Mathews 等(2013)认为具有定位功能的网络工具/服务(如 Google Earth、Yahoo 网络相册、Facebook 签到等)已经广泛用于发布和处理有关地理空间的数据。这些社交网站吸引了各种使用者通过多种形式使用和共享地理信息。通过采集大学生使用定位网络工具及服务共享地理信息的数据,分析了他们的高频活动位置。此外还探讨了大学生对于这种共享地理信息行为是否存在风险和涉及隐私问题的看法,并测算了地理信息系统或地理知识对于用户使用和分享地理信息行为的影响。在对细分人群的研究中,行为分析逐渐成为对使用者研究的主要视角。Perroud(2012)研究了 Facebook、Twitter、Trip Advisor 等在使用者的预定和规划旅行行为方面起到的作用;Basiouka 和 Potsiou(2014)对 250 名各年龄层、各受教育层希腊公民共享自发地理信息行为的调查。

综上可见,现阶段:①研究主要集中在社交网站和数据传输背景下的人际关系强度、城市连通性、信息扩散和人类行为三方面,这些研究依赖于社交网站数据如 Twitter、Facebook、新浪微博数据,大多涉及个人隐私和商业机密,因此数据获得瓶颈是当前相关研究的巨大障碍,也是大数据背景下进行深入研究的主要障碍;②国外关于社交网站影响的研究看似属于人类行为地理学的范畴,实则研究中较少能有效揭示地理空间特性问题。换言之,此类研究与心理学或社会学交叉较多,且过于偏重对人类行为的目的、动机,以及社会影响的研究,更像是对心理学或社会学问题的探讨,其地理学的味道较少。

1.2.2 国内"人文地理学以信息为对象的研究"演进

20 多年来,中国人文地理学者的信息领域研究,相对于技术层面上的以地理信息处理、分析和表达为对象的地理信息系统的研究而言发展缓慢，分阶段、分内容的总结也很不够。基此，针对信息地理学的研究，以中国期刊全文数据库中刊载人文地理学论文的地理专业核心期刊为检索对象（对系统未包括的前期论文进行补充查阅），以信息、通信网络、互联网、网络空间、网站和知识经济等为篇名检索词，检索并梳理了相关论文。考虑到 1989 年《人文地理》发表了国内第一篇人文地理学信息研究论文后的 5 年间未发表相关成果，直至 1995 年以后才出现研究队伍扩大、成果丰富的状况，下文重点是对近 20 年来的主要文献进行分析，阐述中国信息地理的发展历程，并对其研究进行评述。信息地理学作为人文地理学的重要分支学科，在中国也经历了多个发展阶段。

第一阶段：人文地理学提出了以信息为对象的研究。国内"人文地理学以信息为对象的研究"可追溯到季增民（1989）的《信息地理学初探》。文章论述了信息地理学研究的意义与方法、介绍了国外相关研究的动向、提出了中国开展该研究的具体建议，指明："对信息的研究人文地理学也不能例外，信息地理学的范围包括人文地理学"，并划出了"信息的地理学"和"采用信息的地理学"两个途径。该文发表于《人文地理》期刊且基于人文地理学视角进行信息对象的研究，思考了信息革命与地理学发展问题，并将信息与地理二者整合为了信息地理学，具有一定的开拓性。虽然国内较早提出了信息地理学概念，但由于信息革命所产生的地理影响的渐进性，以及对国外相关成果引进的不及时性，其后 5 年间该研究领域并未得到相应发展。陈洪经（1995）进一步论述了信息地理学产生的时代背景、研究内容和方法，并将信息地理学定义为应用信息技术与信息科学理论及方法认识和利用地理信息的科学，还提出建立和发展信息地理学的设想，具有较大的推动作用。但在地理学以信息为对象研究的趋势论证中，以及在研究领域的描述中，其地理信息系统的成分过于浓重。李冬环（1998）通过对近 40 座科技园区的全面透视，将集聚整合理论、公司关系理论和产品"孵化"扩散理论等充实到"信息地理学"的研究范畴。

第二阶段：聚焦于信息产业和电信地理研究。信息产业是国内"人文地理学以信息为对象的研究"早期选择的重要领域之一。阎小培（1995，1996，1998，1999）就信息产业问题展开了深入系统的研究。其在信息产业的区位因素、信息产业发展水平的区域差异等信息产业本身的人文地理学研究的基础上，又重点讨论了信息产业与世界城市体系、信息密集服务业的空间发展与城市地域结构等城市地理学相关问题。信息产业领域的研究是在中国新兴产业物质化的基础下形成的，并有效地将引进与创新有机结合，开拓了中国人文地理以信息为对象研究的新领域。电信地理是以电信息通信为对象，研究其空间结构、空间效应、对地区发展的动力作用及通信政策等内容的一门新兴学科。与先前关注电话等传统通信方式不同，近年的电信地理研究重点是 ICTs 和通信网络。该方面研究取得的成果包括作为区域发展催化剂的 ICTs、区域发展对通信网络的需求，以及通信网络的空间形态等问题（路紫和刘岩，1996，2000；路紫，1996）。电信地理的研究进一步体现了对新人文地理研究对象的关注。

第三阶段：开展了基于知识经济的研究。世纪之交"人文地理学以信息为对象的研究"的理论重要性和实际指导作用比较明确地显现出来，这个时期的研究工作是结合知识经济这一时代性课题而展开的。主要包括 3 个方面：知识经济下网络关系对传统地理区位论的冲击，缪磊磊和阎小培（2002）研究了知识经济对传统区位论的挑战和重新认识距离衰减原理的必要性；知识经济要素的加入对人文地理各分支学科的影响（贾绍凤，2000）；知识经济时代的区域地理学创新问题（刘锋和张军涛，2000）。总体认知是，当前知识经济时代表现出了信息社会的特征，应该考虑信息革命作用下人文地理学研究的引申。这一阶段"人文地理学以信息为对象的研究"的诸多成果为接下来主题研究的全面铺开奠定了基础。随着地理学与信息科学之间渊源关系的进一步确定，杨永芳和胡良民（2002）给出地理信息科学的含义是"一门从信息流角度研究地球表层人地关系系统的地理学科"；马蔼乃等（2002）探究了"地理信息科学"所依赖的技术和系统等。

第四阶段：学科定位与研究对象逐步清晰。2000年以来，中国信息地理学进入了相对活跃的主题研究阶段。此时张捷等（2000）已将"人文地理学以信息为对象的研究"定位在信息（以互联网远程通信信息为主）及其传播问题上，尤其是在信息社会、信息空间及虚拟现实等问题上，并在其文章中首次将国内地理学信息研究中的地理信息系统研究与"人文地理学以信息为对象的研究"分离开来，从而有效地促进了国内该领域研究的开展，可作为迈入主题研究阶段的标志。多名学者多方面引进和总结了国外相关研究成果，具体包括信息时代的地理学（刘妙龙等，2002）、网络信息空间的城市地理学（汪明峰和宁越敏，2002），以及信息时代空间结构研究（甄峰和顾朝林，2002），较清晰地透视了信息革命作用下地理学科发生的新变化：虚拟地理环境地位提升，人类生产与生活增加了网络新内涵；网络空间的浮现使地理学实现了由地理空间研究向地理网络空间研究的转变；信息传输的同步性使以现实空间、距离、位置为对象的地理学面临重构，时间正在替代空间；"人文地理学以信息为对象的研究"调整了地理研究者们原有的思维逻辑，并提供了许多新的研究方法和视角。

2010年以来，国内针对信息地理学的研究除了延续保持原主要方向外，表现出若干新的研究特点。在传统研究方向上：①ICTs的空间性问题，主要体现为地理实体空间与网络虚拟空间关系的探讨。此方向深入研究成果最多，如关于地理空间与网络空间之间信息流动问题的研究，即"流"的研究处于国际领先地位；②ICTs的区域影响问题，主要研究内容集中在ICTs对城市和乡村空间的重构方面；③ICTs与企业应用问题，此方向一直是信息地理学的重要视角，国内学者从20世纪90年代开始进行了大量持续性实证研究。新的研究特点包括：①新的研究领域的拓展，ICTs本身的快速发展使得相关研究不得不紧跟步伐，因其而出现诸多因技术而新的研究，如移动信息技术的地理学问题、网络使用者个体差异快速加大带来的"网络行为地理"问题等；②新数据支撑方式的寻求，传统信息地理研究多借助已有的统计数据、调研数据或简单网络统计数据，以此类数据支撑的研究成果普适性多被诟病，大数据会成为未来信息地理深入研究的数据支撑已经得到众多研究者的认同；③地理学问题的回归，ICTs在地理学研究中的核心是技术进步在地理学中的表现，但长期以来由于该技术产生的影响是复杂的、同时多学科交叉现象明显，故地理学在ICTs研究中多有学科特点不明显，地理学科学问题把握不清晰的问题。近几年相关学者开始探索在ICTs快速发展的现状下地理学的研究特点与研究重点。

综上可见，中国信息地理学研究可追溯到季增民（1989）在《人文地理》发表的《信息地理学初探》一文，并经历了问题提出、信息产业和电信专题研究、知识经济时代性课题研究和主题研究 5 个阶段。2000 年 H.巴凯斯和路紫发表了《从地理空间到地理网络空间的变化趋势》。至此，信息革命带来的"新地理学"归属困惑最终以信息地理学和地理信息科学分离结束。此后，国内信息地理学研究进入了一个相对活跃期。

1.2.3 国内信息地理学发展评述

当前中国信息地理学研究中存在的问题主要有：①成果数量减少明显，缺乏代表性成果，2013年以来，国内关于信息地理的研究成果较前几年明显减少，已经发表的成果中也缺少代表性。据粗略统计，2013~2015年，国内关于信息地理方面的文章仅20多篇，与之前每年近百篇的成果数量相差很大；②方向沿袭性强，开拓性不足，研究方向沿袭性主要有两个方面：一是对西方研究的沿袭，基本上国内研究的还是在西方研究特点的基础上学习和沿袭；二是沿袭本团队长期形成的研究方向，国内从20世纪90年代形成的几个固定团队都有较明确的方向，因此每个团队在已有研究基础上体现出较强的沿袭性；③团队变化不大，近两年有减少趋势。国内几个较为固定的团队的研究方向与特点都比较清晰，这些团队构成了中国信息地理学的整体框架。近两年来，与信息地理研究成果数量较少同步出现的现象是新涌现的研究团队较少。

1. 研究队伍相对薄弱，深受传统思维局限，研究方法不足

从国内发表信息地理学论文的作者队伍来看，以偶有涉猎者居多，研究兴趣稳定者少，与其他"主流"人文地理分支学科比较相对薄弱。虽然国内很多学者发表过相关论文，但绝大部分发文数量都不足两篇。在此必须明确指出的是，信息地理学既是人文地理学分支之一，又因其技术性而与其他分支皆有交叉，因此其研究者既有专注信息地理学的，又有基于自身学科背景展开交叉部分探索的。但是研究者以城市、经济和电信地理背景为主，社会、文化、行为和政治地理领域研究有待加强。

信息地理学与传统地理学在很多方面都截然不同，其中以时空概念转换和人地关系重构表现最为明显。传统地理学对于空间、区域、位置和距离高度关注的研究惯性，在一定程度上限制了地理学者思维的转变。地理学的传统思维是以实体地理空间和距离为基础的，而ICTs则通过信息通信和构建网络空间两种方式予以挑战。由于信息本身流动的瞬时性，以及信息无形性所导致的占用存储与传输媒介小体积，因此只要信息基础设施通达的区域，信息就可以实现"瞬间抵达"。这确实是对传统由距离决定的时间观念的颠覆。同样，网络空间本质是一个虚拟的信息空间，其所具有的虚拟、瞬时和互动特性是变革性的，明显区别于传统以实体、距离和边界所定义的传统地理空间。这就要求人文地理学者树立新的地理思维，并开展更多的半现实半虚拟研究，尤其是网络空间的现实表达问题。由于对信息社会的地理学变革认知不足，国内很多研究成果还是建立在传统思维上，研究方法仍以相关分析方法、多元回归方程、网络分析方法和投入产出模型为主。此外，信息地理学研究数据的难获得性，再加上传统处理方法的不适应，以及新研究思维及创新性方法开拓性不足，都影响到国内研究的顺利开展。

2. 主要针对新对象展开，兼顾传统研究内容

2000 年以后的中国信息地理学的研究，主要集中在 ICTs、信息化、互联网、网络空间和网站等非物质化层面上，这种对象的转移为该学科的成熟化奠定了基础。在关注新对象的同时，国内也有部分研究是针对传统电信展开的。这其中包括距离和边界对通信网络传输的障碍作用(路紫和刘岩，2000)、西太平洋国家及地区间电信流空间结构和影响因子的研究(张葳等，2005，2006)，以及省区邮电通信业发展空间差异变动的研究(曹小曙和李琳娜，2009)。

3. 开拓了若干研究领域，仍有较大差距

国内部分学者有效地拓展了信息地理学研究的新领域，并取得了较好研究成果。这其中网站信息流对空间人流导引作用机理，以及旅游在线服务方面研究最具代表性。尽管近年来国内信息地理学研究进展显著，但整体上与国外差距仍较大。这种差距不仅体现在切入点选取和研究深度上，更体现在研究广度上(Maria，2009)，具体包括两方面：其一，研究领域已涉及网络空间的外部、内部和作用层面，但仍是以外部层面研究居多，在网络空间尤其是虚拟社区等内部层面研究成果较少，尚未能从多角度真正展示作为出入网络空间门户和最基本组成单元的网站的地理意义；其二是在互联网和网络空间研究中还主要是应用传统地理方法，缺乏新网络思维成果，远不能满足网络与虚拟研究新对象和新思维的需要。

差距产生的根源在于：一是地区发展与变革模式仍旧保持传统范例，信息研究发挥其作用受到限制；二是客观上 ICTs 和通信网络的主流成分是技术性的，所以勾勒其创新过程、动力和评估其对地区协同作用的潜在影响难度较大，制约了学者们的研究热情；三是低估了电信地理的前期研究价值导致研究人员较少，开拓性学术工作跟不上，有效启迪决策者无力，从而导致了研究思维和成果积累的缺乏；四是信息地理学需要研究者思维实现由传统的实体地理空间思维向半现实半虚拟的地理网络空间思维甚至是完全虚拟的网络空间转变，而国内略显滞后的信息社会浮现则延缓了转变的发生。

然而与国外同类研究相比，国内在互联网领域并不落后，且在网站和虚拟地理环境研究上还形成了一定特色。准确地说，互联网和网络空间对人类社会的影响才刚刚开始，这种变革性作用会比想象还要深远。这就要求地理学界要进一步从外部、内部和作用层面加强网络空间研究，积极促进地理思维由"现实—半现实半虚拟"的转变。

1.2.4 信息地理学未来发展

为了更好的引导信息地理学的研究，以国际地理联合会(IGU)信息地理学相关机构提供的行动方案为参考，初步确定未来研究的几个主要议题。

第一个议题是关于互联网的社会经济影响研究。互联网是 ICTs 的杰出代表，是网络空间赖以存在的基础设施支撑，其研究关注于提供技术和基础设施的物质视角，通过它展示信息地理学的研究概貌再恰当不过。国内已有互联网研究主要集中在其空间结构及发展影响因子上，但这些成果普遍缺乏较长时段的数据比较，因此很多结论尚待进一步验证。同时，国内在互联网与城市等级体系研究方面成果较突出。事实上，互联网的社会经济影响远不止这些。今后可以依托互联网开展多层次、多视角的经济及社会文化影响研究。研究切入点包括：①全球信息网络的形态、结构、城市节点体系与区域差异研究；②作为电信服务提供主体的电信运营商研究，如中国三大电信运营的信息网络建设、互联互通和服务政策等；③网络使用者形态研究，包括区域归属、经济收入、数量、文化素质、年龄与职业构成等；④大型跨国公司研究，探讨互联网对企业管理组织和分散布局的作用；⑤此外，目前世界已经开始由互联网向物联网时代迈进，物理基础设施和信息基础设施建设将融为一体，相应的互联网研究也要实现向物联网的转变。

第二个议题是关于ICTs对空间组织的影响研究。经济活动空间组织的理念与内容是随着人类历史演进而逐步发展的。现在所讨论的空间组织，一般都是以工业社会经济活动的空间组织为基础的。为了更好地展示工业时代的空间组织模式，可以建立一个包括时空背景、组织主体、客体、要素组成、要素状态、空间效率和技术7部分的概念性框架。据此框架系统分析技术对空间组织的可能影响。这里的技术是利用生产要素的最重要手段，其又分为通用目的技术和一般性技术，其中前者影响面广且可能导致空间组织重构，后者作用有限。ICTs属于前者。具体研究可从两方面进行：一是分析信息产业和信息要素投入对区域经济增长的直接贡献；二是阐释ICTs如何通过改进区域(城市/农村)空间组织、产业空间组织和企业空间组织间接促进区域发展。

第三个议题是关于地理空间与网络空间的耦合及地理网络空间研究。包括：地理空间对网络空间形成的基础性作用、虚拟网络空间对实体地理空间的真实作用，以及二者耦合的对偶关系层面、建立网络空间与地理空间的耦合机理理论。其中，还包括网络空间和地理空间的耦合界面、耦合点、耦合形式、耦合的现实表现等具体问题的解决。实体的地理空间和虚拟的网络空间目前的确可以有机融合，融合后的地理网络空间的空间逻辑包括了空间特征(包括网络空间构成要素、类型划分、表现形式、作用形态、信息类型和时空特征等)、空间法则和表现形式等具体问题。其中的关键是找到那些具有地理网络空间特征的现实对象，进而通过揭示这些对象所蕴含的地理内涵，归纳地理网络空间的空间逻辑。

第四个议题是关于流空间研究。Castells(2000)将流空间界定为通过时间控制促使信息流动及物质流动的一种社会组织形式，并认为其是现代社会中起支配作用的空间形态。流空间是地理网络空间的外在表现，深入分析流动空间的基本性质，探讨流动空间的瞬时性特征、不连续特征和动态性特征，客观揭示流空间对位空间的不完全替代作用，以及流空间中信息流、人流、物流、资金流和技术流等流态的地位与功能变化，不仅可为信息社会的地理学研究提供空间理论支撑，也能够更深刻地理解空间相互作用的新模式和新格局。此外，移动性已成为信息社会的重要特征。数量增长的移动电话到遍在的ICTs应用增强了人类接收信息的能力。新的信息交流模式，与ICTs紧密关联的地理和移动性客观上要求对人地关系进行再探讨。

第五个议题是关于信息社会区域发展政策研究。本着学以致用的原则，信息地理学完全可以在指导区域发展实践中起到重要作用。在全球及国家层面，探讨解决政府的国家电子战略,更广泛的信息知识共享和传播,以及开发ICTs潜力以帮助人们跨越数字鸿沟和加强全人类沟通等问题;解决国家间信息公平接入和不对称等问题。具体可以开展以下两方面的研究:第一,区域信息联系的研究,互联网使得各种形式的信息(文本、数据、图形、声音、影像)可以直接进行全球性交流与综合。这个巨大的全球信息流系统极大地突破了传统的区域间联系的形式、规模和作用,提出了诸多需要认真对待的现实问题:在全球化时代各国政策和法规如何推动或阻碍了网络的连接与缺失,国家在管理网络世界和信息社会中将扮演怎样的角色,国际信息浪潮的发展将怎样影响全球及地区的生产力结构,跨越遥远距离的信息流如何对人流产生导引作用。第二,信息公平接入的研究。国际电信联盟一直致力于开发ICTs的潜力以实现全球共同发展的目标,以帮助人们跨越数字鸿沟和加强全人类沟通。2003年和2005年,国际电信联盟组织召开了信息社会世界峰会(WSIS)两次阶段会议,旨在解决信息公平接入和不对称问题。在其中迫切需要人文地理学者就以下问题开展研究:信息生产大国的原动力是什么?在全球信息流下发展中国家发展是否存在后发优势?在信息流不对称状况下人文地理学会为信息社会做出哪些贡献?此外,信息疆界与主权问题也是国家层面的重要议题之一。在区域层面,国内省间和城乡间存在明显数字鸿沟,经济发达地区能否继续保持优势,或者落后地区怎样借助ICTs实现跨越式发展,这其中,可以开展的工作有很多。

第六个议题是关于虚拟社区研究。考虑到每个网站在某种程度上都可视为一虚拟社区,所以将"网站与虚拟社区"放在一起讨论。伴随着理想化和决定作用思维的膨胀,未知种类和不同尺度的社区构成使社区概念重新评估的必要性凸现了出来。虚拟社区的表达本身就意味着其与传统意义上社区认知存在本质的差别,特别是前者又随着它所依赖的ICTs变化而不断变换形式。一系列的问题有待人文地理学者给予解释。第一,从网站内部特征视角,研究内容包括:怎样表现虚拟社区的构成组织和维度特征,以及反映被这些过程所反映的用途和满意度。怎样使虚拟社区的范围、大小和密度形成概念?虚拟社区存在的空间本质是什么?在这样一个多元文化交融的社会里不同的通信媒介如何为人类个性的发展做出贡献?第二,从网站的外部特征视角,主要探讨网站的区位、网站的分布意义以及网站使用者和拥有者的互动关系。第三,传统的社区联系依托相互间的血缘和地缘关系确立,新的虚拟社区则是通过互联网上的在线交流建立,强调参与和交流所产生的社区归属感。在线交流与面对面交流的关系是什么?虚拟社区对人类活动和文化发生作用的机制?第四,应加强虚拟社区存在的地理学意义及虚拟社区应用问题研究。第五,关注在线服务这一新型商业模式的地理学意义以及电子服务的多要素、多角度评估问题。

参 考 文 献

曹小曙,李琳娜. 2009. 广东省邮电通信业发展空间差异变动. 经济地理, 28(1): 182-190.
陈经洪. 1996. 地理学信息革命及21世纪的地理科学. 中学地理教学参考, (Z2): 11-13.
陈经洪. 1995. 关于建立信息地理学的讨论. 地球科学进展, 10(1): 58-61.
H.巴凯斯, 路紫. 2000. 从地理空间到地理网络空间的变化趋势. 地理学报, 55(1): 104-110.
季增民. 1989. 信息地理学初探. 人文地理, 4(3): 17-22.

贾绍凤. 2000. 知识经济给经济地理学带来的新课题. 地理研究, 19(1): 101-106.
李冬环. 1998. 科技园之信息地理透视. 世界地理研究, 7(2): 84-88.
刘锋, 张军涛. 2000. 知识经济时代的区域地理学创新. 地域研究与开发, 19(2): 8-14.
刘妙龙, 杨冰, 黄佩蓓. 2002. 信息时代地理学研究: NCGIA 对若干理论问题的探索. 人文地理, 17(1): 14-18.
路紫. 1996. 东北亚经济圈 ICTs 发展与通信网络需求. 人文地理, 11(4): 28-32.
路紫, 刘岩. 2000. 论通信网络之空间形态: 距离和边界的障碍作用. 经济地理, 20(2): 18-22.
路紫, 刘岩. 1996. 信息通信技术 ICTs: 区域发展的催化剂. 地域研究与开发, 15(4): 23-25.
马蔼乃, 邬伦, 陈秀万, 等. 2002. 论地理信息科学的发展. 地理学与国土研究, 18(1): 1-5.
缪磊磊, 阎小培. 2002. 知识经济对传统区位论的挑战. 经济地理, 22(2): 142-144.
全国科技名词审定委员会. 2007. 通信科学技术名词. 中国科技术语, (1): 23-26.
申悦, 柴彦威, 王冬根. 2011. ICT 对居民时空行为影响研究进展. 地理科学进展, 30(6): 643-651.
孙中伟, 王杨. 2013. 信息与通信地理学的学科性质、发展历程与研究主题. 地理科学进展, 32(8): 1266-1275.
孙中伟, 路紫. 2006. 我国"人文地理学以信息为对象的研究": 15 年发展回顾. 地球科学进展, 21(9): 925-930.
孙中伟, 路紫. 2005. 流空间基本性质的地理学透视. 地理与地理信息科学, 21(1): 110-112.
汪明峰, 宁越敏. 2002. 网络信息空间的城市地理学研究: 综述与展望. 地球科学进展, 17(6): 855-862.
阎小培. 1999. 广州信息密集服务业的空间发展及其对城市地域结构的影响. 地理科学, 19(5): 405-410.
阎小培. 1998. 广州信息产业发展水平的区际差异分析. 经济地理, 18(4): 5-10.
阎小培. 1996. 信息产业的区位因素分析. 经济地理, 16(1): 1-8.
阎小培. 1995. 信息产业与世界城市体系. 经济地理, 15(3): 18-24.
杨永芳, 胡良民. 2002. 地理信息与地理信息科学述要. 中学地理教学参考, (7-8): 25-26.
张葳, 路紫, 王然. 2006. 西太平洋地区国家间电信流影响因子及其作用分析. 地球信息科学, 8(1): 79-84.
张葳, 路紫, 王然. 2005. 西太平洋国家及地区间电信流空间结构研究. 地域研究与开发, 24(6): 120-124.
张捷, 顾朝林, 郁金康, 等. 2000. 计算机网络信息空间(Cyberspace)的人文地理学研究进展与展望. 地理科学, 20(4): 368-372.
张林, 刘继生. 2006. 信息时代区位论发展的新趋势. 经济地理, 26(2): 181-184.
甄峰, 顾朝林. 2002. 信息时代空间结构研究新进展. 地理研究, 21(2): 257-266.
Abler R. 1975. Effects of space adjusting technologies on thehuman geography of the future. In: Abler R, Janelle D, Philbrick A, et al. Human Geography in a Shrinking World. North Scituate: Duxbury Press, 36-56.
Adams P. 2011. A taxonomy for communication geography. Progress in Human Geography, 35(1): 37-57.
Adams P. 2009. Geographies of Media and Communication. Oxford: Wiley-Blackwell.
Adams P. 1998. Network topologies and virtual place. Annals of the Association of American Geographers, 88(1): 88-106.
Adams P, Jansson A. 2012. Communication geography: A bridge between disciplines. Communication

Theory, 22(3): 299-318.

Adams P, Ghose R. 2003. The construction of a space between India. Progress in Human Geography, 27(4): 414-437.

Arribas Bel D, Kourtit K, Nijkamp P, et al. 2015. Cyber cities: Social media as a tool for understanding cities. Applied Spatial Analysis and Policy, 8(3): 231-247.

Bahir E, Peled A. 2016. Geospatial extreme event establishing using social network's text analytics. Geo Journal, 81(3): 337-350.

Basiouka S, Potsiou C. 2014. The volunteered geographic information in cadastre: Perspectives and citizens' motivations over potential participation in mapping. Geo Journal, 79(3): 343-355.

Batty M. 1997. Virtual geography. Futures, 29(4-5): 337-352.

Castells M. 2000. The Rise of the Network Society. London: Black Publishers Ltd.

Falkheimer J, Jansson A. 2006. Geographies of Communication: The Spatial Turn in Media Studies. Goteborg: Nordicom.

Goodchild M. 1992. Geographical information science. International Journal of Geographical Information Systems, 6(1): 31-45.

Graham S. 1998. The end of geography or the explosion of place? Conceptualizing space, place and information technology. Progress in Human Geography, 22(2): 165-185.

Janelle D. 1969. Spatial reorganization: A model and concept. Annals of the Association of American Geographers, 59(2): 348-364.

Janelle D. 1968. Central place development in a time space framework. The Professional Geographer, 20(1): 5-10.

Kellerman A. 2000. Proposal for a commission on the "geography of information society" 2000-2004. Netcom, 14(1-2): 207-212.

Kitchin R. 1998a. Cyberspace: The World in the Wires. Chichester: John Wiley.

Kitchin R. 1998b. Towards geographies of cyberspaces. Progress in Human Geography, 22(3): 385-406.

Maria P. 2009. Geography of the information society: A new culture of hybrid spaces. http://www.openstarts.units.it/dspace/bitstream/10077/847/1/c1paradi.pdf. 2009-10-1.

Mathews A J, Lu Y, Patton M T, et al. 2013. College students' consumption, contribution, and risk awareness related to online mapping services and social media outlets: Does geography and GIS knowledge matter. Geo Journal, 78(4): 627-639.

Perroud D. 2012. Social Media and Mobile Devices. In: Trends and Issues in Global Tourism2012. Heidelberg: Springer, 129-133.

Picornell M, Ruiz T, Lenormand M, et al. 2015. Exploring the potential of phone call data to characterize the relationship between social network and travel behavior. Transportation, 42(4): 647-668.

Steinberg P E. 2010. Book review: Geographies of media and communication. Aether, 6: 113-116.

Sun Y, Fan H, Helbich M, et al. 2013. Analyzing human activities through volunteered geographic information: Using flickr to analyze spatial and temporal pattern of tourist accommodation. In: Progress in Location-Based Services. Heidelberg: Springer, 57-69.

Tang Z, Zhang L, Xu F, et al. 2015. Examining the role of social media in California's drought risk management in 2014. Natural Hazards, 79(1): 171-193.

第 2 章 信息地理学主要研究领域

2.1 地理网络空间研究

2.1.1 从现实空间到虚拟空间的转向

目前，地理空间研究已经由现实向虚拟转向。地理空间的现实性，是指传统的地理空间是一种由物质要素构成的现实空间，与物理空间具有相似性，具有连续性、时空统一性、有限性、三维性、可测量性、可触摸性、实体性。地理空间的虚拟指在传统的现实空间研究基础上，地理空间也逐渐呈现出了虚拟的一面。这里的虚拟与现实对应，指的是虽有物质实体支撑但其形式与作用不显著，按照传统方法不易测量，并且更接近无形和无限。

地理空间研究的虚拟性主要体现在感知空间与网络空间两个层面。一方面，地理学越来越关注人类对空间的感知与认知差异，即感知空间的研究。感知空间研究强调不同的认知主体人在对客观或相同认知客体空间认识上的多样化结果。近年来，以人文地理学者为代表的地理学家进行了大量感知空间的研究。在感知空间研究中，Kevin Lynch 的 *Image of the City* 最具代表性。另一方面，地理学越来越关注网络空间。网络空间是人类借助互联网媒介在整合多种 ICTs 基础上所构建的网上虚拟空间，人类可通过计算机或手机等途径登录并以化身形态生存其中(孙中伟等，2007)。网络空间本质是一个人类创造的、前所未有的信息空间，是由无数个二进制数字比特构筑的虚拟世界，并以各种不同的形式存在。网络空间虽以物质为基础，但在真正的网络空间中却没有质量、没有实体、躯体与化身分离、时空分离、同时异位，传统的时空观念、距离、边界、维度、障碍等皆需重构。从时间上讲，网络空间是在 1991 年万维网(world wide web，WWW)诞生并向大众普及后得到的广泛认可，并随着接入的网民、计算机、网站和信息数量的增长得以延展和扩充，现在正全面且深刻地影响着人类社会进程。一直以空间为重要着眼点的地理学肯定不会置身事外。Bainbridge(2007)指出了其中的科学研究潜力。Starrs(1997)强调网络空间提供了一个供地理学家们鼓舞自己去认识信息怎样对空间产生影响以及信息如何变成真实地点的新领域。Morley 和 Robins(1995)认为网络空间为人类提供了一个新的"无空间和无地域"的社会空间，在这里人们能够相遇并相互影响，这样的虚拟地理学与传统地理学几乎没有相似性。

地理学空间研究的转向，即从现实空间转向虚拟空间。这里的虚拟空间包括感知空间和网络空间，地理空间由现实向虚拟的转向则反映了与技术进步的一致性。ICTs 革命不仅改变了信息发布、获取和交流的方式，促进了人类个性化和差异化发展而且为人类带来了网络空间。网络空间，虽其形式虚拟，但作用真实，这也是为什么要将其纳入研究范畴的根本原因。目前，网络空间的空间属性及其与现实地理空间的耦合研究已经成为当前地理研究热点之一(孙中伟和王杨，2011)。Bakis(1991)早就注意到了网络空间和地理空间的交融过程，并提出了地理网络空间(geocyberspace)概念。他还指出建立在现实地理空间上的传统空间观念发生了或许是彻底的转变，认知地理网络空间是未来地理和规划学者的主要任务之一(Bakis，2007)。

构建网络空间是 ICTs 对时空背景发生作用的一条根本途径。网络空间是一种新的空间形态，其所具有的虚拟、瞬时和互动特性是变革性的，其明显区别于以实体、距离和边界所定义的传统地理空间(孙中伟等，2007)。这就使得一直以空间为重要着眼点的地理学，不得不在传统的以地表事物的空间差异及分布研究范畴之外，将网络空间本身及其与地理空间的融合问题提上研究日程。网络空间并没有导致"地理学的终结"，其作为一种新的空间与事物，为地理学研究提供了新的对象与思维。网络空间的地理学研究对于重构和丰富地理科学理论具有重要意义。事实上，国内外的地理学者们已经就网络空间从多个角度开展了研究，在此有必要对其进行梳理。鉴于此，本节将分别就国内外网络空间的地理学研究进行回顾，并提出若干未来的研究议题。

2.1.2 国内外网络空间的地理学研究回顾

地理学对网络空间的兴趣源于其对空间和距离的关注，特别是长期以来对 ICTs 时空压缩作用的持续性研究。而"地理消亡"(O'Brien，1992)和"距离已死"(Cairncross，1997)的讨论，唤起了地理学网络空间研究的新景象，主要包括网络空间的地理内涵研究、虚拟社区研究、虚拟化身与虚拟地理环境研究。

1. 网络空间的地理内涵

虽然网络空间无疑具有地理学含义，但其性质和程度存在争议。第一种观点认为，空间关系正在发生根本改变，地理学正被重新定位，它的重要性降低了。此观点的出发点是互联网通信导致的时空压缩，以及网络空间的信息本质，如 Morley 和 Robins(1995)认为网络空间为人类提供了一个新的"无空间和无地域"的社会空间，在这里人们能够相遇并相互影响，这样的虚拟地理学与传统地理学几乎没有相似性。第二种观点认为，虽然网络空间对于时空关系有重大影响，但地理学和时间仍旧值得一提。其原因在于：①网络空间连接性与频宽是不平等分布的；②当网络信息流动被认为是与地理相脱离的时候，很多信息却具有地方属性；③网络空间是依赖地理空间中的基础线路设施而建构的，所以这些线路的实体关系及连接性对网络空间有很大影响(Kitchin，1998b)。

Batty(1997)的虚拟地理研究较好地揭示了网络空间的地理属性。他指出计算机节点与计算机网络中的空间及场所是由真实场所、计算机空间、网络空间及网络场所形成的循环发展关系。计算机空间(C space)是存于计算机空间中的一种抽象空间；网络空间是由计算机空间经由计算机信息网络而形成的新抽象空间；网络地方(cyberplace)是网络空间之中的基础建设对于传统地理空间(place)之基础建设的影响。Bakis(2001)指出当前"地理空间"和"网络空间"交织在一起，处于一种融合过程，可把这一地理学现实称为地理网络空间，用以强调在全球网络服务基础上地理学空间的新形式。Dodge 和 Kitchin(2009)探讨了软件、编码与空间的关系。可见，信息社会的新地理学研究包含现实地理空间和虚拟网络空间两种形式；在一些传统地理因素作用减弱的同时，一些新因素却出现了；在地理学重构的初期，谈论其重要性降低还是提高为时尚早。

信息地理学的研究是从考察ICTs对空间约束的跨越及距离摩擦的克服作用开始的，而探讨信息社会新的空间形态和新的流的变化也一直是本领域研究的首要问题。

国外关于网络空间的地理内涵研究。Kitchin(1998b)认为经济地理学对网络空间的研究主要集中于信息经济及其在职业模式和城市发展的作用上，特别是集中于企业内部网(Intranet)连接和跨国公司信息通信网络上，这对于改变经济和社会现状、加速全球化进程、提高办公自动化、促进地方和郊区后勤办公室化及增长电信工作都有重要意义。这些倾向已经导致了企业组织优化、职业结构重组和城市重新构形，因为公司、城市和地方都想获得竞争优势。其他成果包括：Walcott 和 Wheeler(2001)以亚特兰大市为对象，研究了城区光纤网络分布与城市发展的关系，Beyer(2002)开展的生产性服务业及其新经济地理角色研究认为，在服务业所主导的新经济中，区位成本不再是区位决策的唯一考量，信息网络分布也很重要；Weltevreden 和 Atzema(2006)则实证研究了城市中心传统零售环境所受到的日益增强的互联网作用。此外，主要反对无重力经济(weightless economies)中关于地理终结的讨论，关注焦点放在了新的电子空间架构(Taylor，1997)、物理结构和网络连接(Warf，2001)，以及在网络经济体制下城市作为转运中心的角色(Townsend，2001)，同时也探讨了网络技术如何减少又开启经济聚集的现象(Zook，2000)。

国内关于网络空间的地理内涵研究。网络空间具有强度不连续性、空间变换性、时空异步性和瞬时变换性，而地理网络空间具有效能不连续性、空间继承性、时空同步异步性共存和时空主导性。传统的地理空间概念是以距离、交通基础设施和交通工具，以及有形的物质流为基础的，而对新的空间理解增加了信息基础设施和无形信息流两个新要素。与之对应，空间形态和结构都发生了新变化。特别是人类利用互联网创造的网络空间是信息社会地理学变化的主要原因之一。网络空间作为一种新的空间与事物，为地理学研究提供了新的对象与思维(孙中伟等，2007)。H.巴凯斯和路紫(2000)认为当前"地理空间"和"网络空间"正交织融合为"地理网络空间"，以此强调在全球网络服务基础上的地理学空间新形式。张捷等(2000)指出信息网络空间与现实地理空间相互作用的人文地理学综合研究是今后的研究重点。张楠楠和顾朝林(2002)分析了城市在地理空间和网络空间上存在的相互依赖关系。蒋录全等(2002)重新论述了网络空间对地理空间中的距离、尺度及区域等基本概念。甄峰(2004)将信息时代的空间形态定义为实空间、虚空间和灰空间。虽称呼不同，但实空间、虚空间与灰空间和地理空间、网络空间与地理网络空间是对应关系。"地理网络空间"与灰空间的研究有效推进了地理学中对"新空间"的认知。孙中伟和路紫(2005)将地理网络空间与流空间予以整合，指出地理网络空间强调地理空间和网络空间融合后的表现形态，流空间强调新空间中的组成要素及其流动性特征，两者在本质上是一致的，后者是前者的外在表现。路紫等(2008)从省域联系频率、主干网联系形式和城市节点联系速度等三个方面对国内的地理空间和网络空间进行了比较。虽然这些研究强调了传统地理空间发生的新变化，但对网络空间和地理网络空间的内涵与特征尚待进一步揭示。

2. 虚拟社区

虚拟社区(virtual community)是在网络空间中借助媒介环境形成的一种主题明确的虚拟在线地方。

在国外，虚拟社区是网络空间研究的重要着眼点。早在30多年前非临近性的社区概念就已被提出。此类社区居民紧密集聚的基础是兴趣和价值，而不是地理临近(Walmsley，2000)。Kellerman(2000)认为虚拟社区的表达本身就意味着其与传统社区是相区别的。网络空间中包含成千上万个虚拟社区，它们的居民可能分散于世界各地。一般网民可从许多现存的虚拟社区中找到自己的位置。虚拟社区被看成是新的社会关系网络。有些学者已经开始讨论虚拟社区的形成过程和组织规则。虽然虚拟社区看起来与真实社区的法规异常相似，但前者却不负相同责任。现实社区的成员必须并且的确生活在一起，加入或离开都不容易。虚拟社区却可以使成员少有或没有后果的脱离相互作用，通过关机或退出方式即可实现。

国内的虚拟社区研究包括两部分：一是虚拟社区；二是虚拟社区信息流对人流的导引。前者包括旅游网站的类型与分布模式，以及旅游在线服务使用者满意度评估两个层面。张捷等(2004)在分析中文旅游网站空间分布特征基础上，得出旅游网站发展与区域技术背景有一定相关性的结论。路紫和樊莉莉(2005)在旅游网站研究中发现有一类"地域依托型"存在区位。路紫等(2004)在建立了旅游网站使用者满意度评估体系的基础上，还构建了旅游在线服务满意度评估的差异函数范式，提出了一个评估城市(区域)旅游在线服务满意度的象限测度方法(路紫和李彦丽，2005a)。后者包括王杨等(2006)探究了户外运动俱乐部网站信息流对人流的导引机理；吴士峰和路紫(2007a)计算了网站信息流对现实人流的替代函数。

3. 虚拟化身与虚拟地理环境

1) 虚拟化身

地理空间意义上的人意味着有身体，在任何给定的时间内都属于一个特定的地点(Adams，1995)。人类可以在网络空间中自由选择被呈现的方式，其认同是流动、短暂而多元的，且个体可以是混合的多元角色的呈现。因此，分析新技术下基于本土和自然特征躯体的化身实际上是错误的观念。人是由社会建构标志与躯体相联系的两部分组成的。新技术一旦被自己及他人所应用，肯定在事实上呈现出其重要性。然后，最有意义的事情莫过于探讨能够从硬件到软件两方面扩展与作用于人体的技术如何被人类赋予价值及怎样作用于人类的意义所在(Adams and Ghose，2003)。互联网技术改变了个人认同的社会建构，即认同由空间性转向较大程度的无空间感。在网络空间中，人类的心理与社会根源取决于连线的事实(net worked reality)、虚拟对话(virtual conversation)与身份建构(identity construction)(Riva and Galimberti，1997)。网络空间的关键形态是互动，新的自我与社区感被建立,同时被改变的也包括人类思考模式(Granic and Lamey,2000)。后现代主义则是以事实的主观性、去中心化及非层级建构形成多样化观点。网络空间的出现使包括信仰、价值与认知风格的个体思考模式由现代主义转变为后现代主义。

2) 虚拟地理环境

虚拟地理环境指作为主体的化身人类社会及围绕该主体存在的一切客观环境,包括计算机、网络、传感器等硬件环境,软件环境,数据环境,虚拟图形镜像环境,虚拟经济环境,以及虚拟社会、政治和文化环境,是一个与现实地理环境紧密联系的、互补的信息世界(林珲等,2003)。这种网络虚拟地理环境与人的交融和交互必然影响到人的空间行为。这样,传统人地关系理论中的"人"和"地"都展现出新变化。"人"展开为在现实社会和网络社会中生存的现实人与化身人的统一体;"地"则展开为传统地理环境和网上虚拟地理环境的融合。虚拟地理环境研究主要关注了虚拟现实技术在旅游科学与城市科学中的应用。朱晓华等(1998)系统介绍了虚拟现实技术在地学理论、城市规划和旅游研究中的应用;徐素宁等(2001)基于虚拟现实技术提出了 WebGIS 电子地图等虚拟旅游系统技术方案;芮小平等(2002)探讨建立虚拟城市的可行性问题;江辉仙和刘小玲(2005)将虚拟现实引入虚拟地理环境,并从虚拟城市、虚拟旅游等方面评价虚拟地理环境的特征。虚拟地理环境基础上的数字黄河研究也取得了较大进展(李爽和孙九林,2005)。

2.1.3 地理网络空间研究展望

网络空间的地理学与传统地理学在很多方面都截然不同,其中以时空概念转换和人地关系重构表现最明显。传统地理学对于空间、区域、位置和距离高度关注的研究惯性,在一定程度上限制了地理学者思维的转变。对网络空间这个新领域的兴趣,地理界也远比不上社会学界热情。从地理学界已取得的研究成果看,具有 3 点特征:①研究成果缺乏新网络思维;②研究学者以城市、经济和电信地理背景为主,社会、文化、行为和政治地理领域研究有待加强;③与国外的同类研究相比,国内在网站和虚拟地理环境研究上还形成了一定特色。准确地说,网络空间对人类社会的影响才刚刚开始,这种变革性作用会比想象还要深远。这就要求地理学界要进一步加强网络空间研究,积极促进地理思维由"现实—半现实半虚拟"的转变。网络空间的空间特征研究包括网络空间构成要素、类型划分、表现形式、作用形态、信息类型和时空特征等。

关于网络空间与传统地理空间的相互作用研究,可从地理空间对网络空间形成的基础性作用、虚拟网络空间对实体地理空间的真实作用,以及两者耦合的对偶关系层面,建立网络空间与地理空间的耦合机理理论。实体地理空间和虚拟网络空间目前的现实是正在有机融合,那么融合成的地理网络空间的空间逻辑是什么?关键是找到那些具有地理网络空间特征的现实对象,通过研究它们予以归纳。研究可以从四个方面展开:①网络空间与地理空间在空间特征上的异同性研究,前者是信息空间,后者为物质空间,故其时空概念迥异;②地理空间对网络空间的支撑性研究,网络空间的存在需要网络基础设施及人的物质支撑,且网络空间在一定程度上是对地理空间的复制与发展;③网络空间对地理空间的作用,网络空间主要是通过对化身人的真实作用进而影响真实人的地理空间行为决策的;④网络空间与地理空间融合后的地理网络空间研究,包括其外在表现流空间,以及信息城市、电子社区、企业和人等。

2.2 ICTs 对区域发展作用研究

当今,发达的工业地区,乃至发展中的传统农区,为了与整个社会经济沟通都在为他们的 ICTs 网络的扩展和现代化作积极准备。实际上,信息地理学与区域发展的研究或多或少地总是伴随着 ICTs 发展不断深入的。虽然仅仅通过采用 ICTs 整体改变一个地区的结构是不可能的,但 ICTs 的日益显赫的作用,导致了空间上自然和人为相互作用更加强烈,影响着区域上的集中化和分散化趋势,起到了促进功能分离——脱离拥挤的都市地区而转入郊区和农村地区的作用。ICTs 作为区域发展的工具,不仅在制定政策中对工业、商业、政治等是重要的,且在区域规划上,甚至为区域决策做准备时也都是必不可少的。当前 ICTs 对区域发展作用的研究主要包括区域互联网发展研究、ICTs 对经济活动空间结构的影响研究、ICTs 对社会活动空间结构的影响研究、信息化与区域经济发展关系研究等主题及一系列切入点。

2.2.1 区域互联网发展研究

网络系统是经济社会扩散趋势的第一步。互联网是信息社会最重要的信息基础设施和媒介,同时也是信息网络的主要物质载体。互联网是 ICTs 对时空背景发生作用的根本途径之一,是信息地理学研究最早的主题,同时也是现在和未来永恒的主题。互联网研究是系统揭示其空间影响理论全貌的基本途径,已成为"人文地理学以信息为对象的研究"的一个热点问题。刘卫东(2002)指出传统制造业区位因素的新变化、互联网经济和互联网时代物流配送的空间组织规律是 3 个基本研究方向。汪明峰(2005)试图给出互联网的经济地理学研究框架。

传统的地理研究思维是建立在有形物质和距离基础上的,而无形信息的介入则打破了这种思维。在空间相互作用中,无论是人、物、信息、资金,还是技术,都可以整合为有形物质和无形信息两种基本形态。其中,交通运输网络是有形物质的移动通道,而互联网则是无形信息的流动介质。交通运输网络和互联网是塑造空间结构的两大基础线要素(孙中伟和金凤君,2010)。互联网的架设主要由电信运营商负责,分有线和无线两种,包括海底光缆、陆上光缆、手机基站和卫星等。互联网在空间结构塑造中的地位和作用主要取决于铺设疏密度、信息传输流速和流量。

据此,该领域研究主要涉及互联网发展的空间分布格局、影响因素、组织机理、互联网建设的现状评估与优化、电信运营商在信息通信网络组织中的作用、地区数字鸿沟及其发生机理等方面。国内学者的相关研究主要是针对中国互联网发展实证进行的,同时兼顾了世界互联网研究(杜丽娟等,2008a)。

在互联网空间分布方面,刘文新和张平宇(2003)通过建立各自的要素和指标体系,从不同角度揭示了中国互联网发展的区域差异规律；张平宇等(2006)指出辽宁省互联网发展具有极强的地域集中性和显著的城乡差异性；卢鹤立和刘桂芳(2005a)通过中国互联网分布与地区人均国内生产总值的对称性研究，证实了互联网与区域经济的紧密相关性，指出网络空间分布是地区人均国内生产总值的反映，与地区人口分布联系不大。

在互联网发展影响因素方面，刘文新和张平宇(2003)指出人口素质、信息和知识生产能力是中国区域互联网水平的主要影响因子，对外开放程度和城市化水平也有作用；卢鹤立和刘桂芳(2005b)应用定量方法探讨了互联网与区域经济的相关性，发现中国互联网分布是地区人均 GDP 的反映，与人口分布联系不大；张林和佟宝全(2005)则认为信息基础设施、高素质人才储备、经济水平和人文环境是中国区域网络利用水平的主要影响因素。这些研究都是直接针对互联网与区域经济的相互作用而展开的，重在揭示影响互联网发展的区域经济要素，但均缺乏互联网对区域经济作用的详细解释。

在组织机理方面，孙中伟等(2009)揭示了世界互联网的组织机理，即在资源分配层面的美国控制、国家节点层面显著的发达国家经济痕迹、城市节点层面的国际性大都市构建最高级别节点和企业节点层面的跨国公司重要性。

在电信与通信网络方面，重点集中在探究电信与通信网络空间结构、空间效应，以及影响因子等。路紫(1995)引入"网络缺失"概念，将网络的技术性问题与信息的地理性问题相结合，分析了邮电通信网络的内部形态，提出各要素的研究内容，并以东北亚地区为例，探讨其对通信网络的需求和区内通信网络的等级体系(路紫和刘岩，1998a)；通过聚焦使用者的行为规律探究通信网络的时间形态特征，即非漫射性、非渐进性和非彻底变革性，对于促进通信网络建设和区域发展之间的良性互动及政策制定的实践都具有基础性意义(路紫和刘岩，1998b)。刘春亮和路紫(2007)对于电信流的研究更加的具体化和定量化，确定了省会城市信息节点辐射空间，并探讨了其地区差异。张葳等(2005)透视了1990~2002年西太平洋12个国家(地区)间电信流空间结构的演变及其空间作用特点，进而展望该地区国家(地区)电信流节点结构的发展趋势。在此基础上，以西太平洋地区为例，运用数学方法对各类影响因子进行分析、排序，并将各种物质流对电信流的作用归结为4种形式：增强、替代、协同和衍生作用(张葳等，2006)。王思思(2012)等引入了地理迁移关系模型和社会网络人类动力学模型，作为中国移动通信量人口学分析的研究方法，解释了人口学要素与移动通信量的内在联系。在此基础上，研究了时空转换原理对知识人群使用移动通信的影响透视了时空转换原理对知识人群使用移动通信的影响机理(王思思等，2013)。

国外关于互联网研究较早。Stefan(1999)讨论了互联网的基础设施、市场结构，以及电信运营商在互联网潜力发挥中的作用，并指出互联网由网络、节点、网站、传输设备、用户、网络公司组成，它们都有特定的地理定位；电信运营商和基本传输介质的不均衡分布导致的地理学影响也不尽相同。Mitchell 和 Anthony(2000)以美国互联网骨架与新城市网络结构关系为研究对象发现，互联网结构、网络容量及城市的网络地位作用显著。Malecki(2002)基于经济地理学视角对互联网结构及作用进行了深入分析。Barney(2007)研究了热带国家中的互联网问题。Kellerman(2002)出版了专著 *The Internet on Earth——A Geography of Information*。

2.2.2 ICTs 对经济活动空间结构的影响研究

将信息视为生产要素,探讨其作用、地位和空间组织问题。ICTs 不仅导致了信息产业和电子商务等新经济形态的出现,促进了区域经济发展模式的变革,而且对经济活动的空间组织也产生了深远影响。相关研究从以下 3 方面展开。

1. ICTs 对区域空间结构的影响

在区域空间结构理论方面,其影响因子、基本要素和内容构成都发生了变化。甄峰和顾朝林(2002)对西方信息时代区域空间结构研究进行了总结。之后,甄峰等(2004a, 2004b, 2004c)系统阐述了空间结构的新变化。首先,将信息时代空间结构新影响因子归纳为 ICTs、信息因素、知识因素、创新因素,并分析交通技术、自然环境、经济要素、制度等传统因子新变化,并指出当前的空间结构是新旧因素共同塑造的结果。其次,进一步深入分析了信息时代区域空间结构的构成要素问题,指出点要素的规模、功能、地位及不同点间的联系都发生了变化;线要素变化主要表现在信息流对空间结构作用强化,不同网络间互动日益重要;面要素出现如智能区域等新的空间组合模式。最后,实证得出 IT 产业在长三角空间分布的不均衡;远程通信网络和智力资源的空间差异加速了区域空间结构转型;沪宁杭沿线城镇开始向以信息与知识活动为主的智能发展走廊演化。

在空间效应方面,刘卫东(2002)在互联网发展的潜在影响的研究中强调了互联网对社会经济空间结构影响的重要作用;讨论了互联网对社会经济空间组织影响的主要因素,提出市场快速反应与配送快捷性是互联网空间效应的两个主要影响要素;讨论了互联网经济的空间组织规律、区位变化规律和互联网时代物流配送规律等。路紫和刘岩(1996)讨论了 ICTs 在老工业基地改造、城市交通导引系统、农村地区合作组织建立中的应用问题,将其定位为区域发展的催化剂,并运用分散整合理论,透视 ICTs 在区域产业重新布局中的作用(路紫,2000)。景贵飞(2003)给出 ICTs 在地区应用中的标准和需求关系。

2. ICTs 对城市内外部空间结构的影响

城市是 ICTs 的试验场,是区域 ICTs 应用和扩散的中心,同时历史继承性也提升了城市在信息通信网络中的地位和作用,因此其也成为受 ICTs 影响最深刻的部分。所以 ICTs 作用下的城市研究就成为信息地理学研究的重要突破口。借鉴汪明峰和宁越敏(2002)给出的 ICTs 对城市空间结构影响的基本框架,可将研究分为内部和外部两个层面。

在外部层面,应重点研究不同区域尺度的信息/互联网城市网络的网络结构与等级体系,以及叠加了信息通信网络和信息要素后,原有城市网络结构、等级体系、城市节点地位与作用的新变化,特别是信息城市/互联网城市与传统意义城市的不同。甄峰(2004)总结了国外网络空间作用下城市空间结构演变,分析了 ICTs、信息因素、知识因素、创新因素等新空间因素的影响及其将产生的空间影响,提出 ICTs 影响下的区域城市网络是城市地理研究的新方向(甄峰等,2007)。汪明峰和宁越敏(2004)考察了基于中国互联网骨干网络架构之上的中国城市体系格局,研究了中国信息网络城市的崛起与节点的可达性。之后，又通过骨干网络节点可达性的分析发现，中国互联网基础设施的空间格局整体上趋于均衡，节点可达性基本遵循原城市等级体系(汪明峰和宁越敏，2006)。此外，刘春亮和路紫(2007)则研究了省会城市信息节点的辐射空间范围与差异问题。路紫等(2014)研究了基于传输速度的中国城市节点间互联网信息联系通达性问题。这些研究对互联网基础设施建设重构城市竞争优势有较大的指导意义。

在城市内部层面，应主要关注在信息产业发展与布局、ICTs对城市居民出行，以及产业/企业空间组织作用下，城市空间形态和结构的新变化，特别是城市空间结构变化的影响因素及其演变取向问题。研究中应重点关注ICTs对城市内部空间影响的4个主要途径，即远程办公或是电子通勤、对其他出行的替代与增强、交通信息化和企业区位选择的灵活性。张楠楠和顾朝林(2002)研究了城市空间由地理空间转变为复合式空间的趋势，提出信息社会的城市空间是一种地理空间与网络空间交互的复合式空间。年福华和姚士谋(2002)重点探讨了ICTs对城市空间发展的潜在作用，指出未来城市空间的发展趋势是分散与集聚并存。王益澄(2003)提出城市功能区空间置换与新增长点形成是信息产业影响城市内部空间结构的主要形式。周年兴等(2004)则讨论了ICTs及网络作用下城市交通、居住、工作和游憩功能的转变问题，并认为这些转变进一步通过改变土地利用方式影响城市空间结构的变迁。李江和段杰(2002)也对互联网时代的城市功能转变、城市规划和商业布局等问题进行了研究。路紫等(2013b)研究了体验性网络团购对城市商业空间组织的影响，选择石家庄7网为资料源，探讨一种新型电子商业业态——体验性网络团购对城市商业空间组织的影响。

3. ICTs对产业/企业空间组织变革的影响

ICTs对产业/企业空间组织变革的影响研究是ICTs与经济空间组织研究的重点之一，国内近年来在该领域取得了较大进展。其研究是以假设ICTs对产业/企业空间布局、产业链空间组织等有积极作用为前提，并重点探讨作用发生机理、影响程度，以及不同类型与规模企业的异同点。刘卫东等指出ICTs既是企业管理变革的驱动力量，也使这种变革成为可能；ICTs驱动下企业管理模式发生了管理理念从以生产为核心到以消费者为核心、管理框架从垂直分层(金字塔形)变为扁平化(流的管理)和管理范畴从内部管理变为供应链控制三种主要变化；时间成本和时间依赖性是ICTs作用下企业空间变化的本质(刘卫东等，2004)。阎小培(1995a，1996)研究了信息技术产业的空间分布，分析了ICTs对企业区位和劳动空间分工的特殊影响。路紫和刘岩(1998a)揭示了ICTs是"公司空间组织、联系和运行的战略要素"，认为在组织和行为之间建立网络关系可能影响区位模式并改变组织方式；指出ICTs在重新布局决策中的作用是隐性的，是以某种确定的方式影响着公司脱离"原址"并重新定位的(路紫，2000)。刘卫东等(2004)研究了这种技术对工业园区空间组织的影响，指出这种技术使经济活动的新结构、新空间、新组织成为可能，并与相应的产业、组织、机构或基础设施共同应用。宋周莺等(2007，2009)指出基于ICTs所形成的网络联系逐渐成为产业集群关系网络的主要内容之一，且ICTs促进企业生产活动的空间集聚及销售活动的空间扩散。汪明峰和李健(2009)认为ICTs促进了知识的扩散、应用和创新，从而使得企业学习和创新过程呈现出交织并存的全球层次运作的跨国企业网络和在地方层次演进的企业集群网络两种模式。宋周莺和刘卫东(2012)提出信息时代的区位选择问题，包括 ICTs 导致的不同类型非信息产业企业区位选择变化、不同类型信息产业企业的区位选择规律，以及网络空间中"虚拟企业"的虚拟区位选择问题。丁疆辉等(2009)证明了时间因素在 ICTs 导致生产链空间组织变革中的重要性，发现其影响主要为生产链某个环节管理功能加强，且对产业升级后整个生产链空间组织作用明显。孙中伟(2009)研究表明，信息化与流程再造构建了海尔以"订单信息流为中心的市场链业务流程"管理模式，并使远距离管理与监督成为可能；信息化直接导致了海尔与供应商的网络虚拟集聚，但在实体集聚中的作用尚待考察。

新的 ICTs 是促进集聚还是促成分散，是经济地理学者需要回答的最重要的问题之一(刘卫东和甄峰，2004)。现实是 ICTs 既导致了一些经济活动的分散，又导致了某些经济活动的集聚。可以选择不同类型的企业进行实证，具体探讨企业对 ICTs 的采用及由此导致的空间组织问题。

2.2.3 ICTs 对社会活动空间结构的影响研究

1. ICTs 对人类空间行为的影响

ICTs 对人类空间行为的影响研究主要包括 ICTs 对人类交流方式，以及对人类决策模式与空间行为的影响。魏宗财等(2008)提出地理实空间的传统联系方式比例逐渐下降，而网络虚空间的远程通信方式处于主导地位；地区城市间个人联系和交流变得频繁，且个体联系频率指数的增幅与城镇等级呈显著正相关关系。甄峰等(2009)则研究了信息化对南京城市居民出行行为的影响，发现在家办公的形式减少了日常的工作出行；信息网络对居民日常出行的引导作用日益突出，并出现了部分替代；城市居民家庭的交通通信费用大幅增长，上网时间增长较快。此外，杜丽娟等(2007)还研究了中国老年人互联网认知与其行为决策的关系问题。

2. ICTs 对空间与地方的认知和表征的影响

ICTs 包含多种媒介，而媒介则是认知和表征空间与地方的主要途径。媒介作为人的延伸，虽然与人的关系是相对独立的，但却对人的感知与认知具有强烈作用，特别是电报、电话、广播、电视、互联网等电子媒介的广泛使用。一方面，对个人行为环境内的空间与地方认知通过身体感觉器官和媒介实现，对个人行为环境外的空间与地方认知则主要通过媒介实现；另一方面，对空间与地方的表征也主要通过媒介实现。这实际上就相当于 Adams 提出的"媒介中的空间"和"媒介中的地方"两部分。与"空间中的媒介"和"地方中的媒介"相比，这部分研究明显不足。今后研究可从以下 5 方面着手：①媒介对空间与地方认知的影响机理；②媒介在表征空间与地方中的作用机理；③不同媒介在认知和表征空间与地方中的差异性；④不同时代媒介认知和表征空间与地方的特征；⑤认知和表征空间与地方变化的社会影响。

3. ICTs 对政治与监督的影响

ICTs 特别是互联网既是人类争取政治权力的工具，同时也是政府对公民监督的工具。相关研究可从以下 4 方面展开：①ICTs 通过何种方式以及在多大程度上扰乱了实体空间中的权力结构。以网络空间为例，透过提供新的传播媒介、游说与投票方式，网络空间很有可能推翻了传统以地方为基础的政治与法律系统；网络开创了新的监控模式、扩张并深化了监视人类的方式；通过在线交流和电话相结合方式降低了进行社会动员的成本(包括时间、资金和劳动力)；人类的民主与人权意识得到提升，从而促进了落后民主进程的解体和新民主进程的推进。目前，很少有研究涉及这些论点，也很难确定网络空间到底改变了多少政治结构与权力关系。②不同国家和地区互联网审查制度的差异。网络空间并不是人类完全自由的乌托邦，相反其也处在政治的监督与干预下。Warf(2011)研究了全球互联网审查制度的地理学，为后续研究提供了借鉴。③发生在互联网/网络空间中的国家主权和权益之争，如电子地图中的疆界划分、互联网地址资源的分配、瓦解美国互联网霸权等。④电子政务是如何通过改变政府工作方式和效率，进而产生地理影响的。

2.2.4 信息化与区域经济发展关系研究

信息化是"人文地理学以信息为对象的研究"的重要着眼点和研究热点。在中国，信息化是指充分利用 ICTs，开发利用信息资源，促进信息交流和知识共享，提高经济增长质量，推动经济社会发展转型的历史进程。陈述彭(2001)最早对地理学的信息化问题进行了理论描述，为该领域的研究指明了方向。信息化与区域经济发展的关系研究重点揭示了 3 方面问题，即区域信息化建设水平与路径选择、信息化对区域经济发展的作用机理、信息化与区域某方面发展的关系。

在区域信息化建设水平和路径选择方面，区域信息化水平评测、影响因素和路径选择是研究的主要切入点。有学者构建了中国区域信息化评价体系，得出万人网络、万人移动电话和人均 GDP 是决定区域信息化水平的关键(吴玉鸣，2004)。强小安和王晔(2004)提出了中国信息化发展路径。张林和陈才(2005)将东北老工业基地信息化发展战略归纳为内外兼修、软硬兼施、网络协作和知识为本。耿兴荣和林炳耀(2002)尝试建立了中国地区信息化评价指标体系，并通过主成分分析法综合评价了中国各省(区、市)的信息化水平。

在信息化对区域经济发展的作用机理方面，其研究必须建立在科学认知其要素、技术、设施、经济和运动等多重形态的基础上(孙中伟等，2008)。具体作用可分为通过信息产业和信息化设施溢出效应直接促进区域经济发展，以及通过优化区域经济空间组织间接促进经济发展两方面。阎小培(1995b)分析了信息产业发展导致的产业空间变化，探讨了信息网络和新产业空间对世界城市体系的影响；杨君锐等(1995)探讨了信息基础设施与农业的关系，认为信息产业是促进中国农业发展的重要环节；胡世雄(1997)评述世界地球信息产业的发展趋势；承继成等(1998)指出 GIS 技术与国家信息高速公路是密切相关的。滕丽等(2006)从信息产业和信息化设施溢出效应两方面测算了信息化对中国经济发展的作用,结果显示大部分省区信息产业与区域经济增长呈现不同程度的正相关性,信息化设施溢出的增长作用存在区域差异。刘慧等(2007)的研究表明,江苏省信息服务业对经济总量增长的贡献明显大于信息制造业,且其信息消耗对GDP的边际贡献始终高于全国整体水平。李斌和刘琳(2009)得出信息化对湖南省经济增长的贡献仅次于劳动力和资本要素的结论。王益澄(2003)以宁波市为例,研究了信息产业发展对城市产业结构、社会结构和空间结构的影响。此外,刘卫东和甄峰(2004)分析了ICTs对经济空间组织变化的影响,并提出其作用虽重要但仍是一种提供可能或促成发生的介质。

在信息化与区域某方面发展关系层面,信息化可通过促进区域某一方面的发展,进而推动区域经济发展。研究视角包括信息化与工业化、信息化与城市化、信息化与城乡一体化、信息化与农村地区发展以及旅游信息化问题等。例如,彭鹏等(2002)开展了湖南省信息化对工业化的带动性研究。此外,孙中伟指出信息化可促进老工业基地产业结构优化和区域空间重组,以其提升传统产业并积极发展信息产业是推动老工业基地产业成功转型的重要动力(孙中伟,2008)。安筱鹏(2003)揭示了城市化与信息化的协同及其对中国社会经济发展的作用规律;孙中伟和侯春良(2008)指出区域信息化合作既是区域合作的重要组成部分,又是区域合作的前提,并给出了区域信息化合作的模式和框架。丁疆辉等(2010)从农村信息基础设施发展、农村网民发展、涉农网站建设等角度出发,通过宏观与中观区域视角剖析了农村信息化的时空演变特征。Lu 等(2005a)提出了旅游信息化服务的一体化趋势包括四方面的内容,即整合的动力、整合的外表、外部结构的整合和整合的形式,这为省旅游局信息化的建设提供参考。李彦丽和路紫(2006a,2006b)针对区域旅游信息化出现的合作趋势,借鉴国内外旅游信息化或其他行业信息化合作模式,归纳出5种不同类型的合作模式,提出了模式的适宜度检测方法;并以京津冀为例,进行了旅游信息化合作模式的选取。这些文献在丰富了"人文地理学以信息为对象的研究"的同时,充分显示了该领域研究的应用性。

2.2.5 ICTs对区域发展作用研究展望

对ICTs未来发展趋势的准确把握,是研究信息地理学的关键环节之一。思科首席未来学家Dave Evans近期预测了未来十年改变世界的十大技术,其中和ICTs密切相关的有物联网、信息大爆炸、云服务的开发和利用、网络速度的增长、社交网络的发展和无缝连接、实物向虚拟物品转变等6项(Bort,2011)。到2020年,物联网中各种设备的数量将达到500亿台,全世界平均每人拥有超过6台设备;网速将提高300万倍;任何人将能够在任何地方的任何设备上传输信息。据此推断,ICTs对区域发展的影响目前很可能只处在初期阶段,其影响范围和幅度仍将继续扩大,但最终影响到底能到什么程度尚不得而知。但可确定的是,流动性、智能化、网络化和虚拟化将成为ICTs对区域发展作用研究的新特征,而互联网、物联网和地理网络空间将是最核心的两个研究客体。

互联网、物联网研究关注于提供技术和基础设施的物质视角,是窥视ICTs对区域发展作用的重要视角之一。研究切入点包括:①全球信息网络的形态、结构、城市节点体系与区域差异研究；②作为电信服务提供主体的电信运营商研究，如因微信、APP 平台、互联互通、免费 WiFi 等新技术应用对区域发展带来的新作用研究；③物联网技术应用对区域发展作用研究，包括智慧城市、智慧景区等；④大型跨国公司研究，探讨互联网对企业管理组织和分散布局的作用。

2.3 信息流及其导引作用研究

ICTs的应用范围和影响范围不断扩大，在地理学方面表现为地理空间和网络空间相融合，形成了全新的地理网络空间，地理网络空间的外在表现即为流空间。在流空间中信息流处于主导地位，对人流、物质流、资金流和技术流等若干其他流具有极强的导引作用(杜丽娟等，2008b)，这已成为"人文地理学以信息为对象的研究"的重要内容之一。

国外学者针对无形信息流对有形物质流的导引作用问题进行了有益探索。例如，Graham和Marrin(1996)将ICTs与信息产业对城市和区域的作用概括为协作效应、替代效应、衍生效应和增强效应，为相关研究提供了借鉴。Adams 和 Ghose(2003)从新ICTs的地理视角，对互联网促进印度向美国移民的真实作用进行了定性分析，描述了信息流对人流导引的一种情景，为同类型的研究指明一种途径。在国内，也曾有管理学科和工程学科的学者描述这种作用关系，如真虹等(2000)对信息流与交通运输相关性理论进行了深入研究，并分析了若干实例，为网站信息流导引人流的地理学透视提供了知识积累。

顺应国际信息地理学研究的发展，学者们从宏观到微观总结了中国人文地理学以信息为对象的研究、网络信息空间的地理学研究等。孙中伟和路紫(2005，2006)依据研究成果的影响力，归纳出国内此领域研究的5个热点，即新的空间形态及新的流、信息产业与信息化、互联网与区域经济差异、ICTs作用下的城市内部/城市间的格局演化和旅游在线服务；同时，初步确定流空间是未来研究的主要议题之一，并明确指出其中包括信息流对其他流态的导引作用研究。之后，孙中伟等(2007)将国内地理学者的网络空间研究分为互联网的区域作用、网站的地理研究和虚拟地理环境3个领域，发现在网站的地理研究中，网站信息流导引人流备受关注。至今，关于网站信息流导引人流的地理学研究成果较多，并显现出"人文地理学以信息为对象的研究"的新学科生长点的特点。基于此，以多种期刊数据库和搜索引擎为检索源，对网站信息流导引人流的作用机理研究成果进行回顾，以展示中国半虚拟半现实地理学研究的新进展。

2.3.1 信息流导引现实人流的相关影响要素研究

1. 要素间的关系

导引作用相关要素间关系框架的构建有利于网站信息流导引人流研究的系统化和理论化。信息流对人流导引作用相关要素间关系框架的研究从3方面展开，分别为网站信息流、人流和导引(方式)。柳礼奎和路紫(2007)给出网站信息流的定义，即互联网所提供的各种信息在空间和时间上由静态向动态转变的一种虚拟过程，它是由某一网站(信息源)向其他网站及信息接收者(网民)传递的全部信息集合,还在整合网站信息流基础上解释了流向的梳理、流量的调剂、流质的融合、流时的压缩和流速的提高。同时,将信息流导引下的人流划分为商务人流、政务人流、休闲人流、修学人流和其他人流等类型,并探讨各种人流的流向、流速、流量等特征,发现以商务、政务、休闲、修学等为目的的人流是网站信息流的主体反映,从而引发人流的聚集、扩散和交叉的分化。此外,将导引方式分为主动式、被动式和互交式,主动式具有拓宽信息渠道的特点,被动式具有增加网站信息流吸引力和智能性的特点,互动式具有促使非适时性向适时性转变的特点。

2. 单要素分析

网站信息流导引人流的单要素研究集中在网站功能性(智能性)和信息空间。网站作为导引人流的信息流产生源,其功能性和智能性研究是整个导引作用的基础(陈秀琼和黄福才,2006)。任伊铭等(2007)认为建立旅游网站智能化评估指标体系,并运用模糊聚类分析方法进行评估尤为重要。吴士峰和路紫(2007b)通过剖析网站功能性的研究成果,发现网站功能性的强弱直接影响信息流对人流导引作用的大小。韩冰和路紫(2007)对19个户外运动网站论坛进行跟踪研究,以论坛内容的吸引力、论坛对网站发展的作用、论坛对出行的指导为标准选取评估指标,并确定赋值标准和权重,计算综合评估指数,结果显示户外运动网站论坛的互动作用对个人出行行为具有很强的导引作用。丁疆辉等(2006)以电子政务门户网站为例,利用OSA方法检测网站的服务功能,结果显示中国电子政务门户网站的在线服务和"人性化"服务理念较差,也说明了电子政务门户网站信息流对人流的导引作用(替代作用)较弱。

另外,信息空间作为导引人流的信息流载体,其研究尤为重要。张葳等(2006)以信息空间中的电信流为对象,揭示出信息空间中不仅存在信息流对各种物质流的导引作用,而且存在各种物质流对信息流的增强、替代、协同和衍生作用,扩充了信息流导引人流的研究思路。刘春亮和路紫(2007)通过计算信息网络节点城市的辐射面积,得出信息流对人流产生导引作用的空间范围。路紫和李彦丽(2005b)认为旅游目的地营销系统(DMS)正在成为区域旅游信息化服务的核心平台,并逐渐成为旅游主管部门、旅游企业和旅游消费者互动的第一界面,它对于解决以往旅游信息化建设中出现的基础工作薄弱、信息共享不足、建设模式单一、市场机制缺乏等问题发挥了巨大作用;其发展水平已成为衡量区域旅游信息化程度的主要标志,其提供的旅游信息必将会对现实旅游客流产生越来越大的影响。

2.3.2 信息流对现实人流导引过程和导引机理研究

网站信息流对人流的导引是一个信息决策和执行的过程。学者以不同类型的网站为例剖析了网站信息流导引人流的过程、机理和方式。

1. 导引过程

在导引过程研究上,有学者以旅游网站对人流的导引为例,描述了导引过程对网站功能性和服务性的依赖，表现为对网站的点击、访问、回访等行为(路紫等，2007a)；也有学者从网站和使用者两个主要角度展开研究，将网络信息流距离衰减对人流的导引过程细化，归纳为信息获取的空间分布影响决策进而影响人流的过程(孙中伟和路紫，2007)。

Lu 等(2006)以中国赴澳大利亚留学生在留学前、留学申请过程中及成行后对互联网的应用现状调查为基础，探讨信息流如何通过智能电子商务服务指导人流，且证明导引功能和过程的合理性，揭示了网站通过信息可用性、精确性、丰富性和智能性对个人行为产生的直接导引作用。路紫等(2007a)选取澳大利亚旅游网站为研究对象，对导引的内部过程进行了细致分析，研究了旅游网站信息流导引旅游人流的若干问题，证实了虚拟流动对现实流动的作用性，提出旅游网站信息流对旅游人流导引的过程是通过网站功能性与服务性完成的。具体包括访问路径对潜在人流的导引，旅游网站往往与著名搜索引擎链接；信息应用对旅游人流的导引，访客关注的内容依次是地图、住宿、订购航线、旅行指南、交通工具租赁、吸引物、特殊旅游等；在线预定对旅游人流的导引，多以国际航空旅行和住宿为主。此外，以澳大利亚各国际客源市场区为例，通过分析旅游信息流因素的变化，透视基于旅游网站功能性与服务性的信息流对旅游人流导引的过程，给出了旅游网站信息流对不同类型旅游人流导引的强度。

王杨等(2006)基于使用者角度探讨中小型"自我依托"户外运动俱乐部网站信息流对人流的导引作用，认为这种作用经网站使用者的信息获取、知识转化、认知与决定的过程而发生。信息获取有两种方式：一是直接在网站上浏览信息；二是通过在线的信息交流获得。知识转化有两种方式：一是将有形的户外活动图片和实物信息等转化为无形的感性知识，属于直接知识转化；二是将出行经验、技巧和交流心得等上升为理性认识，属于间接知识转化。

2. 导引机理

在导引机理研究上，学者均关注获取信息、进行决策、执行的过程，也关注以何种方式和在多大程度上被网络信息流的相关特性所影响。路紫等(2007a)从旅游网站使用比和旅游网站信息比两方面揭示了旅游网站对旅游人流导引的机理，概括了游客如何受到旅游网站信息流的影响及其产生变化的过程。通过澳大利亚信息流的导引作用透视，提出网站信息流是互联网信息传递的基本形式和唯一介质等观点，是众多形态流中最具影响，并对人流的产生与变化发挥巨大的导引作用的结论。

孙中伟和路紫(2007)以中国赴澳大利亚留学生在留学前、留学申请过程中及成行后对互联网的应用现状调查为基础，研究了中澳网站信息流对留学人流导引作用的影响因素，分析了基于网站使用者角度的导引过程机理、基于网站功能平台角度的导引组织机理、基于新旧空间作用角度的导引实现机理等，并强调留学生通过信息发布平台、人流集聚平台、在线交流平台和留学组织平台4个功能平台实现流动，由此建立了由不同类型中澳留学相关网站构成的"中澳间留学交流地理网络空间图式"，并从网站使用者申请过程、网站平台组织和导引实现作用3个层面揭示中澳留学网站信息流对空间人流的导引机理。研究显示，大量中澳留学网站的建立虽在留学人流空间移动中不起决定作用，但起到了较大的促进作用。

此外，孙中伟(2006)以互联网时代中澳间的总体及物流、资金流和人流3个具体方面作用现状为分析基础，确定出当前中澳人流相互作用的类型，进而划分了演变所经历的4个阶段，揭示了中澳人流相互作用流的形成机理，总结出互联网时代中澳相互作用的3点特征，即信息流、人流和物流流动的异路性；资金流、留学流和移民流流动的显著单向性，以及距离因素作用的相对弱化。王杨等(2006)概括了乐游俱乐部网站会员交流模式的本质，并总结出网站通过信息、集聚、交流和组织4种功能平台实现信息流对人流的导引作用。

柳礼奎和路紫(2007)以旅游网站为例来透视导引作用的机理，认为其外部机理是不同空间信息流距离衰减的耦合；孙中伟和路紫(2007)认为网络信息流对人流的导引是基于新旧空间的协同、替代、增强和衍生作用来实现的；韩冰和路紫(2007)选择9个评估指标构建户外运动网站论坛的功能评估框架，对19个户外运动网站论坛进行量化分析与评估，计算出综合评估指数，与各户外运动网站实际的出行数据相结合进行了分析。结果表明，论坛的互动作用对个人出行行为具有很强的导引作用，论坛的互动作用对个人出行的影响集中到论坛管理、财务报告和出行召集三大板块上，并由此分析了户外运动网站论坛的建设问题。甄峰等(2009)基于大量实际资料的仔细研究提出，距离因素所带来的成本和网络对日常出行的导引作用共同促成了家庭办公的出现，可见信息网络对居民日常出行的导引作用日益突出，并出现了部分替代。

3. 导引方式

在导引方式研究上，柳礼奎和路紫(2007)以网站信息流的整合为切入点，从信息流受众接受信息的角度出发，将网站信息流对人流的导引视为主动式导引、被动式导引和互动式导引，剖析了与网站信息流导引密切相关的多种人流规律。韩瑞玲等(2010)以杭州市智能居住小区网站为例，分析了虚拟社区信息流对现实居住社区人流导引作用的两点表现——存在性与同质性，研究发现虚拟社区对现实居住行为的导引是客观存在的，其中网站智能性在导引中发挥了巨大作用，而受影响人群的同质化是虚拟社区信息流对居住人群导引的突出特征，并将其对人流的导引方式分为联盟式和口碑式导引，其实质是主动导引与被动导引的有机结合；王杨等(2006)通过实证分析游客网络行为，也认为网络信息流距离衰减对人流的导引方式应分为主动式导引、被动式导引和互动式导引；吴士锋和路紫(2007a)以网站信息流的整合为切入点，除了将网站信息流对人流的导引分为主动式导引和被动式导引外，还增加了互动式导引。这些关于导引方式的研究均是基于某一具体地点，从一个层面证实信息传输是有距离制约的。

此外，Lu等(2005b)通过将网站使用者作为出发点来研究虚拟—现实组织特征，也能发现许多信息社会人文地理学面对的电子服务网点的区位选择问题、网站智能性对人流的导引问题。

2.3.3 信息流与现实人流的相互作用研究

该领域主要集中在网站使用者时间行为和供需行为两方面的研究。

1. 网站使用者时间行为

针对网站使用者时间行为,路紫等(2007b)应用多种网上查询系统和网站访问量统计工具,获取了旅游网站使用者时间分布资料,总结了旅游网站使用者日内、周内、年内行为的时间分布特征,进而讨论了旅游网站使用者人数与景区旅游者人数之间的相关性及其信息流对人流的导引作用。路紫等(2010)应用国内不同类型旅游网站Alexa排名和访问量查询系统,获得了一组不同起始时间的日内、周内、年内使用者行为的时间序列资料,基此研究了多时间维度下的旅游网站使用者行为特征,研究中特别关注旅游网站交互功能的作用。首先给出了一种分析多维时间序列的"多时间维度"方法,以便用单一的集合数据测量若干时间序列周期的访问量变动;然后解释了这些行为特征可能受到的不同旅游网站功能的影响。研究发现:使用者在日内行为上不断增多的均匀化分布主要发生在网上交流与组织功能较强大的网站类型中;使用者在周内行为上周末较少状态的改变以信息功能类网站表现显著;使用者在年内行为上也因旅游网站功能不同而存在一定差异,节后访问高峰现象与新的网站功能的使用密切相关。路紫和李晓楠(2011)应用时间日志调查系统,以及Alexa排名、访问量、页面浏览量查询系统,获得了不同类型旅游网站使用者日内、周内、年内行为的近新资料,据此总结了时间分布的复杂化特征及其与网站功能深度使用之间的内在联系。研究发现:旅游网站使用者日内行为不同于一般峰值规律的均匀化分布形态特例增多,其主要存在于网上交流与组织功能较强大的网站类型上;旅游网站使用者周内行为周末较少的状态正在改变,信息功能类网站较其他功能类网站周末增多现象显著;旅游网站使用者年内行为已出现节后访问高峰的现象,访问行为时间分布不断广泛化。

2. 供需行为

针对供需行为,Lu等(2005,2006,2007)为解决如何提高旅游网站在线服务能力和旅游网站使用者满意度之间的协同问题,提出了若干反映网站信息流与现实人流关联性的模型:①通过构建一个五边复合模型(顾客在线购买目的、网站创建者商业策略、网络供应、地区旅游组织在线管理和顾客满意度)有效揭示顾客对网站的满意度标准,为网站信息流作用于现实人流奠定了基础,此模型着重研究在旅游网站的成功应用中,客户对在线服务评价标准的满意度;②基于旅游网站的功能建立了一个使用者满意度的供需双层分析模型,其第一层为网站使用者的需求,包括购买倾向性、购买经验、购买感受和个人心理4个因素;第二层为网站创建者的供给,包括旅游环境平台、人力资源、行业管理、企业管理和信息管理4方面;这两层面的相互作用充分体现了网站信息流与人流的关联性,并以北京为例,测量和分析网上服务的供给需求差异;该模型可以使用在区域旅游管理方面,以找出有关旅游网站的活动特点,还可以从客户的满意度和旅游网站的利润中获得建议；③提出了顾客在线购物行为模型，用以描述顾客在线购物行为与顾客电子化要求之间的关系。此外，刘立等(2006)以收费信箱为例，将网络使用者的属性划分为6方面35种元素，建立了网络使用者行为决策模型，分析发现不同属性的使用者在信息选择决策过程中的影响差异：年龄属性对用户信息选择的影响最强烈，收入和区域属性的影响最微弱，性别、职业、学历等属性的影响居中。杜丽娟等(2007)以老年人应用互联网的特殊需求为对象，进行了查询信息、收发电邮、选择出行3方面调查，分析了中国老年人应用互联网的态度、互联网在其相关决策中的作用及其长期积累的经验对决策的影响。此研究为针对特殊子人群开展网站供给与使用者需求间的关系研究提供了参考。高亚峰和路紫(2006)从旅游网站信息功能方面出发，探索了其与旅游预订行为的关系。

2.3.4 信息流导引力模型设计

导引力方面的研究也包括两部分：距离衰减模型和替代效应模型。

1. 距离衰减模型

信息流自身的导引力具有极强的抽象性，研究难度较大。路紫等(2007a)通过计算国际客源市场区中使用旅游网站的游客数占总游客数的比例，以及网站信息在游客信息源中的比例(信息比)来确定导引力，由此总结出旅游网站信息流导引人流的强度因不同类型的游客而异，为导引力的研究打开突破口。李彦丽和路紫(2006c)通过分析中美旅游网站的类型、市场规模和经营模式，总结出影响使用者决策的在线旅游空间距离因素，发现两国旅游网站信息流的导引力共同遵守"虚拟距离衰减"规律，给出虚拟距离衰减为使用者量与在线旅游空间距离之间的关系模型——"旅游网站虚拟距离衰减四维图"和"虚拟距离衡量预测支持模型"，均表现为旅游网站使用者数量随在线旅游空间距离的增加而逐渐减少。据此解释了旅游网站赢利与发展乏力的问题，提出预测旅游网站发展模式的新方法——"虚拟距离衡量法"，为以后的实证研究奠定了基础。元媛等(2008a，2008b)以距离衰减模型为理论依据，设计了一套研究中国城市间网络服务器信息流传输随距离变化情况的方法，并以中国教育科研网为对象，应用ping命令，获取国内各测试点之间的网络延迟时间(网络距离)资料，并应用GIS软件辅助测量工具，构建城市间网络距离衰减曲线，并通过查取使用者使用密度和时间形态方面的信息、应用SPSS数学软件进行数据的离散性分析；同时，以信息传输距离衰减理论、信息流量扩散理论为基础，对中国网络信息流距离衰减研究体系进行设计，在设计过程中分别对其研究对象、研究方法和模型、模型应用3个方面进行了深入探讨和分析。

2. 替代效应模型

针对替代效应问题，刘红和真虹(2000)构建了电信技术发展与城市交通客流量之间的替代模型，并给出利用多项式最小二乘拟合和方差分析法求解替代函数的一般过程。吴士锋和路紫(2007a)参考这一模型对信息流导引人流的一种类型——替代做了深入研究，并把研究领域从单一城市扩展到国家范围，把研究对象从电话这一传统信息流传输工具推广到网站信息流这一新兴信息流传输工具,并应用于信息流对现实人流导引作用的研究中。应用统计方法对中国互联网发展状况统计报告的数据进行处理,得到网站信息流指标和现实人流指标,带入模型中计算出网站信息流对现实人流的替代函数,并应用所获得的替代函数对模型进行了预测检验,证实了虚拟的网站信息流对现实的地理空间人流具有滞后性、逐步增强性和信息流增长快于人流增长的规律。此研究丰富和发展了虚拟-现实导引研究的基础理论和定量方法,推进了无形信息流对有形物质流的替代作用研究。Lu等(2008)揭示了网站信息流对人类行为的决定和人流的地理空间的特征,采用收集在CNNIC的统计数据,提出和计算替代功能和执行功能,并进行比较。结果表明,网站的信息流通起着决定作用,以指导人的决定和实际行动从一维到多个层面。

Lu等(2010)使用中国互联网发展,以及相关智能决策模型的数据进行了影响函数的计算。根据研究结果,从多角度阐述了网站信息流对人流影响的特征,网站的信息流对现实人流的影响可分为替代效应和增强效应,从而使网站信息流对人流的导引作用从一维形态转换到多维形态。还指出,一方面,虽然网站信息流在一定程度上具有滞后性,但是它在逐步增强,且增长速度高于现实人流;另一方面,通过比较两个函数强度的演变趋势,可以看出增强函数比替代函数后出现,但是发展快、作用强。通过比较模拟值与实际值,证明了网站信息流的影响基本上是按照与现实人流的关系变化。

2.3.5 信息流对现实人流导引作用研究展望

信息流对现实人流导引研究主要集中于国家间及一国单一区域\城市内两个尺度,通过上述分析可见:第一,在信息流导引现实人流上指出,网络信息流对现实人流的导引过程集中于"登录网站—获取信息—做出决策—形成人流"四步,导引机理在于不同空间信息流与现实人流的耦合,并揭示了导引人流的"主动式、被动式和互动式"三种方式。第二,增强作用和替代作用同时存在的作用模型。信息流对物质流的导引作用表现为协同作用、替代作用、增强作用和衍生作用,在实际中每种作用都不是孤立存在的,加强综合作用的模型研究已成为当前的重要任务。第三,虚拟社区中信息流通过用户的交流产生的导引作用。虚拟社区是ICTs发展所形成的新的人类生存空间,它与现实社区最大的差异是在地域空间的界定上,它使网络空间内的人际交往超越了地理界线的限制,所以研究虚拟社区与现实社区人类活动的关系时,信息流导引人流的解释必不可少。第四,地理网络空间跨距离的作用衰减问题。虚拟距离衰减规律可以直观地阐述网站与使用者的"使用关系"问题,这对于网站、使用者研究具有重要意义,为网站评估、发展预测提供了新的理论依据和方法,这个新派生出的研究课题将成为"人文地理学以信息为对象的研究"的重点。

在开展网站信息流对人流导引作用研究工作的过程中,探讨出了一些新的研究方法,使其研究达到了预期目标。例如,创立地理网络空间图式分析模式、区域间互联网网络流构造分析模式和俱乐部会员交流分析模式等新思维对导引作用的强度进行测度与评估。再如,选取国家间、国内区域间、城市内部三种区域关系及其对应的中澳留学网站、事件型旅游网站和户外运动俱乐部网站三类网站,分别研究典型状况下信息流对人流导引作用的存在系统，给出复杂变量下导引作用的机理。目前网站信息流对人流导引作用研究工作的难点有三个方面。第一，关于导引作用的多类型问题。该问题具体又包括两个层面：一是不同类型网站对人流导引作用的不同方式问题；二是同一类型网站对不同子人群导引作用的不同方式问题。第二，关于导引作用强度的精确评估问题。该问题的关键在于研究数据的获取与加工及其多种方法的复合应用。在占有大量数据的基础上，协同使用各种分析模式，以确保精确评估实现。第三，关于方法论的创立与应用问题。将所提出的地理网络空间图式分析模式、区域间互联网网络流构造分析模式及其俱乐部网站的会员交流模式有效的应用于导引作用的评估中。

未来在与现实空间因素相结合的综合分析上应给予更多的关注视角，进而确定量化指标体系，以期能够为对现实人流的导引提供理论支持。

2.4 信息传输距离衰减与电子区位取向研究

信息传输距离衰减和电子区位取向研究以经典地理学的"距离衰减"和"区位"两个问题为视角，确立了信息时代 Internet 深度应用背景下流空间的复杂新特征。研究方向仍然是"信息社会的地理学"和"信息经济地理"。

地理学灭亡的观点出现后，针对经典地理学理论而展开的研究已成为地理学者关注的重点。"距离衰减效应"和"区位论"作为地理学的两大经典理论，在信息社会中是否依然有效，又将发生怎样的变化，成为信息社会中地理学发展变化的关键问题之一。基于信息化的时代背景重新审视距离衰减及其关键因素的变化，将有助于地理学的区域关系研究迈向一个新的阶段。本节旨在分析近年来"网络信息流距离衰减"各主要领域的研究状态，为现实主义的"网络信息空间"特征的深入研究奠定基础。

为获得近年国内网络信息流距离衰减研究的资料样本，本节以中国期刊网 2006~2011 年的学术文献为检索来源。从资料样本年度分布看，文献数量上升趋势明显，增长曲线稳定，表明近 5 年国内学者对"网络信息流距离衰减"问题的研究形成了稳定的规模和方向。通过对资料样本的关键词进行分类，并结合其研究内容，可归纳出网络信息流距离衰减的 4 个研究领域：①信息衰减形态特征研究，包括"矢量衰减"、"模糊衰减"和"指数和高斯衰减（集中度分析）"三类；②信息衰减对人流导引的研究，涉及导引机理、导引过程和导引方式；③基于信息衰减的电子区位取向研究，涉及地理空间作用、诸多新因素作用等；④信息衰减研究的新领域，主要涵盖了 SNS 中人际交流的群组结构和危机信息的网络传播特点两方面。从四个研究领域所涉及的资料样本分布情况来看，近年来国内相关研究主要集中在前两个领域。

2.4.1 信息传输距离衰减研究

衰减模型和衰减因素作为网络信息流距离衰减的基础性研究要素，为不同研究领域的量化和实证分析提供了必要的理论支持，具有方法论意义。国内相关研究以实证和量化研究占主导。

1. 信息衰减形态

国内近年相关文献研究应用因子分析和函数模型等方法，从不同视角阐述了网络信息流距离衰减的形态，研究已比较完善。具体描述了以下 3 类形态特征。

(1) 多样化的"矢量扩散"衰减形态。张秋弈和路紫(2011)依据距离衰减理论对 25 个旅游网站的使用者空间分布资料进行一般性和复杂性分析，认为旅游网站国内使用者的空间分布存在复杂的距离衰减性，具有明显的地方性特征，使用者的空间分布呈现出不连续性、跳跃性的扩散形态，而这种形态的产生是具有明显的定向性的，进一步通过分析衰减逆曲线拟合特征，得出旅游网站信息流距离衰减的波动特征，受经济因素影响的波动特征大多表象出定向性；路紫(2009)从网站使用者、网站友情链接、网络延迟时间随距离的变化趋势进行分析，曾预计信息衰减的基本表现形态之一即是矢量的。杨小彦等(2010)认为各旅游网站的空间洛伦茨曲线的弯曲程度存在一定差异，且基尼系数大小不同，表明其距离衰减的集中度存在差异。邓丽丽等(2011)认为，不同性质的旅游网站信息流距离衰减的集中性存在差异，分别表现出具有明显的本地集中性特征、兼有本地集中性和经济集中性特征、具有明显的经济集中性特征。张秋弈等(2012a)认为旅游网站信息流距离衰减形态的分异特征与旅游网站的主要功能之间关系密切，信息发布为主兼有预订功能的旅游网站距离衰减形态较为复杂，预订为主兼有信息发布的旅游网站和论坛为主的旅游网站距离衰减形态基本一致波动性较小地方性显著，政务为主的旅游网站距离衰减形态表现为波动性较大地方性不显著的特征，依据旅游网站信息流距离衰减形态的规律，可指导旅游网站服务功能的建设和组织不同距离上的旅游流。

(2) "模糊距离衰减"形态。多名学者发现如果依照传统的距离衰减概念体系，网站信息流几乎没有显著的距离衰减变化，但之间存在复杂、微弱的模糊关系，主要表现在距离衰减与区位取向的说明上，认为模糊距离衰减与精准距离衰减的研究具有同样的意义(路紫，2009)，并认为，随距离无限增大，网站访问量将保持在一定水平上，衰减性不再明显，呈现出"模糊"特征。张秋弈等(2012b)利用 SPSS 软件对旅游网站日均访问量与实际距离两个变量进行分析，发现：旅游网站信息流距离衰减性呈陡降—缓慢递减形式，呈现直角性、波动性、长尾性特征，直角性解释为旅游网站使用者地方性倾向，波动性是由地区发达的经济和完善的网络基础设施导致的，长尾性印证了信息流低成本基础上的距离均一性。在此基础上，应用旅游网站日均访问量的空间分布数据及网站功能资料，进行旅游网站信息流距离衰减形态分异及其与网站功能相关性的研究。结果发现：旅游网站信息流距离衰减形态具有显著的波动性分异特征和地方性分异特征，随着旅游网站信息流距离衰减波动性分异特征从显著性到不显著性的变化，其距离衰减程度依次增强，其逆曲线衰减的符合程度依次上升，而随着旅游网站信息流距离衰减地方性分异特征由显著性到不显著性的变化，其距离衰减程度依次减弱，表明不同网站间信息流距离衰减存在多样性变化(张秋弈等，2012a)。此外，张秋弈和路紫(2011)利用地理集中度指数，对旅游网站分省访问量数据进行分析，用以揭示其本地集中性与经济集中性特征，研究认为距离衰减具有明显的本地集中性和经济集中性特征；各旅游网站信息流距离衰减的空间洛伦茨曲线呈内凹型，距离衰减的集中度较高、空间分布不均衡。杨小彦等(2010)应用区位熵、空间洛伦茨曲线与基尼系数三个指标,也证实了信息流距离衰减具有明显的本地集中性和经济集中性,且集中度较高,并映射出在导引现实旅游客流的流量和流向时,考虑本地和经济发达地区使用者的需求的必要性。

(3)"指数衰减、高斯衰减和逆曲线衰减"形态。杨小彦等(2010)应用多种模型模拟旅游网站信息流距离衰减形态,说明其主体符合峰值衰减形态,指数衰减的单峰形态和高斯衰减的多峰形态同样适用,此基础上逐级递进的分别应用 Zipf 定律和地理集中度方法描述了空间距离衰减的集中性问题;张秋奕和路紫(2011)也证明了旅游网站信息流的位序-规模分布符合 Zipf 定律,并发现其以单分形特征为主,其信息流的规模结构具有明显的空间分布集中性,该集中性表现为随分维值大小而相应变化。邓丽丽等(2011)从旅游网站性质的角度对其信息流衰减形态进行指数衰减模型拟合,认为旅游主管部门、旅游企业和旅游目的地网站等不同性质的旅游网站其衰减形态存在差异,依次表现为非常符合指数衰减模型、基本符合指数衰减模型、不符合指数衰减模型特征。程绍文等(2009)认为旅游网站数量自东部沿海向中西部递减,且主要集中分布于省会城市和旅游经济发达城市。张秋奕和路紫(2011)认为旅游网站信息流距离衰减的本地集中性受旅游网站性质影响,且其本地集中性越强,指数模型拟合优度指数越高,指数模型与网站数据点的匹配效果越好,各省份访问量越接近标准曲线,与拟合曲线的吻合度越高。张秋奕等(2012b)认为旅游网站信息流距离衰减符合逆曲线衰减形态。此外,邓丽丽等(2011)从旅游网站性质的角度对旅游网站信息流距离衰减形态与集中性的差异进行指数衰减模型的拟合分析,发现:旅游网站信息流的位序-规模均符合 Zipf 定律,说明旅游网站信息流距离衰减集中性较强,分维值的差异说明了不同性质旅游网站信息流距离衰减集中性存在差异,证实了空间距离集中性特征的普遍意义。

与传统距离衰减形态相比,网络信息流距离衰减形态表现出更加多样和复杂的特征,仍没有完全脱离传统距离衰减的约束,传统地理空间在信息社会仍然发挥着重要作用。

2. 信息衰减模型的表达与验证

在国外,Murnion 和 Healey(1998)就网络服务器中的信息流距离衰减模式进行了研究。国内学者为了较精确的测评网络信息流的距离衰减,设计了多种距离衰减模型,弥补了国内网络信息流距离衰减量化研究的不足。可将其分为描述衰减形态的模型、明确导引作用的模型和探讨电子区位取向的模型 3 类:①描述衰减形态的模型主要以用户访问量、网络带宽、网络距离等物质要素为参考,如李彦丽和路紫(2006c)将引力模型进行变形,实现了对网络信息流距离衰减曲线形态的确定和衰减状况的分析;邓丽丽等(2011)将城市人口密度分布的空间衰减模型进行变形,完成了对网站访问量随距离衰减的指数分布型曲线的模拟;②明确导引作用的模型则主要以信息流向、信息扩散和吸引等非物质要素为参考,梁辉(2008)以其定义的衰减函数证明了信息在区域间的传播是一个逐渐衰减的过程,但由于各区域信息吸收的比例不同,等量的信息辐射却形成了不同规模的信息流动;路紫(2009)分别定义出信息流量扩散模型、网络扩散模型和吸引度模型,为网络信息流距离衰减的空间分布集中程度、矢量扩散规律和吸引度的研究提供了科学依据;③探讨电子区位取向的模型主要通过经济、物流等物质参考要素来说明,如王贤文和徐申萌(2011)分别以空间误差模型和空间滞后模型探讨了电子商铺的分布与经济发展和物流水平的关系;俞金国等(2010)则尝试利用位序-规模方法来分析特定区域内电子商铺的分布情况。

3. 信息衰减影响因素

对于网络信息流距离衰减的影响因素及其变化,国内学者更多的只是在研究其他问题时有所涉及,有待形成统一认识。丁疆辉和刘卫东(2009)从信息基础设施的建设水平出发来确定影响因素,认为在信息基础设施到达的地方,信息和知识的可获得性趋同,信息基础设施发挥重要作用;张秋娈和路紫(2011)在应用多种网上查询系统和网站访问量统计工具获取了旅游网站的使用者空间分布资料后,依据距离衰减理论探讨了旅游网站使用者的距离衰减特征,认为网络信息流距离衰减是一个复杂的问题,网站自身特征影响十分明显;在此基础上,通过对旅游网站日均访问量的空间分布数据的定量分析,发现旅游网站功能的不同造成了信息流距离衰减的分异,旅游网站区域因素对其分异性也有一定影响(张秋娈等,2012b)。杨小彦等(2010)证实了地理距离仍然是虚拟旅游行为的限制因素之一。邓丽丽等(2011)认为旅游网站信息流的首位省(区、市)均存在于网站所在地或者周边省(区、市),其位序-规模的前四位总体为经济发达省(区、市),说明了旅游网站信息流距离衰减具有本地和经济集中性。杨小彦等(2010)认为各省(区、市)旅游网站信息使用强度与信息流距离衰减集中度无明显相关性。沈丽珍和顾朝林(2009)认为信息社会中主导空间形式不再是地方空间,而是流动空间,流动空间强大的流动性成为部分弱化人为隔离和距离摩擦对空间相互作用制约的重要因素。李彦丽和路紫(2006c)从时间、经济、感知和心理4个维度解释了在线旅游空间与使用者联系关系或"使用关系",认为在线旅游空间在四维上越接近使用者,在线使用越大。

可见近年国内学者对网络信息流距离衰减影响因素的分析,不仅深入到信息基础设施构建水平上,也深入到了网站特性和属性上,但对于使用者心理感知、行为导向等对需求的影响方面还有待挖掘。新近相关研究成果的特点是对物质要素与非物质要素进行全面分析并且逐渐向非物质要素转换,这点十分符合国际上需求理论的发展潮流。所以网络信息流距离衰减影响因素的全面梳理和确定,定将为下一阶段的复杂社会性网络服务(SNS)社区的地理关系研究提供理论支持。

2.4.2 电子区位取向研究

虽然各种类型的电子服务网点在信息时代层出不穷,但从空间特性的角度来分析电子服务网点的研究目前仍然较少。国内近年电子区位取向研究,主要形成了以下3个方面的认识。

1. 传统地理空间的作用

电子空间区位取向未完全摆脱传统地理空间的作用,其中信息流距离衰减仍在发挥作用。Lu等(2012)将模糊多准则决策模型应用到淘宝商城网络店铺的研究中,结果发现:

网络店铺在出售贵重商品时,如数码产品时,位置选择仍主要依赖于传统的社区基础设施。选择一个最佳位置是从一个重叠位置到完整位置的过程;网络店铺位置优化模型可以通过模糊计算处理不确定的数据。曾思敏和陈忠暖(2011)在网购产业链中发现,虽然信息流打破了空间的限制,但电子商铺的区位必须考虑配送空间的易接近性,电子商铺并未摆脱对传统地理区位的依赖;韩瑞玲等(2009)提出,户外运动网站区位也与传统的商业区位一样属于不确定区位的空间现象,也存在着主观潜在认识下的不统一条件的模糊性;汪明峰和卢姗(2011)的研究最具代表性,以当当网为例,认为地理因素和地理过程仍是电子商务中值得关注的层面,其发展仍然建立在地域根植性上,扩张也仍然遵循等级式的路径。

2. 电子空间区位复杂化

电子空间区位取向趋向复杂化。孙中伟等(2008)依据传统区位因素在信息时代的作用提出信息的瞬时性和有效性促进了主体间的信息交流,并使原有的区域空间结构发生了微调下的整体增强变化。路紫等(2011)采用一套基于邻域设施的模糊区位取向方法和模糊多属性决策方法,针对中国北京、上海、深圳、天津4城市淘宝网站六大商品类别网络店铺的空间集聚情况,通过其所属的完全、重叠、过渡和不完全4种区位类型,揭示区位取向的倾向性特征和信息时代区位影响因素的变化,并进一步探讨区位取向明显的数码类别商品的网络店铺的最优区位地选择。形成如下认识:①不同商品类别情况下区位取向有很大不同,分散与集聚共同存在;集聚只发生在贵重商品如数码类别商品的网络店铺上,其仍依赖于传统邻域设施;而绝大多数普通商品则相反,几乎不存在重叠区位的布局,已经表现出一种不再遵循传统区位地理论的新的区位取向规律;②不同商业模式下区位取向不同,消费者对消费者(customer to customer,C2C)电子商务对其影响更趋向于不同于传统的区位选择,表明C2C电子商务是网络店铺区位取向影响因素变化的基础,除了旧有的传输网络、货源供给、市场集聚因素外,技术劳动力因素、信任因素渐成主流;③地理限制确实表现出多方面的减弱,电子服务网点的区位选择更加复杂化,但是距离仍然发生着本质作用,在电子时代传统的区位理论将得到一定补充或纠正才能全面正确地解释电子服务网点的区位现象。黄建欢和王良健(2011)以证券公司网络运营为切入点,根据网络能够弱化距离限制和空间束缚的观点,证实了网络和区域因素均能够对证券公司网络运营效益产生影响。

3. 电子空间区位取向扩散规律

电子空间区位取向存在"中心-外围"扩散规律。韩瑞玲等(2009)以区位作用较明显的户外运动俱乐部网站为研究对象,应用模糊区位的区域分割方法,得出区位选择具有单个因素和多个因素并存的邻域设施取向规律的结论,这些因素通过中心-外围的距离衰减对网站区位构成深刻影响;路紫等(2011)采用基于邻域设施的模糊区位取向方法和模糊多属性决策方法,计算出基于邻域设施集聚的、区位取向明显的数码类别商品网络店铺的最优区位,选择最优区位是从重叠区位向完全区位过渡的,揭示了分散化与集聚化同时存在的倾向性特征和信誉度在信息时代网络店铺区位取向中的重要作用。王贤文和徐申萌(2011)通过对中国 C2C 电子商务进行宏观区位空间分布的分析，认为中国电子商铺的数量分布呈现出自东部沿海向内陆地区明显的梯度降低趋势，存在着非常显著的、正的空间自相关性，集聚程度非常高。

电子区位取向研究，仅在信息时代商业区位的变化及新型商业模式与地理区位的关系上取得了规律性认识，不断拓展和完善多类型电子区位取向的内涵和规律，必将成为下一阶段的研究重点。

2.4.3 信息传输距离衰减与电子区位取向研究展望

当前国内关于信息传输距离衰减与电子区位取向的研究已取得丰硕成果，具有重要的理论与实践价值。在理论上构建了一组关于网站信息流距离衰减和电子区位取向特性的研究的数理模型；较完善地论证了网站信息流距离衰减的复杂性特征，总结了网站信息流距离衰减的基本规律，概括出网络信息流距离衰减的三类形态特征，即"矢量扩散"、"模糊距离衰减"和"指数衰减、高斯衰减和逆曲线衰减"；多角度探讨电子区位取向，给出并证明了若干电子服务网点区位取向特性的研究方法，并给出了电子商务空间区位取向的"中心-外围"扩散规律。初步弥补了国内地理学对信息化时代传统经济地理学重要原理延伸性的研究欠缺，从理论上发展与推广了距离衰减和区位两个重要原理。实践上为合理组织现实中人的空间流动和信息社会网络空间均衡发展提供了依据，技术上为相关网站开发及新型商业模式建立提供了支持，扩大了"信息地理学"的影响。综上所述，国内网络信息流距离衰减的研究已较为充分，开始形成稳定的方向，呈现出研究方法实证性、定量化，研究内容系统化和研究视角逐步全面化的特点。电子区位取向研究，仅在信息时代商业区位的变化及新型商业模式与地理区位的关系上取得了规律性认识，不断拓展和完善多类型电子区位取向的内涵和规律，必将成为下一阶段的研究重点(邢晨宇等，2013)。

展望今后信息地理学关于信息传输距离衰减和电子区位取向的研究，有如下重点问题需要进一步突破：第一，使信息衰减影响因素及量化表达从现实物化的基础设施层面深入到使用者行为感知的层面，并在此基础上建立更为集成的信息衰减模型。第二，在丰富特征模型和分析新生案例的基础上，不断推进信息衰减特征的复杂性研究，建立新的研究方法。第三，在明晰导引机理、过程和方式的基础上，进一步提出信息流衰减对现实人流导引强度的量化指标体系。第四，多角度分析信息衰减基础上的电子区位取向规律，从电子商务网点扩展到不同形式的电子服务领域，以明确基于信息流衰减的空间区位取向的主要特点和普遍规律。最后，从地理学的视角出发，更多关注信息衰减研究的新领域，如 SNS 人际群组结构和危机信息网络传播的空间特点。

信息传输距离衰减和电子区位取向研究工作的难点有两个方面。第一，关于网站信息流距离衰减的多类型问题。该问题具体又包括两个层面：一是不同类型网站距离衰减具有不同特征的问题；二是同一类型网站距离衰减也存在不同特征的问题。第二，关于距离衰减程度的精确计算与评估问题。该问题的关键在于研究数据的获取与加工及其多种方法的复合应用。在占有大量数据的基础上，协同使用各种分析模型，以确保精确计算与评估实现。

2.5 SNS社区人际节点空间关系研究

社会性网络服务(SNS)社区是社交网络(社交网站)的总称,这种服务允许网民在一个限制系统上构建一个公开或半公开的个人空间,在空间里列出用户名单、查看自己和关联用户的链接。社交网络表达了个人同与其存在各种关系的人彼此间联系的一种结构。Watts和Strogatz(1998)验证了在物理世界适用的社会化网络"小世界特征"在虚拟世界中也同样适用,颠覆了网络即虚拟的传统观念,动摇了"物理现实"与"虚拟现实"之间的不可通约性,因此引起了国内外地理学的关注。Hargittai(2007)以Facebook、MySpace、Xanga、Friendster 4个代表性的SNS网站为例,对使用SNS网站的用户分布特征的研究,以及Baker(2009)、Hossain和Anjali(2009)对用户使用SNS的动机的分析,Ellison等(2007)对SNS与特定人群桥接、整合关系的分析,均发现使用SNS对社会网络资本的创造与维持具有积极作用,也提出了人际空间关系的可能的变化。Yuta等(2006)还利用日本最大的SNS网站——Mixi网站的36万个节点和190万个链接的资料,划分出网站内部社区规模结构的差异、归纳出节点联系的规则。Lewis等(2008)进一步以Facebook为对象,研究朋友的距离等对SNS用户隐私设置的影响,发现朋友的距离反向影响隐私设置水平。综上所述,国内外SNS研究普遍涉及社区结构、用户特征、传播模式、空间关系等方面,发现了社交网络这种复杂网络结构的一些共同性质:网络结构中存在不均衡特征,节点间联系有紧密与稀疏的差异。这为SNS人际节点空间关系研究奠定了初步基础。

2.5.1 人际节点中心性研究

1. 图论与中心性

图论方法作为网络结构分析的重要手段,通过量化不同节点间相互作用的能力,可为解释网络中地理要素在地域空间上的运动形式,以及它们的空间联系奠定基础。利用图论进行社交网络空间结构分析,旨在揭示信息在整个网络中的传播规律及个人或群体在该网络中的"中心性"。图论中使用度来评价节点在网络结构中的重要性。节点的度等于它所关联的边的条数,是研究网络可靠性和稳定性的重要途径。

一些学者利用图论方法对网络中的节点的重要性或节点的多样性做了大量的研究,已取得较好效果。俞勇军和陆玉麒(2005)对中国省会城市的中心性进行了统计,并对部分中心性作用不强的省会进行了剖析,得出多个强大中心城市的存在造成了省会城市中心性作用下降的结论。李二玲和李小建(2009)应用社会网络分析法,选择中心性和集中度等指标,通过对比河南农区3个网络类型集群中的网络特性,鉴别出欠发达农区集群网络中的核心节点、重要关系及不同网络组织类型的区域效应。莫辉辉等(2010)分析了代表性节点在网络中的作用,指出大型机场具有耦合性。魏乐等(2012)以中国资本市场并购数据为基础,采用社会网络分析方法,分别从中心性、多维尺度、核心—边缘结构等角度,实证分析了中国 31 个省(市、区)在跨区域并购网络中的结构与地位,以及区域间产业重组与转移的规律。朱冬芳等(2012)应用重力模型结合社会网络方法,综合长江三角洲都市圈内各城市在整体网络中的中心性得分及结构对等性分析,定位了各城市在旅游经济网络中的角色与功能,并划分出 5 种类型的旅游地。中心性分析在虚拟社区的应用集中于网络社区的构建及网络信息的传播等方面。吴晋峰等(2012)应用社会网络分析法、选择中心性等指标,利用中国大陆城市与国境外城市间的国际航班信息,对中国航空国际网络的结构特征及其对中国入境旅游的影响进行研究。谢英香和冯锐(2010)探索了不同网络位置对于信息传播的影响力。在行动者及其之间关系构建的社交网络中,也可针对其地理实体位置和相互间联系,经过一定的简化和抽象,给出多种关于节点地位和存在形式的量化界定,描述为图论意义下的地理网络。

为了有效运用图论的方法,将网络中每个成员看成一个节点,并用节点代表成员所在的城市,用连接每个节点关系的边表示城市间的连线,描述网络中节点间的空间关系。由图论的中心性及其测量方法出发,选取能够反映 SNS 社区特点的节点的度数中心度、度数中心势、凝聚度和集聚系数四项指标,分别从节点在整个网络中的中心性地位、整个网络的中心性趋势、局部网络的连通属性、局部网络的集聚特征 4 个方面,说明 SNS 社区人际节点空间结构的中心性特征。对四个指标间的关系解释如下:节点是 SNS 社区网络的核心元素,节点间的连接方式影响着 SNS 社区人际节点网络的空间关系,空间关系"中心性"描述中包括网络整体测度指标和网络局部测度指标,前者细分为中心度与中心势:中心度指节点在网络中居于核心地位的程度;中心势考察的是整个网络图的整体整合度或者一致性;后者细分为凝聚度和集聚系数:凝聚度反映了局部网络空间结构的连通性和节点在局部网络中的重要性;集聚系数反映了局部网络的集聚特征和节点间联系的不均衡性。

2. 模糊中心性分析模型

1)理论基础:模糊社会网络分析方法

Nair 和 Sarasamma(2007)最早指出了社会网络的模糊属性,认为模糊社会网络是由行动者及其之间的关系构成的网络结构的集合,并给出模糊图作为模糊社会网络的抽象表达,将社会网络中的行动者在模糊图中表示为节点,行动者间关系表示为边,其中的要点是行动者间关系为一种不确定的模糊关系,可用概率计算其间存在的多种可能关系状态。随后,Ignjatović 等(2010)进一步指出了所有社会网络都是模糊社会网络,而一般社会网络只是模糊社会网络的一种特殊情况,由此将模糊社会网络的研究推向一个新的高度——用数学语言表示模糊社会网络内部的节点、联系、边界、结构的具体模糊关系。

基于社会网络模糊属性形成的主流研究方法即是社会网络分析方法(SNA)与模糊数学相结合产生的模糊社会网络分析方法(F-SNA)。对于 SNA,学者们聚焦于将复杂多样的关系状态表征为一定的网络构型,并借助一些数学模型对构型及其变动进行简化的定量分析。例如,Abbasi(2011)开发了一种由图论及矩阵法、社会计量方法、代数方法等一系列方法所组成的评估模型,用于直观表达网络组织关系和描述网络结构。对于

F-SNA，学者们从社会学、经济学视角研究了模糊社会网络的结构特征与属性及其在企业关系、组织结构等方面的应用，廖丽平等(2013)基于社会网络中所包含的模糊图论内容，从结构洞、密度、位置属性等多个侧面给出模糊社会网络的基本概念及计算公式。

近些年来，关于模糊社会网络的研究主要集中于结构属性方面，包括中心度、结构等价性、结构洞等关键问题，构成模糊社会网络的研究热点，如 Nair 和 Sarasamma(2007)以模糊图为基础构造了模糊算子，并通过数据挖掘讨论了模糊社会网络的属性问题。再如，Fan 等(2007, 2008)将结构等价性和正则等价性的概念引入到模糊社会网络研究中，利用模糊关系方程定义了模糊正则相似性和一般模糊正则等价性，并将正则相似性和一般正则等价性应用于模糊状态转换系统中，给出了计算方法和算例。此外，在结构属性研究中还有其他一系列的应用，如通过若干算法说明网络上两个节点的联系及位置的相似性程度等。

这些学者深入讨论了模糊社会网络中的模糊结构属性特征，为模糊社会网络结构关系分析提供了依据(Tseng, 2010)，但均未具体给出模糊社会网络结构中的空间位置分析方法，也没有应用于模糊社会网络的节点空间位置与关系实证分析中。所以模糊社会网络分析方法的进一步发展面临两个挑战：一是能否应用于互联网基础上的半虚拟半现实的社交网站的研究；二是能否应用于具体的人际节点空间关系领域的研究。有必要以 SNS 社区内的人际节点空间关系为对象，从结构属性方面构建一套指标体系，给出一个模糊 SNS 中心性分析模型，并应用于模糊社会网络节点空间位置与关系分析中。其对拓展半虚拟半现实的地理学空间关系理论，深化地理学对 SNS 社区结构的研究具有重要意义。其研究结果也可以支持社会网络在线服务与管理。

2) 模型描述

经过多年研究，模糊社会网络已形成很完整的概念体系(廖丽平等，2013)，并总结出若干虚拟社区网络(路紫等，2013；路紫和王文婷，2011)具有的与现实地理网络相同的基本特征。据此给出模糊 SNS 社区的基本特征：节点分布信息加工与归并过程的模糊性，由节点联系次数变化区间决定的节点间联系强度的模糊性，以某个节点为核心所构成的点群网络化程度的模糊性。所以平移模糊概念到 SNS 社区中，应用社会网络的模糊属性定义模糊 SNS 社区：节点间关系存在多次联系的情况，社区为一种模糊关系结构(Nair and Sarasamma, 2007)，将一个模糊 SNS 社区网络规模定义为在模糊社会网络中节点的数量总和，规模影响节点间关系的复杂性。

以模糊 SNS 社区为基础，可构建一套由节点、节点联系、节点联系的网络差异三组中心性指标构成的模糊 SNS 社区中心性指标体系，最终组合为一个模糊中心性分析模型。

2.5.2 人际节点空间分布与等级研究

伴随近年 SNS 的兴起和发展，基于 SNS 建立的人际群组结构研究更多的是从传播学的角度切入。新近研究开始关注 SNS 社区中人际交流的空间关系问题,虽然目前相关文献研究较少,但却为今后信息地理学研究提供了新的方向。

1. 人际节点空间分布

现实生活中人际节点空间关系的建立受到地缘因素影响较大,但是随着虚拟社区的建立,基于空间距离约束的人际交往已被社会性网络提供的即时进入平台所突破,将可能产生一种新的人际空间关系。那么,SNS 社区中信息流是否具有衰减特征,在虚拟社区中地缘因素的影响是否依然存在。路紫等以开心网虚拟社区大学群为例,引入信息熵和度分布模型两种方法,来研究 SNS 社区中人际节点空间分布特征及其地缘因素的影响,人际节点是以"好友"关系建立的链接来表达的,研究数据包括通过"成员"体现的好友和通过"话题"体现的好友两个层次,以便可以将虚拟的可能关系变为虚拟现实的确定关系,研究认为各大学群中好友空间分布信息熵值均较低,即空间分布不均匀,具有显著的集中性,这种非均匀性与城市经济规模有关;多数大学群中好友空间分布符合度分布模型,随距离的增加而衰减,并具有明显的本地集中特征;大学群中好友空间分布的本地集中性体现出地缘因素的作用,信息时代地缘因素依然影响着人际节点空间关系的存在形式;虚拟社区并未超越传统地理空间的范畴,地缘因素对于人际节点空间联系的影响依然存在,空间距离的限制性与交流的非限制性并存(路紫和王文婷,2011)。付丽丽等(2009)则认为 SNS 的人际群组结构因地缘—学缘—业缘—趣缘关系表现出明显的集聚—分散趋势。Lu 等(2014a)结合图论,开发了一个模糊的社交网络服务的分析方法,用于分析社交网络结构特点和 SNS 社区中人际节点的分布特征,并用天涯论坛作为案例说明和验证该方法。研究发现:各区域板块的论坛吸引度明显不同;论坛中的人际节点集中相对;论坛中的人际节点的模糊点出度和模糊点入度相左;人际节点的分布受地缘因素影响。这些发现可以直接支持社交网络服务管理,特别是旅游在线服务的发展。在此基础上,Lu 等(2014b)为了进一步探讨 SNS 社区人际节点空间分布特征,提出了一个将图论与相关模糊方法结合的 SNS 社区模糊中心性分析方法;并将该方法应用于"人人网"两种类型话题群组的案例研究中。研究发现:SNS 社区人际节点空间分布存在中心性特征,且不同机缘关系下话题群组存在显著差异。研究结果可以直接支持社交网站的管理和发展。

2. 人际节点等级特征

信息时代的人际交互活动已经拓展到复杂的地理实体空间与虚拟空间相融合的地理网络空间中,SNS 社区人际节点交互作用即是在这种空间上表现出来的。人文地理学者从实证与理论的研究角度,集中于社区人际节点交流与共享动机(Amichai-Hamburger and Vinitzky,2010)、信息流通形式(Hogg,2010)、信息流通的空间特征与信息流通的空间影响(甄峰等,2012)、社区价值(Mayer,2009)等方面的研究,目前逐渐由宏观向微观深入,发展到人际节点空间相互关系、人际节点信息等级诸方面。但多局限在逐个分析不同群组样本的特征上,以及基于样本连接得出所存在的等级差异上,未具体到节点个体与等级差异特征及其关系。基于此,田晓雪等(2014)以"你好全球社区"成员为研究对象,应用图论的度数中心度、点入度与点出度等指标,分析信息交互过程中人际节点等级特征。研究发现:①人际节点等级由领袖节点、参与者节点、飘客节点组成,其归属群组的数量、亲密好友的节点份额呈现由多到少的梯度变化;②领袖节点倾向于大城市集中性分布,参与者节点、飘客节点倾向于中小城市分散性分布,整体上各等级节点的好友均表现出本地集中性;③领袖节点以正向辐射、跳跃辐射、反向辐射形式对参与者节点、飘客节点发挥辐射效应,且以正向辐射为主;④SNS 社区人际节点等级特征受群组、亲密好友要素影响及城市、圈域要素制约,表现出路径依赖。

3. 人际节点网络结构

学者们深入讨论社会网络中的结构属性特征,为社会网络结构关系分析提供了依据,以 SNS 社区内的人际节点空间关系为对象,应用中心性分析方法与模型,应用于社会网络节点空间位置与关系分析中。其对拓展半虚拟、半现实的地理学空间关系理论,深化地理学对 SNS 社区结构的研究具有重要意义。其研究结果也可以支持社会网络在线服务与管理。

路紫等(2013a)以 SNS 交友社区的微博使用者为对象,通过度数中心度、度数中心势、凝聚度和集聚系数 4 项指标,探讨 SNS 社区中人际节点空间中心性特征。研究发现 SNS 社区人际节点空间关系本质上受"关系"与"地域"共同作用。SNS 社区中网络结构距"无障碍"阶段仍然较远。在此基础上,路紫等(2015)针对社交网站人际节点半虚拟半现实关系,依托模糊社会网络分析方法,构建了一套指标体系,开发了一个基于模糊图论的模糊中心性分析模型,并通过三个 SNS 社区案例,从"节点""节点联系""节点联系的差异"3 个层面依次递进,在其人际节点空间关系研究中予以应用。研究发现:人际节点空间分布的中心性显著,随距离的增加而衰减,具有明显的本地集中性特征;人际节点的中心性地位存在差异,网络呈现多元中心性,网络中节点的中心性表现出吸引中心和辐射中心两种基本状态;不同机缘群组间有差异,趣缘关系群组话题的节点空间分布的中心化特征弱于学缘关系群组。该模型可清晰说明社交网站人际节点模糊中心性的本质。

2.5.3 人际节点空间关系研究展望

国内研究刚刚开始,无论是 SNS 人际节点关系的存在形态和结构,还是与传统人际关系相比所发生的变化,国内研究都还比较匮乏,不足以证明更广泛的普遍规律。SNS 人际节点关系研究,因其自身的多元互动性,加之信息流动的瞬时性和高效性特点,使公众对其具有浓厚的兴趣和参与愿望。这将为今后相关研究的展开和深入提供丰富的案例和资料,进而能够从地理学的视角揭示它们在空间距离上的特点和规律。

参 考 文 献

安筱鹏. 2003. 论中国的城市化与信息化. 地域研究与开发, 22(5): 5-9.
陈述彭. 2001. 地理科学的信息化与现代化. 地理科学, 21(3): 194-197.

陈秀琼, 黄福才. 2006. 基于社会网络理论的旅游系统空间结构优化研究. 地理与地理信息科学, 22(5): 75-80.
陈映雪, 甄峰, 王波, 等. 2013. 基于社会网络分析的中国城市网络信息空间结构. 经济地理, 33(4): 56-63.
承继成, 李天峻, 赵永平, 等. 1998. 信息高速公路与地理信息系统. 地理研究, 17(2): 217-222.
程绍文, 张捷, 梁玥琳, 等. 2009. 我国旅游网站空间分布及动力机制研究. 旅游学刊, 24(2): 75-80.
邓丽丽, 张秋娈, 樊华, 等. 2011. 旅游网站信息流距离衰减集中性的差异及其检验. 地理与地理信息科学, 27(3): 99-104.
丁疆辉, 刘卫东. 2009. 农村信息技术应用的地理学研究进展与评析. 地理科学进展, 28(5): 759-766.
丁疆辉, 刘卫东, 吴建民. 2010. 中国农村信息化发展态势及其区域差异. 经济地理, 30(10): 1693-1699.
丁疆辉, 路紫, 吴建民. 2006. 电子政务门户网站服务功能评测——以"中国河北"为例. 中国管理信息化, 9(3): 78-80.
丁疆辉, 宋周莺, 刘卫东. 2009. 企业信息技术应用与产业链空间变化: 以中国服装纺织企业为例. 经济地理, 28(4): 883-892.
杜丽娟, 路紫, 李彦丽, 等. 2007. 我国老年人应用互联网的态度与相关行为决策的调查: 以信息查询与电邮收发为例. 地理与地理信息科学, 23(4): 110-112.
杜丽娟, 邓卓鹏, 路紫, 等. 2008a. 我国"信息社会的地理学"关键研究领域综述. 地理与地理信息科学, 24(2): 81-86.
杜丽娟, 张欣, 路紫. 2008b. 国内网站信息流对人流导引作用机理研究综述. 地理与地理信息科学, 24(4): 84-87.
付丽丽, 吕本富, 裴瑞敏. 2009. 关系型虚拟社区用户参与机制研究. 经济管理, 31(5): 497-501.
高亚峰, 路紫. 2006. 旅游网站信息功能与旅游预订行为关系. 石家庄经济学院学报, 29(4): 469-473.
耿兴荣, 林炳耀. 2002. 中国信息化评价指标体系初探. 经济地理, 22(6): 724-730.
韩冰, 路紫. 2007. 户外运动网站论坛功能评估及其互动作用对个人出行行为的导引. 人文地理, 22(1): 58-62.
韩瑞玲, 张秋娈, 路紫, 等. 2010. 虚拟社区信息流导引现实社区人流的特征——以杭州市智能居住小区网站为例. 人文地理, 31(4): 31-34.
韩瑞玲, 孙静怡, 段洁, 等. 2009. 基于邻域设施的城市户外运动俱乐部网站的区位取向. 经济地理, 29(4): 551-555.
胡世雄. 1997. 世界地球信息产业的现状与发展前景. 地理科学进展, 16(2): 78-84.
黄建欢, 王良健. 2011. 因特网、网点空间布局和区域因素影响证券公司效率的机理. 地理研究, 30(11): 1983-1996.
江辉仙, 刘小玲. 2005. 当前虚拟地理环境应用研究探讨. 福建地理, 20(4): 46-49.
蒋录全, 邹志仁, 刘荣增, 等. 2002. 国外赛博地理学研究进展. 世界地理研究, 11(3): 92-98.
景贵飞. 2003. 当前网络空间信息技术发展的战略需求分析和建议. 地理信息世界, 1(6): 5-11.
李斌, 刘琳. 2009. 湖南省信息化对经济增长贡献的实证研究. 经济地理, 29(10): 1685-1690.
李二玲, 李小建. 2009. 欠发达农区产业集群的网络组织结构及其区域效应分析. 经济地理, 29(7): 1127-1133.

李江, 段杰. 2002. 赛博空间技术支撑及在城市地理研究中的应用. 经济地理, 22(5): 521-524.
李爽, 孙九林. 2005. 基于虚拟地理环境的数字黄河研究进展. 地理科学进展, 24(3): 91-100.
李彦丽, 路紫. 2006a. 区域旅游信息化合作模式及其适宜度检测与应用. 地球信息科学, 8(1): 91-96.
李彦丽, 路紫. 2006b. 京津冀旅游信息化合作模式及策略研究. 情报杂志, (2): 112-114.
李彦丽, 路紫. 2006c. 中美旅游网站对比分析及"虚拟距离衰减"预测模式. 人文地理, 21(6): 115-118.
梁辉. 2008. 我国省际信息流动规模测算与空间结构分析. 经济问题, (12): 26-28.
廖丽平, 胡仁杰, 张光宇. 2013. 模糊社会网络的结构洞分析方法. 东南大学学报(自然科学版), 43(4): 900-904.
林珲, 龚建华, 施晶晶. 2003. 从地图到GIS和虚拟地理环境——试论地理学语言的演变. 地理与地理信息科学, 19(4): 18-23.
刘春亮, 路紫. 2007. 我国省会城市信息节点辐射空间与地区差异. 经济地理, 27(2): 201-204.
刘红, 真虹. 2000. 信息技术发展对城市交通客流量替代作用的定量研究. 系统工程理论与实践, (9): 78-98.
刘慧, 甄峰, 梁作强, 等. 2007. 信息化对江苏省经济社会发展的影响. 经济地理, 27(4): 547-552.
刘立, 路紫, 丁疆辉. 2006. 网站使用者属性对其信息选择的影响作用——以收费邮箱为例. 现代情报, 26(11): 43-45.
刘卫东. 2002. 论我国互联网的发展及其潜在空间影响. 地理研究, 21(3): 347-355.
刘卫东, 甄峰. 2004. 信息化对社会经济空间组织的影响研究. 地理学报, 59(增刊): 67-75.
刘卫东, Dicken P, 杨伟聪. 2004. 信息技术对企业空间组织的影响. 地理研究, 23(6): 833-844.
刘文新, 张平宇. 2003. 中国互联网发展的区域差异分析. 地理科学, 23(4): 398-406.
柳礼奎, 路紫. 2007. 论网站信息流整合及其对人流的导引. 情报科学, 25(4): 511-516.
卢鹤立, 刘桂芳. 2005a. 中国互联网与区域经济. 人文地理, 20(5): 95-98.
卢鹤立, 刘桂芳. 2005b. 赛博空间地理分布研究. 地理科学, 25(3): 317-321.
路紫. 2009. 网站信息流距离衰减和电子服务网点区位取向. 见: 中国地理学会百年庆典学术论文摘要集. 北京: 中国地理学会, 468-471.
路紫. 2000. 分散整合理论的实证研究: 兼论信息通信技术在公司重新布局过程中的作用. 人文地理, 15(4): 42-45.
路紫. 1995. 论通信网络之内部形态: 五边形关系. 地域研究与开发, 14(2): 4-7.
路紫, 李晓楠. 2011. 旅游网站访问者行为时间分布的复杂化与网络功能深度使用分析. 人文地理, 26(2): 7-12, 48.
路紫, 王文婷. 2011. 社会性网络服务社区中人际节点空间分布特征及地缘因素分析. 地理科学, 31(11): 1293-1300.
路紫, 樊莉莉. 2005. 中小型旅游网站服务功能与商业模式的区位问题. 人文地理, 20(1): 103-106.
路紫, 李彦丽. 2005a. 北京旅游在线服务满意度的供需差研究. 经济地理, 25(5): 732-735.
路紫, 李彦丽. 2005b. 新时期省区旅游信息化规划的集成化趋势. 旅游科学, 19(4): 49-53.
路紫, 刘岩. 1998a. 通讯网络: 公司空间组织、联系和运行的战略要素. 地域研究与开发, 17(3): 31-34.
路紫, 刘岩. 1998b. 论通信网络之时间形态: 非漫射性、非渐进性、非彻底变革性. 人文地理, 13(2): 54-59.
路紫, 刘岩. 1996. 信息通信技术ICTs: 区域发展的催化剂. 地域研究与开发, 15(4): 23-25.

路紫, 张秋奕, 邰芳, 等. 2015. 社交网站(SNS社区)人际节点空间研究. 经济地理, 35(6): 17-23.
路紫, 杨东, 张秋奕, 等. 2014. 基于传输速度的中国城市节点间互联网信息联系通达性研究. 地理科学, 34(11): 1313-1319.
路紫, 张秋奕, 邢晨宇, 等. 2013a. 基于图论的SNS社区中人际节点空间关系的中心性研究——以新浪微博为例. 经济地理, 33(12): 77-83.
路紫, 王文婷, 张秋奕, 等. 2013b. 体验性网络团购对城市商业空间组织的影响. 人文地理, 28(10): 101-104, 138.
路紫, 李晓楠, 杨丽花, 等. 2011. 基于邻域设施的中国大城市网络店铺的区位取向——以上海、深圳、天津、北京四城市为例. 地理学报, 66(6): 813-820.
路紫, 李晓楠, 杨小彦, 等. 2010. 基于旅游网站交互功能的访问者行为多时间维度研究. 经济地理, 30(12): 2100-2103.
路紫, 匙芳, 王然, 等. 2008. 中国现实地理空间与虚拟网络空间的比较. 地理科学, 28(5): 601-606.
路紫, 刘娜, Zui Z. 2007a. 澳大利亚旅游网站信息流对旅游人流的导引、过程、强度和机理问题. 人文地理, 22(5): 88-93.
路紫, 赵亚红, 吴士锋, 等. 2007b. 旅游网站访问者行为的时间分布及导引分析. 地理学报, 62(6): 621-630.
路紫, 郭来喜, 白翠玲. 2004. 河北省旅游网站使用评估分析. 地球信息科学, 6(1): 67-71.
莫辉辉, 金凤君, 刘毅, 等. 2010. 机场体系中心性的网络分析方法与实证. 地理科学, 30(2): 204-212.
年福华, 姚士谋. 2002. 信息化与城市空间发展趋势. 世界地理研究, 11(1): 72-76.
彭鹏, 朱翔, 周国华, 等. 2002. 湖南信息化带动工业化机制研究. 经济地理, 22(3): 306-309.
强小安, 王晔. 2004. 论中国信息化的路径选择. 人文地理, 19(3): 60-63.
任伊铭, 路紫, 张哲. 2007. 石家庄市旅游网站智能化评估分析. 商业研究, 31(3): 18-21.
芮小平, 杨崇俊, 张彦敏. 2002. 城市虚拟现实研究初探. 地理学与国土研究, 18(3): 27-30.
沈丽珍, 顾朝林. 2009. 区域流动空间整合与全球城市网络构建. 地理科学, 29(6): 787-792.
宋周莺, 刘卫东. 2012. 信息时代的企业区位研究. 地理学报, 67(4): 479-489.
宋周莺, 丁疆辉, 刘卫东, 等. 2009. 信息技术对中国服装企业空间组织的影响. 地理学报, 64(4): 53-62.
宋周莺, 刘卫东, 刘毅. 2007. 中小企业集群信息技术应用及其影响因素分析: 以温岭市鞋业集群为例. 地理科学进展, 26(4): 121-129.
孙中伟. 2009. 信息化对海尔空间组织变革的驱动作用. 经济地理, 29(6): 955-959.
孙中伟. 2008. 信息化在老工业基地改造中的作用. 世界地理研究, 17(4): 86-90.
孙中伟. 2006. 互联网时代中澳间相互作用类型、演变与形成机理. 世界地理研究, 15(2): 10-16, 47.
孙中伟, 王杨. 2011. 中国信息与通信地理学研究进展与展望. 地理科学进展, 30(2): 149-156.
孙中伟, 金凤君. 2010. 信息与通信技术对空间组织的影响及其空间效率的测算. 地域研究与开发, 29(1): 49-54.
孙中伟, 侯春良. 2008. 环渤海区域信息化合作模式与框架研究. 地理与地理信息科学, 24(1): 61-65.
孙中伟, 路紫. 2007. 中澳留学网站信息流对留学人流导引作用机理. 地球信息科学, 9(6): 36-42.
孙中伟, 路紫. 2006. 我国"人文地理学以信息为对象的研究": 15年发展回顾. 地球科学进展, 21(9): 925-930.

孙中伟, 路紫. 2005. 流空间基本性质的地理学透视. 地理与地理信息科学, 21(1): 110-112.
孙中伟, 路紫, 贺军亮. 2009. 世界互联网信息流的空间格局及其组织机理. 人文地理, 24(4): 43-49.
孙中伟, 金凤君, 王杨. 2008. 信息化对区域经济发展的组织作用. 地理与地理信息科学, 24(4): 44-49.
孙中伟, 路紫, 王杨. 2007. 网络信息空间的地理学研究回顾与展望. 地球科学进展, 22(10): 1005-1011.
滕丽, 王铮, 庞丽, 等. 2006. 信息化对中国区域经济的影响. 人文地理, 21(1): 72-75.
田晓雪, 路紫, 韩瑞玲, 等. 2014. 基于图论的SNS社区人际节点等级特征——以"你好全球社区"为例. 地理与地理信息科学, 30(1): 120-124.
谢英香, 冯锐. 2010. 虚拟教师社区中博客网络位置的影响力研究. 现代教育技术, 20(1): 97-100, 110.
邢晨宇, 路紫, 张秋奕. 2013. 近年国内网络信息流距离衰减研究综述. 河北师范大学学报(自然科学版), 37(2): 211-216.
徐素宁, 韦中亚, 杨景春. 2001. 虚拟现实技术在虚拟旅游中的应用. 地理学与国土研究, 17(3): 92-95.
汪明峰. 2005. 技术、产业和地方: 互联网的经济地理学. 人文地理, 20(5): 90-94.
汪明峰, 卢姗. 2011. 网上零售企业的空间组织研究——以"当当网"为例. 地理研究, 30(6): 965-975.
汪明峰, 李健. 2009. 互联网、产业集群与全球生产网络: 新的信息和通信技术对产业空间组织的影响. 人文地理, 24(2): 17-22.
汪明峰, 宁越敏. 2006. 城市的网络优势: 中国互联网骨干网络结构与节点可达性分析. 地理研究, 25(2): 193-203.
汪明峰, 宁越敏. 2004. 互联网与中国信息网络城市的崛起. 地理学报, 59(3): 446-454.
汪明峰, 宁越敏. 2002. 网络信息空间的城市地理学研究: 综述与展望. 地球科学进展, 17(6): 855-862.
王思思, 张秋奕, 路紫, 等. 2013. 时空转换原理对知识人群使用移动通信的影响. 河北师范大学学报(自然科学版), 37(3): 306-310.
王思思, 张秋奕, 路紫, 等. 2012. 我国移动通信量差异的人口学分析. 河北师范大学学报(自然科学版), 36(3): 321-324.
王杨, 路紫, 孙中伟, 等. 2006. 中国户外运动网站信息流对人流生成的导引机制分析——以乐游户外运动俱乐部网站为例. 地球信息科学, 8(1): 84-90.
王益澄. 2003. 信息产业发展对宁波城市内部结构的影响. 地理与地理信息科学, 19(3): 80-83.
王贤文, 徐申萌. 2011. 我国C2C电子商务的地理格局及其演化机制. 经济地理, 31(7): 1064-1106.
魏乐, 张秋生, 赵立彬. 2012. 我国产业重组与转移: 基于跨区域并购复杂网络的分析. 经济地理, 32(2): 89-93.
魏宗财, 甄峰, 张年国, 等. 2008. 信息化影响下经济发达地区个人联系网络演变: 以苏锡常地区为例. 经济地理, 27(4): 82-88.
吴晋峰, 任瑞萍, 韩立宁, 等. 2012. 中国航空国际网络结构特征及其对入境旅游的影响. 经济地理, 32(5): 147-152.
吴士锋, 路紫. 2007a. 网站信息流对现实人流替代函数的计算与应用: 以中国互联网络发展状况统计报告为例. 经济地理, 27(1): 22-25.

吴士峰, 路紫. 2007b. 中国城市电子政务功能性研究进展. 现代情报, 27(5): 207-209.
吴玉鸣, 徐建华, 李建霞. 2004. 中国区域信息发展水平: 因素分析与综合集成评估. 经济地理, 24(3): 321-325.
阎小培. 1996. 信息网络对企业空间组织的影响. 经济地理, 16(3): 1-5.
阎小培. 1995a. 信息技术产业的空间分布及其影响因素分析. 地理学与国土研究, 11(2): 1-6.
阎小培. 1995b. 信息产业与世界城市体系. 经济地理, 15(3): 18-24.
杨君锐, 郭胜, 宋晓宁. 1995. 论信息基础设施与农业关系. 干旱地区农业研究, 13(3): 92-97.
杨小彦, 张秋娈, 路紫, 等. 2010. 旅游网站信息流距离衰减形态描述与集中度计. 地理与地理信息科学, 26(6): 88-91.
元媛, 路紫, 张建伟. 2008a. 我国城市间网络服务器信息流距离衰减研究的方法论设计. 沈阳师范大学学报(自然科学版), 26(2): 224-228.
元媛, 张秋娈, 张建伟, 路紫. 2008b. 中国网络信息流距离衰减研究体系的设计. 石家庄学院学报, 10(3): 60-64.
俞金国, 王丽华, 李娜. 2010. 电子商铺空间分布特征分析——来自淘宝网的实证. 经济地理, 30(8): 1248-1253.
俞勇军, 陆玉麒. 2005. 省会城市中心性研究. 经济地理, 25(3): 352-357.
曾思敏, 陈忠暖. 2011. 信息时代我国电子商铺区位取向的实证分析. 人文地理, 26(5): 88-93.
张平宇, 刘文新, 马延吉. 2006. 辽宁省互联网发展空间差异及其变化. 经济地理, 26(3): 447-450.
张捷, 刘泽华, 解杼. 2004. 中文旅游网站的空间类型及发展战略研究. 地理科学, 24(4): 493-499.
张捷, 顾朝林, 郁金康, 等. 2000. 计算机网络信息空间(Cyberspace)的人文地理学研究进展与展望. 地理科学, 20(4): 368-372.
张林, 陈才. 2005. 东北老工业基地信息化战略研究. 人文地理, 20(2): 17-20.
张林, 佟宝全. 2005. 从网站建设看中国网络利用水平的区域分异及其发展. 人文地理, 20(4): 60-64.
张楠楠, 顾朝林. 2002. 从地理空间到复合式空间: 信息网络影响下的城市空间. 人文地理, 17(4): 20-24.
张秋娈, 路紫. 2011. 旅游网站信息流距离衰减的集中度研究. 地理科学, 31(7): 885-890.
张秋娈, 朱苏加, 路紫, 等. 2012a. 旅游网站信息流距离衰减形态分异特征及其与网站功能的关系. 地理与地理信息科学, 28(4): 94-97.
张秋娈, 聂学东, 路紫, 等. 2012b. 旅游网站信息流距离衰减的逆曲线拟合及其形式分析. 河北师范大学学报(自然科学版), 36(1): 102-108.
张崴, 路紫, 王然. 2006. 西太平洋地区国家间电信流影响因子及其作用分析. 地球信息科学, 8(1): 79-84.
张崴, 路紫, 王然. 2005. 西太平洋国家及地区间电信流空间结构研究. 地域研究与开发, 24(6): 120-124.
甄峰. 2004. 信息时代新空间形态研究. 地理科学进展, 23(3): 16-26.
甄峰, 顾朝林. 2002. 信息时代空间结构研究新进展. 地理研究, 21(2): 257-266.
甄峰, 王波, 陈映雪. 2012. 基于网络社会空间的中国城市网络特征——以新浪微博为例. 地理学报, 67(8): 1031-1043.
甄峰, 魏宗财, 杨山, 等. 2009. 信息技术对城市居民出行特征的影响: 以南京为例. 经济地理, 28(5): 1307-1317.
甄峰, 刘晓霞, 刘慧. 2007. 信息技术影响下的区域城市网络: 城市研究的新方向. 人文地理, 22(2): 76-80.

甄峰, 朱传耿, 赵勇. 2004a. 信息时代空间结构影响要素分析. 地理与地理信息科学, 20(5): 98-103.

甄峰, 曹小曙, 姚亦锋. 2004b. 信息时代区域空间结构构成要素分析. 人文地理, 19(5): 40-45.

甄峰, 张敏, 刘贤腾. 2004c. 全球化、信息化对长江三角洲空间结构的影响. 经济地理, 24(6): 748-752.

真虹, 刘红, 张婕姝. 2000. 信息流与交通运输相关性理论. 北京: 人民交通出版社.

周年兴, 俞孔坚, 李迪华. 2004. 信息时代城市功能及其空间结构的变迁. 地理与地理信息科学, 20(2): 69-72.

朱冬芳, 陆林, 虞虎. 2012. 基于旅游经济网络视角的长江三角洲都市圈旅游地角色. 经济地理, 32(4): 149-154.

朱晓华, 闾国年, 王建. 1998. 虚拟现实技术在地理学中的应用. 地理学与国土研究, 14(3): 60-63.

H.巴凯斯, 路紫. 2000. 从地理空间到地理网络空间的变化趋势. 地理学报, 55(1): 104-110.

Abbasi A, Altmann J, Hossain L. 2011. Identifying the effects of co-authorship networks on the performance of scholars: A correlation and regression analysis of performance measures and social network analysis measures. Journal of Informetrics, 5(4): 594-607.

Adams P. 1995. A reconsideration of personal boundaries in space-time. Annals of the Association of American Geographers, 85(2): 267-285.

Adams P, Ghose R. 2003. The construction of a space between India. Progress in Human Geography, 27(4): 414-437.

Amichai-Hamburger Y, Vinitzky G. 2010. Social network use and personality. Computers in Human Behavior, 26(6): 1289-1295.

Bainbridge W. 2007. The scientific research potential of virtual worlds. Science, 317(5837): 472-476.

Baker V. 2009. Older adolescents' motivations for social network site use: The influence of gender, group identity, and collective self-esteem. Cyber Psychology & Behavior, 12(2): 209-213.

Bakis H. 2007. Le Geo-cyberspace revisits: Usage set perspectives. Netcom, 21(3-4): 285-296.

Bakis H. 2001. Understanding the geocyberspace: A major task for geographers and planners in the next decade. Netcom, 15(1-2): 9-16.

Bakis H. 1991. From geospace to geocyberspace: Territories and tele interaction. In: Roche E, Bakis H. Developments in Telecommunications: Between Global and Local. 15-49.

Barney W. 2007. Geographies of the tropical Internet: An over view. Singapore Journal of Tropical Geography, 28(2): 219-238.

Batten P. 2005. Some principles for land scape mapping on the Internet. Journal of Map& Geography Libraries, 2(1): 99-110.

Batty M. 1997. Virtual geography. Futures, 29(4-5): 337-352.

Beyer W B. 2002. Services and the new economy: Elements of a research agenda. Journal of Economic Geography, 2(1): 1-29.

Bort J. 2011. 10 technologies that will change the world in the next 10 years. http://www.infoworld.com/d/data-center/10-technologies-will-change-the-world-in-the-next-10-years-184. 2011-7-18.

Cairncross F. 1997. The Death of Distance: How the Communications Revolution Will Change Our Lives. Boston: Harvard Business School Press.

Dodge M, Kitchin R. 2009. Software, objects, and home space. Environment and Planning A, 41(6): 1344-1365.

Dodge M, Kitchin R. 2001. Atlas of Cyberspace. Boston: Addison-Wesley.
Dodge M, Kitchin R. 2000. Mapping Cyberspace. London: Routledge.
Ellison N B, Steinfield C, Lampe C. 2007. The benefits of Facebook "friends: " Social capital and college students' use of online social network sites. Journal of Computer - Mediated Communication, 12(4): 1143-1168.
Fan T F, Liau C J, Lin T S. 2008. A theoretical investigation of regular equivalences for fuzzy graphs. International Journal of Approximate Reasoning, 49(3): 678-688.
Fan T F, Liau C J, Lin T Y. 2007. Positional analysis in fuzzy social networks. In: Proceedings of the Third IEEE International Conference on Granular Computing, San Jose, California, USA. 423-428.
Graham S, Marrin S. 1996. Telecommunication and the City. London: Electronics.
Granic I, Lamey A. 2000. The self-organization of the Internet and changing modes of thought. New Ideas in Psychology, 18(3): 93-107.
Hargittai E. 2007. Whose space? Differences among users and non-users of social network sites. Journal of Computer Mediated Communication, 13(1): 276-297.
Hogg T. 2010. Inferring preference correlations from social networks. Electronic Commerce Research and Applications, 9(1): 29-37.
Hossain L, Anjali de S. 2009. Exploring user acceptance of technology using social networks. Journal of High Technology Management Research, 20(1): 1-18.
Ignjatović J, Ćirić M, Bogdanović S. 2010. On the greatest solutions to weakly linear systems of fuzzy relation inequalities and equations. Fuzzy Sets and Systems, 161(24): 3081-3113.
Jiang B, Ormeling F J. 2000. Mapping cyberspace: Visualizing, analyzing and exploring virtual worlds. The Cartographic Journal, 37(2): 117-122.
Kellerman A. 2002. The Internet on Earth—a Geography of Information. W S: John Wiley and Sons Ltd.
Kellerman A. 2000. Proposal for a commission on the "geography of information society" 2000-2004. Netcom, 14(1-2): 207-212.
Kitchin R. 1998. Towards geographies of cyberspaces. Progress in Human Geography, 22(3): 385-406.
Lewis K, Kaufman J, Gonzalez M, et al. 2008. Tastes, ties, and time: A new social network dataset using Facebook. com. Social networks, 30(4): 330-342.
Lu Z, Han R L, Du W L, et al. 2014a. A fuzzy social network analysis method and a case study on Tianya tourism forum in China. Foundations of Intelligent Systems. Heidelberg: Springer.
Lu Z, Zhang Q L, Wu D S, et al. 2014b. A fuzzy SNS community centrality analysis method and a case study on Ren Ren Net in China. In: The 11th International FLINS Conference On Decision Making and Soft Computing, João Pessoa(Paraíba), Brazil, 530-535.
Lu Z, Wang S S, Li X N, et al. 2012. Online shop location optimization using a fuzzy multi-criteria decision model—Case study on Taobao. com. Knowledge-Based Systems, 32: 76-83.
Lu Z, Han R L, Duan J. 2010. Analyzing the effect of website information flow on realistic human flow using intelligent decision models. Knowledge-Based Systems, 23(1): 40-47.
Lu Z, Wu S F, Han R L, et al. 2008. The function comparison of substitution and enforcement in human flow affected by webstie information flow. In: Proceedings of the 8th International FLINS Conference.
Lu Z, Han B, Li Y L, et al. 2007. A two layer supply-demand analysis model for evaluating tourism online service. New Mathematics and Natural Computation, 3(1): 123-134.
Lu Z, Deng Z P, Wang Y. 2006. A case based research on the directive function of website intelligence to human flow. In: Applied Artificial Intelligence, 485-492.

Lu Z, Li H, Han B. 2005a. The integration trend of tourism informatization service. In: Proceedings of the 8th Joint Conference on Information Sciences, 21-26.

Lu Z, Wang Y, Zhang Z, et al. 2005b. Service model of outdoor sports club: Information flow guides people flow. In: Proceedings of the 8th Joint Conference on Information Sciences.

Malecik E. 2002. The Economic geography of the Internets' infrastructure. Economic Geography, 78(4): 399-424.

Mayer A. 2009. Online social networks in economics. Decision Support Systems, 47(3): 169-184.

Mitchell L, Anthony M. 2000. The Internet backbone and the American metropolis. The Information Society, 16(1): 35-47.

MorleyD, Robins K. 1995. Spaces of Identity: Global Media, Electronic Landscapes and Cultural Boundaries. London: Routledge.

Murnion S, Healey R G. 1998. Modeling distance decay effects in webserver in formation flows. Geographical Analysis, 30(4): 285-302.

Nair P S, Sarasamma S T. 2007. Data mining through fuzzy social network analysis. In: Proceedings of the 26th Annual Meeting of the North American Fuzzy Information Processing Society, San Diego, CA. IEEE: 251-255.

O'Brien R. 1992. Global Financial Integration: The End of Geography. New York: Council on Foreign Relations Press.

Riva G, Galimberti C. 1997. The psychology of cyberspace: A socio-cognitive framework to computer-mediated communication. New Ideas in Psychology, 15(2): 141-158.

Starrs P. 1997. The scared, the regional, and the digital. The Geographical Review, 87(2): 193-218.

Stefan W. 1999. The geography behind the internet cloud-peering, transit and access issues. Netcom, 13(3-4): 235-252.

Taylor J. 1997. The emerging geographies of virtual worlds. Geographical Review, 87(2): 172-192.

Tseng M L. 2010. Implementation and performance evaluation using the fuzzy network balanced scorecard. Computers & Education, 55(1): 188-201.

Townsend A M. 2001. The Internet and the rise of the new network cities 1969-1999. Environment and Planning(B), 28(1): 39-58.

Walcott S, Wheeler J. 2001. Atlanta in the telecommunications age: The fiber-optic information network. Urban Geography, 22(4): 316-339.

Walmsley D. 2000. Community, place and cyberspace. Australian Geographer, 31(1): 5-19.

Warf B. 2001. Segue ways in to cyberspace: Multiple geographies of the digital divide. Environment and Planning(B), 28(1): 3-19.

Warf B. 2011. Geographies of global internet censorship. GeoJournal, 76(1): 1-23.

Watts D J, Strogatz S H. 1998. Collective dynamics of 'small-world' networks. Nature, 393(4): 440-442.

Weltevreden J, Atzema O. 2006. Cyberspace meets high street: Adoption of click-and-mortar strategies by retail out lets in city centers. Urban Geography, 27(7): 628-650.

Yuta K, Ono N, Fujiwara Y. 2006. Structural analysis of human network in social networking services. Transactions of Information Processing Society of Japan, 47(3): 865-874.

Zook M A. 2000. The web of production: The economic geography of commercial Internet content production in the United States. Environment and Planning(A), 32(3): 411-426.

专题篇

第3章 ICTs影响下的农村交往空间与农村经济组织演变

3.1 农村ICTs应用特点与影响因素

伴随着ICTs与城市空间重组研究的进行,农村和边缘地区的新技术应用也应成为研究的焦点。从地理学角度对信息化概念的理解可以解释为在信息基础设施到达的地方,信息和知识的可获得性趋同,空间距离摩擦定律一定程度上失去作用。相对于城市而言,农村地区的区位劣势应该在信息化趋势下逐渐消失,因为它具有克服经济差异、地理距离遥远和知识分配不均等传统障碍的潜能(丁疆辉和刘卫东,2009)。

ICTs打开了人们进入信息时代的大门,全球越来越多的农村地区已经迈出了利用ICTs的第一步。大量有关农村信息化发展的研究成果从不同的视角阐述了农村ICTs应用的现状及其影响,如发达国家从教育信息化、社会服务信息化、应用者行为等角度阐释了农村ICTs的发展;经济合作与发展组织(Organization for Economic Co-operation and Development,OECD)就农村ICTs展开了系统研究,从ICTs的基础议题、社会议题、经济议题等视角分析了ICTs下的农村发展,并从不同的空间尺度进行案例研究;地理学家很早就开始关注新技术及其经济行为对农村可能产生的空间结果,他们把不断增长的集中和分散水平作为空间结果的象征(Richards and Bryden,2000)。可见,农村作为区域发展重要的组成部分,信息化趋势为其带来的经济社会等空间转变问题已引起广泛关注。

在这种背景下,农村地区物理距离的遥远是否依旧阻碍经济的发展?ICTs下农村地区摆脱区位劣势的束缚是神话还是事实?新的ICTs能否使农村企业走出本地进入全球市场竞争环境?信息化大背景为农村地区带来的到底是机会还是挑战?这些问题是目前地理学有关ICTs与农村研究的热点。

3.1.1 ICTs是农村地区变革的重要工具

1. 农村地区应用ICTs的机遇与挑战

尽管大多数地理学家认为ICTs带来的数字经济主要是城市现象(Hillis,1998),并且有关新技术空间影响的研究和尝试主要集中于城市地区。但是研究者并不否认新的ICTs对农村和边缘地区的影响,只是在影响程度与方向上存在较大争议。一些研究者认为,如果ICTs能消灭距离或地理本身(cairncross,2001),那它对偏远农村地区将产生非常大的影响。20世纪中后期开始,一些政策制定者、研究人员和劳动者都在热心的为农村做准备以迎接网络社会的到来(castells,1989),它向人们展示了ICTs下和谐的生活状态——区域差异的消失。这些学者认为,ICTs应用对农村地区产生的影响可能比城市更大,因为它可以忽略农村地区的区位劣势,农村与城市地区的知识与信息的可获得性趋同,其经济发展机会均等,故ICTs可以迅速使农村地区改变原有的弱势地位。

相反,一些研究结果证明,ICTs应用进一步加强了城市的极化,而不是带来社会和经济空间的和谐(Graham,2002),因为ICTs的社会扩散在每一个空间层级上都还是不均衡的。Malecki(2003)说,数字农村发展带来了许多"陷阱",一些学者认为由于信息基础设施的昂贵投入和对使用者较高知识与技能的要求会导致区域"数字鸿沟"和"数字分化"现象。卡斯特尔(2000)说,不断强化的社会和空间极化现象是信息经济的内在组成部分,而且正在所有西方社会变得普遍起来;刘卫东(2002)也指出:目前中国互联网的发展表现出很强的地域集中性,主要集中在沿海发达省份,并且有数据显示中国互联网的发展是由少数发达地区向其他地区扩散的。

在机会与挑战的争论中,Grimes(2000)客观分析了ICTs的空间含义,提出了许多有力的证据来说明之前人们对ICTs的潜在影响的论述是有疑问的。他认为把这个新的技术放置于技术变化的整个历史过程是非常困难的,部分原因是因为人们仍旧处于这些变化之中,并且离清晰认识这些变化将带人们去向何方还很远。另外Graham和Marvin(2002)指出与新的ICTs相关的经济行为(核心领域是信息处理和传输)是不可见的,所以不能在短时间内清晰的把握其空间行为。Malecki(2003)也指出,农村从ICTs中获利的潜力是一个持续性问题,只能通过实际研究证明一切都在(或即将)变好。

从理论上客观分析,ICTs对农村地区发展的含义可以理解为风险和机遇并存。风险在于一些人认为ICTs基础设施和服务依然会继续优先配置在那些具有重要顾客基础的城市地区。这将使一些农村居民和农村企业被排除在信息社会和新经济之外很长一段时间,并且可能使存在的经济困境恶化。机遇在于ICTs可以为农村地区提供增值,因为ICTs具有减弱时间和空间束缚的潜力:首先,大量的经济活动现在可以布局在传统的生产中心之外,农村地区同样可以成为吸引经济活动布局的场所。其次,多种公共服务可以通过ICTs有效地传送到人口稀少或遥远的地区,如人们能够即时地登录网络上的虚拟机构,获得教育、医疗、就业、农业建议等方面的信息。通过弱化时空障碍,ICTs为农村地区既带来了新的经济发展机会又提供了享受社会服务均等化的可能。

总之,ICTs存在的潜能已经为初期成绩所证实,它将逐步被证明是推动农村地区变革的有效方式。例如,在中国走向现代化和构建和谐社会的大背景下,不管是"三农"问题的解决还是社会主义新农村的建设都强调了农村信息化建设的重要性。

2. ICTs对农村发展的经济意义

ICTs作为推动农村发展的动因最初由发达国家提出。英国环境部的英国农村白皮书中提出,政府部门支持把电信作为推动农村发展的工具;欧盟和联合国发展计划基金同样承认需要电信来推动农村发展(Batty,1997)。OECD在ICTs与农村发展报告中指出ICTs与农村发展的关系;美国和欧洲很多农村地区已经有了推动IT发展的项目,并且有公共财政的支持。Ray和Talbot(1999)通过分析英国北部人口稀疏位置偏远农村地区的电信发展,试图说明电信可以成为推动农村社会经济发展的动因。Drabenstott(2001)曾经指出塑造美国农村经济的5个主要挑战中即包括敲开数字经济之门与鼓励企业家增强数字化手段的才能。

研究者多从农业技术改造和农村企业两个视角来具体分析ICTs带来的农村经济发展。首先，大量研究证明ICTs已经改变了发达国家的农业面貌。可以说在一些发达国家的农业中，信息成为继土地、劳动力、资金之后的第四大关键因素。现在一些国家的农业行为是基于网络连接互动数据库来获得天气、自然资源、生产需求、政府计划等信息。在发展中国家，尽管很多方面的应用刚刚开始，但Rao(2007)强调，如果农业发展计划中没有ICTs计划就会对农村经济发展产生负面效应。他研究了印度ICTs如何对农业发展产生作用，这种作用的前提是既达到农村收入增加又能保持区域可持续发展。其次，ICTs同样为农村企业的创建与发展提供了机会。因为ICTs可以为企业提供网络服务，物理距离遥远和规模小不再意味着企业要局限于地方市场，企业可以通过"电子市场"扩大其市场范围，物理区位不再是"影响生产的关键要素"。所以，更多的人将ICTs对农村经济的推动放在了企业与技术应用的研究上。

Clark等(1995)探讨了发展ICTs对农村企业和农村经济推动的内涵。他们利用问卷调查形式获得不同地区农村企业基本特征、企业使用ICTs的意识、使用中存在的问题等资料，通过分析发现，这些企业多数是独立的、私有的、规模非常小、区位分散，企业多使用电话和传真但是很少使用电信服务。他们同时还分析了其中的原因，认为政策是促进农村企业使用并获得利益的主要因素。Sun和Wang(2005)通过对江苏省农村企业Internet使用的研究发现：①江苏农村Internet渗透率远低于城市；②苏南与苏中、苏北Internet渗透率存在很大的差异，而张家港农村地区Internet渗透率接近城市地区；③老企业和大型企业更愿意使用Internet；④Internet使用与企业的经济与改革成绩有非常强的正相关关系。

Capello和Nijkamp(1996)认为，ICTs服务的应用可以使企业内部增进交流，提高企业效率，同时又可以与客户和供应商建立更广泛的接触。Malecki(2003)指出，ICTs在以下方面为农村企业带来了希望：①ICTs强调的柔性生产和工厂小型化优化为农村企业重新获得竞争提供了可能性；②电信技术和Internet即使没有完全消除但会减少空间和距离的限制；③新技术服务有利于农村地区人口素质的提高，从而达到发展经济所需要的技能；④电信管制的放松强化了市场功能，如Internet接入开始让市场决定走向哪里；⑤因为它的简单易行，企业将Internet作为到达遥远市场的工具。这些优势对农村企业具有独特的意义，因为农村企业相对于地方供给和需求市场来看具有距离遥远、规模小、区位分散的劣势，这些缺点恰好可以通过ICTs及其服务的应用来弥补。

总之，在对农村企业的研究中，人们试图说明农村企业通过使用ICTs可以克服被边缘化的问题，并且可以使企业生产链融入更大的空间范围，使其逐步进入全球化市场体系，所以从某种意义上说，他们还赋予农村企业和农村地区以"现代化"特征。

不管是对农业发展的推动作用还是对农村企业发展提供的机遇，前人的研究为ICTs对农村的经济影响评估提供了研究视角与方法的参考。

3. ICTs对农村发展的社会意义

除了ICTs的经济意义探讨外，地理学研究者同时分析了虚拟通信如何重新配置人们日常生活的地理学(Dodge and Kitchin，2005)。这些研究没有把重点放在探讨人们如何应对挑战和调整自己的策略，而是主要关注人在使用ICTs过程中的行为变化及其带来的社会内涵。例如，Gilbert等(2008)把贫穷妇女使用远程医疗系统作为研究内容，目的是描述这部分人群的应用行为与社会倾向。这些贫穷妇女把使用ICTs看作她们接受教育、卫生保健等社会服务的一部分，所以研究主要集中在她们应用远程医疗系统的行为并同时反映这一群体的社会倾向。

ICTs影响下个体使用者的研究主要源于人们对数字鸿沟定义的争论。很多研究者认为应该从使用者的微观个体分析中重新定义"数字鸿沟"。他们认为把数字鸿沟的定义限定在区域和ICTs的基础设施接入时，ICTs的社会不平等就会有部分被遗漏。也就是说不管信息基础设施在哪个地理尺度上普及，总会有个体被遗漏，而且被遗漏的往往是社会中的弱势群体。所以一些地理学家开始从区域中人的嵌入来重新定义数字鸿沟，因为在他们看来不同个体的行为建构与所在的区域和社会环境永远的纠结在一起(Gilbert and Masucci，2006)，所以区域信息化水平高低不能将人的因素抛开。Jackson等(2003)从低收入家庭Internet使用来分析数字鸿沟的含义。通过案例研究Gilbert等(2008)刻画出基于地理学概念的数字鸿沟模式。他们从4个互相联系的因素描述了ICTs接入的差距：信息传递方法，技术应用的环境(经济环境、社会环境)，社会网络(接入和使用ICTs的主角)，社会政策和调节技术进入的体制机制；认为应该从这四个因素的组合科学分析"数字鸿沟"的概念与内涵，数字鸿沟概念体系中的每一个因素都具有地理学属性。

Gilbert和Masucci(2004)说："农村贫困妇女的个体研究表明，这些人通过使用ICTs已经跨越了传统惯例而获得了知识，经济效益并增强了卫生保健能力。但是需要从保证生存的角度深入研究妇女通过应用ICTs实现自我效能的过程"。他们的结论为人们的研究提供了宝贵的经验，即贫困地区ICTs应用研究应着重"物质意义"而不是"精神"。除了对数字鸿沟的解释外，他们还认为，从个体使用者行为角度分析ICTs，可以获得更具有地理学内涵的解释，他们认为女性地理学分析为未来GIS科学的发展提供了新的视角。他们研究了北部费城两个不同的社区组织，结果表明从妇女日常生活的视角理解ICTs框架对GIS科学具有重要的影响。

总之，大量个体使用者行为研究都是基于对"数字鸿沟"概念内涵的重新解释来进行的，并在此基础上尝试提升个体行为研究的学科价值。

3.1.2 农村ICTs应用特点与发展方向

1. 农村ICTs应用特点

由以上分析看出，地理学者主要从ICTs与农村发展的理论可能性、ICTs对农村经济发展的推动意义、ICTs对农村社会发展的意义等角度进行了较系统的研究，这些研究具有如下一些特点(丁疆辉和刘卫东，2009)。

1) 延伸了 ICTs 空间重构理论

在 ICTs 为农村带来的是发展机会还是融入世界竞争市场的巨大挑战的讨论中,既看到新的 ICTs 对农村空间多样化起到积极作用,同样也看到对偏远地区带来了严重的威胁,因为这些地区会更容易被核心区域的经济所利用。同样,尽管新的 ICTs 确实为农村本土的公司提供了接触国际大市场的机会,但它同时使弱小的农村企业面临迅速被全球化企业吞没的威胁。实际上对机遇与挑战的争论可以看作 ICTs 空间重组理论的区域延伸。不管 ICTs 为农村地区带来的是机遇还是挑战,面对信息化大潮,就如城市与企业的信息化过程一样,农村区域变革必然产生。只是 ICTs 是一个全新的事物,到目前为止还缺乏对其动态的可靠的实证研究。这也是形成目前争论的主要原因。

2) 发现了 ICTs 与农村产业的特殊空间关系

ICTs 与农村经济发展的研究主要从以下几方面进行:①ICTs 下农业生产方式变革带来农业生产发展,如计算机控制农业、精细农业等通过先进的技术应用达到农业的最优化发展;②研究 ICTs 应用带来的农村产业结构变化,如农村工业化过程中 ICTs 的应用;③从农村企业接入与使用 ICTs 的视角,分析 ICTs 对农村企业的变革性作用。众多研究发现 ICTs 在一定程度上推动了农村经济发展,尤其对农业技术改革和农村企业的影响最大。尽管还没有充足的证据显示农村产业结构升级与产业空间分工与 ICTs 之间的必然联系,但已有的研究已经说明,ICTs 不仅可以使农业获得优化发展,而且对农村企业竞争力的加强、市场的扩张有非常重要的意义。可以预见,ICTs 在农村地区的发展必然会影响农村地区产业结构的演变。

3) 农村地区社会文化景观在信息化发展过程中的变化

农村地区社会文化景观在信息化发展中的变化主要包括:人们的文化娱乐方式的增加、人际交往范围的扩大、网络影响下人的意识形态变化、ICTs 支撑下人的行为空间变化等。所以欧美学者开始从微观的个体视角进行研究。他们选择的使用者多为区域弱势群体,如年轻人、老年人、妇女、残疾人等。研究者期望通过分析特定人群对 ICTs 的使用特征及其产生的行为影响来总结 ICTs 在农村发展的社会意义。

2. 农村 ICTs 应用的发展方向

1) 理论研究与实证研究

区域信息化发展是相当新的社会现象,但却具有重大的地理意义。然而到目前为止,研究者没有机会针对其地理价值做出全面的讨论,也没有形成具有重大影响的地理研究理论体系,当然也就没有针对 ICTs 与农村地区发展的理论指导。Graham(2002)曾提出,ICTs 对城市的"增强、减弱、衍生、替代"四大效应,其他学者也认同这四大效应为 ICTs 空间作用的体现与结果,但还没有足够的证据证实其通用性,并且没有人尝试把这几大效应扩展到农村地区。

2) 地理学学科研究视角的选择

经济学家注重从投入与产出的经济效益分析ICTs为农村带来的利益；社会学家则多强调教育、医疗、社会保障等的网络化发展并分析其社会意义。这些方面的研究文献很多，体系较完善。地理学对农村信息化的研究虽然已经涉足农业发展、农村产业升级、农村企业使用分析等方面，但研究深度明显不足。例如，研究视角多，但相互关联性差；研究方法以传统分析为主，缺少定性与定量分析的有效结合。相对于国外研究成果而言，国内地理学研究者尚较落后。国外地理学者的相关研究成果证明了ICTs与农村地区发展之间存在的必然联系。根据中国城乡二元结构现状及中国农村亟待解决的三农问题看，中国农村信息化建设意义重大。目前国内对农村信息化的研究多见于社会学对其建设意义与面临问题的探讨，而对信息化带来的农村区域经济与社会转变研究不足。

3.1.3 农村ICTs空间作用的影响因素与机理

1. 影响因素与机理

区域信息化推进中涉及供给与需求两个方面，供给主要包括政府政策推动与信息基础设施配备；而需求方主要是农村信息化的几大使用主体，如农村居民、企业、社团组织等，其中农村居民是最大的需求群体。农村信息化空间作用的影响因素与机理应该从供给因子与需求因子两方面衡量(丁疆辉等，2012)。

(1) 供给水平的影响。区域经济发展水平是农村信息基础设施投入的重要影响因素(邱娟和汪明峰，2010)。从理论上看，区域经济发展水平是基础设施投入的决定性因素，一般来说，区域经济发展水平越高，信息基础设施的投入越多，信息化程度越高。可见，区域经济发展水平通过影响信息基础设施投入成为影响信息化空间作用的因素之一。农村信息化政策的推动与各级政府执行效果直接影响地区信息化水平。农村信息化政策主要包括政府宏观政策制定与相关企业对信息化推进的具体政策与措施。政府部门通过制定各项宏观政策决定农村信息化的发展方向和重点。这些政策措施的制定为农村信息化推进提供了基础与保障，各级政府部门对政策的推行效果则直接影响地区信息化水平。

(2) 需求水平的影响。农村居民人均纯收入直接影响农村网民规模。农村居民收入水平提高的同时，农村网民规模出现大幅增长。农村人均纯收入与网民规模之间呈显著正相关关系，可以肯定，农村居民收入水平直接影响农村网民规模，也影响农村信息化使用主体的数量。农村居民信息化需求意识及使用素养是影响信息化水平的重要内因，农村居民的受教育程度和学历结构是影响ICTs使用的重要因素，农村居民受教育程度提高有助于增强信息化的认知从而提升对它的需求水平。农村产业结构的构成影响信息服务应用的程度。农村产业结构的构成与信息服务的应用程度关系密切，农村第一、二、三次产业配比合理性的提高可以加大对信息服务的需求，使信息服务从单纯的农业生产ICTs应用向农产品生产、加工和销售整个链条延伸。如果说农村信息基础设施的配备、农村收入水平和农民信息意识为信息化空间作用提供了影响广度(总量)的可能，那么农村地区产业结构构成与信息化服务的应用则反映了其空间作用的深度(质量)。

2. 影响因素与机理的综合分析

影响信息化供给与需求的因子可以总结为总量因子、质量因子、结构因子、功能(效率)因子等方面，这些因子之间相互作用与协调的程度代表了供给与需求之间作用关系，并最终影响农村信息化空间作用的程度。反过来，农村信息化的空间影响力又可以反作用于信息化的供给与需求的规模、水平，如此将形成供给—需求—信息化空间作用之间的循环系统(图3-1)。

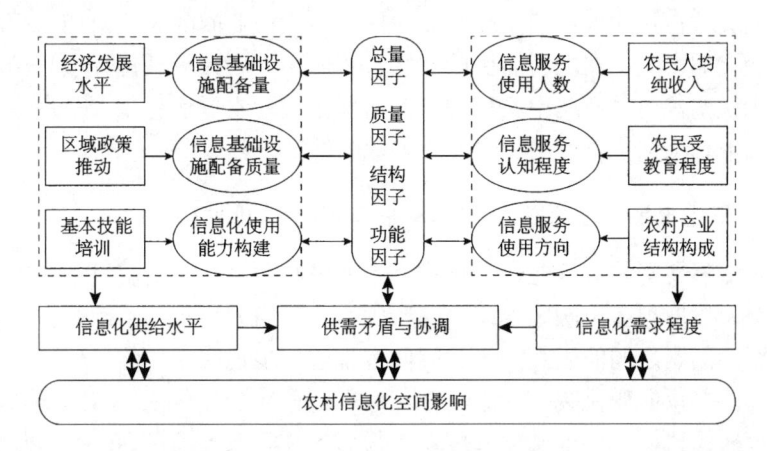

图3-1 农村信息化空间作用影响因素与影响机理综合分析图(丁疆辉等，2012)

3.1.4 农村信息化空间影响的定量分析

1. 指标

以上从理论上探讨了农村信息化推进与各影响因素之间的互动机理，这种互动需要双方建立起双向的良性循环才能起到相互促进的作用。在理论分析的基础上，从解释变量和被解释变量的角度定量分析农村信息化空间作用的各种影响因素。其目的是为了较科学地揭示不同影响因素与农村信息化作用程度之间的变量关系。以中国农村作为研究区域，试图从宏观角度分析信息化空间作用的影响因素，从而为之后微观区域研究奠定基础。

定量分析侧重于探讨农村信息化水平与各影响因素之间的关联关系，选取中国农村居民受教育程度、产业结构构成、农村居民人均纯收入作为解释变量，而将农村信息化程度作为被解释变量。其中农村居民受教育程度选取小学程度、初中程度、高中程度、中专程度和大专及以上程度劳动力所占比例为指标；产业结构构成中，选取各次产业的国内生产总值作为衡量指标；农村居民信息化程度依据丁疆辉等(2010)的相关计算。各项指标的构成可根据《中国统计年鉴》与《中国农村经济年鉴》中统计数据进行计算。

首先用 DPS 的相关分析计算出各个解释变量(信息化影响因素)与被解释变量(农村信息化程度)之间的相关关系。然后使用偏最小二乘法进项回归分析,以取得各解释变量与被解释变量间的函数关系。

2. 农村信息化与各影响因素的相关关系

使用 DPS 对农村信息化水平与各变量的相关关系进行计算。结果可见,居民受教育程度中小学文化文化程度所占比例与农村信息化水平呈反相关。说明农村信息化程度与低文化水平居民的占有率之间呈明显的反比关系。农村信息化程度与其他指标间的相关性均非常显著。在产业结构构成中,第一、二、三次产业的国内生产总值状况与农村信息化程度的相关分析说明农村信息化发展与区域各次产业间的关系密切,同时也极容易受产业结构变化的影响。在农村居民的受教育程度中,农村信息化程度与初中程度的居民间相关分析说明农村具有初中文化程度的居民是推动农村信息化水平最重要的群体。这与农村网民中初中文化程度网民占绝大多数的结论一致。

3. 农村信息化水平、信息基础设施与各影响因素的回归关系

为进一步衡量各影响因素在信息化推进中的影响程度,应用偏最小二乘回归对以上变量进行计算,以取得各影响因素间的函数关系。采用偏最小二乘回归方法来分析农村信息化与各影响因素之间的函数关系。回归方程进一步说明农村信息化程度与农村小学程度劳动力比例呈反向变化关系,而与其他变量呈正向变化关系。从各影响因素系数看,高中文化程度居民比例、中专文化程度、农村居民纯收入三项指标的系数较大,说明这些变量中高文化程度居民的比例和居民收入水平对信息化的影响程度高,其中高中程度居民的比例影响最大。说明居民的文化水平对农村信息化水平的影响最大。

为分析信息化 4 个影响因素与各变量之间的关系,分别将家用计算机拥有量、移动电话拥有量、固定电话拥有量、电视机拥有量与各变量进行回归分析,计算结果如下:家用计算机拥有量、移动电话拥有量、固定电话拥有量、电视机拥有量各单项指标均与小学程度居民比例呈反向变化关系,只是不同指标的变化程度有差异。

影响家用计算机拥有量的因素主要是农村居民文化程度构成,而农村居民收入水平的影响程度小于文化水平的影响力。移动电话、固定电话拥有量受文化程度与居民收入水平影响相当。电视机与居民纯收入间系数很小,说明电视机已经成为居民日常较普通的消费品之一,受收入影响不大。同时还可以看到,文化程度高低与电视机的拥有量相关关系很小。总之,收入水平、文化程度与电视机的拥有量之间相关性低,回归结果与事实相符。

3.1.5 小　　结

第一,当地理学研究者发现 ICTs 的发展对区域空间结构与形态产生了极大改变时,多以城市节点作为对象进行分析与说明,而对信息时代的农村空间问题关注不足。城市与农村作为区域构成两个不可割裂的部分,ICTs 影响的渗透是分别以点状和面状同时出现的，农村地区在信息时代面临空间变革有自身的特点。研究认为，农村与城市是区域空间格局的两个基本单元，两者之间的联系是有机地、连续地，信息时代城市空间组织重构的同时农村空间组织必然会发生转变。从经济空间上看，ICTs通过时空压缩有利于农村资源开发和农村市场开拓；从社会发展看，ICTs具有使农村地区享有均等社会服务的同时扩大人们社会交往空间的潜力。无论哪个视角，ICTs都将使农村地区面临巨大的空间重构。或者可以说，ICTs成为推动农村空间演变的重要驱动力。所以ICTs应用与农村空间组织之间的关系应该成为地理学研究者关注的问题之一。

第二，以ICTs应用为基础的农村信息化正在对农村地区经济发展和社会进步产生影响，可以预见ICTs会成为城乡协调发展的重要推动力，只是空间作用的发挥同样受农村地区自身发展条件的限制。从供给与需求的视角分析中国农村信息化空间作用的影响因素与影响机理，是系统说明ICTs影响农村社会经济行为的重要内容和方法。研究表明：①信息化在农村地区的影响程度与当地农村居民的受教育程度、农村地区的产业结构、农村居民收入状况等因素关系密切；②通过相关分析发现，信息化作用程度与农村低文化水平的居民比例呈明显反比关系，而与具有初中和高中文化水平的居民比例呈明显正相关，说明农村居民的文化水平高低直接影响信息化作用的发挥，并且在农村具有初高中文化程度的居民是信息化推进的重要受众群体；同时还发现信息化水平与农村各次产业间关系均非常密切，说明ICTs在农村产业结构的演变与升级中具有重要作用；可见只有供给与需求间达到较好的协调，各因子的作用才会极大发挥，即信息化的空间作用力才能最大化；③经过回归分析，构建了农村信息化水平与各影响因素间的函数关系，从而进一步证明，居民的文化水平对农村信息化的影响最大；在信息化各构成要素中，家用计算机拥有量受居民文化水平制约最明显，移动电话和固定电话拥有量受居民收入的影响最大，农村居民电视机拥有水平与居民收入及文化水平的函数关系均不明显，其对信息化水平没有明显作用。由以上分析可见，要实现信息化对农村地区经济和社会发展的推动，既要根据地区发展水平采用适宜的基础设施，又要注重农村居民自身教育水平的提升。本节在理论上给出了信息化空间作用的基本机理，但在论证上只是初步探索，还需以更微观的区域进行深入研究与验证，同时通过区域对比发现进一步值得研究的论题。故今后还需要针对不同地区进行实证性研究，以验证和调整结论的科学性。

3.2 农村信息化发展态势及其区域差异

20世纪90年代以来，部分学者认为农村和边缘地区的新技术应用同样是争论的焦点(Gillespie et al., 1994)，因为ICTs打开了人们进入信息时代的大门，全球越来越多的农村地区已经迈出了利用ICTs的第一步，他们认为ICTs应用对农村地区产生的影响可能比城市更大。一些地理学家对ICTs带来的农村空间影响进行了研究，如发达国家从教育信息化、社会服务信息化、应用者行为等角度阐释了农村ICTs的应用。大量文献研究表明农村地区ICTs扩散的最大障碍是支付高速Internet接入所需的费用，支付水平的差异使得不同国家不同地区的农村信息化水平差异巨大(胡鞍钢和周绍杰，2002；黄少华和韩瑞献，2004)。

尽管存在信息化水平的城乡差异,但ICTs对农村社会经济发展的影响潜力是公认的。因此,在这样的趋势下,非常有必要客观分析不同地区农村ICTs发展应用现状及其已经产生或者即将带来的实际影响。为了明晰农村信息化在不同空间层级的区域差异问题,本节以宏观和中观两个空间层面为依托,以农村信息化发展过程中互联网的接入与应用为研究主线进行探讨。目的是对农村信息化发展的空间异质性进行观察,找出信息化发展中的"赢家",关注信息化"零点"区域,并综合出不同的空间发展类型。为后续不同类型效益评价及其区域影响评价奠定基础(丁疆辉等,2010)。

3.2.1 农村信息化发展态势与建设路径

在过去数十年中没有任何技术进步能够在影响的深度与广度上与互联网相提并论,它成为信息化发展的重要趋势,故研究者多从互联网的使用作为着眼点进行相关问题的探讨。基于互联网发展的农村信息化推进从理论上可分为3个阶段:首先是基础设施建设;其次是在基础设施普及的同时构建政府、企业与农民相互联系的网络平台,即涉农网站;最后基础设施和网络平台搭建后需要进一步明确农民对信息化发展的具体需求。本节主要根据此3个方面对农村信息化发展进行论述。

1. 发展态势

1)计算机配备与上网潜力

以计算机为终端设备的xDSL接入和以手机为终端设备的无线接入是目前居民个人接入互联网的两种重要方式。所以基于互联网的信息基础设施主要包括:固定电话网络的铺入和移动网络的覆盖,以及电视机(既可以作为农村信息传递的传统方式,又可以作为未来数字化发展的终端设备)、计算机和移动电话的拥有。本节中用每百户家庭固定电话、移动电话、电视机、计算机拥有量作为家庭信息基础设施拥有水平的衡量标准。农村固定电话使用已经达到较高水平,且出现稳定的下降状态;移动电话不仅拥有量增长迅速,其使用功能也发生了重要转变,移动电话上网成为农村信息化推进中发展潜力较大的上网终端。尽管农村家用计算机普及率迅速提高,但拥有率依然较低。城市和农村两者差距悬殊,家用计算机配备水平仍旧是农村信息化发展的瓶颈。

2)网民数量与网络使用需求

农村信息化整体推进中,农民是自始至终的参与者,同时也是重要执行者和受益者,起着支撑作用。农村网民的数量和质量是影响信息化水平的重要因素,也是农村信息化需求的决定性力量。20世纪80年代以来,互联网发展迅速,进而推动了向农村的扩散。其中表现最明显是农村互联网的使用人数急剧增加,根据中国互联网统计报告(CNNIC)2015年年底,农村网民数量已经达到1.86亿人,年增长率达4.49%,远高于城镇网民2.33%的增长率。所以从理论上说,农村网民数量的快速增加体现了对农村信息化推进的极大需求。

农村网民对信息化的需求出现了新的特点。农村互联网使用的访谈中,发现农民对互联网上涉农、就业、农业技能培训等信息有很大需求,但多数人认为网上提供的服务不能满足需求。同时发现,信息化需求也存在很大的区域特征。例如,传统农区农民对信息的需求程度远远低于农村工商业发达的地区。可见,只有深入理解农村地区不同的市场特征与区域偏好才能更好地推进信息化向农村的扩散。总之,无论是政策的扶持还是农村发展现状都为信息化推进提供的良好空间与发展潜力。然而无论是基础设施和涉农网站的区域拥有情况,还是农村信息化个性需求均存在较大的区域差异,因此农村信息化的区域差异性同样值得注意。

3) 政策推进与综合信息服务

以农村信息化为基本形式的农村公共信息服务已经成为中国新农村建设的一项重要任务。作为对前一阶段电话和广电村通工程的延续和发展,宽带互联网接入与应用是新农村信息化建设的重要目标。ICTs对农村社区经济和社会发展的积极意义在国际上已被广为论证。目前,中国农村公共信息服务问题主要涵盖普遍服务、数字鸿沟、宽带部署和电子政务4个领域。这几个领域是构成国家整体信息通信政策的有机组成部分。

本质上中国农村信息化行动属于公共信息服务范畴。在中国,农村信息化作为一项全国性政策举措就是要通过以下两个途径来推动农村社区的信息化水平:①改善农村社区对于通信基础设施的接入即ICTs接入;②向农村社区提供以综合信息服务为特征的应用服务,具体包括乡村信息服务港(屋)、乡镇电子政务、涉农信息网站和电子商务平台等。可见中国农村信息化概念不但涵盖接入和应用两个层面,而且应用层面已扩展到包括更广义的公共信息服务,即综合信息服务。中国政府将接入和应用两个层面集成到一个农村信息政策平台的举动是源于实践需要的推动。自20世纪90年代国家开始密切关注三农问题,尤其是自2004~2012年连续以中央一号文件的形式提出和不断深化三农和新农村概念。在一系列政府举措中推动和提高农村公共信息服务水平被正式确定为一项重要内容。2008年信息产业部启动新一轮的村通工程目标,2014年全国通电话行政村比例达到100%,也实现了全国全部乡镇互联网接入,其中99%的乡镇和80%的行政村基本具备宽带接入的能力。

新阶段的农村信息化行动有向应用性转变的趋势,即综合信息服务能力在提升。但是农村信息化的具体目标仍然不够明了。例如,作为国家信息化的整体纲领性文件,2006~2020年国家信息化发展战略,多为纲领性的定性目标,没有规定农村信息化具体目标。在从村通工程向农村信息化的战略转变中,在诸如支持保障机制和治理体制方面尚缺乏显性安排。在缺乏一个统一的农村信息化目标体系规划情况下,信息化推进活动中治理机制以分散自发的部门和地方行动为主要特点,形成了一个多目标、多主体、零散分割的监管体制,在新的信息化战略下需要形成一批旨在提供"综合信息服务"的项目。

2. 建设路经

通过对当前中国农村信息化工作的目标和制度安排等方面的简要回顾,可识别当前存在的主要问题和挑战，为探求如何建立一个长效的农村信息化保障机制和治理体制奠定了基础。

1) 面临制度挑战，构建长效管理体制

如前所述，虽然目前全国范围的农村信息化行动有"战略"等纲领性文件，而且确定了政府引导、企业参与、市场运作、服务农民的基本原则，但是并未形成显性激励规则体系和有利于协调整合的治理机制安排，使农村信息化活动的效果存在很大折扣。显然，下一步农村信息化工作重点应该构建一个长效的管制体制实现目标规则和治理机制的具体规划落实和整合。需要具体考虑的问题有：①技术升级和技术融合，未来通信系统和应用设计要具有前瞻性，考虑未来通信技术和技术融合发展趋势；②内容与应用，包括网站平台设计、构造与维护、信息内容的产生、整理与发布，信息平台应该能够整合各方面与农业、农村和农民密切相关的信息；③兼容性和标准化，通过资源共享和互动操作提高投入效率和避免重复建设。

2) 优化制度环境

制度安排包括管制激励和治理两个方面。考虑到中国农村信息化活动的制度安排，可以从识别该活动的制度需求和制度设计所应遵循的基本原则与所处的整体制度环境开始。在此基础上，在明确农村信息化长期规划和短期目标的前提下，设计一个系统、长效和整合的管制激励体系和治理机制。农村信息化活动是一项复杂政治、经济、技术和社会系统工程，涉及的主要内容有三个环节：①接入、平台、内容，后二者表现为应用，通常密不可分；②三个主体资金提供者，农户信息使用者和参与互动者，供应商接入平台内容；③三个过程，即计划、执行、控制。这些方面反映了农村信息化活动的价值链和全景图，也体现了农村信息化的制度需求，为具体制度设计提供思维框架评价标准，为制度设计过程提供纲领性指南。

3) 形成分层管制激励体制

管制激励的关键内容在于解决支持机制问题。在国际上，许多西方学者不主张全国"一刀切"式的农村信息化行动，建议根据地区差异确定信息化目标水平(Hart, 1998)。因此，社区行动被广为推崇(Parker, 2000)。基层地方政府在宽带接入方面通常被赋予重要角色(Hudson and Pittman, 1999)。在中国，信息化区域差异与农村经济和社会发展显著相关(万广华等, 2008)。在农村公共产品资金筹措中，国内学者也强调地方基层政府的重要角色(农村地区公共产品筹资方式研究课题组, 2005)。中国可以考虑探索一个中央和地方各级政府的分层负责管制激励体制，该体制考虑地区差异，鼓励地方政府和社区行动，鼓励广泛的参与体现市场与计划相结合。

3.2.2 农村信息化区域差异

在空间尺度的选择上，本节首先以东中西和东北4个大区宏观区域差异分析为基础，以省区差异分析为重点。在信息化区域差异指标的选取上，主要突出与互联网应用有关的几个因素作为区域差异的衡量标准，如从基础设施、涉农网站和网民需求3个视角分析农村信息化的区域发展。农村信息化区域差异分析旨在剖析不同空间尺度农村信息化发展的区域特征。

1. 农村信息化宏观区域差异

1) 基础设施宏观区域差异

中国农村信息化区域差距呈现扩大的趋势，并且东中西和东北部四大地带间差异成为农村区域差异的主导。从宏观区域分布上看，固定电话和电视机拥有水平的区域差异最小，他们已经达到较高水平的区域一致性。故农村地区基本具备以 ADSL（固定电话网）为互联网的接入方式，区域差异性较小。但网络接入的主要终端设——家用计算机的区域差异比较明显，呈现出由东部、东北部、中部和西部依次递减的趋势。除计算机之外，目前网络接入的另一终端设备就是移动电话，目前移动电话的东中西差异较小，手机作为网络接入终端具有成本低廉的优势，所以中西部地区农村信息化推进中可以考虑通过移动电话无线接入互联网络的方式。例如，Ntaliani 等(2006)提出，以手机作为终端可以实现政府对农业的信息化管理与服务，同时以手机作为农村信息化终端服务设备的项目"毕达哥拉斯：电子农业服务指导体系"在欧盟已经推广(Ntaliani et al., 2008)。

2) 农村网民的宏观区域差异

基础设施拥有情况为农村信息化发展提供了可能，而使用者的数量与应用水平是信息化推进的核心。农村互联网普及率和农村网民分布比例可以说明中国东中西部互联网接入与居民使用情况。

农村网民表现出东部大量集中，近60%分布在东部农村地区；互联网普及率各地区同样相差很大，东部地区比中西部地区高出 14 个百分点；各地区农村网民普及率均呈增长趋势，但西部增长水平最低；中西部农村在互联网发展的劣势地位进一步突出。农村信息化发展的东中西差异呈现了宏观区域格局的基本状况。

2. 农村信息化省(区、市)差异特征

结合农村信息化推进的理论框架，为更清晰的理解较小尺度农村信息化的空间特征，本节从省域尺度进行详细分解。主要从区域基础设施的拥有量、涉农网站的区域分布来描述各省(区、市)农村信息化发展水平的差异。

1) 各省(区、市)农村信息化基础设施差异

分析各省(区、市)农村信息化基础设施状况，同样应用农村每百户家庭固定电话、移动电话、电视机和计算机拥有量为衡量标准。根据各省信息基础设施拥有量，考虑这 4 种因素在推进农村信息化过程中的作用，依据经验分别给各种因素赋予相应的权重，旨在较直观的反映不同省(区、市)的基础设施赋存状况(表 3-1)。

表 3-1　各省(区、市)基础设施赋存状况表

省(区、市)	综合得分	省(区、市)	综合得分	省(区、市)	综合得分
上海	91.16	黑龙江	44.004	甘肃	33.442
北京	83.788	安徽	43.868	青海	32.708
浙江	73.776	陕西	42.79	海南	31.732
福建	63.246	河北	42.584	山西	31.258
广东	62.924	湖北	41.246	内蒙古	30.536
江苏	57.182	广西	40.718	新疆	24.954
天津	55.93	湖南	39.06	贵州	23.52
辽宁	49.026	重庆	38.278	云南	22.334
山东	46.906	四川	38.222	西藏	11.468
吉林	45.646	河南	37.518	全国平均	38.95
江西	44.1	宁夏	36.298		

资料来源：丁疆辉等，2010. 表3-2、图3-2、图3-3同。

通过分析可见，各省(区、市)间农村信息化差异的特征表现出几个特点：首先，基础设施拥有量的绝对差异大，如每百户家庭计算机拥有量最多的是上海，而最少的是宁夏；固定电话、移动电话拥有量最多相差3倍多。从综合排名得分看，分数最高的上海与最低的西藏相差8倍；其次，信息基础设施的区域差异与农村人均纯收入的区域差异呈显著相关关系(图3-2、图3-3)。经过计算，计算机、电话、移动电话与电视机拥有量与农村人均纯收入的相关系数分别为0.878、0.848、0.863、0.81，而综合得分与农村人均纯收入的相关系数为0.911，均呈显著相关；最后，在农村人均收入与信息基础设施正相关的趋势下，存在一些具有特殊性的地区。根据每百人计算机拥有量与区域农民纯收入之间的关系，把31个省(区、市)划分为五种不同的区域类型(表3-2)。其中后两种为特殊类型区，即有些地区收入水平较高但计算机拥有量较低，如吉林、重庆、新疆；而有些地区收入水平较低，但计算机拥有量较高，如山西、云南、湖北、湖南等。导致两者具有特殊性的原因尚需进一步研究。

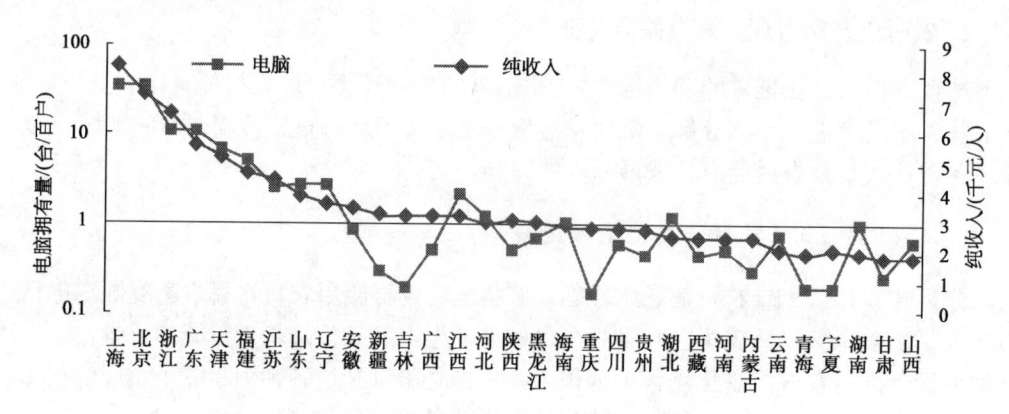

图3-2　不同地区计算机拥有量与农村人均纯收入关系图

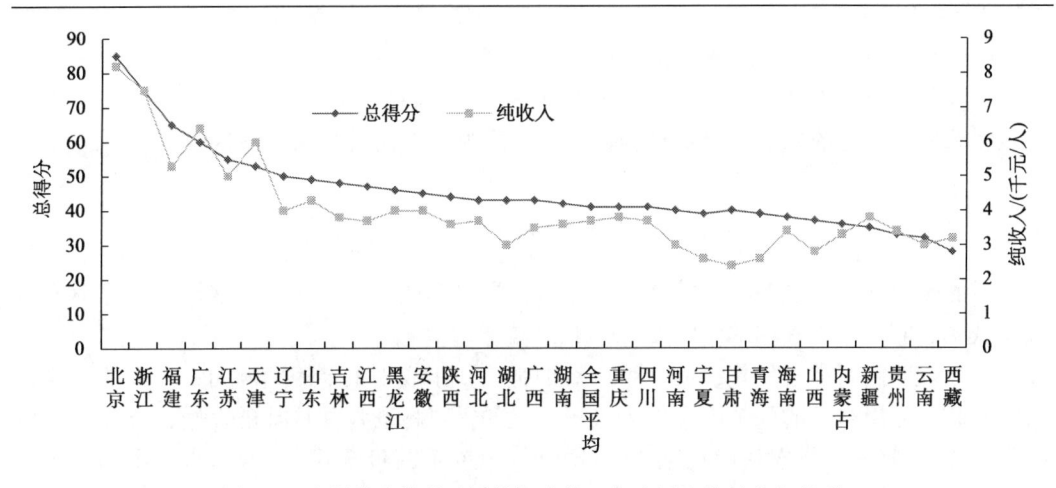

图 3-3　农村信息化基础设施拥有情况与农民人均纯收入关系

总之，农村信息化省区差异显著，信息化区域差异与经济发展水平紧密相关，但同时还有其他因素影响其发展。

表 3-2　农民人均纯收入与百人计算机拥有量相互关系类型表

分类	包括省(区、市)
高收入、高拥有量	上海、北京、浙江、天津、江苏、广东、福建、山东、辽宁
中等收入与中等拥有量	河北、江西、海南、湖北、湖南、黑龙江、四川、安徽、河南、广西、陕西
低收入、低拥有量	内蒙古、贵州、西藏、甘肃、青海、宁夏
较高收入、较低拥有量	吉林、重庆、新疆
较低收入、较高拥有量	云南、山西、湖北、湖南

2) 涉农网站的省区差异

除了基础设施的拥有情况，涉农网站是农村地区信息化发展水平的另一代表。网站发布了大量蔬菜、瓜果、树苗、畜禽、养殖等农业供求信息和相关经济、招商引资信息，是农村居民获取涉农信息的重要渠道。中国涉农网站发展迅速，但所占比例较小，区域分布不均。并且农业信息服务站点主要集中在大中城市和东部沿海等经济发达地区，所以此类网站分布的区域差异显著。山东、北京、浙江、江苏、广东为涉农网站数量排名前五位的省(区、市)，其总和占全国涉农网站总数的50%以上。

为进一步了解各省(区、市)涉农网站的拥有情况，根据中国农业网站综合排名百强数据对排名前100的涉农网站进行分析。发现75%的百强网站仅分布在10个省(区、市)，区域集中性很强；同时发现，涉农网站地区分布总体上与地区农民人均纯收入呈正相关，如网站排名靠前的北京、浙江、江苏、上海等与农村人均纯收入排名基本一致；但也有明显的例外，如农民人均纯收入分别排名靠前的广东、天津、福建的百强网站个数较少；而农民人均纯收入较低的辽宁、黑龙江和河南，百强网站拥有排名较靠前。可见涉农网站的区域发展与农村人均纯收入虽然相关，但应该有更多其他因素的影响，如地区农业高校、农业科研机构分布情况，以及农村行业协会发展情况等。这些因素都是造成地区涉农网站分布不均的原因，但每种因素的具体影响程度需进行深入的探讨。

3.2.3 小　　结

新的ICTs社会扩散的不均等性成为地区信息化发展的障碍之一，这种不均等不仅体现在城乡之间，广大农村地区的差异也非常显著。

当今互联网对信息化建设的作用日益加强，并正成为主要的影响因素，本节主要突出与互联网应用有关的几个因素作为区域差异的衡量标准，并从基础设施、涉农网站和网民规模3个视角分析农村信息化的区域发展。在空间尺度选择上，首先以东中西和东北4个大区区域差异分析为基础，其次以省(区、市)尺度差异分析为重点，分别刻画农村信息化发展的空间不均特征。农村地区信息化的发展及其空间差异性主要表现在以下三个方面。

第一，从理论上看，农村信息化发展需经历信息基础设施建设，涉农网站建设和居民需求增长三个重要阶段。从目前中国发展现状看，政府的主导作用促进了农村信息化整体推进，农村信息基础设施拥有量正在迅速增加，涉农网站数量有所提高，农村网民规模发展迅速，农村信息化发展前景良好。

第二，从大区域看，东、中、西与东北各区的电视机与固定电话均拥有了较高的普及率，两者在农村信息化推进中的区域差异不明显。相反家用计算机的普及率差异最大，也是造成信息化区域差异的主要因素。移动电话拥有量的区域差异较小，并逐渐成为农村地区重要的网络接入终端。农村网民同样大量集中于东部地区，并且从网民增长看，东部地区高于中西部，农村网民的东西部差异将继续扩大。农村信息基础设施与网民规模的东、中、西差异明显，并与中国总体经济发展格局一致，可见，区域经济发展水平是农村信息化发展的基础。

第三，在省(区、市)层面上，农村基础设施综合拥有水平与农村居民人均纯收入呈显著正相关关系，但不同的设施类型与农村居民收入的相关性不一，如与农村居民收入相关性最高的是家用计算机，最低的是电视机，说明家用计算机拥有水平的提高对收入的依赖性最大。从涉农网站的区域分布看，75%的百强网站仅分布在10个省(区、市)，区域集中性很强。网站的区域分布与农村居民收入水平亦呈显著相关。

本节从部分视角勾勒了中国农村信息化区域差异的雏形，但从理论发展过程来看，缺少区域需求差异的具体分析；除经济收入外，未来应进一步分析形成农村信息化区域差异的原因。

3.3 ICTs应用对农村居民行为空间的影响

前文已述，ICTs对农村地区发展的含义可以理解为风险和机遇并存。Malecki(2003)指出，农村从ICTs中获利的潜力是一个持续性问题，只能通过实际研究证明一切都在(或即将)变好。

国内相关学者对农村信息化发展问题同样进行了大量研究。研究的核心主要集中在中国当前农村信息化发展的体系结构及其面临的问题(李道亮, 2007; 梅方权, 2001); 部分研究者勾勒了农村信息化对区域发展的作用及影响, 并尝试构建区域信息化的评价体系(甘国辉, 2001); 同时还有部分学者将农村信息化发展同中国农村发展的"三农"问题进行结合, 强调社会主义新农村建设与信息化的关系。总体上看这些研究勾勒了农村信息化发展的雏形, 并肯定了ICTs应用与农村发展的正向关系。

总之, ICTs作为一种新的信息传输渠道、互动媒介和平台, 随着其渗透到农民生活的各个层面, 势必对人们日常行为空间产生影响。本节的核心命题是探讨ICTs影响下农村居民社会行为空间的演变特征。从社会空间角度分析ICTs下农村居民行为空间变迁过程, 首要的问题是空间范围的选取和研究方法的确定。本节选取华北平原典型农区——河北省无极县作为案例区域, 对全县进行ICTs应用的问卷调研, 并对无极县农村信息化建设情况进行深入访谈。考虑到ICTs应用主体差异, 将调查研究对象分为两类: 农村成年居民与中学生。通过对访谈资料与问卷结果的分析来刻画ICTs影响下农村居民行为空间的变化特征(丁疆辉和刘卫东, 2012)。

无极县位于河北省中南部, 根据农业优势度指数测算(刘彦随, 2007)与农村居民经济收入概况可见, 无极县无论在全国还是在河北省其农业发展优势突出, 同时其农村居民人均纯收入高于全国平均水平, 说明农村经济发展在区域经济中地位突出, 属于典型的农业发达区域。所以将无极县作为对典型农区探讨的案例区具有较强的代表性。农村信息化空间作用探讨的基础是把握区域信息化发展的时空过程。无极县信息化发展主要包括县政府推动下农村信息化的建设过程及居民信息基础设施拥有水平的时间演变和区域特征。

3.3.1 案例区农村信息化发展概况

1. 政府推动下农村信息化发展过程

无极县农村信息服务推进可概括为两个阶段5个标志性时期。两个阶段为20世纪的传统发展与21世纪的现代发展时期, 5个标志时期是农村信息服务经历的5个具有转折性特征的时段(表3-3)。

表3-3 政府推动下无极县农村信息化发展

两个阶段	标志性时期	通信技术应用	特征
20世纪90年代传统发展方式	传统的网络服务时期	收音机	传统的信息传递手段, 完善的信息服务网络
	农业科教制片中心	电视机	制作农业信息与技术服务的电视节目进行播放
	农业热线服务中心	固定电话	通过固定热线电话提供信息与技术服务
21世纪新的ICTs支撑下信息服务体系	农业信息中心	计算机及互联网	通过建立农业信息网提供信息与技术服务
	信息服务大厅	电视机、电话、计算机及互联网	"三电一厅"一站式服务模式

资料来源: 丁疆辉和刘卫东, 2012。

由表 3-3 可见，无极县农村信息化建设主要依据其使用 ICTs 情况分为两个明显的阶段。其中联产承包责任制之前，无极县的农村信息服务曾经依赖传统的纸质文件与面对面服务达到了较好的服务效果。联产承包责任制之后，随着通信技术的不断变化，农村信息服务也出现新的特点，其中以信息服务大厅一站式服务模式的建立为典型代表。

无极县信息服务大厅建在农业局，从具体出行的角度考虑，会大大降低服务使用效果。为将信息与技术服务由大厅直接延伸到农户，县农业局已将服务大厅能提供的信息与技术服务通过实物配送网络直接服务到农户。其具体做法是依托县农业龙头企业的实物配送网同步配送信息与技术到村级服务站，并在村服务站配置电视、计算机、DVD、触摸屏等设施。由此实现信息与技术服务从县城直接延伸到村，服务效果大大提高。农民在寻求信息与技术支持时实现了"三不"，即"购买农资不出村""咨询技术信息不出户（电话拨打）""行政审批不往返"，达到了信息服务获取的快速便捷。

总之，随着信息服务载体由实际服务人员、收音机到电视机、电话和计算机的转变，无极县农村信息化发展经历了由传统服务模式到基于新 ICTs 模式的升级。

2. 农村居民信息基础设施拥有量的时空特征

20 世纪 90 年代开始，无极县农村居民信息基础设施拥有量同样发生了较大变化。从时间发展看，无极县农村居民各类信息设施的拥有量均高于同期全国农村的平均水平。为了更准确掌握农村信息化现状，对无极县 11 个乡镇农村居民 ICTs 应用情况进行了问卷调研，因问卷涉及全县所有行政村，故调研数据具有较高的准确率。根据最后 1457 份有效问卷进行统计。调研问卷的统计结果显示近年来农村移动电话和计算机拥有水平迅速发展。本节将调研结果作为信息基础设施的现状水平。

从无极县信息基础设施拥有情况看，处于不同发展阶段的基础设施对信息化水平的影响各异。固定电话与电视机都已经达到了较高的普及率，作为传统的信息服务途径它们曾经对农村信息服务起到重要作用，目前不是影响信息化水平的关键因素；计算机是农村地区拥有量最低的设施，所以它应该是目前农村信息化发展的主要劣势因素，是农村推进信息化建设的主要瓶颈；移动电话与互联网的结合已成为农村信息化推进的主力军。

3.3.2 农村居民 ICTs 应用及其人际交往空间变化

信息化发展对农村居民社会活动的影响逐渐明显。其中人际交往空间是农村居民社会活动的重要组成部分之一，选取 ICTs 影响下人际交往空间的变化特征作为研究着眼点。旨在通过分析农村居民人际交往空间的转变，具体剖析 ICTs 对人的行为空间作用。

农村居民传统的人际交往主要有本地邻里间日常交往和异地亲朋间的交往。从交往方式看，新的 ICTs 出现前主要通过面对面交流和普通信件往来实现。新的 ICTs 尤其是固定电话、移动电话、电子邮件和即时通信等方式的发展为居民的日常交往提供了新的方式。面对多样化的通信技术与通信工具，农村居民日常交往空间发生的变化值得研究。

1. 人际交往媒介转变

通信媒介多样化发展使农村居民日常交往出现了多种选择，为了解居民在日常交往中对各种媒介的使用和通信方式随时间的变化情况，预设了3个问题（早先、后来、现在）予以调研，分别为：①早先与亲朋的日常联系方式；②后来与亲朋的日常联系方式；③现在使用最多的联系方式。通过在时间维上居民日常联系方式变化的分析试图找到当前人际交往空间变化的根本原因。

早先，居民选择日常联系的主要方式是通过登门拜访完成。此外就是依靠普通信件和固定电话完成较远距离的日常交往。值得注意的是早先移动电话和互联网的使用比例非常低，这与当时两者较低的普及率一致。

后来，居民日常联系方式出现明显变化。其中变化最明显的是固定电话使用比例迅速上升，同时在此阶段移动电话的使用比例也增长较快，说明居民由面对面交流为主的日常交往方式逐渐变化为依靠新的通信技术来完成。与固定电话和移动电话使用比例增加相对应，面对面登门拜访与普通信件交往的比例下降。

现在，人们日常交往方式最显著的特征是移动电话和互联网使用比例的大幅度提高。农村居民主要选择移动电话作为日常交往的工具。同时，互联网的使用率迅速增加，居民开始选择通过互联网进行交往，互联网成为仅次于移动电话的日常交往工具。另一个重要变化是固定电话和普通信件使用迅速下降。传统的登门拜访比例下降。

农村居民日常交往媒介的使用出现了几次明显变化，居民通信媒介的选择同当时背景下各通信工具拥有量的变化规律一致。早先，固定电话、移动电话和互联网未广泛进入农村家庭，故当时的交往方式以传统信件和面对面交流为主。随着固定电话的逐渐普及，固定电话使用比例达到最高，同时移动电话拥有量的快速增长带动了居民使用的提高。同样，从现在的发展来看，固定电话的拥有与使用均处于下降状态，而移动电话和互联网的拥有与使用增长迅速。

从通信媒介的拥有与使用情况看，居民对每一种新的通信媒介的使用率均落后于其普及率，说明通信工具的拥有与有效使用两者之间存在一定的时差。从现在情形看，固定电话在农村已经经历了快速增长到平衡再到逐步下降的过程，固定电话使用趋于稳定下降；移动电话在农村即将处于发展状态；而互联网在农村正处于刚刚起步时期，它的使用将继续增加，所以互联网有可能成为日后居民日常交往的重要方式。

农村居民日常交际媒介的变化，可以解释为人际交往空间出现转变的诱因。首先，以移动电话和互联网为代表的新的 ICTs 为农村居民提供了远距离即时交际的可能；其次，较低的通话费用又使得农村居民的近距离面对面交际可能在一定程度上被替代；同时，互联网上虚拟交际空间的存在，可能使农村居民人际交往范围大大扩展。

2. 人际交往空间扩大

互联网的即时通信与网络社区的交友功能为农村居民提供了新的人际交往方式，即虚拟空间中的人际交往。依托虚拟空间农村居民完全可以克服区位条件的限制，实现与遥远距离人群的即时交际，这样，农村居民的人际交往空间可以无限扩大。

即时通信和网络社区的使用为农村居民人际交往空间的扩展提供了前提。随着网络交际方式使用的增加，农村居民对互联网交际功能的认知超过城市居民。农村网民认为互联网加强了自己与朋友间的联系，通过互联网可以认识很多新朋友。

为了较准确的刻画案例区新的ICTs对农村居民人际交往空间范围的影响，本节以网络即时通信为例，关注以下问题：是否拥有即时通信工具，经常上网聊天是否能认识更多的朋友。目的是了解居民使用互联网进行即时交际的可能性，了解居民对虚拟空间即时交际的感受。无极县大部分成年居民中有即时通信工具，青少年中使用即时通信工具进行日常交际的数量更大。可见虚拟网络空间的交际正逐步成为本地居民网络应用的重要方面。同时，无极县较多成年居民和青少年群体均认为上网会认识更多的朋友。可见农村居民对网络拓展交际空间的认识逐渐得到肯定。通过互联网上的即时通信等功能的使用，使原本没有任何关系并且居住地相隔遥远的人与人之间建立了基于虚拟空间的联系，这种虚拟联系使人们的交际空间在地域上有了大幅度的扩展。

3. 外地交往频次增加

农村居民日常交往的一个重要部分是与外地人际联系，农村居民与外地亲朋传统的交际主要靠相互探访完成，实际出行是其完成交际活动的根本，故探访频率直接受到空间距离与出行便捷程度的制约。以前与外地尤其是城市亲戚朋友联系很少，偶尔会写信。可见传统人际交往空间的地理衰减非常明显，即不仅居民人际交往空间范围受距离的限制，而且人际交往的频次会随着空间距离的增加而大幅度衰减。新的ICTs无疑为农村居民与外地亲朋间的联系搭建了便捷的渠道，改变了他们与亲朋之间的联系状况。其中一个重要特征是农村居民使用移动电话、电子邮件或聊天工具来替代实物信件与亲朋联系与交流。

针对个人电子邮箱并收发电子邮件问题，研究目的是考证农村居民互联网通信功能的使用。电子邮件作为通信手段要在以低学历为主的农村居民中广泛应用尚需时日。尽管有少数个体认为电子邮件大大方便了其与外地亲朋的联系，但显然这只是个体经验不能作为普适的结论。可以认为电子邮件具有推进农村居民与外地亲朋进行频繁交往的潜力，但因其实际采用率有限，还没有成为主要方式。

针对移动电话与外地亲戚朋友联系频度关系问题，研究目的则是验证移动电话在农村居民远距离交往中的作用。大部分人认为移动电话有效地增加了与外地亲戚的联系频率。可见在与外地亲朋联系中，移动电话的作用远远大于互联网，移动电话可以作为影响农村居民与外部空间交往的核心因素。因此可以得出的结论为：移动电话的应用使农村居民与外部空间联系的频率大大增加。

4. 邻里交往多样化

农村邻里交往主要指基于本村村民之间的相互往来，是农村居民社会交往空间的核心组成部分。农村地区受居住形式、交通条件、文化传统、经济发展水平的影响，其邻里交往远比城市地区丰富而频繁。过去，面对面交流是农村居民获取信息、讨论时事等的主要交往方式，这种交往既无需在出行上花费过多时间更没有任何金钱花费，所以直到现在面对面交流依然是农村居民主要的邻里交往方式。

尽管以互联网和移动电话为代表的ICTs从根本上改变了农村居民传统的通信方式，从而影响了他们的人际交往方式与空间范围，但对于农村居民非常重要的邻里交往来说，情况要复杂得多，因此有必要客观分析农村邻里交往中ICTs的作用。

针对移动电话有没有减少与邻居面对面交流问题，研究目的是了解移动电话能否替代居民面对面交往。大部分人认为移动电话没有减少与邻居的面对面交流；可见，虽然移动电话为农村居民的社会交往提供了便利，但它对农村居民间面对面交流的替代作用不大。

针对相互联系的居民间都有网络连接的情况，假设农村居民都具备接入互联网的条件，那么他们的日常交往会发生哪些变化。部分居民在与邻里交往中完全采用面对面形式，偶尔会有网上交流。说明互联网正逐渐渗透到农村居民的邻里交往中，但其渗透作用有限。

总之，移动电话和互联网的应用使农村居民的邻里交往方式出现多样性特征：首先，邻里交往仍然以面对面交流为主，移动电话可以使居民间联系更方便但基本不会减少见面次数。其次，虚拟网络空间交往正在逐渐渗透到农村居民邻里交往之中，使邻里交往空间出现虚实并存的状况，但虚拟空间对邻里交往的影响力较小。

3.3.3　小　　结

ICTs作为一种新的信息传输渠道、互动媒介与平台，正在改变着农村居民日常行为空间。本节利用中国东部典型农业大县的农村信息化发展为基础，对农村居民ICTs应用进行统计与分析，探讨农村居民社会交往空间的变化。可以看出信息化趋势下农村居民人际交往空间的主要变化特征。

首先，不同时期信息基础设施的拥有情况是影响人际交往空间变化的根本，ICTs的发展使人际交往依托媒介发生改变。移动电话几乎完全替代了以往以信件进行交往的形式；互联网的使用尤其是即时通信工具的影响，使农村居民开始了一种全新的交往模式。互联网支撑下的虚拟交往完全改变了农村地区距离偏远，交通闭塞等劣势，成为农村居民平等接触外部世界，减弱区域隔离的重要模式。

其次，ICTs使农村居民社会交往方式与交往空间出现多样化特征。随着新的ICTs尤其是移动电话和互联网的发展，农村居民人际交往空间出现极大拓展，同时相同空间范围的人际交往频次增加。过去人际交往空间主要包括居民与本地邻里的交往及其与外地亲朋交往，其交往形式主要靠面对面交流与传统信件往来两种形式实现，但受经济、交通、通信等客观条件的限制，农村居民与远距离亲朋间的交往频率非常低。在新的ICTs作用下，电话交流、网络交流、面对面交流使农村居民面对越来越多的交往方式。多样化的人际交往方式通过多类型空间完成。ICTs尤其是互联网为居民提供了一种全新的人际交往空间类型——虚拟空间交往。这种交往完全在网上实现，虚拟空间交往不受交通、地域、经济、文化等条件的限制，从居民的交往对象看，可以是熟悉的亲朋也可能是通过网络即时认识的"网友"，故虚拟交往体现在实际空间上是无限扩展的。通过虚拟空间的交往，农村居民的人际交往网络得到拓展，改变了农村地区以"血缘"和"地缘"为基础的社会网络关系。

第三，互联网的即时通信功能使农村居民社会交往空间类型增多。ICTs为农村居民的人际交往提供了多重选择，从而改变了传统交往的概念与类型。除了社会交往网络的空间拓展外，ICTs的方便快捷极大增加了人们之间的交往频率，从而使原有疏离的人际交往网络更加稳固。值得注意的是，尽管ICTs使农村地区多样化的人际交往空间成为现实，但在全新的信息时代人际交往空间关系必然会更加复杂，所以信息化影响下人际节点的空间结构值得进一步深入探讨。

3.4 ICTs应用对农村经济组织的空间影响

已有的文献表明，ICTs对社会经济发展的作用体现在动摇了传统经济的组织模式、改变了人们的消费方式和空间认知、加快了知识创新的过程，即正在对经济和社会的组织方式产生革命性影响(刘卫东和甄峰，2004)。

地理学对ICTs研究的贡献之一是探讨了它在城市区域重构中的作用。在提出ICTs对城市空间重构作用(Dodge and Kitchin, 2000; Kitchin, 1998)的同时，研究者发现信息时代城市与乡村均将面临新的机遇与挑战，农村作为区域空间的重要组成部分，发生在其中的经济活动同样受到影响，如农村地区经济活动的空间集聚与扩散、区域空间组合形态都会因此而发生改变，或者说ICTs同样重构着农村地区的经济和社会空间。

农村经济空间指以聚落为中心的经济活动、经济联系的地域范围及其组织形式；农村经济空间中各因素在经济、技术与空间关系的作用下形成了空间组织的外在表现形式，即农村企业、农村各种合作组织(协会)、农村产业部门等。这些经济空间组织实体的形成与发展即体现了农村经济空间组织的演变过程。尽管演变过程中会受到各种因素的影响，但新的ICTs在这些组织实体演变过程中的作用逐渐受到研究者的重视。人们开始关注各种农村的经济组织实体在应用ICTs的过程中对自身产生的影响，这些影响包括农村企业空间组织变革、农业生产方式与农业产品种植方式的变化，农村产业结构的变化等。Kitchin(1998)说农村地区旧的产业体系已经被ICTs改变，就像全球经济景观被重新刻画一样，农村形成了一个具有复杂性的新区域。地理学尤其关注各经济实体在ICTs影响下的空间转变过程与特征及其带来的区域效应。从目前来看，ICTs的空间重组作用在农村企业空间组织中的作用最为明显，农村企业的空间演变直接影响了区域经济格局。

本节通过对农村各经济组织ICTs应用的剖析，旨在探讨其如何影响农村地区经济活动空间。

3.4.1 农村经济组织的ICTs应用

1. 案例区各经济组织概况

从实证角度探讨ICTs对农村各经济组织的空间影响具有典型意义。本节选择河北省无极县——典型农业县作为调研区域，主要以访谈形式对无极县内不同类型企业、社团组织进行调研。访谈企业主要有两类：一类是农村的农业产业化龙头企业，以石家庄广威农牧有限公司为例；另一类是农村中的非农企业，以皮革初级加工企业为例；访谈的社团组织主要有王村蔬菜交易市场、万鸿塬蔬菜交易中心、新农资养猪合作社。主要调研各经济组织的经济运行等情况。无极县属于典型的农业发达区域。所以将无极县作为对典型农区探讨的案例区具有较强的代表性。广威农牧有限公司是无极县农业产业化企业发展的代表，而无极皮革是带动全县经济发展的支柱产业。两类企业都是无极县农村企业发展的典型，所以这两类企业信息化发展在全县农村企业中具有代表性。

农村社团组织（协会）完全根植于农村地区，其专业化发展对当地农村经济发展，以及农村产业结构模式的转变具有巨大推动作用。社团组织因其经济能力和对外发展的需要，已成为农村信息化推进中的重要参与者。社团组织是促进农村居民参与信息化的中间环节。与此同时，因有了 ICTs 的推动，社团组织也表现出不同以往的运作与发展特点。无极县社团组织发展起步较早，以蔬菜交易和养殖合作组织为主。

2. 各经济组织 ICTs 应用

1）农村企业信息化

A. 农业产业化企业

广威农牧有限公司是无极县农业产业化企业的代表，其 ICTs 应用水平在县域范围内较高，所以对它的分析能较好的代表同类或同等发展水平企业信息化现状。从 ICTs 基础设施配备看，拥有的计算机主要用于企业生产管理、设计研发与对外宣传。在计算机辅助软件使用上，企业利用最多的是财务管理软件，其次是仓储管理和生产管理软件。在网站建设上，已经建立了内部局域网和对外交流宣传的外网。局域网主要用于公司的财务和产品管理，而外网主要用于对外宣传。

ICTs 的另一重要应用是互联网。其最大益处是通过相关涉农网站查询原材料的供应信息及产品的需求信息。这两项信息的获取可以让企业及时掌握相关行业的市场动态。例如，企业每天都会登陆中国饲料行业信息网，了解当天原料和产品行情，并寻找相关的技术信息。在整个供应链环节上，企业在原材料购进、产品销售过程中，基于互联网的 ICTs 应用很少，电话和面对面交流是主要的沟通方式。

从企业外网网站功能看，网站主要用于对外宣传和技术推广。企业外网共设 9 个栏目，大部分是企业对外形象宣传，另外还有技术推广栏（养殖技术）、需求信息发布栏、互动栏。企业在对外形象宣传和技术推广两方面的信息更新很快，互动栏目、在线留言上较少有与企业相关内容。总体上看，企业网站的功能非常简单，仅起到了网络平台最初级的信息展示功能。尽管企业管理者认同电子商务具有相互间联系方便、产品流转速度快、降低企业成本的益处，但目前没有实行电子商务。可见，制约企业 ICTs 应用的主要障碍，首先是当地信息基础设施不健全；其次是由于缺少相关的教育和培训使得企业缺少推进 ICTs 应用的专业人才；同时由于企业产品主要面对广大农村地区，市场特性也是制约企业信息化发展一个因素。

B. 非农企业

因皮革业在无极县经济发展中的作用突出，政府各部门均把其作为发展县域经济的一个重要支柱，故此行业的 ICTs 发展情况可以作为本县非农企业的代表。对无极县张段固镇皮革行业 ICTs 应用情况调研旨在剖析 ICTs 对此行业的运行所产生的影响。选取 4 家企业分别访谈。这 4 家企业从规模上看均为小型企业，但从制革业在当地发展的现状看，属发展较好的企业。从经营模式看，除正宏化工厂外，其余 3 家企业的产品生产模式均为完全订单生产；而产品的销售主要是国内市场，只有一家有国外市场。从信息基础设施基本配备看，每个企业均配有计算机，计算机配备的最初目的都是做财务报表并进行人员工资管理。在对计算机和互联网认知上，均对计算机的办公自动化功能和互联网的信息查询功能给予较大的肯定。由企业信息化情况可见，当地小皮革企业多数实现了计算机与互联网的基本配备，并且有了基础的应用，企业内部管理效率大为提高。

2) 社团组织信息化现状

A. 王村蔬菜交易中心

王村蔬菜交易市场管理中心配备的计算机主要用于统计每天蔬菜的销售情况和在网上上报当天市场蔬菜的交易价格。蔬菜交易市场相关信息可以通过无极县农业信息网和中国食品商务网查询，该蔬菜交易中心已加入中国食品商务网的蔬菜行情实时发布系统。ICTs 应用对蔬菜交易市场的作用主要集中在蔬菜价格和相关技术信息查询。可将该交易中心的 ICTs 应用与认知总结为以下三方面。

(1) ICTs 已经成为交易市场和农户获取信息的主要工具。该交易中心通过加入相关行业网站，不仅可以实时发布自身交易信息还可以即时获取其他企业信息，实现了即时的信息互动；管理中心大厅安装有县农业局提供的农业信息查询设备，为农户提供相关信息查询，主要用于蔬菜交易价格和种植技术的查询；交易市场经常浏览的网站主要有中国农业信息网、河北农业信息网及其各地市农业信息网；在已有计算机和网络设备的家庭，居民会自己通过互联网查询相关信息。

(2) ICTs 成为合作组织与外部技术支持机构即时联系的媒介。蔬菜交易市场主要借助无极县农业信息中心为其提供技术和产品价格信息方面的支持。无极县农业局通过农业信息网与相关农业科研部门联系，聘请相关专家到蔬菜种植地进行现场讲解和指导。同时县农业信息中心借助自身设备、人员与技术优势可以为蔬菜交易市场提供蔬菜价格信息。蔬菜交易中心借助 ICTs 实现了政府、高校与科研机构等外推力量的支持，与外部力量的即时联系对合作组织的健康发展意义重大。

(3) 交易市场对 ICTs 应用的评价是：市场管理中心计算机与网络的配备可以满足日常信息查询与报价的需求；计算机与网络对整个市场有较明显的推动作用，如市场每天上网公布的价格信息就是客户最好的参考，网络起到较好的调节作用；因蔬菜以近距离市场为主，同时有蔬菜经纪人在销售中介入，没必要实行电子商务形式；因本地主要蔬菜品种已经固定，客户群也相对稳定，所以 ICTs 对市场开拓影响不大。总体上看，互联网尤其是政府相关网站已经给交易市场带来了明显的推动作用，但其应用还是以被动接受信息为主，总体程度较低。

B. 万鸿塬蔬菜交易中心

万鸿塬蔬菜交易中心是合作社的中心机构，在交易中心办公室配备的计算机通过 ADSL 接入互联网。万鸿塬的信息可以通过石家庄供销合作信息网、无极县供销合作社联合社网站和无极县政务网查看。总体上，其 ICTs 使用非常有限。根据对万鸿塬组织者的访谈，将合作社对 ICTs 应用进行总结如下：①合作社主要的功能是帮助农户进行作物种植、管理、销售与农资供应，由于针对的主体是农户，故计算机和互联网作用不大；②蔬菜种植信息来源主要依靠菜农之间定期的面对面交流；各地市场信息主要依靠派人亲自跑市场获取；③蔬菜销售市场则主要是通过销售人员跑市场带来客商；④因为有了固定和移动电话，不用计算机和网络信息同样可以很快到达。电话的作用要远远大于网络；⑤蔬菜市场的价格变动很大，合作社和多数菜农并不能完全把握大市场的变动，所以应用 ICTs 作用不大；⑥蔬菜没有进行网络宣传主要受以下原因制约：蔬菜产量、产品品种、蔬菜成本等。由以上分析可见，万鸿塬蔬菜合作组织 ICTs 应用程度较低，主要原因有：合作社规模小，运营过程传统，影响了 ICTs 作用的发挥。

C. 新农资养猪合作社

新农资养猪合作社没有对外宣传网站，也没有在其他相关网站做宣传。因生猪收购商一般会直接根据猪场规模确定收购计划，网上宣传对实际销售的影响很小。这是合作社一直没有进行网上宣传的主要原因。虽然没有对外宣传，但合作社对互联网的认可度非常高，网络应用也相对深入。合作社中有多户家用计算机接入互联网。他们之间通过互联网联系起来，实时交流养猪市场信息。主要通过饲料网、中国猪 e 网查询原料与生猪等的价格信息和养殖技术信息。合作社社员每天晚上都会通过 QQ 与全国各地养殖户或客商交流当地生猪价格信息。同时网络互动应用增加，不仅通过 QQ 群进行信息交流，还使用中国猪 e 网上的论坛版块发布信息、发表意见或发布技术支持请求。通过网上及时通信(QQ 为主)与论坛互动，合作社成员不仅掌握了饲料与生猪销售价格行情，还可以及时得到相关技术指导。同时通过网络聊天，可以与收购商达成初步的收购协议，并吸引其到本地收购。

3.4.2 ICTs 影响下农村经济组织的空间变化

1. ICTs 对农村企业的空间影响

基于以上分析可见，尽管总体信息化程度较低，但 ICTs 正在成为企业生产管理的重要辅助工具，在企业的很多环节中起到了重要的作用。从应用水平和 ICTs 所产生的影响看，农村企业有其自身特点。

1) 企业管理部门有向中心城镇集中的趋势

对于成长在农村地区的企业，为获得更好的基础设施条件，企业往往要经历由低级向高级行政单元搬迁的过程。广威农牧为获取更优越的基础条件，企业管理机构将搬迁到省会城市。由此可见，虽然从理论上ICTs可以使企业克服空间障碍，达到所有信息和服务共享；而实际上还没为农村企业提供足以弥补其他区位劣势的能力。所以对农村企业来说，要获得更好的发展，必须向区位条件良好的地区迁移，其中最重要的是交通条件和信息条件。总之，尽管ICTs可以使农村企业内部各部门间运作高效，并且可以使企业及时获取行业信息，但还不能替代其他基础设施条件对企业的影响。

2) ICTs与企业产业链的空间转移

在生产模式上，企业现在还是以批量生产为主。传统生产方式的特点决定企业的仓储环节非常重要，企业原材料和产品的仓库管理不仅占用空间同时费用支出也较大。受生产模式的影响ICTs还没有在企业整个供应链上产生明显的空间效果，只是在不同环节体现出不同的作用。

首先，ICTs促进了企业原料供应市场的扩散。近几年，企业原料供应商处于不断变化中，随着规模的扩大，本地原料远不能满足需求，所以开始向外地寻求原料供应。其中，ICTs在原料供应商地域范围的扩展中起了很大作用。互联网上原料供应信息使企业很快找到好的供应商。其次，ICTs在产品销售中体现出不同以往的特点。从产品市场特征看，广威农牧的产品具有很强的行业特点，主要以省内市场为主，故企业认为ICTs对产品市场的拓展没有太大作用。同时，受消费群体特点的影响，ICTs的市场宣传作用有限。由于企业主要以饲料、种鸡等产品为主，其产品消费市场主要面对农村居民，所以产品质量的宣传仍旧以传统的口头相传为主。管理者认为产品市场的拓展主要通过原有销售商来拉动，而不是ICTs。所以在企业发展初期似乎不需要构建较大的市场网络体系。总之，ICTs在产业链扩展中的主要作用是寻找外地供应商并与之建立快速的联系，而对于销售市场来说ICTs的作用有限。

3) 互联网上"虚拟集聚"是企业突破农村地区区位劣势的直接体现

互联网信息获取的无空间性和瞬时性使企业对ICTs的认知逐步提高，尤其对企业在获取本行业相关信息方面。同时，专业化门户网站为同行企业建立"虚拟集聚与互动"提供了基础。广威企业管理者认为"中国饲料行业信息网"对本公司帮助非常大，公司主要通过此网站来了解原料行情和技术信息。所以在相关信息的获取及同行间虚拟互动方面，农村企业实际上已经克服了"物理距离"的约束，实现了与同行业公平享有信息的权利。

4) ICTs是企业纵向一体化发展的根本推动力

企业管理者将ICTs与企业的一体化扩散过程紧密联系。企业之所以能较快的实现一体化生产，新的ICTs作用非常明显。例如，企业对品牌产品的生产主要受当前消费市场需求的拉动，而对市场信息的把握则主要依靠互联网。再有企业通过现代化技术进行奶牛的养殖，在饲养过程统一的技术管理服务需要不断从互联网上获取技术支持。通过对广威农牧的分析可见，农村企业的ICTs应用水平远低于城市中的企业，所以农村企业使用ICTs的目的也不同。如果说当前多数发展水平较高的城市企业为了更快速的响应市场需求，或者说为了节约企业的时间成本而选择应用 ICTs 的话，那么如广威农牧一样的农村企业对 ICTs 应用的目的要原始和简单得多，他们使用 ICTs 的直接驱动力就是为了获得相关行业的信息和对外的形象宣传。

因为广威农牧的产品面向的是农村市场，所以企业没有认识到产品的市场开拓与 ICTs 之间的关系。主要原因是当前中国农村信息化程度普遍偏低。既然企业可以通过互联网络来扩大原料供应商的地域范围，相信随着企业的发展，ICTs 会对其产品市场拓展起到积极作用。

2. ICTs 对农村社团组织的空间影响

无极县农村社团组织信息基础设施总体拥有水平较低，除了拥有最基本的计算机和网络接入外，各社团组织均没有较高水平的应用。可以初步断定，合作组织的发展水平与发展潜力是决定其 ICTs 应用的重要因素。

合作组织的信息意识直接决定其信息化应用程度。从对 ICTs 的认知上看，新农资养猪专业合作社认可程度最高，他们认为互联网已经成为生猪交易不可缺少的支撑，所以有计算机的成员都要上网查找信息并相互交流。王村蔬菜交易市场也很认可相关行业网站提供的信息对自身交易的重要指导作用，互联网上的价格信息有助于较好的调节市场蔬菜价格。相反，万鸿塬蔬菜合作社对 ICTs 应用的认可程度最低，认为价格的高低取决于客商的多少或当天蔬菜供应量的多少，而互联网上蔬菜价格信息没有多少参考价值。

各合作组织"无空间障碍"获取相关行业的市场信息是 ICTs 在农村合作组织中最突出的空间作用。从目前各合作组织对 ICTs 的应用看，基本限于通过网络进行信息查询和初步互动。王村蔬菜交易市场每天在商务网上公布价格信息。新农资养猪专业合作社会应用互联网上的即时通信与同行或客商进行实时联系。所以消除信息获取的"空间障碍"在农村经济组织中的作用最大。

从产品市场销售看，ICTs 的作用已经开始显现。一方面，ICTs 可以更好地调节产品销售市场，如新农资养猪合作社通过互联网上公布的信息及时掌握了养猪市场动态，对全国各地销售价格的实时掌握可以为合作社确定生猪销售地提供即时的参考；另一方面，ICTs 可以拓展产品市场范围，尽管王村蔬菜交易市场和万鸿塬蔬菜合作社的 ICTs 应用水平均较低，但已经有客商通过网上了解而与管理中心取得联系。所以，ICTs 对产品市场的开拓作用已经显现。

在 ICTs 支撑下，农村合作组织逐渐与相关的机构建立了合作关系，这种合作关系的建立对推动其技术服务具有重要作用。

总体上看，尽管每个合作组织的应用程度都很低，但互联网为农村社团组织提供了平等接触各级信息的可能。

3.4.3 小　　结

由前面的分析可见，新的 ICTs 对农村各种经济实体的空间影响因经济实体类型及其发展水平而不同。

第一，ICTs 对农村企业的影响不同于城市企业。除信息化整体发展水平低于城市企业外，受企业自身发展水平及产品市场特性的影响，农村企业使用 ICTs 的目的也不同。如果说当前多数发展水平较高的城市企业为了更快速的响应市场需求，或者说为了节约企业的时间成本而选择应用 ICTs 的话，那么如广威农牧一样的农村企业对 ICTs 应用的目的就是为了获得相关行业的信息和对外的形象宣传。因为广威农牧的产品面向的是农村市场，所以企业没有认识到产品市场开拓与 ICTs 之间的关系。造成这种状况的原因主要是当前中国农村信息化程度普遍偏低，农村市场与 ICTs 应用似乎还有很大距离。尽管 ICTs 对企业的影响只是体现在某个应用环节，还没有在整个产业链产生较明显空间作用。但同样可以看到，企业发展水平越高，ICTs 的作用程度越大，所以可以肯定，随着农村企业的发展，ICTs 的作用将日渐明显。

第二，ICTs 为农村各专业化合作组织提供了共享各级信息的平台。通过接入互联网消除信息获取的"空间障碍"在农村经济组织中的作用最大。突破信息闭塞是农村合作组织把握自身发展的重要前提，也是推动农村专业化经营的必要条件。从目前各合作组织对 ICTs 的应用看，基本限于通过网络进行信息查询和初步互动。同时 ICTs 推动了组织内农产品销售市场的发展，依靠即时的信息获取，销售商可以选择获利最多的市场出售产品，同时通过网络的宣传又可以拓展产品的销售范围。

第三，企业素质决定企业或组织信息化水平。尽管各经济组织的 ICTs 应用水平都相对较低，但新的 ICTs 对农村各种经济组织的重要意义逐渐得到认同。尤其是广威农牧和新农资养猪合作社，普遍认同 ICTs 对自身发展的重大推动作用。认为 ICTs 尤其是互联网提供了支撑自身发展的各类信息。

第四，信息化促进区域经济专业化空间分工格局。ICTs 在各经济实体发展中的带动作用逐渐明朗，尤其是 ICTs 对发展状态良好的经济组织的巨大促进作用是可以肯定的。因为有了各类经济组织的良好发展态势，使无极县经济的空间分工格局逐渐明确。

基于上述认识，可以总结 ICTs 对经济实体和区域经济的空间作用关系。根据农村各经济组织 ICTs 发展特征，可大致归纳为 3 个阶段，每个阶段以其 ICTs 应用水平而定。从无极县各经济组织的 ICTs 应用上看，大多数处在第一阶段，少数刚刚进入第二阶段。因 ICTs 应用水平的不同，最后对经济体产生的空间作用各异。概括来看，第一阶段中，ICTs 的空间作用主要体现在信息获取的"无空间"化、产品市场拓展、经济组织间虚拟互动等，对于各经济组织来说最直接的效果便是自身规模的扩大；同样随着 ICTs 应用水平的提高，到第二阶段时，ICTs 的作用主要体现在经济体内部运行效率的提升，并伴随分支机构的地区扩散；而到第三阶段，ICTs 则推动经济体实现了规模扩充和效率的最大化，从而使其影响迅速扩散，并带动周边相关农户或企业的参与。总之，对于县域经济发展来看，ICTs 应用的最终效果将是推动区域经济实现专业化空间分工格局。

3.5 省区涉农网站发展与区域特征

涉农网站为农民提供大量、时效性强的农产品市场供求信息，是实现农村信息化、农业现代化的重要媒介，是农民致富的科学渠道，在建设过程中显现出其自身的模式和特征。近年来农村网民数量增加导致对涉农网站的需求与日俱增。河北省乡村人口和乡村从业人员分别占全省总人口的54%和38%，农业从业人员对农业相关指导信息的需求越发强烈。本节以河北省涉农网站建设为例，总结省(区、市)涉农网站发展现状与区域特征，从而为推动农村信息化提供有利帮助。

本节研究的数据来源于河北省农业信息网和《河北省经济统计年鉴(2006~2011年)》。首先，通过河北省农业信息网官方发布的河北省涉农企业数量，逐一追踪得出建有独立网站的企业数量，对该数据进行归纳，分析农业网站建立的地区差异性；其次，使用2006~2011年河北省设区市平均生产总值和农林牧渔业平均生产总值，对网站区域不均衡性与经济发展和其他农业因素的关系进行相关分析；最后，通过对城镇居民和农村居民的生活信息化程度的测算，分析城乡两大地域之间信息化程度存在的差异。研究发现，城乡间数字鸿沟的存在导致对农业信息需求度较高的农民反而对网站的访问率较低，结果造成访客的地域差异性明显(申晓艳和丁疆辉，2015)。

3.5.1 河北省涉农网站发展现状

1. 政府类涉农网站与企业类涉农网站的发展

形成了以"河北农业信息网"为骨干的涉农网站集群。河北农业信息网络工程是河北农村信息网络体系的骨干力量，该网络系统连接了12个省级农产品部门，11个设区市，138个县农业局，省内34个大中型农副产品批发市场，1450个领头企业，4500个中介机构，建成了省、市、县3级农业信息网站163个(闫文江等，2006)。该网站根据农民实际需求开设为农服务的农情快递、市场动态、农产品价格行情、农业气象和专家建议等特色栏目；与农博网、中国农商网、中国兴农网、农业信息网站联盟等多家涉农网站实现友情链接，实现了互联网信息资源的交流和共享，促进了河北省农业信息网络的建设，为农民获取并及时掌握实时、有效的农业信息提供便利条件。目前，以河北农业信息网为骨干网络逐渐建立了燕赵粮网、河北农业产业信息网、河北农业技术推广网、河北农业综合开发信息网、河北省农林科学院及农村信息"互联网"、河北省农村经济信息村村通工程官网等，形成了农业网站的集群发展。

省、市、县3级垂直农业网站体系基本建立。河北省涉农网站的主办(主管)单位大部分是政府出资兴建并及时进行更新维护并发布农业信息，其中包括各级政府农业部门建立的网站、与农业相关的财政划拨经费所建立的农业特色网站。目前，河北省、市、县3级垂直农业信息网站体系基本建立并初具规模(图3-4)。在政府主导下全省建立了11个特色专业网站：河北蔬菜网、河北省农机化信息网、河北种业信息网、河北土壤肥料信息网、河北农药信息网、河北生态环境网、河北省绿色食品网、河北省农业产业信息网、河北气象信息网、河北省农林科学院网站、河北省粮食丰产科技信息网。政府类农业网站的体系不断完善、规模逐渐扩大、类型日益多样化，为河北省全面推进农村信息化提供了坚实后盾。

政府类涉农网站数据库不断完善。政府类农业网站数据统计不断更新，数据库资源城乡共享。河北农业信息网建立了11个共享数据库，即农业技术、政策法规、质量标准、

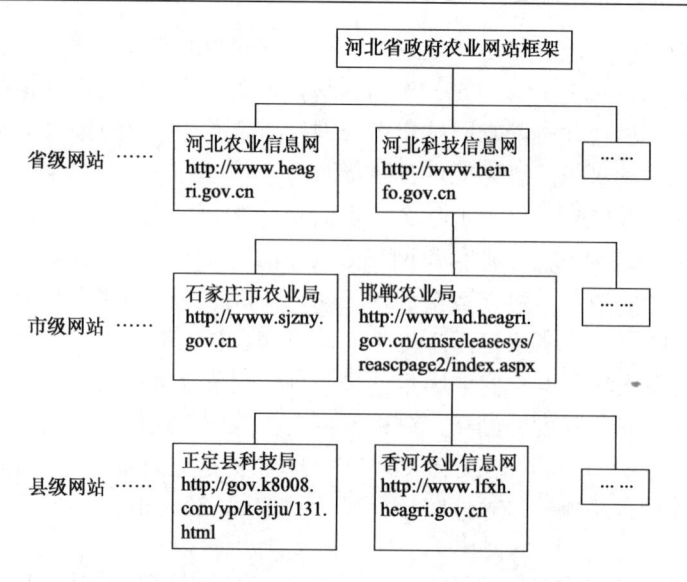

图 3-4 河北省政府类涉农网站框架（申晓艳和丁疆辉，2015）

农业专家、农村经纪人、批发市场、致富典型、农业企业、农业大户、科技成果、名优产品，整合了 100 多万条农民需要的农业技术、市场供求、农产品价格走向等信息，范围覆盖了全省各市县。同时，省内的中小型企业、粮食、气象、林业、扶贫办、农科院、河北农业大学和个别市县农业部门也建立了一批农业信息数据库。涉农网站建设的根本目的是实现农村、农民、农业的现代化，需要多部门共同协作对现有信息资源进行规划、梳理，建设信息服务系统方案。有利于消除城乡之间信息分布不均、沟通不流畅等问题，实现真正意义上的信息共享。

企业类涉农网站得到发展。企业类涉农网站是由该省各类涉农企业出资兴建并发布和及时维护信息的企业门户网。农业企业网站是农业网站的主力。网站以企业的经营为主题，提供与企业相关的农产品、农贸、商务信息，同时也发布一些具有实用性的农业科技信息。信息内容基本上涉及农业、农民、农村的各个方面，可见企业经营者信息化意识逐渐提高，但多数信息的发布与企业本身相关，网站内容缺乏行业特色或本地特色，总体上信息面较窄，网站建设和发布信息质量有待提高。

2. 涉农网站应用人才与资金投入

涉农网站应用人才不断补充。河北省农业信息网络服务中心关联着全省省级涉农部门、全省设区市和县，以及乡镇的农民技术服务站点。近年来为解决农村信息化专业人员稀缺、知识能力无法较好地与工作衔接的弊端，进行农村信息员队伍建设，扩充高知识水平、高素质的工作人员，同时为工作人员提供学习机会，使培训人员成为既能熟练操作计算机又全面掌握农业知识的专职信息管理和为农服务队伍，提高信息员的计算机知识和实际操作水平，逐渐完善农村信息化体系（应文杰，2007）。

资金投入不稳定地区差异大。涉农网站的建立和维护离不开资金的支持，资金投入的短缺势必阻碍涉农网站的健康发展，使网站建设难以快速推进，河北省推进信息化的进程中，整体资金投入不足，且年际变化较大，呈现出资金投入不稳定的现状。在城镇和农村的涉农网站投资中，城镇资金投入显著大于农村（图 3-5）。城乡资金投入差距大，信息化步伐不一致，这些因素对信息化的推进和农业网站的建设造成不利影响。

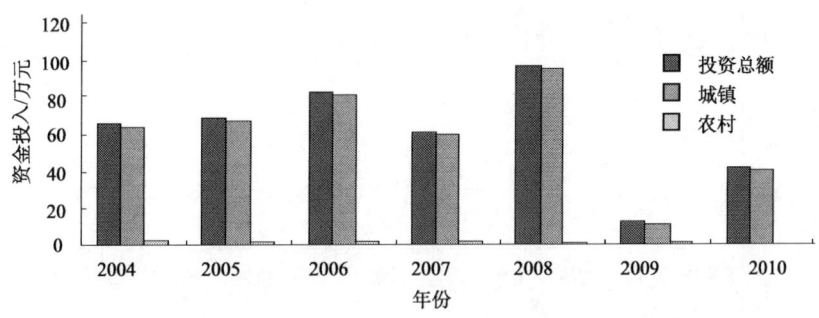

图 3-5 2004~2010 年河北省信息传输、计算机服务和软件业资金投入情况
（申晓艳和丁疆辉，2015）

3.5.2 河北省涉农网站发展的区域特征

据调查显示（熊金辉等，2006），河北省的涉农网站发展较快，网站总数在全国位居第 6。在快速发展的同时也形成了一些自身的特征：政府类农业网站具有地域上的延续性。根据河北省农业信息网农业企业数据库得到全省涉农企业名录，共 719 家，这些企业中拥有自身独立网站的企业 379 家，以其为例分析该类涉农网站分布的地域特征。

1. 涉农网站地域分布不均衡

河北省农业企业建立的网站是该省涉农网站的主力，网站的发展与企业的经营活动紧密相关，此类网站发展较快，在其整体发展的同时，各区市涉农企业拥有网站的情况则表现出一定的地区差异性和不均衡性。河北省农业网站建设的三大行业分别是农业、农资和农产品。据河北省农业信息网的统计信息可知，河北省农业网站信息可进一步细分为 9 类：蔬菜水果、粮油棉麻、畜牧水产、花卉园艺、批发市场、农资企业、种苗企业、饲料企业和其他企业。省会石家庄拥有独立网站的农业企业最多，唐山市位居第 2，廊坊市位居第 3，其他地区较少。由此可见，涉农企业网站的地域分布极不均衡，地域差别较明显。

1）网站地域分布不均衡与经济发展的关系

河北省涉农企业网站的地区分布差异性表现出与当地经济相关，网站的分布与当地整体经济发展水平和农林牧渔业的生产总值呈现出一定的关联性。大部分的农业网站集中在石家庄、唐山等经济总体水平对农业依存度不高的地区，而农业产值占经济比例较大的秦皇岛、张家口、承德等地区农业网站则较少（图 3-6、图 3-7）。经济发达与欠发达地区差异明显，且网站关联性差，形成网站孤岛（路紫，2000）。虽然互联网的资源共享可弥补网站分布的不均性，但河北省农业生产结构需不断调整和完善，不同地区的农业从业人员对涉农信息各有所需，本地网站与异地网站相比，具有地域上的优势（汪明峰等，2007）。因其了解当地实际情况和农民所需，因此，为其提供价值量更高的农业信息提供

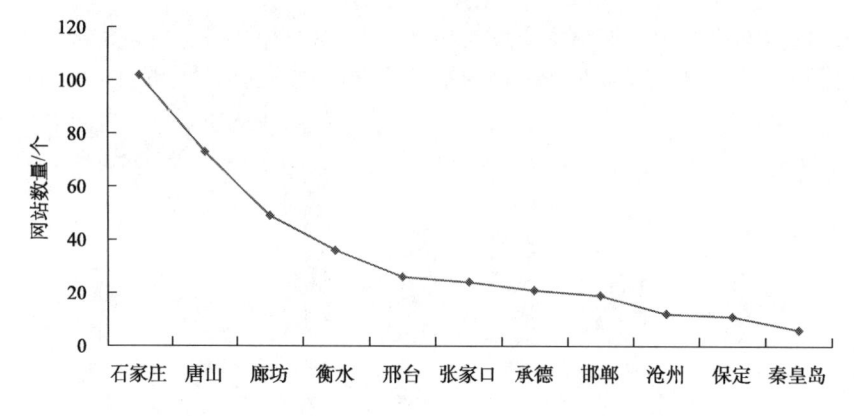

图3-6 河北省设区市涉农企业拥有网站数量(申晓艳和丁疆辉，2015)

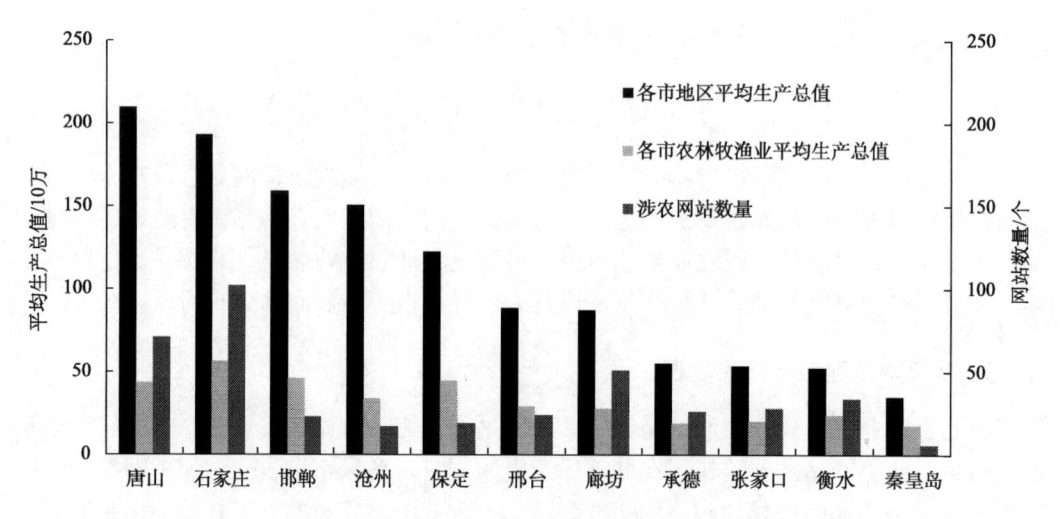

图3-7 2006~2011年地区平均生产总值、农林牧渔业平均生产总值和农业企业拥有网站数量对比(申晓艳和丁疆辉，2015)

了优势。农业在发展过程中呈现出复杂多样性和地域性，加之，当地网民对自己地区的网站易产生亲切和依赖感，因此导致涉农网站建设的复杂性和地域上的差异性。企业类涉农网站地域分布的差异性势必阻碍网站影响力的充分发挥。

2) 网站地域分布不均衡与其他因素的关系

企业类涉农网站的地域分布不均衡性除了与当地经济相关外，人才的投入也对其产生影响，高素质人才的培养和资金投入的充足性均可带动地区农业发展，促进农民增收。统计该省设区市农业专家人数、农业大户总数及致富典型户数。根据研究目的和数据特点采用Pearson相关系数，应用SPSS软件进行相关分析。分析可知，农业企业网站数量与农业专家较显著相关；与农业大户、致富典型户数之间呈显著相关(表3-4)。可见，人才的投入可有效促进涉农网站的发展，同时农业网站的建立又可帮助农民增收，带动农业的快速发展，这些因素之间相互关联、相互影响、互相推动，形成农业发展上的良

表 3-4　农业企业网站数量与农业专家、农业大户、致富典型相关性分析

变量		相关性
农业企业网站数量/个	农业大户/家	0.806
	农业专家/位	0.610
	致富典型/家	0.767

注：表中数据在 0.01 水平（双侧）上显著相关。

资料来源：申晓艳和丁疆辉（2015）。

性循环。因此，在推进信息化过程中应加大人才投入力度，克服涉农网站建设的地域不均性，促进河北省信息化均衡健康发展。

2. 网站访客城乡差异明显

企业类涉农网站的建立不仅表现出地域上分布的不均衡性还表现出访客的地域差异性，即城镇访客明显多于农村访客。造成这一差异的原因除了城乡之间政府在推进信息化过程中资金投入的差异性，还与城乡居民生活信息化程度密切相关。

城镇、乡村居民生活信息化程度是指能够反映居民对信息产品的消费能力和获取能力的综合评价指标。居民生活信息化程度由彩色电视机普及率、固定电话普及率、计算机普及率、移动电话普及率 4 个指标加权而成（甄峰等，2012），各个指标对居民生活信息化水平的影响程度不均衡，根据 20 位农村信息化领域的专家打分法得出 4 项指标的权重，反映了各指标对居民生活信息化水平贡献的重要性。根据以上测算可知河北省城镇和农村居民生活信息化发展程度。

城乡信息化程度差异性明显是造成涉农网站访客地域不均衡性的主要原因。农业网站中农村访客比例较低的现象一方面反映了农民信息化水平较低，农业从业人员利用现代 ICTs 发展农业的意识薄弱有待提高，城乡"数字鸿沟"的存在致使涉农网站利用率不高；农民综合素质较低，农村文化落后、经济落后、信息化程度更落后的社会环境成为农村信息化道路上的严重障碍（甄峰，2004）。另一方面，反映了农业企业所建立的涉农网站与农民实际需求脱节，农业网站所发布的信息内容对农民的吸引力还不够，促使原本对信息反映迟钝的农民，加深了对网络新生事物的怀疑和不信任态度（沈丽珍等，2010），认识不到信息化即将给农业、农村、农民带来的益处，因此信息应用的积极性不高。

3. 农业网站区域粘连性差

涉农企业建立农业网站的主要内容对用户的吸引力称为网站的粘连性。涉农网站的主要用户群和直接受益者均是农民和农业从业人员，该类人群对网站的访客所占的比例是衡量农业网站成功与否的重要标尺。通过网站追踪可知，目前河北省涉农企业所建网站水平较低，网站内容宽泛，缺少进一步的细致加工和分析，而对农民起到指导和生产作用的市场预测信息更少，因从事农业活动的农村居民科技文化素质有限，对信息时代

意识淡薄,所以网站较难保证长期持续农民访客群。河北省农业企业所建立的网站大多分布在对农业依存度相对较低、经济水平较高的市区,因此导致信息无界与用户有界的矛盾尤为突出,从事其他行业的访客从不关注此类网站,真正需要农产品价格和市场销售指导信息的农业人员却很难从中筛选出自己急需的特色信息,造成访客流失的严重后果。

3.5.3 小 结

本节选取建有独立网站的涉农企业为例,覆盖河北省 11 个设区市,以地理学区域视角对该省涉农网站发展过程中存在的问题进行分析。研究可见,农业企业建立涉农网站存在明显的地域差异,网站大多建立在经济水平较高、经济对农业发展依赖性小的市区。网站建立的地区不均性与经济发展、农业人才投入等因素密切相关,网站的健康协调发展离不开经济和高素质人才的支持。城乡之间信息化程度的差异还导致了网站访客的不均性,即对农业信息需求较多的农村访客明显少于信息需求相对较弱的城镇访客,造成网站发展与农业从业人员的脱节。网站建设区域粘连性差,彼此之间合作意识淡薄,缺乏有效的信息交流与沟通。为促进农村信息化发展,缩小城乡差距,统筹城乡发展,应从本省农村信息化实际情况出发寻找解决措施。

参 考 文 献

丁疆辉, 刘卫东. 2012. 信息技术应用对农村居民行为空间的影响:以河北省无极县为例. 地理研究, 31(4): 433-744.
丁疆辉, 刘卫东. 2009. 农村信息技术应用的地理学研究进展与评析. 地理科学进展, 28(5): 759-766.
丁疆辉, 刘卫东, 吴建民. 2012. 农村信息化空间作用的影响因素与影响机理. 地域研究与开发, 31(6): 151-155.
丁疆辉, 刘卫东, 吴建民. 2010. 中国农村信息化发展态势及其区域差异. 经济地理, 30(10): 1693-1699.
甘国辉. 2001. 信息技术与中国农业与农村经济结构调整. 中国农业科学, 34(增刊): 82-84.
胡鞍钢, 周绍杰. 2002. 新的全球贫富差距:日益扩大的"数字鸿沟". 中国社会科学, (3): 34-48.
黄少华, 韩瑞献. 2004. 全球化背景下:中国东西部地区的数字鸿沟. 兰州大学学报, 32(2): 96-102.
卡斯特尔(Manuel Castells). 2000. 网络社会的崛起. 夏铸九等译. 北京:社会科学文献出版社.
李道亮. 2007. 中国农村信息化发展报告(2007). 北京:中国农业科学技术出版社.
刘卫东. 2002. 论我国互联网的发展及其潜在空间影响. 地理研究, 21(3): 347-356.
刘卫东, 甄峰. 2004. 信息化对社会经济空间组织的影响研究. 地理学报, 59(增刊): 67-76.
刘彦随. 2007. 中国东部沿海地区乡村转型发展与新农村建设. 地理学报, 62(6): 563-570.
路紫. 2000. 论通信网络之空间形态——距离和边界的障碍作用. 经济地理, 20(2): 18-22.
梅方权. 2001. 中国农业信息建设前景展望. 中国农村经济, (12): 8-9.
闵文江, 陈保华, 侯亮. 2006. 河北省农业信息化建设的现状与发展. 农业图书情报学刊, 18(4): 19-21.
农村地区公共产品筹资方式研究课题组. 2005. 农村地区公共产品筹资:制度转型与政策建议. 中国农村观察, (3): 38-50.
邱娟, 汪明峰. 2010. 进入 21 世纪以来中国互联网发展的时空差异及其影响因素分析. 地域研究与开发, 29(5): 28-32.

申晓艳, 丁疆辉. 2015. 省域涉农网站发展现状与区域特征研究——以河北省为例. 河北师范大学学报(自然科学版), 39(2): 165-172.
沈丽珍, 张敏, 甄峰. 2010. 信息技术影响下的空间观及其研究进展. 人文地理, 25(2): 20-25.
汪明峰, 宁越敏, 胡萍. 2007. 中国城市的互联网发展类型与空间差异. 城市规划, 31(10): 16-22.
万广华, 张藕香, 伏润民. 2008. 1985~2002年中国农村的地区收入不平等: 趋势、起因和政策含义. 中国农村经济, (3): 4-15.
应文杰. 2007. 河北省农业信息化的实践与探讨. 农业网络信息, 22(8): 45-48.
甄峰. 2004. 信息时代新空间形态研究. 地理科学进展, 23(3): 16-26.
甄峰, 翟青, 陈刚, 等. 2012. 信息时代移动社会理论构建与城市地理研究. 地理研究, 31(2): 197-208.
Batty M. 1997. Virtual geography. Futures, 29(4): 337-352.
Cairncross F. 2001. The Death of Distance: How the Communications Revolution is Changing Our Lives. Boston: Harvard Business Press.
Capello R, Nijkamp P. 1996. Telecommunications technologies and regional development: Theoretical considerations and empirical evidence. The Annals of Regional Science, 30(1): 7-30.
Castells M. 1989. The Informational City: Information Technology, Economic Restructuring, and the Urban-regional Process. Oxford: Blackwell.
Clark D, Ilbery B, Berkeley N. 1995. Telematics and rural businesses: An evaluation of uses, potentials and policy implications. Regional Studies, 29(2): 171-180.
Dodge M, Kitchin R. 2005. Codes of life: Identification codes and the machine-readable world. Environment and Planning D: Society and Space, 23(6): 851-881.
Dodge M, Kitchin R. 2000. Mapping Cyberspace. London and New York: Routledge.
Drabenstott M. 2001. New policies for a new rural America. International Regional Science Review, 24(1): 3-15.
Gilbert M R, Masucci M. 2006. The implications of including women's daily lives in a feminist GIScience. Transactions in GIS, 10(5): 751-761.
Gilbert M R, Masucci M. 2004. Moving beyond "Gender and GIS" to a feminist perspective on information technologies: The impact of welfare reform on women's IT needs. In: Seager J, Nelson L. A Companion to Feminist Geography. Blackwell Publications, 305-321.
Gilbert M R, Masucci M, Homko C, et al. 2008. Theorizing the digital divide: Information and communication technology use frameworks among poor women using a telemedicine system. Geoforum, 39(2): 912-925.
Gillespie A, Coombes M, Raybould S. 1994. Contribution of telecommunications to rural economic development: Variations on a theme. Entrepreneurship & Regional Development, 6(3): 201-217.
Graham S. 2002. Bridging urban digital divides? Urban polarisation and information and communications technologies (ICTs). Urban studies, 39(1): 33-56.
Graham S, Marvin S. 2002. Telecommunications and the City: Electronic Spaces, Urban places. London and New York: Routledge.
Grimes S. 2000. Rural areas in the information society: Diminishing distance or increasing learning capacity. Journal of Rural Studies, 16(1): 13-21.
Hart T. 1998. A dynamic universal service for a heterogenous European Union. Telecommunications Policy, 22(10): 839-852.
Hillis K. 1998. On the margins: The invisibility of communications in geography. Progress in Human

Geography, 22(4): 543-566.

Hudson H, Pittman T. 1999. From northern village to global village: Rural communications in Alaska. Pacific Telecommunications Review, 21(2): 23-34.

Jackson L A, Barbatsis G, Von Eye A, et al. 2003. Internet use in low-income families: Implications for the digital divide. It & Society, 1(5): 141-165.

Kitchin R M. 1998. Towards geographies of cyberspace. Program in Human Geography, 22(3): 385-406.

Malecki E J. 2003. Digital development in rural areas: Potentials and pitfalls. Journal of Rural Studies, 19(2): 201-214.

Ntaliani M, Costopoulou C, Karetsos S. 2008. Mobile government: A challenge for agriculture. Government Information Quarterly, 25(4): 699-716.

Ntaliani M, Karetsos S, Costopoulou C. 2006. Implementing e-government services for agriculture: The Greek case. In: Paper presented at the e-Society 2006 conference, Dublin, Ireland. 13-16.

Rao N H. 2007. A framework for implementing information and communication technologies in agricultural development in India. Technological Forecasting and Social Change, 74(4): 491-518.

Ray C, Talbot H. 1999. Rural telematics: The Information Society and rural development. In: Crang M, May J. Virtual Geographies. London: Routledge, 149.

Richards C, Bryden J. 2000. Information technology and rural development in the Scottish Highlands and islands: A preliminary review of the issues and evidence. Géocarrefour: Revue de géographie de Lyon, 75(1): 71-77.

Parker E B. 2000. Closing the digital divide in rural America. Telecommunications Policy, 24(4): 281-290.

Sun Y, Wang H. 2005. Does Internet access matter for rural industry? A case study of Jiangsu, China. Journal of Rural Studies, 21(2): 247-258.

第 4 章　ICTs 影响下的工业企业空间组织变革、集群化与老工业基地改造

4.1　企业 ICTs 应用过程及其空间作用特征

4.1.1　企业 ICTs 应用的发展过程

企业信息化包括 3 方面内容：一是通过应用电子信息技术提高企业生产过程自动化水平，加速企业产品更新换代和提高产品质量；二是利用现代 ICTs 建立企业信息系统，改进企业业务流程和管理模式，提高核心竞争力；三是利用信息手段采集和利用宏观信息、商品流通、价格等经营信息，提高企业的市场快速反应能力。开发和利用信息资源是企业信息化的出发点，企业信息化可以使企业的管理更加规范化、科学化、自动化和系统化。这一观点已被众多的企业管理者认识和接受(宋周莺和刘卫东，2012)。

中国企业信息化进程分 4 个基本步骤(潘玉瑞，2004)：第一步，信息基础建设。在这一阶段企业首先要进行的是企业信息化的准备，即判定企业的所有资源是不是已经被信息化或是数字化了。第二步，企业一体化的集成管理。企业应确认内部的基础管理是否规范化，基本管理的流程是不是通过信息化的手段来实现的，诸如产、供、销的业务是否连贯，财务处理是否和业务处理一体化，是否具备一个实时有效的计划和预算等。第三步，外部资源的利用。企业在有效管理内部资源的同时，必须更注重外部的工作，例如实现企业间的供应链管理、客户关系管理等。第四步，建立基于互联网的电子商业社区。对众多的企业基于互联网进行结盟、交易和业务协同，充分利用互联网提供的信息共享和实时交互，完成协同式的商业运作，减少中间过程，使交易可以一次完成。

具体发展有 3 个侧重点。

第一，ICTs 在大企业的应用。大型企业开始应用计算机技术(基本处于单机工作方式)进行企业财务、销售、采购等方面的数据处理，以实现部分办公自动化。同时，大型企业开始应用简单的管理软件、小型网络技术、电子数据交换(EDI)等 ICTs，对企业内部复杂的数据和信息进行管理和处理。这个时期 ICTs 应用的费用很高，人才也很缺乏，因此 ICTs 基本还是大企业的专利。

第二，ICTs 应用的广泛性。随着 ICTs 费用的不断下降，企业 ICTs 应用快速普及，企业开始广泛应用计算机技术和企业管理软件实现全面的办公自动化和数据处理。一方面，一些大型企业开始尝试应用企业资源管理系统(ERP)等复杂的企业管理软件来提高企业内部的资源管理效率、改善业务流程。另一方面，随着互联网的快速普及，企业实现与顾客和上下游企业的实时联系，以及信息的及时有效获取，从而降低企业交易成本，更好地实现定制生产。通过 ICTs 应用，企业的空间联系不再局限于很小的区域，而是向

更广的范围扩展，甚至更容易地迈向全球。部分企业开始进行企业网站的建设，进行试探性的网络宣传和营销。

第三，ICTs 的多样化应用。由于创新的复杂性和不确定性，以及产品生命周期短、需求追求个性化等特征，集群内的企业在产品的生产过程中需要利用 ICTs 进行实时联系，获取产品生产所涉及的研发、设计等知识和技术；需要通过互联网与供应商、定制顾客、集群内合作企业进行实时信息交流；需要应用电子商务和供应链管理软件等缩短新产品的上市时间。因而，ICTs 在集群中的应用和普及程度较高，特别是在网络联系、信息获取、电子商务及供应链管理等方面。低端集群主要是标准化生产模式，企业间的合作和交流相对较少，中国绝大部分集群属于这种类型。集群内企业较少应用 ICTs 进行企业之间的合作联系，主要应用于及时获取最新信息、企业内部的管理和供应链协调等方面。

4.1.2　ICTs 作为新区位因子参与企业运行

1. 以技术因子参与企业运行

ICTs 对企业区位的影响主要来自于以下 3 个方面：①信息基础设施的空间不均衡分布（即所谓的"数字鸿沟"）将影响企业区位选择，ICTs 对企业区位的影响可以通过物质基础设施的分布和可获得性体现出来。信息时代的企业区位观念意味着可接近、快速沟通与高收益的网络（王恩涌，2000）；因此，基础设施好、信息化水平高的地方将成为企业优势区位。②ICTs 引起企业运行模式的变革，这将影响企业区位和企业空间组织；ICTs 使市场变化日益加快及产品生命周期缩短，迫使企业改变运行模式；同时，也使企业新的商业运行模式成为可能，如 Torre 和 Moxon(2001)指出 ICTs 驱动之下企业可以在全球任何一个地区都能提供即时送货和超级服务；可以进行快速而准确的产品开发，这得益于大量的消费者偏好数据库与专业化生产商的结合；可以实现产品和服务的大规模定制；已有的研究表明，ICTs 会带来即时生产、订单生产等弹性生产方式，从而改变企业内部组织与空间布局，影响企业区位选择（宋周莺等，2009）。③ICTs 引起了企业区位因子的变化，从而影响企业区位选择及其空间组织。ICTs 的发展不仅使传统区位因子的影响程度发生了变化，而且催生了一些新区位因子，如以知识创新为核心的新区位因子正逐渐取代自然资源、劳动力、资本等传统物质区位因子；而运输、市场、集聚等传统区位因子的作用程度则出现了一些新的变化，从而综合影响企业区位选择。

2. 改变运输因子的作用

运输因子是传统区位论考虑的重要因素之一，在已有研究中，运输因子主要是强调运输费用。ICTs 的进步使运输手段、运输方式、运输管理等都发生了巨大变化，区位的可达性不再由单一的运输方式决定，而是由多种可供选择的交通和信息手段相结合决定（方远平等，2008）。Feitelson 和 Salomon(2000)指出，现代交通网络不能只考虑可达性，更重要的是考虑交通网络弹性，包括节点弹性、连接弹性、时间弹性 3 个要素；这些要素共同对企业空间组织产生影响。

3. 重塑市场因子

重塑市场因子包括：①与市场的距离，市场因子的作用之一表现在运距与运输成本的区位意义上，因此，前文论及的关于ICTs对运输因子的作用对于市场因子同样适用，即降低了市场因子的作用；②市场范围，工业时代，企业不断追求市场最大化，但市场具有明显的空间边界及固定范围，信息时代ICTs可以使海量数据即时传输到任何信息基础设施连接的地方，市场范围几乎没有空间界限，特别是电子商务的普及在时间和空间上无限扩展了市场范围，甚至帮助企业轻易进入全球市场；③更多的考虑消费者需求，ICTs使一个地理空间点上的消费者可以得到的相关商品的信息是海量的（刘卫东和甄峰，2004），这使消费者的选择余地空前加大，对于生产者而言则是市场变化加快，因此，企业在考虑市场因子时，不能仅仅考虑市场距离、市场大小，还要更多的考虑消费者需求与产品特征决定的市场（宋周莺等，2009）。

4. 推动企业的生产变革

新的ICTs可以使企业降低信息处理成本，组织有效的物流，有助于企业在不同区位的功能整合，因而它在大企业的全球生产网络的形成中起到了重要作用。也就是说ICTs促进了企业的经济活动分散到全球各处，同时也使这些活动在功能上很容易整合到一起（刘卫东等，2004）。新的ICTs可以使企业减少成本、容许企业合并构成多功能和多产品的大企业，因而培育了灵活的生产模式。研究表明，ICTs保证了企业"即时+定制"生产模式的应用，促进传统企业的生产流程从以生产者为核心转为以消费者为核心，也加速了生产流程中某些环节的变革。同时，时间因素在ICTs导致的生产链空间组织变革中的重要性加强（丁疆辉等，2009），其主要影响为生产链某个环节管理功能的强化，且对产业升级后整个产业链的空间组织发挥作用。

5. 促进企业的管理变革

新的ICTs既是企业管理变革的驱动力量，也使这种变革成为可能。一方面，ICTs使信息和知识的传播速度加快，一个地理空间点上的消费者可以得到相关商品的海量信息，这使得消费者的选择余地空前加大，对于生产者而言则是市场变化加快。另外，电子商务手段的应用，使定制生产方式越来越普遍，也对企业管理方式提出了挑战。另一方面，新的ICTs也允许企业尝试新的管理实践，重要的是它可以帮助企业处理日益复杂的信息流，实现对物流、人流、资金流的最优化配置，从而可以有效地协调企业内外部的组织关系，建立新的供应链，拓展新的顾客联系渠道（刘卫东等，2004）。

4.1.3 ICTs影响企业空间布局

1. 区位选择

ICTs使信息和知识传递的时空阻碍性大幅度降低，在一定程度上空间距离摩擦定律失去作用,从而将空间尺度无限的缩小。学者们认为,ICTs 深刻改变了时空关系,强化了时间因素的重要性,从而影响企业的区位选择及其空间布局(刘卫东等,2004)。

国内外一些地理学家对该领域进行了探索性研究,很多研究成果表明 ICTs 会带来传统区位因子的转型,从而影响企业区位决策。宋周莺和刘卫东(2012)指出信息基础设施和信息化水平较高的地区有利于企业实现对市场的快速反应和及时配送,因而成为企业的优势区位。甄峰等(2004)认为信息因素、知识因素、创新因素等因素是信息时代空间结构新的影响因素,而 ICTs 是决定社会经济空间结构的重要因子。路紫和刘岩(2000)指出 ICTs 在重新布局决策中的作用是隐性的,使空间和边界的阻碍性大大降低,是以某种确定的方式影响着企业脱离"原址"并重新定位的。阎小培(1996)、方远平等(2008)认为 ICTs 的应用会影响多区位企业的空间组织,即增大了区位弹性和劳动空间分工。其他一些学者也指出信息化逐渐成为企业区位选择的核心因素之一,使区位论以信息知识为主向中心地理论虚拟化的方向发展(张林和刘继生,2006)。

国外有学者分析了 ICTs 对企业区位及其空间组织的影响,认为 ICTs 使企业区位更具弹性。他们指出 ICTs 可以将研发部门、生产部门、管理中心、转运中心等不同部门联系在一起,从而使跨国企业经济活动的全球扩散成为可能。Dunning(2009)研究了跨国企业的区位选择,指出必须对传统的跨国企业理论进行修正,因为 ICTs 使资本能够在空间自由流动,促进跨国企业各个部门在全球进行自由的区位选择。总体来看,ICTs 正作为一种介质影响企业的区位选择,进而促成或影响企业空间布局的改变,它并不是决定性的。在这个过程中,要避免形成"技术决定论"的观点(刘卫东和甄峰,2004)。Dicken(1998)曾指出,技术自身并不能导致某种特别的变化,它只是提供可能性或促成发生的介质,使经济活动的新结构、新组织和新空间安排,以及新产品和新过程成为可能。因为社会制度、区域政策、社会关系、企业自身的性质等因素也会影响其区位选择(赵新正等,2011)。

2. 空间布局的变化:集聚或分散

ICTs 引起企业的空间变化,在地理分布上表现为企业间的集聚和分散。很多学者从不同角度对企业空间变化的结果进行了研究和讨论:是集聚还是分散?信息基础设施的分布不均是很多研究的出发点,它使 ICTs 的社会扩散在每一个空间层级上是不均匀的,因而影响着企业 ICTs 应用的程度和其空间布局。在地方层次上,一些具有良好信息基础设施的城市或区域内部产业部门在空间上会呈扩散趋势(刘卫东等,2004)。而 Sohn 等(2002)通过对有关芝加哥区域信息基础设施的研究揭示出,缺乏完备的信息网络限制了一些地方企业的区位优势,因而可以观察到更为集中的分布格局,即所谓的"分散的集中"。

还有一些学者认为集中和分散的力量同时存在,但作用的程度与方向不同。例如,Leamer 和 Storper(2001)认为互联网会产生促使集群形成与扩散的两种力量,这两种力量相互抵消时,更强的趋势可能是走向集群。宋周莺等(2009)以服装企业为案例,研究结果显示 ICTs 促进企业生产活动的空间集聚,以及企业销售活动的空间扩散。汪明峰和李健(2009)认为 ICTs 促进了知识的扩散、应用和创新,从而使得企业学习和创新过程呈现出交织并存的全球层次运作的跨国企业网络和在地方层次演进的企业集群网络两种模式。孙中伟(2009)研究表明,信息化直接导致了海尔与供应商间的网络虚拟集聚,但网络集聚只能解决信息交互问题,而物流的问题还需要借助地理空间的实体集聚解决。事实上,从长期过程来看,新的ICTs将导致新的生产策略,如即时生产方式,这要求企业在空间上临近,因而会形成经济活动的空间集群。

3. 企业组织的发展:"虚拟"化集群

ICTs的广泛应用,使企业面临着更多新的机会,也就是说企业可以通过全球电子网络重新设计商业过程与组织。于是出现了很多关于"虚拟"组织的概念和议题,如虚拟集群、虚拟企业、虚拟产业区等。这些组织之所以成为虚拟,是因为它们把互联网技术作为首要的合作与竞争手段。宋周莺和刘卫东(2013)认为虚拟集群是产业链上下游企业基于ICTs形成的一种动态联盟,联盟拥有完整的研发、生产、销售、管理、财务、售后服务等功能,从而实现快速市场响应;其本质是某一核心企业利用ICTs实现整条供应链的掌控。从地理视角看,虚拟组织可以分为两种:一种是在原有地理集群基础上发展出来的虚拟群集,如虚拟保税区,实际是为地理产业集群搭建的一个电子物流平台,为企业降低生产和时间成本,而这些企业仍然在地理上临近。另一种虚拟集群则不同,它被认为是克服了区域产业集群的地域限制,能够利用网络关系替代地理上的临近性,如刘卫东(2002)指出广东东莞的虚拟制造网就是通过互联网技术使中小企业共享资源和信息。这些企业在现实空间中分离,但在虚拟空间中却是集聚的。当然,这种中小企业的虚拟集群还处在较低层次,要实现真正地对全球相关业务与组织核心能力的集成,或许对大企业可行,中小企业还值得质疑。

总之,ICTs的广泛应用明显地导致了企业的空间重组,在这个复杂的过程中,集聚和扩散的力量同时存在。因此不能简单而明确地说ICTs会导致企业的集聚或分散。就目前的状况而言,尽管ICTs在一定程度上可以消除地理空间距离,实现即时的信息交流,但是这些所谓无拘束的信息网络活动仍然依赖于地理空间的约束。在全球经济中的持续竞争力越来越依赖于地方化的事物(知识、关系、动机),而它们是远距离竞争对手所无法比拟的。因为区域性的集聚促进了地方化的学习、创造和创新,其中信息和知识的空间过程至关重要。

4.1.4 信息网络:企业空间组织、联系和运行的战略要素

1. 信息网络特征和信息网络关系

信息网络不同于单纯的物质网络,它反映的是存在于个人间或集体间的一系列的信息交往及与其相关的社会联系。就这样的"网络"对企业的商业活动而言,可从非物质性要素上对企业网络关系列出一个主要特征的简明集合:各企业都将依赖于网络上其他企业的信息;两个以上企业间即可能存有某种信息网络;每个企业都能加入多个网络并具有独立性;发展网络关系需要双方的具体时间的供给;网络的组织力涉及利益、信任

和权力等。

当然这也只是狭义的企业网络形式的特征,它主要是着眼于企业间联系方面,企业间网络以外的其他形式正在成为一种日渐增长的趋势,这可以从概念上广义理解为市场的大网络。不可避免地,网络概念超出了原有的交易成本文献中所普遍使用的那样的等级体制,但到何种程度却一直令组织理论学家所迷惑。作为概念性词汇,两者的区别是微弱的。等级制度是网络系列的另一端,它们是与其他组织形式相联的高度严密的网络,代表着一种独特的纵向一体化的网络形式。所以网络的思想就其一般意义来说,应包括等级体制。路紫和刘岩(1998)主张加强网络分析方法,并在更大域上与等级体系方法相互补充,它将在一定程度上避免中心地理论固有的偏见,一同推动重建生产布局理论。

社会政治的合作和经济一体化的迅速发展提出了对高效信息通信网络系统的要求。这尤其适用于大的企业集团:广泛分散的组织模式和专业化集团融合使其产生巨大的信息流。网络应用既可保证企业内部的、外部的信息流在国家、地区、单位、客户之间平稳传输,又开辟了新的服务项目,并使大的组织机构的控制更为容易。

这样在20世纪80年代一些大的跨国企业发起了计算机通信指导生产的运动,开始利用全球通用信息网络作为计算机辅助工程,后又应用到管理中。事实证明这个工程是富有成效的,它开通了新的信息联系,并使大的计算机中心的区位选择成为可能。为此,大的跨国企业多设有信息系统委员会作为信息管理的最高机构直接受集团总部领导,由此表明,信息系统对集团和业务活动是具有战略重要性的。这些集团通过计算机中心、全球节点和区域网络相互连接而组成全球网络传输信息。目前中国企业的发展呈多方位趋势,企业联合普遍,大型企业集团的组织复杂化,不同等级和部门定位于不同的地理区位,这些也都要求信息网络关系的建立。

2. 企业 ICTs 网络关系的形式

1) 企业内部、企业间 ICTs 网络关系

在企业内部不同的部门和子企业都将自动地进入或被安排进入由企业总部设置的ICTs网络,企业间ICTs网络通过业务联系而成形。各企业由于必须在同一个地方经济平台上相互竞争与合作,所以将一同进入这种网络中。可从两个方面分析企业间ICTs网络关系:通过该网络在制造者和使用者及市场之间建立的联系;ICTs网络是获得专门化和协作利益的手段。以往中国大部分企业都在各地区自我循环中简单地运行,对信息传输的要求很有限。进入大的企业集团后,新的跨地区、跨国家的结构也就出现了生产和经营遍及各地。ICTs网络应用开始变得必不可少,计算机辅助的要求也从主要基于个人的需求向组织的需求转化。企业集团化趋势已使得企业内部和企业间ICTs网络关系不易详细区分。它们的应用主要有以下六方面。

第一,资料处理方面。分散化经营产生了内部交换的增长,集团内部的交换量普遍超过外部交换量。电子数据交换系统(EDI)在加速资料流动、节约资金和资源上十分有效。越来越多的管理信息系统(MIS)通过集团信息系统中心应用于集团内部。该中心主要工作是建立信息系统(IS)和战略规划,同时将信息资料收集起来并进行编辑。依此人

们可以比以前更动态地对资料进行判别。

第二，研究与开发方面。集团内大部分开发工作是由企业自己去进行的。集团需要高效而有力的合作以避免在技术进步过程中子企业间出现偏差和重复研究等问题。对企业集团而言平行发展和不同部分的同步很关键。总部协调下研究机构间必须保持相互的资料沟通。

第三，金融方面。企业内部(间)和企业与银行间的付款——票据交换为突出代表。应用全球计算机网络还可将地区信息系统中心与银行网络连通，使付款—票据交换在一个具体的程序中完成。

第四，生产(管理)方面。集团内的生产部门正趋向不同的地理区位，支配区内企业的决策者可能还在区外(如 ICTs 的总部)，其间必须便利地在大的空间范围内传输计算机辅助设计文件(CAD—files)，总部的信息系统中心组织传输。集团内部精确时间计划的执行中，应用信息管理系统将为其实施提供支持，这种服务于新结构的信息系统产生了新的组织形式。

第五，交流与讨论方面。距离因素及被访问者地位因素在这里起了一定的作用。对跨越远距离的业务工作，还明显增加了对电视和电话会议的兴趣，跨越亚欧美的大的国际企业广泛地应用电视会议。

第六，市场方面。集团中各分散企业的经营原则之一是尽量寻找它们的客户，并由 IS 中心为它们的客户提供合格的信息服务，及与其他研究开发部门联合发表公告等。

2) 企业外部 ICTs 网络关系

企业外部 ICTs 网络关系从现有文献中看鲜为人知、发展缓慢。它指的是企业与其他嵌入于社会和空间的机构之间的各种各样的联系，包括政府机构、研究机构、非盈利和非政府组织及其他的准组织形式。网络关系的企业外部方面极大地丰富了 ICTs 网络的意义，这已超出了存在于生产链上所包括的一系列关系。这使 ICTs 网络不仅是一种商业活动的手段，也是在市场和等级制度中占有一定位置的手段。忽视网络关系的企业外部方面，常常使得"内部高速运行的网络出门之后就低速运行了"。

诸多大型企业组织首先感兴趣的是通过 ICTs 网络与政府之间加强合作。这与以前提到的企业组织的非经济的目标有关。其中一个特殊的目的就是通过应用企业外部 ICTs 网络关系得到社会的和政治的地位。它们意识到在没有这种优势的时候经济目标就根本无从着手，所以赢得了企业外部地位也就能使企业组织同样在企业间网络中起支配作用。

3) 企业网络形成的非物质性要素

气氛、信任和权利关系等内聚力要素是 ICTs 网络形成基础的重要组成成分，是信息在网络上良好运行的社会经济环境。

在不同的社会关系中，甚至在关系的同一网络内部，氛围都将是不同的。可能有这种情况：从整体网络看似乎是正确的东西，到次一级联系未必正确，这正是由于企业所处的具体的氛围的缘故。当前中国针对商业周期国内外变化的 ICTs 和数据库网络应用总体上可分为两类情况：①大企业用户，它们拥有和应用自己的资料处理部门；②小企业用户，它们对数据库系统仅提出较低要求，多数没有自己的专家，难以利用这种可行的商业手段。

信息通信现象在社会中如此重要，所以都认为它是权力的一种表现。权力关系的一个突出特征是不对称性。特别是进入过程将会因数据库处理机构的区位和空间范围而产生偏向，其资料在一定程度上也将有所偏向。大的跨国企业是ICTs的最先的使用者，主宰着信息网络的通道和数据库的发展方向，企业ICTs网络形态的研究将以它们为主。这也反映了企业网络演进中由大企业组织中小企业入网的阶段性。

3. 关于空间组织关系的讨论

经济专门化和企业集团化的发展提出了对新的组织形式和新的劳动过程的需要。当一种产品不是全部由同一个厂家生产时，合作性经济就形成了，这就需要某种物质的网络，企业空间组织就是由企业联系所定义的某种网络应用。

过去的一些年中的情况可以归结为一种挑战，即对引入更灵活的组织形式实施控制的挑战，计算机技术和电信技术的结合已经加入了这场挑战(Sjoberg，1992)。ICTs网络已在部门组织中，包括制造业和服务业中广泛应用，这种应用连接着多组织和多区域，或其企业内部的多部门的工作任务上的地理分工，使ICTs网络作为一种空间系统被应用于组织内部和组织间的物质结构和功能结构中。图4-1表示了与工厂相联系的企业重组前(a)和重组后(b)信息网络的应用与作用。

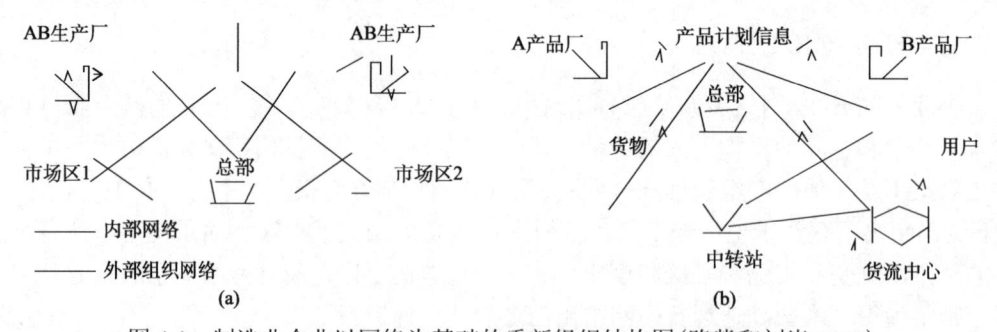

图 4-1 制造业企业以网络为基础的重新组织结构图(路紫和刘岩，1998)

作为ICTs的使用结果，许多旧组织的等级制度及其与区域功能相关的布局相应发生了转变，这些变化也已深入到信息经济地理的3个组成部分中(图4-2)。ICTs网络关系为企业运行提供了"增殖力"的机制，在这个历史进程中，企业已经完全嵌入现存的社会和空间组织结构之中，从而可实现企业战略与地域优势的结合。

当然，在信息网络中，企业空间上的接近仍起着重要作用。任何一个企业的信息网络在其企业所在地附近都是最密集的，由于距离衰减的影响，联系程度和网络密度均会降低。所以有必要为网络关系建立一个区位环境，以保证加入网络关系的企业能嵌入"地方集合体"。目前，由于联系的空间代替了位空间，必然使得空间组织变得复杂，行为区位的观点已经被提出来并且用以解释空间的信息网络组织。中国以往企业组织分析大多针对经济的合理模式，而没有针对空间上包容的源于社会文化的合理模式，所以为信息网络经济建立一种环境要付出很大努力。

图 4-2 信息经济地理分析方法概图(路紫和刘岩,1998)

4.2 ICTs 应用对传统服装纺织企业的空间影响

4.2.1 服装纺织企业 ICTs 的应用现状

服装纺织是传统加工制造业,在当前信息化浪潮下面临巨大的挑战。因为从整体上看该行业技术装备水平落后,以生产规模化为主,组织结构层次多,生产链中各部门横向联系繁琐,市场反应速度缓慢。然而随着全球化趋势的发展,服装纺织产品市场个性化逐渐加强,时尚变化越来越频繁,产品生产周期日益缩短,要求整个生产链灵活而快速地响应市场变化,所以原料供应商和制造商必须更快地对零售商的需求和服装款式做出响应,于是,完成订单的时间变得与成本同等重要。ICTs 的发展与应用给中国服装纺织企业带来巨大的挑战。面对挑战,服装纺织企业加快了改造及其信息化过程,企业 ICTs 应用取得极大进展,主要通过信息基础设施建设与商务运作模式的改变来展现其 ICTs 应用的状况(丁疆辉等,2009)。

信息化建设对服装纺织企业产生了巨大影响。首先,信息基础设施直接影响企业价值链的任何一环的成本,其中以时间成本的节约为主要特征,如计算机辅助设计和制造技术的改善,不仅可以降低设计和生产成本,更主要的是大大缩减了从市场反馈到设计生产的时间。例如,深圳中冠纺织印染股份有限公司实施 ERP 系统后,市场反馈周期由原来的 30 天缩短到 7 天,产品开发周期由原来的 30 天缩短到 15 天。其次,企业商务运作模式的改变尤其是电子商务带来的企业流程的再造既可以大大减少库存又能缩减交易时间。据测算,原来中国服装纺织品从备料到下单交货大约要 3 个月的时间,采用电子商务后,这一周期可以缩短到 3 周左右;在纺织品服装对外贸易中,传统交易方式大概需要 3~5 个中间商,而电子商务则可以大大减少中间商环节。

为方便详细描述与对比,服装纺织企业 ICTs 应用按类型可划分为内部和外部两部分。企业外部 ICTs 应用指企业网络搭建与外部联系的通道,具体分为企业内网、外网建设及其对外交往平台。网络平台构建的最初目的多数是为了企业形象的宣传和推广,随着应用深度的增加,新技术手段成了企业与客户之间交流和交易的必要工具。尤其是电子商务的兴起改变了企业传统的商务运作模式。从空间看,远距离信息实时传输的实现及电子商务交易边界的扩展可能使企业的生产链和市场呈现扩散趋势。企业内部 ICTs 应用主要是系列管理软件的采用。这些管理软件的应用有效优化了企业的整体运作流程,使企业整个供应链系统能够实现及时的反馈,尤其可以实现企业从传统金字塔形管理向流的管理的转变,从而大大缩减整个生产流程的反应时间,同时还为企业改变商业运行模式奠定了基础;从空间角度看,ICTs 应用实现了企业各职能部门在虚拟空间的整合,或者说实现了企业管理的虚拟集聚。

4.2.2 案例区服装纺织企业及其 ICTs 应用

服装纺织是所有行业中地理上最分散的行业，中国也具有这样的特点，但是从生产地看，仍呈现一定程度的集聚，其中东部省份的企业明显多于西部。案例区选择"一区一厂"，一区指浙江绍兴杨汛桥工业区；一厂指美特斯•邦威集团上海总部。浙江、上海为中国服装纺织行业发达地区，企业数量多，类型全，发展水平高，可使研究结果具有普适性。例如，案例区企业分别代表传统加工型企业、虚拟经营企业两种类型，这两种企业模式基本描绘了纺织服装行业由传统经营向现代经营的升级过程，其 ICTs 应用具有普遍的代表意义。

杨汛桥镇位于浙江绍兴县西北部，处于杭州、萧山、绍兴的"三角地带"，为中国经编名镇，主导产业有纺织印染、经编家纺等，是绍兴市唯一的国家可持续发展实验区、全国小城镇综合改革试点镇，形成了特色鲜明的优势产业集群，并且集中了大中小型各种规模的企业。杨汛桥区位条件优越，产业特色鲜明，企业集聚现象突出，地区经济发展水平较高，基础设施完善，在这种传统的制造业集聚地区，ICTs 应用情况具有很大代表性，研究者对多家印染纺织企业做了详细调研。

美特斯•邦威是以生产销售休闲系列服饰为主导产品的民营企业，在经营上企业自身只掌握产品的设计与管理，通过产品生产代工，销售引进代理商，发展代销店的模式实现自己虚拟经营的道路。到 2001 年第二代电子商务的全面升级，美特斯•邦威形成了打通整个产业链条的电子商务平台。根据调研资料整理的结果，可以看出案例区域企业 ICTs 应用程度很高，从而能够说明案例企业在 ICTs 下生产链空间组织的变化具有一定的代表性。根据企业 ICTs 外部应用情况的划分，汇总所有调研企业的应用情况，分析发现，ICTs 已经成为企业运作过程中必不可少的工具或手段。首先，60%的企业有自己独立的信息管理部门，有无独立的信息管理部门是企业对 ICTs 应有重视程度最直观地反映，其次，作为对外宣传平台，所有调研企业都建立了自己的外部网站，同时为了企业内部的管理和交流多家企业建立了内部网站。内外网站建设是企业走向信息化的第一步，也是企业交流的重要平台，更是企业进行电子商务的重要基础。为了加强宣传多数企业在阿里巴巴上购买会员资格，并加入本行业协会及其网站，凸现了企业利用 ICTs 进行对外宣传的重要性。

企业内部 ICTs 应用经历了由简单到复杂，由单个模块向企业整体的转变过程。通过对企业的访谈显示，内部 ICTs 应用通过时间控制，加强了上下游企业间联系，使整个生产过程的供应链管理快捷有效。例如，美特斯•邦威在经过两次电子商务系统构建，完成了由单个部门的 ICTs 应用向打通整个供应链系统的转变，此系统把原材料供应商、制造商、承运商、加盟商、门店与企业自身机构六者通过完全闭合的网络联系在一起，各部门通过网络订单完成从生产到销售的过程。

服装纺织企业 ICTs 应用有以下特征：①受产品特性的影响电子商务发展水平整体较低，尤其是对于纺织企业来说，多数企业领导人认为"客户需要对产品有实际感受才会觉得是否交易，所以电子商务只有在老客户之间使用"；②ICTs 应用程度与企业规模有关，但更多受到企业领导意识的限制，如杨汛桥某中型企业内部仅有财务软件使用，外部联系只有电子邮件，日常运作以传统方式为主；而另一小型企业同样存在领导人意识决定 ICTs 使用的问题，认为由于原料供应商均为本地老客户，电话联系就足够了，没有必要使用网络；此企业对网络的宣传作用也很反感，认为自己是小企业，感觉 ICTs 不重要。

4.2.3 ICTs 下企业生产链的空间组织变化

1. 传统服装纺织企业

总体来看，杨汛桥工业区的印染纺织企业信息化程度较高，但现在以企业内部信息化为主，外部应用仅仅处于初级阶段，没有实现通过外部应用向电子商务模式的转变。调研中发现，工业区内纺织企业全部有不同程度的 ICTs 应用，主要以人事和财务管理软件为主。所有企业都建立了自己的网站，网站功能以对外宣传为主，将网站作为电子商务平台的企业很少。ICTs 应用正在企业生产链的某些环节展开，而通过 ICTs 沟通整个生产链的企业还没有。从企业的空间分布看，传统型服装纺织企业的空间集聚依然明显。调研结果显示出，企业的空间集聚更多地受传统区位因子的影响，而 ICTs 对这种集聚影响不明显。杨汛桥印染纺织企业的集聚主要因为邻近原料供应商与市场(绍兴纺织业)、交通便利(萧山机场)、良好的区域经济文化环境等传统区位因素的影响，而 ICTs 只是为企业提供了新的管理、技术与商务手段，在整个生产链上对原料供应、生产等企业实体的区位选择影响不大。所以即使在用地日益紧张的情况下，企业依旧努力的在本地寻求拓展的空间而少有企业外迁。从销售看，由于网络的宣传，对产品市场空间扩散有一定作用，但访谈中发现对企业管理者来说服装纺织产品的销售更青睐于各种交易会与展览会，他们对网络的认识是"有作用但不是主要手段"。访谈过程中企业的经营者非常肯定地指出"ICTs 是不可或缺的手段，但面对面交流和及时的原料购买，以及产品出售更为重要"。

在传统服装纺织企业，ICTs 应用的确促进了生产链上某个环节的管理，但目前对整个生产链的空间再造作用尚不明显。同时 ICTs 并没有使空间完全"均质化"，企业在某些优越区位因素促使下的集聚依然存在。

2. 虚拟经营企业

美特斯·邦威依托 ICTs 支撑形成了企业内外部多电子商务平台系统，并实现了系统间的有效连接。企业 ICTs 的内外部应用中都是通过缩短经济实体间的通信时间来改变彼此的空间关系。企业内部网络的系统构建使信息能够在不同部门实时流转而不用顾虑空间的阻碍；企业外部电子商务模式的开展使交易市场的远距离快速扩展成为现实。该企业既有传统加工制造业的特点又是新型商务模式成功的代表，是 ICTs 影响下现代企业经营的一种新模式、新理念，其企业空间组织的变化同样具有很大代表性。

2003年美特斯·邦威完成第二次电子商务升级后，整个供应链系统间的高效联系打通，企业实现了六位一体的系统管理。"六位"指企业信息系统的6个管理模块，分别负责自身管理、原材料供应商、承运商、制造商、加盟店、企业门店与公司总部的信息交流；而"一体"则指企业通过网络系统实现了六者间信息的实时连接。

在整个系统中每个模块都有自己与公司联系的门户，门户间的公共信息可以共享，即一个部门的信息更新，相应部门会实时得到消息。例如，加盟店的订单一旦通过销售管理模块下达到公司，那么原材料供应商与代工厂会及时获得信息并开始生产计划的制订，这样整个系统通过网络连接有效缩减了整个生产过程的时间，并能保证公司货款的实时到位。ICTs带来企业时间成本大量缩减的同时，其产业链的空间组织不断变化，其中产品与代工厂的国际开拓最为明显。美特斯的信息物流部部长肯定地指出"公司的代工厂近几年由长三角、珠三角迅速向全国扩散，并且开始向东南亚一些国家寻找新的代工厂，ICTs在其中的作用不可估量。或者说，没有ICTs的应用，就没有现在遍布全国的代工厂，尤其不可能实现代工厂的国外开拓。同样没有ICTs的应用，也就没有近几年来加盟店铺的迅速扩展。"

ICTs对企业空间组织的变化有巨大推动作用，它可以在推动产业升级的过程中改变企业的核心功能，从而使企业各环节的区位选择发生变化，进而使企业的整个产业链的空间组织发生转变，而促使这一切发生的原因则是企业在ICTs影响下实现了快速便捷的市场响应。正如美特斯·邦威信息物流部部长所说"ICTs不仅仅是媒介，当一个企业发展到某种程度时，传统的通信手段不可能使其进一步的扩展，只有ICTs，企业才可能实现跨越式发展"。

4.3 信息化对现代电器企业空间组织变革的驱动作用

地理学重点关注的是信息化在促进社会经济发展中所形成的空间动力作用。除了在宏观层面继续深入探讨地理网络空间及其外在表现流动空间(孙中伟和路紫，2005)性质外，还可选择区域、城市和企业等中微观层面开展信息化对空间组织的影响研究。其中，企业尤其是跨国企业作为空间组织的重要主体和工业信息化的重点，它在信息化驱动下的空间组织变革应该得到足够重视。前人研究大多以ICTs对企业空间组织的视角展开，但实证并不充分，特别是缺乏针对某一企业内外部空间组织变革的研究。

本节以海尔集团为例探讨信息化驱动下该企业内外部空间组织的变化。海尔是一个大规模的跨国企业集团，世界第四大白色家电制造商和中国最具价值的品牌。它在全球几十个国家建立了本土化的设计中心、制造基地和贸易公司，产品行销世界160多个国家和地区。本节希望通过对"以订单信息流为中心"和"时间成本"的强调，给出海尔内外部空间新秩序建立和维持的合理解释。

4.3.1 海尔业务流程再造和信息化建设

1. 海尔外部市场环境的变化

外部市场环境的变化是海尔进行业务流程再造和信息化建设的根本原因。这种变化主要源于 ICTs 是提升企业竞争力的重要手段,以及消费者在同一地理位置可借助互联网获得海量信息。具体变化为:①顾客需求日益多样化、高质化和迅捷化;②竞争对手纷纷通过信息化提高竞争力;③合作伙伴的信息化建设要求相关企业与其同步;④市场环境变化加速,信息成为企业最重要的战略资源。这就要求海尔进行信息化建设和业务流程再造以与国际化大公司接轨,并有效提高市场响应速度。业务流程再造和信息化建设属于企业内部管理的变化,是企业有效空间扩展与组织的基础(孙中伟,2009)。

2. 海尔业务流程再造

为实现内部信息化管理,海尔自 2007 年 4 月 26 日开始集团组织再造、人的再造、流程再造 1000 天计划,对企业整体进行变革,实现整体信息化再造。

为使企业内部组织动态灵活的适应外部组织和市场的变化,海尔对组织管理体制和业务流程进行了再造。其中,组织管理体制变革是成功市场链流程再造的基础。海尔组织管理体制已经历直线职能式、矩阵式和事业部制 3 个阶段,现在采用的是流程型组织结构。结合组织管理体制变革,海尔于 1999 年 10 月开始推行以"市场链"为纽带的企业组织流程再造。海尔市场链同步流程以信息化和 OEC (overall every control and clear) 为基础,通过以订单信息流为中心,带动物流和资金流的运动,整合全球供应链资源和全球用户资源,实现"零库存""零运营资本",以及与用户"零距离"的目标。它包括管理流程、业务流程、支持流程和基础框架四部分(图 4-3),每部分又含若干模块或支持平台。海尔的业务流程再造将企业与市场以最短流程贯穿在了一起,有效促进了信息流动和组织简化,在当前条件下最大限度保证了对时间成本的控制。

3. 海尔信息化建设

海尔的企业信息化是为了更加贴近用户,并比竞争对手以更快的速度满足用户的个性化需求,从而形成企业的核心竞争力及创出世界名牌(张瑞敏,2002)。海尔近年共在企业信息化上投入了上亿元资金,通过基础应用、总体架构和优化调整 3 个阶段的建设,逐步推广并实施了覆盖全国的信息网络,已建成和运行的信息工程有 CAD/CAM/CAE (计算机辅助技术/计算机辅助制造/计算机辅助工程)系统、Internet、电话服务中心、售后服务网络系统、营销网络通信系统等。企业信息化成功与否除了取决于投资外,更重要的是取决于企业管理体制和业务流程的改革。只有在信息化投资基础上结合其他重要投资,如新的策略、业务流程和组织形式,才能最大限度地保障企业生产率的稳步增长和持久竞争力。这样,海尔的业务流程再造就成为信息化成功的基础。同时海尔信息化又是市场链运转的重要手段,因为后者需要前者保证信息流动的速度和准确性。通过信息化建

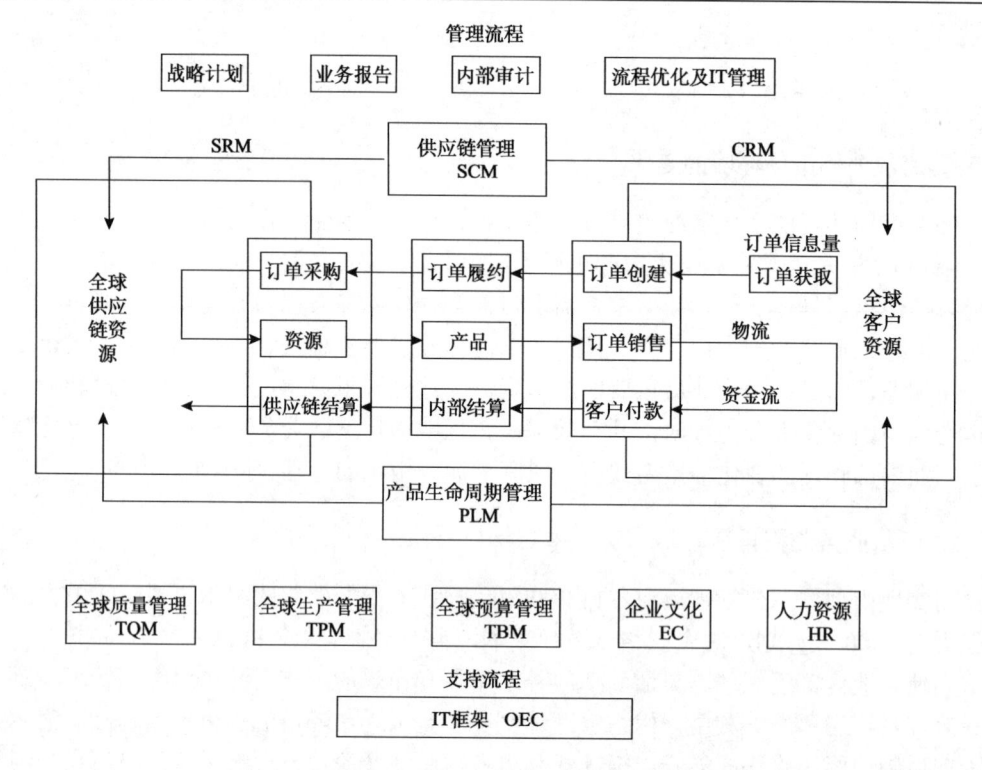

图 4-3 海尔市场链同步流程示意图(孙中伟,2009)

设,海尔不仅实现了全面的信息化管理,而且提高了管理流程化、业务标准水平和企业竞争力(白雷石,2006)。

4.3.2 海尔信息化与物流、人流和资金流

1. 海尔信息化对物流的组织作用

信息化对物流的组织作用是指企业可借助信息化帮助实现对物流的最优化配置,从而提高市场响应速度并降低物流费用。海尔信息化后的物流已经发生了根本性的改变(图4-4)。海尔信息化对物流的组织作用表现为:①订单信息流是物流流动的推动力,在总体上掌控物流状态、方向、数量及地域范围,如物流中心的原料和成品都包含订单信息,即原料按订单采购和入库,成品按订单生产和发货,物流中心成为一个为下一站配送的中转站,而不是传统意义上的仓库,实现了"过站式"物流;②借助ICTs提高对物流运动过程的监控,首先,物流控制管理的信息化,要求每笔货物的收发和运输都要输入系统,从而保证了数据的完整性和实时更新;其次,通过计算机控制激光导引车、堆垛机和穿梭车,实现在物流中心内物料的自动存取及信息的自动化处理;③应用条形码和GPS有效监控原料和成品在道路上的运输过程。

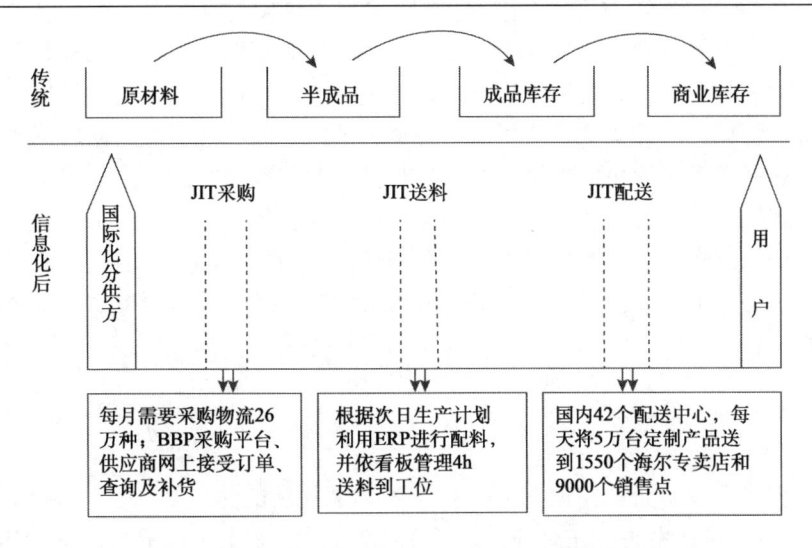

图 4-4　海尔信息化前后的物流运行对比（孙中伟，2009）

通过信息化对物流的组织，海尔在 3 方面发生了变化：①准时制（just in time，JIT）采购、JIT 送料和 JIT 配送提高了物流速度，成为"以时间消灭库存空间"的基础；②提高了物流周转率，降低了仓储面积，海尔呆滞物资降低了 90%，仓库面积减少了 90%，原材料库存资金周转天数降低 77%；③有效保证了海尔物流在交通线路上流动的准确性和时效性。

2. 海尔信息流对人流的导引作用

在海尔内部，信息流对人流的导引指所有的员工流动都必须围绕订单信息流中心展开，具体表现就是人单合一的"T"模式。人就是"自主创新的战略事业单位"（strategical business unit，SBU），单就是"有第一竞争力的市场目标"。人单合一模式包括"人单合一""直销直发"和"正现金流"。人要与市场合一，成为创造市场的 SBU；直接销售到位、直接发运到位是实现人单合一的前提；正现金流是企业生存的必需条件。T（Time、Targent、Today、Team）模式是实现有竞争力的市场目标的预算体系，即将集团创造订单、获取订单、执行订单的全流程分为 13 个节点，以按单生产的"T"日为推进的出发点向两端推进。通过该模式，海尔实现了员工在企业内的最佳流动。

在海尔外部，信息流对人流的导引指海尔与供应商和客户之间的人员往来都可以依据信息流来进行。海尔通过网络空间的电子商务方式，与供应链上企业可通过互联网帮助完成部分业务，网上在线交流也可部分替代面对面交流。通过互联网信息流，海尔与相关企业间最大限度地降低了人流的空间移动，而且也保证了企业间业务信息传递的准确性和效率。

3. 海尔信息流对资金流的替代作用

资金流具有不适合大规模实物携带转移和可信息态存取特点，使得信息流部分甚至完全替代资金流成为可能。海尔实行的是以订单信息流为中心带动资金流在"客户—海尔内部—供应商"间流动的模式。①海尔将原来隶属于集团内部各单位的分散的财务人员、资金、财务信息平台等资源优化整合为资金流推进本部，并借助财务集中管理信息系统进行统一管理，从源头上解决了原来各财务部门之间相互割裂的问题，实现了现金流的一体化和财务资源的集成共享；②海尔与供应商和客户间的资金往来主要是借助银行这个电子结算中介平台，通过信息流的跨地域流动替代资金流的实物流动；③在信息化和业务流程重组作用下，海尔内部的资金周转率大为提高，海尔通过信息流加速了资金流的流速，保证了企业在运营资金上占用数量的逐渐减少，从而提高了资金的使用效益和附加值。

4.3.3 海尔信息化与企业空间布局

海尔信息化建设对企业空间布局的影响是本节关注的焦点之一。海尔在国内有12个工业园和10个设计中心；在海外开设了3个工业园、8个设计中心、18个贸易中心、30个海外工厂和制造基地。是什么因素导致了海尔空间格局的扩张？可将其归结为政府引导、出口导向、智力资源导向和企业战略主导等4种区位选择模式，以及政府作用、地理位置、劳动力和行为四个影响因素(董科国和余建辉，2007)。事实上，提高顾客满意度，扩大市场占有率和企业竞争力，进而追求最大利润是企业空间扩张的根本原因。企业领导者以此为出发点，并结合企业发展的内外部环境，制订企业发展战略和空间扩张策略。海尔发展经历了名牌战略、多元化战略、国际化战略和全球化品牌战略四个发展阶段。海尔在1998年后开始开拓海外市场，并通过"三位一体"(设计、制造和营销都在当地进行)方式，逐步构筑了现在的全球分布格局。

那么信息化建设在海尔空间布局扩张中扮演了何种角色？首先，企业信息化是进入国际市场的通行证和重要门槛。由于海尔信息化建设已经相当成功，因此企业决策者在空间布局区位选择时只需把它作为一种重要的确定性前提，而不用过多考虑。其次，信息化使跨国企业总部对全球分散布局的分支机构的远距离管理和监督成为可能，构成新的"信息集中—空间分散"企业扩张模式。海尔采用自建或租赁两种方式建设网络基础设施，并通过信息平台整合信息流解决企业内部流程的标准化难题，从而实现对整个集团的有效管理。海尔选择青岛网通承建海外ERP系统网络后，以海尔总部为中央节点与位于东南亚、欧洲、美洲等10多个海外ERP节点共同构成星形拓扑结构连接。如果没有企业信息化建设，海尔的空间布局拓展特别是海外扩张也可能实现，但其扩张成效则会大打折扣甚至死亡。

4.3.4 海尔信息化与企业间空间组织

1. 海尔与供应商：网络虚拟集聚和地理实体集聚

海尔与供应商的网络虚拟集聚是供应商借助海尔在互联网上建立的海尔供应商管理平台，通过具有"跨越空间"功能的网络集聚来完成部分或绝大部分的交易。海尔国际化供应商的比例较高，从而有效保障了产品质量和交货期。海尔所有原材料采购都通过供应商管理平台进行，其包括采购申请的网上发布、采购订单的跟踪与维护、库存信息查询、基础信息查询、供应商自我服务和供应商信息中心等功能。目前，海尔100%的采购订单由网上下达，所有的供应商均在网上接受订单，从而使下达订单的周期从原来的7天以上缩短为1h内，并保证准确率达100%。海尔与供应商的网络集聚既减少了交易费用(海尔仅通过网络采购可降低采购成本的1%)，又降低了时间成本。

海尔与供应商仅有网络上集聚是不够的，因为这只能解决相互间信息交互的问题，而物流的问题还需借助地理空间的实体集聚解决。Capello(1994)指出，从长期过程来看，新的ICTs将导致新的生产策略，如"即时生产"方式，这要求企业在空间上临近，因而会形成经济活动的空间集群。从2001年开始，海尔在青岛等多个制造基地建设以海尔为中心的产业链，引进爱默生、三洋等数十家国际顶尖供应商在当地投资建厂。虽然在供应商选择以海尔为中心的产业链实体集聚中信息化不是决定性因素，但是①ICTs导致的消费者和市场变化是企业"时间成本和时间依赖性"增强的根本原因；②海尔与供应商之间的"新关系"是以海尔信息化和业务流程再造为基础的；③实体集聚可保障海尔与供应商获得较低的时间成本。这样，虽然实体集聚的原因多样，且"即时生产"在其中的作用尚有待考查，但集聚确实产生了"缩短生产周期，提高市场响应速度"的结果。

2. 海尔与客户：零距离接触

海尔通过建立在互联网上的海尔客户关系管理网站和海尔网上商场实现与客户的零距离接触。海尔客户关系管理网站的对象客户是跨国连锁公司、本土连锁公司、大商场、加盟专卖店和专营店等经销商。该网站借助客户关系管理(CRM)系统的后台运作，不仅提供需要客户了解的有关与海尔开展业务的信息，而且允许会员客户直接在网上下达订单或反馈信息。海尔网上商场的对象是一般散客和团购客户，主要功能包括产品信息查询、网上订购、在线报修和在线沟通。海尔通过网络空间的跨区域和瞬时交流特性，拆除了企业与客户间的"异位障碍墙"，从而能够快速获取客户订单和满足用户需求。同时，海尔可通过这两个网站按照客户的个性化需求订单生产定制产品，实现部分柔性化生产。

4.3.5 小　　结

信息化对海尔企业内部和企业间空间组织的驱动作用是相当明显的。海尔内部、外部市场环境的变化特别是时间重要性的增加，以及与国际市场接轨的要求，使得海尔的信息化投资与建设变得尤为重要，并与流程再造一起构建了以"订单信息流为中心的市场链业务流程"的管理模式；信息化对物流的组织作用、对人流的导引作用和对资金流的替代作用都很显著，其中对海尔获益影响最大的是其对物流的组织作用；信息化不是导致海尔企业空间分散布局的主导因素，但它作为一种介质使企业的远距离管理和监督成为了可能，并创造了"信息集中—空间分散"企业扩张新模式。在海尔外部，海尔与供应商间通过完全的网络虚拟集聚和部分实体地理集聚保证了对市场的高反应速度，其中网络集聚是信息化直接推动的结果，而地理集聚中的信息化作用尚有待进一步探究；

海尔借助网络空间打破了地理空间中的"异位障碍墙",实现了与客户的零距离接触,也为产品的定制和柔性化生产提供了可能。虽然信息化在海尔内外部空间组织中担当了重要角色,但它始终代替不了人的主体地位,只能作为一种不可或缺的辅助手段。国际化企业应满足的标准是企业内部组织要适应外部市场变化,要有一个全球知名品牌和一套网上营销策略,而海尔据此制定了本集团从直线职能型结构向业务流程再造市场链转移,由主要经营国内市场向国外市场转变和从制造业向服务业转变的总体战略。

4.4 ICTs 影响下工业集群的空间变化

ICTs 和企业空间组织领域的研究(Peter and Aura,1996;Heny,1994):一方面强调了 ICTs 扩散的巨大经济影响;另一方面预测了企业工作地点变化的前景。但较少详细评述 ICTs 在重新布局过程中的可能的作用。从 ICTs 在中国集群企业中的应用现状来看,绝大部分企业没有能力应用 ICTs 进行企业流程优化和供应链管理等系统建设。集群内少数规模较大的企业,由于企业管理需求和政府支持,尝试建立 ERP 系统进行内部资源管理和流程监控。也有企业尝试应用供应链管理(SCM)、客户关系管理(CRM)等系统进行供应链管理和客户关系管理。集群内的外向型企业,已经普遍应用 ICTs 建立企业网站,通过互联网进行企业联系、信息获取、企业订货、鞋样更改和传递等(宋周莺等,2007)。

下文试图通过两个实例去描绘 ICTs 影响下的工业集群空间变化过程。首先,以温岭市鞋业为案例,分析影响中小企业集群中 ICTs 应用的主要因素。其次,以华北药城为例,分析 ICTs 影响下工业集群的空间调整。

4.4.1 ICTs 应用的影响因素分析
——以温岭市鞋业集群小企业为例

1. 产业类型

不同产业类型的集群,其企业对 ICTs 的需求也不同。北京大学光华管理学院的"CIO(首席信息官)领导力"项目,曾分析了中国九大行业/部门的信息化作用状态(董小英,2006)。发现消费品制造行业的 ICTs 应用水平远远高于其他行业,金融行业其次,而医疗行业中 ICTs 的作用力相对较弱。研究者调研的 5 个集群都属于 ICTs 应用水平高的消费品制造行业。

需要指出的是,同一类型的产业,不同发展水平的集群对 ICTs 的需求也是不同的。根据 Schmitz(1995)提出的产业发展道路差异,可以集群分成高端道路集群和低端道路集群。前者的基本特征是创新、高质量、功能的灵活性,并在良好的法规制度下企业间自觉地发展合作关系。由于创新的复杂性和不确定性,产品生命周期短、需求追求个性化等特征,这类集群内的企业在产品的生产过程中需要利用 ICTs 进行实时联系,获取产品生产所涉及的研发、设计等知识和技术;需要通过互联网与供应商、定制顾客、集群内合作企业进行实时信息交流;需要应用电子商务和供应链管理软件等缩短新产品的上市时间。因而，ICTs 在这类集群中的应用和普及程度高，特别是在网络联系、信息获取、电子商务及供应链管理等方面。低端道路和低成本型集群，主要是标准化的成熟生产模式，企业间的合作和交流相对较少，时常会出现恶性竞争(王缉慈等，2001)。中国绝大部分集群属于这种类型。集群内企业较少应用 ICTs 进行企业之间的合作联系；ICTs 主要应用于及时获取最新信息，企业内部的管理和供应链协调等方面。

2. 地方制度和文化环境因素

地方社会文化环境对于 ICTs 能否被区内企业接受和快速普及具有重要作用，特别是嵌入于当地社会文化环境的企业家精神对集群内 ICTs 应用具有很大影响。在集群内的特殊文化氛围下，企业家的影响力往往会超越单个企业的边界(魏江等，2004)。企业家一旦在应用 ICTs 的实际操作中为企业获得回报，就会在当地形成强有力的示范效应，从而带动产业集群内企业 ICTs 的应用。

地方政府作为产业集群的重要参与者，对于集群内企业应用 ICTs 有强大的促进作用。服务性的地方政府可以通过完善信息基础设施配套能力、提供信息和知识、完善公共服务，以及适当的政策引导和专项资金支持等政策措施，来促进集群内中小企业对 ICTs 的应用。这些措施在很大程度上推进了 ICTs 在浙江省中小企业集群中的应用。除地方政府外，行业协会、科研院校等相关机构也对中小企业集群 ICTs 应用有很大的推动作用。中国作为一个正在转轨的发展中国家，政府在相当长的时间内依然控制着大部分社会资源，而行业协会则是大量中小企业集中资源、集体谈判、维护权益的有效平台(朱华晟和王缉慈，2002)。因此，行业协会在代表企业向政府呼吁互联网基础设施建设、信息人才引入，以及组织相关培训等方面有重要作用。中国大部分集群属于低端制造业集群，自身的技术能力有限，因而科研院校提供的 ICTs 支持是促进集群内企业 ICTs 应用的有利支撑。

3. 企业因素

首先是企业的规模因素。规模较大的企业组织机构比较复杂，内部各个部分之间的管理和调控、企业内部流程管理和供应链管理等方面，都比中小企业更需要企业资源管理、供应链管理、客户关系管理、电子物流等企业管理软件技术。而中小企业由于在资金、规模、技术研发与人力资源等方面的制约，大部分没有能力开发建设企业管理系统软件。在互联网技术方面，大型企业主要是建立内部局域网和外部局域网，进行网络联系和电子商务等。而中小企业则主要集中于网络联系和信息共享、办公自动化、企业网站开发等方面，或者利用商业网站、协会网站等实现电子商务。

其次是企业的市场目标因素。一般来讲，外向型企业(出口为主)比内向型企业 ICTs 应用更普遍。服务于国内市场的企业，不少还是通过电话、手机等方式来进行联系(即使是供应链的上下游联系)，通过互联网进行网络联系的并不普遍。绝大部分企业利用传统销售网络、代理商进行销售，网络营销和电子商务一般只是企业营销的一个辅助手段。而服务于国际市场的企业，基于新的 ICTs 的平台是企业宣传、联系、销售的最主要手段。

调研表明，几乎所有接受访谈的外向型企业都建立了企业网站，或者加入商业网站进行网络宣传和营销，利用互联网进行企业之间的联系和信息交换，并采用 B2B 电子商务模式进行交易。

4. 区域基础设施因素

区域基础设施所提供的产品和服务是本地集群进行经济活动的基础性条件，也是构成企业成本的重要因素之一。中国信息基础设施分布还很不均衡，直接影响着中小企业 ICTs 应用的方便程度。无论是网站还是 IP 地址的分布，东部地区的人均水平都高于中西部地区。例如，IP 地址主要分布在东部各省（区、市）。与信息基础设施相关的 ICTs 人才的分布也非常不均衡。如表 4-1 所示，除了个别人口基数小的省（区、市）以外，总体上东部沿海省（区、市）从事"信息传输、计算机服务和软件业"的职工人员比例都大于中西部地区。区域基础设施的差异，直接影响着产业集群内企业 ICTs 应用的普及程度。

表 4-1 中国各地区从事"信息传输、计算机服务和软件业"职工所占比例（2013 年）

省（区、市）	比例/%	省（区、市）	比例/%	省（区、市）	比例/%
北京	7.85	浙江	1.43	河北	1.32
西藏	1.64	湖南	1.22	山西	1.30
广东	1.69	辽宁	1.85	黑龙江	1.52
云南	1.55	海南	1.32	陕西	1.87
上海	3.50	广西	1.30	福建	1.08
内蒙古	1.93	四川	1.85	安徽	1.19
天津	1.18	宁夏	1.15	湖北	1.31
重庆	1.22	江西	1.43	新疆	0.93
甘肃	1.19	吉林	1.99	山东	1.36
贵州	1.13	江苏	2.03	河南	0.88
青海	1.56				

注：根据 http://www.stats.gov.cn/tjsj/ 中"按行业分城镇单位就业人员"计算。本表内港、澳、台数据暂缺。

4.4.2 ICTs 影响下工业集群的空间调整
——以华北药城为例

1. "分散整合理论"与企业重新布局的动力

工业革命以后企业仍然需要通过区位选择来减少成本。其中，由市区多处地点向郊区经济技术开发区集中地点重新布局的"分散整合空间组织模式"，在发达国家反映明显，致使城市重新组构（路紫，2000）。当前分散整合重新布局的可能性在于：企业集团内不同的职能部门可以寻求不同的地理区位，当下属企业定位于郊区开发区时，集团总部可能还留在原市区,跨国企业的总部可能还在海外,其间通过信息中心组织着大空间范围内的计算机辅助设计文件(CAD-file)的传输。物质性传输日益被非物质性传输取代。

可将分散整合理论概括为图 4-5,从中可见发生的不是第一层序上的分散现象,这将校正 ICTs 会加速企业在市区内分散化之观点;也不是第二层序上的分散现象——向郊区分散地点迁移;更不是第三层序上的分散现象——在郊区游动,尽管数字通信能保证使用者通过个人号码在任何地点相互通话。而是全部的分散整合现象——即由市区多处地点向郊区经济技术开发区集中地点的定位。重新布局中趋向于某一特定的区位,而不是"分散定位"或"到处游动"之原因:一是活动区位的选择一直被空间的物质优势所决定,因此大的企业总是期望在该优势地点稳定并加强其活动,以便使工作过程设施化;二是当工作地点从城市中心迁走时,劳动力(主要指技术人员)的安置模式和"上班"流的组织问题在位置选择中不容忽视;三是从投资效益考虑,也必须为通信设施等选择某一特定区位,通信服务(除了基本电信,还有新型电信息通信)与客观存在的"机构"的分布相一致。

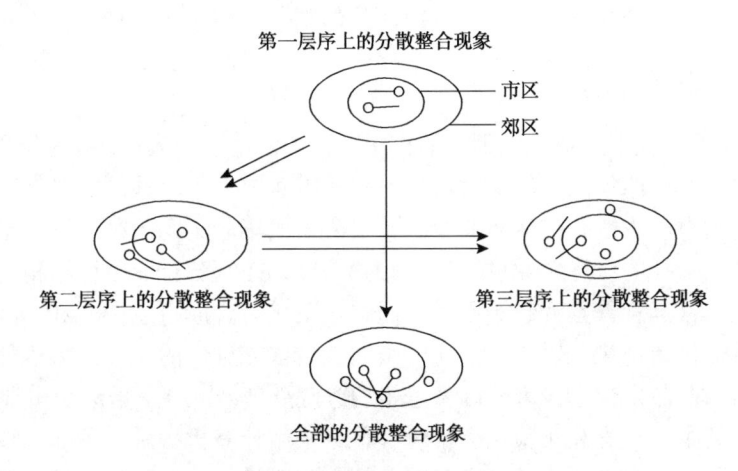

图 4-5　分散整合构形图(路紫,2000)

在该理论的透视中,下文将阐明如下问题:其一,脱离城市中心区在郊区经济技术开发区重新布局的首要原因与企业成长中用于城市中心区土地上的花费有关,并且与管理分散活动、设置通信网络的困难有关。郊区定位产生了一举多得的财政优势。其二,工厂迁离市区的原因还在于通过雇佣郊区劳动力来解决低劳动报酬和高技术工作要求之间的矛盾。近来,新的发展已使劳动力因素的内涵有所变化,通过良好的设施条件吸引技术人员显得更加重要。其三,以往都不注意指明 ICTs 是有利于重新布局的。研究者认为虽然它不是决定企业重新布局的最重要因素,但实际上它在企业迁移过程中已被认真考虑,并被依赖。即使有些企业重新定位前不存在通信障碍,然而 ICTs 在定位之后起了关键作用。用系统的观点可以将企业重新布局的要素归结为土地(资金)、劳动力(技术人员)、联系(通信)三方面。这从一定角度上反映了传统生产布局理论难以解决技术变革所带来的新布局问题(路紫,2000)。

2. 华北药城分散整合的实例

(1)华北制药集团公司的发展对重新布局的需求。华北制药集团有限责任公司是一个集科、工贸、金为一体的中国最大国有制药企业集团。华药集团的进一步发展面临严重的用地问题，必须寻找新址，满足所需的连片土地，而且应能容纳以后的增长。重新布局决策中，各种房地产战略的可能性都被考虑到：留在原地，迁出市区，或在市区不同地点购买、租赁、建造新厂区。由于市区内土地和建筑的花费巨大，并有许多对建筑和环保方面的规定，故须选择土地条件及其他企业布局条件良好的地点进行重新布局。

(2)华北药城分散整合的区位选择。在省级经济技术开发区——石家庄(良村)经济技术开发区建华北药城，有效地完成了企业的空间整合。华北药城西距华药集团总厂10km，距京港澳高速公路3km，距石家庄民航机场25km，有307国道直达。石家庄城市发展规划的重点是东南部，石家庄陆运港已确定建在开发区，而华北药城恰位于发展规划的中心地带和投资热点区域。开发区有广阔空间，土地平整且便宜，开发区垄断土地一级市场，规划范围内的三个村划归开发区管辖，从体制上实现了土地使用权的集中。华北药城分散整合重新布局的实施是在大量吸引外资扩改的过程中完成的(谷双喜，1997)。华北药城构成了开发区的主体。

(3)重新布局过程中雇员安置因素的作用——以倍达公司为例。倍达公司是石家庄市良村经济技术开发区的华北药城最大项目，列入国家重点工程计划，以倍达为例进行整合因素的分析具有代表性。倍达药业股份有限公司属华药集团子公司，是华北制药集团和日本日棉株式会社的合资企业(投资比例为2：1)，在制药行业中已具相当规模。该公司生产目的是以针剂青霉素为起始原料，通过重新化学合成再生产6-APA和7-ADC母核中间体及半合成抗菌药物，以取代目前中国的大量依靠进口的状况。倍达公司成立之初设备大量进口，产品定位于未来的国外竞争(其产品40%外销)。倍达公司学习国外精干企业的模式，其生产过程和实验室的科研等普遍采用计算机控制；各部门按要求实施标准化管理流程，管理中各职能处室及车间全部实现联机，并实行动态时实管理；对外业务上订货合同等均输入计算机网，实现了集团信息共享。依靠计算机管理取代人的工作节约了劳动力，其按产量平均的雇员数与早先建立的华药主体相比仅为3：10。公司很注意上班往来时间和雇员住房的作用，限定距华药总厂不超过10 km，这远小于国外开发区距市区30km的路距，同时帮助骨干人员在开发区解决住宅问题。对于年轻雇员来说市区住房租金太贵，而这里提供了较低房价的租赁空间。倍达公司的雇员安置行为表明劳动力在决策过程中的重要作用。

(4)企业重新布局的两点结论。通过对华药集团—华北药城—倍达公司实例的调研得出以下结论：郊区开发区重新定位的动力来自于公司的发展。由于在市区集聚生产活动的空间限制及建立信息通道的困难等，公司必须重新选择工作地点。而开发区往往能够为公司的进一步发展提供所需要的低价土地，还可以减免某些税项，可使公司摆脱在城市中心的高额花费，因此说重新布局的决策既源于在原市区面临的障碍，还源于搬到郊区去的"良机"。此外，公司也希望选择的地点便于居住和往来。新布局地若便于交通并能提供有利的住房设施，环境比较优美，它将成为重新定位的首选地点。

3. ICTs 在企业重新布局过程中的作用

ICTs 的作用可在相当程上用 ICTs 的变革来解释。根据前述，ICTs 与重新布局动力的相互作用的关键在于在新布局地提供全新的 ICTs 设施并让专业人员充分使用它。原市区办公场所的技术设施的缺乏已对雇佣专业人员产生了不利影响，一些部门很艰难地进行内部活动的管理，以及完成与总部的信息传输。在新布局地通过 ICTs 不仅把行政部门与生产车间挂了勾，而且把工作地点与当地局域网挂了勾。实际上，许多技术变革计划都只有在地点(部门)得以再组织后才能启动。ICTs 在新空间组织中发挥着必不可少的作用。

(1) 办公楼内高技术特征得以体现，计算机技术应用不断增加。新的 ICTs 强调最终将与计算机技术，如终端、微处理机及其它们在管理上的功能相结合。作为东亚最大的抗生素生产基地，华药集团也紧跟技术发展，先后从单机应用系统发展到网络应用系统，从局部管理发展到企业内部的系统管理。现集团公司对外业务，如订货合同等均依计算机网络传输，实现了集团信息共享。开发区本身即被称为永久的计算机设施。公司从市区移位于开发区，正与新一代计算机的应用，即小型计算机的较高级的应用统一起来。华北药城的三个主要部门的就业情况是计算机服务部门居其首，并且更多的计算机服务部门将随着近期的 ICTs 应用出现于该开发区。倍达公司根据厂区布置的特点，选择星形网络连接方式。伴随公司内部各部门标准化管理流程的落实，为计算机化动态实时管理奠定了基础。

(2) ICTs 提供了全面通信，支撑厂区内部与总公司及海外总部间的迅捷的信息交流。电信基础设施及信息传输能力随着 ICTs 的发展而发展。以提高群体相互间的联系为目的的局域网技术已在开发区公司间和公司内部部署了。对于信息群体来说数据中心的发展是预料之中的。目前利用华药 Internet 服务器，将集团公司作为一个数据通道入口，并使每个公司部门都有一个接口与其相通。华药集团公司在市区分散地点的子公司建立这种技术明显慢于开发区。在新厂区安装多路传输器、控制器等，便宜、简单且安全。办公自动化是紧随市场发展战略的。电信设施对集团中独立机构和有海外合作关系的公司而言是非常关键的。倍达公司对电信发展非常敏感，因为国际市场上药品价格长期在最低线徘徊，这就需要一个发达的国际电信网络，以了解市场趋势。

(3) ICTs 加速了管理信息系统应用的各种创新行为，并推动了相关活动的开展。原华药曾研制完成管理信息系统并予以应用，但因独立性强，与其他系统不宜兼容，只用做集团内部的信息管理。倍达公司在开发区定位的空间再组织过程成为进行新技术计划的理想机会，也成为华药集团率先大规模开发与良好应用企业管理信息系统技术的子企业。企业管理信息系统从逻辑上包括了辅助决策层、经营管理层、生产监控层和自动化控制层四个层次，它把信息、控制、决策、管理、制造全部集成。由计算机自动控制生产的主要环节，不仅减少了劳动力，提高了业务能力，而且使生产技术指标和产品质量都稳定在较高的水平上。现公司各处室与车间全部实现计算机联网，应用企业管理信息系统哲理对企业的各种信息、标准化流程、标准化操作进行集成，使现代管理思想与计算机技术有机结合起来。

(4) 关于分散整合理论的总结。上述实例揭示了 ICTs、空间组织形式和企业重新布局动力之间的相互作用。重新布局过程提供了 ICTs 变革的机会，使企业管理与 ICTs 的应用相结合。同时，重新布局过程是围绕着 ICTs 的变革而进行的，是伴随着 ICTs 有关活动而发展的。ICTs 在重新布局决策中的作用是隐性的，是以某种确定的方式影响着企业脱离"原址"并重新定位的。由于使用简单的电信难以克服市区分散地点间联系的困难，故 ICTs 的发展是由内因所驱动的。当然 ICTs 在重新定位决策过程中不是唯一关键的因素，也不能被当做一个主要的动力。对于未来企业的空间再组织，包括企业集中定位（分散整合）过程与功能分离过程，ICTs 的作用仍将不断扩大。因为这种组群的配置加强了工作的联合性，这是克服过去低效率的有效办法。

4.5 信息化在老工业基地改造中的作用

ICTs 作为一种通用技术创建了新的技术范式，并带来了整个经济的根本性重构。其不同于增量式的技术进步（技术变革幅度较小并可以预期），它意味着根本性的变革，所带来的是技术发展里程碑式的跳跃。信息化是指充分利用 ICTs 开发利用信息资源，促进信息交流和知识共享，推动经济社会发展转型的历史进程。老工业基地是指在工业化发展过程中对区域经济或国民经济产生过重大影响的区域或城市。其一般形成较早，经历了较长时间的工业化过程；老工业或传统工业所占比例大、集中度高；在更高层次区域中具有重要的地位和作用，工业门类比较齐全；产业结构相对老化，调整升级难度大。从历史发展的角度看，用新产业和产业结构替代传统产业和产业结构是经济发展的必然。问题的关键是要在充分认识老工业基地优劣势基础上，解决通过哪些途径保证改造的实效性。其中，信息化是当前技术背景下最有效的调整手段之一。

在国外，经济地理学者对老工业基地问题十分关注，通用老工业区概念。但有关信息化与老工业基地改造问题的成果也不多见，如 Grabher(1990)探讨了 ICTs 对老工业区改造中层级的网络转变问题。成果缺失现象在国内同样存在，如张林和陈才(2005)研究了东北老工业基地的信息化战略。究其原因主要是由于该论题更适合目前尚不成熟的信息地理学研究。本节将通过信息化在老工业基地改造中的角色分析，以及国外老工业区改造实践的考察，尝试给出信息化作用的准确界定(孙中伟，2008)。

4.5.1 信息化在老工业基地改造中的作用

信息化对经济发展的重要作用是毋庸置疑的。Oliner(2000)对美国 ICTs 与经济增长，以及 Edwards(2002)对发展中国家 ICTs 和经济增长的研究表明，不论在发达国家还是在发展中国家，信息化建设对经济发展都同样重要。在国内，路紫和刘岩(1996)研究了 ICTs 对区域发展的催化剂作用。孙中伟等(2008)提出信息具有要素、技术、设施、经济和运动五种形态，信息化正是通过这五种形态对区域经济发展产生的组织作用，作用结果就是区域经济发展可以更加有效率和增长迅速，并获得先进的区域空间结构和产业结构。这些都是研究的基础，而老工业基地则是区域中的特例。

1. 促进区域产业结构优化

1) 改造和提升传统产业

老工业基地改造过程中面临的首要难题就是如何科学对待传统产业,特别是老工业问题,是继续坚持还是选择放弃?这些传统产业一般是依托当地资源发展起来的,是工业社会先进产业结构的主体,为区域以前的发展作出了重要贡献,并且很多至今仍具有相当大的优势。正确的选择应该是在综合评价基础上,通过信息化来改造和提升传统产业,从而提高传统产业的竞争力,缓解产业结构性的矛盾。这种选择是建立在地区间比较优势,以及传统产业在相当长的一段时期内仍将作为地区产业结构的重要组成部分基础上的。

这里的传统产业主要指农业和工业,其中后者是重点。信息化和农业结合为信息农业或称电子农业,即可通过农业基础设施装备信息化、农业技术操作全面自动化和农业经营管理信息网络化建设,促进农业产业化和集约化发展模式的形成,并提高农业可持续生产能力及食品安全。信息化和工业结合的最重要形式就是企业信息化。传统工业企业通过应用计算机辅助技术、工业过程控制和自动化技术,以及建立企业管理信息系统和采用电子商务等手段,提高现代化管理水平,有效降低成本,提高生产效率,增强企业的综合竞争能力。在此需特别注意的是,企业信息化的成功在很大程度上取决于企业管理理念和体制的变革,而不仅仅是一个简单的ICTs应用问题。

2) 催生出新的产业形态

老工业基地改造面临的第二个难题就是如何提高产业结构中"新产业"的比例,即通过新兴优势产业的催生帮助老工业基地焕发生机,最终转变为新工业基地。老工业基地中绝大部分传统产业的发展都是以对当地资源的高消耗和对环境的高污染换取的,这违背了人类可持续发展的伦理准则。目前,信息资源正在取代工业社会的资本与物质资源成为信息社会经济系统最重要的资源基础。与传统生产要素相比,信息资源具有可再生、可共享、可传递、可存储、高附加值和环保等诸多优势。这就使得信息资源完全符合信息社会低消耗高产出的资源价值取向和可持续发展理念,并导致了原有生产要素结构呈现"软化"趋势。

信息化不仅催生出了作为新产业形态代表的信息产业,而且也有效带动了现代服务业的发展。信息产业主要包括电子信息设备制造、电子信息设备销售和租赁、电子信息传输服务、计算机服务和软件业、其他信息相关服务等内容。早在20世纪90年代中期,信息产业就超过了汽车和钢铁等产业部门成为世界第一大产业。之后,信息产业就成为区域产业结构的重要组成部分,并且其增速一直保持在经济增速的2~3倍水平。此外,信息化还导致了服务业向现代服务业的转变,如现代(电子)金融、现代物流、远程教育、远程医疗、电子政务、电子商务、电子社区、电子认证、电子游戏、电子娱乐、信息咨询,等等。全新的现代服务业更具活力,并且在国家和地区经济中的比例日益增大。

2. 促进区域空间重组

(1) 信息化与区域经济的集中与分散。已有的信息化对社会经济发展的空间动力研究表明，在新的 ICTs 作用下，离心力和向心力是共存的，即经济发展的集中化和分散化趋势同时发生。一方面，信息化作用下的经济活动的集中化趋势将持续保持，特别是中心城市仍将在其中扮演重要角色。中心城市的优势主要源于它作为创新中心、先进产品和服务制造中心、产业服务群集中心、指挥和控制中心的特殊地位。一些高层次的活动和工作似乎有"黏性"，它们会固定在其所在地方并赋予该地方竞争优势。信息化在促进分散方面的能力还不足以战胜人类对面对面交流的需求。人类仍需同处一个空间和场所开展面对面交流，在线交流是其补充而非取代。另一方面，信息化不仅可通过"使远距离管理和监督成为可能"促进制造企业的分散布局，而且促进了包括软件生产、编程测试、后续处理、共享服务中心、呼叫中心、服务台活动及多媒体客户中心等在内的一系列服务活动的分散化。

(2) 信息化与区域合作。在老工业基地内区域合作层面，信息化同样能帮助实现区域协调一体化发展。区域合作是老工业基地振兴的一个重要问题，如在中国东北老工业基地就出现了区域产业趋同的倾向。装备制造、汽车制造、石油化工、电子信息、生物医药、食品制造、农产品加工等产业的同构性越来越明显；大连、沈阳、长春、哈尔滨等四个副省级城市的产业调整方向有许多相似之处，趋同性最为显著。这样就需要从整体上进行把握和协调，而其中的关键就是保障通畅的信息交流。孙中伟和侯春良(2008)的环渤海区域信息化合作研究，以及泛珠三角区域信息化合作实践都表明，信息化合作是区域合作取得实效的前提，应该最大限度地发挥信息化合作在区域合作中的基础性作用。

4.5.2 国外老工业基地改造的实践

鲁尔地区位于德国西部的北莱茵-威斯特法伦州内，面积约 4450km^2，是德国以及整个欧洲重要的钢铁煤炭工业基地。从 19 世纪中叶开始，这里持续了 100 多年的工业辉煌。自 20 世纪 50 年代末起，由于世界能源消费从"煤炭时代"进入"石油时代"，世界钢铁产量大幅提高，以及新经济发展和科技革命的影响，鲁尔工业区以煤钢为主的单一经济结构受到严重冲击，出现了经济发展速度放缓、生产萎缩和失业大幅增加等一系列问题。20 世纪 60 年代以来，鲁尔工业区以 1968 年的"鲁尔发展规划"和 1980 年的"鲁尔行动纲领"两次大规模结构调整政策为基础走上了结构转换之路，至今已经历了再工业化(1968~1973 年)、新型工业化(1980~1984 年)、区域一体化(1989~1999 年)和网络化与集群化(2000 年以后)四个阶段。鲁尔区通过促进科研机构和高等教育发展、建立发达的交通与通信网络和卓有成效的环境保护举措等一系列政策实施，在促进经济多元化和产业转型方面取得了成功：①通过对传统煤炭和钢铁等传统企业进行企业合并和 ICTs 改造，煤钢工业已经不再衰退，并仍在区域经济结构中占有一席之地；②信息产业是鲁尔产业结构调整的重点，鲁尔区已成为德国重要的信息和媒体基地，许多有重要影响的电视、通信、传媒大财团均在此设局布点；③通过培植有竞争力的新兴产业解决了寻找煤钢工业后续产业的难题，使鲁尔区的经济结构由单一的煤钢结构发展成机械制造、汽车、石化、信息产业和服务业等多元化结构。鲁尔区的经济结构仍在调整中，但其已成为现阶段世界最成功的老工业区改造案例。

洛林地区是法国的一个经济大区，包括默兹、孚日、摩泽尔和默尔特-摩泽尔4省，面积2.35万km^2。它曾经是法国工业的先驱，采矿业、冶金业和纺织业组成该区的三大经济支柱。20世纪下半叶，随着经济和科技的快速发展，以及法国国内市场对外开放的深入，这个地区的传统产业开始面临结构调整和产业转型的挑战。为了走出困境，法国政府早在1966年就提出要整顿洛林冶金区，实施了"钢铁工业改组计划"，关闭了一些生产率低下的铁矿，同时增加投资期望提高经济效益，但成效甚微。之后，政府又多次采取措施，在区内建立了一些新的工业部门，实现工业多样化，但收效仍然有限。直到1984年，洛林等东北部老工业区的整顿和改造才全面展开。洛林的经济转型是由传统的单一经济结构发展模式向多元化的可持续发展模式转变。法国政府和洛林地区政府采取的措施包括：①从实际出发确定发展思路，主要在城市及周边地区发展高新技术产业为重点，既包括信息、激光、生物制药等新技术产业，也包括汽车工业；②建立稳定的资金渠道为企业提供贷款，努力发展信息、化工等新兴工业部门；③制定一系列对外开放的优惠政策；④重点解决就业等民生问题，尽管洛林地区煤矿和钢铁工业已彻底消失，但众多其他企业的相继问世保证了低失业率；⑤开展广泛的国际合作，吸引周边和邻近国家参与洛林地区经济建设；⑥将转型与国土整治结合起来，创造优美舒适的环境。洛林地区提出的产业转型是要从重工业向微型产业转变，也就是向微电子、微细加工和信息服务等产业方向发展。通过几十年调整和转型的努力，洛林地区老工业基地形象已经基本消失，取而代之的是新工业面貌。

在19世纪，包括纽卡斯尔在内的英国东北部地区就成为世界上非常重要的工业基地，门类涉及煤炭、钢铁、造船、铁路运输及重工业。在纠正了20世纪60~80年代的完全放弃老工业基地而不是改造的错误做法后，该地区采取了包括应用ICTs在内的诸多有效措施，并很快取得了实效。现在的英国东北部已经完全没有了煤矿、船厂这些传统的老工业，代替的是吸收了一些新的产业及跨国企业的分厂，产业多元化措施取得局部性的成功。但英国东北部和其他地区相比还存在人均收入最低、弱势地位的社区所占比例最高、创业能力最低、研发投入比例最低、受教育程度最低和失业率最高等问题。作为ICTs重要应用方式之一的呼叫中心在一定程度上成为缓解英国东北部上述问题的有效手段。ICTs是能够推动地点移动性的关键技术，其发展使得企业能够远离公司其他部门及客户建立呼叫中心，从而取得规模效益(Richardson and Gillespie, 2003)。英国东北部地区如纽卡斯尔等都在吸引建立呼叫中心方面取得了非常成功的业绩，对本地经济发展也作出了重要贡献。首先，呼叫中心提供了相当大数量的新工作岗位，以英国东北部的纽卡斯尔地区为例，创造的就业机会多达数万个，当地几乎20%的劳动力在从事此项工作；其次，呼叫中心是新型工作，刺激了对新技能的需求与更新，从而在该地区尤其是在较小的城市和农村地区营造了新的工作文化；第三，创造了ICTs的新切入点，通过呼叫中心的工作该地区可以很容易就进入到ICTs中。虽然目前对呼叫中心工作的可持续性仍存怀疑，但有一点值得肯定，英国东北部已受益于电话呼中心等日常活动的扩散。

以上事例表明，ICTs作为变革性的通用技术，在促进区域社会经济发展中能发挥重大作用，特别是在老工业基地改造中。老工业基地改造的核心问题是产业结构调整，而产业结构调整的关键在于提升传统产业和催生新产业，这正是信息化的用武之地。以信息化提升传统产业并积极发展信息产业，是推动老工业基地产业转型成功的重要动力。信息资源的独特优势可以缓解或是解除老工业基地对煤炭等矿产资源的破坏与依赖，而且以它为基础发展起来的产业可以增强区域产业竞争力。在促进区域空间重组方面，区域经济活动仍将继续集聚于中心城市等原工业区位，但如呼叫中心等的扩散也同时存在；由于国外在区域范围和行政区划方面与东北老工业基地等的不同，使得区域信息化合作表现不明显。但必须承认，信息化不是完全根治老工业基地顽疾的灵丹妙药，它只是其中最重要的一环而非全部，国外的老工业基地改造实践也充分证明了这一点。不仅老工业基地改造是一项系统工程，在信息化建设外还包括区域政策制定、投资与吸引外资、区域合作与协调发展、国土整治与环境保护、发展高等教育与科研、其他如生物技术等新技术研发与应用等多方面。事实上，信息化建设也是一系统工程，在 ICTs 应用外还应进行信息资源开发、国家信息网络铺设、ICTs 研发、信息化人才培养、信息化政策法规和标准制定等多项内容，只有这样才能实现信息化在老工业改造中的作用最大化。

4.5.3 东北老工业基地改造与信息化建设

ICTs应用水平在国民经济发展中所占的地位越来越重要，在振兴老工业基地的过程中，ICTs应用将发挥重要的作用，因此，下文着重分析东北老工业基地的信息化水平，并提出一些对策性建议。

1. 信息化水平测算与评价的指标体系

根据中国信息化发展的现实水平、国家信息化指标体系研究和统计体系的现状，国家统计信息中心课题设置了一套信息化水平总指数的指标体系，用于计算国家及各地区的信息化水平。这套指标体系设置了六个大类，共 25 个指标（表 4-2）。该体系主要用于国家信息化发展水平地区间横向比较，并在此基础上拓展到纵向比较。

根据表 4-2 中的中国信息化水平测算与评价的指标体系，采用综合评分分析法对全国及各地区的信息化水平指标进行测算。在信息化水平测算中，国家信息化体系六个要素分别为：信息资源开发利用、信息网络建设、信息技术应用、信息产业发展、信息化人才、信息化发展政策（王春宇，2005）。

2. 信息产业发展方向与老工业基地改造需求

东北老工业基地的信息化水平呈现如下两个方面的特点。

表 4-2 中国信息化水平综合指数测算与评价的指标体系

要素	序号	有数据的指标	指标名称	指标解释
信息资源开发利用	1	X1	每千人广播电视播出时间	传统声视频信息资源/(h/千人)
	2	X2	每万人图书杂志总印张	传统信息资源的规模
	3	X3	每千人万维站点数	信息资源联网使用规模,按域名统计
	4	X4	每千人互联网使用节数	互联网的数据流量
	5	X5	人均电话通话次数	电话主线使用率
信息网络建设	6	X6	100km² 长途光缆长度	波长长度/100km²
	7	X7	100km² 微波通信线路	波道长度/100km²
	8	X8	100km² 卫星站点数	卫星站点/100km²
	9	X9	每百人拥有电话主线数(含移动)	主线普及率
信息技术应用	10	X10	每千人有线电视用户数	电视普及率
	11	X11	每千人局用交换机容量	门/千人
	12	X12	每百万人互联网用户	互联网的使用人数
	13	X13	每千人拥有计算机数	计算机指全社会拥有的全部计算机,包括单位和个人拥有的大型机、小型机、PC机
	14	X14	每百户拥有电视机数	包括彩色电视机和黑白电视机
	15	X15	每千人拥有信用卡张数	信用卡指金融系统的信用卡
信息产业发展	16	X16	每千人专利授权数	反映中国集邮信息技术发展水平
	17	X17	信息产业增加值占 GDP 的比例	信息产业增加值主要指信息技术产业,包括电子、邮电、广电和信息服务等产业的增加值
	18	X18	信息产业从业人数占全社会劳动力人数比例	信息产业的口径与第(17)指标相同,信息产业劳动力人数为第(17)指标口径的信息产业中的劳动力人数,全部劳动力为全社会劳动人口总数统计系统统计
	19	X19	信息产业出口额占出口总额比例	反映中国信息产业国际竞争力
	20	X20	信息产业对 GDP 增长的直接贡献率	该指标的计算为:信息产业增加值中当年新增部分之比统计系统统计
信息化人才	21	X21	每万人大学生数	全社会累计大专以上毕业生数占全社会劳动力比例统计系统统计
	22	X22	信息化相关专业在校大学生数占比例	教育部统计
	23	X23	每万人拥有科技人员数	反映人口科学技术素质科技系统统计
信息化发展政策	24	X24	研究与开发经费支出占 GDP 比例	该指标主要反映国家对信息技术产业的发展政策
	25	X25	信息产业基础设施建设投资占全部基础设施建设投资比例	信息产业的口径与第(17)指标相同,全国基础设施投资指能源、交通、邮电、水利等国家基础设施的全部投资

资料来源:国家信息化测评中心. 国家信息化水平研究报告. 2002-03-20.

1) 信息化水平及其区内省际差距

东北三省的信息化水平指数的位次处于全国的中等水平之上,但是辽宁和吉林两省的排名明显好于黑龙江省。由于中国整体信息化水平不高,因此,就东北地区来看,目前的信息化水平也还处于信息化发展的初期阶段,企业信息化的状况更是不尽如人意。在振兴老工业基地的工作中,如果对以信息化带动工业化振兴东北老工业基地的战略不认真加以研究、及时采取有力措施,老工业基地将会贻误重要的机遇期。

根据信息化水平指数,各省(区、市)可以划分为五种类型:信息化水平最强的地区、信息化水根据平较强的地区、信息化水平中等的地区、信息化水平较低的地区和信息化水平最低的地区。吉林省和辽宁省属于信息化水平较强的地区,而黑龙江省属于信息化水平中等的地区。

研究者通过对黑龙江省多家具有代表性的国有大中型企业的调查发现,东北老工业基地的装备制造业企业基本上处于信息化过程中的第二个阶段,主要表现在:大多数企业都有专门的信息化部门,如技术中心、信息部等;大多数企业都有单独的信息化预算和中短期信息化规划;企业领导认识到信息化的重要性并有针对性地开展信息化知识培训;计算机辅助技术(CAD)、计算机辅助工程(CAE)和计算机辅助工艺过程设计(CAPP)三个系统在企业得到了广泛的应用且效益明显,但产品数据管理(PDM)、企业资源管理等信息化系统应用程度较低;企业对于通过网络与供应商或者客户之间建立系统的业务集成还没有具体的规划;企业在产品研发、物料管理、财务管理、办公自动化等领域信息化程度较高,在供应链管理、电子商务、客户关系管理等方面信息化水平较低;企业普遍认为通过信息化的实施,对企业产品计划编制能力和设计效率、现场管理能力、生产统计能力等方面具有明显的提高,但是无法具体量化。

2) 信息化指数与信息化发展速度

东北三省各年的信息化指数均高于全国的指数,说明在该阶段东北三省的信息化水平较好,还处于全国的平均水平之上,是三省的一个优势。同时三省的信息化指数呈现上升趋势,表明各省的信息化水平是逐渐提高的。但是,三省的增长速度却比较慢,多数年份的增长率均低于全国的水平,说明三省的信息化要素方面的发展已经落于全国的平均水平。三省各自的增长率波动大,表明三省没有形成稳定的信息化建设途径,各年的突发因素较多、与信息化水平较高的地区差距大,且有进一步扩大的趋势,东北三省与北京、上海相比,无论是从信息化指数方面,还是从增长率方面都与之存在较大的差距,如果在未来的发展中,东北三省不加以调整的话,这种差距有进一步扩大的趋势。

3. 提高东北老工业基地信息化水平的策略

第一,真正把信息产业确定为振兴东北老工业基地的支柱产业。以信息化带动工业化、以工业化促进信息化,是未来要走的路。据此要彻底改变东北是传统重工业城,信息产业远水难解近渴的思维,正确把握传统产业和信息产业、劣势和优势的辩证法。一是树立新的资源观。把信息资源作为与能源、原材料同等重要的战略资源,使之成为信息时代最为活跃的生产力;二是树立新的发展观。不再沿袭先工业化后信息化的发展老路,而应抢抓机遇,注重运用 ICTs 重点嫁接改造传统产业,促进产业结构的优化升级,发挥后发优势。三是树立新的区位观。东北要借助"振兴东北老工业基地"这一国家政策之东风,以打造信息化应用产业链条,在东北老工业基地建立信息产品推广、生产基地。要把加快发展信息化作为先导的支柱产业列入重要议事日程。

第二,政府要在信息化建设中的发挥其导向和扶持作用。ICTs 改造和提升传统产业,是国民经济信息化的重要内容。以信息化带动工业化,振兴东北老工业基地是一个系统工程,需要选准切入点,必须明确企业信息化是振兴东北老工业基地的核心。从理论上讲,无论是信息化还是工业化,企业都是主体,但决不能因此而忽视政府在信息化中的重要作用。这是由东北国有企业比例大,政府仍然是企业最终所有者的国情决定的。政府在企业信息化建设中要发挥表率和引导作用。政府部门要实现电子政务,以政务信息化带动企业信息化的有力措施,政府对企业信息化的引导,体现在组织实施各种推进工作,建立信息化示范企业,增强信息化建设的信心。东北作为老工业基地,实现新型工业化的目标任务相当艰巨。政府首先应实行重点倾斜政策,以财政、信贷、税收等经济手段来扶植和加快发展信息产业,如争取国家产业政策的支持,在项目规划、基建技改、信息化重点工程、科技攻关、利用外资等方面向 ICTs 企业重点斜倾和支持。要增加对东北地区重点信息机构的投入,要设立专项资金,用于信息资源开发和必需经费。切实建立有效的技术创新机制,如对一些风险高、技术更新周期快与国民经济和社会生活密切相关的信息产业部门和重点企业。

第三,加快企业信息化进程。企业信息化是指"通过应用计算机网络技术手段,对企业的技术、资本、人才、物资、市场等各方面信息资源进行收集、传输和共享的过程"。把信息化落实到企业,是国民经济实现信息化的重要标志。企业信息化是解决企业管理中突出问题的有效措施,是促进企业管理创新、体制创新的重要途径,也是今后发展电子商务的基础。推进企业信息化建设,以先进的信息系统装备传统产业,有利于东北老工业基地工业经济结构的调整和产业升级,提高东北老工业基地信息化的整体水平,增强综合竞争力,有利于促进东北老工业基地高新技术产业化,带动信息产业和信息服务业发展。

第四,以 ICTs 为先导,加快信息网络建设水平。经济和社会是发展的两翼,在利用 ICTs 加快生产力发展的同时,要通过 ICTs 应用加快社会发展步伐,建设良好地适应社会发展需要的信息基础设施,以促进科学进步,提高社会保障能力,通过信息化社区服务将经济结构调整和社会发展连接在一起,从而全面提高人们的生活质量。信息化的发展依赖于信息网络基础设施的建设,因此,信息网络建设是促进东北开发具有战略性的基础设施,信息网建设要根据东北地区的具体情况,采用卫星通信系统与地面通信网络相结合的"天地一体化"综合利用的信息传输方式;现代化网络建设向业务宽带化、传输数字化、网络智能化和网络国际化方面发展。

参 考 文 献

白雷石. 2006. 海尔集团信息化峥嵘岁月. 中国制造业信息化, (20): 50-51.
丁疆辉, 宋周莺, 刘卫东. 2009. 企业信息技术应用与产业链空间变化. 地理研究, 28(4): 883-892.
董科国, 余建辉. 2007. 海尔空间扩张区位选择模式及影响因素研究. 消费导刊, (10): 49-50.
董小英. 2006. 中国行业信息化作用报告. IT经理世界, (12): 54-58.
方远平, 阎小培, 陈忠暖. 2008. 服务业区位因子体系的研究. 经济地理, 28(1): 44-49, 58.
谷双喜. 1997. 依托优势企业招商引资, 华北药城撑起半壁河山. 石家庄日报, 1997-05-17(1).
刘卫东. 2002. 论我国互联网的发展及其潜在空间影响. 地理研究, 21(3): 347-355.
刘卫东, 甄峰. 2004. 信息化对社会经济空间组织的影响研究进展. 地理学报, 59(增刊): 67-76.
刘卫东, Dicken P, 杨伟聪. 2004. 信息技术对企业空间组织的影响. 地理研究, 23(6): 833-844.
路紫. 2000. 分散整合理论的实证研究: 兼论信息通信技术在公司重新布局过程中的作用. 人文地理, 15(4): 42-45.
路紫, 刘岩. 2000. 论通信网络之空间形态: 距离和边界的障碍作用. 经济地理, 20(2): 18-22.
路紫, 刘岩. 1998. 通迅网络: 公司空间组织、联系和运行的战略要素. 地域研究与开发, 17(3): 31-34.
路紫, 刘岩. 1996. 信息通信技术 ICTs——区域发展的催化剂. 地域研究与开发, 15(4): 23-25.
潘玉瑞. 2004. 以信息化促进工业化加快东北老工业基地的振兴. 辽宁行政学院学报, (1): 48-49.
宋周莺, 刘卫东. 2013. 信息技术对产业集群空间组织的影响研究. 世界地理研究, 22(1): 57-64.
宋周莺, 刘卫东. 2012. 信息时代的企业区位研究. 地理学报, 67(4): 479-489.
宋周莺, 丁疆辉, 刘卫东, 等. 2009. 信息技术对中国服装企业空间组织的影响. 地理学报, 64(4): 435-444.
宋周莺, 刘卫东, 刘毅. 2007. 中小企业集群信息技术应用及其影响因素分析: 以温岭市鞋业集群为例. 地理科学进展, 26(4): 121-129.
孙中伟. 2009. 信息化对海尔空间组织变革的驱动作用. 经济地理, 29(6): 955-959.
孙中伟. 2008. 信息化在老工业基地改造中的作用. 世界地理研究, 17(4): 86-90.
孙中伟, 王杨. 2011. 中国信息与通信地理学研究进展与展望. 地理科学进展, 30(2): 149-156.
孙中伟, 侯春良. 2008. 环渤海区域信息化合作模式与框架研究. 地理与地理信息科学, 24(1): 1-65.
孙中伟, 路紫. 2005. 流空间基本性质的地理学透视. 地理与地理信息科学, 21(1): 109-112.
孙中伟, 金凤君, 王杨. 2008. 信息化对区域经济发展的组织作用. 地理与地理信息科学, 24(4): 44-49.
汪明峰, 李健. 2009. 互联网、产业集群与全球生产网络: 新的信息和通信技术对产业空间组织的影响. 人文地理, 24(2): 17-22.
王春宇. 2005. 东北老工业基地信息化水平分析. 哈尔滨商业大学学报(社会科学版), (3): 105-108.
王恩涌. 2000. 人文地理学. 北京: 高等教育出版社.
王缉慈, 等. 2001. 创新的空间: 企业集群与区域发展. 北京: 北京大学出版社.
魏江, 陈志辉, 张波. 2004. 企业集群中企业家精神的外部经济性考察. 企业战略研究, 25(2): 20-25.
阎小培. 1996. 信息产业的区位因素分析. 经济地理, 16(1): 1-8.
张林, 刘继生. 2006. 信息时代区位论发展的新趋势. 经济地理, 26(2): 181-184.
张林, 陈才. 2005. 东北老工业基地信息化战略研究. 人文地理, 20(2): 17-20.
张瑞敏. 2002. 海尔市场链和信息化的目标是创世界名牌. 见: 蒋黔贵. 海尔市场链与信息化. 北京: 中国经济出版社, 1-15.
赵新正, 宁越敏, 魏也华. 2011. 上海外资生产空间演变及影响因素. 地理学报, 66(10): 1390-1402.
甄峰, 朱传耿, 赵勇. 2004. 信息时代空间结构影响要素分析. 地理与地理信息科学, 22(5): 98-103.

朱华晟, 王缉慈. 2002. 论产业群内地方联系的影响因素: 以东莞电子信息产业群为例. 经济地理, 22(4): 386-393.

Capello R. 1994. Towards new industrial and spatial systems: The role of new technologies. Papers in Regional Science, 73(2): 189-208.

Dicken P. 1998. Global Shift. London: Paul Chapman Publishing.

Dunning J H. 2009. Location and the multinational enterprise: A neglected factor. Journal of International Business Studies, 40(1): 5-19.

Edwards S. 2002. Information technology and economic growth in developing countries. Challenge, 45(3): 19-43.

Feitelson E, Salomon I. 2000. The implication of differential network flexibility for spatial structures. Transportation Research: Part A, 34(6): 459-479.

Grabher G. 1990. From hierarchies towards networks: Reorganizing old industrial areas. In: Enterprise, Innovation and 1992: Innovation Support Services in Europe. Luxemburg: TII. 114-131.

Heny W Y. 1994. Critical review s of geographical perspectives on business organizations and organization of Production: Towards a network approach . Progress in Human Geography, 18(4): 460-490.

Leamer E E, Storper M. 2001. The economic geography of the internet age. Journal of International Business Studies, 32(4): 641-665.

Oliner S. 2000. The resurgence of growth in the late 1990s: Is information technology the story. Journal of Economic Perspectives, 14(4): 3-22.

Peter N, Aura R. 1996. Space-time synergetics in Innovation diffusion: A nested network simulation approach. Geographical Analysis, 28(1): 1-18.

Richardson R, Gillespie A. 2003. The call of the wild: Call centers and economic development in rural areas. Growth and Change, 34(1): 87-108.

Schmitz H. 1995. Small shoemakers and fordist giants: Tale of a super cluster. World Development, 23(1): 9-28.

Sjoberg E. 1992. The use of ICT within the ABB Group: A geographical perspective. Netcom, 6(2): 455-473.

Sohn J, Kim T J, Hewings G D. 2002. Information technology impacts on urban spatial structure in the Chicago region. Geographical Analysis, 34(4): 313-329.

Torre J, Moxon R W. 2001. Introduction to the symposium e-commerce and global business: The impact of the information and communication technology revolution on the conduct of international business. Journal of International Business Studies, 32: 617-639.

第5章 ICTs影响下的交通系统优化与通信使用发展

5.1 交通导引系统的实施

随着中国城市化与工业化进程加快,通车里程与汽车保有量不断增加,道路车辆拥挤、交通事故频发、环境污染加重等新问题日益突出。传统的道路修建受土地及资金限制无法进一步提高路网通行能力(王国锋等,2012)。交通问题已成为中国面临的重要难题之一。因此,依照交通的系统属性,从系统的观点出发将车辆和道路综合考虑,应用各种高新技术系统地解决道路交通问题的思想应运而生,智能交通系统(intelligent transportation system, ITS)开始出现。智能交通系统是将高新技术有效地综合应用于地面交通管理体系,从而建立起一种大范围、全方位发挥作用的实时、准确、高效的交通运输管理系统(表5-1)。

表5-1 中国智能交通系统体系框架中的服务领域与服务内容

序号	服务领域[1]	服务内容[2]	英文名称
1	交通管理与规划 Traffic management and planning (ATMS)	交通法规监督与执行	policing/enforcement traffic regulations
		交通运输规划支持	transportation planning support
		基础设施维护与管理	infrastructure maintenance management
		交通控制	traffic control
		需求管理	demand management
		事件管理	incident management
2	电子收费	电子收费	electronic payment service
3	出行者信息 Traveler information system (ATIS/APTS)	出行前信息	pre-trip information
		行驶中驾驶员信息	on-trip public transport information
		途中公共交通信息	on-trip information
		个性化信息	personal information
4	车辆安全和辅助驾驶 Vehicle safety and driving assistance (AVCSS)	路径诱导及导航	route guidance and navigation
		视野的扩展	vision enhancement
		纵向防撞	longitudinal collision avoidance
		横向防撞	lateral collision avoidance
		交叉路口防撞	intersection collision avoidance
		安全状况(检测)	safety condition (inspection)
		碰撞前乘员保护	pre-crash restraint deployment
		自动车辆驾驶	automated vehicle driving

续表

序号	服务领域[1]	服务内容[2]	英文名称
5	紧急事件和安全 Emergency and security (CVO)	紧急情况的确认及个人安全 紧急车辆管理 危险品及其事故的通告 公交出行安全 易受伤害道路使用者的安全措施 交汇处的安全	emergency notification and personal security emergency vehicle management hazardous material & incident notification public travel security safety enhancement for vulnerable road users junctions safety
6	运营管理 Transport operation management (CVO/APTS)	公交规划 公交运营管理 车辆监视	public transport planning public transport operation management vehicle monitoring
7	综合运输 Inter-modal transport	一般货物运输管理 特种运输的管理 交换客货运输信息资源 旅客联运 货物联运	common freight transport management special transport management exchange pass. & freight transport information passenger inter-modal transport freight inter-modal transport
8	自动公路	自动公路	automated highway system (AHS)

注：1. "服务领域"对应于美国ITS框架中的"研究领域"，国际标准ISO/TR14813中的"服务种类"。

2. "服务"对应于美国ITS框架中的"研究内容"，而与国际标准中的"服务"意义相同。

3. 括号中的内容表示该服务领域对应于美国的ITS体系框架中的相应研究领域。

资料来源：杜宏川，2009。

近几年中国空间信息技术、物联网、云计算等新兴技术快速发展，智能交通系统支撑技术日益成熟，引领智能交通向车路协同的方向发展。智能交通系统将进一步提升现有交通基础设施的服务能力，带动交通运输行业进行产业升级，推动经济社会发展模式的转变。它是目前世界交通运输领域研究的前沿课题，也是目前国际公认的解决城市交通拥挤、改善行车安全、提高运行效率的最佳途径。可以预见，智能交通系统将成为现代化地面交通运输体系的模式和发展方向，是交通运输进入信息时代的重要标志(杜宏川，2009)。

在理论研究领域，世界各国均在智能交通领域开展应用研究及工程实践，其中美国的IntelliDrive、日本的Smartway及欧洲的eSafety最具代表性。20世纪90年代以来为了缓解经济发展给交通运输带来的压力，中国加大了对智能交通系统的研究和建设力度，分阶段地开展交通控制系统、驾驶员信息系统等5个领域的研究开发、工程化和系统集成。目前，中国已取得了包括智能导航技术、先进的交通管理系统(ATMS)等一系列拥有自主知识产权的智能交通技术新成果。

5.1.1 交通导引系统的应用与关键技术

1. 智能交通系统的应用

(1) 城市智能交通系统。为了推动智能交通技术的推广应用,中国确定了杭州、深圳、上海、北京、广州等在内的 10 个示范城市,其中北京和广州走在前列。目前北京、广州等均已在交通基础设施建设取得了很大的成绩,其中共用信息平台已初具规模。已初步建成道路交通控制、公共交通指挥与调度、高速公路管理、紧急事件管理四大类智能交通系统,约 30 个子系统分散在各交通管理和运营部门。在北京颁布的《北京交通发展纲要》中明确提出实现智能化交通管理的目标,并将建立以智能交通系统为技术支持的"新北京交通体系"作为北京城市交通发展的长远目标。广州智能交通系统的构建包括广州市交通信息共用主平台、物流信息平台、静态交通管理系统等智能交通系统的主框架。

(2) 公路智能交通系统。目前,公路智能交通技术主要应用在高速公路监控系统、收费系统、安全保障系统等,已经开发生产了车辆检测器、可变情报板、可变限速标志、紧急电话、分车型检测仪、监控地图板等多种专用设备,并制定了一系列标准和规范。另外,各省的交通主管部门和测绘部门也在陆续完善公路管理电子地图。安徽省建立了公路地理信息系统;甘肃省建立了甘肃省交通地理信息系统。高速公路电子不停车收费系统是在中国公路系统中得到广泛应用的又一项智能交通新技术。目前,普遍开通了组合式电子不停车收费系统。

2. 智能交通关键技术

(1) 通信技术。智能交通系统通信技术分为有线通信和无线通信技术,其中无线通信技术又包括无线电通信、卫星通信和移动通信技术,用于构建高速公路或城市道路计算机广域网与局域网。无线电通信技术包括无线电广播、无线电数据广播和无线数字音频、多媒体广播,无线电广播技术已经得到大面积应用。北京、上海、广州和杭州等地建立了基于交通信息广播频道(RDS-TMC)技术的动态交通信息发布和车载导航示范系统。卫星通信技术广泛应用于以车辆动态位置为基础的交通监控、调度、导航等服务。中国自行开发的"北斗"卫星导航系统具有定位导航和短报文功能,不依赖任何其他通信手段就可以很容易地实现系统组网。移动通信技术是最常用的无线传输手段,能与 Internet 网络无缝对接。专用短程通信是一种专用于交通领域的短程通信系统,已经广泛应用于中国的电子收费系统中。

(2) 交通运输信息网络。交通运输信息网络(CTInet)系统的建立为交通系统信息资源共享、政府宏观管理决策活动、交通系统基本数据群的建设、跨地域的生产管理信息系统的建设与运作提供了良好的网络平台,促使应用系统向综合性应用扩展,从自主开发模式向联合开发模式扩展:①基本建成 CTInet 主网,并覆盖公路、水运等主要运输企业,货主、代理,以及有关科技、教育部门;②以 CTInet 为依托,增强对行业宏观监测、分析、调控和实现政府职能转变的支持能力,提高交通运输的宏观管理水平;③利用 CTInet

环境，重点建设交通运输 EDI（电子数据交换）信息网、船舶检验及技术状态信息网、水上安全监督信息网等；④加速 CTInet 网络和信息资源开发建设和应用，基本确立了 CTInet 在国内外交通运输信息服务市场中的地位。

（3）城市交通信息发布系统。吴啸等（2007）开发设计了城市交通信息发布系统。城市交通信息发布系统的核心是一个分布式时空数据仓库，以及对各个数据库中的数据进行各类操作并进行数据挖掘，结合 GIS 的空间分析功能输出可视化图形和数据的 GIS 内核引擎。时空数据库采用中文企业版+空间数据引擎（SQL Server 2000+ArcSDE）的方式实现，对数据的操作通过开放数据库互联（ODBC）接口组件来完成。数据库的设计是系统开发的核心内容，其主要任务是确定空间数据库的数据模型以及数据结构。图 5-1 是这一系统的数据结构图。城市交通信息发布系统的核心是地图数据处理。考虑到地图数据的保密性和更新的便捷性，目前的掌上电脑（PDA）客户端和面向大众的浏览器/服务器模式（B/S）客户端最好不采用具有可保持性的文件形式存储矢量地图数据，需要的地图数据由客户端在操作过程中从后台服务的地图服务中请求栅格地图数据。从地图数据来看，广州市交通地图共有上万个路口和路段，就这两层地图数据大概 4MB，依靠当前的 GPRS 的无线通信技术，一次性地请求所有的地图数据将带来通信时间、通信费用等方面的巨大浪费，而且在 Internet 客户端和 PDA 客户端处理如此大量的数据也将带来性能上的负担。因此，必须根据需要动态地请求部分数据，即地图纵向分层、横向分块策略。所谓纵向分层，即将路段在层次上分解为 4 种类型：主干道、快速干道、次干道和支路。按照绘图比例尺的变化决定请求哪个层次的地图数据（何启海和方钰，2006）。

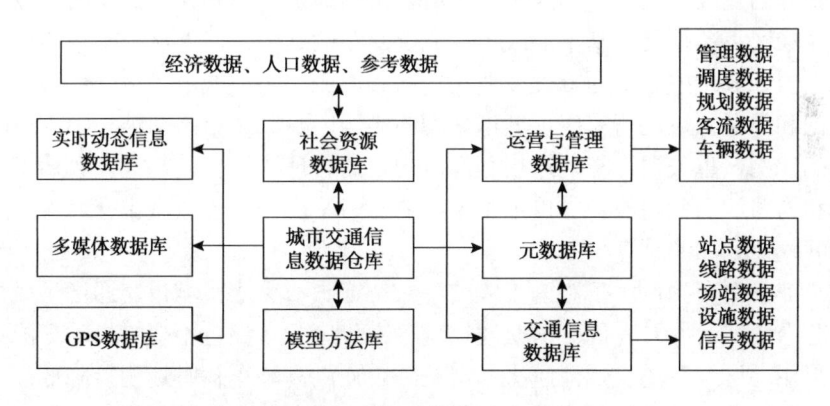

图 5-1 系统数据库体系结构图（吴啸等，2007）

3. 未来交通智能系统发展展望

未来中国将更加重视智能交通技术的研究与推广，并把它作为未来交通建设与发展的优先领域予以重点支持，通过推动智能交通系统的全面迅速发展，最终建立起一个以 ICTs 为中心的现代交通管理的新体系。但目前中国智能交通发展尚处于起步阶段，且存在以下不足：①受制于固有的科研和生产模式，一些先进的智能交通新技术得不到及时的推广应用；②智能交通系统还没有被传统的交通行业广泛接受，在进行规划时还没有将智能交通系统作为其一部分。针对中国智能交通发展的各种制约因素应采取有针对性的措施，积极推动智能交通技术的研究与建设，为这一新技术的发展创造有利环境。

5.1.2 石家庄市交通导引系统的实施对城市空间格局的积极影响

1. 交通流发展对交通导引系统的需求

石家庄市市区交通流增长对交通管理信息系统(TMIS)提出了需求，石家庄市正在实施的交通导引系统(TGS)工程及工程实施以来市区道路网络和城市格局正隐约发生的变化，其作用过程非常明显：该工程首先形成了市区主干路"交通走廊"，迫使原来分布在主干路上的交通压力向次干路、支路转移，这与其次干路、支路拓宽工程相一致。主干路通过功能的加强使公共交通大为受益，进而发挥出了连接中心区与外围地区的重要作用，促进城市周边次级中心的形成。由此可以确信TGS最终促进了城市中心的等级分化。

城市中心区集聚的特征。应用于城市交通管理的ICTs正产生着有效的控制作用(路紫和刘岩，1998)，这种作用在欧美的大多数现代化城市中已经有了很充分的表现。在分析为城市交通管理建立的这个信息系统时，地理学工作者尤其关注其对城市空间格局转变的影响现代城市建设对高效的交通导引系统产生了巨大的需求。石家庄市是以火车站为中心围绕京广铁路向两侧发展起来的城市。在火车站周围的城市中心区，购物、游乐、换乘等设施和功能高度集中，形成了城市最稠密的经济活动和人车流动的区域。近年来石家庄市建成区不断扩展，基本形成了较完善的路网结构，但人流与交通流仍主要集中于二环路以内，城市中心交通首位度偏大、向心客流偏大。城市等级分化薄弱、中心区道路高度饱和问题一直是石家庄市城市规划的难题。石家庄市路网结构上主干路、次干路、支路的比例严重失调，与交通规划规范规定的合理比例相差甚远，致使主干路担负了次干路和支路的一些功能，加重了主干路的压力，进一步导致城市交通流向主干路集中(路紫和张会巧，2003)。

机动与非机动车均以主干路为主体的分布特征。石家庄市城市交通已形成显而易见的密集度分布规律，并且在固定的交通期这种密集度分布保持不变。机动车流集中主干路，越靠近中心区发生的交通流越大，繁忙路段通勤高峰车辆时速明显降低。非机动车流量受出行距离和公共交通的影响，在城市东西方向交通中持续下降，而在出行距离较短的南北向交通中不断上升。

公共交通过密与过疏分布的特征。石家庄市由于中心区交通量集中，主干路难堪重负，致使城市交通结构中公共交通发展缓慢，城市拥有公交车辆、年完成公交客运总量、公交路网密度等指标均处于国内较低水平。同时与出行密度相一致，中心区主干路公交线重复率高，而整体路网覆盖率低。不可否认这里也有市区次级中心薄弱、纵横跨度较小、出行距离短等因素的影响。

城市道路系统潜力开发对交通导引系统的需求。多年来石家庄城市交通管理集中于解决中心区的交通压力，结果反而使中心区开发强度更大，交通流更加集中，交通组织更加困难。规划者意识到由城市空间结构产生的集聚与空白化所带来的严重交通功能障碍问题不是再延长道路所能解决的。因为它主要发生在城市中的商业区和居住区，有错综复杂的结构，并且这些中心区的商业活动在未来没有被减弱的计划。这样，增加交通管理设施才是解决市区交通拥堵问题的关键。据此交通管理部门转变了以修路为主的举措，转变为采取削减总量和流量均衡的手段来维持交通秩序的做法，开始注重在改造和管理两方面的投入，在交通过度集中的地区，在准确把握交通信息的基础上，依据信息中心进行组织和发掘现有路网的潜力。石家庄市交通导引系统(STGS)基此观点应运而生。

2. 交通导引系统的实施与评估

STGS 是以城市地理信息系统(UGIS)为载体，应用计算机控制技术，对交通流进行组织和控制，以达到改善交通环境之目的的大型信息系统工程。它包括城区地理信息系统、交通流指挥子系统、交通流检控子系统、静态交通管理子系统、道路荷载流量分配子系统、道路清障子系统、安全与事故处理子系统、法规宣传及教育子系统等。其软件系统主要包括：区域控制系统软件、图形软件、控制器特征软件、地理信息管理软件等。石家庄市逐步实施了城市道路电子管理网络，整个城市按"交通灯区"管理，该网络包括渠化道路交叉路口、信号灯控制交叉口、电子警察、电视监控点等，目前在一些路段的交叉口进行了信号线控，与澳大利亚悉尼自适应交通控制系统 SCATS 近似，已形成绿波带。中心主机能获得交通灯区之间的合作和交通集中区检查点车辆数目的信息，有望达到对机、非车辆和停车场系统进行时空管制的目的。

STGS 为实现城市道路功能转变作出了直接贡献，由于它的有效性而被认为是一种先进的信息系统。在 STGS 的实施中，对二环以内所有城区主干路交叉口，以及二环路上几个非立体交叉口实现电子信号控制，由单点升级为多相位、线控，并有选择地实施面控系统，对不同类型交叉口实施分级管理，对市内主要拥堵路口实行渠化设计；在主干路上开辟公交专用车道，同时设置港湾式公交停靠站，以确保大运量公交通畅；充分发挥次干路和支路的作用，将机动车和非机动车分离；通过交通灯内部联系的连续定时报告和由摄影机对事故多发区的监视，形成主"干路+环路"的控制格局。STGS 的实现与市区道路建设相配合，包括二环路上多座立交桥和全封闭系统的建设、干路取直、铁公路交叉口立体化、设置禁行线和单行线等，解决路网密度问题、主干道与二环交叉少的问题、交通需求在空间上不平衡问题、断头路附近车辆分流拥阻问题。据交通流量变化试验结果，STGS 建成后可实现控制区内机动车车速提高、机动车停车延误减少、机动车停车率下降、交通事故减少。同时产生了一种可视化的纤维网传送数字信息，这是全面数字化城市计划中的重要组成部分。在石家庄市实现 TGS 具有决定意义。

TGS 再进一步的前景是智能交通系统，包括道路和车辆的智能化，以网上方式取代在主要路口通过交通牌公布车流量和停车场信息的方式。如果考虑交通环境的整治，那么建立 TMIS 促进信息有效流动对地区整体而言肯定是决定性的要素。

3. 交通导引系统工程的实施对城市空间格局的影响

STGS 在改善城市交通环境的同时，也在拓展城市空间和完善城市功能上起到了促进作用：通过对城市道路使用的调整和交通流空间分布的控制，在城市主干路形成交通走廊，激发非主干路拓宽延伸，扩大公交路网覆盖率，建立了中心区与外围的良好联系，推动了次级中心的成长。

交通走廊与城市多中心格局。通过交通流空间分布的人为调控，TGS 的实施促使市区交通分级分类运行，大大提高了城市主干道路的使用效率，形成了城市交通走廊。具体说它采用主干路上交叉口信号控制和交通灯区间的联动，对信号路口的相位、信号周期、相位差等进行优化设计，提高通行能力，并以其为骨架支撑主城区的机动车交通走廊。交通绿波带措施充分考虑了石家庄交通因素，产生了新的次干路和交叉口，使交通 ACT 系统的构想更为有效，改变了石家庄道路网络。非主干路通过交通走廊成为连接城市中心和二级中心的纽带，有利于城市多中心结构的形成和城市从中心区向外围的拓展。总之，通过交通走廊激发了次级道路的开发和新中心的成长。

公交优先建设与城市多中心格局。城市公共交通是大众较远距离出行的主要载体，它的有效性、走向和连接功能对城市空间格局的变化起着至关重要的作用。交通走廊上设置公交专用道，优先发展大运量、对于改善城市交通状况具有重要意义的公共交通，是强化交通走廊的关键环节，有利于走廊上个体机动车方式的总量控制，从而缓解主干路交通压力。石家庄市市区在公交专用道路系统基础上，经过开辟大容量公交车辆，减少线路重复系数，提高密度及覆盖率，开辟各中心区之间非主干道路的公交线网，有效运输外围地区至中心区的客流等过程，对城市二级中心的形成和发展有不可或缺的作用。

非主干道路的发展与城市多中心格局。主干路压力转移的结果激发了二环内的次干路、支路拓宽延伸，从而改善了城市各规划功能分区之间的交通联系。它们分流了主干路上的非机动车辆，配合市中心区次干路、支路的建设，解决了主干路上一些机非混行所造成的交通管理困难，使主干路的交通压力得以缓解，使非主干路的交通地位得以提高，加之城市中心区公共交通在非主干路上的覆盖，拉近了市中心与其他各次级中心的距离，明显地促进了城市中一些外围地区的都市化和地价提升。

综上分析可见，城市 TGS 是一项服务地域广、影响范围大的系统工程，它在解决城市交通问题的同时对城市空间功能演变所产生的作用也越来越深入。当然城市道路网络的完善和城市多中心格局的形成，不完全是由实施 TGS 单一因素引起的，但这项工程的确起到了非常积极的影响。城市中心在发展到一定阶段之后会使过分集中的人流车流向外扩散，在中心区外围相对优越的区位地形成新的中心。很明显石家庄市实施 TGS 计划为推动新的城市结构进步提供了机会。STGS 对城市空间格局的作用带来的结果是：通过影响城市路网最终影响了城市中心的等级分化，加快了石家庄市区二级中心的建设步伐。

5.1.3 数据通信支持的新一代航空运输体系与灵活管理

针对航空运输业迅速发展，空域资源与交通需求的矛盾凸显等问题，2015年6月美国联邦航空管理局(Federal Aviation Administration，FAA)和欧盟移动与运输委员会在巴黎签署了针对空中现代化交通管理的"美国和欧洲无缝隙飞行扩展服务"协定，旨在单一欧洲空中交通管理研究(single european sky ATM research，SESAR)领域进行深入合作，联合开发大西洋空域资源。中国也将低空空域管理体制改革作为重大战略决策，经过几年实践，呈孤立分布的监视或报告空域有望连片，空域的利用也将朝着灵活与高效迈进。

空中交通流量的持续增长引发充分开发利用空域资源的理论建设和方法论研究及其应用实践，旨在突破原有的空域结构及其扇区边界的限制。在过去的十年里航线结构和需求有了显著变化，只有依据数据通信支持，重新设计动态空域功能分区才能适应不断变化的交通需求。下文重点分析了新一代航空运输体系，灵活使用空域和空域灵活管理三个方面的内容，并基于空中交通变革展望了数据通信应用的前景。

1. 新一代航空运输体系

新一代航空运输体系(next generation air transportation system，NextGen)是美国面向21世纪为提高空中运营效率、增加机场吞吐量、保证到达准时度，以及确保航空安全水平而提出的，基础是利用新模式、新技术(如星基导航、监视和以网络为中心的系统)，组成是通信、监视、导航和空中交通管理4个部分，建设重点是卫星技术、数据链技术和计算机网络。为使空域资源可持续利用，新一代航空运输体系可分为两个领域。第一，集中进行交通管制及飞行监控，实行"天空开放"以完善空域制度并形成一个稳定的标准。第二，在新一代航空运输体系下，飞行器将按照自身的GPS导航系统进行最短航线选择，地面导航台起到辅助性的配合作用，以提高飞行自由度。

新一代航空运输体系具有更为完整、统一和综合的特征：①强调包括通信、导航、监视等硬件设备的完整性和数据信息、法律法规等软件设备的完整性，以及航空部门、技术部门、信息部门、政府部门等参与部门的完整性；②实现不同用户需求以及不同终端设备在各个方面的统一性，实现国际衔接以及在全球基础上实现信息多样性和系统兼容；③体现卫星技术、计算机技术、通信技术、自动化技术等方面的综合，以及航空信息、天气信息、技术信息及管理信息的综合。总之，新一代航空运输体系不仅是由航空部门独立构成的，而是由网络部门、政府部门和技术部门多个部门共同构成的(Cindy et al.，2013)。

网络部门是基础，旨在推进网络数据通信服务系统和监视系统建设，为新一代航空运输体系提供一个强大的信息平台。使低空管制、飞行情报、地面导航和气象服务信息传递通畅。其中，航空信息提供飞行器所有飞行状态信息，为航空机场服务站提供管制指挥和空域飞行活动信息；气象信息提供空域天气状况信息，如终端空域天气类型及其影响下的终端空域容量信息；市场信息提供航空客源地、目的地信息，以提高空管系统空域保障与服务能力。

2. 灵活空域使用

1)灵活空域使用：资源利用思想的变革

灵活空域使用(flexible use of airspace，FUA)是空域资源系统开发利用与合理运行的一种思想变革和物质基础，确定任何所需的空域为一种连续空域并灵活使用，隔离只具有临时性质，旨在解决空域资源使用上的矛盾。这种空域制度更多的是针对以往航空活动实行审批制度阻碍其需求而提出的(Bertsimas et al.，2014)。目前世界上大部分国家已实行民航主导，空域资源对民航开放，根据军民航管理权限实施不同的空域灵活使用与管理政策，将灵活使用空域划分为军航和民航灵活使用空域。

美国通过国家空域系统(National Airspace System，NAS)率先建立了自由飞行和管制飞行共存的模式。欧洲航空安全组织也采用"空域灵活使用"策略，在多个国家间实现了"同一天空"，强调使用适当的空域管理程序来解决地面延误或改变路线的问题。在其设计中，根据交通状况和在特定时间段内空域的实时使用情况将空域灵活地划分。此外，澳大利亚的国家空中交通管理系统(The Australian Advanced Air Traffic System，TAAATS)在空域管理中日渐发挥重要作用。其共同特点是：通过空域重新调整与配置，充分利用了未使用空域，比传统的交通流量管理，如空中管制、航班改变路线等提供了更多的用户利益。在系统支持下实时监控所有飞行数据，包括管制员的意图、对隔离空域的需要等。实践证明建立与空域灵活使用相适应的空域分配方法，能保证实现空域的高效使用与管理。

2)灵活空域使用：内容、影响因素与方法

①主要内容：通过重构空域边界以及使用更灵活的方式，在多个均衡网络流量区域间形成动态分配能力，使管理交通流量的限制相对减少。通过FAM的操作使空域配置动态地适应特殊情况下产生的交通需求失衡和空域堵塞状况。②关联因素：空域容量及其空域利用率和空域管理系统。在各空中导航服务提供商(air navigation service provider，ANSP)与各空中交通组织，如指挥中心，交通管理单位(traffic management units，TMUs)和信号塔设施共同努力下确定并平衡空域容量需求。交通需求超过空域容量后流量就会被限制，采取的方法包括延迟程序应用和路线重设方案。③主要方法：使用动态空域配置(dynamic airspace configuration，DAC)的"修复补丁发布区"(fixing posting areas，FPAs)和区域结合与拆分的方法进行，包括空域重构、灵活的空域使用和通用空域设计，将预定义空域在功能区间自由切换，以满足特殊情况下用户的交通需求，如设备段供、天气事件规避、特殊空域使用(special use airspace，SUA)、机场配置更改、交通流量更改，以及海洋跟踪更改等。应用这一方法于灵活空域管理时需与一些人本因素相结合，如空域意识模型、态势感知、工作负荷和通信等(Stein et al.，2006)，以确保灵活空域管理的可行性。

3. 灵活空域管理：产生、内涵与实施目标

空域资源配置的核心是空域重构，空域重构主要是解决动态更改扇区边界问题，由此引发了空域灵活管理的革命。空域灵活管理的设计与实施，以及在其空域资源开发战略的制定等方面，成为新一代航空运输体系的主要理论基础，在满足空中交通需求的过程中提供了动态扇区边界更改技术，并在此基础上重构了空域结构，更好地分配和平衡了跨区域的非均衡交通需求，最大限度地促进了航空业快速发展。对空域灵活管理的借鉴包括两个组成部分，即空域灵活管理设计和空域灵活管理执行，重点是不同边界更改方法及其应用；在其之前需对空域灵活管理内涵与发展进行认知与回顾；之后需对设计-执行过程中空域灵活管理实施效果进行评估。其不仅有利于推动地理学关于空域资源开发利用的研究，也有利于中国国家空域系统的整体构建。

1) 产生与内涵

灵活空域管理(flexible airspace management，FAM)是美国联邦航空局新一代航空运输体系的主要理论基础(路紫和杜欣儒，2015)。这一概念最初是针对高空空域提出来的，在高空空域中航空器配备空对地的数据通信，根据其用户优先选择的航线，为管理者和用户提供最大程度的灵活性和效率。可以确信，是精准时间计划基础的数据通信引发了灵活迅速的反应，随后扩展到抵、离航空域管理业务领域。同时，欧洲航空安全组织也提出了灵活空域使用的概念，强调使用适当的空域管理程序来解决地面延误或航线更改问题(Rowe et al., 2003)。在其设计中，根据空中交通状况和在特定时间段内空域的实时使用情况，对空域灵活划分以最大限度地提高同时使用空域的空中交通潜力。其实践证明，空域资源重新配置可以充分利用未使用空域以保证容量释放，这比传统的交通流量管理方法(非动态管制、航班延误和航线改变)提供更多的用户利益。

在航空运输系统的现代化过程中，影响 FAM 产生和发展的主要需求因素有空域容量、空域利用率和空域管理系统。空中交通管理(ATM)的任务就是平衡交通需求与现有空域容量，由各空中导航服务提供商(ANSP)与各空中交通管理部门(TMUs)共同确定当前以及未来的空域容量能否满足交通需求。以往常因相关天气情况或管理者的工作负荷等，对超过空域容量的交通流量予以限制，包括延迟程序应用和航线重设方案等，给用户带来使用时间延误和额外费用支出。

对此，FAM 主要强调使用动态空域配置(DAC)方法重构空域边界，在多个均衡网络流量区域间形成动态分配能力，减少交通流量限制，使空域配置动态地适应(不超过 2h)交通需求失衡和空域堵塞状况。具体而言，由于空域功能分区是有限的，为了能将预定义空域在各扇区间进行自由切换，在 DAC 中又创新了"修复补丁发布区"(FPAs)方法进行扇区拆分与结合，以满足特殊情况下(如天气事件规避、空中交通事故、SUA)多用户自我选择航线的需求，也减少了管理者之间大量的协调工作(Tang et al., 2012)。与过去的 ATM 仅进行扇区拆、合相比，应用 DAC 方法于 FAM 时充分考虑了数据通信基础之上的时间对空间的替代，减少航空需求和空域容量之间的不平衡，这不仅是 FAM 的优势也是 FAM 可行性的基础。

2) 实施与目标

FAM 系统实施的前提是算法和模拟问题，近年来 FAA 为充分发掘空域资源并发挥 FAM 的潜在优势，尝试使用多种空域优化算法来设计新流程、探索空域优化配置选项(Hoffman et al., 2007)。虽然各个算法的目标大致相同，但在如何使用采样数据、在初始状态下定义空域、人工修改、以及满足设计目标等方面却有较大不同(Xue, 2009)。新的 FAM 算法研究十分关注人的因素在空域重构中的作用。人在回路(human-in-the-loop)即是一项集成 FAM 算法发展与人的因素的模拟成果。通过高效仿真研究，在满足实时交通需求下，选择适当的空域配置和解决方案，包括对空域容量的增加和跨区域的工作负荷分配等(Zelinski, 2010)。其重点是在航空器数量、飞行距离、空域利用率等不同条件下实施空域配置更改的可行性，实践证明在完整数据通信环境下空域重构可以发生在高交通流量期间，进一步可推论出就空域容量的更改范围而言也是可行的(Lee et al., 2010a)。

但就 FAM 操作和可接受性而言，空域重构仍面临航空器占据空域容量过大，以及更改数量过大等问题。基此需要进行模拟调整，设计出用于 FAM 实施的操作程序和决策支持工具(decision support tools, DSTs)，解决面对的若干问题：依据航空器对地以及地对地的实时信息互动的空域管理计划、基于算法生成的空域配置、应用 DSTs 预测的空中交通状况，以及空域拆、合修改等。人在回路的三个目标是：评估 FAM 操作创造的空域容量释放或飞行效率优势是否有利于空域重构；评估开发程序的整体可行性；对比人工空域重构，探讨空域优化算法生成的设计方案在 FAM 操作中是否更有利于重构过程(Lee et al., 2010b)。

4. 小结

1) 总结

当前基于数据通信的空中交通系统变革与空域资源开发利用的理论创新主要体现在新一代航空运输体系、灵活空域使用、平衡扇区的变革与应用问题上，包括概念、原理、框架、结构、概式、模型和组成特点等，为统筹空域资源开发，确定空域网络架构与功能，协调基础设施与空间管治提供依据。近来 3D 空域功能分区模式给出了启发式空域分割的基本方法，在灵活空域管理中发挥着动态优势以适应空域边界的自由变换，减少了飞行需求和空域容量之间的不平衡。下一步，将推进适于空域类型划分的系统方法的开发，解决不同类型因子的空间分值叠加问题，尤其是侧重解决基于不同等级、不同类型、不同使用方式的基础设施和路网结构的技术实现问题，使其成为解决不同空域活动冲突的有效工具。为了评估这一思想的可行性，管理者也需要更好地理解其内涵。中国正进入空域资源开发与空间组织演化的关键阶段，揭示其形态特征、陆空关系转变与面临的潜在问题，在满足宏观的空域资源利用与微观的扇区管理需要的前提下，合理确定网络型空间架构与功能布局，统筹基础设施及空间管治与协调，对于优化空域资源开发利用，改善无序发展引发的各种问题都具有重要意义。

2) 展望

数据通信为 FAM 操作提供了重要技术支持,最大限度地增大了空域重构和航线改变的灵活性和可行性。未来,在 FAM 实施过程中需要更多探讨如何整合交通流量和空域管理功能,地理学关于该问题的研究具有独特优势,包括空域使用类型划分和功能分区以及新时期的空间管理改革等,将成为地理学空间研究的重要学科议题。从信息地理学视角来看:其一,应用 ICTs 体现从手动到自动的根本性变革,这种变革是通过精准时间计划而实现的,时间对空间的替代是信息地理学的重要思维;其二,应用 ICTs 和 GIS 实现数据驱动时代空域信息的可视化(孙中伟和王杨,2011),特别是 GIS 技术为采用互动视觉系统管理空中交通提供了快速生成和分析的仿真环境,将对推进空中交通数据的自动集成和操作优化发挥重要作用(Steenbruggen et al.,2012)。

信息地理学视空域为一个新的应用领域。包括:①空域交通流量研究,通过特定空域飞行航线数值分析特定空域流量峰值等,为空中交通管理和空域资源合理配置服务;②空域交通密度研究,在流量统计的基础上计算特定空域单位时间内航空器的数量,通过飞行密度分析提供特定空域堵塞时段,支持空域优化配置和 FAM 执行;③空域需求集中度研究,通过空中交通流的集散情况反映空域配置需求,判断机场和机场间空域配置的需求集中度状况,反映空中交通在不同空域的关系,水平延伸和垂直拓展国家空域配置需求;④机场空域容量研究,通过机场抵、离数据的几何特征构建机场空域容量曲线得到机场空域最大能力的描述,通过空管、天气等限制性因素研究机场空域容量(Paradiso,2010),通过国家空中交通网数据分析空中交通态势,评估机场空域容量和空域配置潜力。

5.2 电信网络发展与电信流的区域空间结构

电信是国民经济的基础设施,其本身就是信息传递和信息加工系统的重要组成部分。新的电信技术包括人工智能技术、计算机硬件技术和操作系统技术及图形用户界面技术等。随着信息时代的到来,电信显示出更加重要的作用。其最终功能目标是,能在任何地点、任何时间,以任何媒体方式方便而经济地获取和发送信息,与任何人进行语音、图像和数据的任何组合形式的信息交流。

5.2.1 中国电信网络发展

1. 电信网络的发展现状及问题

中国电信业的外部环境包括宏观环境和行业环境两方面。从宏观环境来讲,社会对信息的依赖程度越来越大。从行业环境分析,一方面,随着科技变革和消费者需求的演进,电信业体现出很强的时代特点和发展趋势。在产业融合和业务创新的基础上电信业正从销售电信类的产品向提供销售综合信息服务的专业化平台和渠道发展。另一方面,电信市场国际竞争日益加剧，中国电信业已在 2006 年年底全面对外开放，市场格局的重大改变、对内对外的同时开放将为中国电信业带来新的发展机遇（戚佳峰，2010）。中国电信业从业务收入、投资规模、用户数量等各个方面都不断扩大，已逐步构建起全方位、多层次、多元化的服务体系。庞大的用户基数还是显示出中国电信业巨大的市场潜力。

从世界通信业的发展来看，移动网对固定网的替代具有加速的趋势。2002 年国际电信联盟（ITU）世界电信发展报告等材料显示，移动网的技术替代和业务分流作用使固定网在话务量、收入和电话主线 3 方面全面进入衰退阶段。从移动网对固定网的冲击来看，中国移动网对固定网的替代速度更快。数据业务正在以远高于电话增长的速度高速增长，统治传统电信网络多年的电话业务将逐渐由主角成为配角。目前多数城域网的话音流量仍高于数据流量，但少数城域网的数据流量已经高于话音流量。当前所面对的基本现实是：带宽的消耗速度远快于流量的增加速度和收入的增长速度。

与世界电信强国相比，中国电信业的发展在法制建设、管理体制、电信市场结构等方面还存在一定差距。在保持规模发展的同时，一些深层次问题也日益凸显。电信服务业有效竞争的市场结构还未完全形成，市场机制有待完善。电信产业融合力度不够，没有形成互惠共赢的产业链。构建共赢的产业链模式是实现合作共赢的前提。电信发展普遍缺少连续性和配套性。对市场、产业的理解仍停留在孤立的电信运营领域，对开放的、融合的、跨行业的电信产业运营方式不敢触及。从中国电信网络应用综合评价可见，信息网络能力仍然不能满足经济发展需要。从主线普及率统计值与世界各国主线普及率统计值相比较，在规模容量上仍然有很大差距。信息网络布局不够合理，资源利用率低，信息资源开发滞后于网络建设。

2. 电信网络未来的发展趋势

未来中国电信运营商发展的重点将是实施融合战略、差异化经营来提高电信业的整体服务水平。异质竞争的方式不仅有利于维护市场竞争地位，也有利于培养用户的消费习惯，最终形成客户忠诚度。此外，电信业的发展需要产业链上的各个环节密切配合才能实现。运营商要积极发挥主导和组织作用，与终端厂商、应用内容提供商合作，共同研究客户需求、进行业务创新、整合资源推动产业链的整体协调发展。

电信、有线电视和计算机网络三网合一的技术应用，包含着大规模降低信息成本的重要机会。中国应对信息产业又一波技术革命做出积极反应。在准备工作中，确定一个开放竞争的制度和政策框架，具有基础意义。电信和信息产业的开放竞争政策，中心内容是全部网络和各类电信服务的政企分开、企业化经营和市场竞争。

未来在通信能力方面要形成高速大容量骨干传送、窄宽带相结合、信息资源丰富的通信网络，形成反应迅速准确、运行灵活、服务高效、技术装备先进、种类多样，并能满足社会多层次需求的现代通信网络。在技术装备方面积极采用国际先进成熟的通信技术，同时不断提高国内自主研发水平。在服务水平方面，要实现具有在任何时间、地点与具有通信终端的任何人进行通信或接入信息资源网络的能力。在市场环境方面，要基本形成与市场发展相适应的市场竞争格局和政府管理体系，形成一批具有国际竞争力的电信企业。

移动通信领域是中国最早引入竞争的通信领域，在下一个阶段移动通信领域的竞争将更加激烈，竞争手段将向以创新和服务的高层次竞争演变。这样一方面供给方的资源配置得到优化，另一方面需求受供给的推动也会增加。这将使移动通信市场进入良性循环。移动数据通信是数据通信和移动通信两大热门技术的结合，互联网和移动通信的迅猛发展为移动数据通信的发展打下良好的基础。未来的移动通信业务将在原有以话音为主的网络基础上，提供互联网信息服务等有关增值电信业务。

3. 基于移动通信技术的城市交通信息系统

前文已述，以计算机和通信技术为支撑的智能交通系统作为解决交通问题的一种新的主要手段已经引起人们的重视（明平顺等，2005）。信息系统是智能交通系统（ITS）的重要组成部分，它可以用来为交通管理部门、个人交通工具出行者、公共交通工具出行者提供服务（何铁军和张宁，2006），但是服务于交通管理部门的功能最终目的还是为了让出行更加快捷、舒适，机、非出行所需的信息多为动态、实时、分布的数据，因此需要一个实时、准确、可靠的信息采集、处理和发布系统，它将采集实时数据，然后准确、迅速地通过高速信息传输网络送交后台进行分析和处理，并能够及时下达处理结果及执行监控指令。由此可见，信息传输系统是连接 ITS 各个部分的纽带，对 ITS 功能的发挥起着至关重要的作用（杨利强等，2007）。通过移动通信技术能实现交通信息的交互和实时传递，对交通信息系统的组成和工作产生深刻影响。

出行者对交通信息需求的最大特点在于要求实时性，因为无论是出行前计划的制订还是出行过程中更改出行计划，都需要最能反应最新交通状态的实时信息；单个出行者对交通信息需求数据量有限，但大量的出行者的信息需求量则比较巨大，且对多媒体信息的需求越来越多。出行者要求先进城市交通信息系统（AUTIS）提供的信息随自身的时空转移而相应改变，并且能够提供适合出行者个人出行特点的交通信息。综上所述交通信息需求具有实时性、传输高速性、接收移动性和数据总量大等特点。

按照出行者信息需求的不同特性，城市交通信息分为动态、静态和关联 3 类交通信息（姚利亚等，2006）。动态交通信息随时空变化很快，静态交通信息在一段时间内可能保持不变或者变化很小，关联交通信息指的是与交通出行相关的信息。AUTIS 是提供多种交通信息的综合交通信息系统。数据量大、访问终端多、结构复杂、应用多样等系统特点决定了其对安全性、可靠性、容量、性能、可扩展性等有很高的要求，因此，它应该是一个分布式的、安全可靠、先进实用的系统。AUTIS 主要由信息采集系统、城市交通信息中心（Traffic Information Center, TIC）、信息接收终端，以及连接各部分的信息传输网络系统构成。

4. 电信服务的溢出效应

World Bank（1999）指出 ICTs 的发展和普及有助于打破孤立、获取新的市场知识、融入市场。从本质上来讲电信服务促进了经济体地理联系和信息联系，从而能够为发现并创造市场机会提供强有力支持。电信服务是构成市场信息的中介和载体，它的服务水平决定着信息传输的质量和流量；另外电信服务的发展对降低信息不对称有重要意义。

朱孟晓和减旭恒(2010)提出并刻画电信服务的经济溢出效应,然后对电信服务与经济增长进行描述性分析,构建了 VAR 模型来分析电信服务与经济增长间的动态关系。电信服务对经济发展也具有积极意义的溢出效应或正的外部经济性。电信行业的发展对经济增长的拉动作用是不言而喻的,同时对市场交易和信息交流的支持作用更有不可估量的经济溢出效应。

电信服务的溢出效应表现为:一是创造市场机会。电信服务的发展所提供的物质和信息联系可以打开和创造更多的市场空间,激活潜在的经济资源和劳动力的智力资源。二是提高交易效率。开放的和进步的经济是一个物流和信息流高效运行的经济,物质和信息的周转使得经济运行周而复始、螺旋上升发展。电信服务提供的能量和质量决定了经济总量的周转效率。三是降低信息不对称性和节约交易成本。在市场结构分析中,市场不完全性的重要因素之一是信息不对称性。信息不对称性能够阻止潜在交易发生、地域间交流。

5.2.2 国家间电信流的影响因子及空间结构

在新的全球经济中,国际贸易的不断扩张激励着国际电信业的发展,随着生产的国际化和信息快速传递的需要,大规模的旅游和人口的迁移,以及其他社会增长和文化交流显著的变化,国际呼叫变得越来越频繁,国际电信流一直在增长。电信流的分析提供了介于个人、商业、城市、地区和国家之间的空间作用形式的经验视野。但是针对这些电信流的空间结构、其社会经济决定性,以及同其他国际流的联系等仍未被地理学很好地解释。当朝着信息经济国际化前进时,会发现关于国际电信的需求与电信流的地域分配的研究更加欠缺,而这种研究可以极大地扩展对个人、商业、城市、地区和国家之间的空间作用形式的认知。本节旨在运用现实数据,选取适当的变量评估出西太平洋地区国家间电信流的空间作用模型,用以说明决定国际电信流量和空间分布中角色的若干因子,描绘西太平洋地区国家间电信流的空间结构。

1. 相关研究回顾

西方学者对于电信地理学的研究始于 20 世纪 70 年代,国家间的电信流研究大致可以分为 3 个阶段。早期,以广泛变量的相关分析为主要内容。Lago(1970)应用美国与 23 个国家及地区在 1962~1964 年的 73 组电信流数据进行了相关分析,获得了如下 4 个结果:①时间共性、血缘人口及电话装置的数量都无关紧要;②贸易、旅游及投资对于电话服务业来说是重要的变量;③电话服务的价格弹性强于其他服务业;④国际贸易额高的国家及地区其国际电信流也必然增多。

中期,开始考虑空间因素。空间因素对电信流的作用引发了国家及地区间电信流研究的新思潮。Fiebig 和 Bewley(1987)估测了澳大利亚与 10 个国家电话交易量的作用模型,同时也进行了发话量的计费分钟量与国家实际 GDP、电话价目表、贸易和短期移居者的回归分析,并提出了区别短期和长期弹性值的方法。次年,他们还进一步分析了由澳大利亚引起的国际电话话务量(Bewley and Fiebig, 1988)。Rietveld 和 Janssen(1990)

通过对荷兰与外国的国际呼叫量的 27 组观测，确定了回归模型中的解释变量（自变量）：区域/国家 GDP、原始目的地距离、11 个外国的个人和群体特征等，其研究趋向于衡量边界阻碍效应。这是第一次将距离变量引入研究模型中，结果显示多数情况下指向阻碍效应。Hackel 和 Westlund（1995）假设价格弹性恒定，精确描述了瑞典和其主要贸易伙伴（德国、英国、美国、丹麦、芬兰、挪威）的电信需求在 1976~1990 年的变化公式。

后期，涉及了国家及地区间回叫信号流的研究，这应被认为是一次飞跃。Appelbe 和 Dineen（1993）利用 1988~1999 年每季的数据，分析了加拿大和英国、法国、意大利、荷兰、德国、澳大利亚、日本、中国香港等国家和地区间的呼叫模式。1996 年"空间技术、地理信息和城市"最终报告中提出，电信流与旅游流、信息流、商业互联网流量紧密相关，并且需要发展一个压缩数据包，包括距离矩阵、旅行时期矩阵模式、交通工具类型和旅行类型交通流、媒介电信流（电话、传真、互联网等）。Sangbach（1996）在发达国家 154 个路线的流量数据中评估了始发目的地的双向模型。选取的指标包括电话主线路数量、平均 GDP、国家间时差、距离的反函数、语言共性、发话价格和收话价格等。但因为价格悬殊相对较低，因此从统计结果来看并不重要。Garín-Muñoz 和 Perez-Amaral（1998）估计了从西班牙到 27 个非洲起始国 1982~1991 年的发话量需求函数，选取的指标包括收话量、发话价格、贸易变量，以及入境旅游人数。收话、价格及旅客变量结果显示非常重要，但贸易变量并非如此。Barnett 等（2001）更创新性地描述了互联网与国际电信流结构的联系，及其与电话率、语言、地理位置、贸易集团、国际移民、学者交流的不同时性。结果表明，互联网的结构与国际电信、贸易、学者交流及语言显著相关。Michel（2004）对不同地理范围的电信流进行了更系统的空间分析，并利用丰富的数据，涉猎 103 个始发地和目的地，配合一些国家相关的科技和社会经济数据，考虑电信设备效用等，选取电信设备、经济发展、国际贸易、国际旅游、文化联系、政治和前殖民地联系、地域分割、州/次大陆成员、空间结构等九类指标，作变量回归分析，有效地发展了国际电信流的空间作用模型，分析了国际电信流的影响因素。Fischer（2002）利用奥地利国家内地区与地区间的电信流数据作为试验平台，对空间作用模型进行了统计学预测。Loo 和 Wong（2002）借鉴欧美学者的研究经验，详细描述亚太地区互联网空间形式与潜在地区因素的发展。

2. 电信流影响因子及其作用

1）影响因子设计

根据西太平洋地区经济社会发展情况，系统分析筛选各种指标因子，最终选取 8 类因子：电信设备、经济发展、国际贸易、国际旅游、国家联系、政府促进、文化联系、空间结构。这 8 类变量又分别选取指标以便系统分析有些资料是可以直接获取的，有些则需要分析加以赋值。这个过程包括量化地选择相关变量，估计缺失数据最终用标准化数据的平均值来计算。在分析中使用两种指标：硬指标和软指标。

A. 电信流系统分析的硬指标

从独立机构收集的统计信息得出的数据称为硬指标。硬指标有 5 个来源：世界发展指标(WDI)、世界信息技术与服务联盟、国际电信联盟、金字塔调查服务公司和中央情报局。硬指标包括：电信设备、经济发展、国际贸易、国际旅游、政府促进等。数据来源于世界经济论坛、欧洲工商管理学院和世界银行全球信息技术报告，该报告涵盖了世界各国 ICTs 的发展状况。计算各影响因子对电信流的相关程度，电话流量数据必不可少，因为国家间发话量与收话量数据基本平衡，所以只选取一种即可完成计算。由于未得到直接的实际数据，西太平洋地区国家间的发话量数据由国际电信联盟网站上的电信流量数据加工而得。

西太平洋地区已形成以中国为中心的电信流空间布局，澳大利亚、日本、韩国、新加坡等国家电信实力较强。中国的经济腾飞为电信业发展创造了奇迹，总发话量在地区内居于前列。随着中国政府对电信业的愈加重视，电话主线数、宽带用户、移动电话等均有很大的发展空间。近年来，中国的移动电话用户呈现高速增长态势。马来西亚、新加坡、中国台湾地区与泰国政府是最先进的 ICT 用户。

B. 电信流系统分析的软指标

在研究中把通过问卷调查得到的主观性数据称为软指标。其中部分资料通过权重分析及样本调查获得，对象包括西太平地区国家间的文化联系、国家联系两个大类，此两大类均为虚拟自变量，因而处理方法为引进只取"0"和"1"两个值的 0~1 型虚拟自变量。入境旅游个别数据缺失，但经过数学分析，并不影响最终的计算结果。空间结构数据由计算分析获得，让 X_k 为国家 k 的特征变量，D_{km} 为国家 k 和 m 间的距离。空间结构变量(SSV_m)描述的国家 m 计算如下：

$$SSV_m = \sum kX_k/(D_{km})^\lambda \tag{5-1}$$

从语言指标可以看出，汉语在西太平洋地区居于重要地位；国家联系中，本节分析的许多国家属于一个共同的经济联盟——东南亚国家联盟。入境旅游指标中，以外国到中国的入境旅游人数计算；空间结构指标参照式(5-1)进行计算。

2) 研究方法

Rea 和 Lage(1978)应用误差成分回归模型，处理交叉区域、时间级数数据，分析美国到 37 个主要国家 1964~1973 年发出的主要信息流；Fiebig 和 Beuley(1987)估计澳大利亚与 10 个国家电话交易量的最终模型时应用 Box-Cox 变化原理作回归分析；Hackel 和 Westlund(1995)应用了局部移动回归分析法；近年来研究方法和指标选取都趋于完善阶段，数据分析手法也更加清晰。Michel(2004)同利用丰富的数据，涉及 103 个始发国和目的地国，配合一些国家相关的科技和社会经济数据，应用九类说明变量作系统的回归分析；Fischer(2002)应用最大似然法，进行回归分析，研究地区间电信流。研究方法由简单到深入，见证了电信流研究的逐步成熟。回归分析是研究变量间的相关度最恰当的方法，因此研究者同样应用多元线性回归方法，计算西太平洋地区国家间电信流各影响因子的相关度。研究在线性相关条件下，两个或两个以上自变量对一个因变量的数量变化关系，称为多元线性回归分析。假设电信流 Y 受因子 X_1、X_2、X_3、X_4、X_5、X_6、X_7、X_8 的影响，其内在联系是线性的，设上述数据的数学结构模型为

$$Y_A = B_0 + B_1 X_{A1} + B_2 X_{A2} + B_3 X_{A3} + \cdots + B_8 X_{A8} + E_A \tag{5-2}$$

式中，B_0、B_1、B_2、B_3、$\cdots$、B_8 为待定参数；E_A 为随机变量。

采用最小二乘法估计参数，B_0、B_1、B_2、B_3、$\cdots$、B_8，得回归方程模型：

$$Y = b_0 + b_1 X_1 + b_2 X_2 + b_3 X_3 + \cdots + b_8 X_8 \tag{5-3}$$

式中，b_0、b_1、b_2、b_3、$\cdots$、b_8 为偏回归系数。最后通过计算，建立回归方程，并通过回归系数的检验，剔除不显著的因子。根据前文所给原始资料及赋值资料，经标准化处理后，依据式(5-3)应用 SPSS 数理统计软件、多元线性回归分析法计算各自变量对电信流的相关度。在回归分析过程中，选取不同的选项会得出不同的结果，各因子的回归系数也就不同，故选取多种选项逐一计算分析，将结果进行系统分析和比较，回归系数的显著性检验采用 t 检验法，最终得到西太平洋地区国家间电信流影响因子回归系数。

3) 结果分析

比较回归系数，可以对国家间电信流的影响因子进行排序，综合分析后排序结果为：经济发展>电信设备>国际贸易>语言共性>国际旅游>政府促进>空间结构>国家联系（张葳等，2005）。

从排序结果不难看出，国家间各种物质流或多或少地影响着信息流、旅游流、贸易流、科技流、移民流等均会产生电信流。经对国家间各物质流对电信流作用分析认为：

(1) 增强作用：①人均 GDP，经济发展与电信流强弱显著正相关；一国或地区的经济发展水平是提高该国或该地区电信消费支出的基础，而国家的人均 GDP 可作为最终选取的经济发展变量；人均 GDP 高的国家或地区，其用于电信的支出相对较大，因而对电信流具有增强作用。②电信设备，与电信流显著相关；电信业的特殊性之一是消费者只能通过终端设备（如固定电话和移动电话、计算机）才能享受到电信运营商提供的电信服务。电信设备质量越高，电话主线普及率越高，人均电信消费支出就越高，产生的电信流也就越强。一个国家电话主线路的数量高度影响着电信流的强弱，两者关系十分密切；西太平洋地区电话主线数最高的国家是日本，日本是国际电信流的扩散点与集聚点，并且与多个国家建立密切联系。③国际贸易，进口额、出口额均与电信流显著正相关，国际贸易额高的国家经济发展较快，因贸易产生的国际电信流也必然增多；出口量和进口量均对国家间电信流的产生有促进作用。④语言共性，呈正相关，语言是影响国际电信流的重要因素之一，语言相同的国家之间的交流总是多于语言不同的国家之间的交流，产生的国际电信流也较强。西太平洋地区是东西方经济模式、政治理念、文化传统、宗教信仰等各种矛盾的一个交汇点，英语世界的文化在竞争中必然获得优势；同时，此地区多数为华语国家，语言的共性为国际电信流的发展奠定了良好的基础。⑤政府促进，与电信流呈正相关，国内市场基础的 ICTs 成熟度越高，就越需要强调政府的支持角色；政府角色可能慢慢从微观管理转为宏观调控；马来西亚、新加坡、中国台湾地区与泰国政府是最先进的 ICTs 用户；事实表明，在电信领域采取强竞争政策的国家通常在基础设施与服务方面取得了高速发展，从而使消费者付出的价格稳步下降。

(2) 替代作用：①宽带用户数量，呈显著正相关，表明随着 ICTs 的发展和宽带用户的增多,国家间联系更为便捷,对电信流的激励效应十分明显;经由互联网发送的电子邮件对国际电话流的取代和补充作用越来越显著。②互联网用户数量,呈正相关,电子邮件和互联网浏览器的发展逐渐代替电话呼叫,输入国互联网用户的增多及门户网站的出现刺激了从输出国的呼叫,可能作为一种新的收集信息的结果和进一步补充信息的需要。

(3) 协同作用:①固定、移动电话数量,固定电话与移动电话的数量与电信流的产生密切相关,移动电话数量与电信流呈显著正相关,表明移动电话的持续繁荣,为电信流的产生创造了积极条件,移动电话用户越多,产生电信流的机会就越多;同样,固定电话用户数量(主要表现为点化主线数的多少)也呈显著正相关,惊人地类似于Sandbach(1996)得出的结论,表明固定电话用户始终对电信流起重要的促进作用。②空间结构,呈正相关,随着经济等各方面因素的发展,国家间电信流中存在空间结构作用,不论是竞争还是自然集聚,距离已经不是阻碍电信流的主要因素,随着ICTs的发展,距离的影响近乎消亡,语言接近的国家对产生电信交易有激励作用,而国家孤立则会阻碍国际电信流的产生与发展。③国家联系,为负值,说明政治联系、亚太经济合作组织(APEC)、东南亚国家联盟(ASEAN)组织对电信发展有时也起到了阻碍作用。但国家间的科技流对电信流起一定的促进作用。

(4) 衍生作用:入境旅游流,呈正相关,国际旅游电信流的强弱直接反映在游客的数量上,将国家间的旅游观光人数比较,即可以得出电信流的强弱。旅游输入国游客必然会与旅游输出国的家人或公司电话联系,因而旅游吸引力强的国家衍生的国际电信流必然增多。近年来中国国际旅游量稳步增长是世界上增长率最高的国家,进而带动了国民经济和国际电信事业的发展。

3. 电信流空间结构

1) 研究方法

由前文可见,国际电话呼叫的分析已经十分接近空间作用模型的基准体系。现列出标准的空间作用模型(F_{ij})的一般公式为

$$F_{ij} = f(V_i, V_j, R_{ij}) \tag{5-4}$$

式中,V_i 和 V_j 分别为国家及地区 i 和 j 的特征向量;R_{ij} 为从 i 到 j 的 F_{ij} 的向量或摩擦因子。一般来说,变量 V_i 和 V_j 包括两地的人口统计、经济水平、影响电信流的积极和消极技术特征、电信设备等;变量 R_{ij} 包括起消极影响的距离和电话价格等、起积极影响的贸易和其他文化吸引力等。就理论和经验两者而言,改进的模型将通过解释空间结构的作用特别是减少距离参数的统计偏差而获得。由 Fotheringham(1983)提出的一种处理方式是向模型中引入目的地竞争因子(CD),它可以衡量 j 地到其他所有目的地的连通性(接入性)。如果相互作用随着这些因子的减少而减少,竞争将在这些目的地中存在。另一种处理方式基于 Stouffer(1960)的理论提出,涉及使用一种介入机会(IO)因子,它表明距离衰减原理象着始发地和目的地之间的吸引效应(Guldmann, 1999)。回顾以上研究,可以观察到 CD/IO 因子的形式化,以及它们所计算的地理空间的变化。空间结构变量

(SSV_m)描述的国家或地区 m 计算公式:

$$SSV_m = \sum kX_k/(D_{km})^\lambda \tag{5-5}$$

式中，X_k 为竞争干涉国家或地区 k 的特征变量；D_{km} 为国家或地区 m 和 k 间的距离。

一组国家或地区 k 选取于式(5-5)的总和是一个重要的决定变量，它可以代表所有国家或地区（除 m），或者是 m 给定的距离之内的国家或地区，或者有特殊文化特性的国家，不考虑它们的位置。距离指数 λ 既不是外部选取的，也不是经敏感分析处理的，而是取自于相互作用模型的解释力价值最大者。如果将变量 SSV_m 联系始发地 i，它自然代表一个 IO 因子，某种作用类型下的模型的最终形式如下：

$$F_{ij} = f(V_i, V_j, R_{ij}, SSV_i, SSV_j) \tag{5-6}$$

即国家或地区间电信流的空间作用由两地的特征向量、摩擦因子，以及两地的空间结构变量决定。国家或地区 i 和 j 电信流空间作用的因子包括 CD 和 IO。

2) 电信流空间结构

A. 电信流空间结构演变

从国际电信流空间结构看，20 世纪世界电信流主要以美国为中心，亚洲地区内部的数据流也要先经由美国中转。但随着亚洲经济实力的增强和电信管制的放松，世界数据流正逐步从美国转向东亚，亚洲地区的数据流越来越倾向于在亚洲地区内部流转。在 2001 年亚太地区跃升为世界最大的电信市场，如今更是将世界电信中心的重要位置牢牢占住，成为唯一市场份额明显扩大的区域。全球 10 个利润最大的电信运营商有 7 个创办在这个地区，形成了真正的"太平洋世纪"，其国家间信息流的研究意义十分明显，下文选取西太平洋（包括东亚和澳大利亚）12 个国家或地区作为研究对象。

西太平洋国家间电信流的空间结构在 20 世纪 90 年代初期曾被香港中文大学的学者 Lo 和 Yeung(1996)在 *Emerging world cities in Pacific Asia* 中有所描绘。当时是以日本为电信中心，东京不论是在地区内部还是在外部联系中均处于关键地位，它不但与欧洲和北美集团的枢纽之间有强大的联合，而且也是新加坡、中国香港、中国台湾、韩国首尔服务新经济并使其产业化的汇合处。中国香港作为中国台湾的贸易网点和中国电信的贸易中心，是中国大陆电信的一个中转站。10 年后这种状况发生了极大的改变，国际电联世界电信发展报告中将国家和地区的电话总普及率做了比较，可以看出世界电信中心的转移特征。

B. 国家及地区间电信流空间作用特点

(1) 空间分布形态——多形式共存。西太平洋国家间电信流的空间分布形态呈现为辐射发散型和收敛集聚型共存的空间模式，以电信热点城市为辐射点和集聚点。经济发达的国际城市既是电信流集聚点，又是电信流中转辐射点，明显表现出的特点是日本、澳大利亚、新加坡等电信发达国家均为国际电信流辐射点，中国、菲律宾、马来西亚等发展中国家则主要为国际电信流集聚点。

(2) 电信流流向特点——向中国集聚。电信业推动国民经济发展的同时，经济的持续高速增长又给电信业带来了新的机会。在过去的十几年中，西太平洋国家和地区电信流发生了巨大的变化，中国大陆和菲律宾都已成为该地区电信流的集聚点，以中国为中心的亚洲经济区的形成将带来越来越多的以中国为源头或为落地的国际电信流。

(3) 电信流流量特点——由"集中垄断"向"多元分流"转换。多年来，日本电信业快速成长，带动了日本电信制造企业与ICTs产业的发展，成功地成为亚洲地区的通信枢纽。但近年来西太平洋地区电信流流量正逐渐从日韩"集中垄断"式向"多元分流"式发展，新加坡同周边国家的经济及贸易往来不断增加，衍生大量的国际电信流，新加坡政府正在通过各种努力，立志成为亚洲地区另一个通信枢纽。中国、菲律宾、马来西亚也已成为重要的电信流集聚点。同时，中国正逐渐成为此地区乃至世界范围内电信流的中心节点(张葳等，2006)。

C.国家间电信流的节点结构

在过去的十几年中西太平洋地区已经形成了一个多中心节点的电信流区域。一级节点是电信业发展走在尖端的国家或地区，如中国大陆、中国香港、日本和澳大利亚。其中澳大利亚、日本、中国香港均是电信流扩散场；中国大陆是电信流集聚场。中国香港是中国大陆的一个电信中转站。中国大陆、中国香港和日本组成一个"金三角"。二级节点是中国台湾、新加坡、韩国、马来西亚。作为曼谷、吉隆坡、雅加达的汇合处，新加坡在成为亚洲转运中心、金融中心后，下一阶段的目标是成为东南亚网络、通信、资讯相关应用的研发中心并最终成为亚洲的资讯通信中心。三级节点是菲律宾、印度尼西亚、印度、泰国。菲律宾20世纪90年代初期只在一些主要城市(如首都马尼拉)才有电信设施且服务质量也比较低，如今电信服务已经遍及国家的每一个角落甚至偏远地区。

D.电信流的空间作用模式

贸易、政治、文化、语言均与国家间电信流的流量显著相关。地理的角色越来越弱，在特定意义上甚至是不相关的。当考虑空间结构变量时，IO(介入机会)作用强于CD(目的地竞争)作用，且大多数临近i和j的国家或地区趋向于减少i到j的电话流。多数语言接近的国家或地区对产生电话流量有促进作用。由此也说明，国际电信流中有空间作用依然存在，不论是竞争还是自然凝聚。应用式(5-4)~式(5-6)对西太平洋地区12个国家及地区间电信流的空间作用模型进行计算，得出该地区电信流的空间模式共4种：第一种描述的是由国家或地区i到目的地j的电信流竞争圆，可以看出有多个国家或地区的电信流流向目的地j并以竞争形式存在，如中国；第二种描述的是在国家或地区i到j的电信流中对于国家或地区i存在介入因子，这些因子呈圆形分布，介入强度基本相同，此模式适用于电信初级发展的国家或地区，如菲律宾、印度尼西亚等；第三种描述的是国家或地区i与j之间电信流的介入因子扇形区域，此模式适用于电信中度发展的国家或地区，它们有着自己的电信流通道，通道中也存在着一部分介入其电信流的引力，它会分流国家或地区i与j的电信流，但分流强度不等，如韩国、马来西亚、新加坡等；第四种描述的是国家或地区i到j的电信流的介入机会因子通道，此模式适用于电信高度发展的国家及地区，它们有着强大的国际电信流网络，虽然有介入因子分流两地的电信流，但只在途中分流，仍然不能减弱国家或地区i到j的电信流，如澳大利亚、日本等电信发达国家。后三种均为IO作用模式。

5.2.3 小　　结

在信息经济高速发展的今天，旅游流、贸易流、文化流、电信流等与社会经济空间结构的联系变得越来越紧密，ICTs作用下的空间问题研究应成为新的热点。本节将电信流空间作用分为4种模式：一种目的地竞争模式、三种介入机会竞争因子模式，概念性地说明了西太平洋国家及地区间电信流空间结构的发展形势。西太平洋地区国际电信流由集中垄断向多元分流的转变，以及国际电信流三级中心节点的形成，也概念性地说明了西太平洋地区电信流的空间结构的演变和广阔的发展前景。

5.3 移动通信使用量的空间差异与使用者特征

近年来，国内外学者较多地关注了移动通信使用及用户特点、移动通信网络的地理分布、移动电话的时空限制等流动空间替代固定空间的问题(孙中伟和路紫，2005)，其中尤以研究手机通信行为为焦点，如 Ishii(2004)通过观察日本手机网络服务，根据计算机上网与手机上网的差异，分析了影响手机上网的性别、年龄、受教育程度等社会文化因素。Rice 和 Katz(2003)也研究了计算机上网与手机上网分别在使用者/不使用者、资深/新近、连续/中断上的差异，并分析了人口学变量的作用。Andonova(2006)调查了墨西哥计算机上网和手机上网的渗透度，给出了一个解释 ICTs 使用差异的框架。Sillence 和 Baber(2004)研究了 2002 年世界杯的数字社区，发现相同兴趣的社区成员在足球联赛期间成功地将短信服务和网站结合起来，利用短信服务促进他们之间的交流。具体到地理学领域，Lambiotte 等(2008)对移动通信网络的地理分布进行了研究，提出了一个基于人口迁移和行为者本土化的新模型。Castells 等(2004)通过研究移动通信近十年来在欧洲、亚太地区和美国的发展差异，发现国家 GDP 影响移动通信的使用，并分析了在不同文化背景下，人们的通信方式、偏好、年龄、性别，以及社会经济地位对移动通信使用差异的影响机制。Schwanen 和 Kwan(2008)通过对哥伦布(美国俄亥俄州)和乌德勒支(荷兰)的计算机上网和手机上网的比较研究，发现其减缓时间限制的程度十分明显，从而较大的增加了日常活动空间时间的灵活性。以上研究得到的一个基本认识是：移动通信极大地改变了使用者信息交流的方式，移动通信行为深受人口学要素的影响。

5.3.1 移动通信使用量差异的人口学分析

下文借鉴前人关于移动通信的人口学研究成果，针对人口学要素对移动通信使用量的影响机制及其内在联系研究的缺陷，以移动通信使用量为研究对象，应用改进后的地理迁移关系模型和人类动力学模型详细解释人口迁移、人口技术构成两组人口学要素与中国省际移动通信使用量差异的内在联系。

1. 方法

1) 地理迁移关系模型

Lambiotte 等(2008)提出的地理迁移关系是一种典型的社会网络模型,该模型由一个原型网络系统和两个变形网络系统(迁移与适应)组成。社会网络的概念最早由 Georg Simmel 提出,他认为社会上的个人都是由特定的网络渠道相互连接的。随后,Monge 和 Contractor(2003)透过社会网络结构本身,分析了社会网络结构的生成机制,并通过构建计算机仿真环境验证了社会网络理论的假设。新的社会网络问题的研究主要集中在如下领域:复杂网络上的信息流与传播行为(路紫和李彦丽,2005),社团结构、社会网络的同步与控制(韩瑞玲等,2009),网络节点的状态和变化(Gastner and Newman,2006),以及各网络链接长度的差异(刘春亮和路紫,2007)等。以上关于社会网络的实证研究都表明网络具有共同的小世界性能(Barabási and Albert,1999),这种小世界性能是地理迁移关系模型广泛存在的基础(Erlander and Stewart,1990)。引入地理迁移关系模型对理解移动通信与人口迁移的关系具有较大意义。研究者对上述地理迁移关系模型进行了深化,将原有模型中的一个原型网络系统和两个变形网络系统转换为演变过程中的三个阶段,即原始状态、迁移及适应(图 5-2),这种深化增加了动态含义。

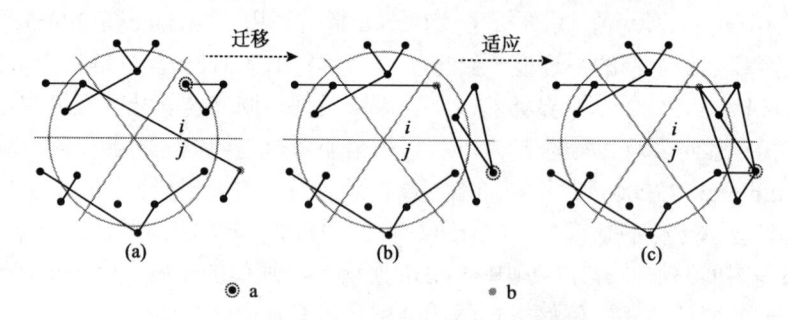

图 5-2 地理迁移关系模型(王思思等,2012)

图 5-3~图 5-6 及表 5-2 资料来源同

移动通信网络系统在原始状态[图 5-2(a)]下,结点 i 和 j 中的作用者 a 和 b 在结点间移动并相互连接,假设结点 i 的作用者 a 可能迁移到 j,结点 j 的作用者 b 也可能迁移到 i,在作用者 a 和 b 移动后的一定时期内,仍保留其原有链接,呈现为迁移状态[图 5-2(b)],移动后作用者 a 和 b 在适应当地环境后,继续保持原有链接并与相邻作用者建立新链接,形成适应状态[图 5-2(c)]。地理迁移关系模型可以较好地揭示移动通信行为的演变过程。

2) 社会网络人类动力学模型

描述复杂的社会网络特性,需要评估作用者联系的幂律分布,社会网络人类动力学模型是一个有效的工具。根据 Grabowski(2007)的研究,作用者的兴趣来自于体验,体验源于交流,那些有价值的交流就构成了人机互动的通信联系。在某一个群体内部作用者联系的集聚水平较高,即呈现出幂律分布特征:某个作用者与同类作用者间拥有大量联系,而与非同类作用者间拥有很少联系。幂律分布的形成说明在社会网络中,高密度的连接是由网络中作用者行为价值决定的,大多数作用者只能维持与有价值的人的联系。较高的集聚和较短的平均路径是社会网络的两个典型特征,因此集聚行为是研究人口技术构成对移动通信行为影响的出发点,人群联系的幂律特征与人群同类性的关系密切,这种幂律暗示着人群结构的存在。根据社会网络人类动力学定律,这种人群联系的结构特征可按两个类型说明(图5-3)。

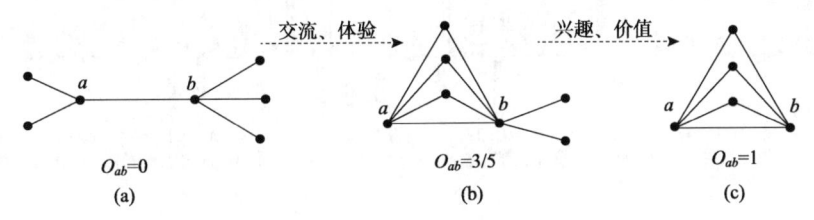

图5-3 社会网络人类动力学模型

移动通信网络系统的前一个类型属于非群体类型[图5-3(a)],作用者间的网络连接为低密度连接,作用者a、b间呈现单一联系,即$O_{ab}=0$。经过交流与体验[图5-3(b)]作用者重新选择与调整,因同类作用者彼此吸引形成群体类型[图5-3(c)],其网络连接为高密度连接,a、b间形成复杂的重叠联系,即$O_{ab}=1$。其中,共同兴趣和交流价值在人际关系建立中发挥很大作用。人口技术构成对移动通信使用强度的影响主要表现为社会网络人类动力学模型的后一种类型,同类作用者之间已经形成高密度连接,在某种人口技术构成状态下,移动通信联系呈现出幂律分布形态。

2. 数据与处理

依据2000~2005年人口迁移数据,考虑到人口迁移对移动通信影响的相对滞后性,选用2006年移动通信数据。同时考虑到数据的时效性,在进行移动通信指标与人口技术构成指标相关性分析时,需选用最新数据,但2009年移动通信数据与早期数据中具体指标不一致,故选用2008年的移动通信数据和人口技术构成研究数据(王思思等,2012)。人口迁移指标包括迁出率、迁入率和净迁移率,中国大陆各省份人口迁移指标数据来源于2005年全国1%人口抽样调查和2000年第五次人口普查,其分布状况见图5-4。

人口技术构成指标包括大专以上人数,科学研究、技术研究及地质勘探业人数,信息传输、计算机服务和软件业人数,在校大学生数。中国大陆各省份人口技术构成数据来源于《2009年中国统计年鉴》,为了体现出这四种类型在各省份人口中所占比例的程度,分别除以该省份的总人口数,形成图5-5。

移动通信指标包括移动短信业务量、移动电话长途通话时长、移动电话普及率,中国大陆各省份移动通信数据来源于《2007年中国统计年鉴》和《2009年中国统计年鉴》,移动短信业务量、移动电话长途通话时长为各省份的总值,为了体现各省份移动通信的人均水平,以上两个指标除分别除以各省份的移动电话户数,得到的是户均移动短信业务量和移动电话长途通话时长数据(图5-6)。

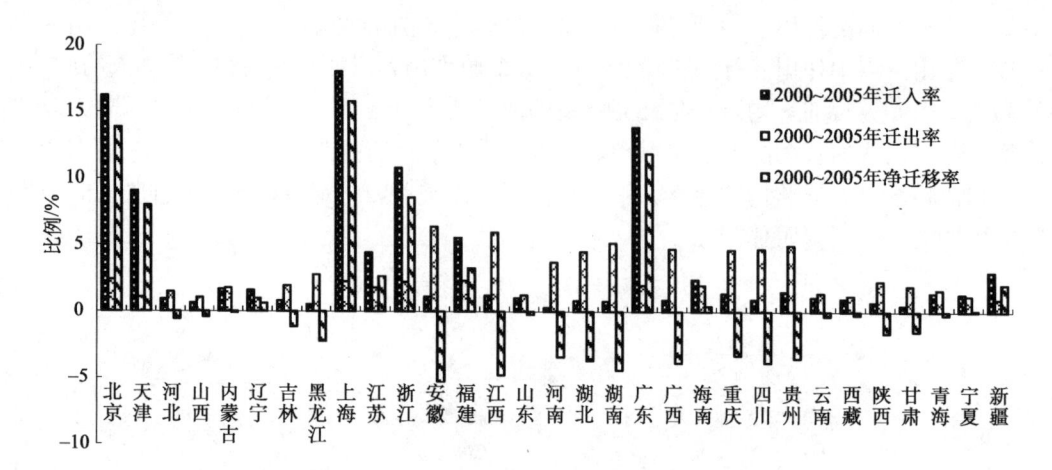

图 5-4　中国大陆各省份人口迁移指标分布状况

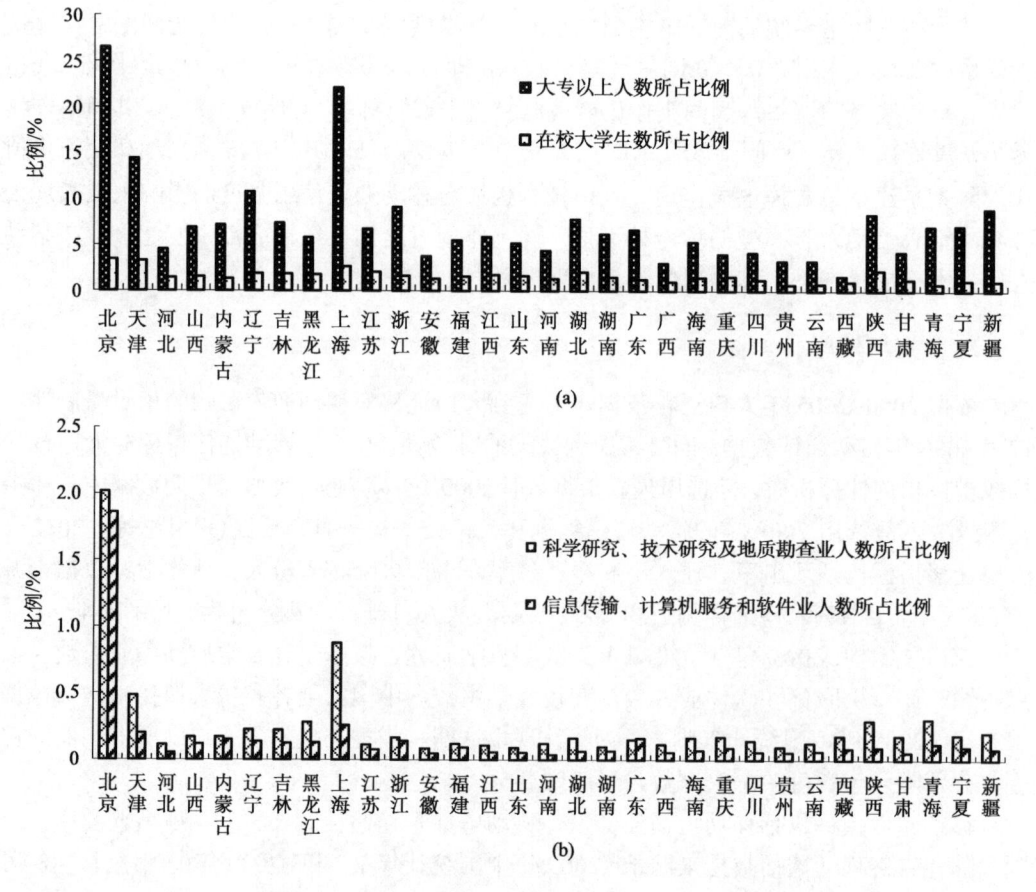

(a)

(b)

图 5-5　中国大陆各省份人口技术构成指标分布状况

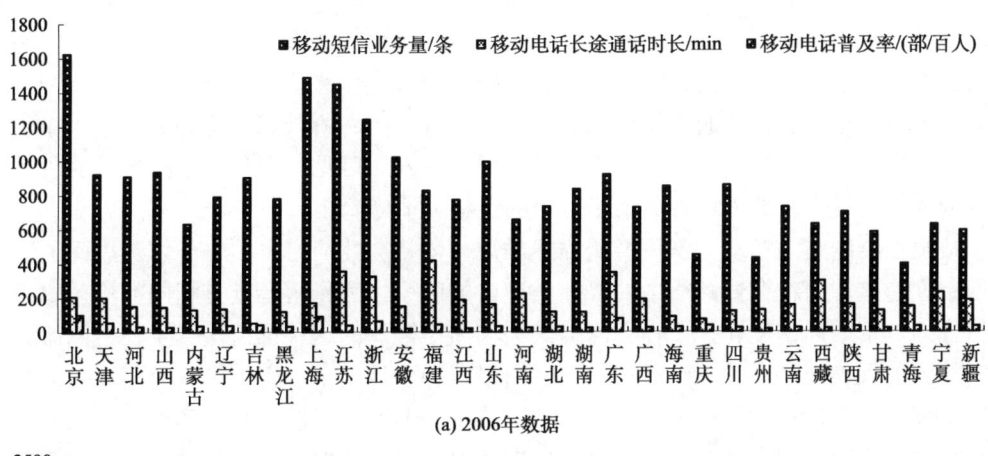

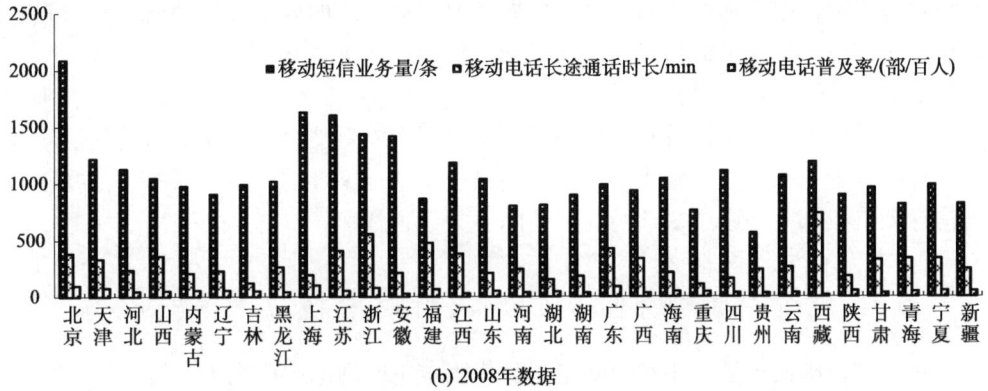

图 5-6 中国大陆各省份移动通信指标分布状况

应用 SPSS 软件分别计算人口迁移与 2006 年移动通信两组指标间、人口技术构成与 2008 年移动通信两组指标间的相关程度，得到表 5-2。可以看出，人口迁移、人口技术构成与移动通信之间存在一定的相关性。

表 5-2 人口迁移、人口技术构成与移动通信相关系数矩阵

移动通信	人口迁移			移动通信	人口技术构成			
(2006 年)	x_1	x_2	x_3	(2008 年)	x_1	x_2	x_3	x_4
y_1	0.7025	-0.1155	0.6649	y_1	0.6604	0.6890	0.6608	0.6175
y_2	0.4312	-0.2315	0.4562	y_2	-0.0235	0.0703	0.1375	-0.0622
y_3	0.9475	-0.2988	0.9393	y_3	0.8190	0.6337	0.5471	0.6569

3. 结果分析

按照地理迁移关系模型所表述的规律，在迁移阶段迁移者在迁入新地点的一段时期内，仍保持其迁出地的原有链接，所以对于迁出地而言，连接不会受太大影响，迁出率与移动通信三指标均没有明显的相关性，其与地理迁移关系模型的原始迁移规律相符；

当迁移者适应当地环境后,在当地产生新连接,并继续保持原有连接,其移动通信使用量增加,所以迁入率和净迁移率与移动通信(短信业务量和移动电话普及率)相关性明显。在适应阶段,迁入者往往通过短信的方式保持原有连接,所以短信业务量与迁入率、净迁移率均呈明显的正相关,相关性大于长途通话方式。可见,人口迁移影响下的移动通信行为的变化发生在地理迁移关系模型中的迁移和适应阶段。

按照社会网络人类动力学模型所描述的规律,社会性网络中的非群体类型间的联系为低密度连接,而社会性网络中的群体类型内的联系,因作用者具有相同的价值追求和通信行为,形成高密度连接。社会网络人类动力学强调的这种价值是基于社会网络中作用者相同的兴趣而产生的,因此在社会网络中就会出现一个过程:由低密度连接向高密度连接过渡。人口技术构成影响下的移动通信行为的变化多发生在高密度连接状态下,较高技术构成的作用者具有相同的价值取向,要求有广泛的联系,移动通信需求强度很大,使得人口技术构成指标与移动通信指标总体呈正相关,其中与移动电话普及率、短信业务量的相关性较为显著。

经济发展水平、文化构成对通信使用产生积极影响仍然存在,这与以前其他学者的研究相符。复杂的社会网络构成已经极大地吸引了地理学界的兴趣,新的经济社会系统和通信行为特征都需要通过复杂的社会性网络关系来解释。

5.3.2 时空转换原理对知识人群使用移动通信的影响

近些年来,国内外学者在对流动空间替代固定空间问题的研究中,投入较多精力关注移动通信行为,包括移动通信使用及用户特点、移动通信网络的地理分布特征、移动通信的时空限制等,这为深入认知流动空间特征找到了一个新的视角,也取得了许多令人欣喜的进展。下文借鉴前人关于移动通信的人口学研究成果,针对影响移动通信使用的内在机制研究的缺陷,以移动通信使用量为研究对象,探究时空转换原理对中国知识人群使用移动通信的影响。

1. 知识人群与移动通信的关系

移动通信较之以前的通信工具,如电话、传真、邮件等而言,突破性的革新是可移动性,其最直观、最明显的表现即是随时随地的通信应用。对移动性的需求肯定是所有使用者的共同心理愿望,但是由这种移动性生成或助长出的时空转换特性——空闲时间再利用或缺场的在场等,则在不同人群中会有不同的应用并产生不同的影响,如对空闲时间的扩展,对"事情多""工作忙"的知识人群的生活语境状态复杂化就会有一种推波助澜的作用。知识人群日程繁忙,社会交往广泛,对时间"软化"的微协调需求大。为了证明这种假设,这项研究使用人口技术构成进行特定语境中使用者行为的分析。

研究者所定义的知识人群是广义的,不单指受过中等以上学历教育的人群,而是主要以创造、传播、应用、开发、管理科学文化知识为谋生手段,并具有相当社会责任感的脑力劳动者。人口技术构成指标选用包括大专以上人数,科学研究、技术研究及地质勘探业人数,信息传输、计算机服务和软件业人数,在校大学生数。移动通信指标包括移动短信业务量、移动电话长途通话时长、移动电话普及率。应用 SPSS 软件可进行人口技术构成与移动通信指标间的相关分析。首先计算出两组指标间的相关度，结果显示知识人群与移动电话普及率相关性较强(大专以上人数，科学研究、技术研究及地质勘探业人数所占比例，与移动电话普及率，相关系数为 0.7~0.8)，或呈现有一定相关性(信息传输、计算机服务和软件业人数，在校大学生数所占比例，与移动电话普及率，相关系数为 0.5~0.7)，所选人口技术构成指标与短信业务量均存在一定相关性，相关系数为 0.5~0.7(王思思等，2013)。下面尝试分析时空转换原理对知识人群使用移动通信的影响。

2. 移动通信的时空转换原理

1) 中间空间与中间时间的出现

移动通信的中间空间与中间时间是时空转换原理的基本特征，移动通信行为中人们以中间空间与中间时间为基础发展了与其他人交流的新方式。移动通信使用对中间空间和中间时间的强化是通过其沟通的灵活性而表现出来的，使用者可以在其他活动的中间状态下进行信息交流。中间空间与中间时间被移动通信赋予了新的意义：将从前被认定的无用时间复苏为有用的时间，将其转化为有助于人们构建交流社会的语境(Caronia，2005)，进而将其转变为一种可能产生经济效益的商品化的资源。人们利用中间空间与中间时间与他人进行沟通具有其鲜明的自身特点，通常是简短的而非冗长的交流。总之，在移动通信协调下时间变得具有延展性，即在时间长度不变的同时厚度得以延展，这是每一个个体在同一时刻通过移动通信实施不同的行为来完成的，他们在散步、旅行和开会的同时拨打电话、发送短信等。按照 Townsend 的观点，旧的时间可能被分裂成一个个基于个体所附着的社会关系网络之上的"电话空间"碎片，相应地旧的时间也被重新计划(Townsend，2002)。

2) 中间空间与中间时间的出现导致的时空融合

移动通信对时空融合的促进主要是通过中间空间与中间时间两个部分的出现而形成的，这种促进又是通过瓦解工作时间与非工作时间，以及工作时的人与空闲时的人之间的区别而实现的(Arnold，2003)。在这方面，移动通信凭借着其移动性特质及其派生出来的一些潜在的特质，助长或加剧了私人空间与公共空间、场所，以及语境之间的界限的混淆，也令个体更加容易地将自身从周围语境中隔离出来而进行随时随地的双向沟通，创造出属于他们自己的不受干扰的小空间。所以说，在移动通信的催化下公共与私人空间之间并非泾渭分明的界限表现为进一步的互相覆盖、彼此交叉。当然，对移动通信使用中对私人空间的关注远远超过对公共空间的强调，移动通信短信的普遍使用对防止使用者隐私暴露给公众有着巨大作用。

3) 基于时空融合搭构的时空转换

移动通信弹性语境的建立意味着移动通信可以超越、摆脱空间与时间的束缚，使通话双方从其所置身的背景空间，以及各自的原本时间语境中脱离出来，导致瞬间性时间取代传统空间,而进入由网络所构筑的新空间框架。可见,移动通信构建的时空转换框架的两大要素是基于通信网络节点的语境时间和流动空间。它们加强了沟通双方自身所处的物理空间与通过沟通行为构建出来的非物理空间之间的相互延伸和渗透。在移动通信媒介语境中,时空转换的实质在于对以下三方面的强调:其一,人们所在的网上空间与其所处的物理意义上的地点被分离开来;其二,两者随互动变化而被不断重构;其三,依靠其所处的真实时间可以连贯其他的物理意义上的地点。可见,时间对空间的替代已经作为一种新技术的副产品而出现了,移动通信对社会的影响也是通过时空转换而深刻地反映出来的,对移动通信进行人口学范畴的讨论应特别关注时间对空间的替代。

3. 时空转换原理对知识人群使用移动通信的影响

1)随时的"非固定地点"对知识人群的影响

移动通信所提供的随时使用使地点随时间改变而形成非固定地点,人们互动的空间也随之被定义为流动空间,这种一边前往目的地一边即时沟通的行为具有"微协调"作用,指的是压缩(加速和节省)时间功能或将时间序列作瞬间排列的功能,知识人群对微协调要求强烈。微协调将移动通信在日常生活中的作用具体而微妙地表现出来,主要被日程繁忙的人应用于即时安排或重新安排日常生活中的相关琐事,特别是出发后对情况变化所采取的时间软化措施,如打电话告知对方所发生的变化、分步确定新的时间安排、在途中进一步确认时间和地点等。微协调赋予流动和繁忙工作中的人们更多的灵活性,将他们从提前设置好时间和地点的互动中解放出来,即刻修改和调节时间、地点安排。这种微协调能力已成为思考移动通信对使用者差异的时间和空间影响的着眼点。可见,随时的"非固定地点"对知识人群使用移动通信产生了积极影响。

2)随地的"非本人在场性"特征对知识人群的影响

随地的"非本人在场性"特征描述的是个人可在某个语境中进行另一个通信行为,移动通信使用使人们能更容易地在身体经历的物理空间与其关系网中经历的社交空间之间进行选择。通信媒介与通信地点的分离衍生出通信行为的随地性,人们的在场形式发生转变,身体意义上的在场被网上意义上的在场所取代,移动通信助长了这种随地的非本人在场状态,为使用者所提供了一种移动世界的人际沟通。移动通信所允许的这种"非本人在场的在场"非常适用于工作繁忙和社会交往广泛的知识人群,使这个人群可以通过移动通信出现在随地的虚拟世界中,建立起"非本人在场性"意义上的小领域之间的内在联系,所以对那些想要维持与联系而身在外面的人尤其有用(Pertierra,2005)。这证实移动通信的广泛使用不仅因其实现了随时随地的远距离沟通,而且也实现了代替身体上跨越空间的活动。张文宏和雷开春(2008)曾通过因子分析方法探讨了人群间的融合特征,按照其发现,知识人群经受高等教育、偏好独立、重视和他人的交往。他们对移动通信的"非本人在场性"特征有很高的需求。通过短信的方式保持"非本人在场"的连接有着特殊效果,因此,随地的"非本人在场性"特征对知识人群使用移动通信也产生了积极影响。

5.3.3 小　　结

　　移动通信较之传统通信工具的突破性革新在于它的可移动性，重塑了通信网络中的时间和空间，体现了时空转换原理。基此，探究了时空转换原理对中国知识人群使用移动通信的影响。研究发现：①移动通信的使用可以产生中间空间与中间时间，进而导致时空融合和时空转换。移动通信的时空转换加深了人们身体与意识所处空间的分离，知识人群最能享受到这种便利；②移动通信的时空转换使通信活动瞬间化，形成随时的"非固定地点"的流动空间，衍生出微协调效应，将原本无意义的中间空间与中间时间转化为有助于人们构建或增强自身人际关系的社会语境，知识人群会更多地利用这样的机会；同时，也形成随地的"非本人在场性"的状态，体现了随时随地在物理的和虚拟的两种时空之间进行切换的可能性；③移动通信网络构建的时空转换新空间中，知识人群摆脱了空间束缚，时间变得具有延展性，移动通信的时空转换原理通过其微协调效应实现了空间的时间转换、重构了时空关系、加剧了时间的作用和时空融合，从本质上强化了人们随时的"非固定地点"和随地的"非本人在场性"特征，使人们在并行的时空之间相互切换，从而对知识人群使用移动通信产生积极影响。

参 考 文 献

杜宏川. 2009. 我国智能交通系统发展现状与对策分析. 吉林交通科技, (1): 60-63.
韩瑞玲, 孙静怡, 段洁, 等. 2009. 基于邻域设施的城市户外运动俱乐部网站的区位取向. 经济地理, 29(4): 551-555.
何启海, 方钰. 2006. 基于 PDA 的上海市交通信息网格发布平台. 计算机工程, 32(1): 242-244.
何铁军, 张宁. 2006. 基于 MSTP 的高速公路联网视频监控研究. 交通运输工程与信息学报, 4(4): 46-50.
刘春亮, 路紫. 2007. 我国省会城市信息节点辐射空间与地区差异. 经济地理, 27(2): 201-204.
路紫, 杜欣儒. 2015. 国外空域资源开发利用的理论基础、方法论变革与实践. 地球科学进展, 30(11): 1260-1267.
路紫, 李彦丽. 2005. 北京旅游在线服务满意度的供需差研究. 经济地理, 25(5): 732-735.
路紫, 张会巧. 2003. 石家庄市交通导引系统的实施对城市空间格局的积极影响. 经济地理, 23(2): 242-246.
路紫, 刘岩. 1998. 通信网络与电信之地理学研究. 北京: 中国对外翻译出版公司.
明平顺, 杨利强, 张腊梅, 等. 2005. 基于 3G 技术的智能车辆导航与无线互连系统. 武汉理工大学学报, 27(11): 66-68.
戚佳峰. 2010. 信息经济时代下的中国电信业. 江苏商论, (12): 147-148.
孙中伟, 王杨. 2011. 中国信息与通信地理学研究进展与展望. 地理科学进展, 30(2): 149-156.
孙中伟, 路紫. 2005. 流空间基本性质的地理学透视. 地理与地理信息科学, 21(1): 109-112.
王国锋, 宋鹏飞, 张蕴灵. 2012. 智能交通系统发展与展望. 公路, (5): 217-222.
王思思, 张秋娈, 路紫, 等. 2013. 时空转换原理对知识人群使用移动通信的影响. 河北师范大学学报 (自然科学版), 37(3): 306-310.
王思思, 张秋娈, 路紫, 等. 2012. 我国移动通信量差异的人口学分析. 河北师范大学学报(自然科学版), 36(3): 319-324.
吴啸, 李晓军, 彭龙军, 等. 2007. 城市交通信息发布系统研究与体系设计: 以广州市为例. 热带地理,

27(3): 224-228, 248.

杨利强, 张宁, 陶志祥. 2007. 3G 移动通信技术在城市交通信息系统中的应用研究. 公路交通科技, 24(12): 132-135, 139.

姚利亚, 关宏志, 魏连雨, 等. 2006. 基于实时交通信息的行程时间估算及路径选择分析. 公路交通科技, 23(11): 86-89.

张葳, 路紫, 王然. 2006. 西太平洋地区国家间电信流影响因子及其作用分析. 地球信息科学, 8(1): 79-83, 96.

张葳, 路紫, 王然. 2005. 西太平洋国家及地区间电信流空间结构研究. 地域研究与开发, 24(6): 120-124.

张文宏, 雷开春. 2008. 城市新移民社会融合的结构、现状及影响因素分析. 社会学研究, (5): 117-141.

朱孟晓, 减旭恒. 2010. 交通通信服务发展的经济效应分析: 我国的考察. 山东经济, (3): 60-65, 94.

Andonova V. 2006. Mobile phones, the Internet and the institutional environment. Telecommunications Policy, 30(1): 29-45.

Appelbe T W, Dineen C. 1993. A point-to-point econometric model of Canada-overseas mts demand. In: Presentation at the National Telecommunications Forecasting Conference, Washington, DC.

Arnold M. 2003. On the phenomenology of technology: The "Janus-faces" of mobile phones. Information and Organization, 13(4): 231-256.

Barabási A L, Albert R. 1999. Emergence of scaling in random networks. Science, 286(5439): 509-512.

Barnett G, Chon B S, Rosen D. 2001. The structure of the Internet flows in cyberspace. Networks and Communication Studies, 15(1-2): 61-80.

Bertsimas D, Gupta S, Lulli G. 2014. Dynamic resource allocation: A flexible and tractable modeling framework. European Journal of Operational Research, 236(1): 14-26.

Bewley R, Fiebig D G. 1988. Estimation of price elasticities for an international telephone demand model. The Journal of Industrial Economics, 36(4): 393-409.

Caronia L. 2005. Feature report: Mobile culture: An ethnography of cellular phone uses in teenagers' everyday life. Convergence: The International Journal of Research into New Media Technologies, 11(3): 96-103.

Castells M, Fernandez-Ardevol M, Qiu J L, et al. 2004. The mobile communication society: A cross-cultural analysis of available evidence on the social uses of wireless communication technology. International Workshop on Wireless Communication Policies and Prospects: A Global Perspective, 84(1): 119-120.

Cindy F, Jonathan B, Robert M, et al. 2013. Enhancing the security of aircraft surveillance in the next generation air traffic control system. International Journal of Critical Infrastructure Protection, 6(1): 3-11.

Erlander S, Stewart N F. 1990. The Gravity Model in Transportation Analysis: Theory and Extensions. Utrecht: Brill Academic Publishers.

Fiebig D G, Bewley R. 1987. International telecommunications forecasting: An investigation of alternative functional forms. Applied Economics, 19(7): 949-959.

Fischer M M. 2002. Learning in neural spatial interaction models: A statistical perspective. Journal of Geographical Systems, 4(3): 287-299.

Fotheringham A S. 1983. Some theoretical aspects of destination choice and their relevance to production-constrained gravity models. Environment and Planning A, 15(8): 1121-1132.

Garín-Muñoz T, Perez-Amaral T. 1998. Econometric modelling of Spanish very long distance international

calling. Information Economics and Policy, 10(2): 237-252.
Gastner M T, Newman M E J. 2006. The spatial structure of networks. The European Physical Journal B-Condensed Matter and Complex Systems, 49(2): 247-252.
Grabowski A. 2007. Interpersonal interactions and human dynamics in a large social network. Physica A: Statistical Mechanics and its Applications, 385(1): 363-369.
Guldmann J M. 1999. Competing destinations and intervening opportunities interaction models of inter-city telecommunication flows. Papers in Regional Science, 78(2): 179-194.
Hackl P, Westlund A H. 1995. On price elasticities of international telecommunication demand. Information Economics and Policy, 7(1): 27-36.
Hoffman R, Yousefi A, Mitchell J, et al. 2007. Enhanced Dynamic Airspace Configuration Algorithms and Concepts. Chantilly: Metron Aviation Inc.
Ishii K. 2004. Internet use via mobile phone in Japan. Telecommunications Policy, 28(1): 43-58.
Lago A M. 1970. Demand forecasting models of international telecommunications and their policy implications. The Journal of Industrial Economics, 19: 6-21.
Lambiotte R, Blondel V D, De Kerchove C, et al. 2008. Geographical dispersal of mobile communication networks. Physica A: Statistical Mechanics and its Applications, 387(21): 5317-5325.
Lee P U, Prevot T, Homola J, et al. 2010a. Sector Design and Boundary Change Considerations for Flexible Airspace Management. In: 10th AIAA Aviation Technology, Integration, and Operations (ATIO) Conference, Fort Worth, TX.
Lee P U, Prevot T, Homola J, et al. 2010b. Impact of Airspace Reconfiguration on Controller Workload and Task Performance. In: 3rd International Conference on Applied Human Factors and Ergonomics, Miami, FL.
Lo F C, Yeung Y M. 1996. Emerging World Cities in Pacific Asia. Tokyo: United Nations University Press.
Loo B P Y, Wong A Y P. 2002. Internet development in Asia-Pacific: Spatial patterns and underlying locational factors. Netcom, 16(3-4): 113-134.
Michel J G, 2004. Spatial interaction models of international telecommunication flows. In: Michael F, et al. Spatially Integrated Social Science. Oxford: Oxford University Press, 409-419.
Monge P R, Contractor N S. 2003. Theories of Communication Networks. Oxford: Oxford University Press.
Paradiso M. 2010. Communications mode(l)s and disasters: From word of mouth to ICTs. Networks and Communication Studies, 25: 181-200.
Pertierra R. 2005. Mobile phones, identity and discursive intimacy. Human Technology: An Interdisciplinary Journal on Humans in ICT Environments, 1(1): 23-44.
Rea J D, Lage G M. 1978. Estimates of demand elasticities for international telecommunications services. The Journal of Industrial Economics, 26(4): 363-381.
Rice R E, Katz J E. 2003. Comparing internet and mobile phone usage: Digital divides of usage, adoption, and dropouts. Telecommunications Policy, 27(8): 597-623.
Rietveld P, Janssen L. 1990. Telephone calls and communication barriers——The case of the Netherlands. The Annals of Regional Science, 24(4): 307-318.
Rowe D W, Borowski M, Wendling V S, et al. 2003. Redesigning high altitude airspace in the national airspace system: Modeling, simulation, and assessment. Journal of Air Traffic Control, 45(2): 17-23.
Sandbach J. 1996. International telephone traffic, callback and policy implications. Telecommunications Policy, 20(7): 507-515.

Schwanen T, Kwan M P. 2008. The Internet, mobile phone and space-time constraints. Geoforum, 39(3): 1362-1377.

Sillence E, Baber C. 2004. Integrated digital communities: Combining web-based interaction with text messaging to develop a system for encouraging group communication and competition. Interacting with computers, 16(1): 93-113.

Steenbruggen J, Nijkamp P, Smits J M, et al. 2012. Traffic incident and disaster management in the Netherlands: Challenges and obstacles in information sharing. Networks and Communication Studies, 26(3-4): 169-200.

Stein E S, Della Rocco P S, Sollenberger R L. 2006. Dynamic Resectorization in Air Traffic Control: Human Factors Perspective. Washington, DC: FAA Office of Air Traffic Organization Operations Planning.

Stouffer S A. 1960. Intervening opportunities and competing migrants. Journal of Regional Science, 2(1): 1-26.

Tang J, Alam S, Lokan C, et al. 2012. A multi-objective approach for dynamic airspace sectorization using agent based and geometric models. Transportation Research Part C: Emerging Technologies, 21(1): 89-121.

Townsend A M. 2002. Mobile communications in the twenty-first century city. In: Brown B, Green N. Wireless World: Social and International Aspects of the Mobile Age. London: Springer-Verlag London Limited, 62-77.

WorldBank. 1999. World Development Report 1998-1999: Knowledge for Development. The World Bank, Washington, DC.

Xue M. 2009. Airspace sector redesign based on Voronoi diagrams. Journal of Aerospace Computing, Information, and Communication, 6(12): 624-634.

Zelinski S. 2010. A comparison of algorithm generated sectorizations. Air Traffic Control Quarterly, 18(3): 279.

第 6 章 ICTs 影响下的电子商务功能及其区位取向多元化

6.1　电子商务及其地区发展

20 世纪末以来，社会网络化、经济全球化和贸易自由化趋势越来越明显，这三大影响人类社会发展进程的洪流逐渐融合，促生了新的产业活动——电子商务的出现。电子商务是在互联网基础上发展起来的新型经济活动，一经出现便深刻影响着人们的消费行为与生活方式。

中国电子商务发展迅速，应用模式丰富。互联网络信息中心(CNNIC)数据显示：截至 2014 年 12 月，中国网络零售交易额为 2.79 万亿元，相当于同期社会消费品零售总额的 10.6%。网络购物用户规模达到 3.61 亿人，在网民中的渗透率达到 55.7%。目前移动购物市场飞速发展、电商企业向三四线城市和农村市场扩张迅速、跨境企业对消费者(business to custom，B2C)平台全面开启，中国网络购物市场呈现出移动化、普及化、全球化的发展趋势。

为推进中国电子商务发展，国家在政策背景上给予了科学指导。国家及地方相关部门围绕网络购物、网上交易、物流服务、市场监管等方面出台了系列政策法规，2012 年《电子商务"十二五"发展规划》的发布，标志着电子商务正式纳入国民经济和社会发展行列，为电商企业的发展带来了新的机遇。2014 年，国务院正式发布了《社会信用体系建设规划纲要(2014~2020 年)》，首度把第三方网站真实身份验证服务写入国家规划，标志着电商发展的规范化、科学化程度不断提高。

作为互联网时代 ICTs 深入应用的产物，凭借其巨大的资源优势和低成本优势，电子商务正深刻影响并改变着人们的生活、工作、学习方式。作为产业活动运行方式，电子商务在本质上既遵循传统的商业、服务业理论与规律，同时又具有网络经济的新特征。

6.1.1　电子商务企业研究

信息化进程的不断加速，使电子商务在中国快速发展。电子商务企业成为信息时代地理学对企业关注的热点。目前，电子商务企业的空间组织、区位选择、商业模式及其影响因素成为国内外学者研究的主要议题。

1. 空间组织

研究者多以国内规模较大的电子商务企业为研究对象，分析其线上门店的空间组织。

汪明峰和李健(2009)通过对美国等发达国家B2C电子商务发展模式的比较,认为电子商务会对原有的零售业发展轨迹产生路径依赖。同时,以"当当网"为例,研究了网上零售企业的空间组织(汪明峰和卢姗,2011)。结果显示,网上零售企业的扩张在中国仍然遵循等级式的路径;并受经济发展水平和地理因素的制约。王贤文和徐申萌(2011a,2011b)基于对淘宝网网络店铺地理分布特征的分析,证明了中国C2C电子商务发展水平与经济发达程度高度相关,呈现出由东南沿海到内陆地区梯度递减的趋势。同时,社会经济观念、居民受教育程度、互联网相关技术、物流业的发展,以及适当的地方产业集聚等都是影响C2C电子商务发展的重要因素。俞金国等(2010)通过对淘宝网空间分布特征的分析也得出了类似的结论。宋周莺和刘卫东(2011)将虚拟企业界定为信息时代的一种新型经济组织,并分析了其空间分布格局及影响因素。研究表明,中国虚拟企业的发展表现出强烈的地区不均衡性,其数量、营业额、浏览量都集中在沿海发达地区及大城市中,以北京、上海、浙江、广东、江苏为代表。

2. 区位选择及其影响因素

除了关注电子商务企业的空间分布外,有关电子商务企业区位选择的研究也不断出现。杨遴杰(2003)对零售型电子商务企业配送中心的选址问题进行了模拟研究,揭示了不同配送中心点的数量、位置与运输成本之间的关系。路紫等(2011)基于领域设施,以北京、上海、天津、深圳4城市为例,揭示了网络店铺的区位趋向和信息时代区位影响因素的变化。曾思敏和陈忠暖(2011)通过对电子商铺的研究,提出其区位取向并分析了影响区位取向的因素。余金艳等(2013)基于时间距离测算了C2C电子商务虚拟商圈的形态特征及产生原因。认为ICTs降低了空间摩擦,虚拟商圈的辐射范围较广,时间距离影响了消费决策,虚拟商圈呈现出近圆形圈层,但时间距离的摩擦阻力不是消费决策唯一影响因素,虚拟商圈的渗透性、重叠性、动态变化较传统商圈更强,电子商务企业区位选择既受传统商圈的影响,同时也表现出灵活多样的特点。

国外学者曾研究了电子商务企业的商业模式和影响其发展的主要驱动因素,认为电子商务能够降低企业经营管理和贸易流程成本,提高企业经营效率,同时优化与合作伙伴之间的资源配置。从经济增长理论的视角看,内生增长理论和外生增长理论会对整个国家电子商务企业的发展产生不同的影响。此外,决策者的主观因素,如从事电子商务的经验、意愿等也影响着企业电子商务的发展状况。

3. 企业商务模式变化

随着互联网的快速发展和普及,电子商务日益成为社会经济生活中的重要组成部分,并深刻影响着传统企业的运作与发展。路紫和刘岩(2000)较早提出商品邮购(电话购物)的空间扩散可能对现存的地区性传统零售集团产生决定性影响——补充与替代并存。该研究虽不能称为完全电子商务形式下的结果,但开启了ICTs下新型商务模式与传统模式对比研究的先例。之后,De la Torre和Moxon(2001)总结了ICTs驱动下企业商务运作模式的重要变化,指出电子商务背景下,企业可以在全球任何一个地区都能提供即时送货和超级服务。丁疆辉等(2009)指出电子商务带来的企业流程再造既可以大大减少库存又能缩减交易时间。与传统物流相比，网店可以降低60%的运输成本和30%的运输时间。首先，电子商务渠道是基于互联网而产生的，具有开放性的特点，基本不受时间和地域的限制，使分销渠道向全球扩张变得更加高效、快捷。同时，电子商务渠道也给传统渠道带来了诸如价格、顾客、经销商管理、渠道管理等方面的冲击。因此，传统企业应充分利用ICTs，融入电子商务，使整个供应链运转更经济、高效。

国外学者通过实际调查与案例研究，对企业如何应用电子商务进行了探讨。从研究中可以看出，中小企业在如何利用ICTs和电子商务上存在障碍，且存在明显的空间差异。同时，电子商务是实现经济增长的一种手段，而不是一种结果。因此，企业的ICTs应用也是一个循序渐进的过程。有学者针对其市场研究指出中小企业首先应利用ICTs获取基本信息、管理财务流程等。其次应在更有竞争性的业务上进行合作，如灵活性、成本或质量及提高产品定制化。最后在提供新的产品信息、商业渠道及网络组织模式等方面将ICTs作为企业重构的关键因素。也有学者通过对美国和欧洲中小企业的比较研究，认为数字鸿沟限制了中小企业的生产发展，基于ICTs系统的应用，中小企业应提高对ICTs的认识水平，制订信息系统计划。

在中国，陈璟和杨开忠（2001）分析了电子商务环境下中国物流业发展前景及物流业目前面临的问题，提出推进物流领域信息系统建设、发展第三方物流、构筑全国范围内的综合物流系统等物流业发展的对策。熊剑平等（2006）研究了中国乡村旅游电子商务及其网络平台构建情况。韩钰等（2011）分析了中国网络团购市场发展特点及区域差异，指出团购市场在不同区域存在较大差异，整体表现为沿海快、内陆慢，由东南沿海的较发达地区牵引向西北内陆的次发达地区发展，这主要与不同城市的经济实力、居民生活水平和城市交通力有关。

6.1.2 电子商务与传统商务的关系研究

1. 电子商务与企业运营之间的关系

黄莹等（2012）对电子商务影响下南京市经济型连锁酒店的空间扩张与组织进行了实证研究，重点分析了南京不同信息化程度经济型连锁酒店的空间扩张与组织特征，并探讨了电子商务与经济型连锁酒店两者发展的时空演变关系。结果表明：不同品牌酒店的电子商务应用水平不尽相同，电子商务应用度越高，受距离限制较小，且在更大的地理范围迅速进行空间扩展的能力越强；同时，经济型酒店的发展阶段与电子商务具有良好的契合度，电子商务对经济型酒店的空间组织调整、品牌效应形成发挥了不可或缺的作用。汪明峰和卢姗（2012）通过对高校学生购书行为的调查，比较了网上购物对不同规模传统书店产生的影响。结果表明，网上购物更多的是作为传统购物方式之余的一种补充形式；它对中等规模书店的影响最大。网上购物对传统购物出行的影响并不显著，它们之间的关系并不是简单的替代或补充，而是要复杂得多。

除上述研究外，部分学者从物流、旅游、团购等多角度开展了针对电子商务的其他研究。冯飞（2003）探讨了中国B2C旅游电子商务与传统旅游企业结合的合理途径，以及未来盈利模式的调整与发展方向,指出市场是判断盈利模式合理性的唯一标准。毛园芳(2010)通过案例研究发现:电子商务有助于产业集群扩大市场容量,快速响应市场,整合区域资源,促进知识在集群内的溢出与传播,提升集群企业协作水平与竞争强度。

2. 网上购物对居民购物行为的影响

电子商务环境下,居民购物出行时空特征、购物决策及影响因素成为当前的研究热点。孙智群等(2009)通过调查深圳市民网上购物的行为,发现居民网上购物频率与消费金额呈现出明显的空间差异,且与距离商业中心远近有关。袁贺等(2011)研究了电子商务环境下网上购物对居民传统购物行为的影响因素,认为网上购物的时间效率、商品信息与价格、商品种类、物流配送和支付情况对消费者购物行为会产生较大影响。国外有学者通过对荷兰的问卷调查显示,许多人开始倾向于在去店铺购物之前先在网上搜索相关信息,从而使购物出行更加有效率;或者在网上搜索一个商品,然后在店铺中试用检验,最终再从网上购买,即采用网上购物和店铺购物相结合的方式。发现网上搜索显著影响着购物出行频率,反过来对网上购物也有积极影响。同时也发现购物者的态度,时间压力,上网经验,个人特征(性别、年龄、教育、收入等),商店购物的方便性等都会影响购物者的购买决策。

此外,有学者以 B2C 电子商务中的非购物者为主要对象,研究了网上购物的限制因素,以及可能会导致参与网上购物的驱动因素,指出对于家庭日常用品而言,网上购物减少了消费者的购物出行次数和出行距离。然而对于计算机、家用电器等耐用品而言,影响甚微。

基于以上分析可见,电子商务的出现给传统企业带来了机遇和挑战,促进了企业的转型升级。特别是由于产品更新换代速度快、定制生产模式普及、信息获取及时等原因和机制,电子商务企业的竞争越来越激烈,证明了时间成本在其空间组织变革中的重要意义。而在 ICTs 的背景下,电子商务企业突破了时间和空间的限制,使区位选择更具有弹性;并逐渐改变着消费者的购物行为,影响着消费者的购物决策。目前中国电子商务企业的空间分布与发展程度明显受当地经济发展水平的制约。网上购物和商店购物相互影响是电商企业发展的长期趋势,也是传统企业转型的重要动力。

6.1.3 电子服务空间布局的案例

以现代 ICTs 为基础的电子商务,其空间布局对城市发展具有牵引作用(路紫和刘岩,1998),其所受到的多种因素影响值得分析。下面是一个关于石家庄市 ATM 机应用的案例。银行 ATM(自动取款机)机打破了传统银行时空的限制,在区位选择上不局限于依托原银行网点,而是遍布城市周围。ATM 理想的网点位置是要在服务公众的同时获得最大收益,因此,科学地选定其布放位置是重要的环节。ATM 机网点选址实际操作的难点在于选址约束条件的难以穷尽性和定量描述性。约束条件涉及区域的自然、地理、人文、社会、经济等多种因素。对这些信息的综合分析与模拟一直是国内外学者研究的热点问题。目前,国内专家提出应用 GIS 的方法进行网点选址,主要是通过建立数据库应用遥感影像资料进行数据叠加分析(张伟等，2007)。下文应用商圈理论的传统方法"雷利零售引力法则"分析 ATM 网点布局的合理性及其与城市发展的关系，研究表明特定区域内人口越多、消费规模越大、商业基础越发达，对顾客的服务吸引力就越大，服务半径也就越大，而处于无差别点上的消费者不论到哪里所受到的服务距离均相等。

1. 基本问题的描述

基于商圈理论的雷利引力模型，关注以物理学万有引力模型为基础测定商圈范围，即两个物体之间的吸引力(F)与它们的质量(m_1, m_2)呈正比，与两个物体距离(d)的平方呈反比。如果将这一定律应用到区域经济学中，则可以把供应商品或服务的中心(人口集聚地或城镇)看作为物体，引力 F 可衡量两个中心之间的购买吸引力。该法则证实城市人口越多、规模越大、商业越发达，对顾客购买的吸引力就越大。

ATM 一般是以交易次数作为其使用效率的标准，所以人口数量和人口年龄相对人口收入对 ATM 的选址影响作用更大；交通便捷性最好的地方应当是主干道和次干道的交叉口，车流和人流都较为集中。根据中国城市的交通情况，一般银行营业网点的位置与公共交通站点的距离基本都会在 100m 左右，故在中国进行 ATM 选址可以忽略公共交通的临近性。

石家庄市商业银行的 ATM 系统建设相对比较完善，在超市、商场、加油站、火车站附近市商业银行的自动取款机随处可见。它们的出现打破了时间和空间的限制，用户可以享受全天候的金融服务(徐艳会和路紫，2010)。

2. ATM 机布局优化分析

研究者采用ATM机布局服务半径的方法对石家庄市城市商业银行的ATM机布局现状进行分析。假设每个 ATM 机的服务半径为 2.5km，服务半径内应该有 1 万人以上，ATM 机的设置应该尽量靠近商业中心、大型超市；为了给顾客提供优质的服务，提高银行竞争力，把 ATM 机 2.5km 内的地方称为覆盖区域，要求 90%的区域在覆盖区域内。在石家庄市区内用 ATM 网点服务半径(2.5km)的圆来填充设置点(可以重叠，要求用尽量少的圆)，同时已有的 ATM 网点必为一个填充圆圆心，其余填充圆圆心要尽量靠近大型商业区。

针对上述假设，结合石家庄的实际情况，采用时间距离(顾客以不同形式使用 ATM 的时间)(侯丽敏和郭毅，2000)，把石家庄市区的商业区划分为核心商圈、次级商圈和边缘商圈，每个商圈都可用一个蜂窝来覆盖，并且用 mapinfo7.0 软件，把石家庄市区内的商圈、大型商业场和石家庄市商业银行 ATM 网点标于图上，可以得出石家庄市商业银行 ATM 网点系统的布局现状(表 6-1、表 6-2)。

ATM 机的服务半径为 2.5km，半径 2.5km 处的填充的圆内的圆心应该设立一个 ATM 机，如果存在有大型商业区就设置 ATM 网点，而若一个蜂窝内(正六边形的半径为 2.5km)有多个商业点，则在其重心处设置 ATM 网点。那么将理论状态下的与原有 ATM 网点进行拟合分析，能够看到原有 ATM 网点多分布在商业发达和交通发达区域。

表 6-1　顾客以不同形式使用 ATM 的可达性

交通工具类型	距离/m	时间/min
步行	500~800	20
骑自行车	1500~1800	20~40
公共汽车、私家车	3000~5000	20~40

注：用顾客以不同的交通形式达到 ATM 的时间可以较客观的衡量距离，同时也较好地反映了 ATM 的服务范围。
资料来源：侯丽敏和郭毅，2000。

表 6-2　石家庄市商圈划分

类型	等级	时间距离/min	常住人口/万人	流动人口/(万人/d)	ATM 网点数量/个
北国—先天下商圈	核心	20	15	5	14
东购—新百商圈	核心	15	0.05	10	9
火车站—南三条商圈	核心	15	0.06	10	6
怀特商圈	次级	15	10	0.03	5
益友百货商圈	次级	10	6	0.01	5
建华—蓝天商圈	边缘	10	8	0.03	4
华北鞋城（批发）	边缘	5	5	0.01	2
祥龙泰超市	边缘	5	20	0.01	2

资料来源：徐艳会和路紫，2010。

为解决上文所讨论的安置模式，假设某银行要在某商业区建立自动柜员机，商业区有两个大型卖场 A 和 B，初步选址为 C 地。需满足下列条件：①各商业区具有相同的价格水平；②各商业区之间的交通条件相同；③各商业区所提供的服务其顾客价值相同。顾客价值是指顾客期望从产品或服务中获得的一系列利益。顾客价值相同也就是指各地提供的商品在质量、服务、促销策略等方面无差异。

ATM 机是对客户的服务，要想它能更好地服务于 A、B 两个区，那么它对 A、B 两个区的吸引力应该是相同的，从而使 ATM 机更好地为商业区服务并取得最大的价值。当在理想状态下，ATM 机到达两个商圈的吸引力比值为 1，即该 ATM 到两个商圈的吸引力相等时的设置位置是最优的。可以将上述计算方法应用于石家庄市商业圈内的 ATM 机的布局合理性的研究中。当参考系数接近 1 时，ATM 机的服务价值达到最优 ATM 机布局最合理；否则就可以认为没有达到最优 ATM 机布局，需要进行系统布局的优化。基于此类方法可以进行商圈内的 ATM 机设置优化测试。

3. 研究认知

第一，对半虚拟化自助银行系统布局现状分析发现，原有 ATM 网点多分布在商业发达和交通发达的客流量大的大型商业区，验证了网点的扎堆效应。因此为了更好地节约成本，发挥 ATM 机的最大使用效率，实现 ATM 机网络系统布局的最优化，可以考虑删减扎堆区域的 ATM 机数量，同时为了解决机关、企业、学校、批发市场等空白区域 ATM 无网点分布问题，新网点选址可以吸引此区域内更多的客户。第二，对半虚拟化自助银行系统布局优化研究发现，确定城市自助商业银行在城市商圈中的服务范围和区域覆盖率，可根据临近商圈人口多少和距离商圈的远近不同而设置。与人口数呈正相关，与距离商圈的距离呈反相关，即商圈人口越多则 ATM 机在该区的服务范围越广，对周边地区顾客的吸引力也就越大，离周边商圈的距离越远，顾客前往该自助银行网点所需时间就越长，则其对此商圈的吸引力也就越小。在理想状态下 ATM 机到达两个商圈的吸引力比值为 1，即它到两个商圈的吸引力相等时，该 ATM 的设置位置是最优的。当参考系数越接近 1 时，ATM 机的服务价值已经达到最优，ATM 机布局合理。设计城市商圈内 ATM 网点系统布局的吸引力模型，可为金融地理学解决银行网点布局优化问题提供了理论和实证依据。

6.2 旅游电子商务服务功能与旅游目的地营销系统

全球旅游分配链的建立提出了新的需求：创造有利于消费者的基于市场、产品和服务种类的网络。世界旅游组织商务理事会（WTOBC）指出，世界主要旅游客源地绝大部分的旅游产品订购将通过互联网进行。借助互联网对旅游价值链进行改革，将原来市场分散的利润点集中起来，适应网络旅游市场，构建具有中国特色的旅游电子商务平台，具有时代意义。

6.2.1 旅游电子商务服务功能发展态势

中国旅游网站的建设最早可以追溯到 1996 年。如表 6-3 所示，旅游电子商务的服务功能从简单的咨询服务与网上预订，到复杂的在线销售与个性化定制，实现了由单一网站运营到完整旅游信息网络建立的过渡。从旅游电子商务体系的发展程度看，中国已经进入电子商务阶段。

表 6-3 中国旅游网站发展阶段示意表

时间	标志	服务功能
1996~1998	华夏网和中国旅游资讯网成立	提供基本的旅游资讯，中国旅游业网络化的开始
1998~2000.4	风险资金引入，旅游电子商务初现端倪，公司内部成立了大规模的商务预订中心，处理顾客的预定和网络供应商	提供基础的旅游资讯，以网上预订和查询为主，进行简单的旅游电子商务
2000.4~2001	国家级旅游电子商务网开始筹建，以网上交易平台服务为主要业务	旅游电子商务的进一步发展，个性化定制服务开始
2002~2006	独立的旅游网站消失，传统和在线的无缝整合，如中青旅和青旅在线的整合	旅游电子商务的逐步完善，旅游信息服务网开始建立

续表

时间	标志	服务功能
2006~2010	旅游网站进入快速发展阶段,2008年6月,中国网民数量超过美国跃居世界第一,互联网普及率超高世界平均水平	旅游网站成为旅游信息查询的主要通道,为旅游电子商务带来巨大的潜在客源市场,网络购物推动在线旅游预订的高速发展,携程网、e龙网和芒果网三大在线旅游服务网站垄断70%市场份额
2010~至今	中旅总社与芒果网合并,线上线下融合,在线旅游市场进入加速成长期,在线预订方式向垂直搜索等新渠道转移,移动互联网已经成为线旅游行业的掘金点	智能手机的普及与手机上网终端的崛起(旅游APP软件的使用),以及支付方式的转变,使在线旅游企业(OTA)得到快速发展,同时,以去哪儿、酷讯为代表的垂直搜索引擎在网站覆盖人数和使用粘性上已经超过OTA网站,垂直搜索引擎的点击付费模式正在挤压OTA高佣金模式的盈利空间,垂直搜索引擎为整个在线旅游产业链带来生机。秒杀、团购、微博、微信等新兴营销方式也助力在线旅游,极大地提高网民对旅游网站的关注度;SNS网站、专业旅游点评网站和博客是旅游用户分享出游经历的主要途径

资料来源:白翠玲等,2003(有所修改)。

从旅游网站的分类看,根据Yahoo搜索结果,可将其划分为三大类型,即专业性旅游网站、旅游企业自建网站和非专业性旅游网站。其中,专业性旅游网站是中国目前运营相对成功的旅游网站,其服务功能已经包含旅游电子商务的内容,具体涉及旅游中介服务性网站、综合性旅游网站和基于GDS的预定网站。旅游企业自建网站主要用于旅游景点及宾馆酒店运用 Internet 技术开拓网上市场空间。非专业性旅游网站则以突出显示旅游信息为主,也表现出了巨大的生命力和市场空间(白翠玲等,2003)。

6.2.2 "中国名酒店组织成员酒店网站"服务功能

酒店业一向被认为是最适合开展网上业务的行业之一,下面从服务游客的宗旨出发,以游客消费行为过程为主线,以发挥网络的优势为原则,对酒店网站服务功能的基本模式进行探讨,在此基础上分析了"中国名酒店组织成员酒店网站"的服务功能分布现状,最后对中国酒店网站服务功能的设计提出了建议,以解决酒店如何更有效地利用网络问题。

1. 酒店网站服务功能的基本特点与模块构成

1)酒店网站服务功能的基本特点

不同类型的网站会有不同服务功能的模式。网站服务功能的设计应该服从网站建立的宗旨,在一些原则的指导下分出若干功能模块,然后根据具体的情况对每一模块进行功能细化(刘绍华和路紫,2004a)。网站运行后还需根据游客需求的变化对网站的服务功能做出动态的调整。

酒店网站的宗旨应与酒店本身的宗旨高度一致。随着时代和社会经济环境的变迁，导致了酒店经营管理理念的不断创新，并转化为现在的服务游客。所以，酒店追求自身长远的经济效益这一最根本宗旨在目前最直接的体现就是追求服务游客。

酒店网站服务功能设计的基本特征有：①酒店网站服务功能的需求导向性，酒店网站服务功能的设计要充分体现服务游客的宗旨，就应以游客各种旅游消费的相关需求为导向，这就要求在服务功能的设计中把握住消费者特别是网络消费者的心理特征及变化趋势，即个性化消费回归、消费主动性增强、对购物的方便性和趣味性的追求；②以游客的消费行为过程为主要依据划分服务功能模块，一个结构完善、设计合理的网络营销站点，可以让用户方便、及时地从企业的营销站点获取信息，定购商品和寻求售后服务；酒店网站服务功能应覆盖游客的整个酒店消费行为过程；由此可以将游客对酒店的消费决策过程分为搜集信息、方案评价、选择预订方式及结算、享受服务、售后服务5个步骤，酒店网站服务功能模块应从这5个方面来考虑；③尽量发挥网络优势，在服务功能的设计中要尽量发挥网络的优势，网络的时效性、互动性等优势可以很好地将游客整合到酒店的整个营销过程中来，酒店可以通过客户关系管理来实行这一整合过程；同时酒店相关管理及工作人员可利用网络的互动优势在游客消费过程的每个阶段进行交流与沟通；④注重与其他旅游行业的关联性，游客对酒店服务的需求在很大程度上是伴随着对旅游需求而产生的，游客在此消费过程中不仅关心酒店的服务质量，还关心相关的旅游信息；酒店网站在这些方面应为游客考虑，并尽可能为其提供力所能及的相关服务。

2) 酒店网站服务功能的模块构成

A. 模块构成

将酒店网站服务功能分为三个层次，共包括五大模块：基础层，含信息发布模块；主体层，含方案选择与评价、预订及结算和信息交流及反馈三个模块；核心层，含客户关系管理(CRM)模块。

(1) 信息发布模块。信息发布模块是酒店网站所有服务功能的基础，应尽量做到内容丰富、涉及面广、形式多样，应尽量使游客能全方位地了解酒店服务及相关旅游信息。其大致可分为如下几类：酒店介绍、酒店产品及服务的详细介绍、相关旅游信息和游客有关的其他信息；其他，如外文功能、友情链接、网上招聘、网上采购等。游客可通过站内的导航链接获得所需要的信息，也可通过站内搜索来获得这些信息。所以在网站的信息量较大后，网站还应该提供站内的搜索引擎服务，方便游客查询信息。

(2) 方案选择及评价模块。游客在进行方案选择时是通过几个方案进行比较评价后才做出选择的。为了方便游客的比较选择，可提供类似于网上商店的购物车服务，以便游客能随时修改自己的方案。随着个性化需求的增加，也应考虑在购物车中提供个性化定制服务，这样才能适应当今旅游个性化需求回归的趋势。

(3) 预订及结算模块。游客在选择好方案之后，接着就是预订和结算。这一模块包括各种预定方式和结算方式，以满足不同游客的不同需要，如网上预定，结算方式有现金结算、信用卡、会员卡、在线付款等方式。

(4) 信息交流与反馈模块。信息的交流与反馈模块是酒店与游客相互了解、相互交流的场所。从此处,游客可以更进一步地了解酒店的服务产品及服务质量,以便在选择时进行成本-收益衡量;信息的交流与反馈可以在游客收集信息到售后服务的整个过程中出现,具体的形式有网上论坛、留言板、信息反馈、提供 E-mail 地址、在线交流、网上调查、俱乐部等。总之这里应该是游客与游客之间、游客与酒店之间相互交流的场所。

(5) 客户关系管理模块。客户关系管理应是酒店网站的核心与灵魂。所谓客户关系管理(CRM)是指通过管理客户信息资源,向客户提供满意的产品和服务,与客户建立起长期密切关系的动态过程和经营策略,即通过完善的技术手段,最大限度地实现顾客交付价值和顾客终身价值,从而不断地拓展产品的市场和利润空间。CRM 系统一般由客户市场管理、客户销售管理、客户支持和服务管理、数据库及支撑平台等组成。这里可保存和整理各类游客信息和资料。在这个管理过程中可对忠诚客户和一般客户,以及一般上网浏览者等信息进行分类管理和分析,以便制订有效的战略和提供高效优质的服务。

B. 模块间关系

在三个层次中,只有基础层的信息发布模块尽量提供内容翔实、形式多样的酒店产品信息及服务信息和相关的旅游信息,并能提供有效的信息检索方式,才能使主体层和核心层有效地发挥并优化其功能。主体层是酒店网站发挥网络互动性优势的主要模块层,能为酒店与游客之间、游客与游客之间提供各种实时的互动信息交流服务,在这种交流的过程中本身就提供了一种个性化服务,同时又为更广泛更深层次的酒店个性化服务提供了依据。核心层则对前面各层内所汇集的零碎信息进行记录、整理、分析,从而使这些信息增值,并将其返回到前两个层次,以动态地优化其他功能。

网站信息的时效性决定了网站信息的动态性,这种动态性除了短期内及时对信息进行动态更新外,还表现在中长期网站服务功能的增强及优化。中长期酒店网站服务功能的增强及优化主要是指在不同时期网站建设的重点应不同。这可从两个方面来说明:网站的服务功能应从基础功能向主体功能和核心功能逐步发展、逐步完善;不同时期各模块的水平也应该随着游客需求的变化和技术水平的革新而逐步提高。

2. "中国名酒店组织成员酒店网站"服务功能分析

为了解中国酒店网站服务功能的现状,以中国名酒店组织的成员酒店为对象,对这些酒店网站的服务功能进行了调查。中国名酒店组织是中国主要城市的著名高星级酒店及著名相关旅游企业组成的利益共同体,是中国酒店业最早的联合体。中国名酒店组织成员多数为四、五星级酒店,且都有自己的网站。因此认为这些酒店网站能在一定程度上反映出中国酒店网站服务功能的发展水平。

通过考察中国大陆的 44 个酒店网站,对其服务功能进行记录,依据前面谈到的 5 个模块对这些功能进行分类统计,可看出中国名酒店组织成员酒店网站的服务功能主要呈现以下特点。

(1) 以基础层的信息发布为主。中国名酒店组织成员酒店网站服务功能主要集中于信息发布模块。在出现的全部 31 项功能中,信息发布模块占 20 项。统计结果显示,8 项基本功能在全部网站中所占的比例超过了 83%,其中就有 6 项功能属于信息发布模块。这在某种程度反映了酒店网站服务功能中信息发布的基础性和重要性。

(2) 信息发布模块中相关的旅游信息较少。酒店业是整个旅游产业价值链中的一个重要环节。酒店的顾客是各类游客，除了关心酒店本身的产品和服务信息外，还关心酒店周围的环境及相关的旅游信息。酒店网站在这些方面可为游客发布一些与当地相关的旅游信息，与当地其他旅游行业的网站做些友情链接。

(3) 主体层服务功能相对欠缺。主体层的方案选择及评价、网上预订及结算、信息交流及反馈等模块的服务功能显得相对欠缺。其中方案选择与评价这一模块没有功能体现出来，即个性化的定制还没在网络中体现出来。酒店网站的主体功能应该是充分发挥网络的互动性优势，逐步升级和完善主体层的服务功能，增加在线交流、个性化定制，以及提供多种预订及付款方式。

(4) 核心层的客户关系管理功能尚待开发。客户关系管理这项功能在中国酒店网站中基本没有体现，并且其功能也没有细分。分析其原因主要有两点，即缺乏意识和目前成本较高。酒店网站没有较强的客户关系管理功能，将很难对收集到的客户资料进行深入的分析和管理，也就很难实现真正意义上的个性化服务。随着技术革新和游客消费趋势的变化，酒店网站中客户关系管理的核心地位将会逐渐体现出来。因此，酒店网站应注重将这项功能逐步细化完善，尽早实现客户市场管理、客户销售管理、客户支持和服务管理、数据库及支撑平台等功能。

综上可见，在需求导向性、以游客消费行为过程为基础、发挥网络优势和注重与其他旅游行业的关联性这4条原则的基础上，将酒店网站的服务功能划分为基础层(信息发布)，主体层(方案选择及评价、预订及结算和信息交流与反馈)，核心层(客户关系管理)3个层次5个模块。在此观点基础上，选取中国名酒店组织成员酒店为案例对中国酒店网站服务功能进行了调查分析，发现中国酒店网站服务功能主要集中于信息发布的基础功能上(其中相关旅游信息涉及较少)，其他主体层和核心层服务功能则相对欠缺。因此认为中国酒店网站在建设发展中，除了要不断完善信息发布功能外，还应该逐步加强其主体功能和核心功能，使酒店网站能真正发挥其潜在优势，更好地服务游客。

6.2.3 旅游目的地营销系统的区域整合功能

旅游目的地营销系统(DMS)这种模式正成为中国旅游电子商务及旅游信息化发展的一种新趋势，它与其他模式相比有着强烈的区域整体性，因此认为有必要对其发展思路和特征进行分析。国内较早涉及旅游目的地信息化的文献是武彬(1995)的一篇译作，从技术的角度对旅游信息系统进行了研究，杜文才(2002)在深入分析海南电子旅游业现状的基础上提出了搭建海南一站式电子旅游平台的构想；马勇和周娟(2003)构建了三峡旅游目的地B2C电子商务交易模型，并对三峡旅游目的地电子商务与传统商务模式进行了比较分析。下文从区域整合的视角分析了旅游目的地营销系统的功能特征。以大连旅游网为例，对旅游目的地营销系统作了详细的分析，认为目的地营销系统是利用计算机网络对区域旅游业各个要素进行整合的一种动态网络系统。在此基础上总结了其经验，并对该模式的发展方向提出建议。

1. 旅游目的地营销系统的概念

旅游目的地营销系统(DMS)是旅游目的地通过互联网进行网络营销的完整解决方案，其作用对区内中小旅游企业显得更加重要(刘绍华和路紫，2004b)。目的地营销系统与其他旅游电子化服务模式的区别在于它是以目的地整体形象来参与全球旅游营销竞争。在这一模式下受益的不是某一类企业或者某个企业，而是区域的所有旅游企业及旅游相关机构，系统成员也主要为目的地区域内的旅游企业和机构。其突出特征是鲜明的目的地整体形象和基于目的地旅游完整的个性化定制服务，其整体的功能来自于利用网络系统对区内各旅游要素的有效整合。这一系统不仅是技术系统，更是一种区域网络组织系统。基于这种考虑，从区域旅游产业整合视角来进行分析。整合的思路将贯穿整个分析框架及分析过程。可应用"目标—对象—结构—功能"框架对其进行分析。目标即目的地营销系统的整体目标，对象指整体目标下系统的服务对象，结构则是系统内旅游机构(旅游局)、旅游企业(旅游服务商)、旅游媒体和旅游消费者等各利益主体之间为实现其目标而结成的网络关系或商务运作模式，而功能则指由此结构模式下体现出来的系统功能特征。这也是本部分的重点，并且如前所提及的对功能的分析也将始终从区域产业整合这一视角来进行。

浪漫之都——大连旅游网是大连旅游局为提升大连市旅游整体形象和竞争力而构建的大连市旅游目的地营销系统。它属于国家级目的地营销系统中的一个组成部分，是大连旅游局为旅游企业进行电子化服务，以及大连旅游企业进行电子商务的一个平台。大连旅游网由金旅雅途信息科技有限公司提供技术支持，是中国第一个旅游城市目的地营销系统的试点网站。

2. "浪漫之都"大连旅游网

1)目标、对象与模式

(1)系统目标。系统目标是提升目的地营销的整体水平，也就是通过计算机网络整合目的地区域内的旅游机构、相关旅游企业、旅游媒体和旅游消费者等各种要素，充分发挥各要素的作用，以在激烈的旅游市场竞争中形成一种整体优势，提升目的地旅游产业的整体竞争力。其目标最直接的体现在于目的地旅游整体形象的塑造、区内旅游市场及旅游资源的整合、区内旅游产品及服务价值链的整合。

(2)服务对象。目的地旅游局为促成其区域内旅游业整体竞争优势的形成，通过DMS来整合各类要素。因此与其他旅游电子商务模式比较起来，其服务对象具有多样性、综合性。大连旅游网的服务对象包括区内旅游机构(大连旅游局)、旅游企业(大连的各类旅游企业)、旅游媒体和旅游消费者。其为所有与目的地旅游业有关的利益主体提供了相互沟通、相互合作的网络平台。

(3)结构模式。整体整合目标下服务对象的多样化，使其经营模式变得复杂化，从而导致区域内各利益主体间的各种"流"(信息流、资金流)的复杂性。这些流在各利益主体之间的流向和强度随它们之间相互关系和相互作用的方式和强度的不同而不同(如不同利益主体之间的信息流和资金流的方向和流量存在着较大差异)。这也就使其网络结构变得复杂化。利益主体间网络结构的复杂化会导致其服务模式的多样性和综合性。如果说旅游电子政务可用 G2B、G2C，旅游电子商务模式可用 B2B、B2C 来描述，那么 DMS 则是这些模式在同一区域背景下的融合。

相同类型的利益主体之间也通过系统进行各种交流，如不同的旅游企业之间、不同级别及部门的旅游机构之间、旅游媒体之间以及游客相互之间也可通过网络系统相互作用，进行资金和信息的流通。特别的 DMS 系统将充分利用 Internet 先进的网络应用模式——PSP 与 ASP 模式为旅游企业提供服务。

其中，网络内容服务商(ICP)系统提供各种旅游资讯，促销服务供应商(PSP)系统则整理发布供应商的信息，帮助浏览用户迅速找到各种信息，应用服务供应商(ASP)系统提供给供应商自行建立网站的机会并为系统带来租赁收入。供应商可以利用系统提供的 ASP 平台建立自身网站节点，进行电子商务运作，或者选择将系统数据同时发布到商务平台的中心数据库中，提供给 PSP 系统及 ICP 系统组织各种信息时使用。浏览用户无论在浏览供应商自己的站点、浏览 ICP 系统中的信息或者是在 PSP 系统中查询产品数据，对最终与供应商成交都有好处。旅游企业可以在系统上发布信息，宣传企业信息，进行招商合作及销售旅游线路。系统可以为所有在线客户提供丰富的旅游信息，7×24 小时全天候的服务，确保旅游产品和服务的品质与信誉。

2) 功能

旅游目的地营销系统将区域内的旅游企业及相关旅游机构都集聚在同一网络空间上，以达到对区内旅游市场和旅游信息的整合。这为广大旅游消费者进行全面的目的地信息查询、旅游产品及服务的选择与比较提供了极大的方便，从而极大地增加了网站的访问量。同时为区内大量没有能力独立上网的企业提供了面向世界旅游市场的网络平台。在此这些企业能以较便宜的价格租用空间，实现企业自己的信息化管理与营销。即使原来已经实施电子商务战略的企业也会因为目的地营销系统的集聚效应而扩大其市场范围。大连旅游网提供的信息主要可分为环境信息、分区信息、分类产品信息、旅游指南、动态信息、产品推荐和反馈信息等。

DMS 内形成了目的地完整的旅游信息市场，其信息、产品及服务市场由分割趋向整合。这种整合又以各个高度专业化细分市场的有机融合为特征。同时为了满足不同目标市场的需求，大连旅游网应用了文字、图片、地图、flash 动画、音频、视频、三维全景等多种表达方式来传递大连旅游信息。

DMS 整合区域内各方资源，可以节约和高效利用区内各种有形和无形资源。在整体目标下对现有资源进行合理开发和利用，以便在整体上发挥更大的优势。其主要可以体现在以下几个方面：①对信息基础设施的利用，大连旅游网为区内的中小旅游企业提供了一个网络平台，使其轻松地跨越网络利用的门槛，区内企业用户通过注册成为系统会员，就可对其营销信息进行网络化管理，而不必要花费巨资和精力自己建立企业信息管理系统来进行电子商务活动。②对系统内营销宣传资源的整合可以使区内企业共树品牌形象，共享品牌资源，如大连市"浪漫之都"的形象定位后，其品牌形象的进一步塑造、提升、强化和维持，都需要区内各利益主体在大的定位下共同努力来实现。反过来，这种品牌形象所带来的竞争优势将为区内所有利益主体所共享，因为旅游产品与服务虽然形成高度专业化的细分市场，但旅游活动对旅游消费者来说应是一个整体。③利用整合的反馈信息及客户信息资源，以便更有效地利用这些资源，在以客户为中心的营销理念下，对客户资料和反馈信息的管理显得尤其重要，对旅游业来说，将游客在目的地内整个旅游过程的资料和反馈信息进行统一管理和分析显得更加重要，对不同环节和细分市场信息进行分割性的单独的统计与分析，可能会使很多有用的信息漏损和失真，大连旅游网的社区论坛和游客会员注册将能在这方面起到一定的作用。

大连旅游网除了能进行形象塑造和发布区内旅游信息外，它还能提供各种预订服务和反馈信息的交流。企业自己建立的网站和专业旅游预订网一般只能提供某一类产品或者某几个环节的产品及服务预订，没有目的地的针对性。而作为目的地营销系统的大连旅游网能为游客提供全过程中各类旅游服务的预订。游客还能进行目的地内的个性化行程规划，按自己的兴趣和实际情况设计出展现自我的旅游产品。这一功能符合了正日趋发展的个性化旅游需求的趋势。现在中国散客游逐渐增多，自助游迅速发展，并占多数市场份额。通过网络，区内的旅游商能够迅速地进行组合，为游客提供完善的服务。各旅游商之间是一种动态的合作网络关系，合作网络的运作效率依赖于网络的合作精神及网络组织内各企业之间的联系强度。这种高效率的动态合作网络的形成，强烈地依赖于计算机网络的高效率的信息传输能力和区内的合作环境。其中区内合作环境更具有渐进性的演化特征，它只能在好的制度和文化环境下通过企业间的经常性的合作来逐渐形成和完善。所以从某种程度来说，DMS不仅是一个技术系统，更是组织和制度系统。另外系统对区内目标市场资料和网站的一般访问者的资料进行统一管理与分析，有利于目的地从整体上把握区内旅游存在的问题和旅游市场的潜在趋势。

3. 启示与展望

通过对大连旅游网的分析，可以得到如下几点启示：①整体形象，大连旅游网突出鲜明的整体城市形象宣传，其浪漫形象的定位增强了大连市旅游的吸引力；大连旅游网的经验不仅在于此，还在于其对整体形象定位下的总结、提炼并以文化内涵为支撑，尤其是对其形象的细化和具体化从而使其形象变得丰满，这都有赖于其整体的塑造和共同的宣传，当然，区内各利益主体将共享整体形象的塑造所带来的利益。②个性化定制和信息反馈，大连旅游网的突出特征还在于区内旅游的个性化定制服务和其反馈信息的整体管理与分析；区内旅游个性化定制服务除了系统技术层面的因素外，还需要区内旅游机构和旅游企业动态合作网络作为支撑，同时也会促进这种动态合作网络的不断完善和高效化。③资源共享降低中小企业的信息化门槛，目的地营销系统可以通过基础设施共享降低区内中小旅游企业信息化和进行电子商务的门槛，使其可以像大企业一样面向世界旅游市场。

记录和分析反馈信息有利于了解潜在的需求，系统应该为其提供与游客、企业、管理机构等进行交流的空间。旅游目的地营销系统是为了整合区内旅游信息资源，提升目的地整体竞争力而建的。研究者认为除了整体形象、基于动态合作网络的个性化定制，以及资源共享外，应该还有更大的发展潜力及空间。旅游目的地营销系统应该可以对区域旅游创新及基于区域的创新网络起到一定的作用。这种网络化的系统不仅可以加快区内编码化知识的流通与交流，同样也有助于一部分非编码化知识的传递。另外，旅游目的地营销系统的开放性又使其可以引进系统外的知识与信息，还可以将游客整合进区内旅游创新活动中。所以研究者认为，旅游目的地营销系统可以向着基于目的地整体形象和目的地文化环境的区域动态合作及创新网络这一方向发展，这将更加有助于旅游目的地整体竞争力的提升，形成持续的整体竞争优势。

6.3 户外运动网站服务功能需求评估与区位取向

旅游网站在类型上，以提供旅游信息咨询业务为主的和以提供旅游产品预定业务为主的占大多数。在规模上，中小型网站构成了旅游网站系统的主体。在动态特征上，尽管中小型网站多因具备针对性和地方性的特征而拥有独特的顾客面，但仍表现为高出生、低活跃的状态(Lu, 2002)。随着使用者的期望值越来越高，它们在发展中暴露出诸多问题，遇到极大困难。由此，一些旅游组织已将重点予以转移，深入某些特殊目的和活动场所之中、建立关于此项活动以及联系这项活动的网站。其网站通过对该活动的组织、评述与下载等，营造这项活动的参与者的社区，由信息来吸引消费者或者通过包装旅行路线来组织旅游者，从而有效地感染一个通用的市场。研究者将这类旅游网站称之为自我依托的网站。

下文依据对乐游户外运动俱乐部(石家庄市)及其网站的访问，聚焦于旅游组织"自我依托"类的中小型网站的研究，选择这个研究对象是基于其组织户外运动数量较多、影响较大的原因，同时也有便于测试网站功能的原因，因为乐游网站配备有网站统计分析系统。下文以乐游网站功能评估为开篇，进而提出寻找新型商业模式的问题，以电子服务时代的区位研究为结尾，探讨了新型商业模式与地理区位的关系。

6.3.1 户外运动网站服务功能与区位需求

1. 乐游户外运动网站栏目、内容与服务功能的评估

旅游活动越来越个性化，然而在这个过程中自发状态明显，在路线选择、注意事项及提高水平等方面都需要得到有益指导，所以建设一种在线服务不论是对大型网站，还是中小型网站同样具有重要的市场意义。石家庄市乐游户外运动俱乐部是继阳光俱乐部之后的第二家户外运动俱乐部。俱乐部每周都能组织出行。根据其网站配备的网站统计分析系统提供的资料，俱乐部会员有工程技术人员、企业职工、文化工作者、学生等各个年龄、层次的人群。其新增会员除了受到物质广告宣传的影响外，网上接触也占很大的比例，但人际交融一直是俱乐部发展的最重要途径。乐游网站依托乐游俱乐部而建立，以俱乐部工具的面貌出现，以俱乐部为载体而发展。经过不断完善，乐游网站已成为较为活跃、较为全面、较为专业的旅游网站，已成为俱乐部对传统服务方式的延伸。乐游网站的主要作用有：广告宣传、知识传播、装备介绍、会员能动和预定 5 个方面（路紫和樊莉莉，2005）。

乐游网站的首页界面由滑雪、攀岩的 Flash 动画和有桂林山水、海岸沙丘、雪山绿水景观的变换窗口组成，可欣赏性较强。"快乐游人、乐在游中"体现了以人为本的整体理念。

根据 Lu 等（2001）旅游网站的评估体系，可构建乐游网站功能评估框架，并将网站功能概括为 6 个主要功能及其若干子功能；依据该框架，可将使用者对网站满意度的评估概括为 4 类，并可列出乐游网站评估的总因素的基准体系。在该框架下进行比较，可获得网站功能评估和满意度评估的几个特殊方面：①信息，网站立足信息与实践同步，所发布的有关户外运动的信息大多由网站主要服务对象"会员"参与搜集与提供，信息量较大且重要信息更新及时、比较贴近生活，新旧信息连贯，使各种实践易于完成；②网页设计，网站和主页的图文设计生动、重点突出，具有逻辑性和均一性的排布，便于快速阅览；③预订，网站开展有户外装备出租和旅游线路的预订服务等，会员制（参与）管理的自我依托网站，在预订服务上与其他类型的网站相比较为易行，信誉在其中起了重要作用，这类网站的在线预订功能基本能反映该城市网站发展水平；④界面与进入性，界面操作简易，与相关网站链接的速度较快，但由于技术原因也存在个别陈旧网页和由于服务器故障也曾登录困难；⑤互动，户外论坛是该网站最热闹、最具特色的一个栏目，网上发布会员的体验与感受及实景实物，配合俱乐部专门开辟的"会员物品展示区"，给会员提供了一个交流的机会与场所，网站在这个板块中鼓励会员在网上自由发帖；⑥注册，除了会员申请外，商户在线现实申请合作也十分便利，网站设有特约用户栏目，宣传与俱乐部合作的优势，并列出了与俱乐部进行商务合作的酒店、影院、专卖店等 50 余家，为会员出行提供优惠接待服务；⑦咨询与调研，出游前询问会员所向往的地点、时间、程度等信息，活动后征求会员的满意状况，并还就网站的规章制度组织讨论，旨在发挥互动优势，提高在线服务质量。

2. 中小型旅游网站新型商业模式及对区位需求的评估

1）新型商业模式的建立

网络经济的内在特征决定了中小型旅游网站始终要面对大型网站分割旅游产品和网站市场的竞争。中小型旅游网站金融资源不足，如乐游俱乐部主要依赖于会费和租出装备，以及通过组织出行获得金融来源发展网站。实际上很多中小型旅游组织制订的计划都由于金融原因而使深度和广度大打折扣。因此中小型旅游网站只有将发展基础置于商业模式的转换上，即把网站由一种促进其互联网商业的手段转换为其业务的代理人，通过互动性的优势，造就未来电子用户忠诚度的不断加强。研究者将这种商业模式称为新型商业模式。

Crespo de Carvalho（2000）曾提出，电子商务并未带来什么新奇的事物，仅仅加强了服务方面的需求，并没有根本地改变它们。在新型电子服务的商业模式出现之前这一论断是合理的。是互动性改变了它。在互动功能的完善中旅游组织可以开发出各种各样的新型商业模型的"外部形态"。这种转换使新型商业模式形成了一种可以和现存商业模式相竞争的改革，它决不是将网站作为改革的附带物，而是将其作为替换物了。大多数中小型旅游组织并没有看到互联网的转换能力，仅仅利用了互联网商业潜能的一部分。缺乏新型商业模式的业务规划也是对网络贸易的潜力理解不够造成的。这种缺失致使网站不能带来足够的商业利益。在转换过程中还需要更深一步地研究组织与文化的变化来发展新型商业模式。拥有新颖的洞察力和转换的发展策略的中小型旅游组织将有机会成为领域的领导者。

2) 新型商业模式对传统地理区位的需要

地点能够支持服务早已被传统零售业证实了。而在电子服务发展条件评述时，许多学者均否认空间的制约(Poon and Swatman, 1999)。认为区位在电子服务竞争中不再具有决定性因素的优势了。而上文的研究结论支持不同观点，确信前述自我依托类型的电子服务在新型商业模式的应用中注定以距离形式影响参与者。因为实际上这类服务还是建立在"相对物质性"基础之上的，要求有集聚中心的区位与其相适应。或多或少地使有物质消费的电子顾客在很难抵达现实的网站(俱乐部)所在地，不能解决实际消费时，只好光顾其他旅游组织了。这个地点是出游的源地，是物质准备和培训的基地，物质性活动强调了区位的意义。这一结论与 Paché(2001)关于美国最大图书销售商——Ingram 书店网络服务体系的研究结果相符合。乐游选址在市中心，对其优越的地理区位所带来的促进作用还可概括为另外3个"区域性"的原因：①共同活动对人际的社会关系的要求强化了区域观念，出游能密切会员关系，不能是天各一方；②经济定位的特征对活动区域是有显著影响的；③电子服务的发展需要介入相关旅游组织"网站特约商户"为会员提供优惠接待。总之不论是物质流、顾客的经济反应行为，或者是旅游接待/组织，均是以区域上的接近为基础的。

以前的旅游电子服务研究中区位问题经常被忽略，这是因为在早期这种服务的扮演者总是将电子供应链变为行政机关。而在新型商务模式下这些状况发生了很大改善，其电子服务的重组与网上机遇的开发都依据区位优势。由此可以得出结论：一个使用者满意的电子供需服务平台应包括服务空间(目前以中心区为主)、服务过程(方便的物质往来)和合作者(特别是相关商户)3个基本要素。

乐游作为一种自我依托的中小型旅游网站的企业类型，其电子服务行为的空间扩散除了需要内部动力因素，如盈利状况外，还需要外部动力因素，即本地市场的竞争，如同行的邻近广告、信息渗透的影响等。在其电子服务的扩散中必须让它自己高度地适合物质方面的地区组织，建立区域关系，在以一种业务为主体的同时，沟通供给者与使用者及其合作者。根据乐游的发展，还要考虑将个体旅游网站形成区域联合企业，共同开发旅游电子商务的潜能，这样将会出现企业间的分部和总部两级联系的体系；良好的个人或公共联系的需求也是肯定的，这再次印证了企业采纳与应用ICTs与区域结构及区位的相互影响。从这个区域性角度说，提高乐游网站在区域旅游网站体系中的知名度十分迫切，要在区域门户网站的搜索马达上注册网站，列出索引，扩大"标识元"，以易于被引擎搜寻。旅游代办机构都有靠近顾客的目的，其最优区位就是城市地区靠近商业中心的地方。这一规律也适合于旅游在线服务的公司。乐游在一些年后还会卷入一个更加国际化的联合与竞争过程之中，宏观区位在联系这种市场竞争中将会处于举足轻重的地位。

6.3.2 基于邻域设施的户外运动俱乐部网站的区位取向

信息时代的地理区位已成为认识区域信息分割的一个重要内容。回顾近年来电子区位研究，可发现其主流性的目标是揭示信息的空间差异及其带来的区域影响。地点能够支持服务早已被传统零售业证实了，相对于传统的商业点的区位研究而言，电子时代的区位问题关注时间尚短，在解释电子时代区位利用网络空间拓宽销售、增大效益、缩短距离、增大使用者虚拟空间范围、带动实际物质空间的运动等方面尚未获得明确结论。各国的信息地理学者都在积极探讨网络空间点的研究，一些论文从计算机应用角度，利用相关程序，对网络区位进行描述，将网络区位精确化，如Yoshio(2006)应用网络定位信息探讨拓展网络定位服务问题；Sten(2006)以计算机网络为基础，描绘小区域定位系统的建立问题；Thulin 和 Vilhelmson(2006)分析了年轻人如何应用网络缩短时空距离，利用网络参加各种社会活动等。

旅游网站是研究网络空间区位的一个重要领域，但以前的旅游电子服务研究中区位问题经常被忽略。路紫和樊莉莉(2005)从网站功能评估为出发点探讨了电子服务时代新型商业模式与地理区位之间的关系，确信一些类型的电子服务在新型商业模式的应用中注定以距离形式影响参与者。而在电子服务发展条件评述时，许多学者均否认空间的制约，认为区位在电子服务竞争中不再具有决定性因素的优势了。因此总体来看，对网站的区位选择本质透视仍然很不明朗，它与传统的零售业之间的区位差异表现，或者说有什么本质不同，仍有待于实证研究作支持。之所以将户外运动旅游网站视为信息经济地理研究的着眼点之一，主要是基于以下两方面的考虑：①网站作为信息站点存在，具有虚拟性，同时网站通过对信息的集聚与组织，实现对有形物质流的真实作用，又具有真实存在性；②纷繁复杂的网站系统中，绝大多数与地理学的物理性质背道而驰，但其中一些类型却通过某种组织媒介与现实的地理学产生关系。户外运动旅游网站具有这方面的代表性。尽管当前互联网信息存在巨大增长，但是相关信息流的区位分析方面的研究仍然很少。一个重要的问题被提出：距离是否影响用户可能访问的Web站点。如果距离是一个影响因素，那么网站的区位就变得更重要了。

综上，国内外均有学者进行电子时代区位问题研究，但均属于宏观、中观角度下的一般区位问题，也有学者提到了电子时代基于Internet的新型商业模式的区位问题，但是直接针对网站的区位选择的系统性实证研究相对较少。基此，下文仅针对户外运动网站，尝试证实Internet下的服务业网点的区位选择问题。首先对电子时代服务业区位的相关研究进行回顾，而后引入、设计了网站区位的评估方法，并依据全国30个城市的户外运动网站位置资料，描绘出中国户外运动网站空间分布上的多种类型的区位特征，得到其基于邻域基础设施的区位选择的规律，即具有单个因素的邻域设施取向规律和多个因素的邻域设施取向规律。

1. 研究方法与研究资料

关于区位选择的研究方法有精确区位和模糊区位两种思维，近年来对后者的研究愈益成熟。Billig(2005)早就提出区位取向是针对一个地方的氛围而言的，环境的质量即是其吸引力。Knopf(1996)进一步强调需要考虑区位的内部环境特点等问题。Isaaca 具体研究了关于区位感知、城市质量与区位取向的关系。Jiven 和 Larkham(2003)批判了有关区位取向的总看法，强调区位取向选择应该更多地考虑人们自身的观点，提议发展更多的区位取向概念。基于区位取向的政治、经济、社会、环境背景关系等因素对区位选择的影响，研究者尝试构建了基于邻域设施的模糊区位选择的"区域分割法"。首先确定一个影响因素的中心地，并以此地为坐标中心建立坐标轴，再根据中心点(以与此类网站有特殊联系的某一类重要场所)来辨别分界区域，最后确定出此区域是否是属于影响因素的范围。在某一影响因素辐射范围内由统一条件控制，这个条件仅支持此区域内部，并阻碍着其他部分的介入(Bittner and Stell，2002)。研究者将网站区位选择的影响因素粗略分为经济繁华地段聚集、临近体育场聚集、交通网便利地段聚集、新区聚集、邻近教育基地聚集 5 个方面，以此作为各个城市户外运动网站区位的影响因素。这些坐标点分别体现在作为研究对象的中国城市户外运动旅游网站分布图中。

户外运动网站区位的"区域分割"分析是区位形式化的一种方法，依据这种方法可区别一个分割的区域内某空间对象的完全区位和模糊区位。区域分割法对模糊区位的表达应包括 3 个主要方面：①适当地表示空间对象；②说明这个空间对象在一个分割的区域内的近似性联系；③对假设对象进行量化。Bittner 和 Stell(1998)关于模糊区位与影响因素间的并集与交集的运算方法可用于该区域分隔分析中。对中国户外运动网所统计的户外运动网站个数大于 5 个的省份进行调查，涉及的 30 个城市(北京、石家庄、南昌、深圳、上海、武汉、长沙、沈阳、大连、贵阳、杭州、福州、南宁、郑州、成都、广州、苏州、重庆、合肥、昆明、温州、乌鲁木齐、厦门、香港特别行政区、海口、徐州、南京、宁波、无锡、青岛)具有实体店的户外运动网站(包括分店地址)，并在各城市地图上依据百度地图定位系统，标注各个网站的位置，由此确定了研究范围(韩瑞玲等，2009)。

2. 区位取向的讨论

户外运动网站区位的模糊性体现的是某区域分割范围内的一个对象。空间概念的模糊性导致了确切物体区位的模糊性，以此可对不确定的区位进行近似关系的分析，该问题也曾经被 Thomas Bittner 解释过。研究者发现户外运动网站区位也与传统的商业区位一样属于不确定区位的空间现象，也存在着主观潜在认识下的不统一条件的模糊性。但为了能较清晰说明，对邻域设施影响下的网站区位进行分割研究仍然是很有意义的，分为完全区位、重叠区位和部分区位 3 个部分：第一个指物体所在区域的受单一邻域设施影响所形成的区位；第二个指物体所在区域同时受到两个或两个以上邻域设施影响所形成的区位；第三个指既不明显受某一个邻域设施影响，同时介于前两者之外并远离典型邻域设施的区位。

户外运动网站区位取向与邻域设施因素有显而易见的关系，这些因素涉及繁华地段、体育场所、交通设施、新居住区、大专院校5个方面，其中以完全区位所反映的网站集聚表现最突出。所以将完全区位于邻域基础设施的关系对应性加以分析，从而揭示户外运动网站区位的模糊性(表6-4)。

表6-4 基于邻域设施的户外运动网站的完全区位的量化分布

城市	网站总数	繁华地段	体育场所	交通设施	新居住区	大专院校
北京	22~47	2/8	1/7	1/7	—	—
乌鲁木齐	7~8	1/3	—	—	—	2/4
石家庄	4~6	1/1	3/3	—	—	—
南昌	1~4	1/1	—	—	—	—
深圳	7~15	1/2	1/1	1/4	—	—
上海	10~37	—	—	1/10	—	—
武汉	4~8	—	—	1/4	—	—
长沙	6~7	—	—	2/5	—	1/1
沈阳	3~5	—	—	3/3	—	—
大连	2~2	—	—	—	—	2/2
贵阳	5~6	1/3	1/1	1/1	—	—
杭州	7~9	2/2	—	3/5	—	—
福州	4~7	—	1/1	1/3	—	—
南宁	3~4	—	—	1/3	—	—
郑州	5~7	1/1	2/4	—	—	—
成都	9~13	1/1	—	4/7	—	1/1
广州	12~19	—	1/12	—	—	—
苏州	3~3	—	—	3/3	—	—
重庆	7~7	—	—	—	1/3	1/4
合肥	4~4	—	—	—	—	2/4
昆明	5~6	—	—	2/5	—	—
温州	3~4	1/1	1/1	—	—	1/1
厦门	5~7	—	—	2/4	—	1/1
香港	5~12	—	—	1/5	—	—
海口	4~6	1/2	—	2/2	—	—
徐州	1~2	—	—	1/1	—	—
南京	4~6	—	1/1	—	—	2/3
宁波	6~9	—	—	2/6	—	—
无锡	2~2	—	—	2/2	—	—
青岛	2~3	1/1	—	—	—	1/1

注：x~y=涉及完全区位网站数量，城市站点总数；x/y=某项影响因素在城市内部完全区位的表现数量/该影响因素下网站数量；涉及网站总数为265个；全区位网站数量162个。

资料来源：韩瑞玲等，2009。

完全区位的模糊性的表达可以从两个角度来考虑：一个是完全区位数在城市中的网站总数中的比例；另一个是受某一因素影响的完全区位网站数占所涉及完全区位网站总数的比例。如前者，完全区位的网站数量在所有网站数量中占比仅为61%，占比最大的城市为100%；再如后者，最强的邻域设施(交通设施)影响下的完全区位也仅占49%。可见，受某一单一因素明显影响的完全区位的程度不高。由完全区位与影响因素的对应性分析可见，区位关系很大程度上表现为模糊性。在多数情况下，以上5个因素往往是互相结合共同发挥作用。受繁华地段和交通设施影响的城市最多，这两种聚集效应也最为明显。

户外运动俱乐部网站区位取向对邻域设施的要求反映了新型商业模式的基本特征。上述户外运动俱乐部网站的区位取向是具有一定规律的，这种取向的驱动力是由网站俱乐部所汇集的人流与信息流交互作用。进一步分析，户外运动俱乐部网站实际上的服务还是建立在"相对物质性"基础之上的，要求有集聚中心的区位与其相适应。在这一类俱乐部网站的新型商务模式下，其信息服务的重组与网上机遇的开发就都依据区位条件了。研究者通过考量大量城市中户外运动俱乐部网站在实际地理空间中的区位取向，总结出起码有一些类型的电子服务网点的区位取向是符合地理学区位理论的。

6.4　基于领域设施的大城市网络店铺的区位取向

电子零售业作为半虚拟半现实地理学的重要组成单元，一方面被关注度逐步增加，其中电子服务网点区位取向(ESNLC)的研究渐成热点；另一方面迄今对ESNLC的关键问题的分析仍较薄弱且在认识上尚存较大分歧。初期将互联网购物模式视为一个对地理区位具有极大破坏性的技术，确信其会对购物的方式以及网络商店的地点有所改变(Burt and Sparks，2002)。但Hashimoto(2002)、Lu等(2004)都进行了信息网络虚拟空间对应实际地理位置的案例研究，提出了一些不同观点。随后关于商务地点的区位限制与空间竞争性的研究(Sten，2006)、关于信息产业集聚下ICTs影响区位选择的研究(Wang and Li，2009)均从不同视角论述了ESNLC的特征。现在看来不论对网上购物影响性的预言是否有所夸大，由于服务、交易、支付等许多活动都可以在虚拟空间中进行，地理限制确实表现出多方面的减弱，电子服务网点的区位选择更加复杂化。路紫和樊莉莉(2005)、韩冰和路紫(2007)曾通过户外运动旅游网站论证了信息时代区位的变化及新型商业模式与地理区位的关系，但仍缺乏对半虚拟条件下地理学规律的认知，也缺乏对电子服务网点区位因素的清晰分析。

区位取向研究方法的发展较快。Jiven和Larkham(2003)以及Miriam(2005)都曾提议发展更多的区位取向概念，这为电子服务网点区位的创新研究奠定了理论基础。具体到城市内部网络店铺区位取向的研究方法更有诸多成果可资借鉴，如Arai和Sugizaki(2003)给出的拓展网络定位服务的方法；Wang和Li(2009)给出的描述服务业分布规律和服务活动区位地域结构的方法；Sener等(2006)给出的潜在场址等级选择的多因素决策分析方法。本书依据这些成果，吸收地方氛围形成区位取向的观点，采用基于邻域设施的模糊区位研究方法对ESNLC进行评定。当前，网络店铺已成为电子服务网点的一种重要形式，出于典型性和广泛性考虑本书以网络店铺为例来说明ESNLC问题。

近年来，电子商务已成为新型商业模式的重要类型(He et al.,2008)，C2C也被引入网络店铺相关的区位研究中，这些网上购物的区位性研究主要集中在个人出行或货物运输方面，如发现在网络(Weltevreden and Rotem-Mindali,2009)购物和个人出行之间存在一种积极地联系，但很少有结论用来描述C2C电子商务对ESNLC的影响，相关实证研究也只是给出了一些非常笼统的结论，也就是说迄今为止几乎没有实证研究给出一个关于具体城市C2C电子商务和ESNLC之间有很大联系的全面评述。本节尝试深入地揭示新电子时代C2C电子商务对ESNLC的潜在影响，以及这种影响的变化趋势。

6.4.1 研究方法及其应用

1. 资料选取与概念界定

1) 网络店铺的选取

选取国内最大的个人拍卖网站——淘宝网网络店铺为研究对象有代表意义。国内最流行的C2C电子商务网站是阿里巴巴旗下的淘宝网，该网站代表了中国近80%的C2C电子商务交易，这种新型商业形态出现后网络店铺实体化趋向明显，即网下实体店铺销售产品，网上虚拟店铺进行产品信息的发布和交易，两者通过顾客的信任相互推广和商品营销。对上海、北京、深圳和天津4城市，使用阿里巴巴和淘宝网自身的高级搜索中的公司和店铺搜索功能，按商品类别查找网络店铺的有关基础信息，然后进入店铺主页，通过寻找我的店铺、店铺公告、店铺留言和商品介绍里的实体店铺地址，确定网络店铺的地理位置。本次研究共在淘宝网上查获钻石级别以上的有实体店的网络店铺728家，其中上海293家、北京181家、深圳135家、天津119家。这4个城市都是中国重要的口岸城市、产业基地、金融中心、信息中心、商贸中心、运输中心及旅游胜地，网络店铺发展比较早，当前已经具有相当规模，网络店铺的发展水平以及拥有的网络店铺数量在全国名列前茅，其网络店铺的分布已经呈现出独特的区位分布特征(路紫等，2011)。

2) 商品类别和邻域设施的确定

不同商品类别的ESNLC有较大不同，因此对网络店铺的商品类别的划分是研究区位选择差异性的重要基础。淘宝网站主页下的商品涉及九大类别，包括虚拟、数码产品、家居、收藏、服饰、护肤、文体、其他和拍卖，各大类商品类别下又分出许多具体类别。考虑到虚拟类商品一般不需要实体店铺的支撑，"其他和拍卖"类商品涉及范围又过于宽泛，因此仅选取了淘宝网站的六大类商品类别作为网络店铺研究的对象。借助邻域设施进行不同商品类别网络店铺区位取向的研究是一种判断网络店铺的区位因素变化的重要途径。王铮等(2005)从微观视角研究了电子商务发展对企业选择实体区位造成的影响，认为电子商务公司区位选择除了考虑传统因素外，也开始考虑容易吸引"口味人群"容易获得专业服务等新因素。基于以往的研究，下面仍然选取商业繁华地段、文体场馆、交通枢纽地、大型居住社区、大学5类邻域设施。按照邻域设施选择原则,北京选取邻域设施55个,上海选取邻域设施71个,天津选取邻域设施42个,深圳选取邻域设施34个。

3) 区位类型的划分

以前的研究已经证明"区域分割"分析是ESNLC形式化的一种有效方法,也给出了区域分割对模糊区位表达的3个主要方面:空间对象、该空间对象在一个分割区域内的近似性、对象量化。根据本书的目的可将模糊区位模型进行细化,即以所确定的邻域设施为中心点建立坐标,并辨别分界区域以形成"区域分割"。参照商业地产商圈黄金定律,将核心商圈辐射半径作为邻域设施的服务半径,再通过比例尺计算即可在地图上绘出两个固定长度单位的两个圈层,做出完全区位、重叠区位、过渡区位和不完全区位4类区位的表象,用以确定一个分割区域内某空间对象的模糊区位。完全区位为网络店铺标识点在里圈层内受到某一个邻域设施影响的区位,重叠区位为网络店铺标识点在里圈层内受到两个或多个邻域设施共同影响的区位,过渡区位为在外圈层内受邻域设施的影响的区位,不完全区位为两个圈层邻域设施影响之外的区位。由此根据与前面5种邻域设施的影响关系,统计各网络店铺的区位类型。

4) 最优区位的判别

对于具有区位取向的某些商品类别的网络店铺最优区位的判别,需要依据邻域设施对网络店铺区位的影响力来进行。鉴于这种影响力很难被精确地用数据表达出来,因此考虑利用模糊多属性决策方法(FMCDM),通过三角模糊数表示备选地点模糊适宜指数,计算确定地点的适宜性排序来选择最优区位。每个邻域设施对每个被选地点的重要性用等级来表示,由专家根据自己的经验、知识,对每项邻域设施影响的权重进行等级打分,从几个备选地中选择最优地点。针对不同的备选地点(被定义为集合L)与邻域设施(被定义为集合C)之间的关系,由专家确定在设定标准下邻域设施对m个备选地点的权重。S_{itj}为在C_t标准下专家E_j对A_i个地点的打分,t_j是专家E_j赋予C_t的权重,t是C_j(j专家对C的赋值)标准赋值的平均权重,因此,第i个备选地的模糊适宜指数F_i可以通过计算S_{itj}和W_t等得到。具体计算公式为

$$S_{itj} = (q_{itj}, o_{itj}, p_{itj}) \tag{6-1}$$

$$W_{itj} = (c_{tj}, a_{tj}, b_{tj}) \tag{6-2}$$

作为三角模糊数,F_i可以表述为

$$F_i = (Y_i, Q_i, Z_i) \tag{6-3}$$

通过式(6-1)~式(6-3)的计算,可以得到各个城市备选地点模糊适宜指数排名值$U_T(F_i)$表。

2. 资料加工

利用以上模糊区位方法,可获得基于邻域设施的不同商品类别的网络店铺在4类区位下的分布数量和所占的比例。具体做法是:分别统计出不同商品类别的网络店铺地址落

入不同区位类型的点的数量,并计算出不同区位类型的网络店铺个数占该商品类别网络店铺总数的比例(表6-5)。基此可分析不同商品类别下的网络店铺的区位取向的差异性。

表6-5 4城市不同商品类别所属区位类型的网络店铺数量与比例表

城市	区位	数码类	护肤类	服饰类	收藏类	家居类	文体类	总计
北京	完全区位	3(9.1)	2(9.1)	6(15)	5(21.7)	4(12.9)	7(21.9)	27(14.9)
	重叠区位	20(60.6)	0(0)	2(5)	1(4.35)	0(0)	0(0)	23(12.7)
	过渡区位	1(3.00)	4(18.2)	14(35)	10(43.5)	7(22.6)	9(28.2)	45(24.7)
	不完全区位	9(27.3)	16(72.7)	18(45)	7(30.4)	20(64.5)	16(50)	86(47.5)
上海	完全区位	38(40.4)	4(13.8)	8(13.8)	1(6.67)	8(15.1)	5(11.4)	64(21.8)
	重叠区位	5(5.3)	3(10.3)	1(1.72)	1(6.67)	0(0)	0(0)	10(3.4)
	过渡区位	25(26.6)	5(17.2)	15(25.9)	4(26.3)	12(22.6)	7(15.9)	68(23.2)
	不完全区位	26(27.6)	17(58.6)	34(58.6)	9(60)	33(62.2)	32(72.7)	152(51.5)
深圳	完全区位	42(82.4)	5(62.5)	10(47.6)	4(36.4)	14(53.9)	7(38.9)	82(62.7)
	重叠区位	6(11.76)	1(12.5)	3(14.3)	1(9.09)	5(19.2)	7(38.9)	23(17.0)
	过渡区位	2(3.92)	2(25)	4(19.05)	4(36.36)	4(15.4)	2(11.1)	18(13.3)
	不完全区位	1(1.96)	0(0)	4(19.05)	2(18.18)	3(11.5)	2(11.1)	12(8.9)
天津	完全区位	0(0)	7(26.92)	4(33.33)	5(50)	5(21.7)	4(44.4)	25(21.0)
	重叠区位	36(92.31)	1(3.85)	0(0)	3(30)	1(4.4)	2(22.2)	43(36.1)
	过渡区位	0(0)	5(19.23)	4(33.33)	0(0)	4(17.4)	0(0)	13(10.9)
	不完全区位	3(7.69)	13(50)	4(33.33)	2(20)	13(56.5)	3(33.3)	38(31.9)

注:括号内为比例,单位为%。

资料来源:路紫等,2011,表6-6同。

在网络店铺类别、网络店铺所在地等条件限定下,将统计出的网络店铺的位置标记在地图上,可生成各商品类别网络店铺分布图。具体操作是:城市数字地图来源于Google Earth,并经PhotoShop处理,将统计到的各商品类别的所有网络店铺的地址用不同符号标定在城市地图上,再根据体现在分布图上的邻域设施坐标点确定分割区域,最终对各类图层进行合成生成一套不同商品类别的与4类区位取向对应的网络店铺区位取向的分布图。

3. 模糊适宜指数排名值的计算

取出4城市有明显区位取向的数码类网络店铺的16个分布密集地点作为最佳区位的备选地点,通过上述三角模糊数计算方法得出每个备选地点的模糊适宜指数,这些信息有助于帮助确定备选地的最终排名情况。设定 $F_i(i=1,2,\cdots,m)$ 是 m 个备选地的模糊适宜指数。

设定最大值集合:

$$M = \{[x, f_m(x)] | x \in R\} \quad f_m(x) = \begin{cases} (x-x_1)/(x_2-x_1), x_1 < x < x_2 \\ 0 \text{ 其他} \end{cases} \quad (6\text{-}4)$$

设定最小值集合：

$$G = \{[x, f_g(x)] | x \in R\} \quad f_g(x) = \begin{cases} (x-x_1)/(x_2-x_1), x_1 < x < x_2 \\ 0 \text{ 其他} \end{cases} \quad (6\text{-}5)$$

式中，$x_1 = \inf S$；$x_2 = \sup S$，$S = U_{t=1,m} F_i$，$F_i = \{x | f_{F_i}(x) > 0\}, i = 1, 2, \cdots, m$。

定义每个适宜指数 F_i 的乐观效益 $U_M(F_i)$ 和悲观效益 $U_G(F_i)$ 如下：

$$U_M(F_i) = \sup[f_{F_i}(x) \wedge f_M(x)] \quad (6\text{-}6)$$

$$U_G(F_i) = 1 - \sup[f_{F_i}(x) \wedge f_G(x)] \quad (6\text{-}7)$$

式中，$i = 1, 2, \cdots, m$；$\wedge$ 为最小值。

模糊适宜指数排名值 $U_T(F_i)$ 设定为

$$U_T(F_i) = aU_M(F_M) + (1-a)U_G(F_i) \quad (6\text{-}8)$$

式中，数值 a 为评价态度的系数，反映专家对风险承担的态度，$0 \leq a \leq 1$。

排名值 $U_T(F_i)$ 可以被近似的表示：

$$U_T(F_i) \cong R[(Z_i - x_1)/(x_2 - x_1 - Q_i + Z_i)] + (1-R)[1-(x_2 - Y_i)/(x_2 - x_1 + Q_i + Y_i)] \quad (6\text{-}9)$$

通过式(6-1)～式(6-3)的计算得到 4 城市备选地点的模糊适宜指数 F_i，又通过式(6-4)～式(6-9)计算得到得 4 城市有明显区位取向的 16 个分布密集地点的模糊适宜指数排名值 $U_T(F_i)$ (表 6-6)。表中列出了 4 城市各备选地点模糊适宜指数排名值及所属区位类型(区位个数)。

表6-6　4城市备选地点的模糊适宜指数

北京		上海		深圳		天津	
地点	模糊适宜指数	地点	模糊适宜指数	地点	模糊适宜指数	地点	模糊适宜指数
1	(0.512875, 0.586875, 0.665875)	1	(0.521875, 0.596375, 0.675875)				
2	(0.4265, 0.49225, 0.563)	2	(0.4065, 0.45575, 0.5335)				
3	(0.450375, 0.518125, 0.590875)	3	(0.43725, 0.509375, 0.574625)	1	(0.34875, 0.4025, 0.46925)	1	(0.39875, 0.461, 0.52825)
4	(0.43825, 0.5045, 0.57575)	4	(0.454375, 0.523625, 0.597875)	2	(0.33775, 0.391, 0.45675)	2	(0.4775, 0.4715, 0.54025)
5	(0.4645, 0.53325, 0.607)	5	(0.52325, 0.59825, 0.6826257)	3	(0.348875, 0.407375, 0.475125)	3	(0.383625, 0.445625, 0.512625)

6.4.2 研究结果

1. 总体特征

在区位选择上网络店铺与传统店铺有所不同。基于邻域设施的模糊区位评测可见，网络店铺受邻域设施影响不明显，如上海网络实体店铺在完全区位、重叠区位、过渡区位及不完全区位分布下的比例分别为21.84%、3.41%、23.21%和51.54%。再如北京4类区位比例分别为14.9%、12.7%、24.7%和47.5%，未受传统邻域设施影响的网络店铺均在1/2（不完全区位数）左右。中国电子商务网站发展以北京、上海为代表，北京最为领先，占全国网络店铺总数的30%，上海其次，这表明在网络店铺最为活跃的城市中ESNLC是以分散化为主的。相对而言处在网络店铺发展中的城市，ESNLC影响因素趋于简单，集聚反而明显些。天津不完全区位数占32%，深圳占9%。原因主要是传统购物形态的区位取向注重商店的市场占有率，而网络购物形态的区位取向则注重商品的消费者需求量及商店的送货成本。

2. 数码电子类商品表现出的 ESNLC 特征

当评述大城市内部的ESNLC时，区分不同商品类别十分重要，就单一商品类别而言可能会表现出聚集，贵重商品即较为符合传统的加纳模式，更趋向于集中分布以形成规模效益，如数码电子类别商品经济"门槛"较高，即存在明显的区位选择特征，其完全或重叠区位所占比例在6类商品中是最高的。天津的重叠区位占92.3%，深圳的完全区位占82.4%，北京的重叠区位占60.61%。表明数码类商品大部分受到一个或多个邻域设施的影响而高度集聚。具体如深圳的华强北电子商厦区域、天津的南开区颐高数码广场和时代数码广场，以及泰格通讯城、和平区河川大厦、北京中关村硅谷电脑城等。可见，其集聚地为数码广场或商贸大厦，区位选择趋向于传统区位因素，这可能归因于贵重商品自身的物质性，这类广场地区商业"门槛"较高，店铺信任度上升为主要因素；同时，经营者熟悉网络、获取网络便捷也是一个重要因素；另外，邻近高技能和专门化劳动力集中的地区和趋向于新智力地区也发挥一定作用，也与王铮等(2005)的估计相等。

3. 门槛较低的商品类别表现出的 ESNLC 特征

（1）普通商品类别，如护肤、服饰、家居、收藏和文体类别商品的网络店铺因进入门槛都较低而较少受空间的限制，呈不规则、分散状分布，已不再遵循传统区位理论，受邻域设施的影响较少，如上海这5类商品在完全区位及不完全区位中比例分别为6.67%~15.1%和58.6%~72.7%；北京这5类商品中属于完全区位和重叠区位的很少，过渡区位和不完全区位之和分别占到91%、80%、87%、74%和78%；天津护肤和家居类网络店铺已没有可见的区位性；深圳家居和文体类网络店铺也远距商业中心。

（2）不同商品类别的网络店铺之间仍存有一些微观差异，如服饰类别商品的网络店铺的过渡区位的比例稍大，说明处于邻域设施的辐射范围内但受其影响不深。文体类别网络店铺多属于完全区位，其处于文化体育中心、鲜花市场等邻域设施的辐射范围内，受其影响较大。家居类别商品的网络店铺不完全区位比例较高，分布比较分散，受前面5种设施的影响很小。

(3) 部分门槛较低类别商品的网络店铺的区位取向存在城市间差异，也有集中分布的现象，如天津收藏类别网络店铺完全区位与重叠区位的比例达80%，分布于如文庙、玉皇阁和西开教堂等文化沉淀较为深厚的地区，文体类别的完全区位也达44%，就明显高于北京和上海；深圳服饰类也有靠近地价峰值区的表现，完全区位几乎占到一半，与其他3个城市形成差异；深圳家居类完全区位占到54%，深圳护肤类完全区位达62.5%，甚至缺少位于不完全区位的店铺，也与其他3个城市形成差异。日常用品类别网络店铺区位选择时也会考虑靠近货源和方便顾客等因素。

4. 基于 C2C 电子商务方式的 ESNLC 分析

(1) C2C电子商务方式是ESNLC特征存在的基础，因为C2C电子商务方式是网络店铺的主要经营方式，如上海网络店铺中94%属于C2C方式，包括各商品经营类别。C2C电子商务方式由于其规模相对较小，且商品类型又为多样性，固在区位选择上有分布范围较广的特点。

(2) C2C网络店铺经营者在网上交易中有着消费者和商家的双重身份，出售二手商品或在网上进行私人拍卖为主要经营类型，出于对地租因素的考虑和兼职的特点，随意性和业余性均较强，分布相对灵活。

(3) 网络为消费者提供了从远距离零售商和制造商那里直接获得商品的机会，电子C2C商务刺激了自主发送，大多数日常用品的运送由店铺直接发送到家或工作单位，导致更多更远的货物运输，而较少的人的购物出行，传输网络的日益完善使网络实体店铺的离心化趋势明显(Jones and Leonard, 2008)，这也间接证明了普通商品网络店铺区位选择分散化的形成原因。

5. 电子服务网点最优区位的特征

最优区位受邻域设施要素组合关系的影响，这种要素组合关系表现为从重叠区位到完全区位的过渡，重叠区位的组合关系发挥主要作用。包括如下多种类型：商业、交通、大学、文体基础设施的组合构成的区位影响力，如上海浦东新区和北京中关村模糊适宜指数排名值均达到0.83；商业、大学、文体基础设施的组合构成的区位影响力，如上海徐汇区、天津南开区模糊适宜指数排名值达到0.80；商业、交通基础设施组合构成的影响力，如深圳华强北等地排名值为0.75~0.79；交通、文体基础设施的组合下，如天津河北区鼓楼商业区排名值为0.75；受商业设施影响的区位排名值为0.65~0.72，如北京西单、上海静安区等地；受交通基础设施影响的排名值为0.63，如北京六里桥公主坟区域、上海闸北区火车站等地。这些组合关系的影响力是按照从高到低排列的。大于中间值0.72的最优区位基本上是重叠区位，小于0.72的主要是完全区位。从数码类店铺的最优区位来看，最优区位是从重叠区位向完全区位的过渡，且区位个数越多，区位性越强。

6.4.3 小 结

采用一套基于邻域设施的模糊区位取向方法和模糊多属性决策方法,针对中国北京、上海、深圳、天津4城市淘宝网站六大商品类别网络店铺的空间集聚情况,通过其所属的完全、重叠、过渡和不完全4种区位类型,揭示区位取向的倾向性特征和信息时代区位影响因素的变化,并进一步探讨区位取向明显的数码类别商品的网络店铺的最优区位地选择。形成如下认识:

(1)ESNLC的总体特征是分散化与集聚化同时存在,新型商业模式对地理区位的需要表现出复杂的情形,某些商品类别的电子服务网点也是考虑区位的,集聚发生在如数码类等贵重商品类型网络店铺的区位取向上,区位仍不失为互联网时代认知地理现象的一个因素。其重叠区位比例最高,兼受城市商业中心、大学、交通易达性多个设施的影响。而绝大多数普通商品类别则呈分散状分布且较少受空间的限制,不完全区位的比例均较高,重叠区位的比例均较低,对传统设施的依赖较弱,已经表现出一种不再遵循传统区位地理论的新的区位取向规律。可见ESNLC主要取决于商品的类型。前者归因于上商品类型的物质性特点,后者归因于网络店铺自身的随意性、灵活性、业余性特点。

(2)网络店铺区位取向的各种影响因素的重要程度有所变化,不同商业模式下区位取向不同,C2C电子商务对其影响更趋向于不同于传统的区位选择,表明C2C电子商务是网络店铺区位取向影响因素变化的基础。传统影响因素如供应链、传输网络、货源供给、市场集聚等仍有体现,同时C2C电子商务将传统的商务流程电子化,以信息流替代人流,以货物配送替代购物出行,使除了贵重商品类别以外的普通商品网络店铺将传统区位因素如邻近商业繁华区、交通枢纽等放置于辅助地位,将信誉度等放置于主要地位,另外街道的文化基础和客流特点也对选址产生了影响。这些C2C网络店铺都有自己的网站社区,消费者在购物的同时还可以交流、咨询所关心的问题(Lu et al., 2010)。

(3)在电子时代传统的区位理论将得到一定补充或纠正才能全面正确地解释电子服务网点的区位现象。通过考量城市内部淘宝网站上的个体网络店铺的地理区位选择,加深了对半虚拟状态下ESNLC特点的理解,理论上有助于半虚拟半现实的地理学区位论的发展(路紫等,2007);实践上有助于解决目前电子零售网点过度聚集、单体规模过大和市场定位不准确等问题,进而指导建立新型商业模式、缩小网络空间障碍、有序物质空间运动。

(4)对于样本城市以外的情景有待进一步研究从而加深对ESNLC变化的全面理解,选择具体位置时也应该注意更广泛的内容,还应该设法在依赖经验统计数字的同时做出系列假说,当评估C2C电子商务流动性影响时提出一些假说尤为重要。

6.5 网络购物的产业影响与空间影响

网络购物是借助网络实现商品或服务从商家转移到消费者的过程,其包含了资金流、物流和信息流的参与。网络购物以B2C和C2C模式为主(宋文官,2007),其构成了中国电子商务的主要部分。网购的物流配送主要采用快递物流方式,快递物流企业根据用户的订货要求,进行一系列分类、编码、整理、配货等理货工作,并按照约定的时间、地点将确定数量和规格要求的商品传递到用户。网络购物为快递行业发展带来巨大商机,成为快递物流增长的新引擎。

6.5.1 网络购物与快递物流的耦合关联性

1. 研究综述

国内外已有的关于电子商务与物流配送研究主要探讨了4个问题:①电子商务环境下物流配送的新挑战,李珊珊(2004)提出消费者对网络购物配送最主要期望是及时与准确,Atif(2004)认为物流配送存在的信任危机会阻碍电子商务的发展。②电子商务环境下物流配送的发展模式和发展方向问题。Murphy(2007)将电子商务公司分成3类:传统商业与互联网商业模式相结合的公司、专业网络营销公司和信息中介,在分析了各种经营方式的配送模式后指出,通过控制物流配送,可拓展在线经营者的经营范围,还可联合实体店铺,降低物流配送成本。Ying 和 Dayong(2005)则建议根据电子商务的顾客需求建立物流活动的智能化代理,如预定管理代理、物流业务流程再设计代理、资掘组织代理、动力整合管理代理、评估代理等,以保证顾客与物流服务提供者之间的双赢。③网络购物配送的时间价值问题。网上购物的快捷性和优惠的价格会吸引更多,但是物流配送的速度会影响网民的网上购物频率(Koyuncu and Bhattacharya,2004)。以网上购书为例,网上书店的配送时间成本为每书每天0.53美元,配送时间越长,网上书店就不得不以更低的价格来吸引消费者(Hsiao,2009)。④电子商务下的物流发展的区域负作用。Hesse(2002)指出,电子商务在支持较长的运输距离及高交货频率运输过程中,大量配送中心的建立,增加了其对土地的需求量。

综上,国内外关注电子商务与物流配送多是针对某一系统对另一系统的影响,对于二者之间的微观相互作用关系涉及较少。电子商务是未来商业的主流模式,而快递物流是网络购物实现过程中除信息流、商流、资金流外最大的难题,研究网络购物与快递物流之间的相互关系不仅能为二者的协调共赢提供一些理论建议,同时对二者的现实发展具有指导意义。所以借用耦合方法,对中国网络购物与快递物流配送之间发展的耦合关系演变进行了深入研究。

2. 指标体系与结果分析

1)指标体系

首先确立两个子系统的组成元素,通过综合考虑两个子系统的关联性和时序性,对中国网络购物发展与快递物流配送耦合关系与协调程度进行定量评价(杨莉等,2009)。具体指标选取步骤如下:①关于网络购物的指标,选用理论分析法,根据电子商务文献中对中国电子商务、网络购物、信息化水平综合评价指标的描述,选出针对性较强的指标;②关于物流配送指标,选用频度统计法,对有关的现代物流、第三方物流、物流系统等文献进行频度统计,选择那些使用频率较高的指标;同时,采用理论分析和专家咨询相结合的方法对物流指标及其支撑的行业指标进行了筛选(韩瑞玲等,2011)。

为满足指标的主成分性和独立性原则,对一般指标体系进行主成分性分析和独立性分析,选择内涵丰富又相对独立的指标构成评价指标体系。主要步骤如下:首先,对基础指标进行标准化。其次,计算相关系数和合并重复指标。分别计算各个指标间的相关系数,找出相关系数小于临界值的独立指标,定义真相关系数为 0.95 以上(含 0.95)的指标为重复指标并加以合并,合并时优先保留高层次指标和综合性指标,最终构成评价的指标体系(表 6-7)。

表 6-7 中国网络购物与快递物流配送耦合的指标体系

目标层	约束层	一级因子	二级因子
网络购物发展与快递物流配送的耦合度指标体系	网络购物(X)	网络交易($X1$)	$X11$ 网上购物人数占网民比例/%;$X12$ 网购交易额占社会消费品零售总额的比例/%;$X13$ 人均电子商务交易额/元;$X14$ 网购交易额占 GDP 的比例/%
		信息基础设施($X2$)	$X21$ 每百平方千米长途光缆长度/万 km;$X22$ 每千人拥有电话主线数/线;$X23$ 每千人计算机数/台;$X24$ 每千人固定电话用户/部;$X25$ 每千人移动电话数/部
		互联网使用程度($X3$)	$X31$ 每千人互联网用户数/个;$X32$ 互联网普及率/%;$X33$ 每千人宽带用户数/户;$X34$ 城镇每月通信费、上网费用支出占总支出(行政支出、企业管理费、家庭支出)的比例/%;$X35$ 国际互联网出口宽带/M;$X36$ 每千宽带用户数/户;$X37$ 每千人互联网用户数/户
	快递物流(Y)	交通运输($Y1$)	$Y11$ 公路网密度/(km/100km^2);$Y12$ 铁路网密度/(km/万 km^2);$Y13$ 民航航线里程/万 km;$Y14$ 车辆运力/辆;$Y15$ 陆路货运量占货运总量的比例/%;$Y16$ 航空货运量占货运总量的比例/%;$Y17$ 沿海规模以上港口货物吞吐量/万 t;$Y18$ 港口集装箱吞吐量/万 TEU
		邮电通信($Y2$)	$Y21$ 邮电通信业职工人数占职工总数的比例/%;$Y22$ 邮电业务总量/亿元;$Y23$ 快递业务总量/万件;$Y24$ 通信业投资总额占固定资产投资总额比例/%
		物流运行($Y3$)	$Y31$ 每单位 GDP 的物流需求系数;$Y32$ 社会物流总费用/万亿元;$Y33$ 物流业增加值占 GDP 的比例/%;$Y34$ 社会物流总费用占 GDP 的比例/%;$Y35$ 物流业投资总额占固定资产投资总额比例/%;$Y36$ 社会物流总额/亿元

资料来源:韩瑞玲等,2011. 表 6-8 同。

2)结果分析

以快递物流配送诸指标作为参考序列,对中国网络购物发展与快递物流配送之间的关联度和耦合度进行计算。具体计算如下:采用能全面分析系统多因素相互作用的灰色关联分析方法，求出各比较序列与参考序列的灰色关联度，并按大小排出关联序，并以此为基础建立网络购物与快递物流发展的关联度模型和相合度模型。进一步，采用变异系数权重法计算网络购物与快递物流发展的速度与水平差异(表 6-8)。

表 6-8　中国网络购物与快递物流配送的关联度矩阵表

关联度		X1 (0.75)			X2 (0.85)			X3 (0.77)				X 平均值
		X11	X12	X13	X21	X22	X23	X31	X32	X33	X34	
Y1 (0.83)	Y11	0.89	0.71	0.79	0.90	0.91	0.87	0.79	0.81	0.74	0.87	0.83
	Y12	0.84	0.67	0.72	0.87	0.87	0.81	0.76	0.77	0.68	0.93	0.79
	Y13	0.87	0.68	0.74	0.90	0.90	0.83	0.77	0.78	0.68	0.95	0.81
	Y14	0.87	0.67	0.74	0.90	0.90	0.83	0.76	0.78	0.69	0.95	0.81
	Y15	0.82	0.66	0.71	0.85	0.84	0.80	0.75	0.76	0.67	0.90	0.78
	Y16	0.81	0.67	0.74	0.86	0.86	0.84	0.80	0.79	0.68	0.87	0.79
	Y17	0.89	0.70	0.79	0.91	0.91	0.92	0.79	0.83	0.72	0.87	0.84
Y2 (0.80)	Y21	0.85	0.68	0.73	0.88	0.88	0.82	0.76	0.78	0.69	0.93	0.80
	Y22	0.80	0.73	0.84	0.79	0.79	0.75	0.83	0.87	0.75	0.75	0.81
	Y23	0.67	0.80	0.83	0.67	0.66	0.73	0.83	0.78	0.76	0.64	0.74
	Y24	0.71	0.62	0.66	0.73	0.73	0.70	0.69	0.68	0.62	0.77	0.69
Y3 (0.83)	Y31	0.90	0.69	0.76	0.93	0.93	0.86	0.77	0.80	0.70	0.97	0.83
	Y32	0.86	0.69	0.77	0.90	0.90	0.89	0.79	0.83	0.70	0.89	0.82
	Y33	0.82	0.66	0.71	0.84	0.84	0.80	0.75	0.75	0.67	0.90	0.78
	Y34	0.82	0.66	0.71	0.85	0.84	0.80	0.75	0.76	0.67	0.90	0.78
	Y35	0.82	0.67	0.72	0.84	0.84	0.80	0.76	0.76	0.67	0.90	0.78
Y 平均值		0.83	0.69	0.75	0.85	0.85	0.83	0.77	0.78	0.69	0.87	—

网络购物与快递物流配送系统各要素间是错综复杂的关系，经过计算得出两系统各指标间的关联度都属于较强关联，表明网络购物与快递物流配送之间的联系非常紧密。为进一步揭示二者交互耦合特征及主要驱动力，将各指标的关联度计算结果予以平均和简单排名，分别得到了网络购物与快递物流之间相互耦合的主要关系。

(1) 快递物流配送指标与网络购物指标间都存在较强相关关系。具体而言，快递物流的各类一级因子指标对于网络购物的作用大小存有差异。研究表明，中国的交通通信和物流运行两项指标与网络购物的关联度都为 0.83，说明交通基础设施的完善、物流行业的快速发展对中国网络购物的发展有着重要影响；邮电通信与网络购物的相关度也属于较高程度的相关，说明中国邮电通信行业的实力的增强对中国网络购物行业的发展也有较大影响。在快递物流指标里，与网络购物关联度最大的前 3 位指标为：沿海规模以上港口货物吞吐量、公路网密度和每单位 GDP 的物流需求系数，这从货物吞吐量、交通运输条件和居民网络购物需求反映了快递物流配送对网络购物较强的关联作用。快递物流配送是网络购物发展的支点。快递配送质量将是决定网络购物可持续发展的主要因素。

快递物流作为网络购物从虚拟向实际转化的过渡，承载了消费者对于网络购物的期待，其不仅能体现出一个购物网站服务的专业性和人性化，也在很大程度上影响着用户对卖家的好感、信任度，进而影响用户的重复购买欲望。因而，物流配送是制约网络购物用户满意度的最大因素。

(2) 网络购物发展对快递物流配送的主要影响体现在国家总体的信息基础设施水平上。网络购物指标中，信息基础设施对快递物流配送的关联度最强，凸显了信息基础设施的支撑作用。网络购物与互联网使用程度两项指标与快递物流配送的关联度也属于较强关联。在所有指标中，"城镇每月通信费，上网费用支出占总支出(行政支出、企业管理费、家庭支出)的比例"与快递物流配送的关联度最高，属于极强度关联，说明网民每月的上网费用增加、上网时间增加，为网络经济行为培养了基础。每百平方千米长途光缆长度，每千人拥有电话主线数两项指标与网络购物的关联度相同，这反映了网络的普及对中国快递物流的发展具有较强的隐性带动作用。据调查，快递服务超过 1/3 的业务量由电子商务牵动完成。

(3) 网络购物与快递物流配送两者耦合兼具复杂性和差异性。复杂性表现在各个指标交错作用上，差异性表现在同一级指标体系下的各项指标作用各异，相对关联度差异明显。总体而言，两个系统各项指标交错作用的类型以较强关联为主，说明网络购物发展与快递物流配送两者互为载体，即快递物流配送是网络购物发展的条件，网络购物是快递物流发展的动力。

未来，中国网络购物的销售额和顾客群体还会出现暴涨，网络商店提供的服务也会更加全面，相应的对快递物流配送的需求也会不断增加。根据发展趋势，快递物流行业正在不断进行改革以适应电子商务的发展。

3. 研究认知

网络购物与快递物流配送两系统的各指标之间都存在着较强的相关关系。快递物流指标中，交通通信和物流运行两项指标与网络购物的关联度最高，说明交通基础设施的完善、物流行业的快速发展对中国网络购物的发展有着重要的影响。网络购物发展与快递物流配送指标之间也存在较强的相关关系。信息基础设施对快递物流配送起到了很大支撑作用，两者关联度最强。网络购物与快递物流配送两个系统之间存在耦合关系，耦合度总体为 0.60~0.95。

网络购物与快递物流的发展水平与速度有所差异。快递物流在适应网络购物过程中，表现出明显的约束因素，致使其对网络购物发展的瓶颈作用凸显。建立适应网络购物的快递物流发展要求，快递物流应尽快建立以客户为核心的全国电子商务配送物流体系，统一全国快递服务规范，构建全国范围的快递服务信息化网络，提高员工专业服务水平和服务质量，并积极建立行业的维权和自律组织。

6.5.2 体验性网络团购对城市商业空间组织的影响

中国网购市场的发展培养了一代网络购物用户和大量服务商，网络团购相应发展，其现实影响有待评估。研究者选择石家庄 7 网为资料源，应用若干方法探讨一种新型电子商业业态——体验性网络团购对城市商业空间组织的影响，这对优化城市商业布局具有一定意义。首先回顾了石家庄市商业格局的演变和团购网站的应用，然后基于街道、产品、成交量等方面的数据，阐述其现实影响。

1. 研究案例

庞大的网民基数和网购市场为中国网络团购发展提供了巨大空间，主要表现为：①大量团购网站涌现；②一些传统的商务网站或门户网站也都纷纷加入团购市场；③全球零售商巨头也均以城市商业拓展为目标创立团购网站；④近来一些社会性网络服务社区中也开设团购频道以其独特的人际传播特点挺进团购市场，社会化登陆已成为团购网站的发展趋势。

网络团购涉及的领域越来越广泛，按商品种类分为特定产品类和生活服务类，前者可以基于区域市场亦可面向全国市场，商品消费无地域性；后者基于区域市场提供服务，商品消费有地域性。总体上前者的商业活动可以通过物流完成，可从物流视角进行研究；而后者属于体验性消费，如餐饮、养生、娱乐、旅游等，无法利用快递公司送抵消费者，这是下文关注的问题。消费者在体验性团购中，通过互联网建立虚拟关系并在互联网中集聚，而后下线体验并获得服务，即以这种基于现实地理位置的体验性团购网站为研究对象。

石家庄市零售业向着多元化快速发展，并努力打造新型商业业态。同时，城市商业格局遵循着城市规划而展开，一个中心多个次中心的商业网点聚核体正在形成。除了较为成熟的以火车站为中心的东购—新百—北国—先天下商业中心区外，怀特、万象天成—百盛、联邦东方明珠商业中心区迅速崛起。城市居民的购物品质正在提升，消费者的团购消费应运而生。

下文选取石家庄运营最早、规模最大、成交量最多、最专业的城市体验性团购导航网站——石家庄 7 网进行数据建设，以深入研究团购网站作用下的电子商业对现实商业空间组织的影响。石家庄 7 网成立于 2010 年 5 月，通过直接输入域名而进入该网站的用户流量占总流量的 70%，其 IP 质量、集中度及转化率均较高，每日的独立访问量达到 6000~8000 IP，社区的日发帖数为 900~1500，晒单量为 400~600。石家庄 7 网商品分为餐饮美食、休闲娱乐、美容健身、婚纱摄影、酒店旅游五类，能适时为消费者提供值得信赖的团购商品信息。研究者于 2011 年 9~11 月登录石家庄 7 网，追踪网上发布商品信息的所有商家，依次对以上 5 类店铺进行商家名称、商家地址、团购成交量统计，共获得网上发布信息的商家 405 个(已剔除市外商家 15 个)。根据商业店铺具体地址信息做出网点分布图(图 6-1)，又根据火车站原始点确定空间距离(以最少时间驾车距离进行统计)，并分街道统计商家数量(研究区域为二环路以内的范围共选择街道 38 条)(路紫等，2013)。

2. 基于信息熵和多峰高斯模型说明的商业网点空间特征

引入信息熵指标用于衡量分街道的商业网点空间分布均衡程度，求得商业网点空间分布的信息熵值为 2.816，商业网点空间分布的最大信息熵值为 3.584，通过比较看出，商业网点空间分布不均匀，呈现出集中特征；又根据空间距离和各街道商业网点百分比进行多峰高斯模型拟合，表征商业网点空间分布的多峰值特征，求得高斯多峰模型的拟合优度指数为 0.9207，符合高斯多峰模型(图 6-2)。样本数据界定了 4 个商业圈，4 个距离段样本数据十分集中。

图 6-1　石家庄 7 网实体商业网点分布图(路紫等，2013)

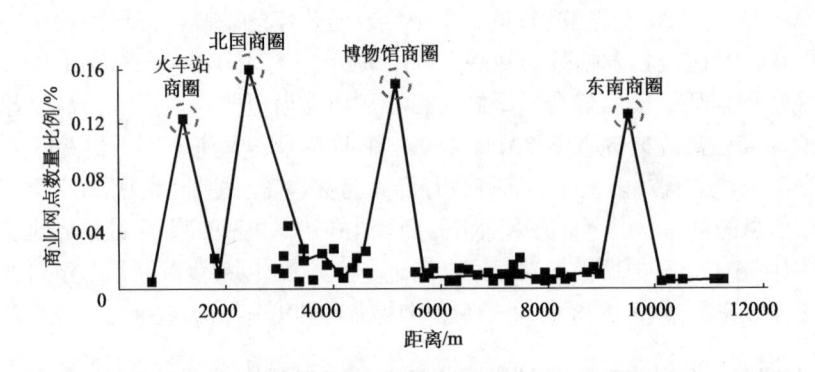

图 6-2　石家庄市 7 网实体商业网点高斯多峰模型拟合图(路紫等，2013)

基于街道的商业网点空间分布特征是：集中分布于城市中心区主干道，以东西向中山路为主轴，商业网点在南北方向上不断减少。所占百分比位居前十位的街道均为繁华街道。4个样本数据峰值点到原点的距离,分别为1100m、2400m、5100m、9500m,经与样本数据结合分析可知,4个峰值点分别为银座购物中心、北国商城、中心线地下商业街、联邦东方明珠。以这4个点为中心,以500m为半径界定商圈,即火车站商圈、北国商圈、博物馆商圈和东南商圈。圈内商业网点所占比例为11.9%、17.8%、14.3%和12.3%,形成集聚效应。基于产品种类的商业网点空间分布特征是:餐饮美食类主要集中在火车站附近,婚纱摄影类主要集中在博物馆广安街一带,休闲娱乐类主要集中在北国商城附近,酒店旅游类分布较分散。同时,一种新型的商业模式——楼宇商业应用广泛,婚纱摄影类和美容健身类产品最为明显,其商业网点多分布于广安街高层商务办公楼群中。4个商业中心内商业业态多样,相互带动效应降低了商家经营成本,成为现代消费的一种趋势。基于成交量的商业网点空间分布特征是:4个商圈集中了成交数量最多的各类商业网点,繁华街道获得较高团购成交量。火车站商圈中的阿祖妈韩国烤肉,中联电影城;北国商圈中的百度烤肉、哆来咪练歌城;博物馆商圈中的晶木练歌广场、维也纳新概念户外婚纱摄影;东南商圈中石家庄卓达影城,如家快捷酒店的团购结束时的成交量均很有代表性。

3. 电子商业对现实商业空间组织的影响

(1)加剧了中心的集聚化现象。体验性团购研究表明,团购网站中商业网点呈现出靠近现实商业中心的现象,电子商业不仅没有导致原本成熟的商圈的集聚动力消失,没有从根本上改变商圈的内在区位规律,反而增强了商业中心地位(刘卫东和甄峰,2004)。进一步分析,第一,集聚的内容和模式发生变化,商圈内各种业态逐渐多样化,不同业态的商业网点在同一空间集聚产生集聚效益,休闲娱乐、美容保健、餐饮美食等方面的比例逐步增加,符合近年来体验型的休闲消费需求的主流;第二,设施集聚建设对商业网点的影响深远,商圈理论的零售引力法则仍能解释电子时代消费者选择零售商业的决策和行为(Kristensen and Tkocz, 1994),也证明了荷夫模型的现实适用性:零售规模与顾客选择呈正比(Vanderbeck, 2000);第三,"豪布斯卡"(HOPSCA)方案所提出的商业配套设施和生活服务空间的双轨模式,构想了一个功能明显、类型多样、生活服务多层次的现代商业集聚区模式,城市丰富的商业街设施建设吸引更多的消费,其发展方向不只是一个购物场所,而是一个生活空间,是复合型房地产商业的新高地;第四,在商业街人文环境建设政策中,整合相关业态已成为衡量商业空间发展水平的重要指标。

(2)带动周边商业活动。依据赖斯顿在消费者行为研究中提出的行为-空间模型,消费者在不同层次的中心地会呈现出不同的消费形式,以后的研究又将消费者行为与商业空间的类型结合起来,逐渐使消费者行为差异对商业空间组织的影响成为研究核心(Smith, 1992),要求零售商业规划需要考虑不同消费者的特征,以上理论在电子时代仍然具有指导意义:周边商业网点得到了新的发展商机。石家庄7网中一些商家并非位于四个商圈,而是位于一些隐蔽街道,但通过团购网站获得了可观收益,说明其对周边地区商业网点的带动功能。汉丽轩烤肉超市是一家连锁的韩式自助烤肉餐厅,其中样本数据中包括的大石门店距离商业中心较远,但经石家庄7网上发布团购信息后,接待客流量成倍增长。

(3) 促进新型商业业态的发展。邓肯所论证的商业业态共生规律(桑义明和肖玲, 2003)可以解释团购对楼宇经济新型商业模式的促进作用。商务楼宇已成为商业活动的载体, 其与商业行为结合促使一些新兴高级经济形态形成集聚, 如婚纱摄影、酒店旅游、美容健身等。楼宇经济是依托城市中心区和商业区而发展的, 多隐匿在商务楼宇中, 也赋予了商业街的新使命。其经济形态的高附加值使楼宇经济成为经济发展的一个增长极, 要在新形势下增加商业街的客流量, 增强商业街的凝聚力, 楼宇餐饮、楼宇展览、楼宇旅店等将发挥凝聚辐射作用。根据上文的研究发现, 与临街商铺相比, 楼宇商业利用电子商务更为频繁, 通过电子商务获得客流的增加更明显。电子商务与楼宇商业形成互动效应。

(4) 形成了新的消费者。流动体验性团购主要是基于消费者的需求而形成的, 团购在引发组合人群热衷于网络社会化艺术的同时产生了新的消费者人流, 所以城市商业网点空间相关研究中须关注团购行为, 特别是消费者在电子消费模式背后的决策行为。本案例显示体验性团购决策行为建立在价格便宜、质量标准基础之上, 并依据于抵达便利与消费习惯两个方面, 这种抉择过程和模式已非常不同于过去了, 依据所得到的曾通过网络平台参与过团购的消费者列表资料, 认为消费者习惯是通过消费者特点、信心和经历而形成的。这个发现对商家空间决策也具有重要意义, 鼓励了新的市场营销策略的开发, 以及新的竞争优势的创建。

(5) 对物流信息系统提出了新要求。城市商业空间组织中物流产业和 ICTs 的关系得到进一步加强, "物流城"规划多围绕电子商业而进行, 从而使其适应密集的物流活动的集中与分散需求。物流城的发展是多方面的, 物流信息系统是一个主要推动者, 支持着干线运输、联运中心和分散中心等基础设施合理建设, 支持着城市中心节点物流业务及物流活动开展, 成为物流城商业流程与信息集成的管理工具, 保障供应链信息流动。商家的预期成本随信息连接/信息共享水平的增加而降低。物流信息系统的运行将跨越电子政务和电子商务两个域, 传统产业在物流终端区集聚产生了城市化集聚, 但是电子商业仅仅依靠经济的力量是不够的, 政务方面的干预是必需的, 因为这种经济模式是一种催化增长的经济模式。

4. 讨论

1) 关于地理网络空间的讨论

国内、国外学者对网络空间影响现实空间, 以及商业空间等方面进行了大量的研究。Scott(1995)较早就展望了远程通信技术促进了城市发展的极化和分割, 认为信息流依然集中在大城市。以后关于虚拟空间与现实地理位置之间的密切关系的研究也一直没有间断。Hashimoto(2002)提出应将信息网络落实到现实地理空间来研究商品的生产、销售; Jiven 和 Larkham(2003)、Billig(2005)提出电子商业网点区位取向应该研究更多的概念, 商业区位选择会变得越来越灵活。可见, 基于互联网的新型商业模式与地理区位之间相互影响明显, 从信息网络对区域空间影响角度探讨电子时代下城市功能的转化要分别对待。

电子商业网点与传统城市商业网点的空间分布规律有多方面的一致性。在宏观上,商业中心级别和区位类型及影响因素有一致性(陈忠暖,2001);零售商业空间集聚与分异结构及其演化特征有一致性(郭柏林,1995);大城市的热点空间和新商业空间的内涵及形成机制有一致性。在微观上,团状、条状、点状与条状相结合、沿街道呈连续分布有一致性(阎小培,2003)。在管理上,优化和调控的方法有一致性,不同商业业态"金字塔"形商业结构模式、三维商业空间选择也有一致性(张水清,2002)。可见,团购网站中涉及的商业网点依然分布于交通便利的地方,现实商业网点通过电子商业进行推销,消费者在线下进行产品体验,依然受到地理位置和交通条件的影响,城市交通建设与规划布局依然在某种程度上影响着居民的消费行为。

2)研究结论、研究意义与研究展望

地区商业空间所呈现出的结构特征均是在不同商业业态不断诞生和日渐淘汰的过程中发展的,网络团购的繁荣必定也会影响现实商业空间结构。第一,电子商务模式作用下的商业网点空间分布仍然具有很强的区位特征。电子商务没有从根本上摆脱地理距离的束缚,也没有削弱商业中心的集聚力。团购网站中的商业网点集中分布在繁华街道,原本成熟的商圈集聚动力不仅没有消失,反而增强了商业中心的极化特征。第二,团购网站作用下的电子商务在一定程度上带动了周边商业活动的发展,扩展了其商业空间。团购网站的这种辐射带动作用进一步证明电子商务的新功能。第三,电子商务促进了新型商业业态——楼宇商业经济形态的崛起,团购网站与楼宇商业形成良好的互动效应,对城市就业及通勤都产生长远影响。第四,零售商业在经营过程中正在追逐电子商务所带来的优势,同时电子商务对现实商业的价格体系、经营方式及传统商业政策等都带来极大冲击,需要营造一个可以保证电子商业良好发展的环境。

研究电子商业对城市商业空间的影响有多方面意义:①有助于理清电子商业对城市商业空间格局的影响,探究电子商业的销售过程及实体店铺销售与虚拟店铺销售之间的关系,明确现有商业网点所面临的挑战,以及新生商业模式获得的机遇,指明电子时代传统商业向电子商业转变途径;②信息化对各种生产要素的空间配置的影响是深远的,团购研究从一个侧面分析电子商业对不同区位的商业网点产生的影响,并期望能够对电子商业在地区商业发展中所产生问题的解决提供思路;评估城市中不同区位、不同规模、不同等级的零售商业网点在团购影响下产生的差异,可为商家使用电子商业提供决策支持;③有助于政府更好地进行零售业空间规划,促进城市商业经济的快速提升。

未来的研究应努力尝试解决若干关键学术问题:一是网络团购消费行为变化及其对商业网点空间的选择,消费者主动性参与的意识的评估尤为重要,电子商业规划必须考虑消费者的这些特征,评估不同收入阶层消费者的商业业态选择的现实性;二是电子商务对现实商业经营方式及传统商业政策等所带来的挑战,以利于营造一个可以保证电子商业良好发展的环境,以及零售商业在经营过程中如何获得电子商务所带来的优势,整合各相关业态已成为衡量城市商业空间发展水平及商业环境建设的重要指标;三是新型商业业态如楼宇经济的商业区位决策,及其进一步发展对在家上班人群就业,以及城市通勤所产生的长远影响。

参 考 文 献

白翠玲, 路紫, 董志良. 2003. 旅游电子商务的发展态势、问题及对策. 河北师范大学学报(自然科学版), 27(1): 99-102.
陈璟, 杨开忠. 2001. 电子商务环境下我国物流业发展对策探讨. 经济地理, 21(5): 554-558.
陈忠暖. 2001. 城市零售商业服务业区位类型划分的探讨——昆明市零售商业服务业区位类型的分析. 经济地理, 21(2): 227-230.
丁疆辉, 宋周莺, 刘卫东. 2009. 企业信息技术应用与产业链空间变化. 地理研究, 28(4): 883-892.
杜文才. 2002. 搭建海南"一站式"电子旅游平台创建旅游强省. 海南大学学报(人文社会科学版), 20(4): 86-93.
冯飞. 2003. 中国 B2C 旅游电子商务盈利模式比较研究: 以携程旅行网和春秋旅游网为例. 旅游学刊, 18(4): 70-75.
郭柏林. 1995. 上海市奶业空间结构的演变及优化. 地理学报, 50(4): 344-352.
韩冰, 路紫. 2007. 户外运动网站论坛功能评估及其互动作用对个人出行行为的导引. 人文地理, 22(1): 58-62.
韩瑞玲, 佟连军, 宋亚楠. 2011. 中国网络购物与快递物流的耦合关联研究. 华中师范大学学报(自然科学版), 45(2): 308-314.
韩瑞玲, 孙静怡, 段洁, 等. 2009. 基于邻域设施的城市户外运动俱乐部网站的区位取向. 经济地理, 29(4): 551-555.
韩钰, 杜建会, 郭鹏飞. 2011. 基于 SPSS 的中国网络团购市场发展趋势及其区域差异研究. 经济地理, 31(10): 1660-1665.
侯丽敏, 郭毅. 2000. 商圈理论与零售经营管理. 中国流通经济, (3): 25-28.
黄莹, 甄峰, 汪侠, 等. 2012. 电子商务影响下的以南京主城区经济型连锁酒店空间组织与扩张研究. 经济地理, 32(10): 56-62.
李珊珊. 2004. 网络购物的物流分析. 中国商人: 商业经理人, (9): 69-71.
刘绍华, 路紫. 2004a. 我国酒店网站服务功能探讨. 情报杂志, (3): 7-9.
刘绍华, 路紫. 2004b. 浅议旅游目的地营销系统的区域整合功能——以大连旅游网(http://www.visitdalian.com)为例. 旅游学刊, 19(2): 84-88.
刘卫东, 甄峰. 2004. 信息化对社会经济空间组织的影响研究. 地理学报, 59(s1): 67-76.
路紫, 樊莉莉. 2005. 中小型旅游网站服务功能与商业模式的区位问题: 以乐游户外运动俱乐部旅游网站为例. 人文地理, 20(1): 103-106.
路紫, 刘岩. 2000. 商品邮购(电话购物)的空间扩散与消费者抉择. 人文地理, 15(1): 6-9.
路紫, 刘岩. 1998. 通信网络与电信之地理学研究. 北京: 中国对外翻译出版社.
路紫, 王文婷, 张秋娈, 等. 2013. 体验性网络团购对城市商业空间组织的影响. 人文地理, 28(5): 101-104, 138.
路紫, 李晓楠, 杨丽花, 等. 2011. 基于邻域设施的中国大城市网络店铺的区位取向——以上海、深圳、天津、北京四城市为例. 地理学报, 66(6): 813-820.
路紫, 赵亚红, 吴士锋, 等. 2007. 旅游网站访问者行为的时间分布及导引分析. 地理学报, 62(9): 621-630.
马勇, 周娟. 2003. 旅游目的地电子商务网络的构建与营销创新. 旅游学刊, 18(5): 78-80.
毛园芳. 2010. 电子商务提升产业集群竞争优势机制案例研究. 经济地理, 30(10): 1681-1687.
桑义明, 肖玲. 2003. 商业地理研究的理论与方法回顾. 人文地理, 18(6): 67-71.

宋文官. 2007. 电子商务概论. 北京: 清华大学出版社.
宋周莺, 刘卫东. 2011. 中国虚拟企业的空间分布格局及其影响因素. 地理科学进展, 30(8): 1021-1027.
孙智群, 柴彦威, 王冬根. 2009. 深圳市民网上购物行为的空间特征. 城市发展研究, 16(6): 106-112.
汪明峰, 卢姗. 2012. 替代抑或补充: 网上购物与传统购物出行的关系研究. 人文地理, 27(3): 44-49.
汪明峰, 卢姗. 2011. 网上零售企业的空间组织研究——以"当当网"为例. 地理研究, 30(6): 965-975.
汪明峰, 李健. 2009. 互联网、产业集群与全球生产网络: 新的信息和通信技术对产业空间组织的影响. 人文地理, 24(2): 17-22.
王贤文, 徐申萌. 2011a. 我国 C2C 电子商务的地理格局及其演化机制. 经济地理, 31(7): 1064-1106.
王贤文, 徐申萌. 2011b. 中国 C2C 淘宝网络店铺的地理分布. 地理科学进展, 30(12): 1564-1569.
王铮, 毛可晶, 刘筱, 等. 2005. 高技术产业集聚区形成的区位因子分析. 地理学报, 60(4): 567-576.
武彬. 1995. 旅游目的地信息系统. 旅游学刊, 10(4): 43-51.
熊剑平, 刘承良, 袁俊. 2006. 乡村旅游电子商务发展与网络系统构建. 经济地理, 26(2): 340-345.
徐艳会, 路紫. 2010. 基于商圈理论的半虚拟银行点布局的优化研究: 以石家庄市商业银行为例. 沈阳师范大学学报(自然科学版), 28(1): 98-101.
阎小培. 2003. 广州市商业功能区空间结构研究. 人文地理, 18(3): 37-41.
杨莉, 杨德刚, 张豫芳, 等. 2009. 新疆区域基础设施与经济耦合的关联分析. 地理科学进展, 28(3): 345-352.
杨遴杰. 2003. 零售型电子商务企业配送中心选址模拟研究. 经济地理, 23(1): 97-101.
袁贺, 卢姗, 汪明峰. 2011. 电子商务环境对消费者传统购物行为的影响. 商业研究, (2): 211-216.
余金艳, 刘卫东, 王亮. 2013. 基于时间距离的 C2C 电子商务虚拟商圈分析: 以位于北京的淘宝网化妆品零售为例. 地理学报, 68(10): 1380-1388.
俞金国, 王丽华, 李娜. 2010. 电子商铺空间分布特征分析——来自淘宝网的实证. 经济地理, 30(8): 1248-1253.
曾思敏, 陈忠暖. 2011. 信息时代我国电子商铺区位取向的实证分析. 人文地理, 26(5): 88-93.
张水清. 2002. 商业业态及其对城市商业空间结构的影响. 人文地理, 17(5): 36-40.
张伟, 刘纯波, 周廷刚, 等. 2007. 基于 GIS 与遥感影像的银行 ATM 机网点选址方法研究. 测绘科学, (1): 250-255.
Arai Y, Sugizaki K. 2003. Concentrations of call centers in peripheral areas: Cases in Japan. Netcom, 17: 187-202.
Atif Y. 2004. A distributed and interoperable object-oriented support for safe e-commerce transactions. Information and Software Technology, 46(3): 149-164.
Billig M. 2005. Sense of place in the neighborhood, in locations of urban revitalization. GeoJournal, 64(2): 117-130.
Bittner T, Stell J G. 2002. Vagueness and rough location. Geoinformatica, 6(2): 99-121.
Bittner T, Stell J G. 1998. A boundary-sensitive approach to qualitative location. Annals of Mathematics and Artificial Intelligence, 24(1-4): 93-114.
Burt S, Sparks L. 2002. E-commerce and the retail process: A review. Journal of Retailing and Consumer Services, 10(5): 275-286.
Crespo de Carvalho J M. 2000. E-logistique: Retourvers le future. Revue Francaise de Gestion Industrielle, 19(4): 15-29.
De la Torre J, Moxon R W. 2001. Introduction to the symposium e-commerce and global business: The impact of the information and communication technology revolution on the conduct of international

business. Journal of International Business Studies, 32 (4) : 617-639.

Hashimoto K. 2002. Information network and the distribution space in Japan: A case study of consumer goods manufacturers in Japan. Netcom, 16 (1-2) : 17-28.

He D, Lu Y, Zhou D. 2008. Empirical study of consumers' purchase intentions in C2C electronic commerce. Tsinghua Science & Technology, 13 (3) : 287-292.

Hesse M. 2002. Shipping news: The implications of electronic commerce for logistics and freight transport. Resources, Conservation and Recycling, 36 (3) : 211-240.

Hsiao M H. 2009. Shopping mode choice: Physical store shopping versus e-shopping. Transportation Research Part E: Logistics and Transportation Review, 45 (1) : 86-95.

Jiven G, Larkham P J. 2003. Sense of place, authenticity and character: A commentary. Journal of Urban Design, 8 (1) : 67-81.

Jones K, Leonard L N K. 2008. Trust in consumer-to-consumer electronic commerce. Information & Management, 45 (2) : 88-95.

Koyuncu C, Bhattacharya G. 2004. The impacts of quickness, price, payment risk, and delivery issues on on-line shopping. The Journal of Socio-Economics, 33 (2) : 241-251.

Kristensen G, Tkocz Z. 1994. The determinants of distance to shopping centers in an urban model context. Journal of Regional Science, 34 (3) : 425-443.

Kropf K. 1996. Urban tissue and the character of towns. Urban Design International, 1 (3) : 247-263.

Lu J, Lu Z. 2004. Development, distribution and evaluation of online tourism services in China. Electronic Commerce Research, 4 (3) : 221-239.

Lu J, Tang S, McCullough G. 2001. An assessment for internet-based electronic commerce development in businesses of New Zealand. Electronic Markets, 11 (2) : 107-115.

Lu Z. 2002. Development and Evaluation Frameworks for Tourism Online Service in China. In: China University of Geoscience. Proceedings of the Second Wuhan International Conference on Electronic Commerce "21st Century E-commerce: Integration and Innovation". Wuhan: China University of Geoscience, 263-273.

Lu Z, Han R, Duan J. 2010. Analyzing the effect of website information flow on realistic human flow using intelligent decision models. Knowledge-Based Systems, 23 (1) : 40-47.

Murphy A J. 2007. Grounding the virtual: The material effects of electronic grocery shopping. Geoforum, 38 (5) : 941-953.

Paché G. 2001. Effective B2C electronic commerce—The reed for logistics structure. Network and Communication Studies, 15 (3-4) : 305-316.

Poon S, Swatman P. 1999. A longitudinal study of expectations in small business Internet commerce. International Journal of Electronic Commerce , 3 (3) : 21-33.

Scott A J. 1995. From Silicon Valley to Hollywood: Growth and Development of the Multimedia Industry in California Los Ange les. CA: University of California, Los Angeles, the Lewis Center for Regional Policy Studies.

Şener B, Süzen M L, Doyuran V. 2006. Landfill site selection by using geographic information systems. Environmental Geology, 49 (3) : 376-388.

Smith G C. 1992. The cognition of shopping centers by the central area and suburban elderly: Analysis of consumer information fields and evaluation criteria. Urban Geography, 13 (2) : 142-163.

Sten L. 2006. The creation of Gothia Science Park: An example of the application of the triple helix model in a Swedish contex. Netcom, 20: 163-179.

Thulin E, Vilhelmson B. 2006. Virtual mobility and processes of displacement: Young people's changing use of ICT, time, and place. Networks and Communication Studies, 20(3-4): 27-39.

Vanderbeck R M. 2000. "That's the only place where you can hang out": Urban yang people and space of the mall. Urban Geography, 21(1): 5-25.

Wang D, Li J. 2009. A model of household time allocation taking into consideration of hiring domestic helpers. Transportation Research Part B: Methodological, 43(2): 204-216.

Weltevreden J W J, Rotem-Mindali O. 2009. Mobility effects of b2c and C2C e-commerce in the Netherlands: A quantitative assessment. Journal of Transport Geography, 17(2): 83-92.

Ying W, Dayong S. 2005. Multi-agent framework for third party logistics in E-commerce. Expert Systems with Applications, 29(2): 431-436.

Yoshio A. 2006. Geolocation technologies and local information in mobile telephony. Netcom, 20: 139-148.

第 7 章 ICTs 影响下的旅游信息关注与旅游景观感知

7.1 旅游信息推介服务的时空一体化

中国的智慧旅游研究方兴未艾，旅游学、地理学、管理学、信息科学等专家学者都在以不同的视角开展工作。例如，探讨如何应用社交媒体进行旅游形象塑造、借助搜索引擎实现旅游营销、打造智慧旅游目的地、开展旅游个性化推荐、基于大数据的旅游行为分析、旅游电子商务等。本节指出了旅游个性化推介服务的未来发展方向——时空一体化，并认为旅游网站基于位置的服务(location based service，LBS)和教育社会性网络服务(education social networking service，ESNs)平台的整合会成为发展的突破点。以携程网、人人网、切客网等 20 多个代表性旅游网站、ESNs 和 LBS 网站统计数据，分析 3 类平台当前的发展状态，发现了 3 种平台两两之间趋向融合的发展态势，阐明了旅游个性化推介服务向时空一体方向发展的信息化基础。设计了"信息检索、个性旅行计划辅助决策、动态结伴同游、商务推介、景区导航、导游实时到岗服务、会员口碑推介、旅游预警"8 项时空一体个性化服务内容。本节是对旅游电子商务、旅游信息化未来发展方向的前瞻性思考。

7.1.1 发展背景

个性化时代的旅游要解决如何帮助旅游者获得符合其个人旅游目的的旅游体验和感知的问题。智慧旅游的提出也是希望定义个性化旅游服务的概念框架，即如何借助现代 ICTs 和计算方法，智能化、自动化地为旅游者提供满足旅游目的和预期的个性化旅游服务。百度百科中对智慧旅游(也称智能旅游)的定义是，利用云计算、物联网等新技术，通过互联网/移动互联网，借助便携的终端上网设备，主动感知旅游资源、旅游经济、旅游活动、旅游者等方面的信息，及时发布，让人们能够及时了解这些信息，及时安排和调整工作与旅游计划，从而达到对各类旅游信息的智能感知、方便利用的效果。

目前正在开展的智慧旅游项目或已推出的智慧旅游产品，已经能够达到一定程度的个性化定制，但较少能达到符合旅游目的和预期的完整个性化旅游服务的水平。例如，许多智慧旅游产品注重旅游过程中的吃、住、行、游、购、娱的全方位信息推送和在线服务，但在满足旅游者对地方自然和文化的深度体验方面，没有很好的解决方案。

智慧旅游需解决两类问题：一是智能感知旅游者需要和喜欢什么；二是帮助旅游者体验自己需要和喜欢的旅游资源。无论旅游服务提供的信息如何丰富、界面如何友好，如果没有满足旅游者核心需求，都称不上智慧旅游。旅游者虽然需要智能的美食、住宿和交通计划安排，但更重要的是，智慧旅游系统能够帮助旅游者在恰当的时间和地点，以恰当的方式融入地方的人、物、事，最终感受最美自然景观或体验原真地方文化。

智慧旅游应做到智慧的 3 个层面：空间智慧、时间智慧和语义智慧。空间智慧和时间智慧致力于以智慧的方式实时追踪、处理和分析旅游者与目的地旅游资源的动态空间关系；语义智慧则致力于以智慧的方式帮助旅游者融入旅游目的地场景。三个层面的智慧可以解析出智慧旅游的三重境界：智慧旅游系统需帮助旅游者在恰当的时间到达旅游地，实现初步视觉体验；帮助旅游者感受旅游地文化语义；旅游者产生极其美妙的深度旅行体验并愿意借助电子社交网络分享自己旅行的经历，以吸引其他用户慕名欣赏。

在解决"旅游者需要和喜欢什么"的问题上，大数据分析方法提供了很好的解决方案。可以通过分析旅游者发布到互联网的大量游记、照片、视频，获得旅游者共性的旅行偏好或对某个旅游地的景观形象认知。在解决"旅游者如何体验自己需要和喜欢的旅游资源"方面，可借助 GIS 分析等方法，构建旅游者如何最佳体验旅游资源的计算模型，用于旅游信息的智能推送和导航服务。

2014 年以来自发性新媒体信息、照片和评论开始在各大旅游网站、论坛和微信朋友圈大范围传播，成为新媒体主导的信息时代中个性化旅游新模式的集中表征。从旅游信息传播视角看，个性化旅游时代的旅游地形象将迅速改变。旅行者将拍摄的美景照片、视频和亲身体验的赞美之词，借助微博、微信等新媒体向自己的好友分享和推送，大大提高了旅游地形象的认知度，并且移动搜索指数对综合指数的贡献远大于 PC 端。因此，社交新媒体的口碑效应对旅游地形象塑造传播的作用不可忽视。信息时代的旅游形象传播和旅游发展演化模式，难以用生命周期理论划分，多样化的旅游地生命周期正在形成。

个性化旅游新模式表征出若干实际意义：第一，充分尊重旅行者张扬个性和对旅行自由的追求，包括景观发现的自由、时间行程的自由、消费购物的自由等；第二，摒弃自我发展的小聚集旅游模式，树立旅游发展区域整合的规划、管理理念，适应极速发展旅游现象带来的规划模式与思想转变；第三，个性化旅游需要全新的旅游信息服务模式，以吃、住、行、游、购、娱全方位旅游信息商务平台、精准电子地图导航、畅通交流传播通道等方式，彰显全方位旅游信息在旅游区域开发、管理、保护、调控方面的内在价值和意义。

7.1.2 研 究 回 顾

个性化推介服务是为解决互联网信息过载问题而提出的一种智能代理系统，能从大量信息中智能、自动化筛选出符合用户兴趣偏好或需求的资源，并向用户自动推荐(Adomavicius and Tuzhilin, 2005)。个性化推介服务模式在当当网、卓越网等 B2C 电子商务网站和 ESNs(Clemons, 2009)中已处于深入应用阶段。但包括同程网等著名旅游商务网站在内，旅游个性化推介服务仅处于旅游产品预订的"个性化定制"阶段，即用户借助电子商务平台，在旅游信息中自己搜索、筛选、判断而形成旅游商务订单，针对整个旅游过程的个性化推介服务远未成熟。学术界正在开展相关研究以推动旅游个性化推介服务的发展。例如，挖掘用户的历史消费信息(Wallace et al., 2003)，研究旅游者兴趣评估方法(Huang and Bian, 2009), 建立用户个性化推介模型(García-Crespo et al., 2009)、设计旅游个性化信息服务系统(刘芳和林拉, 2009)、探索个性化推介服务模式(郭炜和高琳琦, 2006)等, 最终实现针对不同个性化用户的准确推介, 辅助其开展旅游商品预订、制订旅行计划等(Ricci and Werthner, 2001)。由于互联网信息过载问题,"个性化旅游推介服务"对于屏幕较小的手持设备用户显得更为重要(Kabassi, 2010)。LBS 的发展, 使旅游者可以借助 GPS 等设备为旅行过程实时导航, 并利用 GIS 技术进行路线规划等(Niaraki and Kim, 2009), Hinze 和 Voisard(2003)由此提出了基于位置和时间的旅游信息推介概念。当前, 手机移动服务开始整合 LBS, 使基于位置和时间的旅游个性化推介服务需求开始显现, 并具有了潜在的发展优势。

旅游者从产品定制到旅行完成将经历较长的时空过程。这一过程中的旅游客流、服务设施状态、旅游活动和旅游者实时位置都在不断变化, 进而引起旅游者需求变化和旅行路线动态调整。研究者认为, 未来旅游个性化推介服务将向时空一体化方向发展。其成功实施的关键在于: 第一, 准确获取旅游者的时空位置, 保证各类旅游信息的时空准确性; 第二, 拥有足够数量的用户群体, 并准确把握旅游者个性化需求信息及其动态变化。本节分析了旅游个性化推介服务向时空一体化发展的解决策略和当前的信息化基础, 并详细勾勒出其未来的服务内容框架, 以期为旅游信息化, 尤其是为旅游电子商务发展模式提供思路和方向。

7.1.3 解决策略

时空一体旅游个性化推介是结合旅游者实时空间位置和个性化特征, 从大量旅游信息中自动智能筛选出符合用户偏好和需求, 并位于旅游者周围适宜范围内的旅游资源, 向用户自动推荐。这里有两个核心问题需要回答: 首先, 旅游者的时空位置和个性化特征、旅游资源信息如何获取(信息源)? 其次, 由哪个或哪些信息平台提供服务(服务商)?

互联网中的信息服务分工日趋细化和专业化, 不同信息源有不同的服务提供商。各类旅游网站为吸引用户访问, 构建了丰富的旅游资源信息数据库, 成为最合适的旅游资源信息服务商; 而且相当多的旅游网站提供旅游电子商务功能, 其中用户注册信息和历史消费记录也成为个性化信息的来源之一。但旅游网站的用户注册信息多是虚构的简单信息, 即使结合旅游者的历史消费记录来挖掘其个性化特征, 也远达不到旅游个性化推介的准确度要求。

Facebook、人人网等 ESNs 社区倡导以个人真实身份注册社区会员, 注册信息涉及会员的教育背景、职业、收入水平、工作地、生活地、年龄、性别、兴趣等大量真实信息; 而且, ESNs 基于"六度空间理论", 以口碑相传模式实现会员之间信息的社会化分享和高速传播。来自 Compete 公司 2010 年的报告显示社会化分享将成为各大网站流量的主要来源。ESNs 会员信息如果用于旅游个性化推介服务, 将是很好的旅游者个性化信息来源。

旅游者时空位置信息比较特殊，旅游者必须携带可以定位的移动便携设备，并自愿提供信息。许多互联网门户网站和互联网社区开始推出 LBS 服务，为手持 GPS 用户，尤其是嵌入 GPS 模块的手机用户提供动态时空位置服务。

根据以上分析，整合旅游网站、LBS 和 ESNs 三类平台将是旅游个性化推介服务向时空一体化发展的突破点，可以较好的回答前述信息源和服务提供者的问题。下面详细分析当前旅游网站、LBS 和 ESNs 平台的发展状态，以明确旅游个性化推介是否具备向时空一体化发展的信息化基础。

7.1.4 发展基础

ESNs 会员在注册个人信息及在长期网络社区的生活中，积累了大量不同时空尺度的旅游信息，这些信息可用于挖掘旅游者的个性化特征。LBS 的迅速发展为时空信息服务奠定了基础。旅游网站则拥有丰富的旅游信息数据库，提供个性化推介的旅游资源与商务信息基础。三种平台已经开始表现出互相支撑、相互融合的态势。

1. ESNs

在时空一体旅游个性化推介服务系统中，ESNs 会员即是潜在旅游者。会员注册及后期网络社交活动中，积累了大量个人特征信息，也与好友之间分享大量旅游信息。在授权情况下，利用这些信息可以建立个性化推介算法，及时发现旅游者的兴趣漂移，增加个性化推介成功的概率。表 7-1 总结了 ESNs 中的会员信息，并给出了以时空一体旅游个性化推介为目标的分类体系，包括注册信息、好友圈子、旅游信息关注、会员空间位置 4 种，并解析了各类信息的时间、空间特征和潜在应用视角。

表 7-1　以时空一体旅游个性化推介为目标的 ESNs 会员信息分类体系

基本分类	内容	二级分类	时间特征	空间特征	潜在应用
注册信息	会员基本信息、旅游偏好等	年龄、性别、职业、学历背景、单位、居住地、兴趣、旅游偏好	长期尺度 中期尺度	工作单位、居住地、兴趣爱好关注区	信息检索 旅行计划辅助决策
好友圈子	不同类型的用户好友群体	家庭，兴趣（文学、历史、摄影、美术），同龄、同城（同乡），同性、同学（战友、同事）	长期尺度 中期尺度	同城（同乡）	会员口碑推介 结伴同游组织
旅游信息关注	针对特定旅游信息的好友分享、微博、评论等	季节性旅游事件，特殊旅游事件，旅游地类型（自然、人文景观）与等级	中期尺度 短期尺度 实时尺度	旅游地、旅游区、旅游点	会员口碑推介；结伴同游组织；旅游兴趣漂移算法
会员空间位置	基于 LBS 的会员旅行位置及空间专题信息	完整线路（出发地—目的地）、景区线路（一个景区的旅行过程）、切客点（景点签到）	短期尺度 实时尺度	旅游地、旅游区、旅游点	会员口碑推介；时空一体商务推介；景区导航与导游到岗；旅游时空预警

资料来源：李仁杰和路紫，2011。

不同旅游产品适于不同年龄、性别、文化背景和旅游偏好的游客；ESNs会员关注的旅游信息、会员的实时位置也反映其旅游产品偏好和消费倾向。在会员信息分类体系中，"注册信息"和"好友圈子"两类信息在较长时间尺度上很少变化，主要用于个性化推介系统发展的初期，提高推介针对性和成功率；"旅游信息关注"和"会员空间位置"两类信息则用于游客兴趣点积累、基于位置的时空推介、发现游客兴趣漂移等。会员旅行中通过签到发布的照片、游记、评论等都具备时空特征，反映了旅游过程的最小尺度兴趣点，如对自然风景、历史文化遗迹、运动休闲、生态体验等不同类型旅游地的偏好。

根据时空一体个性化推介需求，可将会员信息分为长期、中期、短期和实时4个时间尺度。长期尺度表示在相当长时段内(几年)信息不变或较少变化，如由个人性格决定的旅游偏好，好友圈子中的同乡好友等；中期尺度表示信息在一年度或几个月中保持相对稳定，如季节性旅游事件信息，或因观看电影、读书等娱乐活动激发对某旅游地的兴趣；短期尺度表征月度或几日内信息，如节假日旅游事件、旅游地主办的旅游节、特殊时间的自然景观等；实时尺度反映旅行过程中的实时信息变化，如某会员旅行中发现环境优美的景点，通过ESNs传递给同游伙伴，引起其他会员兴趣漂移。会员的许多信息具有空间性，如注册信息中的工作单位、居住地、兴趣爱好关注区，好友圈子中的同城好友。旅游信息关注、会员空间位置两种类型中的空间信息分为旅游地、旅游区、旅游景点3个空间尺度。会员空间位置还具有典型的时空一体特征，其旅行中的完整线路、景区线路、切客点分别对应旅游地、旅游区、旅游景点3个空间尺度。

ESNs会员对旅游地信息表现出很大的关注度。在开心网、人人网、QQ社区(含群和空间)、新浪微博中，以关键词旅游、户外、驴友、背包、自助游、自驾车等关键词检索其中的群体空间，统计这些群体空间被会员关注的情况，从中可以看出，在ESNs生活空间中大量会员对于自助旅游表现出极大的兴趣，这也为时空一体的旅游个性化推介提供了基础。

2. LBS

LBS引发的业界广泛关注，缘于2010年在美国上线的Foursquare(一家基于用户地理位置信息的手机服务网站)，国内外许多互联网门户网站、电子社区等纷纷推出LBS功能。

1) LBS网站与ESNs的同步分享

为充分吸引ESNs庞大的会员群体使用LBS，许多LBS网站开始与ESNs实现信息同步分享。市场排名前几位的LBS网站中，大多提供了与新浪微博等ESNs的同步信息分享。例如，切客网与国内的新浪微博、腾讯微博、人人网、开心网等社区，以及国外的Foursquare、Facebook等社区都建立了同步分享链接，可以实现两个网络平台之间的实时信息同步。

LBS网站与ESNs的信息同步分享模式，使会员可以借助手机等移动终端进行基于位置的实时签到(check in)，发布基于位置的评论、上传照片等媒体资料。这些基于位置的信息成为时空一体化旅游个性化推介系统的信息来源。推介系统可以根据游客签到位置，为其实时提供邻近空间域中的旅游资源、旅游活动等商务信息，或发现邻近好友；被 ESNs 会员使用的旅游信息在社交网络中的高速传播，又进一步为推介系统带来更多潜在推介对象。

2) 门户网站和 ESNs 发展 LBS 的情况

2009 年，基于用户地理位置信息的社交网络 Foursquare 成功推出，使许多综合门户网站和 ESNs 服务商认识到了 LBS 带来的商机，并开始迅速布局 LBS 市场。美国著名的 ESNs 社区 Facebook，国内 ESNs 社区人人网，以及国内著名门户网站新浪网、百度、网易、腾讯等纷纷推出 LBS 服务。与 LBS 网站必须从头开始积累用户群体不同，ESNs 社区和门户网站已经拥有庞大的用户群体，因此它们一旦推出 LBS 功能，可以快速捕获大量用户，为 LBS 的深度应用铺平道路。

无论是 LBS 网站借助 ESNs 扩展用户群体，还是 ESNs 和综合门户网站借力 LBS 扩展业务范围，总之 LBS 已经成为互联网服务提供者关注的特殊功能。LBS 可以帮助解决旅游个性化推介服务向时空一体化方向发展过程中的第一个关键问题，即旅游者的旅行过程绑定实时地理位置信息，保证了向旅游者推介的各类旅游信息的时空准确性。

3. 旅游网站

旅游网站是目前旅游电子商务的主要运营平台，个性化旅游产品推介能够增强用户的网站忠诚度。在旅游个性化推介服务向时空一体化方向发展的过程中，旅游网站必须积极拓展新业务模式，适应未来发展。对国内 9 个代表性旅游网站的调查发现，多数网站与国内著名的 ESNs 社区建立了实时互动、分享关系。例如，旅游网站为用户推荐的精品旅游线路、旅游商务资讯、旅游攻略等信息，多提供与开心网、人人网、新浪微博、QQ 等 ESNs 的分享链接。携程网、同程网、艺龙网和去哪儿 4 个旅游网站甚至推出自己的手机版网站，为会员提供实时旅游信息与商务服务。携程网、绿人网、驴妈妈、艺龙网、去哪儿 5 个网站则拥有自己的互动旅游社区或旅游博客空间，为会员提供个性化信息分享平台。

旅游网站的精品旅游资讯如果被 ESNs 会员分享到电子社区，则能以口碑相传的模式在会员之间快速传播，且具有高可信度，无形中帮助旅游网站开展有效的商务推广；ESNs 也需要更多的让会员感兴趣的话题在社区内分享，以增强社区的吸引力。因此，两个平台的信息分享与融合是传播旅游信息和发现潜在旅游者的共同受益者。虽然许多旅游网站推出了手机版，但仅仅是方便旅游者随时使用网站的旅游商务功能，较少推出基于旅游者实时位置的个性化推介服务。

7.1.5 时空一体旅游个性化推介服务内容

在旅游个性化推介向时空一体化方向发展过程中，旅游网站、LBS 网站和 ESNs 可以承担不同角色，如果能够有效整合三种平台，则可以解决时空一体化中的关键问题。旅游网站提供旅游信息与电子商务服务，并且与 ESNs 基于 B2B 商务模式实现信息分享。

ESNs 会员通过浏览好友推荐的旅游资源和商务信息,初步完成旅行计划和旅行自组织;进而通过旅游网站实现旅游产品、交通、导游服务等预订;旅行开始后,LBS 提供的时空信息可以帮助旅游者实现景区导航,获得导游实时到岗、旅游资源与旅游商务时空推介、旅游预警等服务(图 7-1)。整个旅游过程中,旅游者也不断通过位置签到将评论、照片、视频等旅游信息注入 ESNs,成为新的时空一体旅游个性化推介信息源。时空一体模式下的主要服务内容可总结如下。

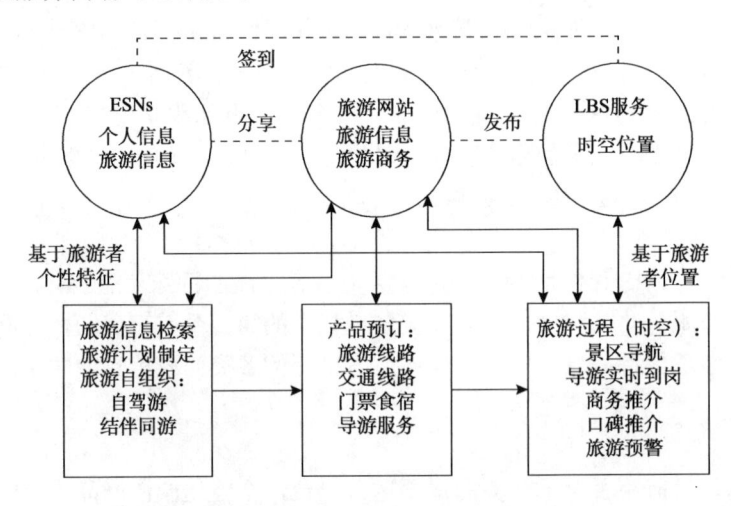

图 7-1 旅游网站、LBS 和 ESNs 的角色与时空一体个性化推介服务内容框架(李仁杰和路紫,2011)

(1)信息检索与产品预订:交通、住宿、餐饮、门票等旅游相关信息检索、预订等服务是常规旅游商务与推介系统都具备的功能。时空一体旅游个性化推介系统在为旅游者提供信息检索与商务服务时,可以根据旅游者个性特征和实时位置,动态调整检索结果的排序规则,将适合其个性需求并在空间上能够容易获取的服务和产品推介给旅游者。

(2)个性旅行计划辅助决策:帮助旅游者制订特定旅游目的地的旅行计划。系统可以根据 ESNs 社区记录的用户年龄、性别、社会文化背景、旅游消费习惯等个性化特征,结合旅游出行方式和目的地,从旅游网站筛选适宜信息,辅助旅游者制订详细的旅行计划。

(3)动态结伴同游:根据旅行计划,ESNs 会员可以在旅行前几天发布结伴同游意愿信息,实现好友之间结伴同游的自组织;系统也可以为会员提供与其旅行计划类似的其他会员信息(非好友),实现旅行过程拼车、共用导游等模式,以节约旅行过程费用。系统可以根据旅游者实时签到位置,为其提供位于签到地点一定范围内的好友信息,实现旅行过程中动态结伴同游;当旅游者移动到新的旅游地时,有可能发现新的好友,并再次实现结伴同游。

(4)商务推介:根据旅游者个性化特征和旅游者实时位置,将其周围一定范围内合适的旅游资源、旅游活动推介给旅游者,并提供价格、折扣等动态对比,供旅游者筛选。旅游者可以根据推介信息进行旅行计划的动态调整,一旦确定新的目的地,系统还可以实时提供旅行路线引导。

(5) 景区导航：旅游者在景区内游览过程中，系统可以根据旅游者实时位置，进行观光线路导航，引导旅游者完成旅游过程，并为旅游者提供出发地与目的地之间的过程模拟，或历史观光路线回放等服务。

(6) 导游实时到岗服务：系统根据旅游者的预订时间位置，提供导游实时到岗服务；导游还可以根据旅游者的当前时空位置，主动与旅游者共同调整到岗时间和地点。

(7) 会员口碑推介：旅游者在自己感兴趣的景点位置签到，将具有地理标签的文字、照片、视频上传至个人的 ESNs 空间与好友分享；系统可以将会员评价较高的旅游资源与旅游产品推介给他的好友；也可以将社区内会员总体评价较高的商品推荐给当前旅游者，实现基于时空位置的会员口碑推介。

(8) 旅游预警：系统根据旅游地的交通、旅游流状态等，实时向旅游者发布相关信息，尤其是当某些景点处的客流量过大时，可以及时向景点附件一定范围内的旅游者发出预警，合理引导游客向人流密度较小的景点移动，避免景区客流超载，提高旅游者的满意度水平。

7.1.6 小　　结

通过实际统计数据分析国内旅游电子商务的最新发展状态，并结合国内外研究动态，提出了未来旅游个性化推介服务将向时空一体化方向发展的观点；认为旅游网站、LBS 和 ESNs 平台的整合将成为时空一体化的突破点。

对旅游网站、ESNs 和 LBS 网站的统计数据分析表明，旅游个性化推介服务向时空一体方向发展的信息化基础已经具备。3 类平台不仅各自具有明确的发展方向和服务特色，而且相互之间分享信息、实现功能互补。例如，旅游网站与 ESNs 之间分享大量旅游信息；门户网站、ESNs 快速整合 LBS 业务，形成 3 种服务有机融合的态势。

设计了时空一体旅游个性化推介服务框架，具体服务内容包括：信息检索、个性旅行计划辅助决策、动态结伴同游、商务推介、景区导航、导游实时到岗服务、会员口碑推介、旅游预警等。服务内容框架为旅游个性化推介向时空一体化发展提供了方向参考。

旅游个性化推介服务时空一体化发展方向研究，是中国旅游电子商务发展的前瞻性探讨，特别是能够适应现代旅游业向个体自助游发展的商业模式转型，可以为各类旅游信息化平台发展提供思路，提高旅游目的地信息化服务水平和质量。

7.2　自发地理信息基础上的旅游地景观关注度

自发地理信息(volunteered geographic information，VGI)作为旅游地理学研究的全新数据源，具有多时空尺度的特点。本节以九寨沟为例，通过采集旅游者上传的 VGI 照片，应用核密度估计法挖掘多时空尺度下旅游者关注度空间格局及其演化；同时，以互联网用户对照片的访问量为权重，进一步描述潜在旅游者的景观关注度。研究表明，旅游者对九寨沟的关注度格局相对稳定，旅游地尺度下的关注热点是树正沟、日则沟两条风景线；风景线尺度下若干景段成为旅游者关注度较高的热区；景点尺度下的树正群海、诺日朗群海、珍珠滩、五花海、熊猫海、箭竹海等水景观关注度日益提高，而以藏族文化为主的人文景观关注度较低。研究同时发现，潜在旅游者受到照片上传者引导，其景观关注度格局也表现出层次性。

7.2.1 研究回顾与基本概念

旅游者对旅游地及其景观的关注体现在旅游者的行为、感知和动机等多方面。相关研究的数据来源有多种途径，其中调查问卷是最主要的数据来源，研究内容则涉及旅游者环境行为(刘如菲，2010；祁秋寅等，2009)、感知态度与旅游动机(乌铁红等，2009；李敏等，2012)等；另外，利用动态跟踪技术自动记录游客信息获取的旅游流数据，可以开展基于时间特性的定量分析(颜磊等，2009)。电视、报纸等传统信息媒介也能够影响旅游者的关注度，进而驱动旅游地演化(陆林和鲍捷，2010)。目前网络已成为旅游信息传播的主要媒介(程绍文等，2009)，旅游者旅行前的重要行为之一就是通过搜索引擎、旅游网站、社区等检索旅游地信息，制订旅行计划；越来越多的旅游者以文本、照片、视频等形式在微信、博客、微博等电子社交网络等虚拟空间中发布旅游评论和旅游感知，并对其他访问者的目的地形象感知和选择产生重要影响。相关学者开始利用调查问卷(涂玮和金丽娇，2012)、Google 搜索解析(王章郡等，2011)或百度指数(李山等，2008；龙茂兴等，2011)等方法研究互联网中的旅游地关注度、旅游消费偏好、自驾车旅游行为时间特征等内容，以解析新媒体对旅游地发展的作用和意义。

自发地理信息是用户通过在线协作方式，以 GPS 终端、高分辨率遥感影像及个人空间认知的地理知识为参考，创建、编辑、管理、维护的地理信息(Goodchild，2007)。VGI 与地理位置关联(geotagging)，或拥有地理坐标(Gartner et al., 2007；Kim et al., 2010)，汇集了大众地理知识，是协作劳动和集体智慧的产物，能提供丰富细节和准实时更新(李德仁和钱新林，2010)。Google Earth、Openstreetmap、Wikimapia 都是 VGI 模式的网络协作项目，允许用户创建或更新地理数据。目前已有学者开始尝试利用 VGI 开展旅游地研究，如高元衡和王艳(2009)采用 GPS 数据和 Google Earth 查询数据，研究桂林旅游景区空间结构演化；Seeger(2008)借助"公众参与的 GIS"平台，使地方居民以 f-VGI(facilitated VGI)方式参与旅游地规划设计。

VGI 中有相当多的数据是针对旅游地的，旅游者将旅行地点以地标、GPS 轨迹，或具有位置的照片等形式发布到互联网平台上。旅游地照片在网络上的出镜率高低称为照相指数，反映景区的受关注程度(刘思敏和姜庆，2011)，也会影响其他访问者的旅游地感知。本节借鉴这一思想，通过采集旅游者在 Google Earth 上发布和分享的旅游地 VGI 照片数据，并对这些照片数据的位置和时间等属性进行处理和整理，应用核密度估计方法研究多种时空尺度下实地旅游者关注度空间格局及其演化过程，并以互联网用户对照片的访问量为权重，挖掘潜在旅游者对旅游地景观的关注度，从而为旅游地可持续发展政策的制定提供理论和方法支持。

7.2.2 研 究 方 法

1. 数据来源与处理

九寨沟隶属阿坝藏族羌族自治州九寨沟县，是国家级自然保护区，被列入世界自然遗产名单。九寨沟包括树正、日则、则查洼、扎如4条旅游风景线，每条风景线由不同景段组成，其中以一百一十八海为代表，包括五滩十二瀑、十流数十泉等水景观。本节的样本数据为2012年2月从Google Earth上采集的旅游者自发发布的九寨沟旅游地照片数据。Google Earth的照片上传功能是与著名照片网站Panoramio合作构建的应用平台。Panoramio网站记录了每张照片的空间和属性信息，包括标题、标签、上传者、拍摄时间、坐标及访问量等。在Google Earth上九寨沟旅游地范围内的所有照片保存到kml文件中，解析出照片在Panoramio网站的URL地址。利用网络爬虫自动获取照片信息并存入数据库。对照片数据进行抽样验证，没有发现反映对九寨沟管理、环境破坏等负面效应的照片，说明照片数据是以九寨沟景观为主的正向描述数据。根据照片数据的坐标信息生成shape格式的点数据。

2. 研究方法

核密度估计法(kernel density estimation，KDE)(Silverman，1986)是从样本数据本身出发研究数据整体分布特征的一种方法(李存华等，2004)。该方法在分析和显示点状分布的样本数据时尤其有用，经常用于量测样本分布格局中的局部密度变化、探索样本分布热点区域等(王远飞和何洪林，2007)。代表性应用案例包括以高水平论文作者单位为样本点，发现科学家的区域分布热区(Bornmann and Waltman，2011)；以北京写字楼为样本点，探索城市办公活动空间的空间集聚(张景秋等，2010)；以汽车服务企业位置为样本点，研究汽车服务产业的空间演化(周珂慧等，2011)；以工商企业注册地址为样本点，研究文化产业分布的聚集模式(薛东前等，2011)等。借鉴上述研究思路，以VGI照片点为样本数据，根据VGI照片和旅游地不同风景线、景段和景点的空间尺度关系，利用KDE测量照片点的聚集，挖掘不同时空尺度下旅游者对旅游地景观关注度的空间格局；同时，以互联网用户对照片的访问量为权重，还可以进一步描述潜在旅游者对景观的关注度。ArcGIS软件的KDE函数(Shi，2010)表示为

$$\hat{f}(x,y) = \frac{3}{nh^2\pi} \sum_{i=1}^{n} w_i \left\{ 1 - \left[\frac{\sqrt{(x-x_i)^2+(y-y_i)^2}}{h} \right]^2 \right\}^2 \tag{7-1}$$

式中，$\hat{f}(x,y)$为待估算栅格单元中心点(x,y)的估计密度值，它表示样本数据分布的一种相对集中度，其意义随样本数据统计方式的不同而变化。本节中，当核密度函数仅用于估算旅游者上传照片的分布密度时，权重因子可以忽略，$\hat{f}(x,y)$为单位面积上传照片的数量；当用于估算照片访问量的空间分布密度时，权重因子W_i=照片i的用户访问量，

$\hat{f}(x,y)$ 为单位面积的照片访问量；h 为以待估算栅格单元为中心的圆形搜索窗口半径（单位：m）；n 为搜索窗口范围内的照片数量；π 为圆周率，取值 3.14；x_i 和 y_i 分别为搜索窗口范围内照片 i 的坐标；$\sqrt{(x-x_i)^2+(y-y_i)^2}$ 为搜索窗口内待估算栅格中心点和照片 i 之间欧式距离（单位：m），其中距离待估算栅格单元越近的照片对该单元密度的贡献越大。

KDE 函数搜索窗口半径 h 的取值对计算结果影响很大，h 取值较大时可以揭示点分布的整体态势，h 取值较小时可以突出点分布格局的局部差异。研究中需要根据研究区大小和样本点的平均距离确定一系列搜索半径进行测试，以寻找合适的搜索窗口。本书的样本照片点平均距离约 74m，研究目标是通过旅游者上传照片反映景观关注度的空间差异，因此分别以 50m、100m、200m、300m、400m、500m 和 600m 为半径进行核密度计算测试。结果表明 100m 搜索半径能清晰表现景观关注度空间格局，较好地突出和识别关注热区和冷区，因此本节中核密度搜索半径取值 100m。

7.2.3 实证研究

1. 基于照片上传者的关注度

1）总体景观关注度

VGI 的主要特点之一是具有位置信息。运用 KDE 方法对九寨沟旅游地 VGI 照片点数据进行计算，并制作九寨沟旅游地景观总体上的核密度分布图(图 7-2)。根据核密度分布情况，可以在整个旅游地、旅游风景线和旅游景点三级空间尺度下，发现实地旅游者对九寨沟景观的总体关注度格局：①在整个旅游地的大尺度下，照片集中分布于树正沟、日则沟两条风景线，表现出旅游者对上述风景线的高度关注；则查洼沟仅有小部分景段受到较高关注；②在单风

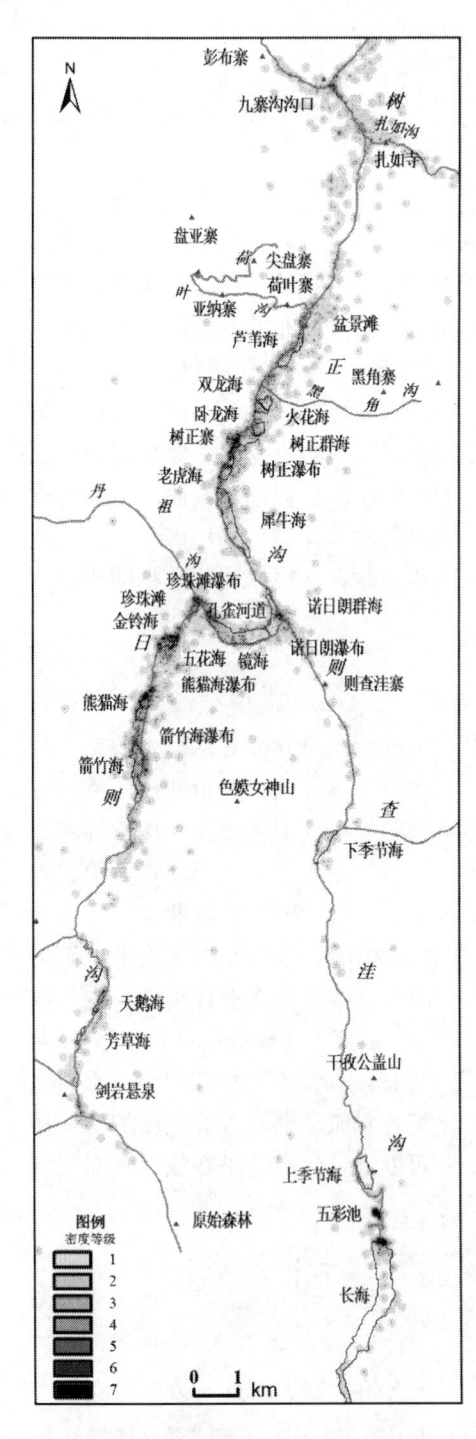

图 7-2 基于照片上传者的核密度
(采用自然级数分级；王守成等，2014)

景线的中尺度下,旅游者对不同景段关注度的空间格局清晰可见,如树正沟风景线中的双龙海—树正群海景段和树正瀑布—犀牛海景段,是旅游者关注的热点景段,其次是盆景滩—芦苇海景段,而荷叶沟景段和黑角沟景段则较少受到旅游者关注;日则沟风景线中诺日朗瀑布—镜海景段、珍珠滩瀑布—五花海景段和熊猫海瀑布—箭竹海景段是旅游者关注热点;天鹅海—芳草海景段、日则沟芳草海以上景段由于距离比较远,旅游者关注较少,丹祖沟景段关注者更少;③在最小的旅游景点尺度下,旅游者对不同景点的关注度差异明显,树正群海、树正寨、树正瀑布和老虎海是树正沟风景线上旅游者关注的核心热点;则查洼沟风景线上季节海-长海景段的五彩池和长海是该线路上关注度最为突出的,也是整个旅游地关注度最高的两个景点。

由于照片上传时经过了旅游者的筛选,因此不同空间尺度下照片的核密度不仅表现出关注度的空间格局,也反映了旅游者对景观类型的明显偏好,九寨沟六绝中的翠海、叠瀑、彩林、雪峰、蓝冰景观成为旅游者的主要关注对象;但从照片的核密度分布格局来看,旅游者对六绝中藏情(藏族风情文化)的关注度除树正寨以外其他寨子非常低。另外,照片数据还可以反映旅游者的心理效应,九寨沟门口是第一个热点,也符合旅游地门口效应,无论景区景点是否给人留下深刻影响,景区门口的装饰和宣传都会吸引旅游者。

2) 关注度年际变化

通过对九寨沟旅游地照片拍摄时间的整理,选择照片数量较多的2006~2011年,分别采用KDE生成6个年度照片数据的核密度图。6个年度照片的分布格局表现出很强一致性,说明旅游者对九寨沟景观的整体关注度具有年度稳定性,也进一步反映了九寨沟旅游地生命周期的稳定发展期。具体特征包括:①旅游者对树正沟、日则沟两条风景线整体上表现出稳定的高关注度,形成关注热区为主、冷区为辅的格局;盆景滩—双龙海—老虎海—犀牛海、诺日朗群海—镜海、珍珠滩瀑布—五花海、熊猫海瀑布—箭竹海等5个风景段是旅游者的高关注热区;树正沟的荷叶沟和黑角沟景段、日则沟的丹祖沟景段几乎没有照片,是旅游者关注的冷区;②旅游者对则查洼沟风景线整体关注度较低,但对其中的五彩池—长海景段表现出较高关注度,形成冷热交汇的关注格局;③扎如沟风景线则是旅游者关注的冷区。

年度照片核密度分布的空间差异反映了旅游者对九寨沟景观关注度在整体稳定性基础上小幅波动的时空变化过程。主要表现出以下特征:①关注的核心景段空间格局在6年间逐渐清晰;同时,树正群海、树正瀑布、诺日朗群海、珍珠滩、五花海、熊猫海、箭竹海、五花海、长海等部分水景观的关注度日益强化,核心吸引物地位逐渐明晰;②旅游地门口效应逐渐显现,但并未成为核心关注区。随着互联网平台日渐成熟,用户量增加和用户使用程度的深入,旅游者在同一旅游地上传照片数量不断增加,除核心吸引物外,景区大门等标志性地点也受到不少关注,但最终没有成为核心关注点;③折射出地震等特殊突发性事件对灾区旅游业的影响,地震灾害对灾区旅游业是一个灾变性事件,九寨沟、黄龙、峨眉山等景区(Yang et al., 2008;李敏等,2011),游客接待量大幅下降。受汶川地震影响,九寨沟2008年接待量相对于2007年减少了74.51%(四川旅游政务网,2010),2008年旅游者上传的照片数量也明显少于其他年份。

3) 关注度年内变化

九寨沟照片拍摄时间反映出旅游者关注度月际变化明显。照片数量在 1 月形成一个小高峰，2~4 月照片量较小，处于低谷；5 月开始，照片量逐月增大，到 10 月陡然增至最高，之后的 11 月和 12 月急剧下降，又处于较低的低谷。照片月际变化与相关学者对九寨沟实际游客流的分析结果既有较高的共性特征，又有局部差异。根据颜磊等(2009)的研究，九寨沟游客流已演变为典型的三峰结构：5 月的小高峰、7~8 月和 10 月的两个大高峰。实际客流的月际变化与照片数据在拍摄时间段特征上吻合度较高，5~10 月属于九寨沟的旅游旺季，11 至次年 4 月则是旅游的淡季。所不同的是照片数据在旅游旺季形成了典型的偏锋结构，而在旅游淡季出现一个不明显的小高峰，与实际客流在旺季形成的三峰形态不同。

照片的核密度显示出旅游者关注度空间格局在年内具有很高的稳定性，月际变化不明显。在照片数量较少的 2~4 月、11~12 月，依然能够表现出旅游者对核心景段和核心景点的较高关注。1 月和 5~10 月的照片核密度分布格局已经与历年，甚至是总体照片核密度的分布格局基本一致，尤其是 10 月，更是对全年旅游者关注度的空间缩影。旅游者对树正沟、日则沟两条风景线表现出的整体高关注度，及其在盆景滩—双龙海—老虎海—犀牛海—诺日朗群海—镜海、珍珠滩瀑布—五花海、熊猫海瀑布—箭竹海等连续景段形成的关注热区，都能够清晰可见。

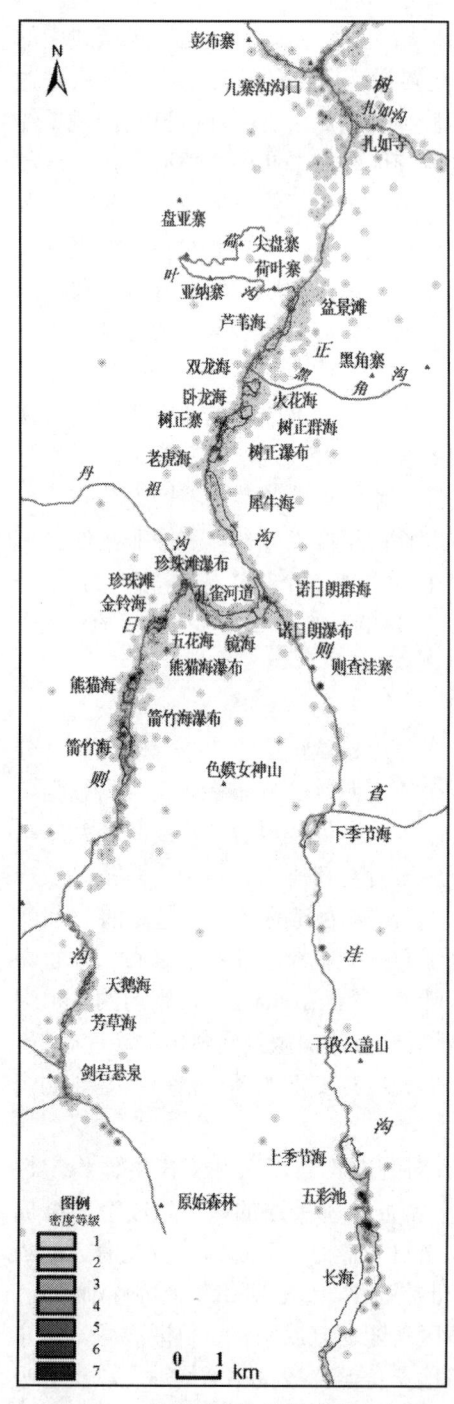

图 7-3 基于照片访问量的核密度
(采用自然级数分级)(王守成等，2014)

2. 基于照片访问者的关注度

照片上传者一般属于旅游地的实地旅游者，其照片数据中折射出对旅游地不同风景线、不同景点的关注度差异，在一定程度上是旅游者对旅游地形象的认同、感知体现，也是旅游地自生形象的塑造。自生形象依靠口碑相传的社会舆论、游客体验和主动索取信息形成，可信度较高(周年兴和沙润，2001)；上传者通过上传感兴趣的照片，将自己对旅游地的感知向其他互联网用户传递。Google Earth 上的照片访问者正是通过这种方式，在进入旅游地之前就形成了对九寨沟的前期认知，因此自发上传的照片也成为九寨沟旅游地形象塑造的一种重要信息源。

以互联网用户的照片访问量为权重，采用同样方法计算照片核密度分布图(图 7-3)。结果表明，互联网用户的访问量明显受到照片分布格局的影响，核密度越高的区域，用户访问量越大。沟口段，树正沟、日则沟两条风景线上的盆景滩—犀牛海段、诺日朗群海—镜海段、珍珠滩瀑布—箭竹海段、天鹅海—剑岩悬泉段，以及则查洼沟的五彩池—长海景段，均是互联网用户的访问热区。相对于上传照片表现出的整体空间格局，互联网访问者的关注度格局更显平淡，不同等级间的变化较为平缓，核心热区、热点不突出。原因可能在于互联网用户访问照片时，除照片的上传位置和少量照片提供的标签和标题外(标签和标题的文本描述也很简单)，没有其他筛选照片的途径，因此访问者往往会对感兴趣景点周边照片逐一访问，这种访问方式造成以访问量为权重的照片核密度变化相对平稳。

7.2.4 小　　结

1. 研究结论

旅游地景观关注度本质上属于旅游者感知研究的范畴，由于采用旅游者自发上传的照片作为主要数据源，并通过公众访问量为辅助数据支撑，使本节研究视角更趋向多时空尺度下的综合研究。

(1) VGI 能够清晰表征多时空尺度下的旅游地关注度格局。VGI 可以在旅游地、风景线和景点等多级空间尺度下，表征旅游者关注度的空间格局，并能根据时间属性挖掘关注度格局的演化。核密度分析证明，2006~2011 年的 6 年间，旅游者对九寨沟的关注度格局相对稳定，旅游地尺度的整体关注热点是树正沟、日则沟两条风景线，则查洼沟仅有少量景段关注度较高；风景线尺度下，树正沟的盆景滩—犀牛海景段，日则沟的诺日朗群海—镜海、珍珠滩瀑布—五花海、熊猫海瀑布—箭竹海景段，则查洼沟的五彩池—长海景段，以及景区入口段等，是高关注热区；景点尺度的树正群海、诺日朗群海、珍珠滩、五花海、熊猫海、箭竹海等景观的关注度日益强化，成为九寨沟核心吸引物。关注度年内变化反映出的旅游者数量特征与官方统计游客量年内变化基本一致，但关注度空间格局月际变化不明显，具有较高稳定性。

(2) 核密度分析进一步显示出旅游者的景观偏好。关注度热点集中分布在树正沟、日则沟和则查洼沟等风景线中以海子、滩流、瀑布等水体组合成的景点和景段；以藏族文化为主的寨子等景观受旅游者的关注较少。研究结果与其他学者通过调查问卷等方式获取数据的分析结果高度一致。尽管九寨沟藏族民俗风情十分有特色，但吸引游客的旅游资源主要是自然风景，整体上旅游者认为自然风景比藏族风情更为重要(张捷，1998；唐文跃等，2007)；而且，5.12 汶川地震后的调查结果依然显示游客"亲近了解自然"的动机比文化动机重要。

(3) VGI 是潜在旅游者感知体验信息的重要来源。以互联网用户对照片访问量作加权分析表明，潜在旅游者受照片上传者引导，其景观关注度格局也表现出层次性。核心景段和吸引物照片数量较多，对访问者的吸引力作用明显，受到访问者的更多关注，形成访问者关注热点。经访问量加权的关注度格局相对于上传格局变化更为平缓，表明潜在旅游者的关注点更为广泛。

2. 研究意义

本节是新地理信息时代背景(李德仁和邵振峰，2009)下，将 VGI 应用于旅游地理学研究的全新尝试。通过对自发上传照片数据的分类、筛选、汇总和表达方式转换等有序化处理，使旅游者对景观关注、感知的状态逐渐清晰。对旅游学，尤其是旅游地理学而言，VGI 不仅可以用于研究旅游者关注度，还可以在多时空尺度下挖掘旅游者感知与评价，进而深入研究旅游者行为特征，为旅游地管理决策服务。

(1) VGI 是旅游者研究的优质数据源。VGI 不仅包含旅游行为的空间和时间属性，还有两个重要特点：自主选择性和数据连续性。上传照片经过了旅游者有意识的选择，内含了旅游者对旅游地的关注与评价，能弥补数字景区客源跟踪数据缺少旅游者心理表征的不足。只要照片服务平台不中断服务，上传照片就处于不断增长过程中，最终成为研究旅游者关注度的数量巨大的连续性数据源，为随时随地的旅游者心理与行为分析提供方便的途径。

(2) VGI 是旅游管理、规划、营销的重要参考。旅游者上传的照片数据不能完全替代旅游者实际行为数据和统计数据，但可以成为一种经过个人思考和筛选的代表性样本，对多种视角下的旅游地管理具有参考意义，并在一定程度上对旅游地环境、景观动态监测产生借鉴意义。例如，由于旅游者共同的景观偏好，使九寨沟各景点负载不均衡，部分景点游客聚集，而部分景点则呈现低负荷运转的弱载状态(邱厌庆等，2010a)；有学者提出基于景点距离的聚类方法制订游客分流方案(邱厌庆等，2010b)，以解决景点负载问题，但未考虑旅游者的感知效果。VGI 中内含的旅游者景观偏好信息，可以为游客分流方案提供基础支撑，再结合景点空间关系进行方案优化，以协调旅游者偏好与景点容量之间的矛盾。

(3) VGI 与其他网络媒介一起建构了对潜在旅游者引导的有效通道。游客出游前的感知印象来源于旅游目的地形象和媒介传播，当前，互联网成为社会舆论传播的主平台之一，也使其变成旅游地营销的要地(钟栎娜和吴必虎，2007)。旅游目的地网站、旅游商务网站、在线旅游杂志等媒介以文字描述或多媒体等方式塑造访问者的旅游地形象(Choi et al.，2007；Lee et al.，2010)。许多旅游者也以文本叙述(Govers et al.，2007)、照片等方式将旅游体验感知和评价发布到博客、空间中，这些非官方信息源正逐渐成为互联网用户的关注热点(Inversini and Cantoni，2011)。潜在旅游者在旅行前的信息获取将直接影响其后续旅游行为，因此 VGI 访问量的空间格局及其时间演化研究，对旅游营销策略的制订具有现实指导意义。

(4) VGI 可能成为旅游地生命周期的重要指示器。虽然目前研究未能针对旅游地生命周期模拟和预测提出合适的研究框架，但如果数据时间序列更长，并整合多种 VGI 平台数据，完全可以为旅游地生命周期模型提供数据支撑，VGI 将成为旅游地生命周期的重要指示器，实现对旅游地发展状态的实时舆情监测，对旅游地的发展拐点做出准确判断和预测，为旅游地可持续发展策略的制订提供数据和预留时间。

7.3 山岳旅游区观光线路景观感知敏感度

本节将景观感知倾向性、景观美学与质量评价等研究成果和旅游者感知评价结合，通过定量描述可以感知的生态景观，反向描述旅游者的景观感知程度，提出了景观感知敏感度概念，建立了观光线路景观感知敏感度模型和基于栅格数据的景观感知敏感度计算方法。在充分考虑影响旅游者心理感知共性特征的基础上，选择景观可视状态、最佳观赏距离、最佳观赏方位 3 个视域感知影响因子，和景观类型、资源等级、沉浸式生态景观 3 个生态感知影响因子，对感知敏感度进行定量描述，反映旅游者的景观感知程度及其空间分异。在此基础上，以数字高程模型（digital elevation model，DEM）和高分辨率卫星影像为基础，生成虚拟三维景观，选择视域分析、空间叠置、缓冲区等方法，设计了山岳旅游区观光线路景观感知敏感度计算流程，并选择河北省邯郸武安国家地质公园奇峡谷景区进行实验，以验证计算方法和流程的可行性。景观感知敏感度为生态旅游地尤其是山岳旅游区规划中识别旅游者景观感知强度和空间分异奠定了基础。

7.3.1 研 究 回 顾

旅游地开发必然对生态景观造成一定的影响，应尽量避免景观改变带来的冲击，维护生态、文化及感知过程安全(俞孔坚等，2001)。解决这一矛盾需要两个层面的研究：第一，游客满意度研究，描述游客旅游体验满足其期望和需求的程度(Tribe and Snaith，1998)；第二，准确描述旅游者对生态景观的感知状况及其时空变化模式，服务于生态旅游地景区开发、景观设计、管理与保护，这对生态旅游地景观感知的定量计算和时空分异识别提出了较高要求。

期望差异理论已广泛应用于游客满意度研究(Kozak，2001)，游客期望是影响游客满意度的前提(Bowen，2001)，游客对旅游目的地的感知质量(Hui et al.，2007)、感知价值(Lee et al.，2007)及旅游地形象(Bosque and Martín，2008；Chi and Qu，2008)等也是影响满意度的重要因素，游客感知质量越高，则满意度越高，说明旅游活动与其期望越接近或超过了期望值。在满意度影响因子研究基础上，服务质量(SERVQUAL)(Akama and Kieti，2003)、重要性-绩效分析(Importance-performance Analysis)(Tonge and Moore，2007)等定量测评方法逐渐成熟，利用结构方程模型系统探讨满意度因果关系的研究也逐渐展开(Hasegawa，2010；汪侠等，2005)。游客满意度研究为旅游景区管理和设计提供了方向性参考。但仍然存在以下值得讨论的问题：第一，满意度是游客主观感受，旅游者对目的地能够形成比较一致的意象，关键是对景观形成较为一致的感知效果，它最终是由客观对象——景观、基础设施等决定的，但游客满意度缺少基于客观对象尤其是景观进行研究的方法和案例；第二，游客满意度研究尺度涉及了国家、地区或整个景区尺度，但微观尺度研究较少。

游客满意度研究如果能够从景观出发进行则是很好的角度，并能有效推进用于解决前述矛盾的第二研究层面。景观感知研究是第二层面的重要理论基础。景观感知是人与景观相互作用的结果(Zube et al., 1982)；景观感知研究涉及观察者对景观类型的倾向性(Kaplan and Kaplan, 1989；Swanwick, 2009；De Groot et al., 2003)，景观敏感度(俞孔坚，1991)、景观质量评价(Daniel，2001；吴必虎，2001)等；景观感知的定量评价研究涉及心理感知和实际感知距离差异(Ankomah and Crompton，1992)，另外与游客满意度中的感知评价研究实现了理论互补。

景观感知和旅游者满意度研究多从旅游者主观角度研究，较少考虑景观本身的客观视角。国内学者选择黄山等生态旅游地进行游客认知研究，开始定量描述旅游者地方感知强度(李东和等，2008)，并关注居民对旅游影响感知和态度的空间分异，为定量描述旅游者感知的空间分异奠定了基础，但同样缺少任意位置的旅游者景观感知状态研究。

旅游地规划应侧重生态景观识别及对现有景观的结构性组合，观光线路选择同样要依自然而设计(McHarg，1971)。旅游者对生态、景观与文化感知程度的识别和描述，就成为线路设计的基本依据。如果将景观感知倾向性、景观美学与质量评价等研究内容和旅游者感知评价结合起来，通过定量计算观察者感知到的景观量，反向描述旅游者感知度，则能够反映旅游者感知在空间上的分异状况，进而为景观保护、旅游开发规划等提供参考。

武安国家地质公园位于河北省西南部邯郸武安县，太行山东麓中南段，是以地文景观为主的山岳型风景区、生态旅游地，已开发京娘湖、朝阳沟、武华山等景区。奇峡谷生态环境良好，以石英砂岩峡谷峰林景观最具代表性，植被覆盖度较高，物种丰富。本节选择奇峡谷为案例，基于观光线路对旅游者的景观感知状态进行定量计算，尝试从旅游者景观感知角度认识观光线路特征，为生态旅游地开发、景区基础设施规划管理提供依据。

7.3.2 景观感知敏感度概念

景观敏感度是景观被注意到的程度的度量，在景观生态保护中，应避免对景观敏感度高的区域开发建设和景观改造(徐颂军等，2007)。景观敏感度计算主要考虑景观可见性，景观可视率越高的区域越敏感；计算中虽然采用醒目度因子反映景观差异，但没有进一步考虑景观类型、资源等级、不同位置的景观可视质量等因素对景观敏感度计算的影响。景观感知敏感度是观察者在特定位置上对所有可感知景观的感知程度度量。概念中强调感知的目的在于：①已有景观敏感度研究基于景观位置描述，本节的景观感知敏感度基于观察者位置进行研究，强调特定位置上观察者能够感知到的所有景观的综合程度，以此为基础描述观察者在不同位置感知景观程度的空间分异；②感知敏感度不仅考虑景观可视状态和可视概率(视觉感知)，还要考虑景观类型、等级、形态差异及可视质量对观察者感知程度的影响，对于生态旅游地更要考虑生态景观结构、功能、景观生态战略点等对观察者感知的影响(俞孔坚，1998)。

景观敏感度定量评价方法为景观感知敏感度计算及其空间分异识别提供了思路：如果旅游者对生态景观具有基本一致的感知程度，则可以用生态景观定量计算替代旅游者感知程度，实现感知敏感度的空间分异识别；旅游者的景观感知对其行为产生重要影响，应在生态旅游地规划中考虑旅游者景观感知程度，开发过程既要注意原生态景观的保护，也要找到最佳观景位置，使旅游者更多地发现景观、更好地感受景观。基于观光线路的景观感知敏感度可以描述旅游者在线路任意位置上能感知的景观量、感知程度及其沿线路的空间分异，对旅游地空间结构和功能布局、设施配置等具有重要意义。

关于生态旅游者景观感知敏感度，国际生态旅游学会(The International Eco-tourism Society, TIES)认为生态旅游是到自然区域的负责任旅游。李燕琴(2009)从生态旅游兴趣尺度 EI、环境态度尺度 NEP，以及游客每年去相对原始的自然区域的旅游次数 VIS 3 个方面，将生态旅游者划分为严格的生态旅游者、经常的生态旅游者和偶尔的生态旅游者，其中严格的生态旅游者与 IES 定义一致，本节的生态旅游者指严格的生态旅游者。旅游者的景观感知受年龄、性别、知识结构、文化背景等诸多因素影响(Van den Born et al., 2001)，但生态旅游者一般具有较高的教育水平(Eagles, 1992; Tao Chang-Hung et al., 2004; Wight, 1996)。本节的景观感知敏感度针对生态旅游者，根据生态旅游者定义及 EI、NEP 评价尺度，假设他们对生态景观具有基本一致的感知方式和程度。生态旅游者的景观感知敏感度因景点变化和景观类型、结构和功能不同，而不断发生变化。

7.3.3 景观感知敏感度影响因子

旅游者对景观的感知因生态景观的相对稳定性，故视觉刺激是影响旅游者对生态景观感知的基本方式，由景观引起的视觉刺激称为视域感知。对生态旅游者而言，区域内的生态景观、景观生态战略点等更是其关注的兴趣点。除一般旅游景观的视域感知外，生态旅游者通过观察、接近或进入生态景观区域，因对景观生态类型、结构和功能的偏爱和倾向性，而产生多于普通旅游者视域感知的生态景观感知效应，称为生态感知。Gobster 等(2007)提出了一个在景观中，人与环境相互作用的框架，其模型核心是"可感知的世界"，即有目的的与景观交互活动。在 Gobster 模型基础上，Fry 等(2009)基于景观结构提出了可视与生态景观特征间的共同概念基础，包括管理、视域尺度、景观意象、复杂性、自然状态等多个角度。本节选择可视状态、最佳观赏距离和方位等描述视域感知，选择景观类型、资源价值、沉浸式生态景观等因子描述生态感知。因子选择充分考虑可视与生态景观特征的共同概念基础，如最佳观赏距离和方位是对视域尺度的体现，沉浸式生态景观则是景观意象和自然状态的体现。

1. 视域感知影响因子

视域感知影响因子包括景观可视状态、最佳观赏距离、最佳观赏方位 3 个方面，这些因子的计算与处理方法还与景观形态特征的抽象方式紧密相关。

(1)景观可视状态。对多数景观而言，景观是否可见、能够接近或进入是其他感知因子对旅游者产生影响的基础。景观形态对可视计算产生重要影响，根据景观被抽象的程度可以分为单点形态景观和多点形态景观。单点形态景观在一定尺度内可以抽象为一个点；多点形态景观由许多特征点构成（景观廊道、特殊造型的山峰等），在特定位置必须同时看到所有特征点才能较好的感知该景观。景观可视状态因子（W_V）取值依据景观形态可视性，以景观特征点可视性比例计算，具体见式(7-2)。对单点形态景观而言，景观可见则$W_V=1$，不可见则$W_V=0$；对多点形态景观，所有特征点可见时，$W_V=1$，只有部分特征点可见时，按照可见点数量（n）与特征点总数量（N）的比例取值，$W_V \in [0 \sim 1]$。

$$W_V = n/N \tag{7-2}$$

（2）最佳观赏距离。景观开阔性可以提高观察者对景观的整体感知效果，增加景观元素的可视性，景观开阔性与人的景观感知倾向性紧密相关（Zube，1984）；但在景观开阔性增加的同时，随视域尺度增大，能够观察的景观斑块、植被条带和廊道等也逐渐减少（Fry et al.，2009）。因此景观具有最佳观赏距离带，在最佳观赏距离内既能从整体上感知景观，又能清晰地观察景观结构元素。有关实验心理数据及实地观察，都可获得一定精度范围内的最佳观赏距离值（俞孔坚，1991）。设最佳观赏距离带为D（一个范围），景观相对于观景者的实际距离是d。如果位于最佳观赏距离范围内则该权重因子$W_D=1$；当d在D以外的区域时，$W_D \in (0 \sim 1)$。最佳观赏距离包括4种情况（以300~400m为最佳观赏距离带为例说明）：穿越景观内部（D_1）、300m以内观景带（D_2）、300~400m观景带（D_3）、400m以远观景带（D_4）。D_1类型的景观感知度在生态感知影响因子中体现，这里分析其他类型。D_3类型属于最佳观赏距离带。D_2和D_4类型以最佳观赏带为基准由近及远划分相同宽度的距离带；或者描述为：D_2类型区域，离景观越近感知敏感度越低；D_4类型区域，离景观越远感知敏感度越低。本节划分四个等级，最佳观赏距离带$W_D=1$，紧邻最佳观赏区的距离带$W_D=1/2$，距离最佳观赏区更远的区域依次为$W_D=1/4$，$1/8$。

（3）最佳观赏方位。造型奇特的景观，可增加景观人文内涵和吸引力，如奇峡谷景区的夫子峰；某些景观在不同角度观察还可以形成不同造型，产生景观变化；另外对于景观生态功能而言，不同观赏方位，能够感受到不同的景观生态特征。这些景观均对观赏方位甚至观赏角度有较高要求，在最佳观赏距离内，需要选择最佳方位才能够看到景观，并产生较好的感知效果。设某景观的最佳观赏方位区域为O，景观感知敏感度的最佳观赏方位权重因子$W_O=1$，最佳观赏方位（与最佳观赏距离不同）没有逐渐变化的过程，在非最佳观赏方位的可视区域设$W_O=0.5$。

2. 生态感知影响因子

在以生态旅游者为游客主体的生态旅游地开发中，除符合大众旅游品味的景点外，具有典型特征的景观斑块、廊道和景观生态战略点都是旅游景观的范畴；而且某些景观需要旅游者融入其中才能产生较好的感知效果。生态感知影响因子涉及景观类型、资源价值、沉浸式生态景观3个方面。

（1）景观类型。有关可视景观的生态美学评价、景观质量评价和景观倾向性研究表明，人对可视景观的类型具有明显倾向性（Swanwick，2009）。多数人对未被改造和破坏的原生景观有更高倾向性（De Groot et al.，2003）；从具体景观元素看，水体、森林植被、荒野、陡崖和岩石等,都是景观质量评价的正向影响因素(Daniel,2001)。鉴于感知敏感度是建立在对生态旅游者群体基础上的研究,因此景观类型作为权重因子(W_T),对景观感知敏感度计算产生重要影响。由于案例区以地文景观最为典型,因此按照地文景观(W_T=1.2)、生物景观与水域风光(W_T=1.0),人工建筑与设施类型景观(W_T=0.8)进行区分。同类景观的差异对感知敏感度计算的影响,在景观资源价值权重因子中体现。

(2) 资源价值。旅游者对景观的兴趣和偏爱与其对景观典型性的感知紧密相关(Andsager and Drzewiecka,2002;Herzog and Stark,2004;Roth,2006)。资源价值因子主要考虑景观典型性,同类景观的资源价值越高,对景观感知敏感度影响越大。资源价值评分资源要素价值和资源影响力两部分,资源要素价值中包括观赏游憩使用价值,历史科学文化艺术价值,珍稀或奇特程度,规模、丰度与概率,完整性。资源影响力中包括知名度和影响力、适游期或使用范围。为与其他权重因子匹配,在景观感知敏感度计算时,将资源价值统一转换为原得分的百分之一。

(3) 沉浸式生态景观。对生态旅游者来说,仅看到某些生态景观还不能达到最好的感受效果,当接近或进入特殊的生态景观区域时,产生更强的生态感知;或者在这些特殊景观区可以更好地融入自然生态系统,与景观进行交互等。这类景观称为沉浸式生态景观,如奇峡谷景区的森林氧吧、野猪林、回音谷等。沉浸式生态景观对景观感知敏感度的贡献涉及两种形式:①如果不具备在景观区之外的观赏体验功能,仅是在景观范围内对景观感知敏感度的计算产生影响,影响因子仅仅采用景观类型和资源价值两种;当旅游者位于景观之外时,该沉浸式生态景观感知敏感度为0;②如果沉浸式生态景观同时具有位于景观区之外的视觉欣赏功能,则在景观之外区域,其感知敏感度计算与其他景观类型相同,但仅仅考虑视域感知影响因子;在景观区内,感知敏感度计算只考虑生态感知因子。

7.3.4 计算模型与流程

1. 景观感知敏感度计算模型

在山岳旅游区虚拟三维景观中,运用各种空间分析方法获得各个因子值,包括景观可视状态、最佳观赏距离与方位、沉浸式生态景观区范围等,结合景观类型、资源价值得分,设计基于观光线路的景观感知敏感度计算模型。对于非沉浸式生态景观,感知敏感度计算的基础是景观可视状态,在景观可视基础上,利用其他视域感知和生态感知因子加权;对于沉浸式生态景观,如果观光线路穿越其中,除在景观区内观察其他景观产生的感知敏感度外,还要考虑沉浸式景观本身的感知敏感度。考虑到计算模型推算过程的简洁,首先基于所有景观计算观光线路上任意位置的景观感知敏感度,再与沉浸式生态景观区感知敏感度叠加,即产生观光线路的综合景观感知敏感度。具体描述如下:

首先计算由非沉浸式生态景观和具有观赏性的沉浸式生态景观刺激产生的旅游者景观感知敏感度。假设在任意一位置,某旅游者对景观 L 产生的基本景观感知敏感度 P_i=1,只有当旅游者看到 L 时才能产生视域感知。根据可视状态因子(W_V)加权后的景观感知

敏感度 P_{1l} 如式 (7-3) 所示：

$$P_{1l} = P_l \times W_V \tag{7-3}$$

在可视状态因子加权基础上，根据旅游者观察位置相对于景观 L 的距离和方位关系，对景观感知敏感度进行最佳观赏距离（W_D）和最佳观赏方位（W_O）两个因子加权，得到 P_{2l}：

$$P_{2l} = P_{1l} \times W_D \times W_O \tag{7-4}$$

在视域感知相关影响因子基础上，再根据生态感知相关影响因子中的景观类型（W_T）和资源等级（W_G）因子对景观感知敏感度进行加权计算，得到 P_{3l}：

$$P_{3l} = P_{2l} \times W_T \times W_G \tag{7-5}$$

式中，P_{3l} 为旅游者在某一站立点上对景观 L 的景观感知敏感度，当站立点位于景观 L 的完全非可视区域中时，由于 $W_V=0$，因此 $P_{3l}=0$。

旅游者在某一站立点上对所有可视景观产生的景观感知敏感度 P_V 的计算公式为

$$P_V = \sum_1^n P_i \times W_i \quad (i=1,2,\cdots,n) \tag{7-6}$$

$$W_i = W_{Vi} \times W_{Di} \times W_{Oi} \times W_{Ti} \times W_{Gi} \tag{7-7}$$

式 (7-6)、式 (7-7) 中，i 为景观顺序编号；W_i 为第 i 个景观的感知敏感度综合权重系数，由可视状态权重 W_{Vi}、最佳观赏距离权重 W_{Di}、最佳观赏方位权重 W_{Oi}、景观类型权重 W_{Ti}、资源等级权重 W_{Gi} 5 个权重系数相乘所得；n 为所有景观的数量。

如果景观 L 为沉浸式生态景观，而旅游者正好位于 L 内部时，会对景观产生较强的生态感知效应。假设沉浸式生态景观的基本感知敏感度 $P_l=1$，根据其景观类型权重因子（W_T）和资源等级权重因子（W_G），确定旅游者对该景观的感知敏感度 P_S：

$$P_S = P_l \times W_T \times W_G \tag{7-8}$$

最后得到的感知敏感度为所有可视景观产生的景观感知敏感度 P_V 和沉浸式景观的感知敏感度 P_S 之和，计算公式如下：

$$P = P_V + P_S \tag{7-9}$$

对于单点形态景观，景观感知敏感度计算需要考虑最佳观赏方位因子；而多点形态景观本身在进行特征点抽象时就潜在考虑了最佳观赏方位（同时看到所有特征点才能感知景观），因此在进行景观感知敏感度计算时，可以忽略最佳观赏方位。

2. 景观感知敏感度计算流程

根据景观感知敏感度计算函数，基于栅格数据格式，可以方便地计算山岳旅游区观光线路的景观感知敏感度。具体计算流程如下：第一，假设单个景观在任意空间位置（每个栅格单元）的基本感知敏感度为 1，并利用可视状态、最佳观赏距离、最佳观赏方位等视域感知因子加权；第二，对每个进行过视域感知因子加权的景观感知敏感度进行景观类型、资源等级加权，产生任意空间位置上的单个景观的感知敏感度栅格；第三，将所有景观感知敏感度栅格叠加求和，并与沉浸式生态景观区感知敏感度栅格进一步叠置运算，得到整个旅游景区各栅格单元的景观感知敏感度；第四，将栅格化的观光线路图层与景区感知敏感度图层进行叠置运算，与观光线路重叠区域的景观感知度通过栅格属性运算分配给相应的观光线路栅格单元。

7.3.5 观光线路感知敏感度计算

为证明观光线路的景观感知敏感度函数和计算流程的可行性，本节选择奇峡谷景区进行实证研究。奇峡谷景区景观类型丰富、数量众多。下面仅选择了部分代表性旅游景观和生态景观，涉及影响生态旅游者景观感知的各类因子，包括最佳观赏距离与方位、景观类型、资源等级等，同时对影响景观感知敏感度计算的景观形态进行了区分。这些景观或造型奇特(地质标、夫子峰、莲花峰、飞来石)，或生态环境优美、神秘(天然氧吧、野猪林、回音谷)，或有特殊人文寓意(望风台、菩萨台)，旅游者在不同位置、角度上欣赏时，能够产生不同的视域和生态感知效应。

根据观光线路景观感知敏感度计算流程，利用 ArcGIS Desktop 软件平台，建立了奇峡谷三维虚拟景观(图 7-4)，描述了研究区范围、植被覆盖和地形特征等信息。应用各类空间分析方法，对景观感知敏感度各影响因子进行计算，获得观光线路任意位置的景观感知敏感度。因计算流程中的部分方法相对成熟，这里只对关键环节进行描述。

图 7-4　研究区虚拟三维景观(李仁杰等，2011)

图 7-5～图 7-8 资料来源同

1. 景观可视状态计算

1) 基于观光线路的景观可视域计算原理

根据通视性原理，每个观察点的可视范围就等同于所有能看到该观察点的区域范围。以各景观点(包括单点和多点形态)作为观察点，观光线路落入每个景观可视域范围的部分即是在观光线路上可以观察到该景观的路段。因此景观感知敏感度的可视状态因子计算，可以通过每个景观的视域分析实现，所得结果为覆盖整个研究区的栅格图层。

2) 不同形态景观可视域计算

单点形态景观可视域计算。采用 ArcGIS 的可视域计算工具完成单点形态景观可视域计算。计算结果的每个栅格单元值代表了该位置上景观的可视状态。图 7-5 为奇峡谷飞来石景观可视域计算结果，灰色区域栅格值为 1，表示观察者在飞来石景观位置上可以看到的区域，根据通视性原理，观察者位于灰色区域同样可以观察到飞来石景观。

图 7-5 单点形态景观的可视域

多点形态景观可视域计算。当景观范围较大，且需要特殊观赏角度或方位时，就要考虑将景观表达为多点形态，旅游者只有观察到景观中所有特征点时才能较好的感受该景观，只看到部分特征点的区域感知效果较差，看不到任何特征点的区域，则不能感知该景观。许多类型景观需要定义为多点形态，如具有特殊造型的地文景观、梯田、植被垂直分异景观等。这类景观可以通过全部特征点可视域叠置计算获得最终的可视域范围，计算结果的栅格单元值代表可见特征点数量。如图 7-6(a)所示为一个造型奇特的山峰——笔架峰，被抽象为由 15 个特征点组成的多点形态景观。如图 7-6(b)所示，灰色区域是能看到笔架峰部分或全部特征点的区域，而白色区域则是完全不能看到特征点的区域。单点形态景观可视域计算结果的栅格值可以直接作为感知敏感度可视状态因子权重值，多点景观则需要将可视域计算结果的栅格值除以景观特征点总数得到可视状态因子权重值。

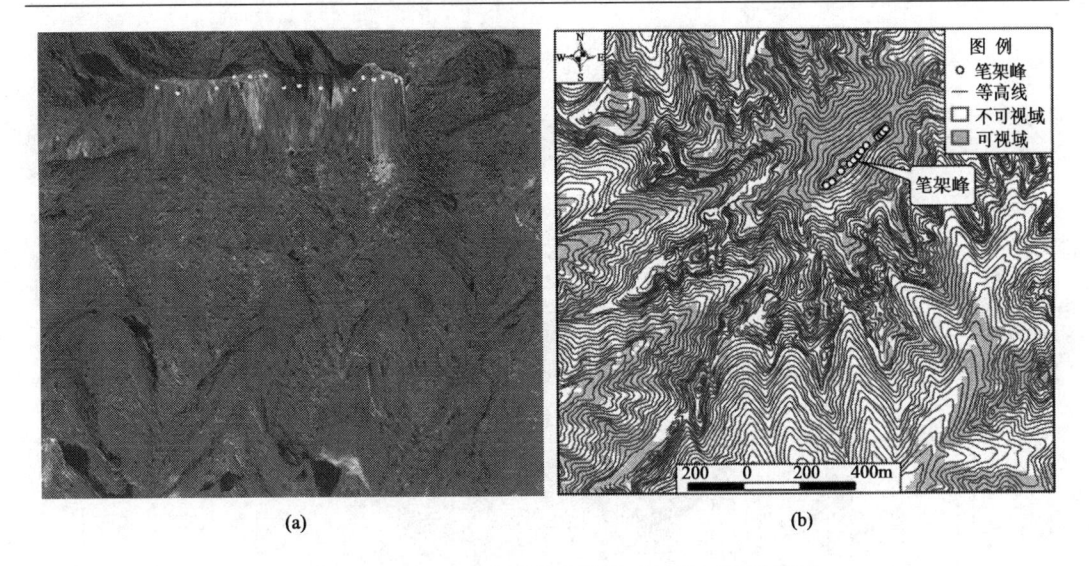

图 7-6 多点形态景观的特征点构成及其可视域范围

2. 最佳观赏距离计算

实际最佳观赏距离应为两点之间的视线距离，当观察点与景观点的相对高差较小时，水平直线距离与视线距离差异较小，可以用两点的水平直线距离近似代替视线距离，这种情况采用缓冲区分析求解景观最佳观赏距离带。具体分为以下几种情况：①最佳观赏距离小于特定距离，如某景观最佳观赏距离是在景观周围 50m 以内，以 50m 为缓冲距离值，对该景观直接进行缓冲区运算，即可得到景观的最佳观赏距离带；②最佳观赏距离位于特定距离带内，如距景观点 100~150m 为最佳观赏距离带，则可以使用 100m 和 150m 两个值对该景观进行多重缓冲区生成，结果多边形进行相交类型叠置运算，得到最佳观赏距离；③观赏距离大于特定距离值，如某景观在 1000m 以外的区域为最佳观赏距离，先选择景观点做 1000m 缓冲区，然后用生成的缓冲区与整个景区范围的多边形进行擦除方式的叠置运算，得到最佳观赏区域。对于多点形态景观，生成的缓冲区是由构成景观的所有特征点的几何中心点运算得到的区域。

当观察点与景观点高差较大时，水平直线距离与视线距离差异较大，不能简单的用水平直线距离代替视线距离。视线距离计算可以在缓冲区运算基础上，利用三角函数原理进行边界调整得到。如图 7-7 所示，最佳观赏距离位于特定距离带内(100~150m)，虚线围成的圆环是水平直线距离确定的景观最佳观赏距离带，实线围成的灰色区域为视线距离围成的最佳观赏距离带。

3. 最佳观赏方位计算

可以在虚拟三维景观中对比不同观察视角下景观表现出的形态特征差异和能够观察到的生态功能，并结合实地考察确定最佳观赏方位。对于单点形态景观，主要通过实地考察确定最佳观赏方位，再借助 DEM 方位分析实现最佳观赏方位覆盖区域的计算；对

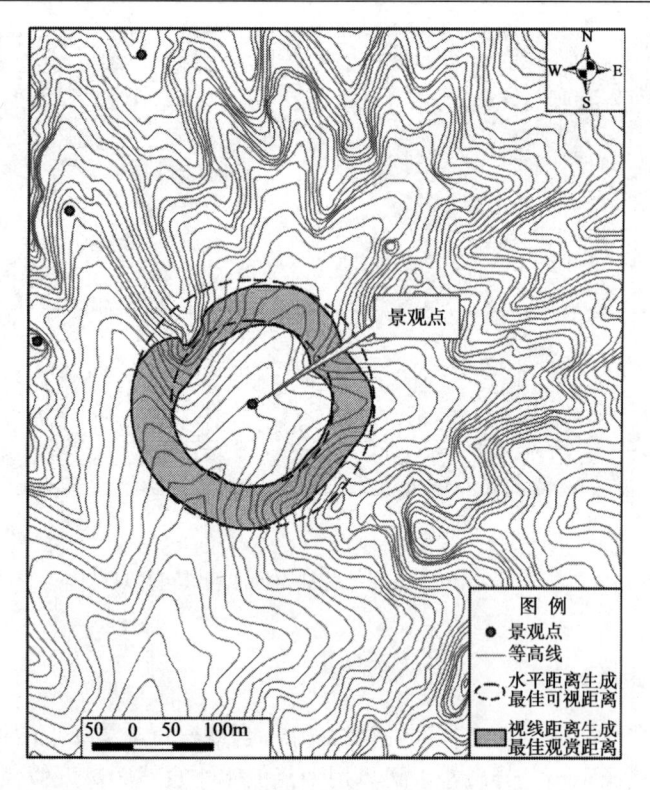

图 7-7　最佳观赏距离计算结果

于多点形态景观，景观特征点的选择就决定了最佳观赏方位，即能够看到所有特征点的区域等同于该景观的最佳观赏方位，因此可以直接通过多点形态景观可视域分析计算，分析结果的栅格单元值等于景观特征点总数的区域就位于最佳观赏方位区域之中。

4. 生态感知因子计算

完整的生态景观、典型景观斑块、廊道和特殊生态战略点都会让旅游者产生良好的生态感知效果；而且旅游者接近或进入沉浸式生态景观时，能够产生更强的生态感知。生态感知影响因子涉及的景观类型、资源价值、沉浸式生态景观三个方面，在景观感知敏感度影响因子部分已经进行详细论述，阐明了不同类型景观的权重分配依据和方式、资源价值评分依据和方法，以及沉浸式生态景观对感知敏感度的两种贡献形式等。生态感知作为景观感知敏感度计算的权重因子，可以较好地区分生态旅游者对不同景观的感知差异。

5. 景观感知敏感度计算结果

根据景观感知敏感度计算流程，以整个计算区域栅格为基础，每个景观初始的感知敏感度赋值为 1；采用前文介绍的各因子计算方法，产生每个景观的各权重因子栅格；根据感知敏感度计算函数，生成每个景观的感知敏感度栅格，各个栅格值就是该景观的感知敏感度值；各景观感知敏感度栅格再次叠加求和运算，并与沉浸式生态景观感知敏感度求和，即可得到所有景观感知敏感度栅格。图 7-8 是奇峡谷景区生态观光线路景观感知敏感度计算结果，其中图(a)即是所有景观感知敏感度栅格以感知敏感度数值大小进行渲染的结果，反映了区域内景观感知敏感度的空间分异状况；图(b)是利用观光线路栅格与景观感知敏感度栅格叠置运算后，将景观感知敏感度分配给观光线路栅格的效果。

(a) 景观感知敏感度　　　　　　　　(b) 观光线路景观感知敏感度

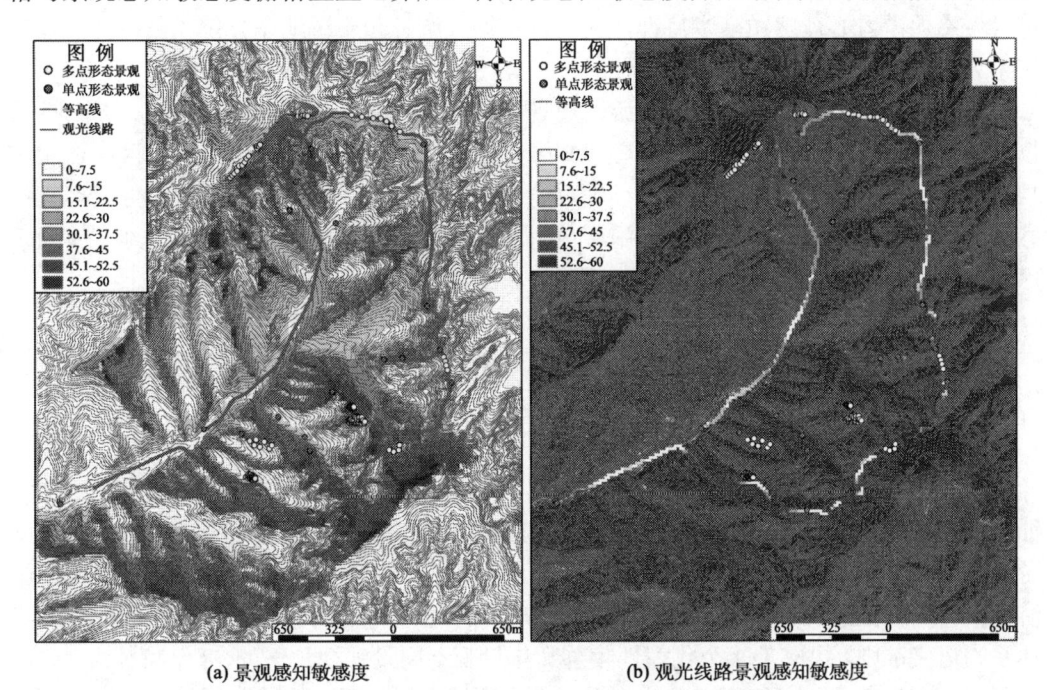

图 7-8　景观感知敏感度计算结果

由于景观分布的区位、景区地形特征、观光线路形态等影响，不同位置上旅游者对景观感知的程度并不一样，景观感知敏感度变化多样；深蓝色区域的感知敏感度数值最大，旅游者处于这些位置时，能够感受到更多更高质量的生态景观，因此视域感知和生态感知强度较大；随着不同区域深灰色到灰色再到白色区域不断变化，景观感知敏感度也逐渐降低。奇峡谷景区观光线路上的景观感知敏感度空间分异并没有明显规律，既有连续的高感知敏感度区域，也有连续的低感知敏感度区域，还有高低交融的区域。

7.3.6　小　　结

在生态旅游者共性心理感知特征基础上，根据已有景观敏感度和旅游者满意度等研究思路，提出了景观感知敏感度概念。从生态景观定量计算的角度，选择视域感知中可视状态、最佳观赏距离、最佳观赏方位因子，以及生态感知中的景观类型、资源等级、沉浸式生态景观等一系列影响因子，建立了景观感知敏感度计算函数，用于定量描述生态旅游者在生态旅游地内不同区域上对景观的综合感知程度，能够识别景观感知敏感度的空间分异特征。以景观感知敏感度函数为依据，设计了以栅格数据结构为主，基于观光线路的景观感知敏感度计算流程。以奇峡谷景区为案例，综合运用各类 GIS 空间分析方法，对景区观光线路的景观感知敏感度进行计算，初步证明了景观感知度敏感函数和计算流程的可行性。在各个因子计算过程中，景观视域计算区分了单点与多点形态景观在计算方法上的差异，提高了感知敏感度的计算精度。函数中加入沉浸式生态景观因子使该函数在山岳型风景区外的其他类型生态旅游地应用时更加灵活。景观感知敏感度既符合生态旅游者心理感知基本特征，又可以根据旅游者和旅游地差异修正影响因子及其权重大小，保证了通用性与可扩展性的统一。

景观感知敏感度可以为生态旅游地规划，尤其是观光线路设计提供新思路和新方法。景观感知敏感度较大的路段是旅游者感知强烈的区域，也必然是旅游者聚集区；在旅游规划开发中，应根据感知敏感度大小确定生态保护的重点区域，通过合理引导游客流；感知敏感度大的区域应采取防护措施避免阻断生物迁徙通道或干扰生物栖息地；感知敏感度较大的路段也多为生态景观中的敏感区，应保持原生态景观格局。

7.4 文化旅游区景观语义感知

景观感知对旅游地规划设计具有基础性作用，但文化旅游区内部的景观感知空间分异至今没有微观尺度上的研究方法出现。本节提出了景观视角分组基础上的景观语义特征点抽象方法，并建立了单文化景观和多文化景观语义感知度计算模型，以解决文化旅游区内部景观感知强度的空间分异计算问题。利用 GIS 中的数字高程模型，在清西陵旅游地实现了文化景观语义感知度的实证研究：以皇家陵寝选址文化及其表征的封建等级体系为语义准则，提取了 4 个代表性陵墓文化景观不同景观视角下的 78 个特征点，并赋予不同景观视角及每个特征点相应权重系数；利用视域分析、叠置分析等方法计算得到文化旅游区景观文化感知度；尝试利用感知度计算结果对现有观光线路进行观景点语义挖掘并设计了优化方案。本节为景观感知定量化表达提供了思路，为旅游地规划、景观与线路设计等提供了方法参考。

7.4.1 研究回顾

让旅游者更好地感知文化景观内涵是文化旅游区规划与观光线路设计的目标和可持续发展的保证(张朝枝等，2010)。如何从旅游者对文化景观感知的视角深度挖掘旅游资源，使景观价值得到更好体现，是现代旅游地理学需要研究的重要命题(黄震方等，2011)。国内学者在黄山、九寨沟等生态旅游地开展了游客认知研究，尝试定量描述旅游者的地方感知强度(李东和等，2008；唐文跃等，2007)，并在较大空间尺度上关注了旅游影响感知和态度的空间分异；生态旅游地景观感知敏感度计算模型则可以实现旅游者对生态旅游景观感知的空间分异(李仁杰等，2011)。上述研究对文化景观感知研究提供了重要的思路，但文化景观有别于自然景观，必须解决景观文化语义的准确描述。

本节拟借鉴地图学制图综合思想，采用景观语义特征点抽象方法，以数字高程模型和高清影像数据源为基础建立旅游地虚拟景观，开展旅游文化景观语义感知的定量计算与空间分异研究。

7.4.2 计算模型

借助虚拟 3D 景观研究语义感知,首先要明确语义表达的方法。虚拟旅游研究多关注 3D 模型实现方法(Honjo and Lim,2001;Lim and Honjo,2003;苗雪兰,2005)、视觉效果(张大坤和薛忠明,2004)及浏览速度(王森等,2006)等。但虚拟景观对现实世界的表达既需抽象和简化,又需保证景观语义的真实描述(李仁杰和路紫,2011),两种需求对景观建模提出不小的挑战(Ervin,2001),虚拟表达应符合不同景观类型的需求(Orland et al.,2001)。景观语义是不同类型景观表达的内在基础,借鉴制图综合思想,根据文化景观语义内涵将景观抽象为特征点。在景观感知敏感度基础上,按照单景观、多景观(也称组景观)等分类,进一步从特征点语义和景观视角语义等方面优化表达景观感知度计算模型,实现文化景观感知的定量化表达。

1. 景观语义与特征点

由于文化景观的综合性和复杂性,在景观语义特征点选取时可将复杂景观分解为不同文化视角,针对文化视角制订特征点提取规则,使不同组合的特征分别表征文化景观某一方面的文化内涵。旅游者如果感知到某一景观的主要特征点,就能体验该文化景观的语义内涵;旅游者对主要文化景观都能找到合适的观察位置时,景观感知将达到最佳效果。文化景观内涵主要依赖视觉感知传递,听觉和其他感知系统也需要视觉感知配合才能达到相应的感知效益。因此,本节主要基于视域感知构建感知度模型。假设观察者要感知到文化景观的基本语义,必须同时看到景观的某些部分,以此为基础,将所有文化景观抽象为特征点。这样,景观感知分析就简化为对特征点或特征点组合的分析,并可精确计算感知强度及景观感知的景区内部空间分异。

2. 景观语义感知度模型

通过某文化景观语义特征点对观察者的可见性和特征点对语义贡献性大小来表征观察者在该位置的景观语义感知度。不同位置上感知度的高低可以反映旅游地景观感知空间分异。由于多个景观组合可以使观察者感知更深层次的文化内涵,因此景观语义感知度细分为单景观和多景观语义感知度。

1) 单景观语义感知度

单景观语义感知度用于描述任意位置上观察者对一个景观的感知程度。首先,单景观感知度模型的前提是景观可见。将文化景观抽象成特征点后,文化景观的可视状态只需考虑特征点是否可见。一个特征点仅代表文化景观某方面的文化内涵,根据该特征点对表征该方面文化内涵的贡献度赋予相应权重,通过可视性和相应权重因子,即可建立单文化景观感知度模型。对于比较复杂的单文化景观,可将景观分解为不同文化视角,用不同特征点组合表征不同文化视角。由于不同文化视角对景观语义的贡献也有差别,文化视角也赋予相应的语义权重,对所有文化视角的感知度加权求和,即可完整描述该

文化景观的感知度大小。单景观语义感知度公式如下:

$$P_u = \sum_{j=1}^{m} W_{tj} \times (\sum_{i=1}^{n} W_{Vi} \times V_i) \quad (i=1,2,3,\cdots,n;\ j=1,2,3,\cdots,m) \quad (7\text{-}10)$$

式中,P_u 为观察者在任一位置上对某文化景观 P 的感知度;m 为 P 包括的景观视角数量;n 为景观视角 j 包括的语义特征点数量;V_i 为特征点 i 的可视因子,若 i 可见,则 $V_i=1$,若 i 不可见,则 $V_i=0$;W_{Vi} 为点 i 对景观 P 语义贡献的权重;W_{tj} 是景观视角 j 对文化景观语义贡献的权重。

单景观语义感知度公式可用于定量计算旅游地内任意位置上特定文化景观感知强度及空间分异,为旅游地规划中的单文化景观感知分析提供定量描述方法。感知度高的位置或区域可作为该景观的观察点,使旅游者更好地感知文化景观语义。

2) 多景观语义感知度

虽然可以通过单个文化景观理解特定的文化意义,整体文化景观系统或景观子系统对文化语义同样具有重要贡献。多个单文化景观之间存在着关联、等级、从属等语义关系,从而构成更深层次、更多视角的文化景观系统,称为多文化景观。多文化景观感知度计算方法以单景观感知度计算为基础。首先,计算组成多文化景观系统的各个单文化景观感知度;其次,根据各单景观对多文化景观系统语义贡献的大小分别赋予相应权重;最后,加权累计各单景观语义感知度即可得到多景观语义感知度。计算公式如下:

$$P_m = \sum_{i=1}^{n}(W_{ui} \times P_{ui}) \quad (i=1,2,3,\cdots,n) \quad (7\text{-}11)$$

式中,P_m 为观察者在任一位置上对某个多文化景观的语义感知度;n 为组成多文化景观的单文化景观数量;P_{ui} 为组成多文化景观的第 i 个单景观感知度;W_{ui} 为第 i 个单景观对多文化景观语义贡献的权重。

多景观语义感知度用于计算旅游者对旅游地内多文化景观系统的整体语义感知强度及其空间分异状态。多景观感知度可以为旅游地功能区规划设计提供支持,也可以结合单景观感知度为观光线路设计提供参考,使旅游者既能够感受特定景观的语义内涵,也能对文化景观系统产生较好的感知。

7.4.3 实证研究

1. 研究区景观特征

清西陵陵墓选址文化景观,属于文化旅游区景观感知的核心构件。但选址文化景观语义内涵在当前的观光线路中并未得到较好体现。当前线路功能主要是参观陵墓建筑本身,对皇陵选址文化缺乏固定的、适宜旅游者感知的观景位置,旅游者难以对选址文化景观语义获得全面、深刻的感知,也就不能完全体验到清西陵旅游地的文化内涵。利用文化景观感知度模型对清西陵选址文化景观感知开展研究,可以定量分析旅游者对文化景观感知度的空间格局,在现有观光线路上寻找适合的选址文化观景位置,提升旅游者对旅游地文化景观的感知效果。

选择泰陵、昌陵、昌妃园寝和昌西陵四座陵寝，以保证陵墓样本类型丰富、景观语义完整。4个陵墓区分别作为皇家陵寝选址文化的单景观语义感知研究样本，并共同构成多文化景观系统，进一步表征墓主人间的社会关系、等级结构等。

2. DEM 建立与景观特征点提取

首先建立研究区 DEM，将等高线、交通、陵墓等要素矢量化。利用等高线数据生成离散高程点，并转化成 DEM 的 GRID 数据，形成感知度计算需要的空间分析基础数据。研究区域的虚拟三维景观如图 7-9 所示。研究区文化景观的核心语义包括皇家陵寝建筑群、选址文化及内在的封建等级体系等，主要关注选址文化，以及位址关系折射的封建等级体系，因此景观特征点选取时考虑了不同类型陵墓选址的文化特色。陵墓选址有通用的法则，理想状态是背倚连绵山脉为屏，前临平原，两侧水流曲折回环，左右护山环抱(俞孔坚，1998)。同时陵墓建筑本身也对陵墓的选址文化内涵产生影响。为了使特征点较好的表征选址文化中的环境模式，采取了不同位址功能区分别选点的方法，不同位址功能区即构成了单文化景观中的不同景观视角。为了使特征点与陵墓距离有统一的原则，在选取特征点时，背山相关特征点在距陵墓最近的一条等高线附近选取，面水相关特征点在水流的中轴线附近选取，陵墓建筑相关特征点选取建筑的几何中心点。图 7-10 给出了泰陵景观的 25 个特征点位址，基此可构建具体特征点的位置描述、语义内涵、景观视角以及权重分配等信息。25 个特征点基本可以代表泰陵的选址文化内涵。昌陵与泰陵结构基本相同，特征点选取规则也完全一致；昌妃园寝和昌西陵没有左右河流，陵墓内只有两座主要建筑，各提取出特征点 14 个。4 个陵墓景观共提取 78 个特征点。

图 7-9 研究区虚拟三维景观(叶妍君等，2012)

虽然不同景观视角和特征点对选址文化景观语义的解读都具有重要贡献，但贡献程度不同。根据理想风水模式中各景观视角的重要性，赋予各景观视角相应权重值，对景观视角和特征点分别进行语义贡献的重要性分级。

3. 单陵墓选址文化景观感知

根据单景观语义感知度式(7-10)和泰陵景观特征点描述与权重分配结果，可计算泰陵景观语义感知度。第一，基于 DEM 对 5 个景观视角的 25 个特征点分别进行可视域计算，

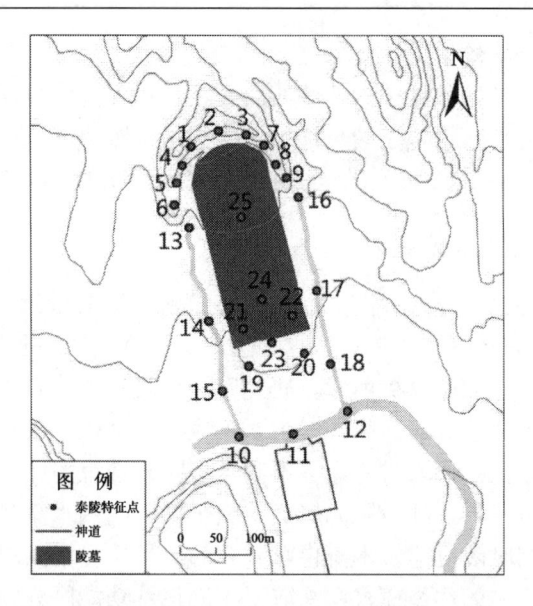

图 7-10　泰陵景观语义特征点(叶妍君等，2012)

资料来源图 7-11～图 7-13 同

可视域计算结果的栅格值代表该位置与对应特征点的通视性(1 表示可见、0 表示不可见)。第二，对可见单元格按特征点权重加权，形成每个特征点的感知度分布栅格。第三，按景观视角分别对不同景观组合进行感知度累计求和，并依据景观视角权重对景观视角栅格值进行加权，形成各景观视角的感知度栅格；第四，对各景观视角感知栅格累计求和得到泰陵景观语义感知度栅格(图 7-11)。感知度从低到高分别用由白色至深灰的颜色

图 7-11　泰陵文化景观感知度

表示。由于景区地形起伏较大,多数区域对泰陵景观的感知度较低,感知度较高的位址主要集中于两个区域,一是接近陵墓建筑群左右两边的山脊和前方开阔区;二是建筑群前方山麓开阔区,现有部分观光线路经过该区域。通往泰陵的神道上也有几处位址感知度较高。

4. 多陵墓选址文化景观感知

通过泰陵可以清晰感知皇陵选址景观的语义内涵,但要深入感知皇家陵寝景观蕴含的历史背景、等级体系等,则还需要对比其他陵墓景观。研究区的泰陵、昌陵、昌妃园寝和昌西陵4座陵墓形成了一个代表性的多文化景观系统。多景观语义感知度计算过程如下:首先,根据4座陵墓的墓主人及其社会关系、陵墓规模等信息赋予相应权重系数。泰陵与昌陵同为帝陵,所以泰陵和昌陵的权重系数高于昌妃园寝和昌西陵;泰陵的墓主人雍正是昌陵墓主人嘉庆的祖父,泰陵的权重系数高于昌陵。其次,根据式(7-10)计算单陵墓文化景观语义感知度,获得4个单景观语义感知度栅格;再根据式(7-11)对单景观语义感知度栅格分别进行加权计算。最后,对加权后的单景观感知度栅格进行单元值求和,得到多景观语义感知度栅格(图7-12)。

图7-12 多陵墓文化景观感知度

图7-12的多景观感知度计算结果与泰陵的单景观感知度比较来看,感知度较低的区域范围更大,距离陵墓较近的区域对多文化的感知都比较低;较高感知度区域的分布更加离散,尤其是感知度最高的位址多分布在海拔较高的丘陵之上;现有观光路线只有少量路段落入高感知度区域,因此在当前旅游线路上对多陵墓选址文化景观的感知度较低。

5. 观光线路观景点挖掘与修正

将景观语义感知度计算结果与观光线路图层进行叠置分析,可获得线路任意位置上的景观语义感知度,以此为基础可以深入挖掘线路语义内涵及其空间分异,进而对线路进行设计与优化。考虑到观景点对文化景观语义的贡献度因素,清西陵景区应充分挖掘现有线路潜力,在高感知度位址上明确设计观景点;对于当前线路不能充分感知的重要景观语义,可对现有线路微调并增加观景点。

现有线路解读。根据实地考察和上述感知度计算结果分析,清西陵现有观光线路具有3方面特征:①主要功能是连接几个皇家陵寝,即旅游者通过观光线路到达某一陵墓;②部分路段与陵墓神道平行,神道附近的部分路段对单陵墓景观具有较高感知度;③虽然部分路段经过较高感知度区,游客在现有线路上对清西陵的选址文化得不到充分感知。

观景点挖掘与线路修正的语义解析。由清西陵现有观光线路分析可知,线路上可以挖掘出许多感知度较高的路段,使游客获得更好的景观感知效果。另外,适当微调观光线路可以使游客对整个旅游地文化景观的感知达到最佳效果。研究中设计了观景点选取和线路修正的几点原则:①对单陵墓和多陵墓文化景观分别进行观景点位址挖掘,以充分利用现有观光线路;②观景点位于感知度较高的区域,并尽量接近重要建筑景观,使旅游者感知到选址文化的同时欣赏陵墓建筑群的美学和文化内涵;③单陵墓观景点能较完整的体现选址文化语义;④多陵墓观景点重点表征单陵墓景观间的空间位序、等级关系,并表征选址文化与自然景观的融合。根据以上原则设计了6个观景点,并对线路进行了微调,其中4个位于现有线路上,2个位于微调路段(图7-13)。1、2号观景点是位于现有线路上的单陵墓观景点,分别可以观赏泰陵、昌陵选址文化景观;这两点位于神

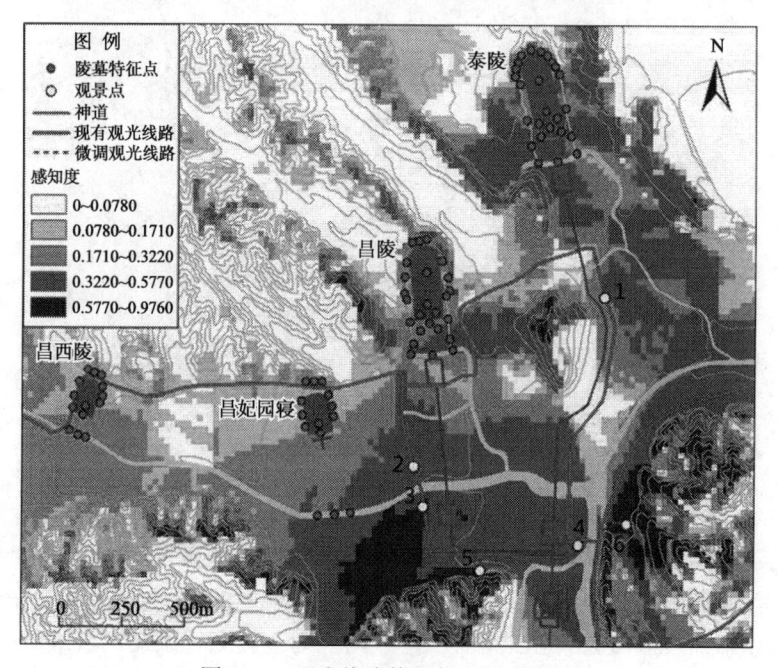

图7-13 观光线路修正与观景点设计

道附近，接近主体建筑景观，便于同时观赏建筑群美学特色、等级规模等，获得对泰陵、昌陵景观的最佳感知效果。3、4号观景点是现有线路上多陵墓景观感知度较高的位址，可以部分感知多景观之间的空间位序和等级关系等语义。5、6号观景点则是根据线路修正原则和感知度计算结果进行线路局部修正后增加的观景点，距离现有线路垂直距离分别为120m和135m，而且都位于丘陵边缘缓坡地带，适宜使用。5、6号点位址对多陵墓文化景观的感知度非常高，感知效果优于3、4号点，不仅可以较好感知各单陵墓景观，还可以全面感知陵墓间的空间位序等选址特色。

7.4.4 小　　结

引入制图综合思想构建基于景观语义的特征点抽象方法，可为旅游地文化景观定量描述提供思路，使文化景观感知定量分析的可行性显著提高。通过将文化景观划分为单文化和多文化景观类型，建立了文化景观语义感知度计算模型。景观分类保证了定量描述中的独立景观语义完整性和景观系统性的统一；感知度计算中对景观特征点、景观视角和不同文化景观分别赋予权重因子，以减少景观表征中的语义失真。清西陵实证研究证明，感知度模型可以准确的描述旅游地内部景观的感知强度及其空间格局，并能深入挖掘观光线路的景观语义内涵，进而开展景观规划、线路设计与优化等工作。

7.5　主题公园多细节层次景观语义模型与虚拟表述

主题公园园区规模有限，尤其是从维持生态系统稳定与平衡的角度看，不可能在短时间内接待大量参观者。如何借助现代科技的信息化手段达到功能最大化是目前亟须解决的重要问题。本节以北京延庆县水土保持科技示范园为例，尝试将LOD(layer of details)引入虚拟地理环境(virtual geographic environments, VGE)，基于景观主题语义特征进行多细节层次表达，在语义关系基础上自由组合离散的三维模型，构建不同尺度的景观场景，准确表达地理景观和主题概念，使虚拟游览者产生明确的主题景观感受，为多用户地理协同奠定基础(李仁杰和路紫，2011)。

7.5.1 研究回顾

虚拟现实(virtual reality, VR)技术在数码城市(于文洋和杨崇俊，2006)、数字文化遗产(王琳琳和刘洪利，2009)、虚拟旅游(刘思凤和贾春原，2008)领域已经广泛应用。它为解决主题公园空间和容量限制、历史景观恢复、景观演变模拟等问题提供了很好的思路。Lange(2001)的研究表明，要获得更高程度的真实感，必须进行更为细致的3D建模和纹理表现；因此，虚拟旅游研究关注3D模型的实现方法(苗雪兰，2005)、视觉效果(张大坤和薛忠明，2004)及浏览速度(李仁杰和路紫，2011)等问题；LOD模型是提高模型显示效果和效率的有效方法，能较好解决基于Web的超大3D景观和城市三维模型应用(Cavagna et al., 2009)，但已有研究更多关注单个3D要素表达的可视化问题；虚拟旅游研究也多针对旅游空间中某个点的研究层面，没有或较少涉及地理空间中要素间的结构、关联、约束和演变等各种语义关系，更缺少基于语义关系的多尺度、多细节层次景观表达。

基于 VR 可以做很多研究和设计，然而虚拟景观与现实空间并非完全相同，数字景观模型对现实世界的表达既需要抽象和简化，从视觉目的来说又需真实描述，两种需求冲突对景观建模者是不小的挑战。Daniel 和 Meitner (2001) 的研究发现，不同人群对同一虚拟景观在不同可视化条件下的美学感知相关度非常低，这对基于计算机的景观可视化有效性提出了重要问题。Orland 等 (2001) 认为 VR 对现实空间的描述程度应与景观表达的不同类型需求相吻合，而景观语义是对不同景观类型表达的内在基础，如果能够按照语义规则进行景观建模，则可以在同类型需求基础上实现感知效果的基本一致，但目前这方面研究刚刚开始。CityGML 是三维城市模型互操作标准，包含了语义、多尺度建模、专题、分类和聚类等特性 (Grger et al., 2007)；朱庆和胡明远 (2008) 利用基于空间与产权语义关系的 LOD 建模，实现建筑物内部房产空间关系表达；Winterbottom 和 Long (2006) 利用 VR 技术对过去环境进行丰富的可视化表达，并充分考虑景观语义对环境考古的价值。VGE 是最近几年由地理学与地理信息学的学者们提出的一个跨学科研究新方向 (林珲等，2009；Lin and Gong, 2001)；VGE 对现实地理环境的抽象表达具有多维、多视点、多重细节的多模态可视表现，多种自然交互方式，跨时间、空间与尺度的地理协同，支持多感知的空间认知等特点，以用户为中心，提供最接近人类自然的交流与表达方式 (林珲和朱庆，2005)。

VGE 与实地游览既有共性也有差异，VGE 定义虽解决了 VR 面临的挑战，但问题是如何去做这些工作，有没有一个基于 VGE 工作的地理概念框架，或者说如何综合利用 VR、GIS 等技术构建 VGE 才能形成地理概念框架，以深入展现景观本质，并能实现真正的地理协同，而非简单可视化交互，这是 VGE 研究的重点和难点。VGE 很难完全达到真实景观带来的身临其境，也不可能替代实地景观，但基于景观语义的 LOD 建模，能使景观组织更加灵活，较好地实现 VGE 地理框架，使虚拟旅游者能准确认知地理环境，使虚拟空间中的旅游和其他产品具有明确的价值取向。主题公园虚拟表述正是 VGE 研究向前推进的典型案例。

7.5.2 虚拟化对象分类体系

水土保持科技园潜在的游览群体包括科研工作者、生态旅游者及接受科普和生态教育的青少年等，具有科学实验、科普教育、科技示范和休闲游憩等多种主题，一套相对完整和具有可扩展性的虚拟化表达对象体系是分析园区景观要素语义关系，实现虚拟化表达的基础保证。表 7-2 是水土保持科技示范园主题与虚拟化对象分类体系的描述信息。分类体系包括两级，其中一级分类主要依据主题和功能划分，类型较为综合，涉及基础地理环境、水土流失单元、水土流失监测设施、水土保持示范工程、生态共建元素、休闲游憩元素等 6 个类型；一级分类下，详细划分 24 个二级类。分类体系中还在一级类基础上明确了这些要素可能侧重表达的公园主题，其中某些类型可以反映两个或多个主题，而每个主题也可以通过多种要素类型进行表达。

表 7-2 水土保持科技示范园主题与虚拟化对象分类体系

一级分类	二级分类	表达主题	分类说明
基础地理环境	地形地貌、植被、土壤、土系等自然要素，交通、建筑物等社会经济要素	科学实验	园区内外基础自然和社会地理环境
水土流失单元	水蚀、风蚀、重力侵蚀、混合侵蚀、冻融侵蚀等典型水土流失类型	科普教育、科学实验	为对比水保科技的生态效益而保留的各类典型水土流失类型单元
水土流失检测设施	径流小区检测设施 小流域控制站监测设施 风蚀检测设施 滑坡与泥石流检测设施 冻融侵蚀检测设施	科学实验、科普教育	以科学研究为主要目的，兼有科普宣传教育功能的各类科研数据采集设施和检测设施
水土保持示范工程	侵蚀治理工程 水保植物引种工程 节水灌溉工程 生态能源工程	科技示范、科普教育	用于水土保持科技展示的水源地、水土流失防护工程、植被保护工程、生态修复工程等
生态共建元素	VIP 共建元素(个人) 生态共建园(单位)	科普教育	由青少年、生态旅游者或企事业单位集体参与、资助的植树、种草及其他水土保持建设工程
休闲游憩元素	景观小品 景观廊道	休闲游憩	园区内用于休闲游憩的各类景观小品，或特定主题功能的景观走廊

资料来源：李仁杰和路紫，2011。

7.5.3 主题公园景观语义模型

1. 语义规则描述

针对 GIS 空间分析应用而建立的一般图形元素语义关系(如实体邻接、相离、相交关系等)，采用拓扑关系模型可以进行较好地表达。但景观结构、功能、演变，以及景观中内在的人地关系、科技文化主题等难以用拓扑关系模型表达，也没有其他较为规范的成熟模式。基于语义的模型可以较好描述景观的内在涵义，能够为同类景观的虚拟描述提供概念框架，并为基于 VGE 的地理协同提供基础。这里重点讨论水土保持科技园景观的元素构成、演变、主题和景观中如何反应潜在的人地关系的语义规则。其中，景观结构语义规则是景观演变、景观主题、人地关系等其他语义规则的基础。

1)景观结构语义规则

(1)局部-位于关系。用于描述科技园区三维对象之间在空间位置上存在的包含关系，即部分在整体中的空间位于关系。例如，水土流失监测设施要素位于科研监测实验场内；各种水土保持示范工程中的固土固沙部件、护坡树等元素与工程场地的关系等都属于局部-位于关系。

(2)元素-聚类关系。用于对某些特定的自然或科技人文景观进行展示的景观元素、实验设施等的关联关系。这些景观元素或设施在空间上分布为多个独立实体，空间表达上具有独立意义，且在空间位置上互不重叠，但同时关联同一自然或科技人文景观。例如，小区径流实验场，需要各种坡面类型和地形特征的径流小区，它们可能分布在科技园区内不同的区域，但具有同一试验场的各自然实体之间的空间联系，共同聚类构成完整科学实验场，进而保证科学概念的完整性，以更加准确地采集科学实验数据。

(3)部分-组成关系。在空间上强调部分是整体的直接组成单元，整体、部分具有不同的几何特征，如生态共建园和园内的植物个体关系。生态共建园由单位集体或个人栽种的用于水土保持或生态环境建设的植物个体构成，这些植物个体是生态共建园的直接组成单元。

(4)元素-距离约束关系。一些科研监测设施之间具有严格的距离约束关系，如小区径流实验场需要采集径流区的降水状况，根据相关行业标准规定，降水观测设施应安装在距离最远径流小区100m内，属于距离约束关系。

(5)元素-位置约束关系。某些实验场地、科技示范工程元素等，受地形地貌、植被覆盖等空间特征影响，必须安装或建设在特定的空间位置上，如各类护坡示范工程。

2)人地关系语义规则

人地关系是地理学的经典主题，VGE具有典型的地理学语言特征，VGE基于多尺度的各类模型建模的目的是尽量真实的表达现实空间，独立模型是景观外在表现，人地关系则是景观内涵。水土保持科技园内人地关系语义丰富多样，从科技园建园目的和社会功能角度，可以抽象为以下3种。

(1)用户-共有关系。园区内自然和科技文化景观由不同类型用户共同建设和维护，形成多用户共有关系，如由某些援建单位集体或个人共同参与建设和开发的生态共建园中的植物元素；一些科技示范工程由某些科研或政府部门甚至个人投资建设，属科技园区和单位或个人共同所有关系。

(2)功能-共享关系。园区内的自然和科技文化景观具有多种功能，在VGE的不同主题环境中形成功能共享关系。例如，植被景观既有水土保持生态功能，又有休闲游憩功能，植被景观中的植物元素由两种功能共享；科研监测设施和工程既有水土保持科学实验功能，也承担新技术展示及科普教育功能，由科研监测功能和科普教育功能所共享。

(3)斑块-对比关系。用于反映人地关系相互作用的正反两面案例，反映正反案例的景观斑块构成典型的对比关系。例如，水土流失样本景观斑块描述由于人类对植被、土壤破坏造成的生态环境恶化景观；水土保持工程则展示人类尊重自然规律，使生态环境逐步改善，呈现良性循环的景观演变模式。水土流失样本景观与治理改造后的景观形成典型的斑块-对比关系，较好描述了人与环境相互作用的人地关系语义。

3) 景观主题语义规则

VGE 环境中对主题的良好表达，是主题公园虚拟表述成功与否的内在标准。主题语义的核心是主题-组织关系，定义了在表达特定主题时，需要临时组织的各景观要素的松散组合关系。主题公园所表达的各类主题需要通过园区内的不同类型景观元素，在相同或不同 LOD 层次上有机组合进行展现。根据水土保持科技园的主题内容，将景观主题抽象为自然、科技和人文景观 3 种类型。在组织景观要素构建不同主题时，需要考虑观赏或学习者的认知特征。

(1) 自然景观主题强调完整、综合、基于类型或时间对比的具有地理、生态意义的自然景观单元。例如，因地形坡度、坡向不同，土壤水分差异等引起的不同植被类型、不同覆盖度景观。

(2) 科技景观主题强调科技力量，并潜在反映人与自然和谐共处的人地关系。例如，水土保持科技景观主题表达需要通过原始水土流失单元、水土流失监测设施(含风蚀、径流、滑坡与泥石流监测等)、水土保持工程等系列单体元素或复合景观进行组织表达。这一景观主题说明："科技可以改变景观，但却必须符合生态规律"。

(3) 人文景观主题强调科技示范园的休闲游憩综合功能，为科技园区创造轻松休闲的游览、观赏和学习环境，以观景廊道为主线，将各类游憩景观小品布局其中，构成人文景观主题。

2. 基于景观语义的 LOD 表达

景观是表现科技园区主题的基础载体，景观内涵的准确表现将为科技园区主题展现奠定基础。基于景观特征语义建立园区虚拟景观多细节层次模型(layer of details，LOD)，关键是根据不同尺度景观表现的主题内涵和特征，确定合理的细节层次内容。科技园区主题功能表达对不同层次表达需求的差异，园区内自然环境、科研设施与生态工程之间各类语义关系的复杂性，科研监测设施等重要地物的复杂性，以及科研教育、生态养护与休闲游憩的功能整合等都是确定虚拟景观多细节层次内容的重要依据。水土保持科技园虚拟景观模型，被定义为 4 个细节层次，每个细节层次的 LOD 模型基于景观结构、景观演变和人地关系等语义规则构建，与景观主题语义的表达相适应。

(1) 全局尺度景观表达模型(LOD1)。该层次定位于宏观视域下的整个小流域尺度，以较宏观的景观结构语义规则为基础，能够在大尺度模式下反映历史生态景观和人地关系规则，主要展现科技园区所在流域内的地形地貌特征和水土流失状况等整体生态景观特征。因此这一视域尺度景观由区域 DEM 模型叠加园区建设之前的高分辨率遥感影像构成。后期治理改造等产生的示范工程、基础设施，以及为休闲游憩配置的景观小品等没有出现，如图 7-14(a) 所示。

(2) 中尺度景观表达模型(LOD2)。中尺度是介于全局尺度和融入场景之间的视域空间，以人地关系语义规则为核心，通过较为细致的景观结构描述和景观演变过程表达，反映人地关系中的正负效应。该层次模型在一个相对广阔的视域内,从不同角度浏览科技园区内的不同类型水土流失样区、水土保持工程、生态共建工程等。因此,大型植树造林工程产生的植被景观元素、水土流失治理工程和为提升园区美感而建设的景观廊道等开始显现,但工程内部的组成元素以及廊道中的景观小品没有出现。LOD2 能充分展现科学治理和改造下的生态景观特征,并与 LOD1 中原始景观或生态过程被破坏后的水土流失景观样本构成鲜明的对比关系。中尺度景观表达模型效果如图 7-14(b)所示。

(3) 融入场景的景观模型(LOD3)。LOD3 称为融入场景的景观模型,以表现自然和人文科技景观结构语义规则为核心。这一层次是通过视角和距离调整,是虚拟游览者进入科技园区内部后的精细浏览模式;根据预先设定的位于、组成、聚类、约束等景观结构语义关系,不同地形单元内的植被景观元素、科研监测场内的各类监测设施、生态工程组成元素,以及人工游憩廊道中的景观小品随着浏览者漫游方向和距离不断显现、隐藏和重组;游览者能近距离观察虚拟场景中的各类元素,并轻松感知较为明确的景观结构概念,如交通廊道和行道木的位置约束关系,决定了两类要素要同时展现在游览者面前。图 7-14(c)为 LOD3 的一个场景。

(4) 接触式景观模型(LOD4)。LOD4 称为接触式景观模型层次,在景观结构语义基础上,较好的反映人地关系语义中的用户共有和功能共享关系。游览者与景观元素的空间距离接近到一定程度时,可以通过点击或由系统自动飘出方式,展现每个元素详细的

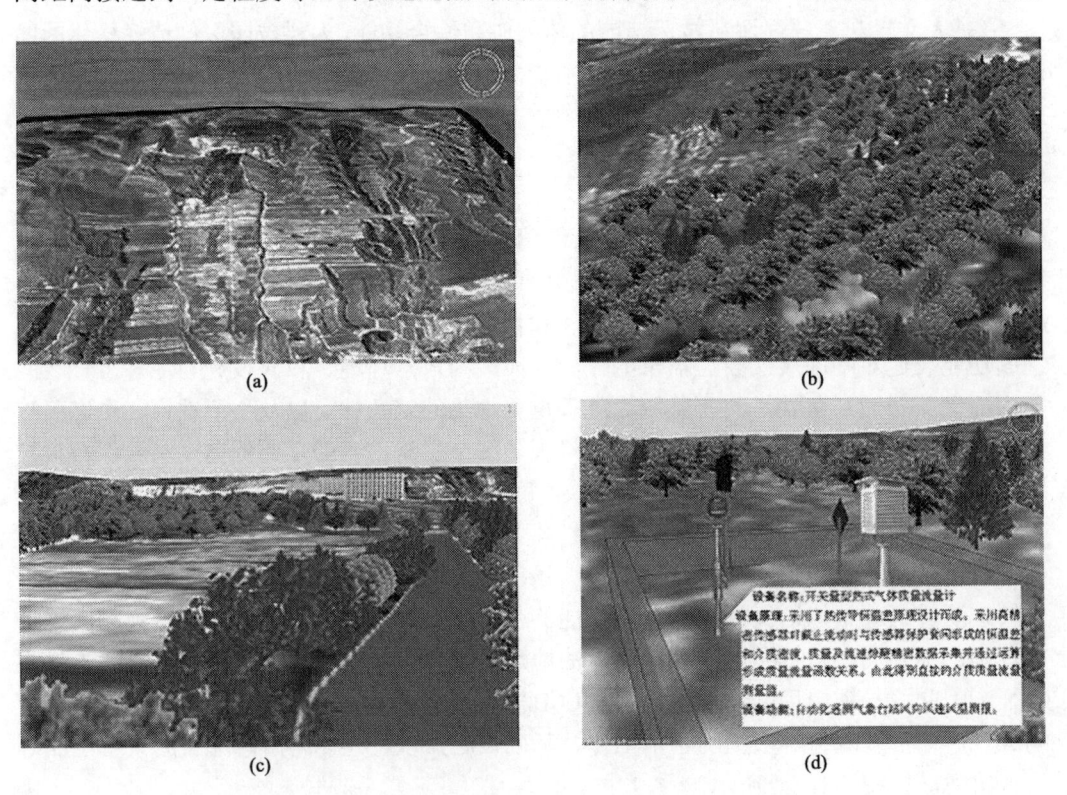

图 7-14 景观多细节层次表达模型(李仁杰和路紫,2011)

资料来源: 图 7-15 同

专题属性信息,以及景观语义规则描述的各种空间和主题关系。虚拟水土保持科技园的 VGE 设计不仅在于景观和设施的可视化表达,更在于景观语义的准确描述,因此,每个景观要素都有详细的属性信息存储于相关数据库中,包括自然景观中每一棵植物,人文科技景观中的科研实验场地、生态工程、游憩景观中的小品等。例如,科研人员可以在该场景中查询位置和高程、量算坡度,以及获取水保实验数据采集设备的基本信息和监测数据记录等基础资料;虚拟游览者则可以通过查询,获取每一个科研监测设施或其他元素的基本信息和功能,接受科普和生态教育。如图 7-14(d)所示,当游览者触碰一个自动化遥测气象台站风向风速风温测报设备时,系统弹出的信息小提示,通过提示使游览者深入了解其工作原理、功能及监测内容。

7.5.4 实证研究

本节以北京市延庆县水土保持科技示范主题公园为例,实现基于景观语义特征和 LOD 模型的科技园虚拟表述。通过分析公园内的基础地理要素、水土流失单元、科研设施、示范工程、生态共建工程、休闲游憩等景观结构、景观演变和人地关系语义规则,设计了景观主题语义规则下的主题公园虚拟表述 LOD 模型。实验环境基于 ArcGIS 桌面系统和 SkyLine 三维 GIS 平台,在 DEM 模型基础上进行 VGE 环境表达和 LOD 实现。

主题公园往往通过统一设计的风格、精心组织的活动和特定游览路线等,使游览者深刻体验公园主题。单纯的景观要素虚拟建模和可视化表达,难以直接表现公园主题,而基于景观语义特征的虚拟表述,可以方便地在科技园区内组织景观元素,设计各种有效的景观主题和灵活的游览模式,向观赏者展示公园主题思想,避免了虚拟游览者因随意和盲目游览而难于把握公园主题的问题,同时有效解决空间和生态容量限制。基于 4 个层次的 LOD 建模,以及虚拟场景软件提供的任意角度漫游等丰富功能,通过选择最优观察视角、代表性景观和最佳游览组合,设计了以下表达水土保持科技园区主题的综合游览模式。

1. 科学实验主题表达

科学实验主题主要在 LOD3-LOD4 层次上进行表现,是为水土保持科研人员在虚拟环境中了解科技园区内的各类侵蚀类型区,查询径流小区、小流域控制站等科研监测设施状态和数据记录而设定的游览模式。在这一主题模型中,科技人员可以方便地在自己感兴趣的样区或科研监测设施之间进行切换和细致浏览。

2. 科技示范主题表达

科技示范虚拟主题用于侵蚀治理工程、水保植物新品种展示工程、节水灌溉工程、生态能源工程等高新科技展示,这一体验设定于 LOD3-LOD4 两个层次上,注重细节和景观要素空间和结构关系表达。设计了水保植物展示、护坡、节水灌溉工程等特定的视域景观模型,用户可以直接点击选择即完成景观定位、视角调整等流程,达到最优观察效果。以水保植物展示为例,许多单位和个人参与了新型水保植物的植树造林工程建设,游览者可以直接进入由某一单位共建的生态林空间,生态林内的植物已经建立了景观结构语义中的元素聚类关系和人地关系语义中的用户共有、功能共享关系,可以展示表达不同单位的共建林空间,也可以直接定位到某个人种植的植物。

3. 科普教育主题表达

科普教育主题旨在通过选择不同 LOD 层次中的特定景观视角,按人的心理认知过程特点,安排游览内容和顺序,使游览者更好地接受科普教育。例如,青少年教育主题游览模式:①第一阶段,简单浏览科技园区小流域整体生态景观(LOD1),认识自然景观中地形地貌和植被景观,了解景观结构;之后,进入水土流失样本观察区,感受水土流失景观,了解水土流失的危害和严重性,认识人地关系中的负面效应(LOD2)[图 7-15(a)];②第二阶段,参观水土流失科研监测设施(LOD3),了解水土流失原理和过程,学习水土流失监测的科普知识(LOD4)[图 7-15(b)];③第三阶段,参观学习水土治理、节水灌溉措施与工程,认识人地关系中的正面效应(LOD3、LOD4)[图 7-15(c)];④第四阶段,访问由参观者个人或集体建设的生态防护林等工程,如果其中有自己栽种的水土保持植物,还可以给一起访问的虚拟游览者展示介绍(地理协同的初步表现),体验生态保护、人地关系和谐所带来的身心愉悦的感知效应[图 7-15(d)]。

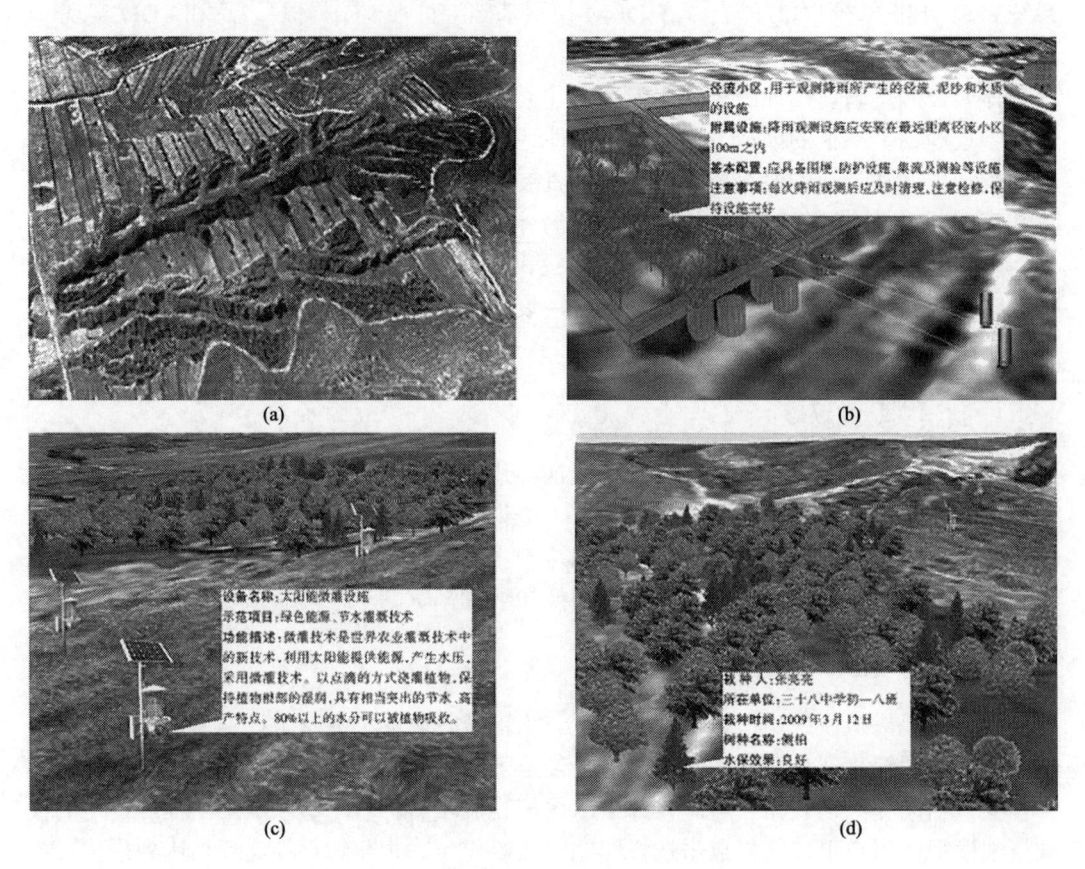

图 7-15 青少年科普教育主题表达

4. 休闲游憩主题表达

为使游览者在接受生态、科普教育基础上充分体验水土保持科技园区内优美的自然生态风光和人文景观廊道及景观小品。在 VGE 中，沿科技园区的游园主干道路，设计了基于特定线路的游览过程，这一游览过程跨越 LOD1-LOD4 的多个层次细节，从 LOD1 层次开始，逐渐进入 LOD2 层次模型，然后切入园区主路进入 LOD3 层次的游览过程。LOD3 是这一主题的主要场景层次，游览者可以欣赏沿路的美丽风光，如同行走在园区实际游览线路上，所不同的是可以随时触碰感兴趣的景观元素(LOD4)。

7.5.5 小　　结

主题公园的虚拟表述不仅要追求与实际景观的视觉接近，更要描述景观结构、演变，以及人地关系等景观的地理与生态内涵，但后一层次因缺少理论框架而少有研究。基于景观语义特征的虚拟地理环境思想可以很好的整合两种层次的建模需求。本节以水土保持科技示范园为例，提出了示范园区的虚拟表达对象体系，构建了依据景观特征语义的园区多细节层次模型(LOD)，较好地表达整体和局部生态景观特征，以及微观生态景观要素的各类语义关系；并且通过不同尺度 LOD 和景观要素的组合表达，按照不同主题和功能构建虚拟场景和游览过程模型。研究不仅解决了示范园生态教育普及、科技示范和生态旅游等多功能一体和园区规模、位置、生态容量等限制之间的矛盾；同时说明基于景观特征语义的 LOD 模型可以较好地改进传统 LOD 只注重要素细节的问题，并能准确表达地理和生态景观意义。多细节层次景观语义模型为虚拟地理环境思想的具体表达提供了方法学案例，可以方便扩展至其他主题公园、虚拟旅游甚至地理学相关的多种领域。

基于景观特征语义的 LOD 建模，避免了单要素 LOD 表达忽视空间关系和景观结构方面的语义失真，能够保证原始自然景观和生态过程、科研监测站、生态工程等复杂三维要素特征的逻辑一致性，在不同尺度上清晰地展现地理景观和生态内涵，并最终使科技园区各类功能主题的虚拟表述更加方便和明确。

基于景观特征语义的 LOD 模型在景观元素表达和景观组合方面，突破了生态容量、空间容量和距离限制等问题；解决了景观与生态过程演变的再现与模拟，在有限时空中表达和演绎人地关系内涵，能够实现部分实地游览难于达到效果和体验。VGE 中除了再现科技园区的现实景观外，还突破了实地空间中由于线性游览模式引起的景观主题组织受到的空间限制，采用网络状景观构建模式，将空间分散的各主题景观元素自由组合，以适合不同类型游憩者需求，形成各类景观主题模型。综上所述，从主题公园特点出发，充分考虑景观特征语义知识，建立多细节层次的综合表达模型，为主题公园虚拟表述及虚拟旅游理论发展提供重要补充。

7.6　旅游交通线文化景观感知与功能分段

本节在已有景观感知度概念和模型基础上，根据景观规模和特征将旅游交通线某一具体位置的景观感知度划分为单点景观、多点景观和组景观感知度,并提出了基于集合表达的旅游交通线景观感知度模型,以解决在一组特定的线性空间单元或区域上开展景观感知的研究和计算问题。以紫荆关长城文化景观为例,利用 DEM 进行景观视域分析,并引入资源价值、遗存现状等权重因子,实现了紫荆关附近公路和铁路线的景观感知度定量计算。根据景观感知度的空间格局,准确划分了敌台、烽火台和马面等单点景观、墙体景观及各类组景观和综合景观的最佳感知功能路段和最佳观赏位置。总体来看,紫荆关附近的公路线可感知位置连续性更强,铁路线高感知位置相对离散,公路感知效果整体优于铁路感知。旅游交通线景观感知度模型特别适合用于大型造型地貌、宏伟建筑群等景观感知分析,是对旅游景观规划设计方法的一种扩充,能将旅游景观规划设计从旅游地内部拓展到旅游地外围,对于提高景观导引设计的精准性、提升旅游文化传播效率和增加传播途径等均有理论参考意义和实践应用价值。

7.6.1 研究综述

前文已述,景观感知是人与景观相互作用的结果,国内外学者在景观感知方面的研究主要针对景观感知的类型倾向性、景观质量评价、景观敏感度等视角。伴随新技术的发展,多源遥感数据和 GIS 空间分析方法开始应用于景观结构分析(Xu, 2001)与景观设计(Xu, 2011)等领域;景观感知评价中的各类因子分析也开始应用 GIS 技术(Clay and Daniel, 2000)。前期成果总体上是从特定区域内的整体景观结构或类型的层面开展景观感知研究,但对于具有特定社会文化寓意和属性的景观群体,目前还缺少各景观个体对旅游者感知总量的计算方法。

景观研究的最新成果为旅游文化景观感知及空间分异度量提供了思路。一类研究是利用遥感解译和实地调查信息识别景观的类型与分布格局(Van der Zanden et al., 2013),以及结合不同景观的空间分布和感知倾向性调查数据建立的景观美学空间分异预测方法(Schirpke et al., 2013)。另一类研究是利用具有个人景观感知倾向性的照片反映旅游者景观感知或关注的空间分异特征(Sugimoto, 2013;王守成等,2014)进行基于公众认知的景观分类与标记(Brabyn and Mark, 2011)等。

综合以上两类研究中的思想,从景观价值出发,结合 Chamberlain 和 Meitner(2013)提出的基于视域分析的线路景观感知计算方法,突出特殊文化景观元素的自然及文化内涵,以及前文提出的景观感知度和感知敏感度概念,反向借助景观特征点的可视状态并引入资源等级与价值等影响因子定量表达旅游交通线上的景观感知,表征旅游者对不同景观的感知强度及其在旅游地范围内的空间分异,反映景观个体或组合下的特殊寓意。随着交通业的快速发展,已有的交通景观规划设计研究虽然关注了景观设计和线路与景观的敏感关系(阎建忠,2003;张慧,2004),并通过交通的发展实现对区域旅游空间结构的优化(杨仲元和卢松,2013),继而有人开始关注高铁旅游(汪德根等,2012)等交通旅游方式,但旅游地外围空间景观感知的定量化应用还未引起旅游与交通规划者的注意。本节研究成果旨在提供一套线性单元上的文化景观感知及其空间分异的定量计算方法,为旅游与地理学中基于景观感知的线路设计、功能分区(段)等工作提供理论与技术支持(李仁杰等,2015)。

7.6.2 旅游交通线景观感知度模型

就旅游交通线上的景观感知来说，受距离限制，也主要以视觉感知为主。因此，本节从视觉感知的视角构建感知度模型。

1. 景观感知视域分析及其影响因子

景观感知的视域分析是研究在特定位置上，表现景观形态和文化语义的关键特征点的可见数量和可见质量等，涉及每个特征点的可见状态、景观的最佳观赏距离、观赏方位(赵传晞，1997)等。景观根据其规模大小或文化语义的简单复杂与否可被抽象为 1 个特征点的单点景观或若干特征点的多点景观。可视域计算结果是一个覆盖整个计算区域的栅格像元集合，其中单点景观的每个栅格像元的取值都是 1 或 0，分别表示该位置对单点景观的可见与不可见状态；多点景观的每个栅格像元取值为 0 到特征点总数间的数值，表示该位置能够看见的特征点数量。多点景观每个特征点的可见状态对完整地感知该景观都有贡献，能够全部或较多地感知特征点的位置属于可视状态较好的位置。本节以不同长城景观要素为基础，参考其资源价值、遗存现状两项影响因素，分配权重系数，计算出更符合实际观景体验的长城景观感知度分布。

2. 旅游交通线景观感知度模型

对于特定位置的景观感知度而言，旅游交通线上某单一像元，在不同情况下内涵有所不同，大致可分为单点景观感知度 P_{su}、多点景观感知度 P_{sm}，以及一系列特征点组合下的组景观感知度 P_g，因此每个像元可以有 3 种计算公式。

单点景观感知度：
$$P_{su} = W \times V \tag{7-12}$$

多点景观感知度：
$$P_{sm} = W_r \times \sum_{i=1}^{n}(W_{vi} \times V_i) \Big/ \sum_{i=1}^{n} W_{vi} \ (i=1,2,\cdots,n) \tag{7-13}$$

组景观感知度：
$$P_g = \sum_{j=1}^{m}(W_{gj} \times P_s) \Big/ \sum_{j=1}^{m} W_{gj} \ (j=1,2,\cdots,m) \tag{7-14}$$

式(7-12)~式(7-14)中，P_{su}，P_{sm} 分别为观察者在旅游交通线特定位置上对某一单特征点或多特征点景观的感知度；P_g 为特定位置上一系列特征点组成的组景观感知度；P_s 为 P_{su} 或 P_{sm} 的统称；i 为景观特征点编号；j 为景观编号；n，m 分别为多点景观、组景观包括的特征点数量；V 为计算得到的可见状态，若 i 不可见，则 $V_i=0$，若 i 可见，则 $V_i=1$；W 为权重影响因子，包括最佳观赏距离、最佳观赏方位、资源价值和遗存现状等；各个影响因子均根据其对旅游者感知的影响程度在(0, 1]间取值；W_{vi} 为第 i 个特征点对该景观语义贡献大小；W_r 为不同类型多点景观的其他影响因子的文化语义权重；W_{gj} 为组景观中各单点或多点景观对于组景观整体文化语义的贡献权重。

旅游交通线景观感知度集合是由 P_{su}、P_{sm} 和 P_g 这些单像元感知度元素共同汇总而成的一个大集合，由 S 表示。元素 P_{su}、P_{sm} 和 P_g 只是其中的子集，而只有当这些特定位置景观感知度元素汇总到一起，才是一个综合的旅游交通线景观感知度集合表达，如式(7-15)或式(7-16)：

$$P_{su} \in S, P_{sm} \in S, P_g \in S \tag{7-15}$$

$$S = \{P | P_{su}, P_{sm}, P_g\} \tag{7-16}$$

7.6.3 实证研究

紫荆关是古代军事重要遗存，位于河北易县紫荆岭，主城分东、西两部，东城较小，设有文、武衙门；西城较大，为驻兵之地。拒马河北岸的小金城与西城隔水相望，形成完备的防御体系。

1. 景观特征点与景观感知影响因子

由于本节的研究景观对象针对规模较大的大型造型地貌、宏伟建筑群等，DEM 分辨率的要求相对较低；结合长城文化景观信息和实地调查，获得了紫荆关长城景观位置和长城要素分类、材质、形制、遗存现状、资源价值等相关专题内容。根据文化景观的形态特征和文化语义进行特征点抽象提取。敌台、烽火台、马面等规模较小的单体景观抽象为一个坐落位置的特征点；规模较大的长城墙体景观属多点景观，采集时依据地图学制图综合原则，沿墙体中心线间隔取点，遇到拐点、地势起伏较大的位置等适当增加特征点。研究区共采集敌台、烽火台、马面等单点景观 24 个，长城墙体景观 22 段(图 7-16)。

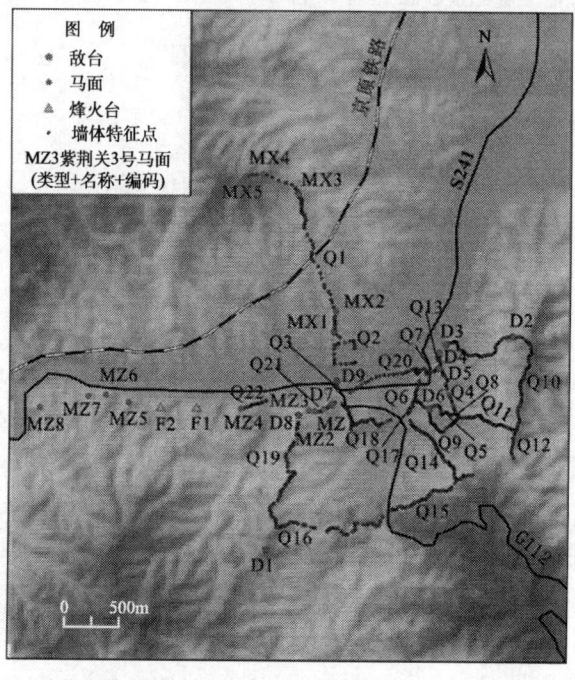

图 7-16 紫荆关长城研究区 DEM 及景观分布(李仁杰等，2015)

景观感知中的可视状态主要通过特征点的可视域计算获取。由于长城单点和多点景观均规模较大，而紫荆关长城各景观都处于较好的观赏距离之内，因此本实例中忽略最佳距离因子。长城景观的最佳方位因子主要影响马面和敌台等；烽火台各方位的形态特征相同，因此感知效果相同。紫荆关长城属于文化景观，影响观察者景观感知的因素还包括文化资源的遗存现状和价值。根据长城资源保存程度评价标准划分的五大类，结合实地调研情况分别赋予权重；同样，资源价值按照世界文化遗产、国家、省、市、县重点文物的等级，赋予资源价值权重。紫荆关长城单点景观和墙体景观按照名称简拼字母加顺序码方式编号，如敌台(D)、烽火台(F)、马面(M，其中 MZ 表示紫荆关马面，MX 表示小金城马面)、墙体(Q)。

2. 旅游交通线上的紫荆关长城景观感知度

利用长城景观与旅游交通线的耦合，以交通线上旅游者在不同位置对长城景观感知的强弱差异为基础，设计计算模型，进行精确的定量分析。将具有不同数值的各景观感知度分布栅格单元，与交通线数据相叠加，提取落于交通线上的感知度数值，即为旅游交通线景观感知度。

1) 单点景观感知度

由于单点景观仅采用一个特征点表示，不能看见该景观的旅游交通线感知度均为 0，能看见景观的线路加权后的景观感知度也都相等，因此景观感知度不再分级。图 7-17 显示

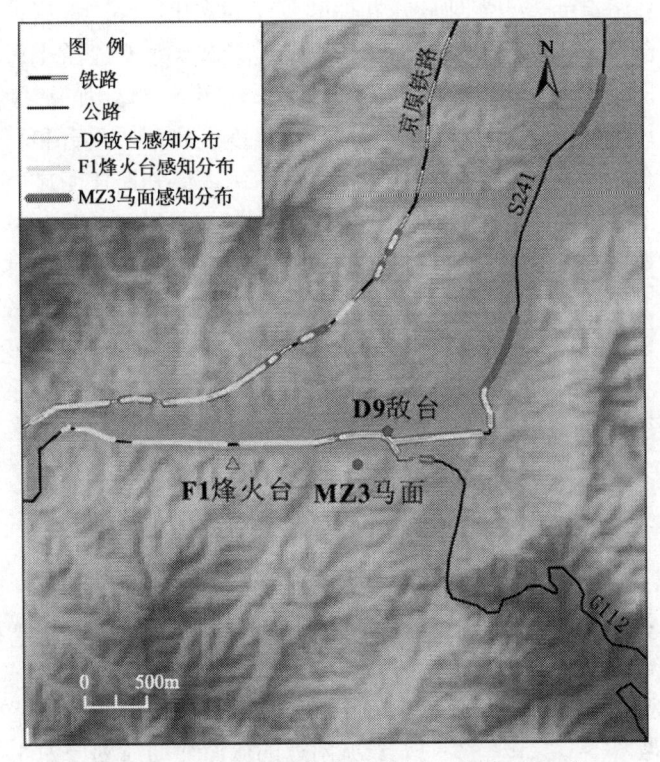

图 7-17 单点景观感知度分布(李仁杰等，2015)

了 F1 号烽火台、D9 号敌台和 MZ3 号马面在不同交通路段上的景观感知度分布情况。F1 号烽火台的可感知路段总长 6500 m，其中公路上的感知路段总长 3850 m，占可感知路段总长的 59.23%。D9 号敌台的可感知路段较短，总长仅有 1950 m，其中公路上的感知路段长 1700 m，占可感知路段的 87.18%。MZ3 号马面铁路上的感知路段总长 1950 m，占可感知路段的 35.78%。在所有 24 个长城单点景观中，整体上公路比铁路路段的可感知位置的连续性更强，铁路线上的可感知位置相对离散。其中，D2 号敌台在公路线上的感知路段最长，F2 号烽火台在铁路线上的感知路段最长。

2) 墙体景观感知度

通过对各段墙体景观感知度进行归一化处理，分别除以墙体特征点数，得到分布于 (0,1] 之间的标准化感知度。Q4 墙体是紫荆关关城东墙，共有 25 个特征点。感知度在 0.6 以上的铁路连续路段就可达 350 m，与感知度在 0.6 以上的公路路段总长相等，铁路上感知度在 0.6 以上路段总长约为公路线的 4 倍，而公路线上的墙体连续感知路段则为铁路线上的 6 倍。铁路线上的感知度分布呈现高感知与低感知的两极分化离散格局，而公路线上的感知度空间变化较平缓；主要原因是地形起伏度对可视域影响的结果，铁路线经过的区域起伏度大，公路线经过的区域起伏较小。从 24 条长城墙体的景观感知分布计算结果看，公路线上的墙体感知度在量度大小和连续性方面整体上优于铁路线。

3) 组景观感知度

景观分类、分组有助于更好地欣赏和体验景观的文化内涵。根据长城景观类型可分为敌台组、烽火台组、马面组及墙体组，研究特定景观类型沿旅游交通线的感知度分布情况。总体来看，单点景观组的连续高感知度路段较多，墙体组的连续高感知度路段较少；公路上的感知度变化平稳，铁路线上的感知度变化剧烈。敌台和马面组在公路上的高感知区集中分布在两条公路线交汇地带，且敌台组高感知路段明显大于马面组，在公路北部分布有一个敌台组景观的高感知路段；铁路上对两组景观的高感知路段分布离散，但也有能够同时观察到 6 个以上单点景观的较好观赏位置。墙体组由于特征点数量众多，在地形变化相对平缓的公路线上中低感知度的路段连续分布，可连续感知 30% 以上墙体特征点的路段达 800 m 以上，但高感知度点位较少。铁路线上的墙体感知度虽然也是以低感知区域为主，但高感知位置明显多于公路线，感知度最高位置也在铁路线上，能感知 69% 的墙体特征点。

7.6.4 旅游交通线上景观感知功能分段

在能够明确区分旅游者景观感知的对象和内涵，并可以有效计算其感知程度的条件下，旅游功能区划就可以赋予更多的意义。由此本节进行了基于景观感知计算结果的旅游交通线景观感知功能分段。

根据单点景观、墙体景观和组景观等长城景观感知度的分布聚集情况，综合考虑线路类型和景观类型，本节尝试将紫荆关长城附近的旅游交通线划分为 4 类长城景观感知功能段(图 7-18): 将以单一类型长城景观的感知分布为主的路段划分为单点景观感知段及墙体景观感知段; 将可以同时较好的感知到 2~3 种长城景观类型的路段划分为组景观感知段; 将感知种类齐全感知丰富性高的路段划分为综合景观感知段。同时, 详细解读了各功能段景观感知对象、类型、编号和感知长度等详细信息, 并确定了组景观和综合景观感知段的最佳观赏点位。

其中, 单点景观感知段、墙体景观感知段感知对象针对性较强但丰富性不足, 感知段距景观集中区相对较远, 更适宜远距离观景; 组景观感知段有助于更好地欣赏和体验多种类型景观组合下的文化内涵, 感知效果相对较好; 综合感知段内可感知景观类型齐全, 感知景观数量大, 资源价值等级较高, 游客感知体验丰富, 是进行旅游的最佳观赏区段。由图 7-18 可知紫荆关长城在公路及铁路线上均有综合景观感知段分布, 说明旅游交通线景观感知的方法能够很好地诠释紫荆关长城景观文化内涵, 丰富游客交通线上的观景体验。

图 7-18 紫荆关长城景观感知功能分段(李仁杰等, 2015)

7.6.5 小 结

本节对已有景观感知度概念进行扩展, 在特定位置上的单点、多点和组景观感知度计算公式基础上, 提出了基于集合表达的旅游交通线景观感知度概念和模型。以紫荆关长城景观为案例, 利用 DEM 视域分析方法, 引入影响景观感知的资源价值、遗存现状等加权因子, 实现了景观附近旅游交通线的景观感知度定量计算。同时, 以不同视角下的景观感知度为基础,将紫荆关附近旅游交通线准确划分出4类景观感知功能段,并确定了组景观和综合景观感知功能段的最佳观赏位置。

实证研究结果显示,紫荆关长城文化资源中的敌台、烽火台、马面等单点景观不仅具有独立的旅游观赏价值,也能通过单点间的组合或与墙体等其他文化景观组合构成特定文化意义的景观组。紫荆关长城景观的公路感知效果整体上优于铁路线感知,公路线的可感知位置连续性更强,公路高感知区域主要分布在公路线交汇地带。铁路线上的长城景观感知度受地势影响,可感知位置相对离散但也有部分感知度较高的典型区域。

旅游交通线景观感知度模型可以定量化计算沿旅游交通线分布的旅游景观感知并确定其线性分布格局,丰富了旅游交通线旅游文化内涵,扩展了旅游交通线临近的大型旅游景观规划设计方法,能够将旅游规划设计从旅游地内部拓展到旅游地外围,对于旅游景观导引设计、旅游文化传播具有重要意义。旅游交通线景观感知度计算模型对于当代智慧旅游的发展具有潜在应用价值。根据景观感知的线路分布格局,智慧旅游系统可以为游客提供基于手机定位的旅游景观感知信息推送功能,实现新时代旅游的智能化、精准化。此外,通过构建与景观感知紧密结合的旅游信息分享平台,可以实现对旅游者自发信息的共享,为智慧旅游中的人性化管理提供支持。

参 考 文 献

程绍文, 张捷, 梁玥琳, 等. 2009. 我国旅游网站空间分布及动力机制研究. 旅游学刊, 24(2): 75-80.

高元衡, 王艳. 2009. 基于聚集分形的旅游景区空间结构演化研究——以桂林市为例. 旅游学刊, 24(2): 52-58.

郭炜, 高琳琦. 2006. 电子旅游中间商的个性化信息服务模式研究. 兰州商学院学报, 22(1): 67-70.

黄震方, 俞肇元, 黄振林, 等. 2011. 主题型文化旅游区的阶段性演进及其驱动机制——以无锡灵山景区为例. 地理学报, 66(6): 831-841.

李存华, 孙志挥, 陈耿, 等. 2004. 核密度估计及其在聚类算法构造中的应用. 计算机研究与发展, 41(10): 1712-1719.

李德仁, 钱新林. 2010. 浅论自发地理信息的数据管理. 武汉大学学报(信息科学版), 35(4): 379-383.

李德仁, 邵振峰. 2009. 论新地理信息时代. 中国科学F辑, 39(6): 579-587.

李东和, 张捷, 章尚正, 等. 2008. 居民旅游影响感知和态度的空间分异——以黄山风景区为例. 地理研究, 27(4): 963-972.

李敏, 张捷, 罗浩, 等. 2012. 基于旅游动机的旅游业灾后恢复重建研究——以"5·12"汶川地震后的九寨沟为例. 旅游学刊, 27(1): 39-48.

李敏, 张捷, 钟士恩, 等. 2011. 地震前后灾区旅游地国内游客旅游动机变化研究——以"5.12"汶川地震前后的九寨沟为例. 地理科学, 31(12): 1533-1540.

李仁杰, 路紫. 2011. 主题公园多细节层次景观语义模型与虚拟表述——以北京延庆县水土保持科技示范园为例. 地理科学进展, 30(4): 504-512.

李仁杰, 谷枫, 郭风华, 等. 2015. 基于DEM的交通线文化景观感知与功能分段研究——紫荆关长城景观的实证. 地理科学, 35(9): 1068-1094.

李仁杰, 路紫, 李继峰. 2011. 山岳型风景区观光线路景观感知敏感度计算方法——以武安国家地质公园奇峡谷景区为例. 地理学报, 66(2): 245-256.

李山, 邱荣旭, 陈玲. 2008. 基于百度指数的旅游景区络空间关注度: 时间分布及其前兆效应. 地理与地理信息科学, 24(6): 102-107.
李燕琴. 2009. 基于 EI、NEP 和 VIS 相互作用的生态旅游者培育模型探析. 地理研究, 28(6): 1572-1583.
林珲, 朱庆. 2005. 虚拟地理环境的地理学语言特征. 遥感学报, 9(2): 158-165.
林珲, 黄凤茹, 闾国年. 2009. 虚拟地理环境研究的兴起与实验地理学新方向. 地理学报, 64(1): 7-20.
刘芳, 林拉. 2009. 旅游电子商务系统中个性化信息服务功能的设计研究. 电脑知识与技术, 5(22): 6206-6207, 6210.
刘如菲. 2010. 游客环境行为分析及其对可持续旅游选择性营销的启示——以九寨沟为例. 人文地理, 25(6): 114-119.
刘思凤, 贾金原. 2008. 基于 Web 的虚拟旅游环境的开发及其关键技术. 计算机应用研究, 25(9): 2596-2600.
刘思敏, 姜庆. 2011. 旅游规划与设计——景区管理与九寨沟案例研究. 北京: 中国建筑工业出版社.
龙茂兴, 孙根年, 马丽君, 等. 2011. 区域旅游网络关注度与客流量时空动态比较分析——以四川为例. 地域研究与开发, 30(3): 93-97.
陆林, 鲍捷. 2010. 基于耗散结构理论的千岛湖旅游地演化过程及机制. 地理学报, 65(6): 755-768.
苗雪兰. 2005. 基于 Java 和 VRML 的旅游地理信息系统. 计算机工程, 31(17): 228-230.
祁秋寅, 张捷, 杨旸, 等. 2009. 自然遗产地游客环境态度与环境行为倾向研究. 旅游学刊, 24(11): 41-47.
邱厌庆, 戈鹏, 任佩瑜. 2010a. 基于九寨沟景点负荷均衡的时空分流导航研究. 资源科学, 32(1): 118-123.
邱厌庆, 戈鹏, 赖力, 等. 2010b. 九寨沟景区初态聚类分流实证研究. 资源科学, 32(10): 1987-1992.
四川旅游政务网. 2010. 旅游情况统计表. http://www.scta.gov.cn/web/main.jsp?go=newsList&pid=7&cid=101. 2010-12-01.
唐文跃, 张捷, 罗浩, 等. 2007. 九寨沟自然观光地旅游者地方感特征分析. 地理学报, 62(6): 599-608.
涂玮, 金丽娇. 2012. 基于网络信息关注度的大学生旅游消费决策研究. 北京第二外国语学院学报, (1): 63-70.
汪德根, 陈田, 李立, 等. 2012. 国外高速铁路对旅游影响研究及启示. 地理科学, 32(3): 322-328.
汪侠, 顾朝林, 梅虎. 2005. 旅游景区顾客的满意度指数模型. 地理学报, 60(5): 807-816.
王琳琳, 刘洪利. 2009. 虚拟现实下的颐和园. 首都师范大学学报(自然科学版), 30(1): 76-82.
王森, 王萍, 王昱颖, 等. 2006. 大规模 VRML 虚拟场景的快速浏览算法. 系统仿真学报, 18(1): 170-172.
王守成, 郭风华, 傅学庆. 2014. 基于自发地理信息的旅游地景观关注度研究——以九寨沟为例. 旅游学刊, 29(2): 84-92.
王远飞, 何洪林. 2007. 空间数据分析方法. 北京: 科学出版社.
王章郡, 方忠权, 杜坤. 2011. 中国自驾车旅游网络空间关注度的时空演变——基于 Google 搜索解析的分析. 地域研究与开发, 30(5): 112-117.
乌铁红, 张捷, 张宏磊, 等. 2009. 旅游地属性与旅游者感知态度和购后行为的关系——以九寨沟风景区为例. 旅游学刊, 24(5): 36-42.
吴必虎. 2001. 小兴安岭风景道旅游景观评价. 地理学报, 56(2): 214-222.
薛东前, 刘虹, 马蓓蓓. 2011. 西安市文化产业空间分布特征. 地理科学, 31(7): 775-780.
徐颂军, 邱彭华, 谢跟踪, 等. 2007. 广东省古兜山自然保护区生态旅游开发的多尺度影响. 生态学报, 27(10): 4045-4056.
叶妍君, 李仁杰, 傅学庆, 等. 2012. 基于数字高程模型的旅游地文化景观语义感知分析——以清西陵选址文化为例. 地球信息科学学报, 14（5）L 573-583.

阎建忠. 2003. 高原交通干线对土地利用和景观格局的影响——以兰州至格尔木段为例. 地理学报, 58(1): 34-44.

颜磊, 许学工, 章小平. 2009. 九寨沟世界遗产地旅游流时间特征分析. 北京大学学报（自然科学版）, 45(1): 171-177.

杨仲元, 卢松. 2013. 交通发展对区域旅游空间结构的影响研究——以皖南旅游区为例. 地理科学, 33(7): 806-814.

俞孔坚. 1998. 景观生态战略点识别方法与理论地理学的表面模型. 地理学报, 53(增刊): 11-20.

俞孔坚. 1991. 景观敏感度与景观阈值评价研究. 地理研究, 10(2): 38-51.

俞孔坚, 李迪华, 段铁武. 2001. 敏感地段的景观安全格局设计及地理信息系统应用——以北京香山滑雪场为例. 中国园林, (1): 11-16.

于文洋, 杨崇俊. 2006. 三维虚拟城市景观基础平台的设计与实现. 计算机工程, 32(2): 215-217.

张朝枝, 孙晓静, 卢玉平. 2010. "文化是旅游的灵魂"：误解与反思——武夷山案例研究. 旅游学刊, 25(2): 61-68.

张大坤, 薛忠明. 2004. 基于Java3D的虚拟艺术馆开发技术. 沈阳工业大学学报, 26(5): 547-550.

张慧. 2004. 青藏铁路沿线景观保护评价方法研究. 生态学报, 24(3): 574-582.

张捷. 1998. 区域民俗文化旅游资源的定量评价研究——九寨沟藏族民俗文化与江苏吴文化民俗旅游资源比较研究之二. 人文地理, 13(1): 58-62.

张景秋, 贾磊, 孟斌. 2010. 北京城市办公活动空间集聚区研究. 地理研究, 29(4): 675-682.

赵传唏. 1997. 旅游景观美的观赏研究. 人文地理, 12(4): 65-67.

钟栎娜, 吴必虎. 2007. 中外国际旅游城市网络旅游信息国际友好度比较研究. 旅游学刊, 22(9): 12-17.

周珂慧, 甄峰, 余洋, 等. 2011. 汽车服务业空间布局演化研究——基于潍坊市奎文区的实证分析. 经济地理, 31(1): 107-113.

周年兴, 沙润. 2001. 旅游目的地形象的形成过程与生命周期初探. 地理学与国土研究, 17(1): 55-58.

朱庆, 胡明远. 2008. 基于语义的多细节层次3维房产模型. 测绘学报, 37(4): 514-520.

Adomavicius G, Tuzhilin A. 2005. Toward the next generation of recommender systems: A survey of the state-of-the-art and possible extensions. IEEE Transactions on Knowledge & Data Engineering, 17(6): 734-749.

Akama J S, Kieti D M. 2003. Measuring tourist satisfaction with Kenya's wildlife safari: A case study of Tsavo West National Park. Tourism Management, 24(1): 73-81.

Andsager J L, Drzewiecka J A. 2002. Desirability of differences in destinations. Annals of Tourism Research, 29(2): 401-421.

Ankomah P K, Crompton J L. 1992. Tourism cognitive distance: A set of research proposition. Annals of Tourism Research, 19(2): 323-342.

Bornmann L, Waltman L. 2011. The detection of "hot regions" in the geography of science: A approach by using density maps visualization. Journal of Informetrics, 5(4): 547-553.

Bosque I R, Martín H S. 2008. Tourist satisfaction a cognitive-affective model. Annals of Tourism Research, 35(2): 551–573.

Bowen D. 2001. Antecedents of consumer satisfaction and dis-satisfaction(CS/D)on long-haul inclusive tours-a reality check on theoretical considerations. Tourism Management, 22(1): 49-61.

Brabyn L, Mark D M. 2011. Using view sheds, GIS, and a landscape classification to tag landscape photographs. Applied Geography, 31: 1115-1122.

Cavagna R, Royan J, Gioia P, et al. 2009. Peer-to-peer visualization of very large 3D landscape and city models using MPEG-4. Signal Processing: Image Communication, 24(1-2): 115-121.

Chamberlain B C, Meitner M J. 2013. A route-based visibility analysis for landscape management. Landscape and Urban Planning, 111: 13-24.

Chi C, Qu H. 2008. Examining the structural relationships of destination image, tourist satisfaction and destination loyalty: An integrated approach. Tourism Management, 29(4): 624-636.

Choi S, Lehto X Y, Morrison A M. 2007. Destination image representation on the web: Content analysis of Macau travel related websites. Tourism Management, 28(1): 118-129.

Clay G R, Daniel T C. 2000. Scenic landscape assessment: The effects of land management jurisdiction on public perception of scenic beauty. Landscape and Urban Planning, 49(1): 1-13.

Clemons E K. 2009. The complex problem of monetizing virtual electronic social networks. Decision Support Systems, 48(1): 46-56.

Daniel T C. 2001. Whither Scenic beauty? Visual landscape quality assessment in the 21st century. Landscape and Urban Planning, 54(1-4): 267-281.

Daniel T C, Meitner M M. 2001. Representational validity of landscape visualizations: The effects of graphical realism on perceived scenic beauty of forest vistas. Journal of Environmental Psychology, 21(1): 61-72.

De Groot W T, Van den Born R J G. 2003. Visions of nature and landscape type preferences: An exploration in the Netherlands. Landscape and Urban Planning, 63(3): 127-138.

Eagles P F J. 1992. The travel motivations of Canadian ecotourists. Journal of Travel Research, 31(2): 3-7.

Ervin S M. 2001. Digital landscape modeling and visualization: A research agenda. Landscape and Urban Planning, 54(1-4): 49-62.

Fry G, Tveit M S, Ode Å, et al. 2009. The ecology of visual landscapes: Exploring the conceptual common ground of visual and ecological landscape indicators. Ecological Indicators, 9(5): 933-947.

García-Crespo A, Chamizo J, Rivera I, et al. 2009. SPETA: Social pervasive e-tourism advisor. Telematic and Informatics, 26(3): 306-315.

Gartner G, Bennett D A, Morita T. 2007. Toward ubiquitous cartography. Cartography and Geographic Information Science, 34(4): 247-257.

Gobster P H, Nassauer J I, Daniel T C, et al. 2007. The shared landscape: What does aesthetics have to do with ecology. Landscape Ecology, 22(7): 959-972.

Goodchild M F. 2007. Citizens as sensors: The world of volunteered geography. GeoJournal, 69(4): 211-221.

Govers R, Go F M, Kumar K. 2007. Virtual destination image a new measurement approach. Annals of Tourism Research, 34(4): 977-997.

Grger G, Kolbe T H, Czerwinski A. 2007. Candidate Open GIS City GML Implementation Specification (City Geography Markup Language). OGC Best Practices Document, Version 0.4.0, OGC Doc. No. 07-062, Open Geospatial Consortium.

Hasegawa H. 2010. Analyzing tourists' satisfaction: A multivariate ordered probit approach. Tourism Management, 31(1): 86-97.

Herzog T R, Stark J L. 2004. Typicality and preference for positively and negatively valued environmental settings. Journal of Environmental Psychology, 24(1): 85-92.

Hinze A, Voisard A. 2003. Location and Time-Based Information Delivery in Tourism. In: Proceedings of the 8th International Symposium, SSTD. Berlin: Springer, 489-507.

Honjo T, Lim E-M. 2001. Virtualization of landscape by VRML system. Landscape and Urban Planning, 55(3): 175-183.

Huang Y, Bian L. 2009. A Bayesian network and analytic hierarchy process based personalized recommendations for tourist attractions over the Internet. Expert Systems with Applications: An International Journal, 36(1): 933-943.

Hui T K, Wan D, Ho A. 2007. Tourists' satisfaction, recommendation and revisiting Singapore. Tourism Management, 28(4): 965-975.

Inversini A, Cantoni L. 2011. Towards online content classification in understanding tourism destinations' information competition and reputation. International Journal of Internet Marketing and Advertising, 6(3): 282-299.

Kabassi K. 2010. Personalizing recommendations for tourists. Telematics and Informatics, 27(1): 51-66.

Kaplan R, Kaplan S. 1989. The Experience of Nature: A Psychological Perspective. New York: Cambridge University Press.

Kim S H, Ay S A, Zimmermann R. 2010. Design and implementation of geo-tagged video search framework. Journal of Visual Communication and Image Representation, 21(8): 773-786.

Kozak M. 2001. Comparative assessment of tourist satisfaction with destinations across two nationalities. Tourism Management, 22(4): 391-401.

Lange E. 2001. The limits of realism: Perceptions of virtual landscapes. Landscape and Urban Planning, 54(1-4): 163-182.

Lee C K, Yoon Y S, Lee S K. 2007. Investigating the relationships among perceived value, satisfaction, and recommendations: The case of the Korean DMZ. Tourism Management, 28(1): 204-214.

Lee W, Gretzel U, Law R. 2010. Quasi-Trial experiences through sensory information on destination web sites. Journal of Travel Research, 49(3): 310-322.

Lim E-M, Honjo T. 2003. Three-dimensional virtualization forest of landscape by VRML. Landscape and Urban Planning, 63(3): 175-186.

Lin H, Gong J H. 2001. Exploring virtual geographic environments. Geographic Information Sciences, 7(1): 1-7.

McHarg I L. 1971. Design with Nature. New York: Natural History Press.

Niaraki A S, Kim K. 2009. Ontology based personalized route planning system using a multi-criteria decision making approach. Expert Systems with Applications, 36(2): 2250-2259.

Orland B, Budthimedhee K, Uusitalo J. 2001. Considering virtual world as representations of landscape realities and as tools for landscape planning. Landscape and Urban Planning, 54(1-4): 139-148.

Roth M. 2006. Validating the use of Internet survey techniques in visual landscape assessment: An empirical study from Germany. Landscape and Urban Planning, 78(3): 179-192.

Ricci F, Werthner H. 2001. Case base querying for travel planning recommendation. Information Technology and Tourism, 34(4): 215-226.

Schirpke U, Tasser E, Tappeiner U. 2013. Predicting scenic beauty of mountain regions. Landscape and Urban Planning, 111: 1-12.

Seeger C J. 2008. The role of facilitated volunteered geographic information in the landscape planning and site design process. GeoJournal, 72(3-4): 199-213.

Shi X. 2010. Selection of band width type and adjustment side in kernel density estimation over inhomogeneous backgrounds. International Journal of Geographical Information Science, 24(5):

643-660.

Silverman B. 1986. Density Estimation for Statistics and Data Analysis. London: Chapman and Hall.

Sugimoto K. 2013. Quantitative measurement of visitors' reactions to the settings in urban parks: Spatial and temporal analysis of photographs. Landscape and Urban Planning, 110: 59-63.

Swanwick C. 2009. Society's attitudes to and preferences for land and landscape. Land Use Policy, 26S: S62-S75.

Tao Chang-Hung, Eagles P F J, Smith S L J. 2004. Profiling Taiwanese ecotourists using a self-definition approach. Journal of Sustainable Tourism, 12(2): 149-168.

Tonge J, Moore S A. 2007. Importance-satisfaction analysis for marine-park hinterlands: A Western Australian case study. Tourism Management, 28(3): 768-776.

Tribe J, Snaith T. 1998. From servqual to holsat: Holiday satisfaction in Varadero, Cuba. Tourism Management, 19(1): 25-34.

Van den Born R J G, Lenders R H J, De Groot W T, et al. 2001. The New Biophilia: An exploration of visions of nature in Western countries. Environmental Conservation, 28(1): 65-75.

Van der Zanden E H, Verburg P H, Mücher C A. 2013. Modelling the spatial distribution of linear landscape elements in Europe. Ecological indicators, 27: 125-136.

Wallace M, Maglogiannis I, Karpouzis K, et al. 2003. Intelligent one-stop-shop travel recommendations using an adaptive neural network and clustering of history. Information Technology & Tourism, (6): 181-193.

Wight P A. 1996. North American ecotourism markets: Motivations, preferences, and destinations. Journal of Travel Research, 35(1): 3-10.

Winterbottom S J, Long D. 2006. From abstract digital models to rich virtual environments: Landscape contexts in Kilmartin Glen, Scotland. Journal of Archaeological Science, 33(10): 1356-1367.

Xu J. 2001. A study on landscape mosaic structure in urban-rural area in northwest of China with RS and GIS ——A case study of Xigu District in Lanzhou City. Chinese Geographical Science, 11(4): 336-376.

Xu Y. 2011. Application of GIS spatial analysis method in landscape planning and design——A case study of integrated land-use suitability analysis of Nanjing Zhongshan scenic area. Advances in Computer Science and Education Applications, (202): 67-73.

Yang W, Chen G, Wang D. 2008. Impact of the Wenchuan earthquake on tourism in Sichuan, China. Journal of Mountain Science, 5(3): 194-208.

Zube E H. 1984. Themes in landscape assessment theory. Landscape Journal, 3(2): 104-110.

Zube E H, Sell J L, Taylor J G. 1982. Landscape perception: Research, application and theory. Landscape Planning, 9(1): 1-33.

综合篇

第 8 章 网络空间供给与需求

8.1 网络空间形成的物质基础

信息化是当今世界发展的主要趋势之一,而互联网则是这种趋势的重要象征和载体。随着互联网的快速普及,世界正在进入一个数字化和信息化时代。互联网是信息时代全球最重要的信息流载体和基础设施,构建了新的社会经济模式和网络虚拟空间。互联网信息流的空间格局和组织机理是信息地理研究的重要命题。

8.1.1 互联网应用的一般特征

1. 互联网应用的阶段性

20 年以来中国信息化发展水平得到了明显提高,整体而言中国信息化发展进程大体经历了以下 3 个不同时期。

(1)初始应用阶段(1994~2003 年)。中国信息化发展起步较晚,自 1994 年接入国际互联网以来,以互联网为核心的信息化事业得到了快速发展。2000 年以前,中国互联网应用主要局限于科研人员和高学历人员;2000 年以后,随着中国经济超高速增长,信息产业的迅速扩大,中国互联网普及率激增。截至 2003 年年底,全国共有超过 2.7 亿的移动电话用户、2.63 亿固定电话用户、0.795 亿互联网用户,互联网普及率达到 6.2%。中国进入全面信息化社会的阶段。

(2)平稳发展阶段(2004~2008 年)。随着 ICTs 不断普及,中国信息化发展进入平稳阶段。该阶段中国信息化发展主要表现为互联网应用全民化、CN 网站数量大增、IPV 地址数平稳增长。中国经济的快速发展是互联网用户规模快速增长的基础(工业和信息化部信息化推进司和国家统计局统计科学研究所,2011),2008 年年底中国网民规模达到 2.98 亿人,互联网普及率达到 22.6%,略高于全球平均水平(21.9%)。继 2008 年 6 月中国网民规模超过美国,成为全球第一之后,中国的互联网普及再次实现飞跃,赶上并超过了全球平均水平。另外,中国 ICTs 发展由通信和网络技术为主向宽带、移动融合方向发展转变。

(3)加速发展阶段(2009 年至今)。中国迈入信息化社会的速度进一步加快。为了应对 2008 年的国际金融危机,中国政府采取了以扩大内需和增加投资为主的一系列政策措施。其中,增加固定资产投资系列政策强调 ICTs 基础设施建设、扩大内需系列政策强调政府补贴 ICTs 相关电子产品下乡活动、十大产业振兴规划强调电子信息产业振兴,这三项政策措施极大的推动并加速了中国信息化发展(宋周莺和刘卫东,2013)。截至 2014 年年底,全国共有超过 12.86 亿的移动电话用户、2.49 亿固定电话用户、6.49 亿互联网用户，互联网普及率达到47.9%。

2. 互联网应用的广泛性

自1994年中国正式接入互联网以来，互联网在中国得到了快速发展，既表现在中国互联网的基础设施建设方面，也表现在互联网的用户人数方面，更表现在互联网在各行业广泛应用方面。1997年国务院主持确定的国家信息化"九五"规划和2000年远景目标，将互联网列为国家信息基础设施建设的主要内容，这大大鼓励和刺激了公众和商界参与互联网发展建设的热忱，致使中国互联网爆炸式发展。2000年互联网泡沫影响下，网络业应用遭遇一段时期低潮后开始全面复苏。从近几年看，中国互联网业持续健康发展，互联网在各个行业、各个部门均有广泛的、实质性的渗透，应用领域越来越广。不仅仅是一些企业的应用，而是全面的应用。

在国家倡导下，电子政务、电子商务、地区信息化、行业信息化、企业信息化和家庭信息化等应用效果明显，互联网与传统行业、实体经济进一步结合，互联网应用展现出广阔的应用空间，焕发了无限生机。在企业层面，网络经济的到来启发了其对信息化的应用，开始重视内部信息化建设。政府和企业共同成为互联网应用的强劲推动力量。目前，中国IT市场已经成为全球最靓丽的IT市场之一。

近年来国内门户网站，如新浪、搜狐和网易等财务报告显示，均已实现了按照美国通用会计准则的全面盈利，且净营业收入较大幅度增长。作为中国概念股在纳斯达克的标志性代表，新浪、搜狐、网易业绩大幅上升，已经从过去纳股中的边缘状态、边缘待遇变成比较中心的状态。与以往网站大面积亏损相比说明国内互联网产业的发展得到了投资者和用户的认可。

虽然中国ICTs发展起步较晚，但中国是世界上信息化应用发展最快的国家之一（International Telecommunication Union，2011）。根据国际电信联盟和中国互联网络信息中心的统计数据，截至2014年中国WWW站点数为3348926个。从中国WWW站点数的变化趋势可以看出，从2001年到现在，网站数持续增长。CN下注册的域名数到2014年达到11089231个，截至2014年，中国国际出口带宽的总容量为4118663Mbps。网络服务商可以提供的拨号上网接入速度也从早期的11.4kbps（刘卫东，2002）到后来的56kbps，再到目前的128kbps。在一定程度上说明中国互联网产业呈现出进一步发展的迹象。截至2014年，手机网民规模达到5.57亿，占整体网络比例为85.8%。中国迈入信息化社会的速度进一步加快的同时，信息化发展的区域差异及其影响也逐步显现。中国信息化规划中都提出用综合性规划指标来衡量中国信息化发展。可见，研究中国信息化发展态势及其区域差异具有重要的学术和实践意义。

同其他国家一样，随着互联网的发展中国电子商务的发展也十分迅速。近年来，B2B电子商务成为越来越多的企业选择的交易方式，不少行业或企业都成立了采购网。利用网络技术对内部资源进行管理逐渐成为大企业运营的一种必备模式。互联网用户对B2C电子商务的认同也越来越强。约70%的用户经常或有时浏览电子商务网站，其中近1/3有网上购物经验。与此同时，电子银行也应运而生，国内主要银行都推出了网上银行业务。特别是，招商银行的"一网通"已经成为95%以上国内电子商务网站接受的支付工具。因此，互联网正在改变着人们的日常生活和经济的组织模式。

3. 网民结构特征的多元性

上网人数和上网计算机数反映出一个国家互联网的普及程度和繁荣程度。据中国互联网信息中心估算，截至 2014 年，中国上网计算机数升至 2300 万，网民和上网计算机数的迅速增加，标志着中国互联网应用的步伐加快。从上网用户人数的历次调查结果看，中国上网用户人数一直保持着强劲的增长势头。从联合国贸易及开发会议上透出的信息，目前中国的网民人数已列全球第二，仅次于美国。

网民结构特征如下：①男性依然占据网民主体，女性网民增长较快，男性网民占 56.4%，女性网民占 43.6%；从历次调查结果网民的性别分布上看，女性网民所占比例呈递增趋势，且增加显著，从 1997 年 10 月的 12.3%增加到现在的 43.6%，男性网民则从最初的 87.7%减至 56.4%；男女网民之间比例上的差异也从 1997 年的 7∶1 缩小至目前的 1.3∶1。这一变化趋势与中国互联网的普及有着密切关系；②上网用户的年龄构成变化不是十分明显，39 岁以下的网民仍然是互联网络时代的主力军，39 岁以下的网民占 78.1%，39 岁以上的网民占 21.9%，两者之比为 3.6∶1。在各个年龄段中，以 20~29 岁的年轻人所占比例为最高，达到 31.5%，其次是 30~39 岁(23.8%)和 19 岁以下(22.8%)；③受教育程度为初中的比例最高，占 36.8%，其次是高中(中专/技校)(30.6%)和小学及以下(11.1%)，大学本科以下的网民增长速度远远高于本科及本科以上的网民，形成后来者居上之势，在网民中占据主体，产生这种变化的原因与互联网上的内容、服务日益多样化以及互联网使用更加简便有关，④低收入网民仍然占据主体，并且增长速度明显高于高收入的网民，85.6%的网民月收入不超过 5000 元，只有 14.4%的网民月收入在 5000 元以上，17.4%的网民月收入在 500 元以下(包括无收入)；这说明互联网越来越趋于大众化，互联网从过去那种只属于受过高等教育的、中高收入的人的专利，转变成受过基本教育的、收入还过得去的普通人都能使用的工具；⑤学生所占比例是最高的，达到了 23.8%，其他职业中，以个体户/自由职业者为最多，占总数的 22.3%，其次是企业公司一般职员和无业下岗失业人员，分别为 14.2%和 7.7%。学生从 20.9%增加到 22.3%，增长显著，这与校园网的建设，以及各种网校、远程教育等的兴起有比较大的关系；⑥党政机关事业单位领导干部、企业/公司高层管理人员和中层管理人员所占比例最少，分别为 0.5%、0.6%和 2.2%，其他行业在绝对人数上随着整体网民数的增加都有所增加，但从所占份额来看，虽然有小幅度的波动，但无明显变化趋势，从网民在职业、行业的分布上可以看出，网民逐渐趋于多元化。

4. 网民行为渐趋日常化

网民行为渐趋日常化包括以下 8 个方面。

(1)家中是网民上网最主要的地点，这与家庭计算机的普及、小区宽带的建设，以及互联网使用成本的降低有很大关系。使用计算机接入互联网的网民中，90.7%的人在家上网，31.1%的人在单位上网，其次是网吧(18.1%)、公共场所(18%)、学校(14.2%)。

(2)网民一天中使用互联网的时间波动比较大：凌晨 4:00~5:00 是网民最少上网的时

间，只有3.9%的网民在这一时间上网；上午8:00~9:00，上网的人开始增多，达到20.4%，随时间延续到晚上20:00~21:00的时候达到高峰，有80.5%的网民在这一时间上网，这之后上网人数又逐渐减少。这一现象说明，网民使用互联网的时间分布状况和人们日常生活的作息时间有一定关系。

(3) 目前有70.8%的人使用台式计算机上网，43.2%的人使用笔记本电脑上网，用户上网设备仍然以台式计算机为主。但也有少量网民在使用计算机(包括笔记本电脑)上网的同时，也使用其他设备(移动终端、信息家电等)上网。用户已经同时使用移动终端和信息家电等多种设备上网。这在一定程度上表明这些新的上网设备正在逐渐被网民所接受。

(4) 77.1%的网民采用自费上网，只有10.1%的网民公费上网，公费自费均有的占12.8%。从历次调查数据来看，自费上网的网民都比公费上网的网民所占比例要高，且随着时间的推移，两者之间的差距越来越大。这与网民上网地点的变化有一定关系：家里逐渐成为网民上网的最主要地点，自费也相应成为网民上网费用的主要来源。

(5) 目前网民平均每周上网26.1小时。网民上网天数也从去年的3.3天降为现在的3.1天。造成网民每周上网时间减少的原因可能与网民结构上的多元化有一定关系。

(6) 平均每周收发电子邮件数。网民平均每周收到6.5封电子邮件，收到垃圾邮件6.9封，每周发出电子邮件5.3封。与历次调查结果对比可以看出，网民每周发出的电子邮件数逐渐递减，从每周发出10封电子邮件减少至目前的每周5.3封，尤其是近一年来的减少最为显著。这与网民对电子邮箱的使用更加理性，以及手机、短消息、网络寻呼等其他通信手段的流行使通信联络方式更加多元化有关。

(7) 47.6%的人将获取信息作为上网最主要的目的，接下来是休闲娱乐(18.9%)和交友(14.9%)。以获取信息为上网最主要目的的网民所占比例有所增加，从42.9%增加到47.6%。互联网的开放性、便利性、互动性，以及网上信息的丰富性和服务的多样性，是越来越多的网民将获取信息作为上网主要目的的原因。

(8) 域名和WWW站点都主要注册在"com/cn"和"net/cn"下(90%以上)，反映出互联网的公众性和商业性质。

5. 中国互联网的国际连接

中国接入国际互联网较晚，20世纪90年代之前只有少数学者与国外合作者之间的实验性电子邮件通信和国内的一些局部试验网。1990年中国正式在阿帕网(ARPAnet)的网络信息中心注册了国家顶级域名"CN"，但由于当时尚未正式接入国际互联网，只能委托德国卡尔斯鲁厄大学运行"CN"域名服务器。在政治障碍的影响下，直到1993年美国政府才容许中国科学院高能物理所直接接入美国斯坦福线性加速器中心，只能进入美国能源网。1994年在中国专家的争取下美国国家科学基金会同意了中国教育与科研示范网络(NCFC)正式接入国际互联网的请求。同年4月NCFC通过美国Sprint公司的国际专线实现了与国际互联网的全功能连接。从此中国被国际上正式承认为有互联网的国家。而后中国电信与美国商务部签订中美双方关于国际互联网的协议，同时中国公用计算机互联网(CHINANet)和国家教委主持的中国教育和科研计算机网(CERNet)开始启动。1995年中国电信开始向社会提供互联网接入服务,而中国科学院(ASTNET)则完成上海、合肥、武汉和南京四个分院的远程连接,开始了将互联网向全国扩展的第一步。1996年,CHINANet全国骨干网建成开通,开始提供全国范围的互联网服务;同时中国金桥信息网(CHINAGBN)连入美国的专线开通,也开始提供互联网服务。因此,到1996年为止,中国有了4个独立的计算机互联网,即CHINANET、CERNET、ASTNET和CHI-NAGBN。2000年1月17日,信息产业部正式同意由中国国际电子商务中心组建"中国国际经济贸易互联网"(简称"中国经贸网",CIETnet)。2000年9月,清华大学建成中国第一个下一代互联网交换中心DRAGONTAP。通过DRAGONTAP,CERNET、CSTNET、NSFCNET用10Mbps线路连接位于美国芝加哥的下一代互联网交换中心STARTAP,用10Mbps线路连接位于日本东京的亚太地区高速网APAN交换中心,从而与国际下一代互联网络Abilene、vBNS、CA*NET3等学术性网实现互联。2010年6月25日,第38届互联网名称与编号分配机构(ICANN)年会决议通过,将".中国"域名纳入全球互联网根域名体系。7月10日,".中国"域名正式写入全球互联网根域名系统(DNS)。

8.1.2 国际互联网应用的空间特征

1. 研究回顾与研究资料

近年对互联网的地理研究重点集中在信息源、信息流路径和特征等主题上。虽已有研究强调信息的流动,但很少是基于流本身展开的(汪明峰和宁越敏,2006)。其原因在于互联网信息流数据的难获得性和偶然性,特别是分时段的网络流量和流向数据。比较可行的方案之一是根据部分互联网信息流数据,并结合顶级域名、IPv4地址和网民数量等替代性指标进行综合处理。这样就可以通过对互联网节点的分析,发现其中所蕴含的信息流动规律。

目前有关互联网信息流的地理研究呈现出两个特点:一是研究工作多是针对某个国家的特例,重点解决互联网空间结构与城市体系的关系;二是基于信息流的空间信息网络组织机理研究不足,未能很好地解释是什么导致了互联网信息流量的增长,以及与其他流态有何关系。针对前者,Malecik(2002)证明了全球互联网对世界性大都市的偏好。Townsend(2001)从节点城市的角度描述了1969~1999年美国互联网骨干网络空间拓展的进程。此外,Moss和Townsend(2000),以及Gorman和Kulkarni(2004)也进行了美国互联网与城市研究。Hub和Kim(2003)分析了韩国互联网的节点可达性及与城市等级体系之间的关系。在中国,董志良等(2005)对CERNET进行了定性与定量研究。汪明峰和宁越敏(2004)展示了中国主要城市在互联网络中的节点等级,并指出信息网络城市的浮现。针对后者,Hargittai(1999)的经济合作与发展组织(OECD)研究表明,一个国家的互联网连接程度取决于其经济发展水平、人力资源受教育程度与英语水平、法律制度环境及现有技术资源。Barnett等(2001)研究了OECD内部的互联网信息流影响因素,发现电信流量、贸易量、科技流和非同时区性与信息流量显著相关,而语言、物理距离、电话价格、贸易组织关系、移民和留学生流动则无作用。卢鹤立和刘桂芳(2005)指出中国域名分布是地区人均 GDP 的反映，与地区人口分布联系不大。下文依据获得的全球 87 个国家数据，利用洛仑兹曲线和多元回归方法，揭示当前国际互联网信息流的空间格局、组织机理及影响因素。

研究数据包括互联网数据和可能影响国家互联网信息流的因素数据。在国际互联网统计网站获得世界各国人口和网民数量，在中国台湾互联网信息中心获得各国 IPv4 地址数量，在 Web Hosting 网站获得各国通用顶级域名 (general top level domain, gTLD) 数量，在美国电信地理网站获得部分国际互联网数据，通过世界经济论坛获得网络就绪指数 (networked readiness index, NRI)。从世界银行获得各国 GDP 数据，从世界贸易组织获得进出口值数据，从世界旅游组织和联合国教科文组织获得各国入境和出境旅游及在外留学生人数，通过《世界人口状况报告》获得城镇人口数据，通过《世界投资报告》获得各国引进外资和对外投资数据，通过《世界知识产权组织专利报告》获得各国专利数量数据。

在对国家样本的选择上，首先将 GDP 排名前 110 的国家和地区选出来，这主要考虑国家过于贫困会影响样本分析的科学性。其次将前 110 位中的地区去掉，包括中国台湾、中国香港和中国澳门。再取 gTLD、IPv4 地址、网民数量、NRI、总人口、城镇人口、专利数量、入境旅游、在外留学生、进口值、出口值、引进外资和对外投资等数据都齐全的国家。最后剩余样本 87 个，这些国家各项指标排名基本都在前 100 名内，且占全球 GDP 总量的 96%、总人口的 86% 和网民数量的 95%。因此，样本选择具有代表性 (孙中伟等，2009)。

2. 国际互联网的空间格局

互联网源于 1969 年美国 ARPANET，但真正可以与世界各国建立连接的是 1986 年建成基于 TCP/IP 技术的 NSFNET。1988 年，加拿大、丹麦、芬兰、法国、冰岛、挪威和瑞典 7 个国家首先与之建立了连接。此后，NSFNET 在流量、连接国家和主机数量上迅速增长。2003 年 9 月，太平洋岛国托克劳群岛成为最后一个与互联网建立连接的国家，至此共有 209 个国家和地区接入。美国是国际互联网源发地和中转站，是 IPv4 时代国际互联网的中心。当前，东亚的中日韩、欧盟及加拿大和美国建立了流量最大的互联网连接，这样就构建了国际互联网以美国为中心，欧盟和东亚为两翼的非均衡空间分布格局。

各大洲间的互联网连接带宽都得到了不同程度的增长。北美和欧洲间的连接带宽比例有所降低，但仍占据首位。北美和非洲连接的带宽比例也略有下降。其他洲际连接带宽比例则获得了不同程度的增长，又以北美与亚洲和大洋洲的连接所占比例增长最快。

国际互联网网民地域分布存在不均衡性，国家网民数量构成的集中化指数有所降低，但其不均衡程度仍然保持在很高的位置，全球"数字鸿沟"问题依然严重。有学者利用洛仑兹曲线表示国际互联网网民数量的不均匀分布，按不同国家互联网网民累计做出曲线，可见各国间的网民数量差异正在减小，不同人口比例的互联网用户的全球累计分布正日趋平均。这种网民数量变化产生原因主要是发达国家网民比例大多已达到较高比重，而互联网发展的一般规律是网民比例超过 50% 则增速放缓。

3. 国际互联网的组织机理

1) 资源分配：美国通过 ICANN 控制国际互联网资源分配与管理

互联网的本质特征是能在任何网络节点间实现信息传输，但此传输得以维持所依赖的是共同的传输标准和政策。其中最重要的是对域名和 IP 地址的分配管理。美国依靠互联网源发地的先天优势掌握着国际互联网资源分配与管理的控制权。1988 年 12 月，负责分配和规划 IP 地址的互联网数字分配机构(Internet Assigned Numbers Authority，IANA)成立。由于数字形式的 IP 地址难以记忆，所以开发出域名系统与之对应。1993 年美国网络解决方案公司(Network Solution Incorporation，NSI)获得了非军事用途的通用顶级域名登记权。目前，美国政府对国际互联网的控制主要是通过 1998 年成立的其商务部下属的非营利的互联网名称与数字地址分配机构(Internet Corporation for Assigned Namesand Numbers，ICANN)进行。ICANN 作为全球互联网资源管理的最高机构，负责 IP 地址的空间分配、协议标识符的指派、gTLD，以及国家和地区顶级域名(ccTLD)系统的管理及根服务器系统的管理。全球现有的 DNS 根服务器中主根服务器和多数辅根服务器均位于美国。

2) 国家节点：互联网发展呈现出显著的发达国家痕迹

一国互联网的发展主要取决于国家发展需求、建设经济支撑和网民上网资费 3 个要素。首先，一个国家社会经济越发达对网络的认知和发展需求越大，连入互联网的动力也就越大。其次，互联网通信线路的铺设，以及其他软硬件建设都需要国家经济的支撑，一国经济越发达提供的相关建设经费越充足，接入方式越简捷。最后，网民上网资费也是影响该国互联网连接的重要因素，经济不发达的国家，一般互联网接入速率低但资费却很昂贵。国际互联网的发展呈现出发达国家经济痕迹。

在没有互联网流量的条件下,可根据 gTLD、IPv4 地址和网民数量对 87 个国家分级。一般数量越多则对互联网信息需求的内聚力和信息发生的扩散力越强，相应的信息流量越大、级别越高。由于美国、中国、日本、英国、德国和法国此 3 项指标都在前十之列，且美国各项均数量巨大排名第一，故将 6 国作为第一(美国)和第二集团(其他 5 国)。其他国家数据按极差标准化方法处理后作出雷达图(图 8-1)，分出第三(9 个国家：加拿大、韩国、澳大利亚、意大利、西班牙、俄罗斯、巴西、印度和土耳其)、第四集团(30 个国家：荷兰、丹麦、瑞典、挪威、奥地利、瑞士、波兰、新西兰、比利时、芬兰、捷克、葡萄牙、希腊、匈牙利、爱尔兰、墨西哥、乌克兰、以色列、保加利亚、罗马尼亚、阿根廷、委内瑞拉、哥伦比亚、泰国、马来西亚、印尼、越南、巴基斯坦、南非和埃及)和第五集团(剩余 42 国)。除中国、印度、俄罗斯和巴西四大国外，其他前三集团国家和第四集团中的 16 个国家同为 OECD 成员国。

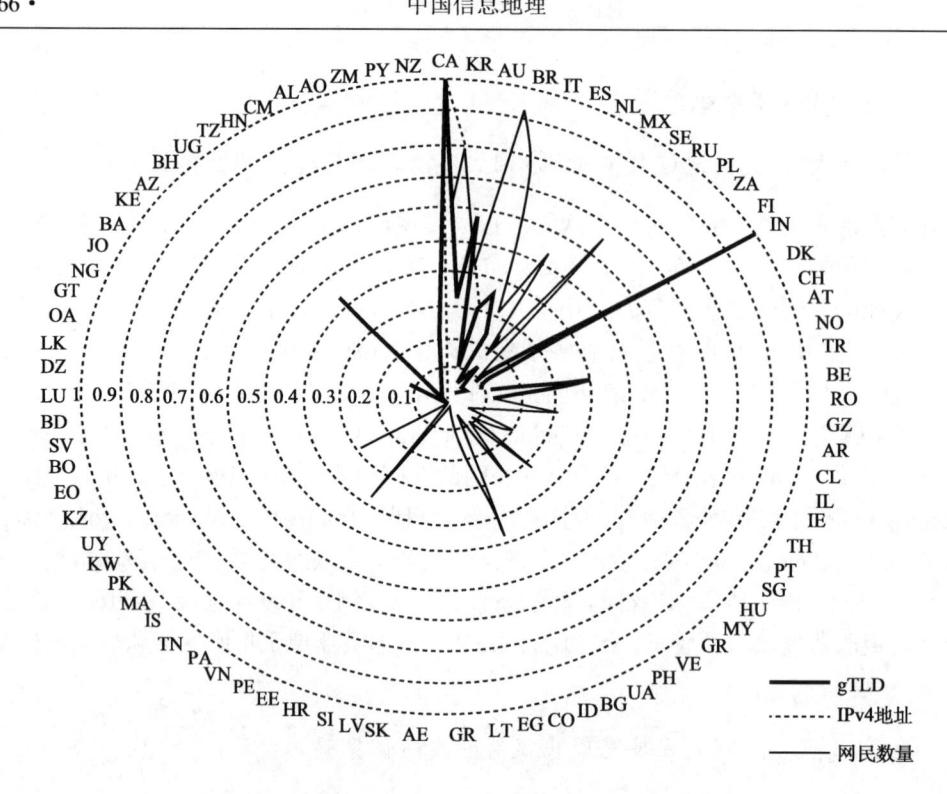

图 8-1　世界 81 个国家的 gTLD、IPv4 地址与网民数量(孙中伟等，2009)

3) 城市节点：国际性大都市构建了最高级的互联网城市节点网络

国际互联网空间布局的最基本规律是由互联网连接城市构筑的互联网城市节点网络。从国家内部层面看，互联网的空间分布是非均衡的，具体表现为由各级城市首先构建起互联网络体系。同时，本国的国际性出口选择也基本为某些大城市。从全球层面看，世界主要的国际性大都市构建了最高级的互联网城市节点网络。其中，英国伦敦已成为世界上互联网最密集的城市。互联网之所以具有明显的空间集聚性，与经济活动不可避免的城市集聚(Sassen，1991)，以及可以更好地与城市市场、竞争性产品和服务创新保持紧密联系(Richardson and Gillespie，2000)有关。这样，城市对信息的高需求及高产出使之迅速成为区域性的信息集聚和扩散中心。也可以说，信息基础设施布局的区位逻辑仍遵循于原有的全球城市网络(Graham，1999)，一个由网络城市组成的全球城市网络正在浮现(汪明峰，2004)。

4) 企业节点：跨国公司是国际互联网建设和组织的重要组成部分

企业(特别是跨国公司)是区域空间组织的主体之一(Camagni and Capello，2004)，其信息网络建设是国际互联网的重要组成部分。全球跨国公司控制着全球生产的 40%、国际贸易的 60% 和国际直接投资的 90%。为适应 ICTs 所引发的外部环境的变化，跨国公司需要在多方面利用网络协助完成企业目标：①跨国公司对自身地域分散布局的内部管理实现；②与市场链上合作伙伴的有效网络匹配；③接入互联网营销企业与产品；④建立快速的市场客户需求响应机制；⑤采用高效便捷和优质可靠的办公系统。为此，自20世纪80年代开始，各跨国公司就纷纷启动信息化工程，投巨资进行信息网络尤其是互联网建设。互联网作为跨国公司网络组织的技术基础得到了重点建设与广泛应用，它不仅降低了跨国经营成本，而且增大了对地域空间操纵的可能性。

4. 国际互联网发展的影响因素

为确定国际互联网信息流发展受到的影响因素，研究者选取七大类16项指标通过相关分析和多元回归方法对世界主要国家展开研究。其中信息流类指标包括gTLD、IPv4地址和网民数量；互联网络质量类指标为网络就绪指数（NRI）；人口与GDP类指标包括总人口、城镇人口、GDP总量和人均GDP；技术流类指标包括专利数量；资金流类指标包括引进外资和对外投资；物流类指标包括进口值和出口值；人流类指标包括入境旅游、出境旅游和在外留学生数量。这里主要讨论信息流类3项指标和网络就绪指数的影响因素。

(1) 通用顶级域名。gTLD是指标明注册者属性特征后缀的域名，其数量可以真实反映各国拥有互联网资源的状况。相关分析显示，gTLD与(5)-(16)位的12项指标（因子）中的9项通过相关检验，其中与GDP总量和进口值高度相关，与对外投资、专利数量、出口值和出境旅游显著相关，与引进外资、入境旅游和城镇人口低度相关，而与总人口、人均GDP和在外留学生则不相关。特别是gTLD与GDP总量的相关系数高达0.922。在相关分析基础上，进一步通过逐步法多元线性回归法考察(5)-(14)及(16)位的11项因子对gTLD的综合影响，模型中作用较大的因子依次为GDP总量、出口值、进口值、入境旅游、专利数量、引进外资、总人口、在外留学生和对外投资。由于总人口和在外留学生与通过相关检验的9因子中多数都存在相关关系，因此出现在模型中并不意外。在两种分析方法中，GDP总量都是影响gTLD最重要的因子，它在一定程度上可直接作为gTLD的量度；此外，进口值、出口值、专利数量、入境旅游、引进外资和对外投资作用程度也较高。

(2) IPv4地址。IP定义了互联网通信中两个节点间网络层交互方式的标准，目前应用的是IP协议的第4版本即IPv4。IPv4协议规定每个互联网上的主机和路由器都有一个32位的IP地址，其总量有40多亿个。由于地址空间的浪费和过度的路由负担使得IPv4地址出现了紧缺。由于IPv4地址数量和gTLD的相关系数达到了0.994，因此它也是与后12项因子中的9项通过相关检验，而与总人口、人均GDP和在外留学生则未通过检验。与gTLD唯一不同的是除出境旅游外，IPv4地址的相关系数都稍高一些，这与文中未考虑各国国家域名有关。同样，IPv4地址的综合影响模型除各项因子数值略有差别外，与gTLD结果完全相同。

(3) 网民数量。网民数量是衡量信息流量的重要指标之一。由于互联网信息流动主要是通过网民登录才能实现下载与上传，因此其数量可在很大程度上表征一国信息流量的大小。相关分析显示，网民数量与gTLD和IPv4地址间的相关系数为0.757和0.790，故其与剩余因子的相关性上与后二者有异同。相同点是网民数量也同前面提到的9项因子有关,且与 GDP 总量和出口值高度相关;不同点是除与 9 项因子的相关系数有差异外,网民数量还与总人口和在外留学生因子显著相关。在多元线性回归得到的综合影响模型中,GDP 总量、在外留学生、城镇人口、总人口、入境旅游和专利数量 6 者对网民数量影响较大。结合两种分析方法可知,GDP 总量和城镇人口是对网民数量影响最大的因子,总人口、在外留学生、专利数量与入境旅游作用也较明显。需特别说明的是,由城乡差距导致的城镇居民网络使用优势,使得城镇人口因子比总人口在衡量网民数量上表现更好。

(4) 网络就绪指数的影响因素。NRI 是世界经济论坛为分析各国信息化的优劣因素、评价 ICT 政策和制度环境提供的一套量化参考指标。具体指一个国家和地区融入网络世界所做的准备程度,其中也包含它们加入未来网络世界的潜力。该指标由网络使用和网络支撑两部分指标构成,计算公式为"NRI=1/2 网络使用指数+1/2 网络支撑指数"。NRI 与 gTLD、IPv4 地址和网民数量仅为微相关。在相关分析中,NRI 与后 12 项因子的 9 项相关,其中与人均 GDP 显著相关,与对外投资、出口值、进口值、引进外资、出境旅游、GDP 总量、入境旅游和专利数量低度相关,而与总人口、城镇人口和在外留学生不相关。在多元线性回归得到的 NRI 综合影响模型中,仅有人均 GDP 和出口值出现。因此,人均 GDP 是影响 NRI 的最重要因子,出口值的作用也较大。此结果与 NRI 代表的是互联网连接质量有关,评价体系中含每台主机的互联网用户、每 100 名居民中估计的互联网用户等指标。

5. 国际互联网的结构特征

(1) 国际互联网信息流由互联网名称与数字地址分配机构(ICANN)、国家、国际大都市和跨国企业分层组织。从全球层面看,互联网资源至少在 IPv4 时代必须由 ICANN 统一分配,这就使得美国掌握了国际互联网的控制权并成为信息流中心。到了国家层面,各国的互联网发展是不均衡的,具有显著的"经济优先"痕迹。除中国、印度、俄罗斯和巴西等大国外,发达国家一直占据着互联网发展的先导位置。即使在一国内部,各区域互联网布局也不平衡,最典型的是各级城市构筑了互联网城市节点等级体系,其中国际性大都市位于顶层。此外,跨国公司为解决发展所面临的外部环境变化和内部管理需要,也投资进行了互联网建设,并直接推动了国际性大都市网络地位的确立。

(2) 国际互联网信息流的空间格局主要是 GDP 总量作用的结果。在影响代表互联网信息流量的 gTLD、IPv4 地址和网民数量的因子中,仅有 GDP 总量、入境旅游和专利数量是三者共有,且 GDP 总量都是最重要的。因此可以说,GDP 总量是国家互联网信息流量的直接量度。事实上,某国的 GDP 总量本身就是多因素共同作用的结果,它与另外 15 指标都相关可为辅证。这样,也就不难解释现在国际互联网信息流空间格局形成的历史必然,以及互联网发展显著"经济优先"痕迹的缘由。

(3) "流动空间"中的信息流、人流、物流、资金流和技术流之间相互作用。流动空间是当今社会中起支配作用的空间形态,由信息流、人流、物流、资金流和技术流的全球范围流动构建。据分析结果,如不考虑人口与 GDP 类指标和互联网络质量类指标,仅对剩余的五大流态类指标进行分析,可见除极个别指标间不相关外,5 类指标间都存在明显的相关关系。更准确地说，流动空间中的 5 种流态间是相互作用和促进的。

(4) IPv6 时代信息流的空间格局特征的远景展望。互联网的 IPv6 时代已初露端倪。国际互联网信息流空间格局将逐渐走向均衡和网络化，具体表现为美国地位下降，以及不通过美国中转的国家间互联网连接比例的增加。对国际互联网在 IPv4 时代表现出的信息流空间格局特征的研究将为即将出现的新空间格局的详细观察奠定基础。

8.2 网络空间与地理空间的比较

通过对传统的地理空间和新的计算机网络空间进行比较，可以解析中国省(区、市)间的联系频率、基于主干网的连接形式和城市节点间的联系速度 3 个方面，从而可以得到两个空间对应的若干基本类型及特征。应用网络分析方法可以有效归纳两个空间各自的联系频率与形式。应用网络服务器距离衰减方法对全国 5 个网络测试站返回的程序测算数据进行整理分析，可获得两个空间联系速度方面的基本规律认知。

地理空间是指地球表面客观存在的物理空间，网络空间是指地理空间上分散的多台独立计算机互联构成的在线系统和空间形态。近些年来网络空间一直受到地理学视角的关注。自 1967 年 Wilson 发现网络空间是一个与传统地理空间截然不同的虚拟场所之后，不断有学者予以深入研究，如 Batty(1993)认为网络空间是一种建立在传统的地理空间之上的空间类型；Starrs(1997)还描述了在网络空间影响下地理空间关系的激烈演变过程；H. 巴凯斯和路紫(2000)基于地理空间和网络空间正交织在一起处于一种融合过程的现状给出了"地理网络空间"的概念；Kellerman(2000)预期理解地理网络空间是广大地理学者当前及今后数十年内的一项主要责任。在较多的理论成果的支持下一批具体内容的研究成果问世，如 Hashimoto(2002)以商品生产与销售为例研究了网络空间落实于地理空间的问题；Mark(2003)研究了虚拟空间与实际地理位置的相互作用。国内一些学者也就网络空间进行了理论、空间作用，以及空间结构等多方面的研究，如 Lu(2002)总结了网络空间在现实世界与虚拟世界间的联系作用，张楠楠和顾朝林(2002)提出了一种"复合式空间"的概念，并对其整体特征进行了描述；刘文新和张平宇(2003)，王如渊和金波(2002)曾就中国互联网的地域结构和区域差异进行了探讨；路紫和刘岩(1998)以中国电信流为研究对象分析了决定中国网络用户省际空间差异的主要因素；张捷等(2000)透视了信息时代区域与城市功能的转化及信息网络的应用对区域空间结构的影响。综合国内外的研究情况来看，一方面对网络空间理论的研究取得了较系统的进展，尤其是在网络空间的构成方式、空间属性，以及影响因素方面做了大量的探索工作，在网络空间与物质基础设施相互作用方面也取得了一些成果；另一方面针对网络空间的实证研究发展很快。这些进步为两个空间在一定区域上的比较研究奠定了基础。但到目前为止有关地理空间与网络空间的综合分析仍然很少，对于通过互联网的两个节点之间的网络空间联系是否与相应的地理空间联系有极大不同尚不清楚。

中国现实地理空间与虚拟网络空间的比较，分别采用了不同研究方法，依据各种数据，进行了 3 方面联系特征的分析。以省域为单元进行联系频率分析以明确两大空间在中国大尺度地域上的空间联系强度的差异；通过两个空间线网布局及走向的比较来体现联系形式上的异同,包括联系方向和联系层级;应用实际测量得到的全国城市节点间的网络空间联系速度,对比地理空间的联系速度,以揭示两个空间在联系速度上的基本特征。

8.2.1 以省域为单元的联系频率

地理空间和网络空间的联系频率均可从交通与通信基础设施建设及使用方面表达。

下面采用主成分分析方法,对两个空间的联系频率问题进行对比。两个空间的联系频率比较指标选择如下:铁路密度、公路密度、邮路密度为地理空间交通基础设施建设指标,反映的是地理空间的交通线网状况;万人客运量、万人货运量、万人函件、万人专递为地理空间交通基础设施使用指标,反映地理空间的人(物)流状况;单位面积长途光缆线路长度、单位面积长途微波线路长度为网络空间信息基础设施建设指标,反映网络空间通信线网状况;上网用户普及率、上网计算机数、CN下注册域名数、WWW站点数为网络空间信息基础设施使用指标,反映网络空间信息流状况。现利用SPSS统计软件对原始数据进行标准化处理得到相关系数矩阵。经过运算得到各因子的特征值、贡献率和累计贡献率、载荷矩阵(路紫等,2008)。各省域两个空间联系频率的综合得分见表8-1,依此将各省域的两个空间的联系频率分为多个等级。

表8-1 地理空间和网络空间联系频率主成分分析综合得分表

省(区、市)	地理排名	地理得分	网络排名	网络得分
北京	1	1.74	1	3.09
上海	2	1.55	3	1.73
浙江	3	0.43	4	1.12
广东	4	0.37	2	2.93
天津	5	0.28	9	0.14
江苏	6	0.24	5	0.79
福建	7	0.07	8	0.24
海南	8	0.05	26	−0.66
山东	9	0.01	6	0.58
辽宁	10	0	7	0.33
山西	11	−0.02	21	−0.51
重庆	12	−0.08	19	−0.47
河北	13	−0.12	12	−0.11
河南	14	−0.14	14	−0.36
湖南	15	−0.14	18	−0.47
四川	16	−0.16	10	−0.04

续表

省(区、市)	地理排名	地理得分	网络排名	网络得分
黑龙江	17	−0.17	13	−0.34
安徽	18	−0.17	16	−0.4
湖北	19	−0.17	11	−0.09
陕西	20	−0.22	15	−0.38
内蒙古	21	−0.23	24	−0.61
吉林	22	−0.23	20	−0.47
江西	23	−0.23	25	−0.63
宁夏	24	−0.23	28	−0.72
广西	25	−0.28	17	−0.46
贵州	26	−0.28	29	−0.76
云南	27	−0.29	22	−0.56
新疆	28	−0.29	23	−0.59
青海	29	−0.37	30	−0.82
甘肃	30	−0.4	27	−0.68
西藏	31	−0.52	31	−0.85

资料来源：路紫等，2008。

两个空间的联系频率具有如下特点：①强联系区和弱联系区的大体一致性与中间区域的差异性，两个空间都以北京、上海、广东、江苏和浙江为强联系区域，以甘肃、青海、西藏和贵州为弱联系区域，这两类区域大致是对应的，但在其中间部分却呈现出较大的差异，两个空间联系频率差异比较大的 9 个省域中，山西、重庆和海南的地理空间的联系频率远大于网络空间，而湖北、陕西、广西、云南、新疆、四川则相反，网络空间联系频率较强；②弱联系区围绕强联系区分布，两个空间的较弱联系区均围绕其较强联系区在其外围分布，随着与强联系区距离的增加也呈现出弱化的趋势，反映出地理空间通过交通基础设施对网络空间有着一定的制约性(Choi，1994)；③网络空间呈现出联系频率的不均匀递减性，不因远离中心点而递减，这与地理空间形成反差，即网络空间上距地理空间中心区较远的省域的联系频率不完全随地理空间距离的增加而减小，如新疆、黑龙江的网络空间联系频率大于安徽、江西，可见实际距离的制约性已被弱化；Abler(1977)已经证明地理距离和电信频率之间 QAP(二次规划模型)相关度仅在 0.5 左右，地理距离与互联网信息流之间的相关度仅 0.01 左右，地理距离与网络空间无关的基本原因是使用互联网的通信成本和接收机之间的距离基本无关；④两个空间中北京一直是最强联系频率区，极化现象明显，而其他省域则产生排序的变化，这可以从信息流量上予以解释。过去的研究已经报告了网络信息流与交流的重要关系(Barnett et al.，1999)，更进一步说明这种关系会由于交流水平的增加而增强。

8.2.2 基于各主干网的联系形式

地理空间和网络空间的联系形式(方向和层级)可依据各网络及节点结构来说明。

下面采用网络分析方法说明两个空间在联系形式上的异同。该方法是一种识别以共性为基础的网络研究程序(Rogers and Kincaid, 1981),其形式由节点之间的关系来表征。数据设置为一系列节点图和一个节点表。考虑到信息源和接受者已被定向,由此可以应用向心性(Bonacich, 1987)和多维排列(Barnett and Wu, 1995)来描述两个空间的联系形式,各物质传输与信息传输数据可从各种统计中获得。两个空间联系形式的比较选取中国铁路主干网和全国互联网中的六大主干网络(中国公用计算机互联网、中国铁通互联网、中国"金桥"网、中国教育和科研计算机网、中国联通互联网和中国网通互联网)为对象,两大主干网叠加得到图 8-2。又选取中国大陆各省会及以上城市为节点,按照其在全国各种交通网络节点中的重要性赋值,最终得到各节点城市的交通网络的得分等级。同理将全国各省会及以上城市按照其在六个互联网中的重要性赋值,得到各个节点城市的互联网的网络得分等级,由此可获得中国两个空间城市层次体系对比。

图8-2 铁路主干网与互联网主干网叠加图(路紫等,2008)

两个空间的联系形式具有如下特点：均呈现出城市向心性的形式，但是中心点地位有所不同。一方面两者共同表现为网络建设较早和网络密度较高的区域其网络依托城市延展的结构性更强。网络空间可以被描述成一个较强本地集聚和较弱泛域分散相统一的结构，核心层由北京、上海、广州、武汉、南京、沈阳、成都及西安八大中心节点组成，网络空间对地理空间仍存在继承性，网络空间中区域结构远没有走向均衡。另一方面，中心点地位在总体对称的基础上表现出差异性：中心区(北京、上海、广州构成的三角形骨架)内，两个空间层次对应基本一致(图 8-2)，外围区(以北京、上海、广州三点画出的南北向椭圆)内，两个空间的对应性较差，如西安、太原等。边缘区(椭圆以外)表现出两大空间的极不对称性，如乌鲁木齐、哈尔滨、拉萨等。其原因在于连通介质与性能的不同所带来的其扩散方式有所不同，交通流有可能不经过交通枢纽地而在沿途停留或回转，而信息流则只能通过枢纽服务器出口连通到广大城镇，造成了中心点地位的明显不同。两个空间的节点结构在层级关系上比较吻合，但主干网重心性不一致。就前者而论，一方面，各省(区、市)节点在地理空间的所处较高等级者，其网络空间连通性也较好，可见地理区位及地理空间的格局对网络空间仍然起着重要的作用。另一方面，交通网主干线偏重于东部地区，而互联网主干线路则呈现中东部地区集中性，中部地区中心密度较大。如地处中国的中部的武汉、成都和郑州等有特殊表现，在互联网信息流的南北和东西传输结构中处于重要地位。两个空间的网线布局形式有简繁之差别。交通主干线构架基本呈方形结构，表现出纵横交错的五纵三横井字形分布，而互联网主干线构架则多呈三角形和多角形结构：正三角形(以北京、上海、重庆为顶点)，倒三角形(上海、重庆、广州为顶点)，四边形(北京、西安、上海、广州为顶点)，五边形(沈阳、北京、重庆、广州和上海为顶点)，体现了网络空间上布线的最短距离原则。两个空间上流的分布形式呈现出单方向与多方向、稳定与不稳性、连续与瞬时的差异。人(物)流沿着固定的交通线路发生在一个方向上；由于各个互联网主干网之间均可通过若干个交换中心与其他网络互联，信息流可选择若干条传输路径中最近的一条进行传输，由此也产生了网络空间复杂的瞬时多方向性和强烈的不稳定性。

8.2.3 城市节点间的联系速度

地理空间和网络空间的联系速度问题可分别以物理距离和信息传输通畅性来表达。采用服务器距离衰减方法对网络空间的联系速度进行描述并与地理空间联系速度进行对比。在此，地理空间上以高速公路为距离计算对象，忽略时速管理、流量等各种因素，整体上认为大尺度地理空间的联系速度取决于距离。网络空间内也忽略传输介质(网络质量)、设备可用性(计算机性能、服务器配置)、管制(服务)等影响其通畅性的因素。即建立一个与 TCP/IP 相关的 ping 命令测试程序，可以寄送一个单独的信息包到远程主机上，远程主机给信息包加盖时间戳记后送回原计算机，这样网络空间的联系速度即可以由 Ping 命令测试程序得到的返回延时来代表。

现选择位于中国教育和科研计算机网(CERNET)主干网节点所在地的 5 个大型城市中某所大学为测试点，进行任意两点之间的数据包返回延时的测试：分别将程序发送给各测试站,约定同时测试,测试时间长度为 7 天,共 10080 分钟,每个测试站每隔 15 分钟向各测试服务器发送四次 32kb 的数据包。对原始数据进行提取后计算的每个测试站在各个节点返回值的均值。为了更综合地对比地理空间与网络空间联系速度,又应用 SPSS 统计软件对各测试站的两个空间进行相关分析,得到测试城市的散点图,依此将所有的地理空间实际指标与所有的网络空间测试指标一一对应,生成相关分析散点图。

两个空间在联系速度上表现出复杂的距离形态差异:整体上两个空间联系速度的关系点呈离散式分布,但是在分散中仍体现着聚敛现象。返回延时表示的城市间的网络距离大都聚敛于 100 ms 以下和 200~400 ms 这两个区域内。每个测试点都有自己不同的网络空间聚敛区:广州为 200~400 ms,石家庄为 200~350 ms,合肥为 0~100 ms,昆明在 100 ms 以下,桂林为 50~150 ms。国家主干网节点聚敛区域将大于其他一般节点城市,如广州与石家庄两地的两个空间在联系速度的排序上差异就比较大。地理空间的距离依赖规律和网络空间的瞬时性规律。网络距离的变化范围为 0~703 ms,若将其分成 100 ms 区间的八个时段,返回延时在 0~99 ms 时段最高,达到了 40%,平均距离在 200 ms 以下。进一步分析可知,两者在联系速度上所依赖的核心要素有较大不同。前者总体上依赖于距离本身,后者几乎全部依赖于信息网络基础设施。网络空间距离大说明网络带宽与信息传输之间的矛盾明显。测试网址城市中,广州与其他各城市的网络距离最大,返回延时在 300~400 ms,说明网络存在拥堵现象。福州、长沙与台北 3 个城市的网络连通性也存在这种情况。桂林与其他各城市的网络距离最小。将 5 个测试城市的地理距离与网络距离分别做成折线图,可见所有曲线均表现出相分离的走势。二者之间似乎没有明显的线性关系。在聚敛区以外区域的地理空间距离和网络空间距离具有同步性特征:随着城市之间的地理距离的加大,网络距离也有增大的趋势,直到散点聚敛区成为距离扩大的临界区。当距离超越这一临界区而进一步增大时,网络距离将不再受到实际距离的影响,而稳定在一定的时间段范围内。

8.2.4 小　　结

在联系频率上,强联系区和弱联系区大致对应且弱联系区围绕强联系区而分布,网络空间联系频率不因远离中心点而递减,与地理空间形成反差;在联系形式上,均呈现出城市向心性的特征但中心点地位有所不同,节点结构在层级关系上比较吻合但主干网重心性不一致,其网线布局形式有简繁之差别,其流的分布形式呈现出单方向与多方向、稳定与不稳性、连续与瞬时之差别;在联系速度上,两个空间的关系点呈离散式分布但在分散中仍体现着聚敛现象,在聚敛区以外的区域地理空间距离和网络空间距离具有同步性特征,网络空间表现为瞬时性规律而地理空间表现为距离依赖规律。

8.3　网络空间信息流结构与流动模式

曾有学者尝试建立一种评价中国互联网城市可达性的数学方法并予以应用(汪明峰和宁越敏,2006),以证明其结果与实际的节点等级体系的基本相符关系。研究发现:节点可达性的高低与城市地理区位有着很大的关系，三大国家交换中心和几大区域核心节点城市的可达性名列中国互联网城市体系的顶层；位于中心地理区位的城市节点可达性要好于边缘地区的城市，中西部城市的可达性较差，但个别城市还是拥有比较好的网络基础设施，为中西部城市发展互联网相关产业提供了很好的基础。本节讨论的是基于网络拓扑结构的可达性。鉴于资料的可获取性，并未涉及网络连接在技术能力上的差异状况。或许更理想的方法应该是采用包含带宽数据（或者是流量、时滞等）的权重矩阵进行分析。此外，互联网骨干网络是一个快速变动中的电子通信基础设施，因此，也要注意它在不同时期的明显变化。尽管网络分析提供了一个研究网络绩效的有用方法，但它还仅仅是互联网应用的一个部分，网络分析方法的应用还必须结合互联网骨干网络的市场结构、技术信息和地方特征等，综合这些因素才有可能全面地理解互联网的复杂空间系统，这也正是未来研究的努力方向。

8.3.1 研究对象与研究方法

1. 研究对象

网络空间信息流在社会空间结构研究，尤其是在城市空间结构研究中占据重要地位，本节以中国教育和科研计算机网（CERNET）数据为基础，分析了信息流的等级结构和流动模式，揭示了中国互联网网络结构的空间特征，并对其未来的发展变化提出了初步设想，对未来研究方向和方法提出了一些建议。

随着IT技术的发展，以及硬件和软件成本的不断降低，互联网进入了普及阶段，同时地理学者也把目光转向了网络空间的研究及研究其与传统空间的融合（Bakis，2001）。由于中国接入互联网较晚，虽然发展速度较快，但其现状与发达国家仍存在巨大差距，同样国内地理学者对网络空间的研究也存在巨大差距。以前多是对互联网外部形态（网站、域名、站点数量等）进行综合研究，多是对中国互联网的东西部差异（刘文新和张平宇，2003；王如渊和金波，2002）或城乡差异，即"数字鸿沟"进行区域性研究。本节则集中对互联网网络的本质特征——信息流进行研究。

信息流是社会系统中客观存在的空间相互作用的现象，它虽然是一种虚拟的信号流，但它仍然遵循特定的社会经济规律。流是空间相互作用的具体体现（虞蔚，1988；金凤君，2001；张敏和顾朝林，2002），同时流的形成不仅是由于"信息势差"的存在，而且也是社会多样化的需求造成的，它充分体现了社会生活的规律（周一星和张莉，2003；周一星和胡智勇，2002）。对信息流的研究可以使人们深入了解中国各地间信息相互作用的结构和规律，并建立更有效的通信网络，使各地间信息的流通更加通畅，更有效地推动经济发展和社会进步。

2. 研究方法

下文旨在对中国重要城市间的信息流进行流量、流向分析，从空间的静态和动态两个方面研究城市体系的特性，试图揭示当前条件下中国城市体系网络结构的空间特征，并对城市间网络结构可能的演变提出预测。

城市间信息流的研究方法包括：①城市间信息作用研究，首先要求有能够反映城市间信息的流量和流向的资料，采用 CERNET 有关数据，可对中国重要城市间的信息相互作用进行研究；②每个城市的信息流可以分为入和出，同时城市间的相互作用可以有聚和散，聚即是吸引力，散即是扩散力。各城市吸引力的大小可以由吸引力因子来反映，同样其扩散力大小也可以由扩散力因子来反映。A 城市对 B 城市的吸引力因子为

$$X_{AB} = R_{AB} / \sum O_B \tag{8-1}$$

式中，X_{AB} 为 A 地对 B 地的吸引力因子；R_{AB} 为从 B 地到 A 地的信息流量；$\sum O_B$ 为 B 地发出的信息流量。则 i 地总的吸引力因子为

$$X_i = 1 + \sum (R_{ki} / \sum O_k) \tag{8-2}$$

式中，X_i 为 i 地总的吸引力因子；1 为地区中心 i 城市对所在地区的吸引力常数；$\sum (R_{ik} / \sum O_k)$ 为 i 地对其他中心城市的吸引力因子。同样，A 城市对 B 城市的扩散力因子可以通过类似的公式得出：

$$Y_{AB} = O_{AB} / \sum R_B \tag{8-3}$$

式中，Y_{AB} 为 A 地对 B 地的扩散力因子；O_{AB} 为从 A 地到 B 地的信息流量；$\sum R_B$ 为所有到 B 地的信息流量。

则 i 地总的扩散力因子为

$$Y_i = 1 + \sum (O_{ik} / \sum R_k) \tag{8-4}$$

式中，Y_i 为 i 地总的扩散力因子；1 为地区中心 i 城市对所在地区的扩散力常数；$\sum (O_{ik} / \sum R_k)$ 为 i 地对其他中心城市的扩散力因子。同时，在这里引入了"场"和"核"的概念，用集聚场和扩散场来说明城市对周边相关地区和城市的作用力，用核的级别来说明城市的影响力的大小。每个场都包括核心和辐射范围两个方面。

8.3.2　信息流结构与信息流模式

1. 应用基础

CERNET 设有的 8 个地区中心节点城市均是国家和地区的政治、文化或经济中心，是大量信息的发源地和集散地。由于中心城市经济方面的发展，造成周边地区与其经济方面的差距，使它们有向中心城市看齐的趋势，从而造成了周边地区对中心城市有大量的信息需求；由于中心城市的文化发展，产生出大量的信息，造成周边地区与中心城市的信息势差，从而增加了中心城市的凝聚力；由于政治的先进性，许多政策和政令都从中心城市产生并扩散，从而加强了它的中心作用，造成了周边地区对中心城市的向心力。所以选择以上这些城市作为主节点，充分考虑了社会的各项因素在里面，也是对社会发展状况的充分反映。同时，也客观上造成了地区发展的不平衡性。这些中心城市间信息

流的流向及流量特征能很好地代表目前中国的网络空间状况。所以本节选择这些中心城市进行研究，能够很好的完成对中国网络结构的现状分析，以及为预测发展提供可靠的依据。

2. 等级结构

由 CERNET 的统计数据，进行整理可以得到各中心城市的一些流量数据。在各中心城市总的信息流量(M)中，总的流出量和流入量由大到小依次均为武汉—北京—南京—广州—上海—成都—西安—沈阳。

根据前面所设计的方法，把各城市间的流向流量数据，以及整理出的总的流量数据代入式(8-2)和式(8-4)，可以得出各中心城市的吸引力因子 X 和扩散力因子 Y 的结果：各中心城市间的吸引力因子由强到弱依次为北京—武汉—南京—西安—上海—广州—成都—沈阳；扩散力因子由强到弱依次为北京—武汉—南京—上海—广州—成都—沈阳—西安。

1) 场的等级特点

场的等级关系可以由核心城市的等级关系准确的反映出来，而核心的确定则由其吸引力和扩散力的大小来决定。吸引力和扩散力的大小可以反映出该城市在中国社会中的地位，尤其可以准确地反映出该城市对周边地区和其他中心城市的影响力的大小。由此可以很直观地看出它们之间的大小、等级关系，可以把这些中心城市分为 3 个集聚核级别和 3 个扩散核级别。3 个扩散核分别是：一级核心城市，包括北京、武汉和南京；二级核心城市，包括西安、上海和广州；三级中心城市，包括成都和沈阳。3 个集聚核分别是：一级核心城市，包括北京、武汉和南京；二级核心城市，包括上海和广州；三级中心城市，包括西安、成都和沈阳。按照以上 3 个级别的划分，再加上其他重要城市，就可以把中国的网络结构分为 4 个等级范围，包括一级核心、二级核心、三级中心和其他城市。下文用等级结构图来形象地描述它们之间的关系。

2) 结构特点

从图 8-3、图 8-4 可以看出此等级结构的特点有 6 个方面。

(1) 等级关系比例相对较为合理，每级核心、中心城市都带动了较为合理的重要城市数量。除南京外，其余 7 个中心城市均带动了 3~6 个重要城市，避免了网络阻塞现象的发生，从而提高了网络的可用率，并保证了网络的高性能运转。同样在很大程度上可以避免网络资源的浪费，提高了网络的利用率。

(2) 一级核心能起到很好的带动作用，能有效地带动周围城市的信息发展。网络性能的好坏可以直接地反映出该地区信息发展的程度。根据 CERNET 的统计资料显示，第四级的 28 个重要城市的网络性能排名从高到低依次是：天津、石家庄、呼和浩特、合肥、南昌、太原、长沙、重庆、兰州、南宁、海口、青岛、郑州、大连、杭州、福州、桂林、哈尔滨、深圳、贵阳、西宁、昆明、厦门、银川、乌鲁木齐、济南、长春、拉萨。其中除个别城市外，其余与一级核心直接相连的城市大都排名靠前，这正好说明了这一点。

(3) 等级关系不够严密。城市间的信息联系不是严格按照等级关系来进行的,三级中心城市不是联系于二级核心城市,而是直接与一级核心城市相联系的。一级核心不仅可以与二级和三级相联系,同时可以直接与其他重要城市联系。这是由于一级核心城市同时也是地区的中心节点,所以,就赋予了它直接与其他重要城市联系的功能。这种不严密的等级间的联系虽然能充分发挥各级城市的作用,但在一定程度上也加剧了地区间发展的不平衡程度,所以它的存在不利于消除区域差异。

(4) 三级中心城市甚至二级核心城市的数量有待加强。在集聚方面二级中心缺少一个环节,只有 2 个;在扩散方面三级核心缺少一个环节,也只有 2 个。由于这些环节的缺失,造成了在一些地区的发展不平衡,使得一些现有的中心城市出现负荷过大的现象,比如北京,作为一级核心城市,它带动的第四级的重要城市过多(6 个),一定程度上削弱了其一级核心的作用,使其更像二级核心或三级中心城市。应该在西北方向发展一个三级中心城市,并适当调整西安和北京目前所带动的重要城市,以缓解北京的压力,并把西安在扩散方面的能力加强,使其在扩散和集聚方面都具备二级核心的能力。二级核心城市广州方面,带动了 5 个重要城市,应该使一级核心南京的能力向华东南方向拓展,在福建沿海发展一个三级中心城市,以缓解广州方面的压力,从而使广州二级核心的影响力向广西、海南和云南方向发展,能更好地带动周边城市信息交流的发展。

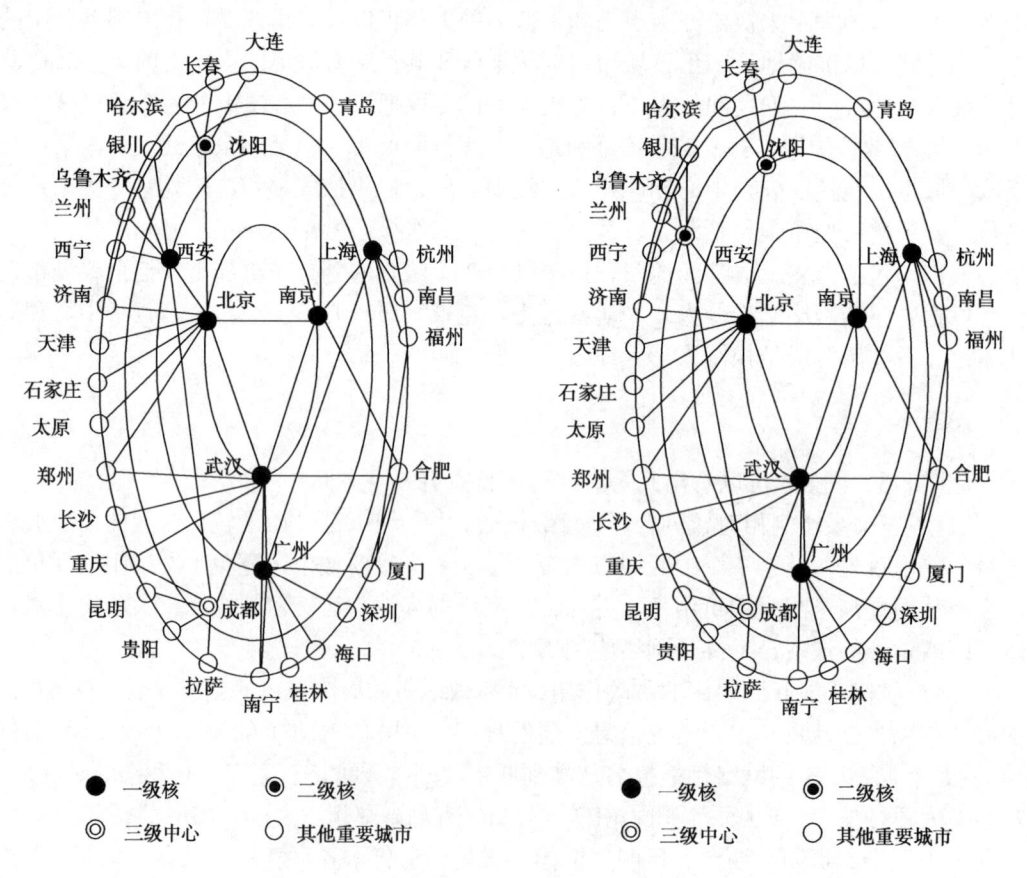

图 8-3 扩散核等级结构图(董志良等,2005)　　图 8-4 集聚核等级结构图(董志良等,2005)

(5) 同等级间的联系不够紧密。除一级核心间的联系较为紧密外，其他等级间的联系虽有，但并不紧密，甚至没有联系。这样就制约了信息流通的通畅；二级核心城市间上海和广州间联系较为紧密，而二者与西安的联系则不存在；同样三级中心城市沈阳和成都间也不存在联系；其他重要城市间的联系则更加松散。这就造成了纵向联系紧密而横向联系松散的现状。这种现状使得除一级核心城市外的同等级各地的"信息供需差异"不能形成信息流动，只能靠"信息势差"造成信息的流动。这样也不利于网络性能的充分发挥。

3. 信息流动模式

中国信息流动的空间特征表现为：北京—武汉之间是一个强轴(主轴)，而北京—南京、武汉—南京都属于弱轴或者称作辅轴。但这 3 个轴都有共同特点：在每个轴的两端向外都有许多辐射，每一端都有类似"车轮"的模式，与轴相联系就形成了类似于"哑铃"的模式。北京强力辐射东北、华北和西北三大区域，武汉则着重辐射西南、华南和华东部分地区，而南京则主要辐射山东到福建的沿海省份。

中国信息流动的主要空间结构模式是：在一级核之间的"交互式三角"型的模式，这是由于它们之间的信息互换导致的大致相当的信息交互。它们之间的信息交互不是由于信息势差造成的，而是由于信息供需的差异性造成的；在核心城市与低等级的重要城市之间的是相当于齿轮型的模式，由于存在信息势差，所以造成了信息从核心城市向低等级的重要城市对外扩散时的溢出现象和对内集聚时的虹吸现象。呈现出向四周扩散或向中心集聚的性状。

各级核辐射区之间并非没有联系，它们之间的联系可以用互补、渗透和冲突来形容，从而促使信息在它们之间的流动，空间上表现为相互联结渗透状。以上可以看出，CERNET 主干网络信息流动模式是以三角形轴为主要模式。如果把前两点结合起来看，可以把北京、武汉和南京三城市间的联系看作是三角形的"轴"。

8.3.3 小 结

通过对 CERNET 的一些现状资料的分析，揭示了中国目前 8 个地区中心城市的网络空间格局。由于这些现有的中心城市在社会中的作用，使它们在人才、经济、政治、基础设施等方面存在不可替代性，这样就使得目前的格局比较稳固，并且得到稳固的发展。可以预见：①随着中国经济的整体发展，改善网络环境，减小区域差异的要求将得到很好的满足，西北和西南区域发展的相对落后现状将得到很好的改善，从而发展出一些二级核心或三级中心，带动该地区的信息方面的发展，以满足区域整体发展；②通过研究信息流动的等级结构发现，中国在未来几年内应该再发展 1~4 个三级中心城市(应该在西北和西南地区)，随着中国西部大开发的进展，对西部投资的加大，这一目标将很快实现。这样可以使中国的网络等级结构模式更加的完善；③应增加同级城市间的横向联系，从而改善网络的可用性，使网络性能有大幅度的提高；④应对现有的二级核心和三级中心城市加大投资力度，使其对周边的带动力更强大，信息的流通更加通畅。

通过对 CERNET 的分析所得出的结论对于其他的网络是否存在共性这一问题上有待进一步研究：首先，是对其他网络的实证研究，主要是应针对中国公用计算机互联网（ChinaNET）、中国科技网（CSTNET）、中国金桥网（GBNET）等在中国影响范围较大，分布较广的互联网。其次，不仅要考虑吸引力和扩散力因素，同时也要考虑到其他的影响因素，主要是社会信息化程度，包括计算机普及率、网络普及率、人均 GDP，以及社会文化程度和社会信息产量和需求量等因素。但各地发展不平衡，有待进一步加大投资，改善网络结构，改变各地的不平衡状况。

8.4 城市节点信息辐射空间与地区差异

信息化是当今世界发展的主要趋势，从地理学角度看，信息化可以定义为：计算机与新通信技术(特别是互联网)的应用导致的信息传递的时空障碍性的大幅度减低，也就是说在信息基础设施到达的地方,信息的可获得性趋同"空间距离摩擦定律"失去作用(刘卫东,2002)，也可理解为是信息节点城市辐射空间逐步加大，最终达到无信息盲区的过程。各种信息及其流动构成信息社会的基本景观，因此研究信息流、信息网络及其与地理空间的相互作用，是目前地理学研究的热点。

8.4.1 研究回顾

国外学者 Castells(1996)区分了"流空间"和"场所空间"并提出了流空间构造 3 个层次的物质支持：整合世界的电子通信网络的基础设施；由节点与核心所构成的流动网络；占支配地位的管理经营的空间组织。其中，前两个层次为更好的理解本书提供了借鉴。他所提的流空间反映了信息网络对地理空间的影响所形成的新的景观是一个流动的物质组织。在流空间的框架下，Appadurai(1996)提出了 5 个主要的空间类型：技术景观、金融景观、民族景观、媒体景观、意识形态景观，从而使得流空间的概念更加丰富。

国内学者张捷等(2000)较早地研究了信息时代地理空间及其连通性，并对中国教育科研网空间结构进行了具体分析。H·巴凯斯和路紫(2000)剖析了西方学者关于电信对地区的影响研究，指出地理空间向地理网络空间演化的趋势。刘卫东(2002)探讨了中国互联网发展的空间特征及其对社会经济空间组织的潜在影响。汪明峰和宁越敏(2004)对国外网络信息空间的城市地理研究进行了综述与展望，其后又从互联网骨干网络拓扑结构入手，采用网络案例分析的方法从互联网骨干网络发展的角度就互联网与中国信息网络城市的崛起进行了地理学研究，探讨了城市节点在不同网络中的地位和相互之间的关系。董志良等(2005)选用信息产业部公布的 2000 年末全国信息网络光纤容量现状图为研究基础，以全国干线光缆传输网为信息网络分析对象，将 64 个城市节点的汇合干线条数和光纤容量两项指标作为进一步分析标准，分析了节点城市在信息网络中的地位，前者可以说明该城市节点地理区位的重要程度，后者表明该城市节点在信息网络中的地位。余勇军和陆玉麒(2005)研究了省会中心性指数问题。以上研究成果为省会节点城市空间辐射研究奠定了基础。

目前关于信息网络的研究集中在网络节点城市及节点之间相互关系上,较少关注信息节点的辐射空间问题,本节针对该问题进行了研究并探索了其地区差异。

8.4.2 研究对象选取与研究资料生成

节点城市信息辐射空间是节点城市信息活动影响能力能够带动和促进区域地理空间向网络空间发展演变的最大地域范围。本节分为两个层次,一级辐射空间是指省会城市作为城市行政区在本省信息网络中所处的信息地位,侧重于节点的区域中心性;二级辐射空间是指该城市作为省会在全国信息网络中所处的地位,主要侧重于省会性。确定节点城市信息辐射空间首先要构造节点城市信息指数的复合指标,然后在复合指标的基础上进行辐射空间测算。本节采用二级指标,一级指标2个:信息基础设施、用户信息素质;二级指标7个:上网计算机数、网站数量、注册域名数量、上网用户普及率、用户平均每周上网天数、用户文化水平、信息搜索所占比例。基础设施指标主要反映节点信息建设状况,侧重硬件环境的描述;用户信息素质反映区域范围内网络使用状况,主要从使用环境及网络建设进行描述(刘春亮和路紫,2007)。鉴于目前中国区域互联网发展状况报告均以行政区为调查区域,其数据反映的是区域的互联网发展状况,在前人研究成果基础上利用省会城市的中心性指数于统计数据相乘,对所得统计数据进行了矫正,形成节点城市的信息指数复合指标一览表,见表8-2。

表 8-2 节点城市信息指数复合指标一览表

省会城市	信息基础设施			用户信息素质				信息指数
	A1	A2	A3	B1	B2	B3	B4	
1 北京	5.80	10.00	10.00	4.56	10.00	7.29	10.00	57.65
2 上海	7.35	5.75	4.62	3.20	10.00	8.24	9.40	48.56
3 广州	10.00	6.65	4.40	2.52	9.13	8.82	10.00	51.53
4 沈阳	1.27	0.75	0.53	2.48	8.70	8.12	9.00	30.84
5 武汉	1.94	0.50	0.32	2.34	9.13	9.06	8.60	31.88
6 南京	2.43	1.08	0.81	4.09	9.57	8.71	10.20	36.88
7 成都	1.24	0.27	0.22	3.27	8.70	8.71	8.40	30.80
8 西安	0.44	0.12	0.12	3.46	7.61	10.00	7.80	29.55
9 天津	0.39	0.17	0.15	9.85	8.70	8.47	10.20	37.93
10 济南	1.31	0.44	0.35	5.20	9.57	7.41	10.60	34.87
11 福州	0.47	0.40	0.23	8.66	9.78	9.65	9.00	38.19
12 南昌	0.21	0.06	0.02	5.14	7.32	8.82	8.17	29.74
13 郑州	0.39	0.13	0.09	2.48	7.83	8.83	7.80	27.55
14 合肥	0.29	0.08	0.04	4.89	7.82	8.81	7.69	29.65
15 石家庄	0.75	0.25	0.15	3.47	8.91	8.71	9.20	31.44
16 兰州	0.13	0.03	0.02	6.30	7.39	2.47	7.20	23.55

续表

省会城市	信息基础设施 A1	A2	A3	用户信息素质 B1	B2	B3	B4	信息指数
17 哈尔滨	0.56	0.12	0.10	3.89	9.35	9.53	6.80	30.35
18 长春	0.56	0.24	0.11	3.78	9.13	7.65	8.60	30.07
19 太原	0.13	0.03	0.02	6.73	7.83	8.82	9.20	32.76
20 呼和浩特	0.05	0.01	0.01	10.08	6.74	9.41	7.80	34.10
21 银川	0.01	0.02	0.01	2.07	7.83	9.65	7.20	26.78
22 乌鲁木齐	0.13	0.03	0.01	10.00	7.83	9.53	10.00	37.52
23 西宁	0.01	0.01	0.02	3.53	6.96	8.59	8.00	27.30
24 昆明	0.25	0.02	0.07	3.41	10.00	8.59	8.60	30.93
25 贵阳	0.11	0.02	0.02	3.15	6.96	7.88	7.40	25.54
26 拉萨	0.10	0.02	0.11	2.62	7.39	8.71	8.80	27.75
27 重庆	0.65	0.20	0.14	2.86	9.13	9.88	9.00	31.87
28 长沙	0.28	0.08	0.05	4.82	8.04	9.65	5.80	28.72
29 杭州	1.54	1.31	0.65	5.66	10.00	9.65	8.20	37.01

资料来源：刘春亮和路紫，2007。表 8-3～表 8-4 资料来源同。

8.4.3 研究方法与应用

1. 断裂点公式与城市节点的辐射空间

一般认为，划分城市影响空间的依据是城市空间的相互作用，该理论指出，城市对周围区域的影响力与城市规模呈正比，与到城市的距离呈反比。城市地理学和区位论认为，空间中的城市群之间存在相互作用，赖利(W. J. Reilly)于 1931 年，根据牛顿力学中的万有引力理论提出了"零售引力规律"，康费斯(P. D. Converse)1949 年提出了"断裂点"概念。设 i，j 两个城市的规模分别是 p_i、p_j，其距离为 d_{ij}，则它们之间的引力计算模型为

$$F_{ij} = k \frac{p_i p_j}{d_{ij}} \tag{8-5}$$

利用该模型，基于 Mapinfo 平台，选择部分城市，做出其辐射空间图。本节在参照汪明峰、宁越敏信息节点城市的基础上考虑行政区划、地域平衡等因素，选择以下 15 个城市：北京、上海、广州、济南、武汉、南京、成都、天津、石家庄、兰州、长春、西宁、昆明、重庆、哈尔滨作为信息辐射空间计算城市。对于一般城市，依据该城市与周边城市的信息指数比例，做出其辐射空间图(图 8-5)；对于沿海、沿边城市，向内依据同内地城市，向外以行政或边界为界，做出其辐射空间图(图 8-6)。

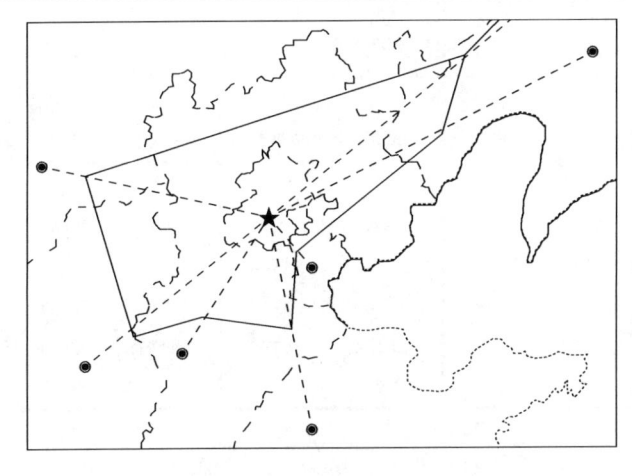

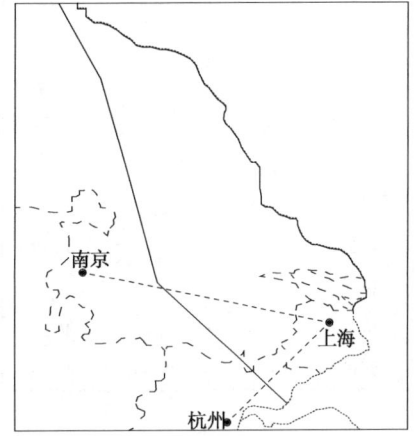

图 8-5　北京市信息辐射空间（刘春亮和路紫，2001）　　图 8-6　上海市信息辐射空间

图 8-6~图 8-7 资料来源同

2. 数组函数模拟与城市节点空间辐射范围

在已做出信息节点城市空间辐射图上量算空间辐射面积得到下列数组见表 8-3。

表 8-3　部分省会信息节点城市的断裂点辐射空间

节点城市	信息指数	辐射空间面积	节点城市	信息指数	辐射空间面积	节点城市	信息指数	辐射空间面积
北京	57.65	61.95	上海	48.56	25.93	广州	51.53	105.17
长春	31.28	38.85	武汉	31.88	40.38	南京	36.88	38.65
重庆	30.80	77.56	石家庄	22.53	22.86	兰州	23.55	53.21
哈尔滨	30.35	52.28	天津	37.93	14.35	济南	34.87	41.61
成都	33.27	33.27						

将上述信息指数和信息辐射空间面积作为对应数组，利用 SPSS 软件进行函数模拟，可得若干组函数关系，通过误差最小化筛选，选择以下函数来描述信息指数与辐射空间面积的关系：

$$y = e^{[4.17000+(-14.743)/x]} \tag{8-6}$$

将各省会节点城市的信息指数带入式（8-6），可得各个省会节点城市的辐射空间大小，进而求出其辐射空间半径（表 8-4）。

通过一级辐射空间面积及省会城市的中心性指数，回归省会城市的二级辐射空间。二级辐射空间主要是指全省信息指标在全国中的地位，通过该数据，可以定量的描述该省的信息建设状况及其在全国省会信息节点城市中所处的位置。

表 8-4　省会信息节点城市辐射空间大小

节点城市	辐射空间面积	节点城市	辐射空间面积	节点城市	辐射空间面积	节点城市	辐射空间面积	节点城市	辐射空间面积
上海	47.77	北京	50.11	广州	48.67	沈阳	40.12	武汉	40.75
南京	43.39	重庆	40.75	杭州	43.45	西安	39.29	哈尔滨	39.81
成都	40.10	天津	43.87	济南	42.40	石家庄	33.04	昆明	40.17
福州	43.99	郑州	29.44	长沙	38.73	南昌	23.00	兰州	34.60
贵阳	36.33	合肥	36.21	太原	41.26	乌鲁木齐	43.69	呼和浩特	42.00
海口	37.83	西宁	37.56	银川	37.30	拉萨	35.80		

3. Mapinfo 平台与辐射空间图

利用软件,在中国政区图上选择省会信息节点城市作为基点,以信息辐射空间大小为面积,做出以省会节点城市为中心的一级信息空间辐射图范围,回归二级辐射,做出空间辐射范围图(图 8-7)。

图 8-7　省会信息节点城市辐射空间图

通过不同省会城市信息节点的辐射空间(图 8-7)比较,可以看出中国不同的省会城市在各省内信息建设中所起的作用不同。省会城市信息节点一级辐射空间从总体上看,其辐射范围远远不能满足全省需要,这主要由目前存在的各地级市信息节点造成;直辖市信息节点能够辐射所辖区域,并且在北京与天津及周边省会城市之间出现了辐射空间叠置。东部经济发达区域省会节点城市的信息辐射范围较大,中部省会城市的信息辐射范围大于西部。其主要原因在于东、中、西经济发展水平导致的信息基础设施及信息建设的差异。然而不仅于此,在一定程度上西部省区面积偏大,也会影响信息指数的准确性。

二级辐射空间已经呈现出明显的区域差异,在东部地带较多出现辐射空间叠置现象,说明该区域已经存在相邻省份之间的信息竞争;中部地带基本能够辐射全省,但由于省会城市与行政区几何中心的不重合特征,导致辐射空间出现叠置与盲区并存的现象;西部省会城市的二级辐射空间覆盖全省尚存在不足。

8.4.4 小　　结

有关省会城市信息节点辐射空间的研究主要集中在信息指数与辐射空间的函数模拟上,通过空间信息指数与辐射空间的关系,再运用于确定辐射空间。从而为发挥省会信息节点城市的作用,加强省会节点的信息基础设施建设提供必要的理论依据。

省会节点城市的辐射空间信息指数从内涵上包含了信息基础设施建设及用户信息素质两个指标,因而是比较省会节点城市信息辐射作用的最佳指标。通过不同省会节点城市指数、辐射空间的比较,可以明确省会节点城市信息作用的强弱及其在全省的地位。目前矛盾较为突出的主要是西部省会城市,主要是由于其行政面积偏大、自然条件复杂导致信息条件的地域不均衡造成。同时哈尔滨、武汉等城市也存在较大的矛盾,主要原因在于经济中心与几何中心的极度偏离。

研究结果表明:①大部分省会城市信息节点一级空间辐射不能满足全省需要;②超级信息节点城市和周边节点城市之间已出现信息竞争萌芽,信息辐射空间叠置;③省会信息节点二级辐射空间存在着地域差异,与经济实力的地域差异相吻合。

本节拓宽了信息城市研究的内容,但仍存在着许多尚未解决的问题。本节研究中回避了地级市信息节点对省会信息节点城市辐射空间的影响。有关定量分析的方法尽管多,但如何更好地融入到辐射空间的研究中去还值得探讨。而且有关信息指标的分析是建立在对一般性的数据统计基础之上的,这与实际存在一定的差异,如何寻找能够准确反映节点城市信息指数的指标也是需要进一步研究的问题。可以肯定这类研究对信息网络及节点城市建设具有较强的实践意义。

8.5　城市节点间信息联系的通达性

自 2008 年中国电信行业实行改组后,中国电信和中国联通在互联网宽带服务市场上所占比例达到 75%,在主要骨干网国际出口带宽所占比例达到 80%,2011 年 1~9 月两公司的互联时延为 87.7~131.3ms，超过原信息产业部《互联网骨干网间互联服务暂行规定》中时延不得高于 85ms 的上线(中国信息产业部，2010)。2011 年 11 月中国国家信息化专家咨询委员会发布的《2011 年中国信息化蓝皮书》显示，截至 2015 年第二季度末全球互联网宽带平均速度为 5.1 Mbps，而 2015 第一季度中国互联网平均下载速度仅为 5.12 Mbps，中国信息传输速度在全世界排到了第 71 位(周宏仁等，2011)。同时，中国互联网市场整体服务资费较高，平均每 Mbps 接入费用是发达国家平均水平的 3~4 倍。2011 年国家发改委价格监督检查与反垄断局开始对中国电信和中国联通进行调查，发现中国通信光缆利用率普遍偏低。这其中除了电信市场秩序规范缺欠以外，也存在信息基础设施建设、网络组织结构、区域信息集聚等方面的原因。所以基于城市节点间互联网信息传输速度的研究，对改进中国网络互联互通质量、加快信息传输速度，以及建立更有效的通信网络都具有较大意义。

随着流动空间对固定空间的替代，流动空间逐渐成为信息地理学研究热点，联系强度与联系速度作为流动空间的 2 个重要指标，分别用信息流量表示和输出(输入)速度表示。1997 年以来，国内外对该领域的研究发展较快，大量研究以信息基础设施水平与信息流量为对象，对城市间信息空间联系强度开展空间格局与结构(孙中伟等，2009；汪明峰和宁越敏，2006)、城市等级与省际差异的相关研究(孙中伟等，2010；汪明峰和邱娟，2011)。Moss 和 Townsend(2000)甚至从互联网骨干网络的宽带容量与连接通达性 2 个方面分析了美国主要城市节点在互联网结构体系中的等级层次。O'Kelly 和 Grubesic(2002)通过分析 1997~2000 年美国主要城市节点的网络通达性的显著变化，指明互联网通达性在城市节点等级体系中发挥决定性作用。其他基于城市节点间信息传输的硬件设施(如光纤容量)的研究也都取得了重要进展(汪明峰，2005；刘桂芳，2006；沈丽珍和顾朝林，2009)。研究发现网络通信设施的空间格局、互联网带宽、网络运营成本，以及政府对互联网运营服务的各种管制等都会影响到网络信息传输空间特征。同时，随着城市信息竞争力作用的加强，以空间距离为单位测度的传统地理空间上的邻近逐渐让位于以时间速度为单位测度的相对网络空间上的邻近，对互联网信息在城市节点间的传输速度及其地区差异的研究成为了主要关注点。Evens 和 Wurster(1997)很早就断言网络信息空间中信息传递通达性取决于拥有度与拥挤度间的权衡。然而，目前较少有学者将信息传输速度作为研究对象，开展关于城市节点间空间联系通达性的相关研究。

基于信息传输速度描述城市节点间互联网信息联系通达性问题，有如下 3 个意义：其一，可以更清晰表征信息流空间联系瞬时特征，是位空间向流空间思维转变的重要体现；其二，可以从网民访问视角认知城市间信息交流的机会和潜力，较传输规模指标更加贴近需求，也影响着城市社会经济发展；其三，能从一个全新视角评价城市体系空间结构的完善程度，以及平衡协调完成信息传输的能力。基于此，本节试图以城市节点间信息传输速度作为研究对象，运用因子分析方法进行数据分析，确定信息网络中的每个城市节点在城市节点结构体系中所处的位置，揭示中国城市节点间互联网信息联系的通达性(路紫等，2014)。

8.5.1　研究数据与研究方法

数据来源与数据处理。信息传输速度即信息网络中各城市节点间相互联系时信息交流的快慢程度，它能够反映信息流的瞬时传输过程。以往互联网信息传输速度数据的获取主要采用互联网数据中心(Internet Data Center，IDC)测速方式。CNNIC(中国互联网络信息中心)使用 IDC 测速方式，发布了《第 27 次中国互联网络发展状况统计报告》(2011 年 1 月)(中国互联网络信息中心，2011)，对中国大陆 31 个省份的网络信息传输速度进行了排名，引起了普遍关注，但其测速数据并未具体到省区间，难以对空间关系的说明提供有力支持。故本书尝试通过网络测速网站，获取城市节点间互联网信息传输速度和连接方向的基础数据，以利于从信息传输速度角度对中国信息网络中城市节点联系的基本规律进行研究。

测速网站选取。于 2011.4.10~2011.4.30，使用"网络速度测试""测速网站""网络速度统计(分析)"和"城市间网络速度"等为搜索关键词，以能获得城市节点间信息传输速度和连接方向数据资料为准则，选取了"世界网络"测速网站作为基础数据来源。该网站具有测试点覆盖全国、统计样本数据量巨大的优势，能获得城市至各省份的互联网信息传输速度数据，也能获得访问者浏览次数数据。

网络连接速度测试点选取。由"世界网络"测速网站首页点击顶栏菜单中"网速测试"板块，进入"网速测试点列表"页面的"搜索网络测试点"栏中，输入某城市(如北京)名称后得到"网络连接速度测试点列表"页面。该测试点列表中包含多个测试点，选取浏览次数最多的网络测试点作为研究对象，其代表了城市节点的极限传输速度，故将"企商在线"作为该城市(如北京)的网络连接速度测试点。以此类推，确定其他城市的网络连接速度测试点。

获取 31 个城市节点间信息传输速度数据。针对测试采样状况，鉴于互联网信息传输速度动态变化剧烈的特性，以及数据获取的技术性问题，于 2011 年 5 月 1 日至 11 月 1 日对信息传输速度进行为期 6 个月的连续跟踪统计，以期通过较长时间的数据把握基本规律。进入"速度测试结果"页面后，以"平均速度统计"为标准，选择以月为单位以每月月底的 5 天时间作为统计数据的关键期，获得全国各省份访问该城市(如北京)的平均网络速度，根据研究需要将各省份以省会城市为代表进行数据分类与汇总，最后获取 5~10 月该城市(如北京)与其他城市间的月内平均数据，依据城市节点间信息传输速度和连接方向的原始数据，编制出中国城市节点间信息传输速度的 31×31 数据矩阵(基本单位为 kbps)。

采用因子分析法对中国 31 个城市节点间信息传输速度数据进行处理，首先根据 6 个月各城市节点间信息传输速度数据，构建 31×31 信息传输速度和传输方向的原始关系矩阵(即输入矩阵)，经数据转置操作得到转置矩阵(即输出矩阵)。其次运用 SPSS19.0 统计软件中的因子分析法，计算 12 个矩阵的特征值、方差贡献率和累计方差贡献率并进行检验，得到 6 个月网络信息传输中各城市节点输出和输入通达性的综合得分。

8.5.2 等 级 体 系

1. 节点的等级

根据6个月31个城市节点信息联系输出和输入综合得分,通过位序线性回归分析法,对每条曲线分岔点的各部分逐一线性回归验证其合理性,对各城市节点的输出和输入通达性水平,由高到低依次划分为一等级、二等级、三等级(图8-8)。其中,一等级和三等级分别代表城市节点的输出和输入通达性最优和最差,对比分析这两种情况城市节点出现的频次(图8-9)有助于揭示中国城市节点间信息传输的障碍性因素。

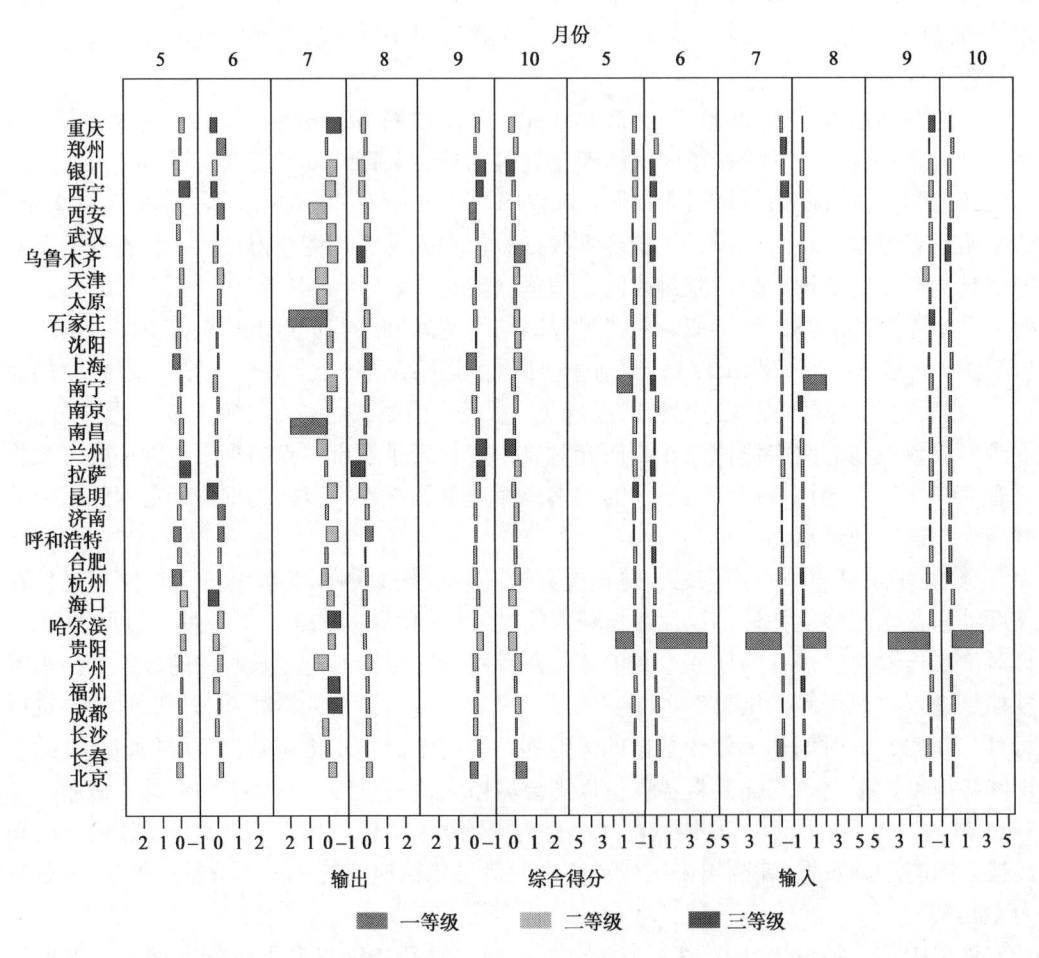

图 8-8　城市节点输出和输入综合得分和等级(路紫等,2014)

图 8-9~图 8-10 资料来源同

由图 8-8、图 8-9 可见:①依据 5~10 月城市节点的输出和输入综合得分与排名分级可知,中国城市节点间信息通达性水平整体上存在等级性,输出和输入的通达性等级也有区别;10 个输出最优等级节点中,既有骨干网主节点北京、上海和西安,也有位于网络末端的呼和浩特和乌鲁木齐，说明分布的广泛性；输入最优等级的节点仅有贵阳、南宁和长春，分布集中；②输出最差等级的 11 个节点和输入最差等级的 14 个节点(包含 7 个输出和输入均最差等级的节点)主要处于网络末端；③对比发现，没有出现同时成为输出最优和输入最优的城市节点，这表明城市节点的输出和输入通达性水平的非对称性；④案例中存在多个特例，如乌鲁木齐同时出现在发出信号最优、发出信号最差、接收信号最差 3 个等级中。

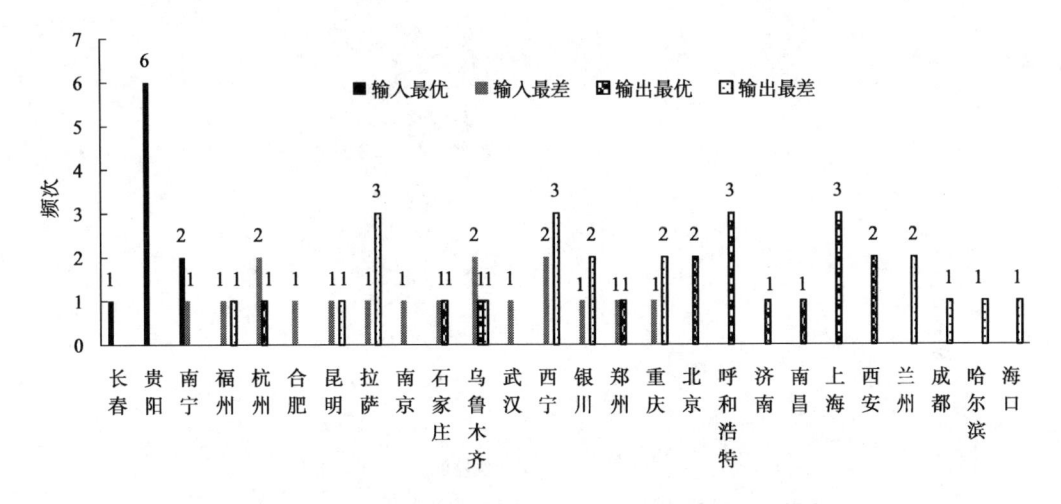

图 8-9　城市节点输出和输入的最优、最差等级出现频次

2. 连接线路的等级

对中国 6 个月 31 个城市节点间连接线路按照输出和输入速度进行等级划分。根据各月节点间信息传输速度，将节点间连接线路分为 4 级：一级(传输速度为 8000~80000 kbps)、二级(4000~8000 kbps)、三级(2000~4000 kbps)和四级(0~2000 kbps)。分别统计 6 个月中一级、二级的每条输出和输入线路累计出现次数，并绘制空间连接图：用不同颜色表示累计出现次数 5~6 次(称为稳定型一级或二级连接线路)、1~4 次(波动型一级或二级连接线路) 2 种情况(图 8-10)，在一级、二级输出和输入空间连接图中使用指向终点和起点的有向线段来表示集聚和扩散方向。

据图 8-10 可知：①一级输出线路中，以太原、沈阳和呼和浩特为中心分别形成了 1 个方向上的稳定型一级连接线路和 4~5 个方向上的波动型一级连接线路，以 13 个城市为中心分别形成了 1 个方向上的稳定型一级连接线路和 1~2 个方向上的波动型一级连接线路，以 12 个城市为中心分别形成了 1~3 个方向上的波动型连接线路；所有城市节点均出现在一级连接输出线路中，输出城市节点较多而每个输出城市节点所拥有的一级连接线路数量较少；②一级输入线路中，以贵阳为中心形成了 6 个方向上的稳定型一级连接线路和 3 个方向上的波动型一级连接线路，以南宁为中心形成了 10 个方向上的波动型一级连接线路，以长春、天津、杭州为中心分别形成了 3~4 个方向上的波动型一级连接线路，以郑州、石家庄、太原、武汉、重庆、成都、合肥、海口为中心分别形成了 1~2 个方向

· 290 · 中国信息地理

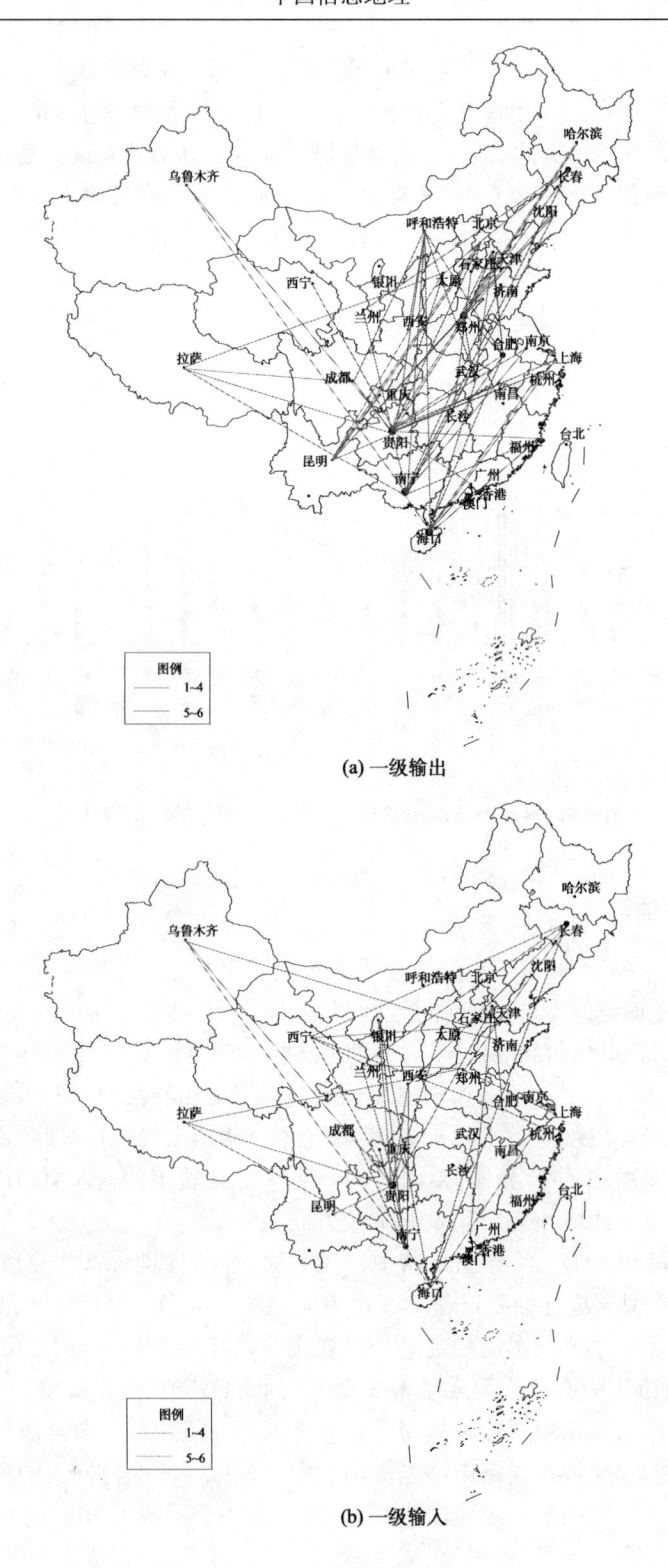

图例
-------- 1-4
———— 5-6

(a) 一级输出

图例
·········· 1-4
-------- 5-6

(b) 一级输入

第8章 网络空间供给与需求

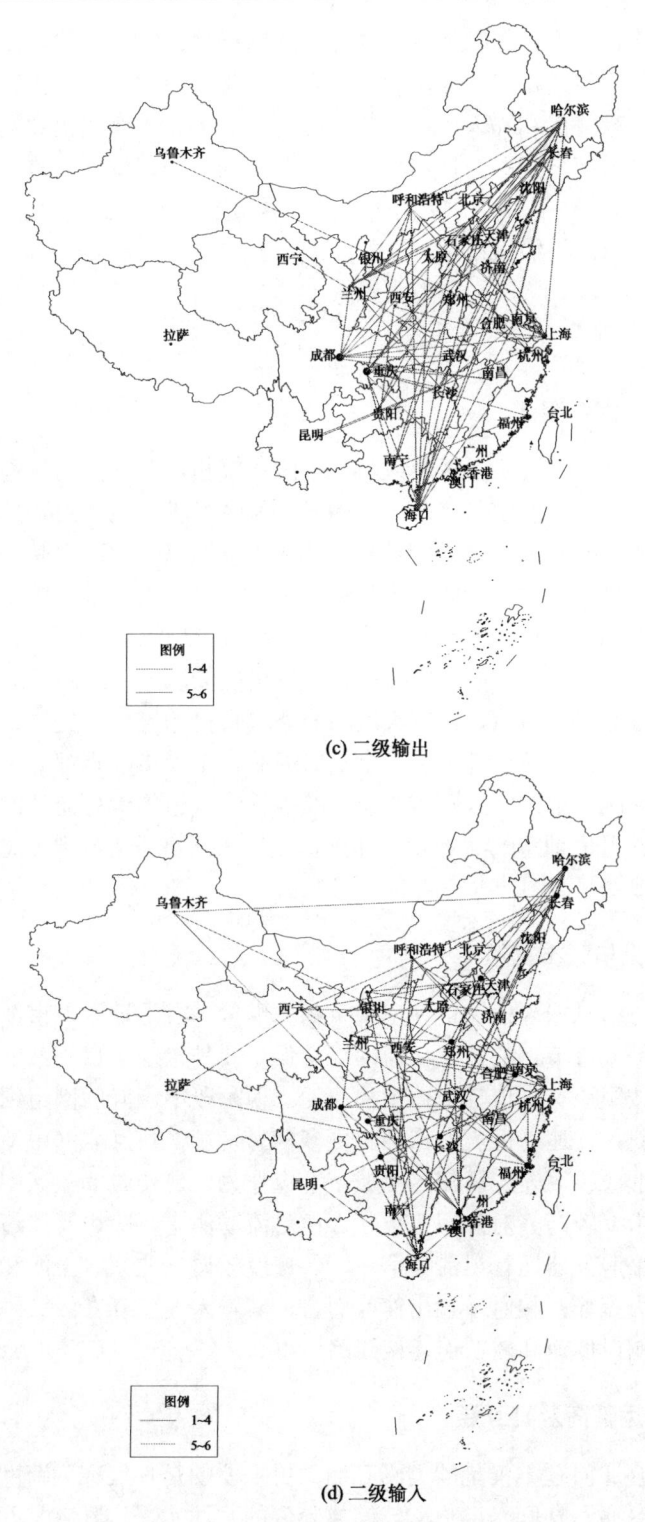

(c) 二级输出

(d) 二级输入

图 8-10 一级、二级输出和输入线路空间结构

"世界网络"网络测速网站中，缺失 6 月乌鲁木齐输出速度的数据

上的波动型一级连接线路；东部地区一级连接线路稀疏；③二级输出线路均为波动型二级连接线路；二级输入线路中，除济南至长春1条为稳定型二级连接线路外均为波动型二级连接线路；二级输出和输入中心更为分散；④一级、二级输出和输入线路的数量远少于三级、四级，大部分线路呈现出单向性，节点间传输速度不对称，高速连接线路的反方向线路以低速为主，其中贵阳、南宁对其他城市节点的输出速度远远小于输入速度，输出线路的方向多由高等级城市指向低等级城市。

8.5.3 结果分析

1. 网络设置与网络组织

输出最优节点均有"位于主干网或与主干网直接相连"的网络位置优势。中国互联网的逻辑结构由 8 个核心层主节点及由此构成的大区组成(汪明峰和宁越敏，2006；路紫，2010)，提供与国际 Internet 和大区间信息交换的互联通路，大区内其他非出口节点与大区设置的出口节点相连，大区间的输出和输入须先经本区内的核心层主节点，然后再传向另外大区的核心层主节点和该区的其他节点，经过的节点较多就可能使传输速度减慢。北京、上海、西安本身即为核心层主节点，所以出现频次最大。同样出现频次 2~3 次的呼和浩特虽不是核心层主节点，但在大区内与北京直接相连，其先决条件也使得具有输出优势。输出和输入最差节点有重合，重复出现的 7 个城市节点都处于网络末端或者传输距离较远。现阶段，中国互联网核心层主节点扮演着组织信息流动的角色，核心层主节点数量偏少、对周边地区覆盖不够，即可造成较大网络压力导致信息流拥堵，以及部分城市网络资源浪费。

2. 信息化建设与城市等级

信息化水平与信息输入的通达性出现负相关现象，发达地区城市节点的信息输入速度反而较慢。中国城市节点的信息化与网络建设主要是接受来自外部的创新而发展的，因而它基本上是按照原有城市等级体系构建的。现阶段中国互联网组织结构的重心向发达地区大城市倾斜，发达地区大城市拥有更多信息资源，在互联网中地位普遍较高，相对应与周边地区形成较大差异，使这些城市节点作为信息传输的集聚中心，但由于其信息访问量大、点击率较高、对外回执数大、信息流动集中，吸引了周边区域的大量信息流动，造成其网络服务器运行迟滞和信息输入速度较慢。北京、上海和广州的输出和输入连接特征有很大差异，相对于输出速度而言，其输入速度存在较大障碍，受大量访问者的使用强度影响以低速和较低速连接线路为主。

3. 网络服务运营商及其互通

互联网间的互通问题不仅是同类网互通，更重要的是扩展成为跨网络、跨区域、跨业务、跨国界的互通。互联网用户所能够体验到的互通水平实际就是互联网速度。目前中国多家互联网网络服务运营商在网络规模、用户数量和网上资源上差距很大，分别在南方省份或北方省份占主导地位，各地区的几大骨干网络间在该地没有从根本上解决互通问题，所有的跨网流量都要经过少数几个网络接入点(NAP)中转，由于网上信息源分布在不同的网络里，当用户访问非本运营商的网站时流量将绕道国家互联网交换中心北京、上海或广州，占用大量的网络带宽，使速度减缓并使城市节点间输出和输入不对称，如输出最优节点乌鲁木齐、郑州、杭州、石家庄均为输入最差节点，而输入最优节点贵阳、南宁、长春也没有出现在输出最优节点中，乌鲁木齐同时出现在输出最优节点、输入最差节点、输出最差节点中，更为典型。

4. 非邻域性、非就近性以及长距离特征

在相邻省份间，一级输出线路中仅有海口至南宁、广州至南宁、重庆至贵阳、昆明至贵阳、南宁至贵阳、成都至贵阳、南宁至海口等 7 条；一级输入线路中仅有海口至南宁、昆明至南宁和贵阳、南昌至杭州等 4 条。绝大部分一级输出和输入线路为不相邻的省际间线路。一级输出和输入线路还表现出一定的长距离特征，如一级输出线路沈阳至贵阳和南宁、北京至海口和昆明、呼和浩特至南宁和海口、石家庄至海口等，一级输入线路乌鲁木齐至贵阳和南宁、银川至海口和贵阳、广州至北京、乌鲁木齐至石家庄、拉萨至郑州、兰州至沈阳、海口至沈阳、北京至贵阳等。一级输出和输入线路的非邻域性、非就近性，以及长距离性证明光纤网络因连接处反射而损耗能量进而对速度产生影响的确微不足道。

8.5.4 小　　结

以往研究城市节点间网络信息流传输时，多选择带宽或通信光缆数及其他信息基础设施作为研究资料，本书使用网络测试网站获取城市节点间信息传输速度和连接方向的基础数据，表征城市节点间信息传输的通达性水平，在资料建设上是一种有益尝试。

中国城市节点间互联网信息传输通达性基本规律是：①多数城市节点信息输出和输入速度明显不对称，中国尚没有输出速度和输入速度同时较高的城市，相对于发达地区城市节点信息输入速度整体较慢而言，贵阳、南宁等西部地区城市节点信息输入速度较快，信息传输速度表述的通达水平与传统城市等级体系间脱离了正比例关系，信息传输速度与其信息城市地位也不对称；②一级输出线路的输出端节点分散分布，相应地一级输入线路的输入端节点高度集中于贵阳和南宁；输出最优节点都处于主干网上或与北京直接相连，输入最优节点与主干网关系不密切，输出和输入最差节点多处在网络末端；③网络组织结构中的核心层主节点的输入速度较慢而输出优势明显，末端节点的输出速度较慢而输入速度或快或慢。

信息传输速度受网络设置与网络组织、信息化建设与城市等级、网络服务运营商及其互通因素的影响，也具有非邻域性、非就近性和长距离特征。以上信息传输规律的认知对于促进互联网服务商采用灵活的运行机制和服务观念，实现互联网服务商和用户的价值对接具有现实意义。据此提出以下建议：①各大骨干网间应建立整体的网络基础设施方案，制订不同网络间网络框架、全程通信及相关机制的规则和标准，解决带宽资源浪费和服务质量问题；②相关管理部门应进一步推进通达性较差地区的网间带宽扩容，解决网间带宽占用，创新移动和固定互联网间运营模式。

参 考 文 献

董志良, 路紫, 白翠玲. 2005. 中国网络信息流的空间结构模式分析. 地球信息科学, 7(3): 5-11.
工业和信息化部信息化推进司, 国家统计局统计科学研究所. 2011. 中国信息化发展指数统计检车年度报告 2011. 北京: 中国发展出版社.
金凤君. 2001. 我国航空客流网络发展及其地域系统研究. 地理研究, 20(1): 31-39.
刘春亮, 路紫. 2007. 我国省会城市信息节点辐射空间与地区差异. 经济地理, 27(2): 201-204.
刘桂芳. 2006. 中国互联网区域差异的时空分析. 地理科学进展, 25(4): 108-117.
刘卫东. 2002. 论我国互联网的发展及其潜在空间影响. 地理研究, 21(3): 347-356.
刘文新, 张平宇. 2003. 中国互联网发展的区域差异分析. 地理科学, 8(4): 398-406.
卢鹤立, 刘桂芳. 2005. 赛博空间地理分布研究. 地理科学, 25(3): 317-321.
路紫. 2010. 中国经济地理. 北京: 高等教育出版社.
路紫, 刘岩. 1998. 论通信网络的使用者形态: 个人对通信媒介的选择. 地理科学, 18(2): 139-146.
路紫, 杨东, 张秋奕, 等. 2014. 基于传输速度的中国城市节点间互联网信息联系通达性研究. 地理科学, 34(11): 1313-1319.
路紫, 匙芳, 王然, 等. 2008. 中国现实地理空间与虚拟网络空间的比较. 地理科学, 28(5): 601-606.
沈丽珍, 顾朝林. 2009. 区域流动空间整合与全球城市网络构建. 地理科学, 29(6): 787-793.
宋周莺, 刘卫东. 2013. 中国信息化发展进程及其时空格局分析. 地理科学, 33(3): 257-265.
孙中伟, 贺军亮, 金凤君. 2010. 世界互联网城市网络的可达性与等级体系. 经济地理, 30(9): 1449-1455.
孙中伟, 路紫, 贺军亮. 2009. 世界互联网信息流的空间格局及其组织机理. 人文地理, 24(4): 43-49.
汪明峰. 2005. 互联网使用与中国城市化: "数字鸿沟"的空间层面. 社会学研究, (6): 112-136.
汪明峰. 2004. 浮现中的网络城市的网络——互联网对全球城市体系的影响. 城市规划, 28(8): 26-32.
汪明峰, 邱娟. 2011. 中国互联网用户增长的省际差异及其收敛性分析. 地理科学, 31(1): 42-48.
汪明峰, 宁越敏. 2006. 城市的网络优势——中国互联网骨干网络结构与节点可达性分析. 地理研究, 25(2): 193-203.
汪明峰, 宁越敏. 2004. 中国信息网络城市的崛起. 地理学报, 59(3): 446-454.
王如渊, 金波. 2002. 中国互联网发展的地域结构研究. 人文地理, 17(6): 89-92.
俞勇军, 陆玉麒. 2005. 省会城市中心性研究. 经济地理, 25(3): 352-357.
虞蔚. 1988. 我国重要城市间信息作用的系统分析. 地理学报, 43(2): 141-149.
张捷, 周寅康, 都金康. 2000. 计算机网络信息空间(Cyberspace)的人文地理学研究进展与展望. 地理科学, 20(4): 368-374.
张敏, 顾朝林. 2002. 近期中国省际经济社会要素流动的空间特征. 地理研究, 21(3): 313-323.
张楠楠, 顾朝林. 2002. 从地理空间到复合式空间: 信息网络影响下的城市空间. 人文地理, 17(4): 20-24.
中国互联网络信息中心. 2011. 第 27 次我国互联网络发展状况统计报告. http://www.cnnic.net.cn/2011/1. 2011-1-19.
中国信息产业部. 2010. 互联网骨干网间互联服务暂行规定(2010). http://news.xinhuanet.com/eworld/2010-06/05/c_12185665.htm. 2010-6-20.
周宏仁, 徐愈, 等. 2011. 信息化蓝皮书: 中国信息化形势分析与预测(2011). 北京: 社会科学文献出版社.

周一星, 张莉. 2003. 改革开放条件下的中国城市经济区. 地理学报, 58(1): 271-284.

周一星, 胡智勇. 2002. 从航空运输看中国城市体系的空间网络结构. 地理研究, 21(3): 277-286.

H.巴凯斯, 路紫. 2000. 从地理空间到地理网络空间的变化趋势: 兼论西方学者关于电信对地区影响的研究. 地理学报, 55(1): 104-111.

Abler R. 1977. The telephone and the evolution of the American metropolitan system. In POOL I d S. The Social Impact of the Telephone. Cambridge: The MIT Press, 318-341.

Appadurai A. 1996. Modernity At Large: Cultural Dimensions of Globalization. Minneapolis University of Minneaota Press.

Bakis H. 2001. Understanding the geocyberspace: A major task for geographers and planners in the next decade. Netcom, 15(1-2): 9-16.

Barnett G A, Wu R Y. 1995. The international student exchange network: 1970 & 1989. Higher Education, 30(4): 353-368.

Barnett G A, Chon B, Rosen D. 2001. The structure of the internet flows in cyberspace. Netcom, 15(1-2): 61-80.

Barnett G A, Salisbury J G T, Kim C. 1999. Globalization and international communication: An examination of monetary, telecommunications, and trade networks. The Journal of International Communication, 6(2): 7-9.

Batty M. 1993. Editorial: The geography of cyberspace. Environment and Planning B: Planning and Design, 20: 615-616.

Bonacich P. 1987. Power and centrality: A family of measures. American Journal of Sociology, 92: 1170-1182.

Camagni R, Capello R. 2004. The city network paradigm: Theory and empirical evidence. In: Capello R, Nijkamp P. Urban Dynamics and Growth. Netherlands: Elsevier B V, 495-529.

Castells M. 1996. The Rise of Network Society. Cambridge: Blackwell Publishers.

Choi Y. 1994. The effect of social and physical distance on the global communication networks. Gazette, 54(2): 163-192.

Evens P B, Wurster T S. 1997. Strategy and the new economics of information. Harvard Business Review, 75(5): 70-82.

Gorman S P, Kulkarni R. 2004. Spatial small worlds: New geographic patterns for an information economy. Environment and Planning B: Planning and Design, 31(2): 273-296.

Graham S. 1999. Global grids of glass: On global cities, telecommunications, and planetary urban networks. Urban Studies, 36(5-6): 929-949.

Hargittai E. 1999. Weaving the western web: Explaining differences in internet connectivity among OECD Countries. Telecommunications Policy, 23(10-11): 701-718.

Hashimoto K. 2002. Information network and the distribution space in Japan: A case study of consumer goods manufacturers in Japan. Netcom, 16(1-2): 17-28.

Hub W, Kim H. 2003. Information flows on the Internet of Korea. Journal of Urban Technology, 10(1): 61-87.

International Telecommunication Union. 2011. Measuring the Information Society 2011. Switzerland: International Telecommunication Union.

Kellerman A. 2000. Proposal for a commission on the geography of information society 2000-2004. Netcom,

14(2): 207-212.

Lu Z. 2002. On the telecommunication geography in China. Netcom, 16(3-4): 209-214.

Malecik E. 2002. The economic geography of the Internet's infrastructure. Economic Geography, 78(4): 399-424.

Mark I. 2003. Real places and virtual spaces. Netcom, 17(3-4): 139-148.

Moss M L, Townsend A M. 2000. The internet backbone and the American metropolises. The Information Society Journal, 16(1): 35-47.

O'Kelly M E, Grubesic T H. 2002. Backbone topology, access and the commercial Internet, 1997-2000. Environment and Planning B, 29(4): 533-552.

Richardson R, Gillespie A. 2000. The economic development of peripheral rural areas in the information age. In: Wilson M I, Coreyeds K E. Information Tectonics. New York: John Wiley, 199-217.

Rogers E M, Kincaid D L. 1981. Communication Networks: Toward a New Paradigm for Research. New York: Free Press.

Sassen S. 1991. The Global City: New York, London, Tokyo. Princeton: Princeton University Press.

Starrs P. 1997. The scared, the regional, and the digital. The Geographical Review, 87(2): 193-218.

Townsend A M. 2001. The internet and the rise of the new network cities. Environment and Planning B, 28(1): 39-58.

Wilson A. 1967. A statistical theory of spatial distribution models. Transportation Research, 1(1): 253-267.

第 9 章　网络信息流距离衰减

9.1　网络信息流距离衰减的复杂性及其空间形态

自 O'Brien(1992)提出了"地理消亡"的观点并认为地理因素不再有效的影响商业决定之后，Cairncross(1997)提出了"距离已死"的相似观点，其他国外多位地理学家也提出地理将死亡的预言，普遍认为物理位置在电子通信中将不再产生影响了，Starrs(1997)提出传统地理学的重要性已有所下降。Wilson(2003)就虚拟空间与实际地理位置的相互影响及关系问题进行了探讨。可见，关于电子时代空间距离的表现形式与重要价值都值得重新研究。

9.1.1　网络信息流距离衰减的复杂性特征

1. 研究综述与研究资料

目前，关于网站使用者的距离衰减特征的研究少有成果，但也有一些相关研究工作为探讨该问题奠定了基础。在国外 Barthelemy 等(2003)探讨了互联网络的路由器之间通信量的空间结构，为后人的研究提供了理论基础。在国内，路紫(2000)研究了传统信息流的距离衰减性特征，并且对信息、虚拟空间等问题展开了研究(Lu J and Lu Z, 2004; 路紫等，2007; Lu, 2002)，为后人作数据传输的研究提供了方法的借鉴。研究者在前人研究基础上，以旅游网站为切入点，进行使用者距离衰减规律的分析，试图阐明旅游网站使用者的距离衰减特征。文中还着重分析一个一直吸引人文地理学者关注的重要问题——网络信息流与现实距离之间的相关关系。需指出的是下文中的"距离衰减"为广义的概念，包括正向、负向和零距离衰减(张秋娈等，2010)。

鉴于旅游网站已经成为新型商业模式的代表，网络信息流对旅游网站使用者较其他类型网站使用者的导引作用更强，而网络信息流又通过网站使用者的点击率来体现。所以选择旅游网站使用者作为研究对象描绘信息流距离衰减特征比较适合。

在数据获取的过程中，研究者通过"百度""Google"等搜索引擎，以及综合旅游网站排名前 50 名的旅游门户网站。虽然研究者十分重视样本数据的可靠性、全面性，但是由于绝大部分旅游网站使用者的数据资料是非公开的，或者是统计不全面的，因此只获得了 25 个旅游网站自建站以来至数据采集日期为止的使用者数据。另外，旅游网站所统计的数据资料绝大部分都是以省为单位，很难获得各旅游网站使用者更具体的空间分布数据资料，因此采用以点带面的方式(以省会代省)，概念性的表示旅游网站使用者的距离衰减特征。

2. 距离衰减特征的一般性分析

1) 呈较大波动性的不明显距离衰减

研究者绘制了中国指南针旅游网、凤凰商务旅游网、北京旅行网的距离衰减曲线图(图9-1~图9-3),以某旅游网站所在省省会为中心,以该省会到其他各省(区、市)省会的空间距离为横坐标,以各省(区、市)访问该旅游网站的使用者数量占全部使用者数量的百分比为纵坐标,从而绘制形成距离衰减曲线图。旅游网站使用者的空间分布呈较大波动性的不明显距离衰减。受非距离因素影响,所选3个旅游网站使用者的空间分布在北京、上海、广东3个省(区、市)均出现了使用者数量的高峰。

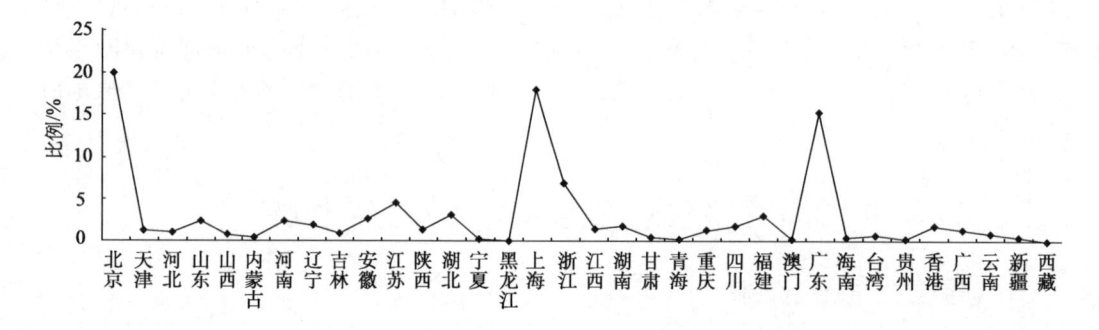

图 9-1 中国指南针旅游网使用者空间分布的距离衰减曲线图(张秋娈等,2010)

图 9-2~图 9-8 资料来源同

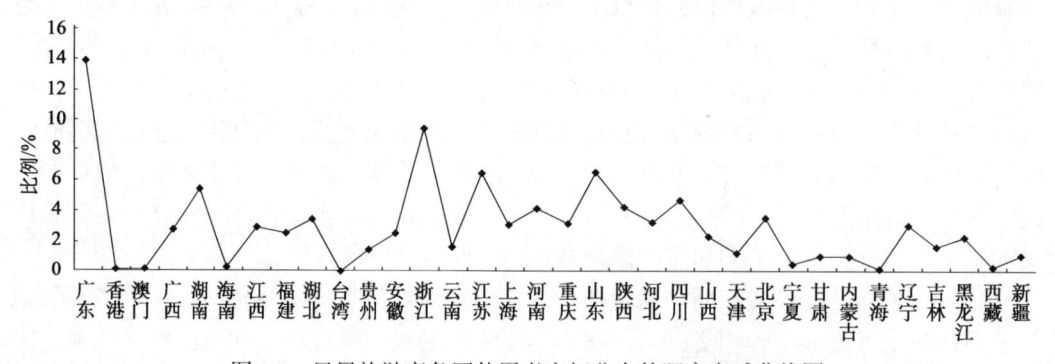

图 9-2 凤凰旅游商务网使用者空间分布的距离衰减曲线图

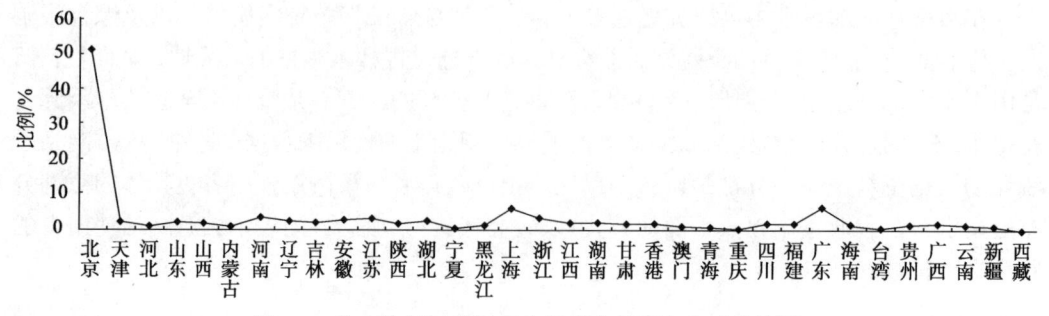

图 9-3 北京旅行网使用者空间分布的距离衰减曲线图

为了进一步准确说明旅游网站使用者的空间分布距离衰减不明显这一特征,又以旅游网站所在城市为同心圆心,以圆上直线距离为半径表示,将各省访问该旅游网站的使用者数量划分为4级(表9-1)。从平均访问量来看,3个旅游网站均基本符合距离衰减;但是从总访问量来看,北京旅行网基本符合距离衰减规律,中国指南针旅游网和凤凰旅游网距离衰减情况出现波动。由此可见,旅游网站使用者的空间分布呈一定的距离衰减性,但不明显。

表 9-1 旅游网站的使用者距离衰减分级表

网站名称	距离/km	所含省(区、市)数量	总访问量	平均访问量	比例/%
中国指南针旅游网	<1000	8	28696	3587.00	30.33
	1000~2000	12	39346	3278.83	41.59
	2000~3000	11	24805	2255.00	26.22
	>3000	3	1773	591.00	1.87
凤凰旅游商务网	<1000	7	3602	514.57	25.39
	1000~2000	11	5396	490.55	38.03
	2000~3000	11	4019	365.36	28.33
	>3000	5	1170	234.00	8.25
北京旅行网	<1000	8	8793	1099.13	62.39
	1000~2000	12	3195	266.25	22.67
	2000~3000	11	1889	171.73	13.40
	>3000	3	216	72.00	1.53

注:比例=各距离范围内的总访问量/该旅游网站的总访问量。
资料来源:张秋娈等,2010。

2) 地方性突出的距离衰减特征

25个旅游网站均具有本地使用者占比例较大的特征。本地使用者所占比例都远远高于使用者的平均比例(2.94%)。在25个样本旅游网站中,有14个旅游网站的本地使用者所占比例超过30%以上,10个旅游网站的本地使用者所占比例为10%~20%,只有1个地方性旅游网站的本地使用者所占比例低于10%(图9-4);在25个样本旅游网站中,有18个旅游网站的本地使用者的数量居于首位,6个旅游网站的本地使用者的数量居第二位,1个旅游网站的本地使用者的数量居第四位(图9-5)。由此可见,旅游网站使用者空间分布具有明显的地方性特征。

3. 距离衰减特征的复杂性分析

旅游网站使用者的距离衰减情况极为复杂,这种复杂性源于非距离因素的制约,关于信息流距离衰减的影响因素研究,已有相关成果予以论述(路紫,2000),故不再重复。研究者将主要从空间分布特征的角度解释距离衰减的复杂性。

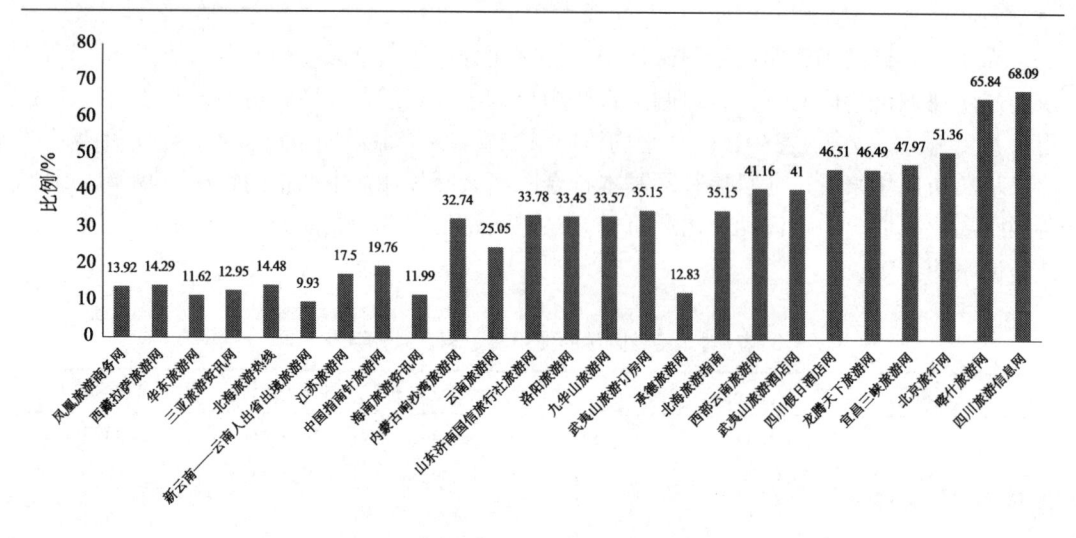

图 9-4　各旅游网站本地使用者所占比例

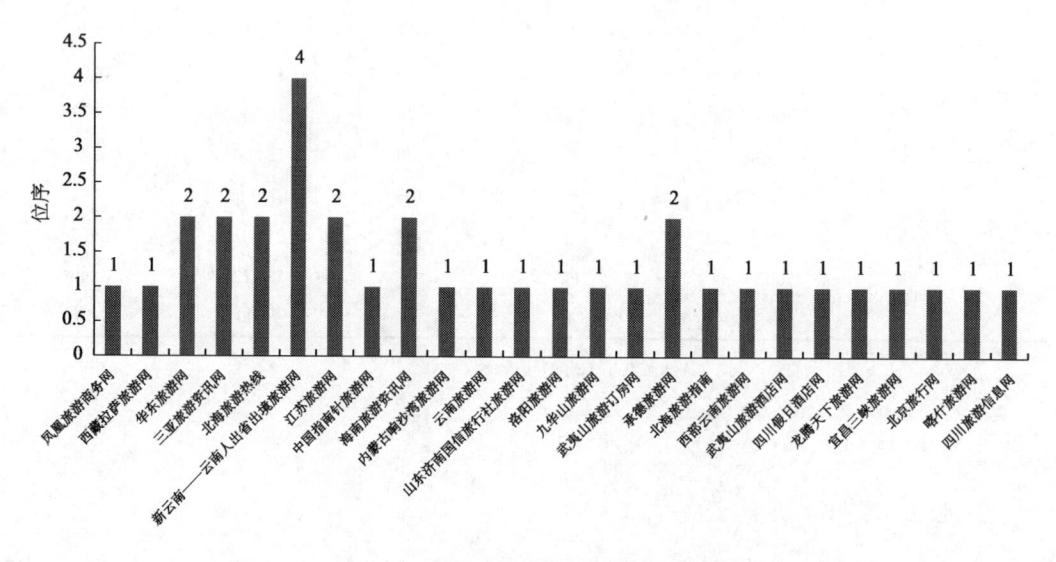

图 9-5　各旅游网站本地使用者的位序

1) 非均衡的距离衰减特征

根据距离衰减曲线图,在距离因素与非距离因素的共同作用下,旅游网站使用者的空间分布具有非均衡性的距离衰减,存在活跃和不活跃两类地区。为深入分析这一空间分布特征,根据前人的研究成果(Barthelemy et al.,2003),设计了数列 F_{out},该数列由各省(区、市)访问某旅游网站的使用者数量构成,按照降序排列,当各省(区、市)访问某旅游网站的使用者数量的累计比例达到80%时,作为划分活跃地区和不活跃地区的界限。25 个旅游网站的活跃地区和不活跃地区的数量如图 9-6 所示,不活跃地区数量较多的事实表明使用者在空间上分布是非均衡的,活跃地区数量较少,不活跃地区数量较多。

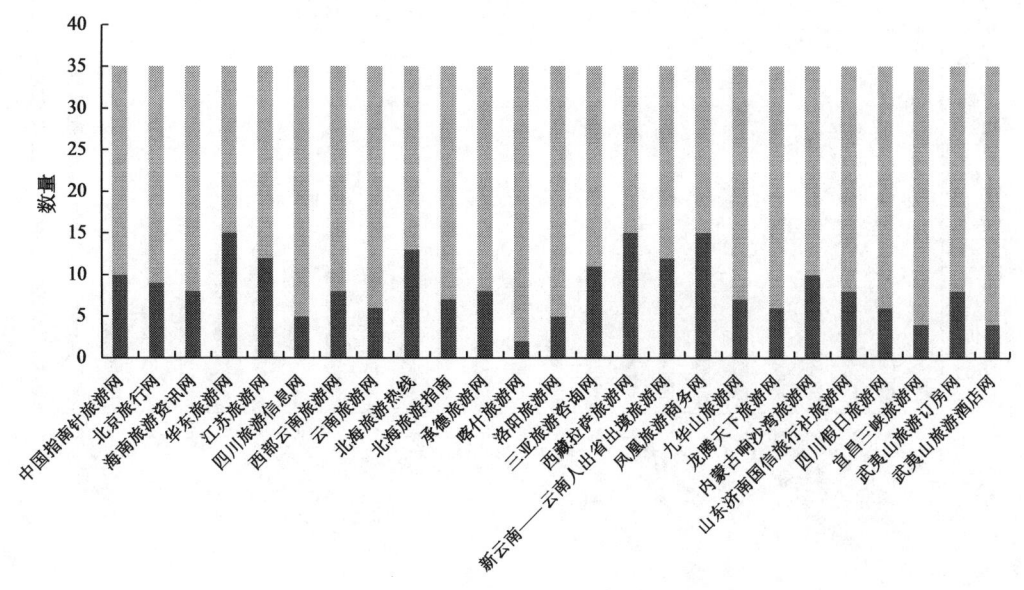

图 9-6 各旅游网站活跃与不活跃地区数量

2) 空间集聚性明显的距离衰减特征

根据距离衰减曲线图,在距离因素与非距离因素的共同作用下,旅游网站使用者的空间分布具有集中性的特征。利用信息流量扩散模型,测量旅游网站使用者空间分布的集中程度,具体公式如下:

$$Y_k(i) = \sum_{j=1}^{N} (W_{ji})^k \tag{9-1}$$

式中,$Y_k(i)$ 为旅游网站使用者空间分布集中性程度;$W_{ji} = F_{ji}/F_{out}$ 为第 j 个省(区、市)访问某旅游网站的使用者的权重;$j=1,2,3,\cdots,N$,N 为所有省(区、市)的数量;因为特定旅游网站,故而 i 可以省略;k 为固定值 2。由式(7-1)可以看出,Y_2 介于 $1/N \sim 1$ 之间,Y_2 的数值越大,旅游网站使用者的空间分布越集中。

以 25 个旅游网站的数据可以计算出每个旅游网站的 Y_2 的值(图9-7)。图9-7的结果表明 25 个旅游网站的 Y_2 的数值都远大于 $1/N=0.0294$,其中,6 个旅游网站的 Y_2 小于 0.1,17 个旅游网站的 Y_2 为 $0.1\sim0.4$,2 个旅游网站的 Y_2 大于 0.4。可见 25 个旅游网站的 Y_2 的数值均较大,旅游网站使用者空间分布具有明显的集中性特征,旅游网站使用者集中于少数省(市、区)。

3) 呈矢量扩散形态的距离衰减特征

根据距离衰减曲线图可以看出,在距离因素和非距离因素的共同作用下,旅游网站使用者的空间分布具有不连续性、跳跃性和定向性特征,呈现出具有矢量性的扩散形态。式(9-2)可以被用来深入分析旅游网站使用者空间分布的扩散规律:

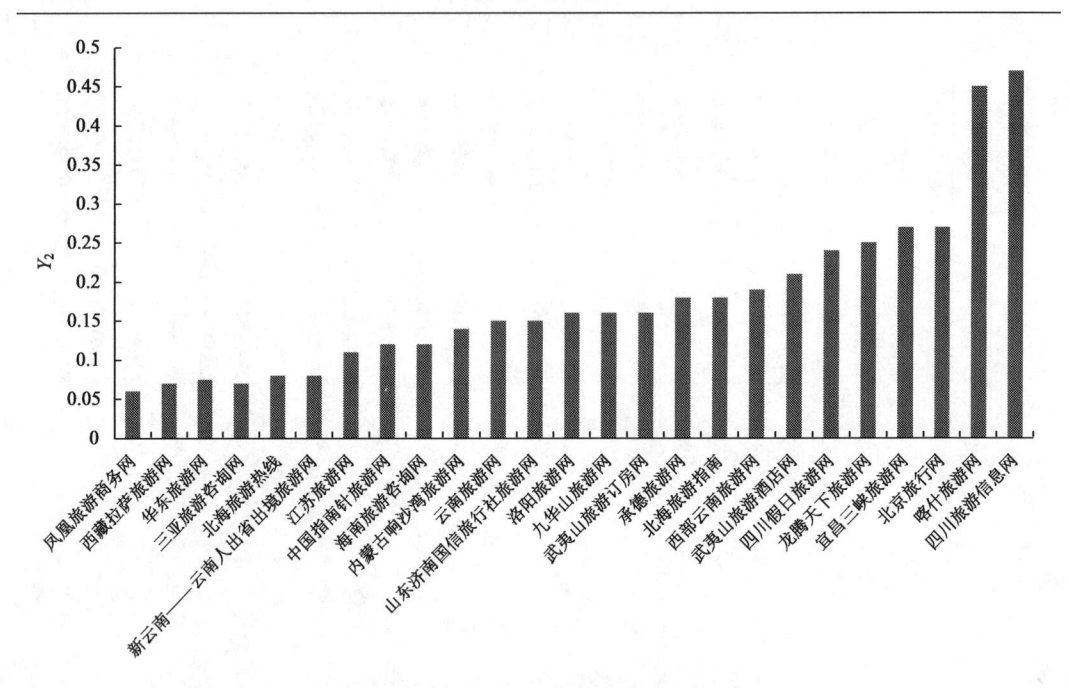

图 9-7 各旅游网站 Y_2 的数值

$$F(S_k) = P_k \tag{9-2}$$

式中，$F(S_k)$ 用来表征旅游网站使用者的空间分布的扩散状况；P_k 为某旅游网站各省（区、市）使用者的累积权重；$k=1,2,\cdots,n$，n 为 34。为了直观化这种空间扩散，可采用以下过滤程序：选择一个固定的累计权重值 P（P 选取 0.6），使得与此值相对应的几个省（区、市）的使用者数量都占较大的权重，这几个(区、市)份即为旅游网站使用者空间分布的主要节点，其结果表现于表 9-2。从中可见，长江三角洲、珠江三角洲和京津 3 个经济发达地区，以及旅游网站所在省(区、市)或者相邻省(区、市)，成了各旅游网站使用者空间分布的主要节点，这些节点与旅游网站所在城市间传输了大部分信息流量，这证明了旅游网站使用者的空间分布呈矢量扩散形态而存在。

表 9-2 旅游网站使用者空间分布的主要节点

网站名称	同时属于经济发达、本地或者邻近地区	经济发达地区	本地	邻近地区	经济不发达地区
凤凰旅游商务网	广东	浙江、江苏、山东、北京		湖南	四川、陕西、河南
西藏拉萨旅游网		广东、江苏、浙江	西藏	四川	陕西、湖南、湖北
华东旅游网	江苏、浙江、上海	广东、北京、山东			湖北
三亚旅游咨询网	广东	上海、北京、江苏、浙江	海南		湖北
北海旅游热线	广东	北京、上海、浙江、江苏	广西		湖南
新云南——云南人出省出境旅游网	广东	上海、北京、浙江、江苏	云南		

续表

网站名称	主要节点所在省(区、市)类型			
	同时属于经济发达、本地或者邻近地区	经济发达地区	本地	邻近地区	经济不发达地区
江苏旅游网	上海、江苏、浙江	广东			
中国指南针旅游网	北京	上海、广东、浙江			
海南旅游咨询网	广东	上海、北京	海南		
内蒙古响沙湾旅游网	北京	广东、山东	内蒙	山西	
云南旅游网	广东	北京	云南		
山东济南国信旅行社旅游网	山东、北京	广东、上海			
洛阳旅游网		北京、广东	河南	湖北	
九华山旅游网	上海、江苏		安徽		
武夷山旅游订房网	福建、广东、上海、江苏				
承德旅游网	北京、天津		河北	辽宁	
北海旅游指南	广东	上海	广西		
西部云南旅游网	广东	北京	云南	四川	
武夷山旅游酒店网	福建、上海、广东				
四川假日旅游网		广东、上海	四川		
龙腾天下旅游网		广东	陕西		
宜昌三峡旅游网			湖北	河南	
北京旅行网	北京	广东、上海			
喀什旅游网			新疆		
四川旅游信息网			四川		

资料来源：张秋奕等，2010。

4. 网络空间下的距离衰减与现实空间下的距离衰减比较分析

存在一定的差异性。网络空间下的网络信息流距离衰减与现实空间下的传统信息流距离衰减(路紫，2000)存在一定差异。由于使用成本是影响传统信息流(信函、电话量)的主要因素之一，而成本又受距离影响较大，最终导致传统信息流距离衰减特征为由近及远整体呈波动下降趋势。而网站使用者的使用成本与距离无关，因此网络信息流没有表现出明显的距离衰减(图9-8)。

存在一定的相似性。在经济、人口与文化等因素的综合影响下，网络信息流与传统信息流的距离衰减均表现出一定的空间集中性，主要集中于本地和经济发达地区(图9-8)。

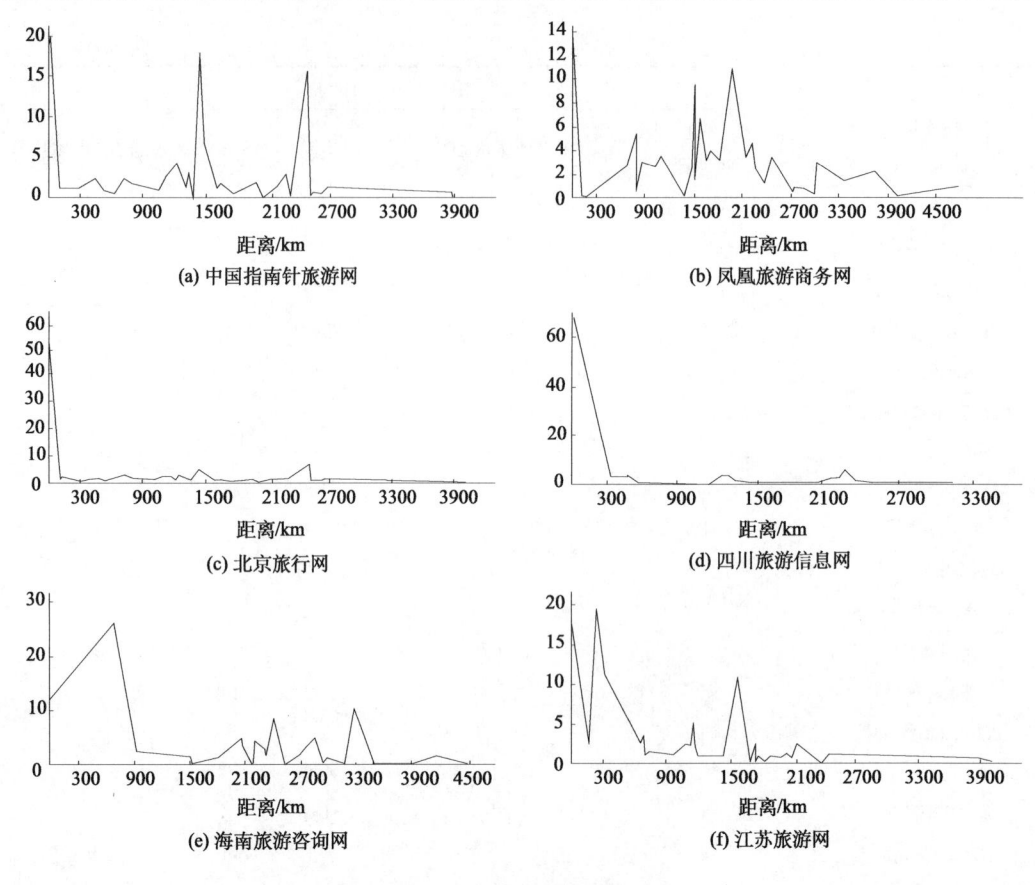

图 9-8 网络信息流的距离衰减

9.1.2 网络信息流距离衰减的空间形态

1. 研究方法与数据来源

深入分析网站信息流距离衰减的复杂性除了能弥补传统距离衰减理论研究的不足之外，也可帮助网站公司在信息化建设中提高质量和保证可进入性，增强旅游目的地吸引力因素对网站使用者的作用。因此，本书将为新型商业模式的建立，为电子时代拓宽销售、增大效益、缩短网络空间障碍、扩展使用者虚拟空间范围、有序物质空间运动提供学科基础。国外学者对于网站信息流的形态及其对物质流、人流等形式的流体产生的作用进行了大量研究(Murnion and Healey, 1998; Barnett et al., 2001)。在国内，李春芬(1995)、姚士谋等(2001)、赵晓斌等(2002)、甄峰和顾朝林(2002)、路紫等(2004)、杜丽娟等(2008)、元嫒等(2008)等在信息流的空间特征及作用方面展开了研究，研究发现，信息流与地理距离之间存在一定的结构关系，但是与传统的交通流、旅游流距离衰减特征相比，网站信息流的距离衰减更为模糊与复杂。因此，研究者选取 25 个典型的旅游网站，利用建立的网站信息流距离衰减模型对网站信息流距离衰减特征及其空间形态进行分析，以期为进一步探索网站信息流与距离的微妙关系奠定理论与实证基础(元媛等，2012)。网站是网络信息流传输的节点，通过网站的流量可以直观的反映网络服务器信息流的传输状况，而网站访问量是其信息流量的客观反映，因此研究者采用网站使用者相关数据进行定量分析。

基于网络服务器信息流存在距离衰减的假设，以重力模型为基础，建立网站信息流距离衰减模型，主要探讨地理距离因素对网络信息流的影响。

旅游网站信息源对第 i 省(区、市)使用者的吸引力大小 a_i 表示为

$$a_i = D_i \cdot N_i / P_i \tag{9-3}$$

式中，N_i 为某个旅游网站服务器中来自第 i 个省(区、市)的访问量；P_i 为第 i 个省(区、市)对某旅游网站服务器的潜在用户数；D_i 为第 i 个省(区、市)的省会与旅游网站所在省(区、市)省会之间的地理距离。

旅游网站信息源吸引系数 a 表示为

$$a = \frac{1}{n}\sum_{i=1}^{n} a_i \tag{9-4}$$

式中，n 为全国 34 个省(区、市)，a_i 同上。其中，a 值越大，表示某个旅游网络信息源的吸引力越大，其旅游网络信息流的距离衰减越不显著。

对旅游网站选取及使用者数据统计，仍按前文的方法，通过"百度""Google"等搜索引擎，以及登录综合旅游网站排名前 50 名的旅游门户网站，进行国内旅游网站信息流统计的海量搜索及筛选，最终获得了 25 个旅游网站自建站以来至数据采集日期为止的有效的使用者数据。各旅游网站访问量及其空间分布情况，分别从旅游网站服务器的存取日志中获得。选择样本旅游网站所在省(区、市)省会与全国 34 省(区、市)省会的公路距离，作为研究的地理距离。对旅游网站服务器潜在使用者数量统计，假设各省(区、市)互联网用户数量与来自该省(区、市)的旅游网站使用者数量呈高度相关，因此查询中国互联网信息中心发布的《中国互联网发展状况统计报告》，获得各省(区、市)互联网用户数量，即为某旅游网站来自该省(区、市)的潜在用户量。

2. 结果分析

由式(9-3)、式(9-4)分别计算 25 个样本旅游网站的信息源吸引系数，从而更精确的描述中国城市旅游网站信息流距离衰减的空间形态特征。各样本旅游网站的信息源吸引系数 a 均为 500~4000。根据 a 值的大小，将 25 个样本旅游网站的信息流距离衰减形态划分为四类，即 $a<800$ 的距离衰减显著型、$800<a<1600$ 距离衰减较显著型、$1600<a<2400$ 不衰减型和 $a>2400$ 逆衰减型(表 9-3)。

(1)距离衰减显著型。此类城市旅游网站信息源的吸引力最小、距离衰减非常显著，共计 8 个旅游网站，包括：位于东部发达地区的北京旅行网、承德旅游网和山东济南国信旅行社旅游网；位于中部地区的九华山旅游网、龙腾天下旅游网、宜昌三峡旅游网，以及位于西部地区四川旅游信息网。在该系数值范围内，经济发达地区及区位优越地区的旅游网站居多(7 个)，网站分布表现为经济优越区指向性。

(2) 距离衰减较显著型。此类城市旅游网站信息源的吸引力较小、距离衰减较显著，共计 10 个旅游网站。其中，江苏旅游网、华东旅游网、中国指南针旅游网、武夷山旅游订房网、北海旅游指南和北海旅游热线 6 个网站位于东部地区，洛阳旅游网和内蒙古响沙湾旅游网在中部地区，西部云南旅游网和四川假日旅游网位于偏远落后地区。从经济发展水平上看，在该系数值范围内，有 8 个网站分布在经济发达地区及区位优越地区，可见，网站分布具有明显的经济优越区集中性。

表 9-3　旅游网站信息源吸引系数及其距离衰减类型划分

距离衰减类型	网站名称	网站所在省(区、市)	网站吸引系数 a
$a<800$，旅游网站信息资源的吸引力最小，距离衰减非常显著	九华山旅游网	安徽	510
	承德旅游网	河北	612
	武夷山旅游酒店网	福建	626
	四川旅游信息网	四川	650
	宜昌三峡旅游网	湖北	703
	龙腾天下旅游网	陕西	707
	山东济南国信旅行社旅游网	山东	715
	北京旅行网	北京	789
	洛阳旅游网	河南	815
	江苏旅游网	江苏	850
$800<a<1600$，旅游网站信息源的吸引力较小，距离衰减较为显著	北海旅游指南	广西	894
	武夷山旅游订房网	福建	920
	内蒙古响沙湾旅游网	内蒙古	958
	四川假日旅游网	四川	1047
	中国指南针旅游网	北京	1123
	华东旅游网	上海	1137
	西部云南旅游网	云南	1231
	北海旅游热线	广西	1524
$1600<a<2400$，旅游网站信息源吸引力较大，不衰减	凤凰商务旅游网	广东	2030
	三亚旅游资讯网	海南	2141
	新云南——云南人出省出境旅游网	云南	2231
	海南旅游资讯网	海南	2380
	云南旅游网	云南	2648
$a>2400$，旅游网站信息源的吸引力最大，逆衰减	喀什旅游网	新疆	2992
	拉萨旅游网	西藏	3220

资料来源：元媛等，2012。

(3) 不衰减型。这类城市旅游网站信息源的吸引力较大、距离衰减不显著，共计 4 个旅游网站。除凤凰商务旅游网所在地区经济发达之外，其他 3 个网站(海南旅游资讯网、三亚旅游咨询网、新云南——云南人出省出境旅游网)所处的省(区、市)相对偏远落后。其中海南和云南地区的 3 个旅游网站的吸引系数值均大于位于经济水平较高地区的凤凰商务旅游网。在该系数值范围内，网站分布表现为旅游资源丰富的经济欠发达区集中性。

(4)逆衰减型。此类旅游网站的吸引系数显著高于其他 22 个旅游网站，且均位于中国西部或西南部偏远地区。网站所在地独特的风土人情(如云南傣族民俗)、宗教建筑(如西藏的佛教建筑)及自然景观(如新疆的大漠风光)等，使其产生了超强的对外吸引力，旅游网站信息源的吸引力最大，甚至表现出与经济发达水平相反的逆距离衰减特征。

9.1.3 小　　结

互联网信息传输的特殊性，使网站信息流的距离衰减特征比传统的距离衰减概念更具复杂性。本节运用"百度""Google"等多种网上查询系统和网站访问量统计工具，获取了 25 个旅游网站的使用者空间分布资料，进而依据距离衰减理论探讨了旅游网站使用者的距离衰减特征和空间形态。

第一，研究发现在距离因素与多种非距离因素的共同作用下，旅游网站使用者的距离衰减具有很大的复杂性，主要表现为：①旅游网站使用者的空间分布呈较大波动性的不明显距离衰减特征，空间分布的地方性是距离衰减的典型特征；②旅游网站使用者的空间分布存在非均衡的距离衰减特征，形成了活跃和不活跃两类地区；③旅游网站使用者的空间分布具有集中性特征、不连续特征、跳跃特征和定向性特征，呈现出矢量扩散形态的距离衰减特征；④网络信息流与传统信息流的距离衰减特征具有差异性与相似性两种关联。

第二，研究以重力模型为基础，建立网站信息流距离衰减模型，以 25 个旅游网站为例，对旅游网站信息源吸引系数进行评价，并据此划分了网站的信息流距离衰减类型，从而为今后网站信息流"模糊距离衰减"研究奠定了理论与实证基础。研究表明：①根据旅游网站的吸引强度系数值的大小，可将旅游网站的信息流距离衰减形态划分为 4 类，即：$a<800$ 的距离衰减显著型，$800<a<1600$ 距离衰减较显著型，$1600<a<2400$ 不衰减型和 $a>2400$ 逆衰减型；②在不同的吸引系数区段内，旅游网站表现为经济发达地区、旅游资源丰富或特色鲜明地区集中性。可见，旅游网站信息流的吸引强度与衰减状况除了受网站自身建设的水平影响外，更与网站服务器所在地的经济水平、旅游资源禀赋、社会文化背景等有较大关系。

第三，基于信息社会世界首脑会议(WSIS)及国际地理联合会(IGU)提出的相关议题，以及随着信息化的推进而出现的"距离已死"的相关讨论，将选题定位于探讨距离衰减规律在网络信息时代出现的新特点。对网站信息流的模糊距离衰减特征的探讨，将有助于评估传统经济地理学原理所受到的冲击，并将为相关理论的发展提供研究依据。由于网站信息流的研究是一项极具繁杂性的工作，研究过程中获取的样本网站数量有限、相关数据的追踪时间不够长，理论分析略显单薄，今后需着力改进。

9.2 网络信息流距离衰减的集中度特征

随着信息经济地理学研究的不断深入,地理虚拟空间已成为备受关注的热点研究领域,尤其是网站信息流及其距离衰减更被当做经典理论问题来对待。回顾国外文献可见网站信息流的研究已进入到通过模型进行精准研究的阶段,如Skadberg等(2004)研究了网站使用者浏览与网站吸引力效用之间的关系,并构建了信息流模型;Davidson和Yu(2004)以西方旅游者的视角对中国台湾相关的36个"名牌"旅游网站进行了事件分析,指出网站信息流具有为现实旅游者提供导引的潜力;Lexhagen(2004)的研究建立了消费者决策过程模型,发现旅游网站信息流在顾客搜索和购买阶段非常重要;Lu等(2010)利用智能决策模型分析了网站信息流对现实人流的影响,指出网站信息流对现实人流具有增强和替代作用;Antonellis等(2009)通过实验建立了适用于数据处理的点击流数据聚类新模型。国内针对网络空间信息流距离衰减的理论及实证研究也取得一定进展,学者们探讨了信息流传输的影响因素、距离衰减的形态及研究方法等。邵隽和吴必虎(2010)研究了Web点击流数据的特性,介绍了Web点击流数据分析在旅游研究中的价值;李彦丽和路紫(2006)通过比较影响中美旅游网站使用者决策的空间距离因素,提出了"虚拟距离衰减"的概念,并构建出使用者数量与虚拟距离衰减之间的关系模型,同时证实了基于使用者角度研究网站信息流距离衰减的有效性;孙中伟和路紫(2005)从地理学角度透视了流空间的基本性质。综上所述,前人研究已从模型构建和实证视角描述了网站信息流及其距离衰减的现象,使网站信息流距离衰减研究进入到探索距离衰减复杂性的新阶段,所建立的各种研究方法也为进一步的探讨奠定了基础。

本节选取了24个各类型的旅游网站访问量作为研究对象,首先利用origin软件对其进行多种模型模拟,旨在整体描述旅游网站信息流的距离衰减形态。然后借用区位熵、空间洛伦茨曲线、基尼系数3个指标,分析信息流距离衰减集中度的特征。这项研究既可以为区域旅游目标市场确定提供理论支持,也可以为旅游网站自身功能完善提供技术依据。

9.2.1 研究资料与方法

研究资料获取:研究者曾通过"百度"、"Google"等搜索引擎,收集到国内24个各种类型的旅游网站自建站以来至数据采集日期为止的访问量资料,这些访问量资料覆盖全国31个省(区、市);又为了表述旅游网站信息使用强度的分省差异,应用中国指南针旅游网2009年11月发布的全国31个省(区、市)各种类型的5640个旅游网站的点击量资料,作为各省(区、市)旅游网站信息流的流量强度(杨小彦等,2010)。

研究方法:采用区位熵指标可衡量网站信息流距离衰减集中程度(Guimarães et al., 2009),下面按照各省(区、市)省会与网站所在省(区、市)省会的实际地理距离的升序对各省(区、市)进行赋值"31、30、29、…、2、1",作为各省(区、市)的赋值距离,设各省(区、市)的赋值距离占总赋值距离的比例为 x_i,设各省(区、市)对某一网站的访问量占总访问量的比例为 y_i'，可获得各省(区、市)位熵：

$$q_i = y_i'/x_i' \tag{9-5}$$

对区位熵进行升序排列后，计算出各省赋值距离累计百分比 X_k'，访问量累计百分比 Y_k'，绘制各网站的空间洛伦茨曲线。根据公式可计算出各网站的基尼系数 G，G 值越大表示网站信息流距离衰减集中度越高。

9.2.2 网络信息流距离衰减形态

应用多种模型模拟旅游网站信息流距离衰减形态(金雪军和张学勇，2005)，发现高斯多峰模型和指数衰减模型模拟效果最好(表 9-4)。表 9-4 显示：高斯多峰模型拟合中，20 个网站的 R^2 大于 0.8，表明大多数网站拟合效果良好，2 个网站的 R^2 大于 0.5 小于 0.8，表明基本符合；指数衰减模型拟合中，12 个网站的 R^2 大于 0.8，表明大多数网站拟合效果良好，3 个网站的 R^2 大于 0.5 小于 0.8，表明基本符合。这说明旅游网站信息流距离衰减主体上符合峰值衰减形态，其中包括指数衰减的单峰形态和高斯衰减的多峰形态。这一峰值衰减特征证实了地理距离在互联网时代的虚拟网络世界中仍然发挥作用，地理距离仍然是虚拟在线旅游发展的重要限制性因素，这与 Choi(1994)所认为的地理距离仍然是信息流传输先决条件的观点相符。

表 9-4 各网站衰减形态拟合优度指数及基尼系数表

网站名称	高斯多峰模型 R^2	指数衰减模型 R^2	基尼系数
北京旅行网	0.94239	0.97532	0.65553
海南旅游资讯网	0.82939	0.37814	0.53565
江苏旅游网	0.90917	0.5419	0.53457
九华山旅游网	0.87242	0.87883	0.57868
山东济南国信旅行社旅游网	0.87325	0.80387	0.61169
四川假日旅游网	0.90661	0.94741	0.70154
四川旅游政务网	0.98763	0.9938	0.77921
内蒙古响沙湾旅游网	0.93947	0.84656	0.52426
凤凰旅游商务网	0.30057	0.2206	0.37564
中国指南针旅游网	0.79274	0.36583	0.62873
北海旅游热线	0.84581	0.44715	0.43942
北海旅游指南	0.84012	0.80314	0.62158
华东旅游网	0.51658	0.43567	0.38981
三亚旅游资讯网	0.80828	0.47397	0.43657
武夷山旅游订房网	0.92550	0.90911	0.56503
西部云南旅游网	0.92913	0.90284	0.62977
武夷山旅游酒店网	0.95221	0.85671	0.54557

续表

网站名称	高斯多峰模型 R^2	指数衰减模型 R^2	基尼系数
云南旅游网	0.89863	0.42839	0.64698
承德旅游网	0.95320	0.27572	0.60522
龙腾天下旅游网	0.91501	0.75037	0.75663
洛阳旅游网	0.88012	0.76975	0.53020
西藏拉萨旅游网	0.47941	0.42941	0.53420
宜昌三峡旅游网	0.97887	0.93302	0.63545
喀什旅游网	0.97085	0.98020	0.73367

资料来源：杨小彦等，2010。

9.2.3 网络信息流距离衰减集中度的计算

1. 区位熵的比较

依前文所述，对于特定旅游网站信息流距离衰减而言，某省的区位熵值大于 1 说明使用者在该省集中，比较旅游网站区位熵值大于 1 的省(区、市)具有明显意义：① 24 个网站中有 11 个网站的区位熵最高值出现在网站所在省(区、市)，说明信息流距离衰减普遍具有本地集中性；②区位熵排在前 5 位的省(区、市)存在明显的重叠现象，除网站所在省(区、市)以外，广东出现频率为 95.83%(23 次)，且有 5 次位居第一，上海出现频率为 66.67%(16 次)，北京出现频率为 54.17%(13 次)；另以区位熵值大于 1 比较，主要省(区、市)有广东(频率 100%，24 次)、北京(频率 95.83%，23 次)、上海(频率 87.50%，21 次)、浙江(频率为 62.50%，15 次)，说明旅游网站信息流不完全按照距离均等的衰减，而是具有明显的经济集中性；③上述旅游网站信息流距离衰减的空间集中性特征映射出潜在旅游客流的流量和流向特征，这既为旅游目的地目标市场于本地和经济发达地区定位提供了理论依据，也为旅游目的地市场营销、产品开发，以及线路组织提供了技术支持。此外，这一空间集中性特征也要求旅游网站应该基于本地使用者和经济发达地区使用者的需求完善自身功能与内容设置。

2. 空间洛伦茨曲线与基尼系数的比较

1) 网络信息流距离衰减集中度整体较高

根据邵晖(2008)的研究，空间洛伦茨曲线的弯曲程度越大，旅游网站信息流距离衰减集中度越大。从图 9-9 中可以看出所有曲线呈内凹型，多数曲线与绝对均匀线相距较远，表明多数旅游网站的访问量在各省(区、市)的分布不均且集中度较高。为了量化描述集中度的状况可引入基尼系数指标(冒宇晨和王腊春，2009)进行评测(表 9-4)，从表中可看出 24 个旅游网站中基尼系数大于 0.5 的有 20 个，0.4~0.5 的有 2 个，这也说明多数旅游网站的访问量分省差距悬殊及集中度较高。可见，使用者地域结点的空间结构是信息流距离衰减曲线类型的决定性因素。上述特征与中国国内旅游客源空间分布不均衡性的事实比较吻合，因此潜在客流的研究可为中国区域旅游目标市场细分、旅游市场营销重点区域的确定提供理论层面的指导。

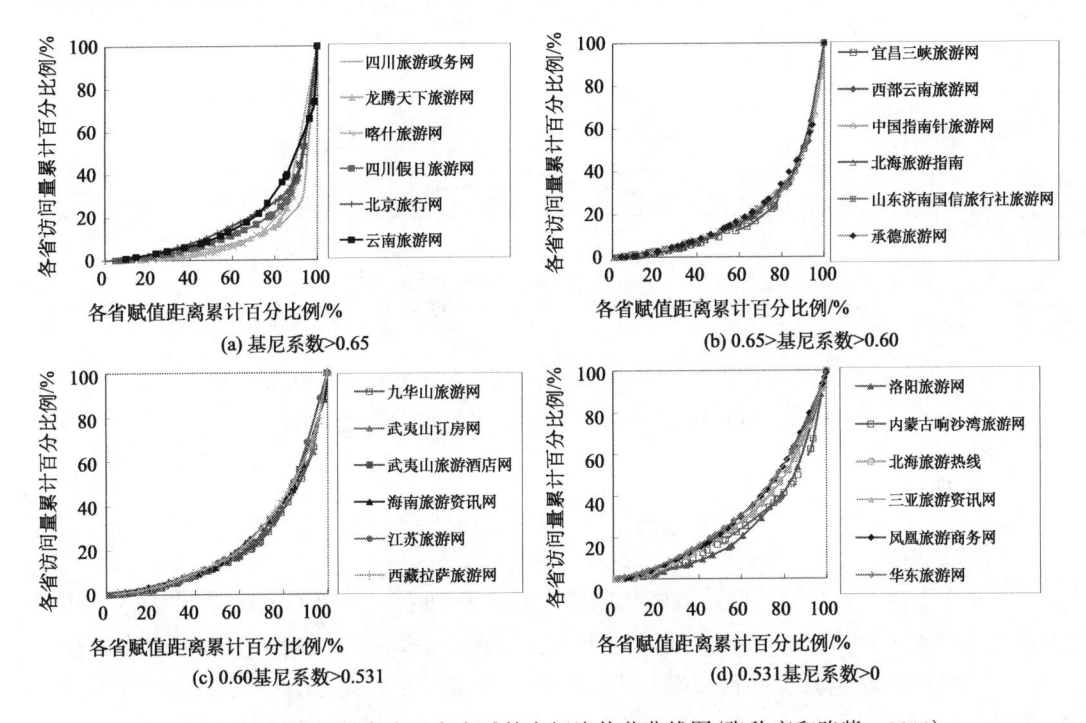

图 9-9　旅游网站信息流距离衰减的空间洛伦茨曲线图(张秋娈和路紫，2011)

2) 网络信息流距离衰减集中度不随使用强度而变化

从图 9-9 还可以看出各网站的空间洛伦茨曲线弯曲程度不同，进而又从表 9-4 看出基尼系数最大值与最小值差距较大，说明信息流距离衰减集中度存在显著差异性。以前的研究认为区域旅游网站发展规模与区域社会经济基础、网络技术基础背景及旅游发展的区域分异具有较大的一致性(路紫等，2008)，因此旅游网站信息流集中于信息使用强度较大的区域，在此利用信息流距离衰减数据尝试对此进行验证。应用中国指南针旅游网发布的全国 5640 个旅游网站的分省点击量数据，将其作为各省(区、市)对旅游网站信息使用的强度，又用 24 个旅游网站信息流距离衰减集中度的基尼系数代表该省(区、市)信息流距离衰减的集中度，将全国 5640 个旅游网站分省点击量与 24 个旅游网站信息流距离衰减集中度的基尼系数绘制出双轴折线图(图 9-10)，从中看到各省(区、市)间随旅游网站信息使用强度减弱，基尼系数无明显规律。以上各旅游网站信息流距离衰减集中度的差异性特征，可为旅游网站所在地旅游业发展提供分类型指导：集中度较高的旅游目的地应该更多地关注其知名度和影响力以扩大市场范围，集中度较低的旅游目的地应该更多地关注核心目标市场打造以确定重点客源区域。

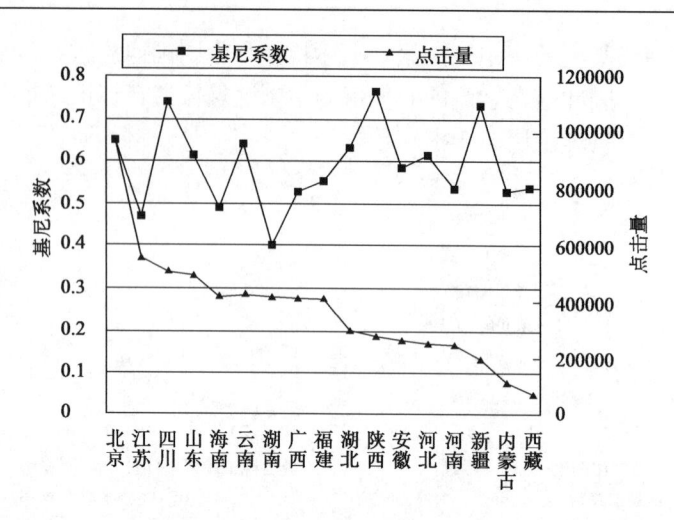

图 9-10 24 个旅游网站所在省份信息流距离衰减集中度的基尼系数与全国 5640 个旅游网站分省点击量关系(杨小彦等,2010)

9.2.4 小 结

上文在获取 24 个旅游网站分省访问量资料的基础上,利用 Origin 软件描述了其距离衰减的形态,应用区位熵、空间洛伦茨曲线与基尼系数三指标对其衰减集中度进行了计算,总结出网站信息流距离衰减集中度特征,为旅游目的地确定目标市场、旅游网站的建设与营销提供了理论支持。研究发现:

(1) 24 个旅游网站中有 12 个旅游网站指数衰减模型拟合效果良好,20 个旅游网站高斯衰减模型拟合效果良好,表明总体上符合峰值衰减形态,又包括指数衰减的单峰形态和高斯衰减的多峰形态,其证实了地理距离在互联网时代的虚拟网络世界中仍然发挥着作用。

(2) 区位熵值大于 1 的省(区、市)主要出现在网站所在省(区、市)或经济发达省(区、市),表明其具有明显的本地集中性和经济集中性,映射出对潜在旅游客流的流量和流向的影响,为旅游目的地目标市场定位提供了理论支持;同时也对旅游网站完善自身功能、合理设置栏目,以及正确展示内容提出了要求。

(3) 多数旅游网站的空间洛伦茨曲线呈显著的内凹型,且其基尼系数较大,表明多数旅游网站访问量在各省(区、市)的分布不均匀、访问量分省差距悬殊,进一步证明了信息流距离衰减的集中现象,上述特征与现实旅游客源空间分布不均衡性基本一致,宏观上可为中国细分旅游目标市场、确定旅游营销重点提供参考。

(4) 各旅游网站的空间洛伦茨曲线的弯曲程度不同,以及基尼系数大小不同,均表明距离衰减的集中度的差异性,反映出各旅游网站所在地旅游业发展的不同特征,对于距离衰减集中度较高的旅游目的地应重点关注扩大其知名度和影响力,对于距离衰减集中度较低的旅游目的地应重点关注打造其核心目标市场。

(5) 随着信息流使用强度的减弱,旅游网站信息流距离衰减集中度无明显规律性。表明各省份对旅游网站信息的使用强度与该省旅游网站信息流距离衰减集中度无关，集中效应更具有现实意义，对旅游资源的开发、旅游营销策略、旅游品牌创建和区域合作关系建立都具有重要意义。

9.3 网络信息流距离衰减的集中性差异

上一节从宏观方面研究了旅游网站信息流距离衰减所呈现的不同形态，并应用区位熵、空间洛伦茨曲线与基尼系数3个指标对其衰减集中度进行了计算，提出了旅游网站信息流距离衰减符合指数衰减模型和高斯多峰模型的观点，描述了旅游网站信息流距离衰减具有本地集中性和经济集中性两种空间集中性特征，但尚未从微观方面深入分析基于某种形态的不同性质旅游网站信息流距离衰减的集中性的差异。基于上一节使用的数据，本节就旅游网站信息流距离衰减的指数衰减形态问题，分析了不同性质旅游网站信息流指数衰减模型的拟合效果，并从旅游网站性质的角度（Toivonen et al.，2009），对旅游网站信息流距离衰减的集中性进行了比较，还应用Zipf定律解释旅游网站信息流的位序—规模排列，以期对距离衰减的空间集中性特征进行检验（邓丽丽等，2011）。

9.3.1 研究对象与方法

1. 研究对象

旅游网站的确定：网站访问量可以有效地反映信息流量的变化规律（Galliano and Roux，2008），上一节应用了24个旅游网站访问量资料作为基础数据。为了使研究工作具有可对比性，通过筛选本节最终选取了其中的10个旅游网站，即北京旅行网、山东国信旅游网、九华山旅游信息网、四川旅游政务网、内蒙古响沙湾旅游网、江苏旅游网、海南旅游资讯网、北海旅游热线网、承德旅游网及华东旅游网，研究其信息流距离衰减形态及集中性的差异，并对其集中性特征进行检验。

旅游网站信息流距离衰减的表达：在样本旅游网站访问量数据的基础上，以旅游网站所在地与使用者所在地省会的公路距离作为地理距离，绘制以各网站所在地为原点，以各省（区、市）与网站所在地的距离（km）为横坐标，以旅游网站来自各省（区、市）的访问量为纵坐标的距离变化曲线。

2. 研究方法

旅游网站信息流距离衰减变化曲线，总体上10个旅游网站在各省（区、市）的访问量随距离变化呈现出明显下降趋势，通过观察其距离衰减变化曲线及对旅游网站信息流距离衰减形态进行趋势预测分析，认为样本旅游网站访问量距离衰减形态可能符合指数衰减模型。对此，拟对旅游网站访问量随距离衰减的指数分布型曲线进行模拟。所选取的指数衰减模型来源于Clark(1951)的城市人口密度分布的空间衰减模型。其变形后公式为

$$T_i = a * e^{bd_i} \tag{9-6}$$

式中，d_i 为距离长度；T_i 为距离长度为 d_i 的第 i 个城市的网站访问量(王成金，2009)。

为了检验旅游网站信息流距离衰减的集中性特征，还需要对旅游网站的各省(区、市)访问量按"位序—规模"进行排序，通过回归拟合函数关系来判定该旅游网站信息流位序—规模分布对 Zipf 定律的符合状况；在此基础上进行标度分区以分析信息流规模排序特点，并结合分维值揭示信息流规模空间分布的集散程度，最终对旅游网站信息流距离衰减的集中性特征进行检验。

9.3.2 网络信息流距离衰减集中性的差异

1. 指数衰减模型的拟合与验证

1) 拟合

以各省(区、市)访问量占该旅游网站总访问量的百分比比值为纵坐标，各省(区、市)距该旅游网站所在地的公路距离为横坐标，应用 Origin 软件对各旅游网站访问量与距离进行指数衰减模型的拟合。从拟合状态可以看出，四川旅游政务网、北京旅行网、九华山旅游信息网、内蒙古响沙湾旅游网和山东济南国信旅行社旅游网的实际访问量距离衰减形态与指数衰减曲线基本吻合，江苏旅游网、北海旅游热线、华东旅游网、海南旅游资讯网和承德旅游网的实际访问量距离衰减形态与指数衰减曲线不吻合，出现较多的离散点，各省(区、市)访问量散落分布于指数衰减拟合曲线两侧。为了进一步验证样本旅游网站是否符合指数衰减模型，可通过模型评价指标具体分析此函数模型的拟合效果。

2) 验证

从数理统计学角度分析，卡方值越小，函数表示模式合适的情形越高，一般采用卡方值/自由度即 Chi^2/DoF 来衡量模型的标准程度，样本旅游网站指数衰减模型的验证如下：10 个旅游网站的 Chi^2/DoF 均小于等于 2(表 9-5)。可见，旅游主管部门网站指数衰

表 9-5 旅游网站信息流距离衰减—指数衰减拟合参数表

网站名称	R^2	a	b	Chi^2/DoF
四川旅游政务网	0.9938	0.6861	0.0107	0.0001
北京旅行网	0.9753	0.5293	0.0458	0.0002
九华山旅游网	0.8788	0.3085	0.0041	0.0006
内蒙古响沙湾旅游网	0.8466	0.3215	0.0429	0.0006
山东济南国信旅行社旅游网	0.8038	0.3265	0.0081	0.0009
江苏旅游网	0.5419	0.1610	0.0024	0.0013
北海旅游热线	0.4472	0.1242	0.0014	0.0009
华东旅游网	0.4357	0.0985	0.0011	0.0007
海南旅游资讯网	0.3781	0.1968	0.0007	0.0024
承德旅游网	0.2757	0.1522	0.0017	0.0039

资料来源：邓丽丽等，2011；表 9-6 资料来源同。

减模型的标准程度最高，旅游企业网站指数衰减模型的标准程度较高，旅游目的地网站指数衰减模型的标准程度最低。

结合表 9-5 可得：四川旅游政务网信息流指数衰减的拟合优度指数 R^2 最高，其距离衰减形态非常符合指数衰减模型，网站信息流指数衰减的输出图形与实际数据的趋势吻合度很高；北京旅行网、九华山旅游信息网、内蒙古响沙湾旅游网和山东济南国信旅行社旅游网信息流指数衰减的拟合优度指数较高，达到 0.8 以上，其信息流距离衰减形态基本符合指数衰减模型，网站信息流指数衰减的输出图形与实际数据的趋势基本吻合；江苏旅游网、北海旅游热线、华东旅游网、海南旅游资讯网和承德旅游网信息流指数衰减的拟合优度指数最低，其信息流距离衰减形态基本不符合指数衰减模型，网站信息流指数衰减的输出图形与实际数据的趋势基本不吻合。

旅游主管部门网站，其提供的信息以旅游政策法规、行业管理、旅游新闻热点、旅游快讯等政务信息为主，本地服务性强，导致其旅游网站使用者仍受限于区位，对距离衰减指数形态的敏感度高，距离衰减形态呈现非常明显的陡降—缓慢下降的衰减趋势，拟合曲线拐角似直角衰减，信息流距离衰减形态非常符合指数衰减模型；旅游企业网站以提供本地接待服务信息为主，同时也提供地方短线出游信息，并兼有酒店、机票预订功能等其他营销服务信息，其网站使用者开始突破区位的局限，各省(区、市)访问量总体上呈现距离衰减的同时，个别省(区、市)访问量出现高值离散点，导致信息流距离衰减形态基本符合指数衰减模型；旅游目的地网站是基于提供区域性旅游信息所建立的一种综合性旅游网站，其信息功能比较丰富，不仅包括区域旅游服务信息、在线预订等旅游服务功能，还涉及 BBS、旅游文学、旅游博客、旅游个人主页等特色服务功能，综合功能作用下弱化了旅游目的地网站距离的障碍性，导致其信息的流动较分散化，使其距离衰减形态没有呈现自网站所在地起的明显的陡降—缓慢下降的指数衰减趋势，各省(区、市)的网站访问量值相差较大，整体上呈分散分布状态，出现部分地区的集聚现象。然而，经研究江苏旅游网、北海旅游热线、华东旅游网、海南旅游资讯网和承德旅游网信息流距离衰减形态符合高斯多峰模型。

综上，旅游主管部门网站信息流距离衰减非常符合指数衰减模型；旅游企业网站信息流距离衰减基本符合指数衰减模型；旅游目的地网站信息流距离衰减不符合指数衰减模型。

2. 不同性质旅游网站信息流距离衰减集中性的差异

1) 本地集中性

指数衰减形态属于单峰衰减，其可以验证旅游网站信息流随距离衰减所呈现的本地集中性特征。信息流距离衰减的本地集中性越强，其曲线形态越符合指数衰减模型。结合表 9-6 可以看出：①四川旅游政务网网站所在地访问量占总访问量的比例最高，曲线形态仅在网站所在地出现明显峰值，随后急剧衰减，网站信息流对距离的敏感性最强，其他省(区、市)的网站访问量都集中均匀地分布在曲线两侧且波动幅度小，信息流距离衰减的本地集中性最强；②北京旅行网、九华山旅游信息网、内蒙古响沙湾旅游网和山东济南国信旅行社旅游网其网站所在地访问量占总访问量的比例较高，网站信息流对距离的敏感性较强,其他省(区、市)的网站访问量相对均匀地分布于曲线两侧,但在个别省(区、市)出现少数高值离散点,信息流距离衰减的本地集中性较强;③江苏旅游网、北海旅游热线、华东旅游网、海南旅游资讯网和承德旅游网其网站所在地访问量占总访问量的比例在3类性质的旅游网站中是最低的,且网站访问量的最高值不在网站所在地,信息流距离衰减形态不符合指数衰减模型,距离衰减的本地集中性最弱。

综上,旅游主管部门网站信息流距离衰减的本地集中性最强,旅游企业网站信息流距离衰减的本地集中性较强,旅游目的地网站信息流距离衰减的本地集中性最弱。

2)经济集中性

孙中伟等(2010)研究了互联网与省域经济发展的关系,指出经济发达省域网络需求量仍然高于经济不发达省域。观察指数衰减拟合曲线,偏离指数衰减拟合曲线较远的那些离散点,除网站所在地外,主要为经济发达省(区、市),经济发达省(区、市)离散点越多,指数衰减拟合曲线的吻合度越低,本地集中性越弱,经济集中性越强。

进一步,由表9-6可见,四川旅游政务网其网站所在地访问量占总访问量的绝对比例,前4位中经济发达省(区、市)的网站访问量占总访问量比例较小,信息流距离衰减的经济集中性较弱;北京旅行网、九华山旅游信息网、内蒙古响沙湾旅游网和山东济南国信旅行社旅游网其网站所在地访问量占总访问量的比例均较高,前4位中经济发达省(区、市)的网站访问量占总访问量的比例也均较高,信息流距离衰减的经济集中性较强;总体看,江苏旅游网、北海旅游热线、华东旅游网、海南旅游资讯网和承德旅游网其网站所在地访问量占总访问量的比例在3类性质的旅游网站中是最低的,信息流距离衰减的经济集中性最强。

表9-6　旅游网站所在地访问量及访问量位居前4位的省份　　(%)

旅游网站名称	访问量前4位省份(即位序前4位省份)	前4位省份的比例	所在地的比例	前4位中经济发达省份的比例(除所在地)
四川旅游政务网(川)	川、粤、渝、京	79.18	68.86	7.52(京粤)
北京旅行网(京)	京、粤、沪、豫	67.69	52.15	12.41(粤沪)
九华山旅游信息网(皖)	皖、沪、苏、浙	66.75	33.64	33.11(除皖)
内蒙古响沙湾旅游网(蒙)	蒙、京、粤、晋	55.15	33.03	17.29(京粤)
山东济南国信旅行社旅游网(鲁)	鲁、京、粤、沪	66.01	34.68	31.33(除鲁)
江苏旅游网(苏)	沪、苏、浙、粤	61.22	18.03	43.19(除苏)
北海旅游热线(桂)	粤、桂、京、湘	44.84	14.52	24.00(粤京)
华东旅游网(苏)	鄂、苏、浙、粤	44.77	11.76	17.12(浙粤)
海南旅游资讯网(琼)	粤、琼、京、沪	65.07	13.68	51.39(除琼)
承德旅游网(冀)	京、冀、津、辽	63.99	13.08	50.91(除冀)

综上,不同性质旅游网站信息流距离衰减集中性存在差异,即旅游主管部门网站信息流距离衰减本地集中性很强,经济集中性不明显;旅游企业网站信息流距离衰减兼有

本地集中性和经济集中性特征;旅游目的地网站信息流距离衰减的经济集中性很强,本地集中性不明显。

9.3.3 Zipf定律对网络信息流距离衰减集中性特征的检验

1. Zipf定律检验

对10个旅游网站信息流位序—规模分布的描述可采取由"假设"到"检验"的逆向研究范式。现假设各旅游网站信息流的位序—规模分布符合Zipf定律(陈彦光和周一星,2002;刘红光和刘科伟,2006),对其进行检验。根据10个旅游网站信息流分省访问量对31个省(区、市)分别进行规模排序,将点列$[K, f(K)]$数据标绘在双对数坐标图上,以观察其拟合效果。

为了检验旅游网站信息流位序—规模分布对Zipf定律的符合状况,可通过回归拟合函数关系来判定。采用人工判别法对无标度区(刘晓丽等,2008;杨国良等,2006)范围进行确定,过程如下:根据双对数点图,依目视效果确定一段线性关系最好的区间为无标度区,再用最小二乘法进行线性拟合,求出回归系数以验证无标度区范围的准确性(表9-7)。

表9-7 旅游网站信息流Zipf定律验证表

旅游网站名称	无标度区范围	拟合方程	R^2	F	q	D
四川旅游政务网	$K=2\sim31$	$\ln f(k)=-1.333\ln k+9.312$	0.920	334.522	1.333	0.690
北京旅行网	$K=1\sim29$	$\ln f(k)=-1.342\ln k+8.464$	0.710	71.202	1.342	0.529
九华山旅游信息网	$K=2\sim26$	$\ln f(k)=-1.834\ln k+8.989$	0.833	144.755	1.834	0.454
内蒙古响沙湾旅游网	$K=1\sim29$	$\ln f(k)=-1.416\ln k+9.086$	0.731	78.912	1.416	0.516
山东济南国信旅行社旅游网	$K=1\sim28$	$\ln f(k)=-1.550\ln k+10.055$	0.783	104.702	1.550	0.505
江苏旅游网	$K=2\sim27$	$\ln f(k)=-1.493\ln k+11.597$	0.836	147.915	1.493	0.560
北海旅游热线	$K=2\sim28$	$\ln f(k)=-1.283\ln k+10.674$	0.688	63.838	1.283	0.536
华东旅游网	Ⅰ $K=1\sim18$	$\ln f(k)=-0.807\ln k+12.545$	0.975	599.669	0.807	1.208
	Ⅱ $K=19\sim30$	$\ln f(k)=-6.058\ln k+28.356$	0.825	55.795	6.058	0.136
海南旅游资讯网	$K=3\sim7$	$\ln f(k)=-3.627\ln k+13.127$	0.684	62.844	3.627	0.189
承德旅游网	$K=1\sim26$	$\ln f(k)=-1.681\ln k+9.679$	0.853	167.911	1.681	0.507

注:Ⅰ表示华东旅游网第一标度区;Ⅱ表示华东旅游网第二标度区。

资料来源:邓丽丽等,2011。

对于具有分形性质的地理现象,点列在双对数坐标图上为一个直线段,则为单分形;点列形成两个直线段,则为双分形(岳文泽等,2001)。由表9-7可见,除海南旅游资讯网外,其余网站的无标度区均包括大部分数据点;除华东旅游网出现双分形,形成两个无标度区外,其他网站均存在明显的一个无标度区,说明旅游网站信息流具有分形特征,即旅游网站信息流位序—规模分布服从Zipf定律。上述检验说明了旅游网站信息流距离衰减可以通过省(区、市)的规模位序表现出来,基于位序—规模研究其集中性特征具有一定的可操作性和可行性。

2. 分维值与位序—规模分析

分维值 D 的地理意义在于验证出旅游网站在空间地域上的集散程度,与 Zipf 维数 q 存在线性关系(仵宗卿等,2000)。利用 Zipf 参数和判定系数可求出各旅游网站的分维值(表9-7)。

分析表 9-7 可得:①分维值验证了旅游网站信息流空间分布的集中性,8 个旅游网站的分维值集中于 0.50 左右,说明旅游网站信息流整体上表现出其空间分布的集中性特征,少数省份信息流垄断性较强,结合位序—规模特征,说明了旅游网站信息流距离衰减的空间集中性明显;②不同性质旅游网站分维值的差异验证了其信息流空间分布集中性的差异,首先,就无分段标度区的 9 个旅游网站而言,旅游主管部门网站的分维值最大,其信息流空间分布的集中性也最显著;旅游企业网站的分维值较大(均值为 0.501),其信息流空间分布的集中性也较为显著;旅游目的地网站的分维值较小(除华东旅游网,均值为 0.448),其信息流空间分布的集中性相对较弱;其次,就分段标度区的华东旅游网而言,第一标度区的分维值大于 1,说明其信息流变差不大,空间分布的集中性不明显;第二标度区的分维值远小于 1,其信息流空间分布的集中性也不明显。可见,分维值的差异说明不同性质旅游网站信息流距离衰减集中性存在差异:旅游主管部门网站、旅游企业网站较旅游目的地网站的集中性强。

表 9-6 显示,10 个旅游网站的位序前 4 位省(区、市)访问量所占比例均超过 40%,说明整体上旅游网站信息流规模贡献较大程度集中在位序前 4 位省(区、市)。进一步结合表 9-7 研究发现:①旅游网站信息流位序—规模的首位均存在于网站所在地或周边省(区、市);旅游主管部门网站和旅游企业网站的信息流位序—规模的首位均在网站所在地,旅游目的地网站的则在周边省(区、市),且网站所在地信息流规模排名仅次于首位省(区、市);②旅游网站信息流位序—规模的前 4 位多为经济发达省(区、市),对其进行纵向比较,发现存在重叠,重叠省(区、市)均为北京、广东、上海等人均 GDP 处于前 10 位的经济发达省(区、市)(2010 年);青海、西藏两省在旅游网站信息流位序—规模的无标度区内位序靠后,甚至处于无标度区之外。这说明了旅游网站信息流距离衰减均存在本地集中性和经济集中性,且旅游主管部门网站和旅游企业网站的本地集中性强于旅游目的地网站,而旅游目的地网站的经济集中性强于旅游主管部门网站和旅游企业网站。

9.3.4 小　　结

从旅游网站性质的角度对旅游网站信息流距离衰减形态与集中性的差异进行指数衰减模型的拟合分析,并应用Zipf定律检验其特征,研究发现:①不同性质的旅游网站信息流距离衰减形态和距离衰减的集中性存在差异,旅游主管部门网站的信息流距离衰减形态非常符合指数衰减模型,距离衰减具有明显的本地集中性特征,经济集中性特征不明显；旅游企业网站的信息流距离衰减形态基本符合指数衰减模型，距离衰减兼有本地集中性和经济集中性特征；旅游目的地网站的信息流距离衰减形态不符合指数衰减模型，距离衰减具有明显的经济集中性特征，本地集中性特征不明显；②10个旅游网站的分维值多在0.50左右，说明旅游网站信息流距离衰减的集中性较强，其内部差异说明不同性质旅游网站信息流距离衰减集中性有所不同，旅游主管部门网站和旅游企业网站较旅游目的地网站的集中性强；③不同性质旅游网站信息流的位序—规模均符合Zipf定律，其首位省(区、市)均存在于网站所在地或者周边省(区、市)，其位序—规模的前四位总体为经济发达省(区、市)，进一步证实了本地集中性和经济集中性的存在；④对旅游网站信息流距离衰减集中性特征的Zipf检验，证实了空间距离集中性特征的普遍意义，体现了指数衰减模型在集中性研究中的普遍性和适用性，为旅游信息化的建设和营销提供了理论支持。

9.4 网络信息流距离衰减的本地集中性和经济集中性

近年来，人类社会经济活动已经由传统地理空间延伸到了网络空间，网站信息流渐成为国内外学者关注的热点。国外研究集中在两方面：一是从理论角度探讨网站对使用者的吸引效用、引导作用及其对信息流影响(Tan et al., 2007; Kim and Niehm, 2009)；二是直接针对网站信息流距离衰减，开展了传输规律及其影响因素、地方性、空间关系，以及点击流数据聚类新模型(Murnion and Healey, 1998; Antonellis et al., 2009)的研究。国外的研究普遍表现出创新研究的视角，提出了较为实用的方法，呈现出虚拟和现实两种距离衰减效应的结合。国内针对网络空间信息流的研究也取得一定进展，多从实证视角分析虚拟信息流传输的影响因素、距离衰减形态及方法论等(吴士锋和路紫，2007；李彦丽和路紫，2006)，这为进一步探讨虚拟信息流距离衰减奠定了基础。

网站作为网络信息流传输的重要节点，其访问量可以直接反映网络服务器信息流的传输状况，旅游网站信息流量数据具有更大的公开性和资源共享性。故本节选择其为研究对象，根据网站资料的获取情况，最终选取了24个旅游网站。研究中采用了旅游网站自建站以来至数据采集日期的，以省为单位的使用者信息流量数据。本节首先运用Origin软件曲线拟合功能评估了24个旅游网站信息流距离衰减的一般形态，在此基础上逐级递进分别应用Zipf定律、地理集中度指数和指数模型3种方法，描述空间分布的集中性、揭示距离衰减的集中性程度、讨论距离衰减的本地集中性与指数模型符合性的关系(张秋娈和路紫，2011)。这项研究既为网站应用效果的评估提供新的理论依据和方法论，也为区域旅游目标市场确定和旅游网站自身功能完善提供理论支持。

9.4.1 Zipf定律对空间集中性的表达

1. 无标度区范围

Zipf定律作为描述位序—规模分布的经验公式，与分形理论相结合后，被广泛地应用到城市(刘继生和陈彦光，2007)等研究领域，文中采用由"假设"到"验证"的逆向研究范式，对旅游网站访问量位序—规模分布形态进行描述。假设各旅游网站访问量的位序—规模分布符合 Zipf 定律，对其进行检验。在进行检验之前将 24 个网站分为两类，第一类是首位省(区、市)(即旅游网站访问量最高的省(区、市))在旅游网站所在省，共 17 个；第二类是首位省(区、市)不在旅游网站所在省，共 7 个。根据 24 个旅游网站分省访问量对 31 个省(区、市)进行规模排序，将点列 $[K, f(K)]$ 数据标绘在双对数坐标图上，即可绘制出旅游网站访问量的位序—规模分布曲线，得到判定系数 R^2。24 个旅游网站的判定系数 R^2 均大于 0.6，说明旅游网站访问量位序—规模分布均服从 Zipf 定律，旅游网站信息流的规模分布形态对首位省(区、市)的区位敏感度低。

无标度区是指分形关系成立的尺度范围，可以表明研究对象具有某种分形特征，是统计分形中的一个重要的界定。研究者采用人工判别法对无标度区分段和无标度区范围进行确定，即根据双对数点图确定一段线性关系最好的区间为无标度区间，再用最小二乘法进行线性拟合，确定无标度区分段和无标度区范围。结果显示，24 个旅游网站均存在明显的无标度区，且具有两个特点：其一，多数旅游网站的无标度区范围均包括大部分数据点；其二，多数旅游网站仅出现一个无标度区，说明旅游网站位序—访问量规模分布结构整体上具有单分形特征。

2. 分维值与集中性关系的论证

引入 Pareto 分布来说明每个旅游网站访问量在 31 个省(区、市)的分布集中性。利用 Zipf 参数和判定系数计算旅游网站分维值 D（谈明洪和范存会，2004），定量描述旅游网站访问量分布的集散程度。比较各维数 q 和分维值 D 可见，大多数单一无标度区范围的旅游网站 Zipf 维数均大于 1，分维值均小于 1，在 0.817~0.189 波动，表明其规模等级结构均呈 Pareto 分布模式，无标度区内旅游网站访问量规模分布均比较分散，访问量空间分布呈不均衡状态，首位省(区、市)的垄断地位较强。将无标度区范围相近(数据点超过 15 个)、具有单分形特征的旅游网站按 D 值进行纵向对比发现：D 值最大的西藏拉萨旅游网，其访问量规模分布比较集中，空间分布呈相对明显的均衡状态，首位省(区、市)的垄断地位较低，其访问量比例为 14.4%；D 值最小的喀什旅游网，其访问量规模分布比较分散，空间分布呈相对明显的不均衡状态，首位省(区、市)的垄断地位较强，其访问量比例高达 66.5%。可见，D 值越大，则访问量的规模分布越集中，规模分布的差异性越小，空间分布越均衡。上述旅游网站访问量空间分布的集散性特征映射出旅游网站所在地国内潜在旅游客源空间分布的集散性特征。

9.4.2 地理集中度指数对本地集中性与经济集中性的表达

采用区位熵、空间洛伦茨曲线和基尼系数 3 个地理集中度指数衡量旅游网站信息流距离衰减集中程度。

按照各省省会与旅游网站所在省省会的实际距离的升序对各省(区、市)进行赋值 "31、30、29、…、2、1" 作为各省(区、市)的赋值距离，然后根据 $q_i = y_i'/x_i'(y_i'、x_i'$ 分别为各省(区、市)的赋值距离占赋值距离总和的比例和各省(区、市)对某旅游网站的访问量占总访问量的比例），计算旅游网站距离衰减的区位熵值。将各旅游网站区位熵值大于 1 的省（区、市）汇总，发现：①45.8%的网站的区位熵最高值在网站所在省，说明旅游网站信息流距离衰减具有明显的本地集中性；②24 个网站中区位熵排在前 5 位的省（区、市）存在重叠现象，除网站所在省以外，广东、上海、北京出现频率均超过 13 次；区位熵值大于 1 的省（区、市）也存在重叠现象，主要有广东、北京、上海和浙江。可见，信息流距离衰减过程中在经济发达地区访问量会高于按距离衰减应达到的水平，说明旅游网站信息流不完全按照距离均等的方式衰减，而是具有明显的经济集中性。上述本地集中性和经济集中性特征映射出旅游目的地潜在旅游客流的流量和流向特征，由此可见，中国旅游目的地的国内旅游目标市场应该定位于本地和经济发达地区。

空间洛伦兹曲线的弯曲程度越大，表明集中度越大。根据绘制的空间洛伦兹曲线分析发现，所有洛伦兹曲线呈内凹型，多数曲线与绝对均匀线相距较远，说明多数旅游网站信息流距离衰减集中度较高。旅游网站信息流距离衰减集中度总体较高的特征与中国国内旅游客源空间分布的不均衡性比较吻合。

根据各旅游网站的基尼系数，可看出 24 个旅游网站中基尼系数大于 0.5 的占 83.3%，这进一步说明多数旅游网站信息流距离衰减集中度整体较高。通过横向比较发现，24 个旅游网站中基尼系数差距较大，说明旅游网站信息流距离衰减的集中度存在较大差异。上述差异性特征要求：集中度较高的旅游目的地应该更多地关注其知名度和影响力以扩大市场范围，集中度较低的旅游目的地应该更多地关注核心目标市场打造以确定重点客源区域。

9.4.3 本地集中性与指数模型符合性的关系

1. 指数衰减模型验证

从 24 个旅游网站中选取最符合指数模型的 3 个代表性样本，以各省（区、市）访问量占该旅游网站总访问量的比例为纵坐标，以各省（区、市）距该旅游网站所在省的公路距离为横坐标，应用 Origin 软件对各旅游网站访问量与距离进行指数模型的拟合。样本旅游网站指数模型的验证如下：从 Chi^2/DoF 检验来看，四川旅游政务网的 Chi^2/DoF =0.0001≤2，北京旅行网的 Chi^2/DoF =0.0002≤2，山东济南国信旅行社旅游网的 Chi^2/DoF =0.001≤2；从拟合优度指数 R^2 来看，3 个旅游网站 R^2 分别为 0.994、0.975 和 0.804，均大于 0.8。可见，3 个旅游网站的指数模型均能通过检验，模型标准程度高。

2. 指数模型对本地集中性的解释

指数模型的拟合优度指数反映了指数模型与数据点的匹配效果，可以用于描述旅游网站信息流距离衰减的本地集中性与指数模型符合性。由 R^2 分析可得，拟合优度指数越高，指数模型与网站数据点的匹配效果越好，各数据点越紧凑地分布在拟合曲线两侧且波动越小，出现的离散点数量越少。进一步分析可见，旅游网站信息流距离衰减的本地集中性受旅游网站功能性质影响，其本地集中性越强，指数模型与网站数据点的匹配效果也越好,越符合指数模型。四川旅游政务网属于政府性旅游网站,本地集中性最强,其所在省访问量比例高达 68.9%,最符合指数模型;北京旅行网属于组团性质旅游网站,本地集中性较强,其所在省访问量比例较高,为 52.1%,较为符合指数模型;山东济南国信旅行社旅游网属于地接性质旅游网站,本地集中性相对较弱,其所在省访问量比例仅为 34.7%,相对较不符合指数模型。由上述分析可见,各类旅游网站应该不断完善自身功能类型,提供更多类型的旅游相关信息,扩大自身的知名度和影响范围,打破行政界线对旅游网站发展的瓶颈作用。

9.4.4 小　　结

上文通过百度、Google、Alexa、Cnzz 等多种网络搜索引擎和网站访问量统计工具获取了 24 个旅游网站分省访问量资料,运用 Origin 软件评估了旅游网站信息流距离衰减的曲线模型,在此基础上深入研究了旅游网站信息流距离衰减的集中度问题。研究经过 3 个阶段,逐级递进分别应用 Zipf 定律、地理集中度指数和指数模型 3 种方法,描述了空间分布的集中性,揭示了本地集中性与经济集中性特征,讨论了本地集中性与指数模型符合性的关系。研究发现:①旅游网站的信息流位序—规模分布形态均符合 Zipf 定律,表现出分形特征且以单分形为主;多数旅游网站信息流的规模结构呈 Pareto 分布模式,其空间分布呈不均衡状态,且空间分布的集中性随着分维数 D 值的增大而减弱;②旅游网站信息流距离衰减的具有明显的本地集中性和经济集中性特征;多数旅游网站信息流距离衰减的集中度较高,且集中度存在一定差异;③旅游网站信息流距离衰减的本地集中性受旅游网站性质影响,且其本地集中性越强,指数模型与网站数据点的匹配效果也越好;④旅游网站信息流距离衰减的集中效应具有一定现实意义:本地集中性和经济集中性映射出旅游目的地潜在旅游客流的流量和流向特征;集中度较高的旅游目的地应更多地关注扩大市场范围,集中度较低的旅游目的地应更多地关注核心目标市场打造;网站功能性质对本地集中性的影响,要求旅游网站完善自身功能类型,打破行政界线对网站发展的瓶颈作用。

9.5　网络信息流距离衰减的逆曲线拟合及其衰减形式

随着信息经济地理学研究的不断深入,Geo-cyberspace(地理虚拟空间)已成为国内外地理学者当前关注的热点研究领域。尽管传统的地理距离正受到新的网络距离的冲击,但是地理位置仍是认知一个通信节点在互联网上地位的因素,关于互联网中虚拟信息流与地理距离之间是一种什么样的关系,这种信息流距离衰减曲线拟合模型的研究尚欠深入。鉴于旅游网站已发展成为一种代表性的电子商业模式,与其他网站相比对使用者的导引作用相对较强,旅游网站使用者数量能够很好地体现旅游网站信息流的传输,以此为对象能够较好地描绘虚拟信息流的空间传输形态。因此本节在前人研究的基础上,以旅游网站为切入点,进行虚拟信息流距离衰减曲线拟合分析,试图阐明旅游网站信息流距离衰减的形态。

9.5.1 研究资料

旅游网站的确定。研究者曾用百度、雅虎等搜索引擎,以旅游网站流量统计、网站流量分析、旅游网站使用者统计(分析)等为搜索关键词,以能获得使用者 IP 地址为准则,搜索到相关网站 10 个,其区域分布基本覆盖全国,因此确定其为数据源。

旅游网站归属地(城市)的确定。通过如下 3 种方法实现:①依据旅游网站主页所显示的具体地址来确定;②依据旅游网站名称本身含有的地点名词来确定;③运用 IP 查询系统查询旅游网站网址的归属地并与网站主页所显示的 ICP 备案相结合来确定。

数据资料的获取包括旅游网站使用者数量和旅游网站归属地(城市)与使用者所在地(城市)之间的距离两个方面。

旅游网站使用者数据资料的获取,以能获得该网站使用者 IP 地址为参考基准,主要方式是搜索旅游网站的流量统计系统页面,即网络分析日志。使用者数据资料的获取具体包括两方面:①旅游网站使用者 IP 地址的获取,研究者依据旅游网站流量统计系统信息保存时间长短的不同,分别采用 3 种不同的方式获取旅游网站使用者的 IP 地址:一是全天候观察统计使用者的 IP;二是摘取网站流量统计系统的历史资料;三是每天 24 小时统计当日的使用者 IP 及访问页面;②旅游网站使用者来源城市的确定。研究者运用 "www.ip138.com" 单个 IP 查询系统,对各旅游网站统计到的使用者 IP 进行归属地查询,从而确定使用者的来源城市。

旅游网站归属地(城市)与使用者所在地(城市)之间的距离,以用 Google 地图所测到的公路距离为依据。

9.5.2 曲线拟合

1. 曲线拟合判定系数计算

SPSS 曲线拟合理论提供了一个描述样本数据特征近似函数的方法,其中 SPSS13.0 软件的 Curve Estimation(曲线估计)功能模块提供了 11 种备选曲线,用于描述曲线走势及其特征。为了准确地反映旅游网站日均访问量和距离之间的空间关系变化,即可通过比较多种曲线拟合的判定系数 R 及 R^2,来确定与样本旅游网站信息流距离衰减相符的最佳曲线拟合模型。根据 10 个样本旅游网站日均访问量与空间距离数据的拟合结果,在信息流距离衰减的 11 种曲线拟合中,10 个样本旅游网站逆曲线模型判定系数 R 及 R^2 均较大,主要曲线模型的比较可见表 9-8。又将 10 个样本旅游网站的每种曲线拟合模型的 R、R^2 分别求平均值得到表 9-9,由此可以更直观地看出曲线拟合模型所体现的拟合效果差异明显,逆曲线模型的非线性解释能力最大(张秋奕等,2012)。

2. 逆曲线模型的检验

由于逆曲线模型的非线性解释能力最大,因此下文针对逆曲线模型展开分析和讨论。通过 SPSS13.0 软件逆曲线拟合的 F 检验,可判断日均访问量与距离两个变量之间是否具有较为显著的逆曲线关系,从而验证曲线拟合的优度。在置信水平为 0.05 的情况下,根据方差分析显示的自由度值,得到了各样本旅游网站取各自自由度值时的不同 $F_{0.05}$ 值(表 9-10)。在给定的显著性水平 a =0.05 下,均呈现出 $F > F_{0.05}$,且 Sig.值均小于 0.05,可知样本旅游网站信息流距离衰减逆曲线拟合通过 F 检验,曲线拟合具有显著性意义。

表 9-8 样本旅游网站的主要曲线拟合模型判定系数比较表

网站名称	逆曲线模型 R	逆曲线模型 R^2	对数曲线模型 R	对数曲线模型 R^2	幂指曲线模型 R	幂指曲线模型 R^2	三次曲线模型 R	三次曲线模型 R^2
江苏旅游网	0.658	0.433	0.525	0.275	0.379	0.143	0.297	0.088
中国丽江旅游网	0.415	0.173	0.395	0.156	0.246	0.060	0.312	0.097
东北风情旅游有限公司网	0.737	0.543	0.533	0.284	0.246	0.061	0.278	0.077
昆明鸿雁旅行社网	0.797	0.636	0.721	0.520	0.329	0.108	0.549	0.302
华中旅游论坛网	0.953	0.908	0.709	0.503	0.321	0.103	0.366	0.134
漳州青年旅行社网	0.936	0.877	0.798	0.636	0.520	0.271	0.460	0.212
山东国信旅游网	0.958	0.917	0.645	0.417	0.430	0.185	0.311	0.097
我游中国订房网	0.863	0.746	0.609	0.371	0.386	0.149	0.309	0.095
招商旅游网	0.986	0.972	0.698	0.487	0.427	0.182	0.337	0.114
重庆北辰旅游有限公司网	0.981	0.963	0.771	0.594	0.352	0.124	0.352	0.124

资料来源:张秋娈等,2012;表 9-9~表 9-10 资料来源同。

表 9-9 样本旅游网站信息流距离衰减曲线拟合模型判定系数 R、R^2 平均值

曲线模型	R 平均值	R^2 平均值
逆曲线模型	0.8284	0.7168
对数曲线模型	0.6404	0.4243
幂指曲线模型	0.3636	0.1386
三次曲线模型	0.3571	0.1340
逻辑曲线模型	0.3608	0.1926
S 曲线模型	0.3413	0.1315
二次曲线模型	0.2557	0.0685
复合曲线模型	0.1906	0.0447
生长曲线模型	0.1906	0.0447
指数曲线模型	0.1906	0.0447
线性曲线模型	0.1890	0.0357

通过 SPSS13.0 软件逆曲线方程回归系数的 t 检验,可判断逆曲线方程各系数是否较为显著。在置信水平为 0.05 的情况下,根据自由度值可得各样本旅游网站的 $t_{0.05}$ 值(表

9-10)。在给定的显著性水平 $a=0.05$ 下，均呈现出 $t>t_{0.05}$，且 Sig. 值均小于 0.05，各系数 t 分布检验统计量值和对应的显著性概率均说明拟合的逆曲线函数的各系数都是极其显著的，回归方程也是有意义的。

表 9-10　样本旅游网站逆曲线拟合模型的 F 值、t 值

网站名称	$F_{0.05}$	F	$t_{0.05}$	t
江苏旅游网	3.84	231.900	1.45	15.228
中国丽江旅游网	3.84	61.010	1.45	7.817
东北风情旅游有限公司网	3.84	265.704	1.45	16.300
昆明鸿雁旅行社网	4.20	48.894	1.70	6.992
华中旅游论坛网	3.84	1426.367	1.45	37.767
漳州青年旅行社网	4.26	170.410	1.71	13.054
山东国信旅游网	3.84	2789.344	1.45	52.814
我游中国订房网	3.84	729.650	1.45	27.012
招商旅游网	3.84	4677.621	1.45	68.393
重庆北辰旅游有限公司网	3.84	2484.217	1.45	49.842

9.5.3　结果分析

1. 逆曲线模型的判定系数分析

由表 9-9 可见，逆曲线模型判定系数 R 的平均值 0.8284 和 R^2 的平均值 0.7168 在 11 种曲线模型中均为最大，说明逆曲线模型的非线性解释能力最大，旅游网站信息流距离衰减较符合逆曲线模型。

样本旅游网站距离衰减逆曲线模型的判定系数 R、R^2 值的差异（表 9-8）说明样本旅游网站信息流距离衰减呈现出一定程度的分异，对此可从网站服务功能类型和网站所在区域条件两个角度进行分析。

第一，旅游网站服务功能类型分析。样本旅游网站按照服务功能分为论坛网站、旅行社网站、旅游资讯网站 3 类。其中，华中旅游论坛网属于论坛网站，该网站为使用者提供发表言论的网络平台，具有区域性特点，以本地注册会员居多，本地服务性较强，信息流距离衰减明显，信息流距离衰减逆曲线模型 R 及 R^2 值较大；招商旅游网、重庆北辰旅游有限公司网、山东国信旅游网、漳州青年旅行社网、我游中国订房网、昆明鸿雁旅行社网和东北风情旅游有限公司网属于旅行社网站，该类网站多提供线路预订、酒店预订和线路查询服务，其使用者来源集中于本地及周边地区，因此其信息流距离衰减也比较明显，信息流距离衰减逆曲线模型 R 及 R^2 值也比较大；江苏旅游网和中国丽江旅游网属于旅游资讯网站，该类网站多提供多类型的旅游信息咨询服务，使用者分布广泛，信息流距离衰减不明显，信息流距离衰减逆曲线模型 R 及 R^2 值较小。

第二，旅游网站区域性分析。从 7 个旅行社网站来看，旅游网站信息流距离衰减存在一定差异：招商旅游网、重庆北辰旅游有限公司网、山东国信旅游网、漳州青年旅行社网和我游中国订房网的网站信息流距离衰减逆曲线模型 R 及 R^2 值较大，信息流距离衰减较强。昆明鸿雁旅行社网和东北风情旅游有限公司网的网站信息流距离衰减逆曲线模型 R 及 R^2 值较小，信息流距离衰减较弱。这一差异与各旅行社网站所在区域的经济水平、交通条件、居民旅游需求、通过旅游网站搜索相关旅游信息能力等因素有关。例如，招商旅游网位于经济发达、交通便捷的东南沿海大都市深圳，当地居民的旅游出游需求强烈、通过旅游网站搜索相关旅游信息能力强，这使得其信息流距离衰减最强；而东北风情旅游有限公司网位于经济相对落后的、交通相对一般的东北内陆城市哈尔滨，当地居民的旅游出游需求相对较弱、通过旅游网站搜索相关旅游信息能力相对较弱，这使得其信息流距离衰减最弱。

2. 逆曲线拟合形态的衰减形式分析

从样本旅游网站逆曲线实际拟合和理想拟合来看，各样本旅游网站的逆曲线拟合形态无明显差异。基于逆曲线拟合形态的衰减形式可从以下 3 方面分析。

(1) 直角性特征。样本旅游网站使用者数量距离变化曲线呈现为从网站归属地城市向外的急剧下降—缓慢延伸态势，形成直角性特征。使用者的地方倾向性是直角性表现的决定因素，10 个样本旅游网站中，有 9 个网站本地城市使用者在各城市中排名第一。仅有中国丽江旅游网本地使用者次于昆明居第二位，从省域范围看还是来自云南省内的使用者居首位，可以说是广泛意义上的地方倾向性。由此可知，旅游网站信息流距离衰减呈直角性特征是旅游网站使用者地方倾向性的外在表现形式。

(2) 波动性特征。在不同的空间距离段内，在拟合曲线上方普遍存在多个偏离拟合曲线的点，形成高于邻近城市的游离点，表现出波动性特征。这些游离点多为经济较发达、行政级别较高、旅游强度较大的城市，呈现出集中性特点，大致分布在"南到广州北至北京，东到上海西至成都"的椭圆形区域内，这区域与中国各大网络运营商主要网络节点的分布基本一致。由此可见，发达的经济、完善的网络基础设施等因素共同推动该区域内的城市成为中国网络信息集聚与扩散的主要地带，该区域内的居民更有可能成为旅游网站使用者，这使得样本旅游网站距离衰减逆曲线的游离点基本都出现在此区域内。由此可见，发达的经济和完善的网络基础设施是导致旅游网站信息流距离衰减呈波动性的根本原因。

(3) 长尾性特征。在 1200 km 以外随距离无限增大，各样本旅游网站使用者数量保持在一定水平上，衰减性不再明显，形成长尾性特征。从旅游网站信息流空间辐射来看，样本旅游网站信息流距离衰减的长尾性特征体现了样本旅游网站使用者空间分布结构的若干共性：旅游网站信息流空间传播覆盖大面积区域；各样本旅游网站随距离无限增大，除旅游网站所在地外，信息流距离衰减不明显；除网站所在地及个别波动点外，其他距离范围内使用者数量较稳定，空间分布较为均衡。因此可以说，样本旅游网站信息流距离衰减的长尾性特征使得网络新媒介距离均一性、信息流低成本性得到了印证。

9.5.4 小　　结

从旅游网站使用者角度来探讨旅游网站信息流随空间距离而变化的规律是本节的研究目的。本节通过百度、雅虎等搜索引擎获得了 10 个样本旅游网站日均访问量的空间分布数据，以此作为旅游网站信息流距离衰减的研究对象。借助 SPSS13.0 软件的 Curve Estimation 功能模块，对样本旅游网站日均访问量与实际距离两个变量进行空间关系的曲线拟合。研究发现：①样本旅游网站信息流距离衰减较符合逆曲线模型，10 个样本旅游网站数据因变量日均访问量和自变量距离曲线拟合时，逆曲线模型判定系数 R 及 R^2 均为最大，10 个样本旅游网站逆曲线模型判定系数 R 及 R^2 的差异，表明不同旅游网站信息流距离衰减存在一定的分异，旅游网站服务功能类型及旅游网站区域因素均有一定影响；②样本旅游网站信息流距离衰减性呈陡降-缓慢递减形式，呈现出直角性、波动性、长尾性等特征：直角性是旅游网站使用者地方倾向性的外在表现形式；波动性是由发达的经济和完善的网络基础设施导致的；长尾性印证了信息流低成本基础上的网络新媒介距离均一特征，在 1200 km 以外，随距离增大使用者数量保持在一定水平上；③研究资料是随机选取的，结论只适于所统计到的样本旅游网站，是否具有广泛适用性有待进一步研究。

9.6　网络信息流距离衰减形态分异特征及其与网站功能的关系

传统现实流距离衰减形态的研究已产出了诸多成果，主要集中于旅游流(吴晋峰和包浩生，2005；杨国良等，2007)、交通流(金凤君，2001)和通信流(路紫，2000) 3 类。近年来，对虚拟信息流及其距离衰减形态问题的研究逐渐引起国内外经济地理领域学者的关注。自 2010 年开始，关于虚拟信息流距离衰减的研究上了一个新的台阶：应用网站案例进行模型分析，落脚到距离衰减形态上，主要集中于旅游网站信息流距离衰减的形态与形式等(张秋奕等，2012a)方面。可见虚拟信息流距离衰减研究已基本完成总体规律的认知。进一步的研究应当是距离衰减形态的内部差异详细论述及其新要素影响，尤为是探索距离衰减形态的复杂性及其与网站自身功能关系具有特殊意义。

本节旨在揭示虚拟信息流距离衰减形态与网站功能之间的相关性，从而为旅游网站功能的完善提供依据，为引导现实旅游客流的流向和流量提供指导。

研究数据仍然选用旅游网站使用者数量和空间距离指标。前者以能获得使用者 IP 地址为准则，首先选择 10 个旅游网站，并进一步确定旅游网站归属地(城市)，最后获取各旅游网站使用者数量资料。本节的网站使用者数量资料为各城市访问量，而以往文章中的网站使用者数量资料多为各省访问量。因此，本节更为具体详尽的数据将使得研究结论也更为科学合理，是对前人研究的补充。后者为旅游网站归属地(城市)与使用者所在地(城市)之间的距离，以 Google 地图所测到的公路距离为依据。

9.6.1 网络信息流距离衰减形态特征

1. 一般特征

为了有效揭示虚拟信息流距离衰减形态与网站功能之间的相关性,首先对距离衰减形态的一般特征进行描述。通过运用 SPSS13.0 软件中的 Curve Estimation 功能模块,对 10 个样本旅游网站日均访问量与空间距离数据进行了 11 种曲线拟合,从中看出样本旅游网站信息流距离衰减形态比较符合逆曲线模型。因此选择逆曲线模型,通过其拟合曲线走势和判定系数,分析旅游网站信息流距离衰减形态的一般特征。从 10 个样本旅游网站中,选择模型判定系数 R 最小、居中(排第五位)和最大的 3 个旅游网站,给出其逆曲线,结果显示样本旅游网站逆曲线走势无明显差异,各样本旅游网站访问量随距离变化曲线均呈现为从网站归属地城市向外的急剧下降—缓慢延伸态势,具体表现为:在中近距离范围内,曲线呈急剧下降的直角性;在远距离范围内,曲线呈缓慢延伸的长尾性。此外,根据各样本旅游网站逆曲线拟合图来看,来自各地(城市)访问量的实际值并非都分布在拟合曲线上,来自部分城市的访问量以游离点形式,分布于拟合曲线的上方或下方,从而使得各样本旅游网站信息流距离衰减表现为波动性。

进一步又通过逆曲线模型的判定系数(R)作为逆曲线拟合程度的主要衡量标准反映距离衰减程度。根据样本旅游网站逆曲线拟合的结果可见:50%旅游网站的 R 值超过 0.9,其中招商旅游网的 R 值最大,达到 0.986,这表明其距离衰减对逆曲线的拟合程度较好,随距离衰减显著;而中国丽江旅游网的 R 值最小,为 0.415,这表明其距离衰减对逆曲线的拟合程度较差,随距离衰减不显著。可见,样本旅游网站 R 值差异性的存在,在一定程度上反映了虚拟信息流距离衰减形态的分异特征,具体包括波动性和地方性两类分异(张秋奕等,2012b)。

2. 波动性分异特征

样本旅游网站信息流距离衰减形态的波动性存在一定差异,这种波动性差异可通过样本旅游网站信息流距离衰减逆曲线上的游离点城市数量来反映。根据 10 个样本旅游网站信息流距离衰减逆曲线回归方程,可计算出各样本旅游网站在不同距离上的各城市日均访问量预测值,从而可计算出实际值与预测值之间的偏差。根据常规确定"游离点城市":当某个城市访问样本旅游网站的实际值与预测值之比大于 6,且实际值与预测值的偏差为正时,即可确认这个城市。利用 SPSS13.0 软件,根据样本旅游网站信息流距离衰减拟合逆曲线的"游离点城市"数量,将 10 个样本旅游网站的波动性分为四级。一级旅游网站只有中国丽江旅游网,其"游离点城市"数量最多,为 9 个。二级旅游网站包括江苏旅游网、我游中国订房网、山东国信旅游网,其"游离点城市"分别为 7 个、6 个和 6 个。三级旅游网站包括招商旅游网、东北风情旅游有限公司网、重庆北辰旅游有限公司网、华中旅游论坛网,其"游离点城市"分别为 4 个、3 个、3 个和 3 个。四级旅游网站包括漳州青年旅行社网、昆明鸿雁旅行社网,其"游离点城市"数量最少,分别为1个和0个。可见，随着旅游网站信息流距离衰减波动性级别由一级到四级的变化，衰减程度趋于显著，衰减形态趋于符合逆曲线，表现出旅游网站更多地被近程使用者点击和关注。

3. 地方性分异特征

样本旅游网站信息流距离衰减形态的地方性存在一定差异，这种地方性差异可通过样本旅游网站本地访问量所占比例及其排名来反映。利用SPSS13.0软件，根据本地访问量所占比例及其排名，将样本旅游网站信息流距离衰减形态的地方性分为4级。一级旅游网站包括招商旅游网、漳州青年旅行社网、重庆北辰旅游有限公司网，该类旅游网站的本地访问量所占比例均在50%以上，且排名均为第一。二级旅游网站只有山东国信旅游网，该旅游网站的本地访问量所占比例为39.25%，且排名也为第一。三级旅游网站包括我游中国订房网、昆明鸿雁旅行社网、华中旅游论坛网，该类旅游网站的本地访问量所占比例为20%~30%，且排名均为第一。四级旅游网站包括东北风情旅游有限公司、江苏旅游网、中国丽江旅游网，该类旅游网站的本地访问量所占比例小于20%，其中中国丽江旅游网的本地访问量排名为第二。可见，随着旅游网站信息流距离衰减地方性级别由一级到四级的变化，衰减程度减缓，衰减形态趋于偏离逆曲线，表现出旅游网站更多的被中远程使用者点击和关注。

9.6.2 网络信息流距离衰减形态分异特征与网站功能的关系

1. 类型

下文主要探讨旅游网站信息流距离衰减形态分异特征与网站服务功能类型的相关关系。根据已有旅游网站服务功能的分类(路紫和樊莉莉，2005)，现以样本旅游网站的具体服务功能为标准，将10个样本旅游网站归纳为信息发布为主兼有预订功能、论坛为主、预订为主兼有信息发布功能、政务为主4种类型，用以描述衰减形态分异特征与网站功能的关系。

第一，论坛或预订功能为主的旅游网站与波动性较小、地方性较明显的距离衰减形态对应。论坛为主、预订为主兼有信息发布功能的两类旅游网站信息流距离衰减形态趋于一致，均表现为波动性较小、地方性较明显。论坛为主的华中旅游论坛网具有区域性特点，以本地注册会员居多，本地服务性较强，信息流距离衰减较明显，波动性较小，地方性较明显。预订为主兼有信息发布功能的我游中国订房网主要满足预订需要，该网站的使用者来源集中于本地及周边地区，因此其信息流距离衰减也较明显，波动性也较小，地方性也较明显。

第二，政务功能为主的旅游网站与波动性最大、地方性不明显的距离衰减形态对应。政务为主的旅游网站信息流距离衰减形态表现为波动性最大、地方性不明显。政务为主的中国丽江旅游网主要体现政务功能和宣传功能，使用者分布广泛，信息流距离衰减不明显，波动性最大，但是地方性不明显。

第三，信息发布功能为主的旅游网站与复杂距离衰减形态对应。信息发布为主兼有预订功能的旅游网站信息流距离衰减形态较为复杂，其中，招商旅游网、重庆北辰旅游有限公司网、漳州青年旅行社网 3 个旅游网站信息流距离衰减形态表现为波动性较小、地方性显著；山东国信旅游网信息流距离衰减形态表现为波动性较大、地方性显著；昆明鸿雁旅行社网、东北风情旅游有限公司网 2 个旅游网站信息流距离衰减形态表现为波动性较小、地方性较不显著；江苏旅游网信息流距离衰减形态表现为波动性较大、地方性较不显著。可见，它们除了受到功能差异的影响外，还受到网站所在地及其使用者所在地等其他多种因素的影响。

2. 机理

网站自身功能作为内在因素决定了网站信息流距离衰减的形态特征，其作用机理是：旅游网站自身的主导功能，对不同距离上的使用者服务需求的满足度是不同的，论坛和预订功能更多地满足近距离的使用者，而基于兴趣的娱乐功能则不然，从而决定了不同空间距离上使用者数量的比例关系和距离衰减的形态。

从图9-11可见：①以论坛功能为主、预订功能为主的旅游网站，使用者主要出于兴趣需求（论坛网站），或者出于任务需求（预订网站），访问该网站，华中旅游论坛网名称中即带有区域性功能特征，其更多地吸引了来自于华中地区的使用者；而我游中国订房网具有明显的预订功能特征，主要吸引具有预订需求的使用者，由于国内旅游者的出游范围以近程为主，因而该网站主要吸引了来自于近程的使用者；②政务为主的中国丽江旅游网，其使用者主要出于任务需求和兴趣需求，访问该网站，该网站具有明显的政务功能特征，主要吸引具有政务需求的使用者和具有信息搜寻需求的使用者，由于丽江是国内著名的旅游目的地，知名度和影响力很大，因而该网站吸引的使用者空间范围广泛，既有来自于近程的本地使用者，也有来自于远程的外省使用者；③信息发布为主的旅游网站，其使用者主要出于任务需求和兴趣需求，访问该网站，这类网站具有明显的信息发布功能，主要吸引具有信息搜寻需求的使用者，由于每个网站所在地的地理区位、旅游知名度、经济发展水平等多种外部因素的不同影响，因而每个网站吸引的使用者的空间分布各不相同，从而使得其信息流距离衰减表现出复杂性特征。

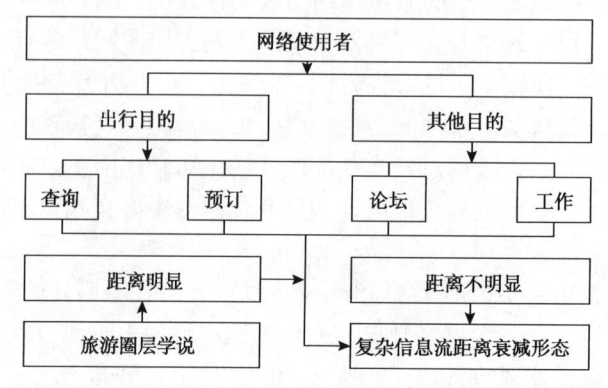

图 9-11　旅游网站主导功能与旅游网站信息流距离衰减形态之间的作用机理图

9.6.3 小　　结

应用10个样本旅游网站日均访问量的空间分布数据及网站功能资料,对样本旅游网站日均访问量与实际距离进行空间关系逆曲线拟合,进行距离衰减形态分异的研究及其与网站功能相关关系的研究。结果发现：

(1)旅游网站信息流距离衰减形态具有显著的地方性分异特征和波动性分异特征,两者都存在显著的级差,且呈现反方向变化,即波动性分异从不显著性到显著性变化的同时,地方性分异从显著性到不显著性变化,在这个过程中,距离衰减程度趋于减弱,逆曲线衰减符合状态依次下降。这表明不同网站间信息流距离衰减存在多样性变化。

(2)旅游网站信息流距离衰减形态分异特征与旅游网站主导功能之间的关系密切。预订为主和论坛为主的网站中距离衰减形态表现为波动性较小、地方性显著；政务为主的网站中距离衰减形态表现相反；信息发布为主的网站中距离衰减形态较为复杂,表明信息流距离衰减形态除受到功能差异影响外,还受到网站所在地及其使用者所在地等其他多种因素的影响。

(3)旅游网站主导功能对距离衰减的影响,是通过近程或远程旅游分布而产生作用的,基于兴趣的使用者或基于任务的使用者在此发生分化。表明：实际旅游者的现实分布仍然对网上分布发挥重大作用,旅游网站名称的地方性概念直接影响使用者的点击登录,旅游网站所在的目的地的级别引导着旅游网站使用者的使用选择。这些基本规律的认知可指导旅游网站的营销策划和网站内容建设,以及网站广告的设置。

(4)使用者距离衰减研究对于网站扩大应用量的建议：①地方性显著的旅游网站,应该更加注重为本地或周边地区使用者提供网络旅游信息功能,满足其交流互动和网络预订等,并据此设立旅游广告战略；②对于波动性和地方性较为复杂的旅游网站,其可能为近程、远程或者各类使用者所关注,因而应该注重完善各类网络旅游信息咨询服务；③对于波动性较大的旅游网站,应该同时注重不同距离使用者的需要,提供政务信息和宣传信息,提供网络信息技术支持。

9.7　中、美旅游网站对比及"虚拟距离衰减"预测模型设计

美国旅游网站达到世界领先水平,网民消费需求、网站市场要素、信用卡支付方式等发展较成熟,形成了涵盖旅游业各个方面的网上旅游产业体系。本节通过对中美旅游网站的类型、市场规模和经营模式等进行对比分析,总结出一些经验和发展规律,以期能为中国旅游网站发展提供借鉴。

9.7.1　中、美旅游网站对比

1. 旅游网站类型

Gee等(1990)将交通运输(含航空公司)、旅馆、旅行社、餐厅及旅游零售店等归类

为旅游实体供应商；Smith 和 Jenner(1998)认为旅游以资讯为基础，虚拟网络从业者等建设的旅游网站为虚拟供应商。本书依此将旅游网站分为实体型与虚拟型两类。中国以实体型网站为主，美国以虚拟型网站为主。其原因主要有两点：①旅游者的消费习性不同，中国旅游者主要依赖旅行社辅助规划(March, 1997)，常利用旅行社等实体型网站查询资料；而美国旅游者的自主性高，旅游行程个人化强，常用虚拟的资讯科技查询及安排个人的旅游活动(Mowshowitz, 1994)，所以虚拟型旅游网站有较大的发展空间；②旅游网站发展阶段不同。中国旅游实体机构掌握着更多的旅游信息，虚拟型旅游网站虽有网络技术，但缺乏对旅游业务的了解，使得网站收益不佳；美国虚拟网站已达到高度资讯化阶段，在在线旅游市场中占有重要地位。

2. 旅游网站的市场规模

旅游网站的市场规模主要体现在使用者数量和市场产值上。旅游网站的市场规模表征其拥有资源的丰度，市场规模越大网站在旅游产品开发、服务供给、资金、信息、人才和抵御风险等方面越具优势，其规模效应也越显著。使用者参与率在很大程度上反映了网站的亲和力和凝聚力。由此，把握在线旅游市场的关键在于以人为本和网站集成，而疏远、分散的单体小旅游网站在市场中的地位将继续减弱。

3. 旅游网站的经营模式

通过对中美旅游网站样本的首页浏览及特色服务追踪获得部分调查结果。样本从覆盖电子商务的不同类型中选取，中国选取 62 家，美国选取 53 家。此外，应用(http://www.iresearch.com.cn/)提供的关于网民形态、电子商务和旅游预订等方面的资讯与报告，国家旅游局信息中心(http://2b.yahtour.com/)就景点介绍、网页设计、旅游信息和旅游交流等项目对国内 42 家旅游网站所做的调查分析，以及美国旅游协会(TIA)对美国旅游网站的研究结果(http://www.catscn.com/)，整理得出中美旅游网站经营模式的分项比较：特色栏目设置、网站服务功能、网站营销和收益渠道(李彦丽和路紫，2006)。

(1)特色栏目设置。中国 68%的旅游网站设有虚拟社区，以互动方式吸引使用者，但缺乏在线计划，而美国 71.4%的旅游网站提供在线计划，已由个性化取代了互动，使用者满意度较高(表 9-11)。

表 9-11　在中、美旅游网站中拥有各特色栏目的网站比例　　　　(%)

栏目	在线计划	文化/艺术/主题	电子地图	媒体室	反馈/FAQ	讨论区(社区)
中国	10	40	15	12	31	68
美国	71.4	67.9	64.3	53.6	46.4	29

资料来源：李彦丽和路紫，2006；表 9-12 资料来源同。

(2)网站服务功能。旅游网站的各种服务功能其关键在于信息质量和数量，根据使用者的特殊需求提供在线服务。不同服务功能表现出各异的视听信息，全面、准确的信息利于使用者最经济地选择和兴趣的激发。表 9-12 表明，美国旅游网站拥有庞大的支持平台，几大功能系统互联互通、信息实现共享，从而减少了使用者的参与距离，直接影响使用者决策行为。

表 9-12　在中、美旅游网站中具备各服务功能的网站比例　　　　(%)

功能	信息汇集	信息检索与导航	虚拟体验	网上交易	在线定制
中国	92	59	10	8.4	55
美国	98	77.8	53.6	67	95

(3) 网站营销。央视调查咨询中心在"互联网网民旅游消费"调查中，关于"选择旅游网站时考虑的主要因素"的调查结果显示，依次为信息量丰富准确，知名度高、品牌好，频道清晰/查询方便，以及网上预订便捷。由此可知，旅游网站为满足使用者心理需求，其营销战略由大众营销逐步向区隔营销(segmented marketing)和品牌营销转变。美国尤为注重品牌，多采取与大导航台独家合作分销，以扩大影响力、提高网站的访问量。与美国的品牌合作相比，中国旅游网站营销集中于资金实力、信息丰富程度、交互程度等方面，而忽视品牌对减小使用者的心理感知与认可距离的作用，致使网站访问量低、赢利甚微。

(4) 收益渠道。不同类型旅游网站的收益渠道有所不同，归纳起来有如下几种：网络广告、交易佣金、服务费用及由赞助商或合作伙伴提供等。中国旅游网站约50%的收益来自交易佣金，其次是服务费用和网络广告，而赞助商或合作伙伴等其他方式比例很小，收益来源以网站自身资源为基础。美国旅游网站收益以网络广告和交易佣金为主，服务费用及赞助商或合作伙伴提供费用为辅，综合利用多元融资、网络合作、技术与服务创新、品牌建设等手段获利(冯飞，2003；杨丽，2001)。

4. 旅游网站的范围趋势

中美旅游网站的差异主要在于区域经济水平、内部意识、经营策略和发展阶段等方面。区域经济水平反映了旅游网站的市场规模，区域内部意识差异说明了组织手段与效率，经营策略差异表现在运作方式上，发展阶段差异归于技术发展水平及传统旅游业与网络接轨程度。因此，对115个旅游网站的对比可以建立在四个范围基础上，即市场规模、组织模式、运作方式和信息技术。在此构建旅游网站未来发展的重要因素、主要驱动力和空间改变的范围趋势(图 9-12)。

由图 9-12 可知，"市场规模"在美国表现较好。在这个范围中对未来的说明，"+"趋向市场规模继续扩大，向最佳赢利发展。"组织模式"范围内中美各有利弊，"0"趋向组织整合。在"信息技术"范围内美国优于中国，但未来将延伸至"+"即技术的集成创新应用。在"运作方式"上中国应向美国借鉴成功经验，为旅游网站的发展创造新的商业模式。在认识中美旅游网站差异的同时，还发现两地旅游网站"虚拟距离衰减"的共性规律。

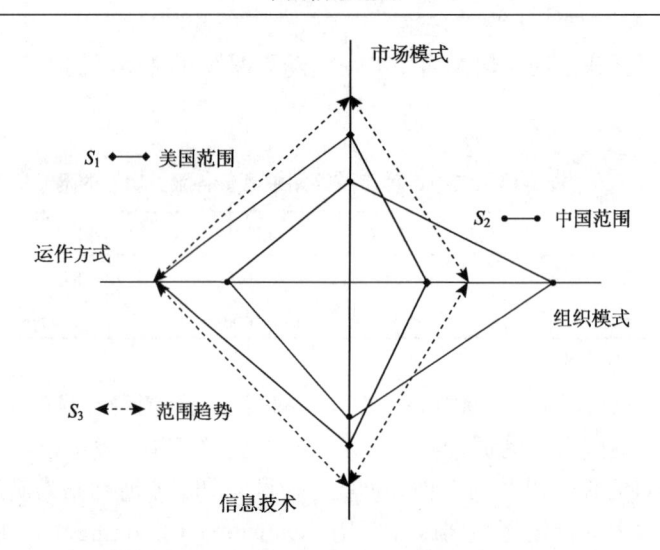

图 9-12　旅游网站发展的范围趋势图(李彦丽和路紫,2006)

图 9-13～图 9-14 资料来源同

9.7.2　旅游网站"虚拟距离衰减"预测模型设计

1. 虚拟距离衰减规律

本节提出的虚拟距离是在线旅游空间和使用者联系的度量尺度。虚拟距离衰减是使用者量与在线旅游空间距离之间的关系,即旅游网站使用者量随在线旅游空间距离的增加而逐渐减小。中美旅游网站皆呈现上述特征,通过以上对比分析总结出影响使用者决策的在线旅游空间距离因素:旅游网站内部空间距离和旅游网站外部空间距离。

1)旅游网站内部空间距离

旅游网站内部空间距离是网站的内部资源、架构、功能及内部环境四方面与使用者联系的尺度。具体的表现如下:

(1)资源整合。把旅游供应商、旅游中介、旅游者、旅游产品整合在一起的旅游网站,其集成服务可以满足使用者"一站式"需求,提高资源的利用效率,扩大旅游市场规模。

(2)架构设计。成功旅游网站架构不仅是网页设计和内容分类,还包括交易系统设定、客户信息管理系统、专用功能与内容匹配等,其更具交互性、实时性、丰富性和便捷性优势,带来更多增值服务,是访问流量生成和持续增加的基础。

(3)虚拟体验。虚拟体验功能完备的旅游网站为使用者提供图文、声乐和动态演示等多形式旅游信息和产品,为其在虚拟世界中带来"有形化"感知,为潜在旅游动机向现实决策行为提供了可能性。

(4)人文环境。各个网站在运作方式、目标市场、服务内容等方面的特色,以及网站文化推广日益突出以人为本,充分给予使用者个性发挥的空间。

2) 旅游网站外部空间距离

旅游网站外部空间距离是网站的品牌、链接，以及业内协作对使用者感知产生影响的尺度。

首先，网站的品牌是无形价值的保证形式，其带来的信誉在某程度上抵消了虚拟环境的不安全感，起到识别和沟通作用缩短使用者购买时间。根据美国网络对话(CD)及国际商标协会(ITA)调查，50%的网上购物者会受品牌影响，网络品牌差的企业，年度销售量的损失平均为22%。因此，旅游网站品牌的价值在于建立使用者的忠诚度。

其次，网站链接是资源合作形式，通过与合作伙伴之间互相链接来达到互为推广的目的。依据美国咨询公司 Mc-Gaffin 发布的网站链接策略研究报告，可证实旅游网站链接的有效性包括：从合作网站获得直接的访问量、增加使用者浏览时的印象、在搜索引擎排名中增加优势、通过知名网站的推荐增加使用者的可信度等。

最后，业内协作包括网站间协作和旅游网站与传统企业间协作。上文关于与门户网站分销合作的分析已说明前者的价值。就后者而言，旅游网站与传统旅游企业和金融等结合提供网上及网下专业化、一体化的优质服务，以吸引和维系使用者。

3) 虚拟距离衰减维度

虚拟距离衰减维度用来反映旅游网站使用者量随在线旅游空间距离的增加而逐渐减小的动态规律，主要指旅游网站在使用过程中对该规律具有基础性支持或重要的影响因素。图9-13 示意了旅游网站的一般虚拟距离衰减维度。

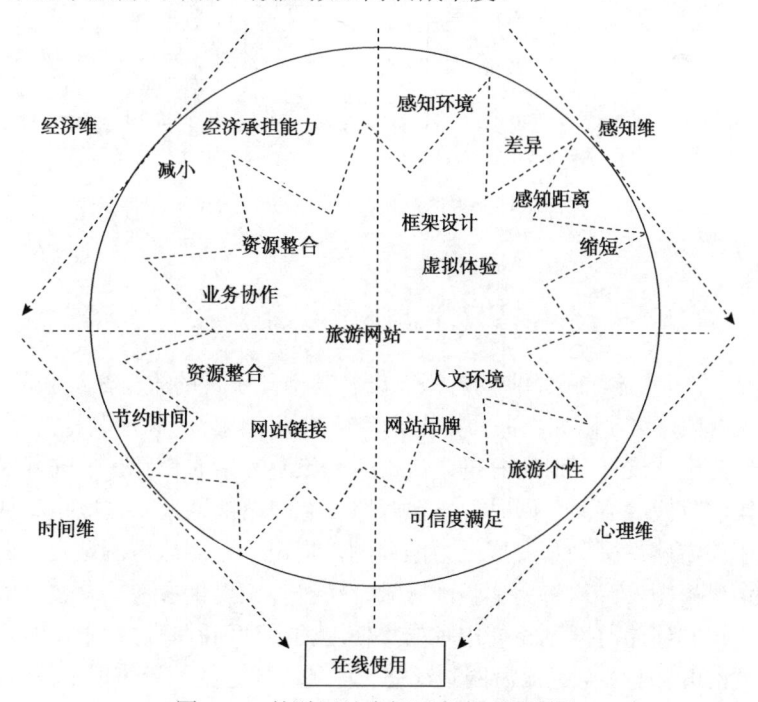

图9-13 旅游网站虚拟距离衰减四维图

实圆圈表示使用者的四维距离，虚曲线代表旅游网站不同方面所达到的四维距离，两者之间的接近程度即为虚拟距离从时间、经济、感知和心理4个维度解释了旅游网站提供的在线旅游空间与使用者联系关系或"使用关系"，即旅游网站的在线旅游空间在四维上越接近使用者，在线使用越大。结合上文中美旅游网站的对比综合分析，可知目前中国旅游网站多从时间维和感知维上接近和吸引使用者，而在经济维和心理维上距离较大，使得使用者满意较差。值得注意的是，在旅游网站不同发展阶段各个维度的重要性可能有主有次，但在旅游网站使用过程中，总体上是图中四个维度共同伸长的结果，任意维度的长期缺乏都将产生"短边制约"，影响旅游网站的使用者满意度，使得使用量难以提升、网站发展乏力。

2. 虚拟距离衡量模型

从距离衰减规律可推知，旅游网站发展增值的规律是：虚拟距离越小，用户越多，所带来的商机越大，收益呈边际递增。因此，通过对虚拟距离的衡量可以对旅游网站的发展条件及方向进行判断预测，即虚拟距离衡量模型。具体模型见图9-14。

旅游网站的虚拟距离是在线旅游决策的重要因素，对使用者在线行为具有重要影响。由于旅游网站虚拟距离数据获取较难，致使研究往往忽略这一重要因素(解杼等，2003)。基于对旅游网站内外空间距离因素分析以及对虚拟距离衰减维度的解释，可以综合从"四维七因素"层面对旅游网站的虚拟距离进行评估。通过衡量虚拟距离建立旅游网站发展与使用者满意之间的联系，借助虚拟距离与使用者满意度的对比，从而对旅游网站的发展做出预测，给予指导。

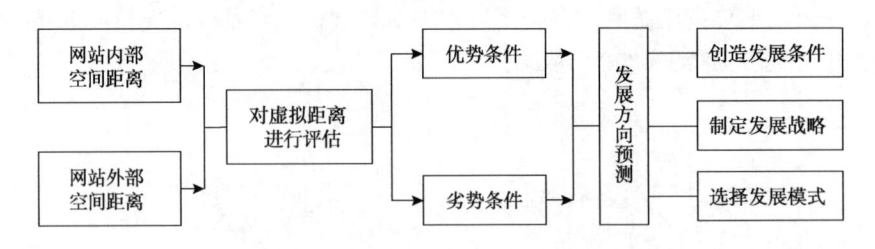

图9-14 虚拟距离衡量预测支持模型

9.7.3 小　　结

综上可见，在解决旅游网站使用者满意度及其由此引发的旅游在线服务质量问题时，单维分析效果有限，这项研究将评估推进到多维的新阶段。本节对中美旅游网站的类型、市场规模和经营模式进行了对比分析，认为两地旅游网站的差异在于区域内部意识性、经营策略和发展阶段等方面。同时，发现两地旅游网站都遵循"虚拟距离衰减"规律，并依此解释了旅游网站赢利与发展乏力的问题，提出了预测旅游网站发展的新方法——"虚拟距离衡量模型"，这将为加强区域旅游在线管理提供参考。总之，虚拟距离衰减规律可以直观地阐述旅游网站与使用者的"使用关系"问题。这对于旅游网站、使用者研究有着重要的开拓意义，为旅游网站评估、发展预测提供了新的理论依据和方法手段。未来的研究议题将对旅游网站虚拟距离衡量的实证问题作进一步探讨。

参 考 文 献

陈彦光, 周一星. 2002. 城市等级体系的多重 Zipf 维数及其地理空间意义. 北京大学学报(自然科学版), 38(6): 823-830.

邓丽丽, 张秋奕, 樊华, 等. 2011. 旅游网站信息流距离衰减集中性的差异及其检验. 地理与地理信息科学, 27(3): 99-104.

杜丽娟, 张欣, 路紫. 2008. 国内网站信息流对人流导引作用机理研究综述. 地理与地理信息科学, 24(4): 84-87.

冯飞. 2003. 中国 B2C 旅游电子盈利模式比较研究——以携程旅行网和春秋旅游网为例. 旅游学刊, 4(18): 70-75.

金凤君. 2001. 我国航空客流网络发展及其地域系统研究. 地理研究, 20(1): 31-39.

金雪军, 张学勇. 2005. 中国典型旅游上市公司业绩与区域经济的关系. 地理学报, 60(6): 911-918.

李春芬. 1995. 区际联系——区域地理学的近期前沿. 地理学报, 50(6): 491-495.

李彦丽, 路紫. 2006. 中美旅游网站对比分析及"虚拟距离衰减"预测模式. 人文地理, 21(6): 115-118.

刘红光, 刘科伟. 2006. 基于中心地理论的城镇等级——规模模型的分形构建及其应用. 地理与地理信息科学, 22(3): 74-77.

刘继生, 陈彦光. 2007. 作为 CAS 的复杂城市地理系统的 SOC 性质. 地理科学, 27(2): 129-135.

刘晓丽, 方创琳, 王发曾. 2008. 中原城市群的空间组合特征与整合模式. 地理研究, 27(2): 410-420.

路紫. 2000. 论通信网络之空间形态——距离和边界的障碍作用. 经济地理, 20(2): 18-22.

路紫, 樊莉莉. 2005. 中小型旅游网站服务功能与商业模式的区位问题——以乐游户外运动俱乐部旅游网站为例. 人文地理, 20(1): 103-106.

路紫, 匙芳, 王然, 等. 2008. 中国现实地理空间与虚拟网络空间的比较. 地理科学, 28(5): 601-606.

路紫, 赵亚红, 吴士锋, 等. 2007. 旅游网站访问者行为的时间分布及导引分析. 地理学报, 62(9): 621-630.

冒宇晨, 王腊春. 2009. 长三角城市群旅游经济结构的分散化和均质化趋势. 地理科学, 29(5): 641-645.

孙中伟, 路紫. 2005. 流空间基本性质的地理学透视. 地理与地理信息科学, 21(1): 109-112.

孙中伟, 张兵, 王杨, 等. 2010. 互联网资源与我国省域经济发展的关系研究. 地理与地理信息科学, 26(3): 44-48.

邵晖. 2008. 北京市生产者服务业聚集特征. 地理学报, 63(12): 1289-1298.

邵隽, 吴必虎. 2010. 国外旅游研究领域 Web 点击流分析研究进展. 地理与地理信息科学, 26(2): 97-102.

谈明洪, 范存会. 2004. Zipf 维数和城市规模分布的分维值的关系探讨. 地理研究, 23(2): 243-248.

王成金. 2009. 中国交通流的衰减函数模拟及特征. 地理科学进展, 28(5): 690-696.

吴晋峰, 包浩生. 2005. 旅游流距离衰减现象进行演绎研究. 人文地理, 20(2): 62-65.

吴士锋, 路紫. 2007. 网站信息流对现实人流替代函数的计算与应用. 经济地理, 27(1): 22-25.

仵宗卿, 戴学珍, 杨吾扬. 2000. 帕雷托公式重构及其与城市体系演化. 人文地理, 15(1): 15-19.

解杼, 张捷, 刘泽华, 等. 2003. 旅游者入游感知距离与旅游空间行为研究——以江西省龙虎山为例. 安徽师范大学学报, 4(26): 395-400.

杨国良, 张捷, 刘波, 等. 2007. 旅游流流量位序—规模分布变化及其机理——以四川省为例. 地理研究, 26(4): 662-672.

杨国良, 张捷, 艾南山, 等. 2006. 旅游流齐夫结构及空间差异化特征. 地理学报, 61(12): 1281-1289.

杨丽. 2001. 美国旅游电子商务研究. 社会科学家, 6(16): 47-51.

杨小彦, 张秋奕, 路紫, 等. 2010. 旅游网站信息流距离衰减形态描述与集中度计算. 地理与地理信息科学, 26(6): 88-91.

姚士谋, 陈爽, 朱振国, 等. 2001. 从信息网络到城市群区内数码城市的建立. 人文地理, 16(5): 20-23.

元媛, 刘浩杰, 路紫. 2012. 旅游网站信息流距离衰减及其空间形态研究. 沈阳师范大学学报(自然科学版), 30(2): 241-244.

元媛, 路紫, 张建伟. 2008. 我国城市间网络服务器信息流距离衰减研究的方法论设计. 沈阳师范大学学报(自然科学版), 26(2): 224-228.

岳文泽, 徐建华, 司有元, 等. 2001. 分形理论在人文地理学中的应用研究. 地理学与国土研究, 17(2): 51-56.

张秋奕, 路紫. 2011. 旅游网站信息流距离衰减的集中度研究. 地理科学, 31(7): 885-890.

张秋奕, 聂学东, 路紫, 等. 2012a. 旅游网站信息流距离衰减的逆曲线拟合及其形式分析. 河北师范大学学报(自然科学版), 36(1): 102-108.

张秋奕, 朱苏加, 路紫, 等. 2012b. 旅游网站信息流距离衰减形态分异特征及其与网站功能的关系. 地理与地理信息科学, 28(4): 94-97.

张秋奕, 韩瑞玲, 元媛, 等. 2010. 论旅游网站访问者距离衰减特征之复杂性. 河北师范大学学报(自然科学版), 34(1): 108-114.

赵晓斌, 王坦, 张晋熹. 2002. 信息流和"不对称信息"是金融与服务中心发展的决定因素: 中国案例. 经济地理, 22(4): 408-414.

甄峰, 顾朝林. 2002. 信息时代空间结构研究新进展. 地理研究, 21(2): 257-266.

Antonellis P, Makris C, Tsirakis N. 2009. Algorithms for clustering clickstream data. Information Processing Letters, 109(8): 381-385.

Barnett G, Chon B S, Rosen D. 2001. The structure of the Internet flows in cyberspace. Networks and Communication Studies, 15(1-2): 61-80.

Barthelemy M, Gondran B, Guichard E. 2003. Spatial structure of the internet traffic. Physica A: Statistical Mechanics and its Applications, 319: 633-642.

Cairncross F. 1997. The Death of Distance: How the Communications Revolution Will Change Our Lives. Boston: Harvard Business School Press.

Choi Y. 1994. The effect of social and physical distance on the global communication networks. Gazette, 54(2): 163-192.

Clark C. 1951. Urban population densities. Journal of Royal Statistical Society, 114(4): 490-496.

Davidson A P, Yu Y. 2004. The Internet and the occidental tourist: An analysis of Taiwan's tourism websites from the perspective of western tourists. Information Technology & Tourism, 7(2): 91-102.

Galliano D, Roux P. 2008. Organizational motives and spatial effects in Internet adoption and intensity of use: Evidence from French industrial firms. Annals of Regional Science, 42(2): 425-448.

Gee C Y, Kevin B, Dexter C, et al. 1990. Professional Travel Agency Management. Upper Saddle River: Prentice-Hall Publishers.

Guimarães P, Figueiredo O, Woodward D. 2009. Dartboard tests for the location quotient. Regional Science and Urban Economics, 39(3): 360-364.

Kim H, Niehm L S. 2009. The impact of website quality on information quality, value, and loyalty intentions in apparel retailing. Journal of Interactive Marketing, 23(3): 221-233.

Lexhagen M. 2004. The importance of value-added services to support the customer search and purchase process on travel websites. Information Technology & Tourism, 7(2): 119-135.

Lu Z. 2002. On the telecommunication geography in China. Netcom, 16(3-4): 209-214.

Lu J, Lu Z. 2004. Development, distribution and evaluation of online tourism services in China. Electronic Commerce Research, 4(3): 221-239.

Lu Z, Han R L, Duan J, et al. 2010. Analyzing the effect of website information flow on realistic human flow using intelligent decision models. Knowledge-Based Systems, 23(1): 40-47.

March R. 1997. Diversity in Asian outbound travel industries: A comparison between Indonesia, Thailand, Taiwan, South Korea and Japan. International Journal of Hospitality Management, 16(2): 231-238.

Mowshowitz A. 1994. Virtual organization: A vision of management in the information age. The Information Society, 10(4): 267-288.

Murnion S, Healey R G. 1998. Modeling distance decay effects in web server information flows. Geographical Analysis, 30(4): 285-303.

O'Brien R. 1992. Global Financial Integration: The End of Geography. New York: Council on Foreign Relations Press.

Skadberg Y X, Skadberg A N, Kimmel J R. 2004. Flow experience and its impact on the effectiveness of a tourism website. Information Technology & Tourism, 7(3-4): 147-156.

Smith C, Jenner P. 1998. Tourism and the internet. Travel and Tourism Analyst, (1): 62-81.

Starrs P. 1997. The scared, the regional, and the digital. The Geographical Review, 87(2): 193-218.

Tan G W, Wei K K. 2007. An empirical study of web browsing behavior: Towards an effective website design. Electronic Commerce Research and Applications, 5(4): 261-271.

Toivonen R, Kovanen L, Kivelä M, et al. 2009. A comparative study of social network models: Network evolution models and nodal attribute models. Social Networks, 31(4): 240-254.

Wilson M I. 2003. Real places and virtual spaces. Networks and Communication Studies, 17(3-4): 139-148.

第10章 网络使用者行为

10.1 网络使用者对通信媒介的选择行为

本节从个人选择通信媒介的理论和概念分析着手，提出了个人媒介选择的结构框图，讨论了选择的传统障碍与相对障碍；建立了关于个人选择通信媒介的通用逻辑模型，分析了媒介特殊效果和评估问题；以通信使用者调查资料为依据，对模型作了概念检验，指出个人选择通信媒介行为的最主要因素是职业、年龄、受教育水平，性别和不同地点的选择特征等并不重要。

10.1.1 理论与概念

1. 使用者的个人选择

随着通信需求与供给的多元化和竞争性，个人选择通信媒介的问题日益得到关注。个人使用者的通信媒介选择多是以接触经历为背景的，这不同于集体的行为。一个单位的对外联系方式将依赖于上级部门的决策及平级单位的合作，而个人间通信对媒介选择的余地则相当大。个人抉择中或许部分性地将排除一系列的强制政策，取而代之的是对不同类型的媒介选择利益的衡量。因此，以其个人行为概念化作为个人选择的结果是有理由的。这样，从需求-供给的原理而论(Rietveld and Rossera, 1993)，通信媒介的个人选择受通信需求和限制因子的双重影响。从图10-1可以识别通信活动和媒介选择间的联系，并以此可对个人媒介选择进行评述。图10-1显现的这个框架的特征是非常明显的：媒介的选择最终取决于个人对其传输内外特质的意向和媒介运行中限制因子之间的相互作用。

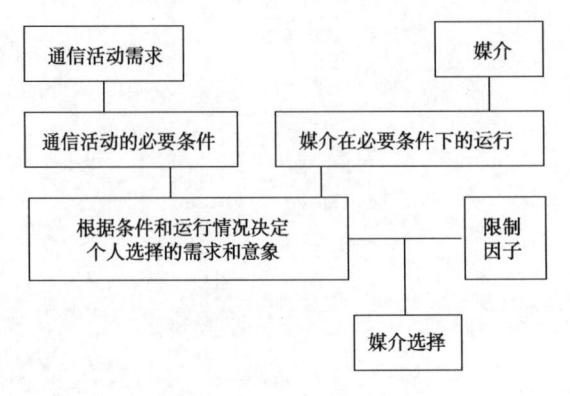

图 10-1 通信媒介选择框图(路紫和刘岩, 1998)

图 10-2 资料来源同

媒介的选择产生于通信活动需求与实现这些需求二者间的对抗，然而一般情况下，总有一些需求不能得到满足，因此，选择还取决于这些需求的相对重要性。这样按图10-1，在媒介选择的形成中3个因素是十分重要的：①由通信活动决定的需求；②媒介特征满足这些需求的程度；③各种需求的相对重要性。

所有这3个媒介选择的决定因素又都完全出于个人的偏爱、理解力和技能。甚至实现选择过程中表面上看来是纯技术的问题，也会受到个人因素的干扰。将图10-1进一步可扩展为图10-2，图10-2的特色在于它在影响需求过程的限制因素和个人情况间建立了联系。

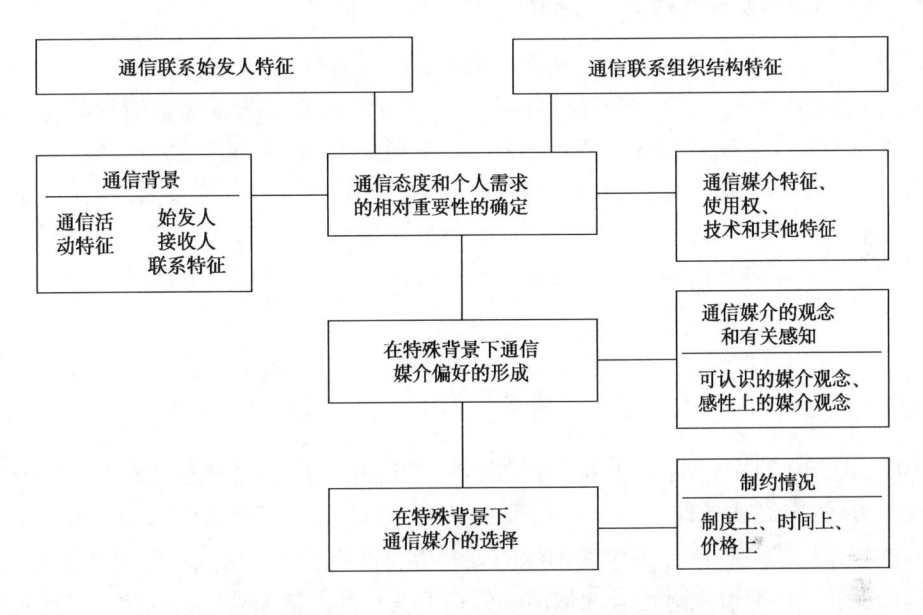

图 10-2 通信媒介选择行为概念框图

2. 个人媒介选择中的障碍

图 10-2 可见，以上3个因素中都有可能受到限制因素的干扰。个人在媒介选择中面对的限制因子可能是多方面的。对此 Hans(1991) 对通信媒介选择的障碍曾作如下定义："限制通信媒介应用的事物"。但是关于障碍的检测，必须经过事后现象的计算。为了形成统一的研究体系，有必要从需要条件和执行结果中选取样本，作为媒介应用的决定因素，使产生于任何其他因素的对媒介选择的制约都被认为象征着障碍(路紫和刘岩，1998)。

从图10-1中可见，在"决定"过程达到媒介选择时，障碍的影响就已经产生了。它考虑到了将个人媒介选择得分 S_{ij} 与媒介变量 j 的选择联系起来。假如不存在约束条件时，以上 S_{ij} 的运用就可决定最为理想的选择，但在实际应用中，不可避免地受限制因素的影响，就可称为媒介应用的障碍。障碍还有另一种含义，被称为相对障碍。假如经验性地建立一种权重，还可能发现决定媒介选择的一些因素，如在整体人群中，我们能注意到一些可被识别的子人群,这些人群因具有明显不同于整体人群的一些特殊因素而很容易被发现,如年龄、职业、收入、受教育程度等,这些因素是相对障碍的一种,被称为子人群障碍。在这类相对障碍中,对于子人群的分析最有意义,而对其他人则不然,也常忽视存在可能性之外的其他作用。然而,通常对常规障碍的不可能性做一界定,将相对障碍的情况应用于整体人群的分析中。

10.1.2 模型与评估

1. 个人对通信媒介选择的一般模型

对于个人媒介选择来说,由于缺乏明确的和已知模型的描述方法来组合以上 3 个要素(由通信活动决定的需求、媒介特征满足这些需求的程度、各种需求的相对重要性),或者说这种方法在初始阶段很不清晰,但是,无疑其内部固存的补偿方式决定了这种组合的可能性,如每当遇到与首要因素(如传输时间变量)有关的其他重要因素的作用时,就要设想有关其他重要因素的补偿性影响。这样可以对个人媒介选择得到一个更为理想的表达式:个人将选择时间快捷、花费合理和克服限制因素等必要条件积分最高的那个媒介。具体得分由下式计算而得:

$$R_i = \max S_{ij} \qquad (10\text{-}1)$$

$$S_{ij} = \sum I_{il} B_{ijl} F_{il} \qquad (10\text{-}2)$$

式(10-1)、式(10-2)中,S_{ij} 为个人 i 选择媒介 j 的得分;I_{il} 为必要条件 l 对个人 i 的相对重要性;B_{ijl} 为在必要条件 l 下,个人 i 选择 j 的行为情况;F_{il} 为在个人 i 前提下,必要条件 l 的作用程度。变量 F_{il} 不仅随不同的人对所提供的差异通信活动必要条件的依赖程度不同而变化,还随着人对差异通信活动的评价有不同见解而变化。因此,变量 F_{il} 取决于个人所处的背景,而这些很难考察。式(10-1)、式(10-2)中因参数项(当有 n 个人有 l 项要求时)过多将不可能直接成为评估模型,因而这个等式为适应评估的需要应进一步简化。为了使所选取的简化方式能反映出研究对象和可得数据的特征,可设想:忽略变量 B 和 F 随个人因素的影响而发生的变化。该简化方法可行的原因是在其进行数据统计时,包含了需求条件和需求选择行为问题,然而不可忽视前文中关于应用因素分析构建变量 F 的论述。

还可设想,暂不关注个人需求的必要条件和媒介对信息要求行为的满足状况,仅区分信息紧急性与长短,即使用一个抽象且侧重外因的方法。上述模型所表示的含义说明在各种各样的需求条件下,在选择行为中,当信息的缺乏与无法区别由个人附加给这些需求的相对重要性结合在一起时,意味着对于所有的个人 i,$I_{il}B_{ijl} = I_l B_{jl}$。乘积 $I_l B_{jl}$ 可用 $(IB)_{jl}$ 表示。在这个设计中不可能将必要条件对个人 i 的相对重要性和关系到这些需求的选择行为区别开来。当所有信息都很紧急时,速度变量就成为常量,致使所有个人 i 对速度的选择行为一样重要,并且对传输速度的要求一样重要,当然这种状况是完全不可能的。由此,提出了内容分解模型的重要性。

2. 内容分解模型与媒介特殊效果

内容分解模型是通过考查一些内容变量，把包容的整集合分成 2 个以上不包容的子集。然后使模型的式(10-1)、式(10-2)分别用于每一个子集的评估。在内容分解中考察那些所描述的关于障碍效果的评估很有意义。很有可能一些因素在一个整体内容中是障碍因素，但在不同情况下则不然。依据人口成分特征来划分的人口分解模型同前面子集中叙述的一样，进一步强调了与所发现的个人相对障碍相关联。

前文已述，所有的个人都有可能多少存有自己的"能力"和习惯(偏爱)，而经常使用某些媒介，这远超出模型的式(10-1)、式(10-2)的解释，将此称为媒介特殊效果。它可以通过媒介特别样本变量得到解决,组合这些样本的模型可以被理解为内容分解模型。图 10-2 显示个人选择通信媒介与个人背景有关，因此模型中应包括个人技能及对通信媒介(尤其是对电信而言)的通晓状况等约束条件。

"通晓状况"能被解释为一种可进入性的肤浅形式,对于没有掌握某些特殊媒介手段的人，因其不具备正确判断待选对象性能的优势，而不能得到选择的权力(不仅涉及通信媒介选择过程中的始发人，也涉及通信过程中的接受人)。事实上，它也能用以解释在某个媒介选择的概率中的个人偏好的变化。在变量 B 和 F 的资料使用分析中，我们也提出这样的观点：在通信活动的必要条件和满足这些需求的程度的评估中，存在着个人能力问题。

个人对通信活动必要条件满足状况的不同，也可检验其是否具有与媒介特征相应的观念。这些变量中的偏差可能由个人的偏好引起。可见，个人选择特别变量也可以认为是固定程式，即通过估测选择数量及附加的参数，就可得到一个经验多项式，其简化形式应为

$$S_{ij} = \sum I_l B_{jl} F_l + a_{ij} \tag{10-3}$$

式中，a_{ij} 为个人媒介选择的特殊影响。

前文提出的简化在式(10-3)中予以体现了，该式不以个人为依据，且 a_{ij} 是随机的，模型的式(10-3)由 $B_{jl}F_l$ 变量、一些障碍变量和一些媒介特殊影响因素所组成，它所评估的问题是针对仅存两个选择对象的情况下表示的。

为了获得不同背景的通信使用者的消费水平及对通信媒介的选择的基础数据，研究者曾完成了对居民个人通信媒介选择相关的实例调查。调查表包括以下 2 部分内容：个人背景资料和通信方式个人选择。所需搜集整理的个人背景资料无需过于细致，搜集的资料包括职业背景 6 项(Z_{1-6}：工人、干部、学生、商务人员、离退休人员、其他)，年龄背景 6 项(G_{1-6}：<20、21~30、31~40、41~50、51~60、>60)，知识背景 3 项(J_{1-3}：初等、中等、高等)和性别 2 项(X_{1-2}：男、女)。以对个人特殊选择集的作用而言，可以说在现实生活中人们没有机会使用某种媒介时，在评估模型中，这个媒介就不应被包含于选择集内，所以此次调查工作便主要是印证不同人群在媒介选择中障碍因素的作用。

人口统计学特征和社会经济类别，决定了个人的通信使用的水平和媒介选择的方式及其可能的障碍。通信媒介个人使用者的特征不可能被完全考察出来，对他们行为的评估便只能以实际调查材料为依据的科学推测，尽管有所局限，仍可能对使用者个人媒介

选择所受到的时空制约加以调查。

鉴于对选择通信媒介的个人行为特征的分析只能通过一般性推测，通信使用者的背景考察即按人口类型划分，对调查所得统计数据进行整理，主要用于反映通信媒介的公共使用者的消费水平和媒介选择要求。从中分析可见使用者个人媒介选择的总体特征是：职业(与收入相关)和年龄被认为是选择通信媒介的最重要因素；受教育水平与此有关；性别等都是不重要的。从使用者职业一栏中，可见使用者职业对消费水平及媒介选择的影响。学生、干部、商务人员三类职业的使用者较其他类型为高，说明他们有较其他职业更为广泛的社会联系需求。年龄在通信需求和媒介选择中也很重要。21~30 岁年龄组在通信抽样调查中有相当大的代表性，他们对通信需求量大、选择性强、时间要求高的原因是有其社会文化背景的。受教育水平(或文化程度)对通信使用有影响。具有高等文化程度的人是通信使用的主体，他们有着更大的通信需求。以上由人口统计类型及社会类型划分的使用者个人媒介选择特征，基本反映了深层次上的对必要条件的需求和所受到的障碍因素的限制。此外，刻画个人选择行为特征的每一个变量还都与媒介的属性有关。有时相对障碍的作用仍是十分明显的。

在构造媒介选择个人行为特征时，有一个基本的方法论问题。事实上，指标(年龄、职业和收入等)太受限制，仅仅以几个客观的指标为根据难以全面地解释使用者的行为和生活方式之间的密切关系，如服务功能(满足通信需求)的状况对此也有一定影响，它属于典型的传统障碍的范畴，在这方面，通信媒介表现出一种替代效应(路紫，1996)。

10.1.3 小　　结

本节建立了媒介选择的结构框架图，并进行了选择模型的评估。讨论了两种可能存在的个人选择通信媒介的障碍问题：第一种是传统障碍，迫使人们去使用某些媒介；第二种被称为相对障碍，当一部分人口具有某些特征并且与人口总体特征截然不同时，这一点才能被察觉。研究认为，媒介选择评估程序并不是简单易行的，它们不是传统眼界中的统计资料，但其结构是恒等的：选择受"需求"和"满足需求"的共同影响，人群的相似性可能有选择的相同结果，因此将同一人群的障碍和必要条件都视为常量，即可得出一个更加合理适用的表达公式。由于通信活动的"经历"肯定对使用者的行为有所影响，因此，这类调查主要针对此类人群进行分析。此外，使用者的行为也受通信接受者的背景状况影响，在今后的研究中将详尽地讨论该话题。

10.2　网络使用者决策分析与人群分析

ICTs 在商品流通中的重要作用日渐明显，并且展现着进一步加强的趋势。网络购物是当今已经漫射开来的电子服务在商业活动中应用的一个事实，可能对现存的地区性传统零售集团产生决定性影响——补充与替代共存。本节考察了国外经验，并结合相关调查，对网络购物区域产业规划问题进行了探讨，认为其与信息服务方式的空间扩散相互影响，旨在揭示网络购物方式对地区购物条件的改善作用。

10.2.1 决策分析：网络购物的使用者决策行为的例子

1. 网络购物与使用者

1) 网络购物特征

网络购物既属于电子购物的范畴也属零售商业的范畴，是一种由使用者通过网络进行商品选购的销售方式。其优势在于：因采用了直销，流通环节大为减少，便利性较高；实现了远距离空间购物，消除了区域间的购物差异及障碍；省时便捷（路紫和刘岩，2000）。

网络购物是一种通过电子通信联系顾客进行零售活动的现象。信息在移动通信或配有特殊系统装置的个人计算机中传输，是以电子通信为手段的实用电子服务方式之一，它使购物交往的双向通信成为可能。对供应商来说，不再需要昂贵的交货场所，还可在电子资料的帮助下，通过对使用者的行为详细分析以指导供应商的推销战略的实施；但是对运输设备的高额投资以及运输费用和职员的非正常工作时间等要求较高。在本节分析中，将主要考察所有同网络购物空间扩散相关的其他电信服务方式。就非日用品来说，书籍、唱片、嗜好及运动器械备受青睐，看似是网络购物特征之一。

2) 使用者特征

人口统计学特征和社会经济特征决定了使用者购物方式。由于网络购物使用者的特征不可能被完全考察出来，只能对他们的行为予以科学推测，这就需要对其购物的近期经历所受到的客观或人为限制加以调查。应用人口统计学对网络购物使用者进行一般性推测可知，年龄和收入被认为是接受信息的最重要因素，性别、婚否、职业和受教育程度也都将被考虑进来：网络购物被认为是青年人而非老年人的活动，收入水平应当在中等或偏高水平范围。

当然，仅依据以上人口指标是很难解释网络购物使用者的行为和生活方式之间的密切相关关系的，如对非传统式购物的先前经验等在使用者的行为中肯定有所影响。或许还可能是对电子手段的应用持积极态度的结果。此外，普遍采用电子购物方式与消费心态大为有关。

网络购物被看作是走向非传统购物方式的一种态度，网络购物使用者可能大多已具备了先前的非传统购物的经验。有关研究所列举的调查均对那些有网络购物经验的人进行着重分析：网络购物使用者特征同普通客户的特征可能有很大差别，但在其他一切都平等的情况下，经验和态度成为人们逐步涉足网络购物的一种诱因，大多数使用者均已有一些的非传统购物经验。在"边远地区"它因克服了使用者的运输问题而备受推崇。近年来市区也成为重要的网络购物市场，新兴城镇更是如此。把网络购物使用者作为试验群体来做购物扩散分析的一个关键问题是，可能会与假定的使用者社会经济类别特征相背离。因此掌握传统使用者群体的特征也是必要的。刻画网络购物使用者特征的另一个变量同定购货物的类型有关，时间是金钱这一格言对订购日用品，尤其是食品的客户很适用，如住在郊区的年轻家庭事务繁忙，需要日用品能送货上门。耐用消费品被认为是居住在郊区的收入水平较高的使用者的行为。网络购物使用者相对受过良好的教育，而且绝大多数是三十多岁，不少使用者在应用网络购物之前已经能熟练使用计算机和移动通信进行网上支付了。其由于采用了电子银行等而得以进一步促进。

在客户中两组顾客表现出的特征明显：一类是受时空限制较大的年轻双职工家庭；另一类不受时间限制，多由流动性很小的人所组成。此外，40多岁的人及有小孩且教育和收入水平都低的家庭，在网络购物公司客户的抽样调查中也是有相当多的代表量的。在农村和边远地区网络购物公司提供的商品的价格水平与花色品种具有很大竞争性。高收入同低收入者在统计上均未有明显的表现，说明收入水平对日用品的定购影响并不是太大的，这点与人们的常规认识有所不同。网络购物顾客基本上女性多于男性。人们还认为网络购物并非极为重要，这些使用者在耍时间把戏。这种购物方式不可能进行全面选择，但它的确减少了往返的次数。

3) 网络购物使用者的需求与行业供给

需求是网络购物活动的主要动力。网络购物的概念目前尚不能被部分使用者所接受是需求的要害问题，与习惯偏好因素一同影响网络购物及其商品类别。以前个人的经济能力在某些情况下不足以支持这种专程送货上门的形式，或者说尚未达到此种消费方式所要求的程度，但现在已经发生了根本转变。部分送货距离也阻碍网络购物产生。现阶段网络购物费用方面的优势已经充分显示出来了。多数阶层的人士均能通过网络购物来实现所需以节约时间用于其他工作。

广告对网络购物具有的促进作用。只有在空间信息（广告）场与购物需求之间存有某种稳固关系的时候，网络购物才可能形成，即只有当使用者在电子的或非电子的传媒上得知某种信息时才可进行这种购物方式的抉择。图书购买者曾抱怨找不到适合自己的商品，该现象又提出了管理者不得不从市场信息方面重新下手的问题。使边缘地区使用者即使有需求，也很难去实现这种购买方式。

2. 网络购物的区域产业规划和物流规划

通过对使用者使用网络购物的调查研究，解决了与区域规划有关的网络购物的两个基本问题。

第一，从使用者的观点来看，花销测算和时间测算达到某些特殊的规定后就具有了接受网络购物的前提。从人口统计学与社会经济方面描述的一般网络购物使用者的特征是：年轻且有较高收入。经验性证据表明，制定了紧密时间计划和受时间约束较强的人最有可能成为日用品的网络购物使用者。大城市中心区的购物环境问题正渐渐被老年人看作是传统购物的消极因素。网络购物在边远的小社区和新兴城镇被看作是补充性的；而在市中心却成为某种购物方式替代品。目前，网络购物在发达国家正作为一种新兴的服务方式威胁着传统的零售企业，同样在中国也正在被大多数使用者所接受。从趋势上看即将成为主要零售业发展方向之一。因此网络购物将对零售统治集团的结构产生了补充与替代的作用。区域新型零售产业的空间扩散规划应该考虑到与远距离信息传输时代的相互作用。在传输系统的扩散方面物流具有启动性功能，反过来一系列传输系统的服务,尤其是信息导向的服务对网络购物取得突破性进展肯定也是极为有用的。

第二,从零售供应方来看,网络购物物质基础设施规划影响重大(路紫和刘岩,1996)。网络购物能给边远地区提供现货商品,地方政府即可以培养试验网络购物模式。在相对低收入、低教育水平的部分农村地区,家庭进入尤为关键。因为该系统的成功将依赖于在不规范市场条件下引进标准传输系统。但是除非综合所有地区提供一个泛性的网络,否则地区传输系统不会成功。坐落于大城市的大型商业企业可以通过在乡村中设置普通公共传输服务来扩大市场。为了满足创造规模经济的效益目标,还可以通过调动地方积极性得以实现。地区网络购物组织力量的发展也需要政府的支持。网络购物能够通过增强自由选择及其他"平等"购物的优势为边远地区的物流规划这一远大目标出一份力。

网络购物并非所有被人类应用的电信服务方式中最重要的一种形式,但是目前网络购物是电子服务方式中最流行的一种形式,以前的经验可以使未来的网络购物的采用变得容易进行,新的计算机经验和电子商务经验将刺激网络购物的发展。同时如前所说,其他的电信服务方式在使用者行为中占很大的优势,这一切均还可能成为其后来接受新电子技术于商业活动的关键因素。

10.2.2 人群分析:老年人应用互联网的态度与行为的例子

人口老龄化是 21 世纪具有支配性的主题。随着老年人社会价值观的转变和消费结构的演进,其应用互联网日益广泛。互联网技术逐步补充或代替传统的媒介,老年人应用互联网的研究日益受到关注。国外学者在检测老年人应用互联网查询信息的态度与策略方面取得了许多成果,如 Brune(2000)研究如何考虑不同界面老年使用者的已有查询策略,尤其分析了老年使用者所希望的查询过程;de la Torre 和 Moxon(2001)研究有互联网经验的老年使用者所拥有的在线查询策略。中国学者针对老年人互联网应用领域取得一些研究成果,但大多缺乏个体化调查资料的支持。

全世界 60 岁以上的人口已经超过 6 亿,预计到 2050 年将高达 12 亿,其老年人口的比例从 10%增加到 22%。在中国,人口老龄化将以更快的速度发展,开始进入人口老年型国家行列。到 21 世纪中叶,中国老年人口将达到 4 亿左右,约占世界老年人口总数的 22%。老年人口的迅速增长已经给社会和经济发展带来巨大而深刻的影响。在一个多尺度发展的互联网世界中,老年人正扮演着一个越来越重要的角色。

下文在对老年人应用互联网的实证调查的基础上,针对老年人应用互联网的特征、障碍和服务功能等作以分析,并进一步研究中国老年互联网产业的发展问题。根据实际调查,并结合中国互联网络发展状况统计报告资料等,认识到了中国老年人应用互联网的一些特征、障碍及使用的服务功能,并在此基础上对中国老年互联网产业的发展提出建议。

1. 老年人应用互联网的特征

下面综合采用多例实证调查的数据,以求在相互印证中对中国老年人应用互联网的特征做出客观的分析。为了获得一些细致的描述,研究者选择文化型老年人较为集中的多个场所进行实地调研，以取得老年人应用互联网的资料，分别汇总并得出老年人应用互联网的特征、障碍与服务功能的认识。

1) 老年人应用互联网的特征

研究者主张深入解释老年人应用互联网的细微特征，研究者认为这些细微特征在理解这个复杂过程发生时是特别重要的。

(1) 良好教育和收入水平的特征。通过调查发现上网老年人的文化程度、收入水平等各种指标都要优于不上网的老年人。这印证了受过良好教育、拥有较高收入的老年人对新鲜事物的态度更积极，接受新鲜事物的意识更强的规律。

(2) 对未来应用互联网潜在需求的特征。许多老年人是非常具有创新精神的，他们对网络是感兴趣的，许多没有应用过互联网的老年人已经意识到在未来，远离网络就会远离整个社会。已经应用过互联网的老年人赞同的一个原因是，世界没有忽略他们的存在，所以他们也不能忽略新鲜事物的存在。这些老年人发现，拥有一个电子邮件地址与外联系，或者在网上炒股，亦或仅仅在网上欣赏书画作品都是一件很惬意的事情。被访问者的绝大多数已经使用过或正准备使用互联网，享受其所带来的便利与快乐，当然，也有其他老年人愿意继续像原来那样做事而没有愿望去查询这项技术的使用意义(杜丽娟等，2007)。

(3) 使用互联网的单一地点、单一用途和较短时间的特征。被调查的老年人大都在家里上网。在"使用的网络功能"问项中，大多只是关注互联网的某一两项用途，或只使用浏览功能，经常浏览的也是一两个网站，如只去专门为老年人开设的网站——中国老龄网等，甚至一位热衷书画作品的老年使用者，只去中国美协网；再或只使用电子邮件功能，乃至电子邮件只联系一两个对象，如一位老年使用者采用电子邮件作为与远在洛杉矶的女儿保持联系的一种手段已经多年了，此前当他发现电话费用太高时，他就依赖航空邮件来与女儿保持联系，后发现相对于篇幅长、格式正式、价格昂贵的航空信件来说，电子邮件短小、价格低廉、频次高，这一阶段网络成为他想要频繁写信的一种手段，他根本就没有注意过网络冲浪等功能，信件方式的转变对于使他考虑应用互联网起了很大作用，互联网所有的其他特点对他来说都是不相干的。所以可以说只要有一种功能吸引老年人应用互联网技术，那么网络对于老年人来说就足够了，对于其他的功能，老人们可以知之甚少，甚或不知所云，而这都不会阻碍他们应用互联网。

精神消费活动正在成为密集型的家庭产品。老年人的知识素质和身体素质不断提高，充分渴望了解外部世界并进行沟通表达(李建民，2001)。老年人意志坚定、学习执著，再加上各种媒体对计算机及互联网技术的广泛报道及家人的鼓励，这一切无形中已经构成了具有强大影响力的环境，不断刺激着老年人学计算机并进行网上活动，互联网正在成为提供获取精神消费的平台，老年人应用互联网拓展精神消费活动正在成为一种家庭产品的创新。在考虑老年人应用互联网是怎样发生的时候，检验在家庭使用中精神消费活动是很必要的了。创新转变原理提供了一种很好的描述个体互联网应用的方式(图10-3)。

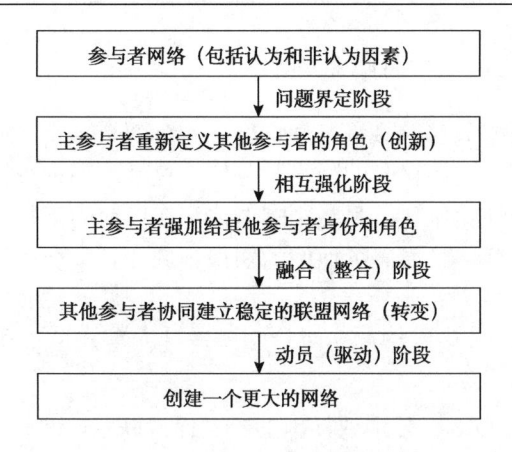

```
┌─────────────────────────────────────┐
│  参与者网络（包括认为和非认为因素）  │
└─────────────────────────────────────┘
                │ 问题界定阶段
                ▼
┌─────────────────────────────────────┐
│  主参与者重新定义其他参与者的角色（创新）  │
└─────────────────────────────────────┘
                │ 相互强化阶段
                ▼
┌─────────────────────────────────────┐
│  主参与者强加给其他参与者身份和角色  │
└─────────────────────────────────────┘
                │ 融合（整合）阶段
                ▼
┌─────────────────────────────────────┐
│  其他参与者协同建立稳定的联盟网络（转变）  │
└─────────────────────────────────────┘
                │ 动员（驱动）阶段
                ▼
┌─────────────────────────────────────┐
│         创建一个更大的网络          │
└─────────────────────────────────────┘
```

图 10-3　参与者网络原理的示意图

2) 老年人应用互联网的障碍

对老年人应用互联网的障碍的考察，更多地取决于人为和非人为因素及这些因素如何相互作用，它提供了一条途径，通过这条途径对任何微小的因素所起的作用都可以被观察到。人为因素是看人们对创新的应用并且创新需要怎样的转变来完成这些应用，非人为因素包括计算机、调制解调器、网页浏览器、互联网服务提供商、电子邮件文档和网页等。具体障碍如下：

(1) 技能障碍。受过较多教育、知识层次较高的老年人接受网络知识和技术更容易些，对新知识的求知欲望也更强烈些，理解和记忆计算机知识相对快些。调查中比例较高的技能障碍包括：①语言障碍，不少计算机软件来自国外，使用英语版本；②输入障碍，熟练掌握输入法和熟练敲击键盘，客观上也是一个难题。

(2) 健康障碍。调查中比例较高的健康障碍包括：①对计算机辐射、长时间集中精力工作产生的身体的负面影响抱有畏惧心理；②现有的眼睛、颈部、腰椎受疾病困扰。

(3) 经济障碍。收入水平低和收入不稳定是限制中国老年人进行互联网消费的关键因素。调查中比例较高的经济障碍包括：经济条件限制了其对网络世界的向往，限制了其购买计算机和网络的计划；对于那些已经在家建设好自己的网络设备的老年人来说，运行成本也成为重要的问题；财产安全被那些退了休的老人看的非常重要。

(4) 心理障碍。调查中比例较高的心理障碍包括：对掌握计算机技术的顾虑是影响老年人行为决策的最大心理障碍；上网占用他们户外活动的时间，影响了他们锻炼身体和与其他人的交流；安全和个人隐私问题使他们更愿意面对面的交流。

(5) 服务障碍。调查中比例较高的网站服务障碍包括：网上专门给老年人量身订制的信息资源匮乏，使老年人在查询自己关注的信息时遇到障碍；网络界面、信息结构和充当重要角色的站内导航问题被当作潜在的障碍；由于没有顾及类似那些具有视觉或行为困难的老年人的问题而缺失应用界面及相应的服务。

3) 老年人应用互联网选择的服务功能

老年人获得的网上服务功能具有自身特色。通过调查老年人的态度和实践，经过加工分析可知，最受老年上网族喜爱的网络服务依次包括：阅读浏览、电子邮件、虚拟社区、网上购物和其他个性化服务。那些刚刚退休和在以前的工作当中有过一些计算机经验的老年人还想通过互联网扩展一下他们的知识领域并且学会怎样为他们自己的目的而使用计算机。

(1) 阅读浏览新闻：利用网络的实时性和宽泛性，更新、更快、更丰富地获得网上新闻。

(2) 收发电子邮件：与远在外地或异国的子女保持联系，也有残疾老年人利用 E-mail 与住在街对面的朋友保持联系的例子，水平更高点的老年人，还会使用网络电话。

(3) 投身虚拟社区：投身虚拟社区的例子在调查中偶被发现，参与网上聊天和论坛发帖的老年人，为认识新朋友找到了新的社交和沟通方式。他们在网络聊天室，有关注年轻人话题和思想的愿望。

(4) 体验网上购物：调查发现老年人网上购物是不能忍受城市交通的拥挤的替代选择。

(5) 其他个性化服务：其他多种多样的网络服务中，网上炒股和网络游戏也深受老年人钟情，如一位喜好欣赏书画作品的老年使用者，将中国美术家协会网作为一个拥有无数精美作品的展览馆。

2. 老年互联网产业的发展

依据以上老年人应用互联网的特征、障碍和服务功能的认知，可以审视中国老年互联网产业的发展。中国目前专门针对老年人提供老年生活所需信息的较大规模的网站数目不多，仅有的若干站点在信息容量和服务质量上也需提高。

现阶段中国老年人消费已进入迅速增长时期，其增长速度已明显高于居民消费社会总需求的增长速度，再加上政府投入老年人事业的公共支出，中国老年人消费需求总量还会增长。而这个庞大的消费需求也为中国老年互联网产业的发展奠定了坚实的基础。针对当前存在的问题，中国老年互联网产业发展有必要采取一系列措施：

(1) 开办老年人计算机俱乐部。开办老年人计算机俱乐部是促使老年人探究使用互联网技术的催化剂。澳大利亚老年人计算机俱乐部协会作为一家为老年人开办的非营利性组织已经存在多年了，该俱乐部给老年人们提供了一个友好的没有威胁的环境，给志趣相投的老年人提供了一个沟通的渠道，其基本目标是教老年人去使用计算机并从计算机技术中受益。结合中国国情，可考虑首先在老年大学和老年教育中心开设老年计算机培训班，并逐步向计算机俱乐部转变。

(2) 改善老年人网站的适应性。网站拥有者在老年互联网产业的发展过程中要特别注意网站的设计性。适应老年人在求实性、习惯性、方便性、服务性、自我性与利他性，以及情趣性等多方面的消费心理，使网页清晰直观、朴素大方、内容丰富、针对性强、可操作性强、服务性强。

(3) 拓展老年人网络应用领域。重视老年人在生理结构上的变化和新陈代谢的规律，根据老年人的生理和心理特征来开发产品。老年人的身体状况决定老年人对服务需求的特殊性，决定了互联网企业不能在满足大众的共性需求的过程中实现对老年人个性需求的满足。例如，推广普及采用触摸屏和全屏手写技术的老年人专用计算机和助老用计算机活动的非键盘输入产品等。老年互联网产业的决策、老年网站发展方向的确定、网站内容的安排，以及内容的组织形式等，也应顾及不同年龄段老年人的生理、心理和社会需求。

3. 小结

上文以全球人口的老龄化趋势为背景，以老年人口对互联网的需求问题为切入点，在进行老年人应用互联网的实证调查的基础上，展开了一系列研究，得到以下几点结论：①对于应用互联网技术的老年人来说，他们已经采用的不是作为商业功用的互联网，而是一个转变了用途的互联网，互联网使这些老年人可以维持他们的社会地位和与他们的家人保持相应关系，享受其个人爱好；②影响老年人应用互联网的因素是自身的需求和外界的动力；经济富足、时间充裕、兴趣浓厚是老年人应用互联网的几个动因；同时，老年人应用互联网还存在着来自知识、身体、经济、心理、观念和环境等几方面的障碍；与年轻人广泛使用网络功能相比，老年人应用互联网具有只使用某一项或某两项功能的特点；③国内老年网站的建设有待成熟，老年互联网产业具有庞大的消费市场和广阔的发展前景，这些都构成中国老年互联网产业发展的基础；④尽管一些老年人认为互联网离自己很遥远，而网络技术对自己来说也是一大难题，但对于其他的老年人来说它却代表着独立和平等，这些老年人中的任何一位都需要社会提供适合其需求的特殊产品和特殊服务。

10.3 网络使用者满意度评估

当前中国在利用网络技术发展旅游电子商务方面，表面看传统的旅游与接待组织涌向互联网寻求突破垄断的契机，使网上旅游表现得欣欣向荣；而实质上在传统经济与文化的宏观背景下，难以进行真正的旅游网站使用评估，故此开展旅游网站使用的评估是很有意义的。

10.3.1 研究方法与过程

1. 研究方法

使用者的满意度对旅游在线服务的评估最具说理性。而仔细思考可知使用者满意度是可感知效果与期望值两大系统因素之间的差异函数，其初始函数式应为

$$S_i = \varepsilon_{T_i} - \varepsilon_a A_i \tag{10-4}$$

式中，S_i 为使用者 i 的满意度；ε 为函数约束系数；T_i 为在线服务的可感知效果；A_i 为

使用者i的期望值。但事实上,测算T_i和A_i又分别取决于对各自的多个相关因子的评估,可通过式(10-5)、式(10-6)进行:

$$T_i = F(W, H/O) \tag{10-5}$$

式中,W和H/O为可感知效果因子,分别指网络和网站/旅游组织,每项因子又包括了一些具体内容。

$$A_i = F(T, E, P) \tag{10-6}$$

式中,T,E,P为期望值参数,分别指购物倾向性、在线购买经历和个性化心理。

在考虑了整个函数范畴基础上,可将W, H, O, A定为函数评价的4个子系统指标,其内部包括的具体内容则视为4个子系统内的评价参数,通过式(10-7)、式(10-8)加权平均,便可得T_i和A_i两项的评分:

$$Y_{ij} = \sum_{i=1}^{m} x_i K_i \tag{10-7}$$

式中,Y_{ij}为某一子系统指标;i为子系统内的评价参数($i=1,2,\cdots,m$);x_i为评价参数的权重;K_i为评价参数的等级得分。

$$Z = \sum_{i=1}^{n} R_j Y_{ij} \tag{10-8}$$

式中,Z为整个旅游在线服务体系;n为子系统的评价指标个数;j为子系统评价指标($j=1,2,3,4$);R_j为子系统评价指标的权重。对S_i函数来说ε的建立很关键,而两个函数项T_i和A_i的ε的内容不同,这是因为两项的约束可能来自不同方面并且其约束力也未必相同。分析如下:ε_t针对W和H/O因子来说,主要包括政府或其他管理部门的法律法规、国家或行业的规划等。而ε_a对于T,E,P则取决于社会信任度、社会对消费观念的引导等。研究者借鉴经济增长核算中关于参数测定的方法(Lu et al., 2001)测定满意度函数中的约束系数。众所周知,有效的管理可缓解供需矛盾提高使用者满意(Poon and Swatman, 1999; Lu et al., 2002)水平,因此得恒等式:

$$v = v_t + v_a \tag{10-9}$$

式中,v为满意度增加值;v_t为可感知效果增加值;v_a为期望值的减少。

$$\rightarrow v_t/v + v_a/v = 1 \tag{10-10}$$

式中,v_t/v为管理对可感知效果的弹性(用ε_t表示);v_a/v为管理对使用者期望值的弹性(用ε_a表示)。

$$\rightarrow \varepsilon_t + \varepsilon_a = 1 \tag{10-11}$$

式(10-11)结合式(10-4),在$\varepsilon_t T_i = \varepsilon_a A_i$表示满意的条件下,由特殊到一般可以确定$\varepsilon_t$和$\varepsilon_a$的值。

如果(i)$\varepsilon_t T_i < \varepsilon_a A_i$,则表示不满意;(ii)$\varepsilon_t T_i \geqslant \varepsilon_a A_i$,则表示满意。在此用$D$表示供给与需求之间的差异,称其为供需差。这两种供需关系情况下的满意度象限见图10-4。象限测度法建立了供需差与满意度之间的作用关系定义第一象限为满意象限($D \geqslant 0$),第三象限为不满意象限($D < 0$),任何区域性的旅游在线服务满意度评估均可从供需差予以考虑。

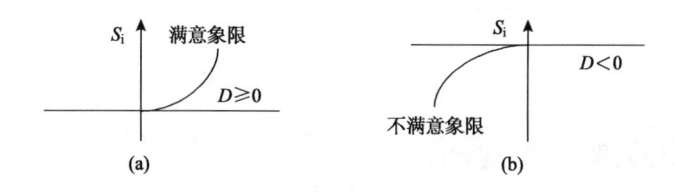

图 10-4　不同供需关系情况下满意度象限(路紫和李彦丽,2005)

基于对以上差异函数范式的分析可知供需差研究对于满意度评估具有重要意义。

2. 研究过程

本书包括的主要程序是确定对象→搜集数据→加工生成→结果分析,具体如下:

(1)针对北京网络使用者的旅游消费行为和使用旅游网站的行为,以北京旅游在线服务满意度评估中第一层序(Hanna and Millar,1997)(可感知效果与期望值)的供需差状况为对象,进行调查和研究。以北京为例是因为北京作为中国互联网使用者最多的城市,具有领先市场的示范效果。

(2)调查采用"基于北京网络使用者与北京旅游网站的全景测量"方式,利用搜索引擎 Google、天网、百度、搜狐等共搜索出各类旅游网站 179 家。依据使用方便的原则,从 21 家综合旅游网站中选取了 6 家(北京旅游信息网、elong 商务、荣光旅游网、北京民惠、易游网、中国丝绸之旅国际互联),从 66 家旅行社网站中选取了 6 家国际旅行社网站和 4 家国内旅行社网站(康辉、中青旅、中旅、港中旅、中铁、和平;中旅首都、风光、京华教育、顺隆假期),从 24 家旅游景点网站中选取了 6 家(八达岭长城旅游网、坝上草原旅游风光、野三坡旅游网、雾灵山旅游热线、通州网苑、红领巾公园),从 61 家宾馆酒店旅游网站中选取了 8 家(华北大酒店、北京饭店、昆仑饭店、燕山大酒店、中苑宾馆、贵宾楼饭店、五大洲大酒店、新大都饭店),从 7 家交通运输旅游网站中选取了 3 家(航星旅游咨询网、大京航空服务中心、星期五旅游在线)。在所选择的网站中,收集各评价指标的相关数据,为研究提供了广泛和全面的资料。

(3)数据加工生成过程如下:第一步,确定各评价指标的等级得分,首先确定每个评价参数在评价范围内的标准等级得分,最高分值和最低分值分别定为 1 分和 10 分;其次在实际收集到的部分以百分比表示的数据,按比例从 1~10 分定出标准等级得分;第二步,应用计算机 VB 程序对购买经历与网上交易进行关系分析,得到两者相关结果;找纵向数据权威性强的可比对象,如互联网信息中心对中国互联网网民调查的数据,得到两者比较结果;计算出所需指标的同比满意度;第三步,采用经验判定和专家意见相结合的方式确定各评价指标的权重。

(4)对收集的各项数据进行分类综合,求出评价指标的标准得分及其系统的综合得分,汇总评分得出结果,计算出供需差,依据象限测度法确定值域范围(路紫和李彦丽,2005)。

10.3.2 资料与应用

1. 对服务供给效果满意度的评估

1) 对网络服务的满意度

旅游在线服务体系中,网络供给是一种"单向供给",网络是旅游在线服务体系中的一个组成要素,但它又不是专为旅游服务所用的。开放网络状况下,旅游在线服务不能选择网络,网络以公用形态存在于该体系中。对于提供接入服务的 ISP 来说,供需差评估中最为关心的问题莫过于网络使用者对其提供的接入服务是否满意。易观公司对北京网络使用者做了相关调研,结果显示现阶段网络服务不尽如人意。网络使用者对上网速度的满意度最低,上网费用次之,相对而言对网络内容的满意度较高。互联网的接入速度和费用等影响网络使用的制约因素必然影响到旅游在线服务。

2) 对网站/旅游组织在线供给的满意度

那些做出了相应调整并富于想象地使用了电子商务系统的城市(区域)将会提供最为有效的旅游在线服务。电子商务扩展模型(eMICA)给出了旅游组织在线服务的升级过程(Ng et al., 1998;刘绍华和路紫, 2004a):站点从发展的起初(宣传)通过(供给)到成熟(处理),各层复杂性和功能性都在增加(Lu and Lu, 2004)(表 10-1),这种增加是从静态的网络呈现到通过高水平交互从而实现多功能动态站点创新的过程。进而可以认识旅游组织在发展中呈现不同层次的阶段性服务,从而为探求旅游组织在线业务水平属性或其网站功能层次提供了依据。

表 10-1　改进的电子商务采用的扩展模型(eMICA)

EMICA 模型	功能举例	评估标准	服务	满意	业务
阶段 1——宣传 层次 1——基础信息 层次 2——丰富信息	公司简介、地质和联系、业务范围 年度报告、E-mail 联系、活动信息	内容实时性 透明度	低	低	低
阶段 2——供给 层次 1——低水平交互 层次 2——中水平交互 层次 3——高水平交互	产品分类、信息超级链接、网上查询 水平产品分类、顾客参与、增值服务 聊天室、论坛、多媒体、时事通信	参与性 灵活性 简单、快捷	中	中	中
阶段 3——处理 交易 服务	交易安全、订单及跟踪、服务交互	安全性、导航可靠性、个性化	高	高	高

资料来源:路紫和李彦丽,2005;表 10-2~表 10-3 资料来源同。

研究者通过获取北京旅游网站，以及http://www.pc-world.cn/2001/back-issues/2102/0221g.asp和http:// www.ctrip.com/community/comment/district/districtrating.asp?District=D1所提供的北京旅游网站相关信息，依据前文给出的研究方法进行分析，进行了评估量化，得到北京旅游网站评估得分（表10-2）。

表 10-2　北京旅游网站评估得分表　　　　　　　　　　（单位：分）

评价指标 K_i	北京旅游网站					平均值	权重 x_i
	综合网站	旅行社	宾馆酒店	景区景点	交通运输		
内容	6.0	7.5	7.3	7.2	6.9	6.98	0.17
信息实时性	6.7	6.6	6.7	6.3	6.5	6.56	0.13
灵活互动性	6.2	6.2	5.4	5.1	5.0	5.58	0.16
交易安全性	5.0	4.9	4.9	4.7	5.2	4.94	0.14
简单交易与导航	5.4	5.6	5.4	5.2	5.3	5.38	0.15
可靠性	6.0	6.1	5.9	5.9	6.2	5.02	0.14
个性化	2.6	2.1	2.1	1.4	1.1	1.86	0.11
中和评估得分			5.48				

2. 对使用者在线购买意向的评估

为了解释在线购买的使用者行为和探求在线购买意向的影响因素，基于众多研究成果（Zhang and Von Dran，2000；Helander and Khalid，2000）发展了在线购买意向要素体系，包括在线购买倾向性、在线购买经历、个性心理 3 部分。

(1) 在线购买倾向性可被概念化为一类特殊的生活方式，该倾向性因素包括经济、方便、经验、休闲等方面。通过对北京网络使用者使用旅游网站的行为及其旅游消费行为进行调查得到的结果见表 10-3。

表 10-3　北京网络使用者在线感知及个性心理　　　　　　　　（%）

旅游信息感知方式	比例	旅游网站选择倾向	比例	旅游门户类网站	比例
媒体栏目/广告	72.5	信息量大	54.2	新浪	48
上网查询	25.6	知名度高	45.0	搜狐	24
朋友介绍	20.8	查询方便	24.1	网易	10
旅游社区查询	8.4	预定便捷	19.9	263/中华网	5/5
其他	7.7	其他	5.7	其他	8

(2) 在线购买经历与应用互联网目录购买意向有关（武红等，2004）。使用者在互联网上的购买经历增加时，其在线购买的可能性也会增加。研究者对网上交易和购买经历进行相关分析，依据互联网使用者的满意度可以求得北京网络使用者的同比满意度。

(3) 目前旅游需求呈现个性化趋势（路紫等，2004），将自我实现、控制感、被尊重和以人为本的需要通过网上旅游形式得以实现,在线感知效果直接影响使用者的购买意向,个性心理需求越能得到满足,使用者购买意向就越明显。北京华通现代市场信息咨询有限公司进行的第 44 期"连续性网络追踪调查研究"着重分析了北京网络使用者的活动。

综上对旅游在线购买意向各指标的调查研究,汇总各指标评估结果得出北京网络使用者旅游在线购买意向及其需求的评估得分结果。

10.3.3 结果与分析

依据上文提供的供需差研究方法计算出北京旅游在线服务供给综合分为 4.67 分(网络满意度评估得分与网站评估得分的平均值),北京网络使用者的购买意向综合分为 4.98 分,所以北京旅游在线服务的供需差为–0.31。依据象限测度法,从差异函数导出的满意度象限图中确定满意度值域落在第三象限,可知目前北京旅游在线服务处于不满意象限区。出现此结果的原因是多方面的,既有作为旅游在线平台的网络服务的差距制约了旅游在线服务发展和使用者满意度,也有旅游网站服务功能不完善,旅游网站经营模式缺乏特色,不能实现旅游服务项目与使用者需求的对接(Giaglis et al., 1999),还有如政策、法律环境和行业背景的制约,及其网络使用者的理念差距等原因(刘绍华和路紫,2004b),致使旅游网站的使用效果较差。但是从系统的供需现状来看,北京在线旅游的市场空间培育前景广阔。当然需要指出旅游在线满意度体系是一个动态的系统,低供给—低需求的平衡态并不意味着最佳满意度,供需应始终向着更高层次上升运动。

10.4 网络使用者行为的时间分布及作用

相对于整体互联网访问者的时间行为研究而言,专门网站访问者的时间行为有什么特征及与整体互联网有什么不同则少有成果。同时,相对于物质流而言在信息流作用方面的研究更不深入。但是已有的一些相关研究工作还是为进一步的探讨奠定了基础,如 Harvey(1990)曾将日内时间使用划分出生存、工作、家务、通勤与休闲等多种类型; Patrick 和 Black(1997)将网站使用时间行为模型归结出人口身份、网站类型、网站媒体特性的发挥、网络使用行为及其他媒体使用的时间分配 5 个方面; Katz 和 Aspden(1997)又具体概括了网络使用行为的若干因素:网站使用频率与时数、网络使用时段、网络使用动机、上网方式、上网地点、经常使用的网络功能、使用网络时的投入情形等;路紫(2006)发现:①年龄和地点会较大地影响使用者的时间行为;②不同类型的网站所提供的功能与内容不同而影响使用者的时间行为。本节在前人研究的基础上,利用研究数据,针对前人未曾涉猎的专门网站,进行使用者行为的时间分布特征及信息流对人流的导引的深入解释。

鉴于旅游网站已经成为新型商业模式的代表,所以选择其为对象描绘使用者行为在一日内、一周内、一年内的时间分布特征。本节还着意论证了一个一直吸引人文地理学者的重要问题——旅游网站信息流(虚拟空间使用者人数)与景区人流(现实旅游者人数)之间的相关性。本节十分重视研究样点的选取,对国内旅游网站样点的选取是以多样性为原则的，包括地域的多样性和类型的多样性；国外旅游网站样点的选取是以长期跟踪为原则的，以澳大利亚旅游网为案例，因为其是澳大利亚最大的旅游网之一，也是世界性的旅游网站，网站访问量有一定的代表性。

10.4.1　使用者行为的日分布特征

1. 自身特征及区域差异

1）自身特征

国内的旅游网站选取了行知天下旅游网、承德旅游网、张家界旅游网、真山水旅游资讯网，绘出日内使用者人数曲线图(图 10-5)，从中可看出日内使用者人数走势大致相同：出现两个高峰，分别是 10:00 和 14:00，这是由国内作息时间(就餐时间与午休时间)决定的(路紫等，2007)。

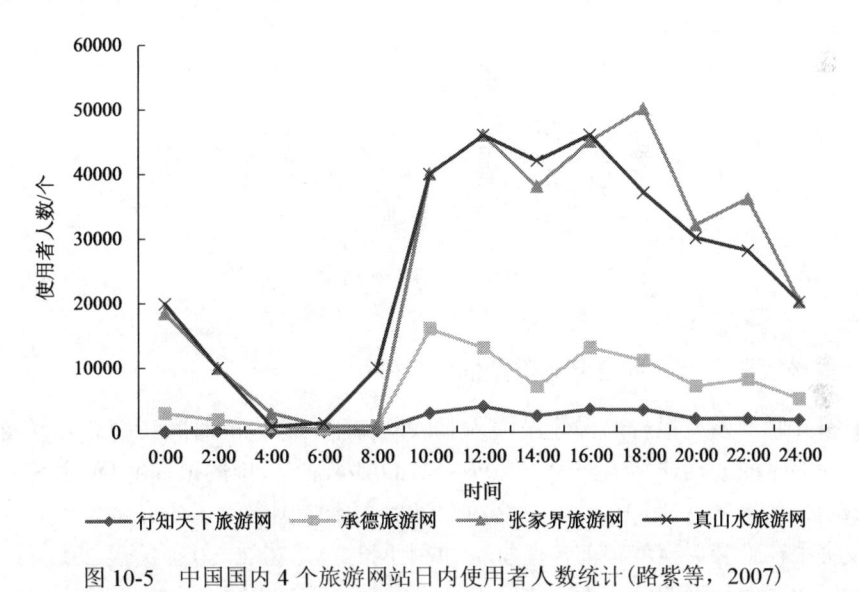

图 10-5　中国国内 4 个旅游网站日内使用者人数统计(路紫等，2007)

图 10-6～图 10-17 资料来源同

2）区域差异

为了了解这种规律是否带有更广泛的共性及其影响因素的情况，又选取了澳大利亚旅游网作以比较。澳大利亚旅游网日内使用者人数走势如图 10-6 所示，12:00 网站使用者人数最高，无疑也是受作息时间决定的。澳大利亚朝九晚五的作息模式使中午上网人数增多。其整体波动和缓主要受英语国家网站国际性强的影响。澳大利亚旅游网使用者中 50%来自本国以外，导致其网站一天内使用者人数走势比较缓和。

即使是在国内，南北方也存在差异。仔细观察所选取的几个旅游网站可发现两个访问高峰之间的"鞍部"大小不同，承德旅游网访问量的"鞍部"最大，依据旅游网站的地方定位规则可以透视北方地区保留传统作息时间更多。

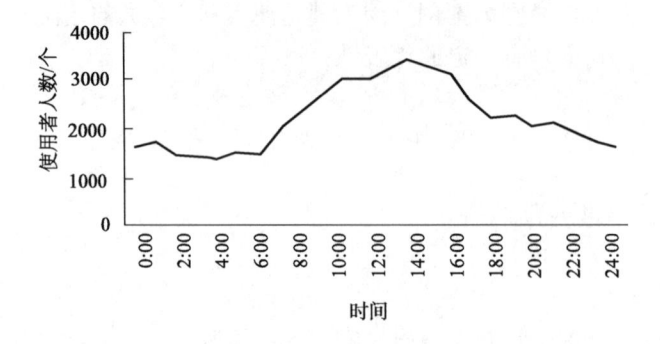

图 10-6　澳大利亚旅游网日内使用者人数统计

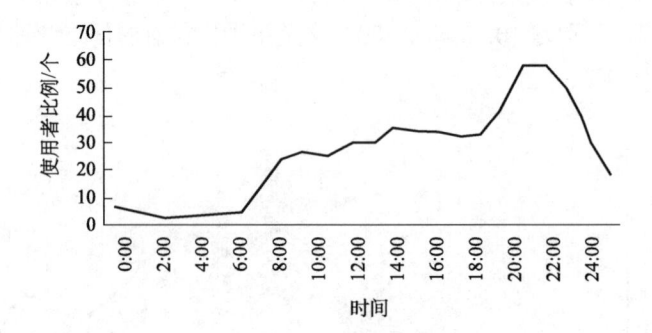

图 10-7　中国互联网日内使用者人数统计

2. 与整体互联网及其他各网站类型的比较

《中国互联网发展报告》描述了国内互联网使用者行为的时间特征。互联网使用者的日内行为的时间波动非常大，晚上 20:00~21:00 达到一天中的最高峰(使用者上网比例分别为 58.4%、58.3%)（图 10-7）。胡智雄(1998)关于中国台湾的研究结果也显示上网的尖峰时段集中在晚餐后至就寝前，有 60% 的上网时段是在 20:00 至凌晨 2:00。这点与旅游网站使用者时间行为的分布不一样。

研究者又进一步与各具体类型的网站作了比较，旨在了解网络使用者在时间行为上是否存在不同时段浏览不同类型网站的规律。经过归纳后发现其使用时段与使用的网站类型的关联性较强。以互联网使用率前三位的门户网站、专业信息网站与新闻网站为例作对比：①门户网站的使用尖峰时段是在 21:00 到凌晨 1:00，其访问量曲线与一般网络颇为相似，这应该是与大部分的使用者将其设为浏览器首页有关，或与在门户网站上进行阅览、讨论等多种活动有关；②专业信息网站的使用尖峰时段在 21:00~24:00，在上午 9:00~11:00 也会出现一个使用小高峰，可见其与工作有关；③新闻网站的使用尖峰时段是在 21:00~24:00，符合大多数网站类型使用尖峰时段的一般规律。总体来说，旅游网站与其他类型的网站在日内各个时段的使用率有较大不同。

3. 使用者行为的背景信息解释

从使用者身份变量的深层次背景信息可以初步解释日内使用者行为的时间分布特征的成因。首先，使用者日内访问时数是基本确定的，《中国互联网发展报告》显示，使用者平均每天上网的时间是 2.73 小时(图 10-8)，这是以日内时间使用划分为基础的，一般情况下很少与作息时间产生太大的反劲。其次，《中国互联网发展报告》还显示，中国互联网使用者中 18~24 岁的年轻人所占比例最高，达到 37.7%，这与职业角度的学生比例最高(33.2%)是一致的。据一项加拿大的网络调查结果显示，其中也是以 20~24 岁的年龄层占最多数(Patrick and Black，1997)。这些年轻使用者大多数缺乏上网的各种独立条件，因此与作息时间关系密切。再次，地点的固定性决定了时间的规律性，《中国互联网发展报告》显示，在单位和在家中上网时间最长(图 10-9)，这两个地点是网民上网的主要地点，所占比例分别为 68.5%和 38.0%，且 53.6%的网络使用者固定在一个地方上网，而 34.6%是固定在某两个地方上网，大部分的网络使用者的地点是相当固定的。以上特征大致可以解释网络使用者行为的时间规律的成因，即作息时间在其中起了较大作用。在就餐时段互联网使用会突然下降，表明使用网络媒体与用餐不会同时进行，这与后面对比的电视媒体阅听行为的时间分布有所不同。

4. 与传统媒体的比较

现对比电视媒体，从另一角度推论互联网使用者行为的时间分布特征及成因。前人在电视观众的时间形态讨论中曾提到阅听行为遵循固定的模式(Ferguson and Perse，2000)：日内收视率从午餐时间开始增加，经过晚餐时间继续上升，20:00~22:00 为黄金时段，之后到就寝时间迅速滑落。从上述文字中可以了解到，电视观众的阅听行为也受作息时间的影响。在此前提之下，电视观众阅听行为和网络使用者访问行为两者应该具有相似性，但由于网络媒体的互动性特征使网络使用者必须保持高度的涉入状态，需要不停地寻找与点选才能得到所要的内容，这和被动的电视阅听行为有很大的差异。这与之前的探讨相一致，即就餐时间网络使用会突然下降。另外，又由于网络媒体的信息量特性，使网络使用者在一天的任何时段都能找到所需要的内容，相较于电视阅听者受限

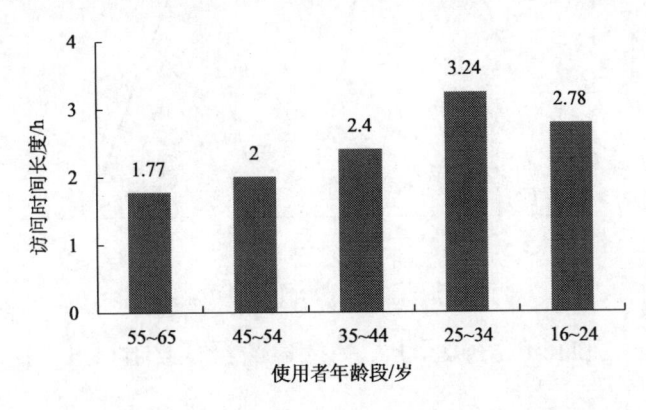

图 10-8 中国不同年龄使用者访问时间长度

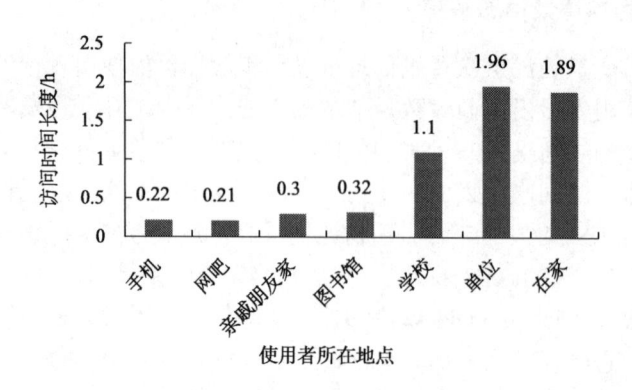

图 10-9 中国不同地点使用者访问时间长度

于节目表的时段,在时间上将更为弹性。再者由于网络使用与工作关系特殊,所以除了休闲时段外,在其他时段还是能够接触到而使用的,因此相对于电视各时段人群差异明显而言,网络媒体在各个时段人群差异性较低。这使得旅游网站使用者在时间分布上出现了日内多个峰时的现象。

5. 日内旅游人流量分布与旅游网站访问量时间分布

根据吴必虎(1994)研究,景区进入人数日内变化较为明显地呈双峰形分布(图10-10):10:00~11:00 为主峰,14:00~15:00 为次高峰,中间 11:00~13:00 形成人流低谷,且旅游者人数日内分布呈现出集中性特征且受旅游者生活节律因素的影响。日内现实旅游者人数分布与日内旅游网站使用者人数走势基本一致,都受人们的作息时间影响,所以两者在日内行为上不存在相互作用的时间基础,也不存在导引作用关系。

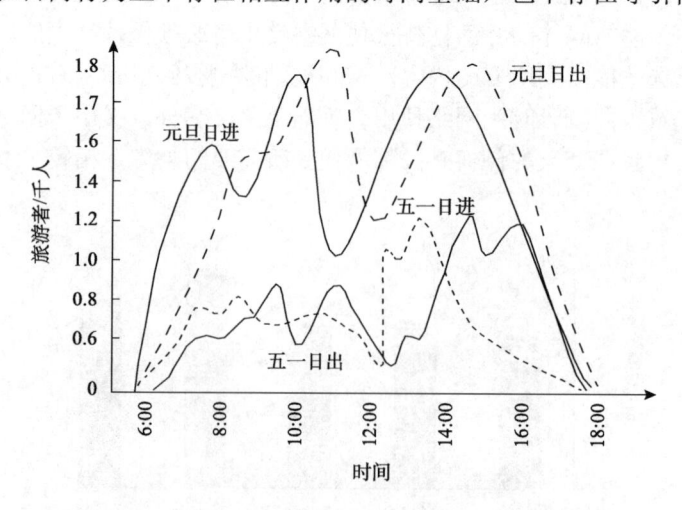

图 10-10 1992 年上海静安公园旅游者人数日内变化

10.4.2 使用者行为的周分布特征

1. 自身特征及其区域差异

国内的旅游网站选取了承德旅游网和中国台湾花莲旅游网，绘出周内访问行为的柱状图(图10-11、图10-12)，可看出周内使用者人数走势大致相同：工作日访问量较高，

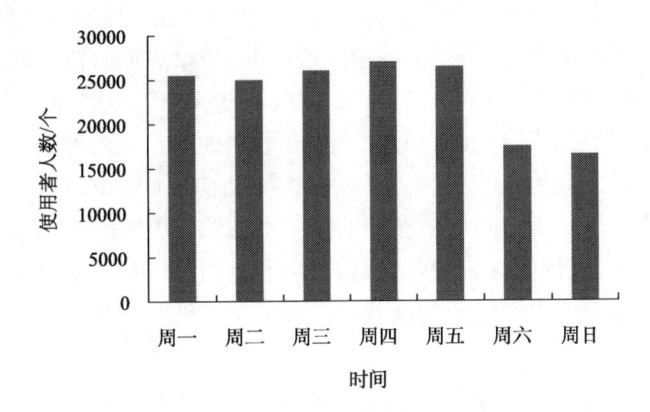

图 10-11　承德旅游网周内使用者人数

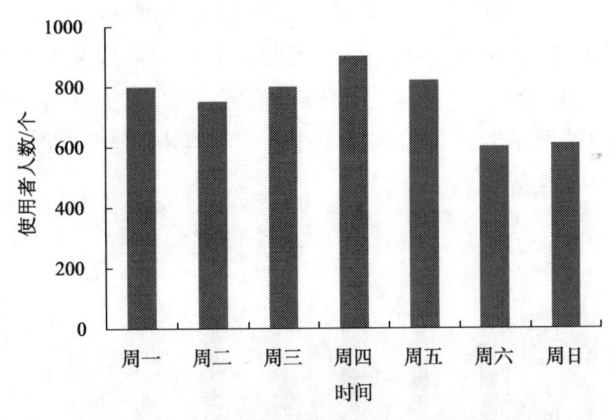

图 10-12　中国台湾花莲旅游网周内使用者人数

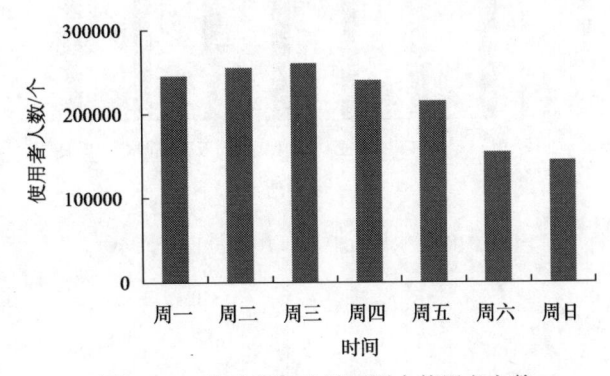

图 10-13　澳大利亚旅游网周内使用者人数

周末访问量较低。对国外情况的认知仍通过澳大利亚旅游网,其周内的使用者人数走势如图 10-13 所示,同样具有工作日访问量较高,周末访问量较低的特点。以上旅游网站使用者人数走势的时间分布规律是与使用者周内的工作休闲时间安排有关系的,与使用者周末不上网或减少上网的访问行为有关系的。

2. 与整体互联网及其他各网站类型的比较

从中国网络使用者周内每日访问量资料看(图 10-14),平日的访问量远远大于周末,前半周的访问量大于后半周,周一的访问量是最高的。平日尖峰时段是 21:00 到凌晨 1:00,其中又以 22:00~24:00 使用率最高,10:00~11:00 及 16:00~17:00 也是两个使用频繁时段;周末尖峰时段是 21:00 到凌晨 1:00。对比整体互联网而言,旅游网站使用与其基本是一致的,原因是周末时间会用在户外休闲活动和人际互动上(图 10-15)。再以各网站类型的访问时间分布情景描述平日与周末存在的略为不同的使用尖峰时段(表 10-4)。门户网站周末使用比例会比平日低,门户网站作为使用者使用时间最多的网站类型,也是网络使用者周末不上网或减少上网时间的反映。专业信息网站平日使用比例高于周末,在平日 9:00~11:00 会出现一使用高峰,这应该是网站内容与工作有关的结果,所以周末时较少处理工作事务使得使用比率下降。新闻网站在周末 11:00~12:00 有一个高峰时段,这点与旅游网站相反。影视娱乐网站平日使用尖峰时段在 22:00~24:00,周末则在 20:00~24:00,而尖峰时段的使用率周末多于平时。购物网站平日使用尖峰时段是 21:00~23:00,周末为 23:00 到凌晨 1:00,尖峰时段的使用率周末多于平时。社群网站平日使用尖峰时段为 21:00~24:00,周末为 21:00 到凌晨 1:00,尖峰时段的使用率平日高于周末,在其他时段的使用率周末则普遍高于平日,这与其较高互动性有关,使尖峰时段的使用比例高出其他时段甚多。

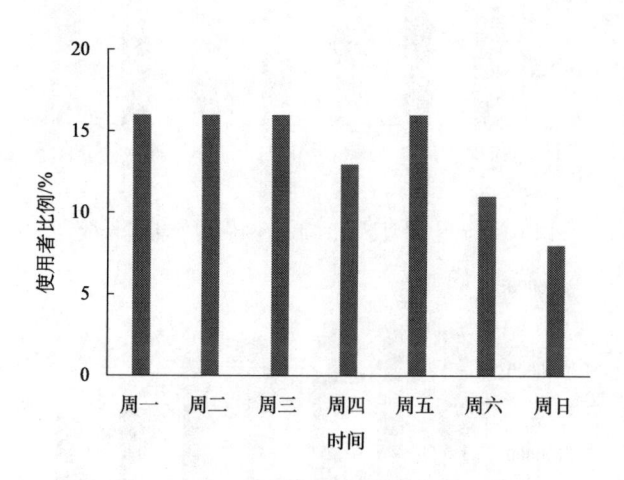

图 10-14 中国互联网使用者周内访问量

第 10 章　网络使用者行为

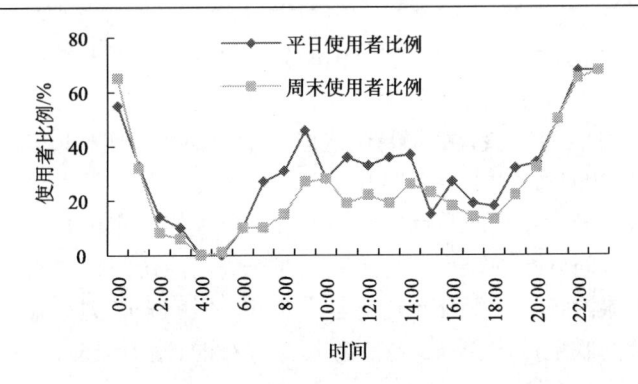

图 10-15　整体互联网周内平日与周末使用时段比较

资料来源:《2004 年好耶网络广告服务报告》

数据转自 Adforward 系统(www.iresearch.com.cn)

表 10-4　各网站类型周内平时与周末使用时段对比表

网站类型	时段 平日	时段 周末	只用比例 尖峰时段	只用比例 其他时段	需求目的与动机
门户网站	21:00~1:00		平日＞周末		浏览器首页，信息吸引需求
新闻网站	21:00~24:00	11:00~12:00	周末＞平时		习惯新需求，信息吸引需求
休闲娱乐网站	22:00~23:00 17:00~18:00				消遣需求
专业信息网站	21:00~24:00 9:00~11:00		平日＞周末		寻找信息需求
影视娱乐网站	22:00~24:00	22:00~24:00	周末＞平时		娱乐需求
购物网站	21:00~23:00	23:00~1:00	周末＞平时		
社群网站	21:00~24:00	21:00~1:00	平日＞周末	周末＞平时	虚拟人际互动需求
企业网站	无				临时性需求

资料来源: 路紫等, 2007。

　　周内旅游网站与其他类型网站的比较: ①与内容网站(新闻、专业信息和综合网站)情况有较多不同，总的说后者周末使用率大于平时，但也有一些类型如专业信息网站就是平日使用率大于周末; ②与非内容网站(门户、电子商务、企业)情况较多相似，都是平日使用率大于周末。当然还有些类型的网站情况更复杂，如社群网站尖峰时段平日使用率大于周末，而其他时段周末大于平时。

3. 周内现实旅游人流量分布与旅游网站访问量分布

　　现引取 2003 年 11 月 3~9 日深圳欢乐谷进入旅游者人数的周内时间分布资料(董观志和刘芳，2005)来分析周内人流变化的规律性。非节庆的周内人流变化特征具有较大的可循性，在主要客源地距离为1~2日游范围的旅游目的地，周内变化主要表现为工作日—周末的周期变化。欢乐谷入园旅游者人数的周内变化波动性比较大，呈现一种斜"Z"分布。又引取2001年为时间段，从每月中选取一个代表性星期周期，均值后的周内时间分布资料(卢松等，2004)，图中也表明其一般性周内变化呈现斜"Z"形分布，周二人数最少，周六人数最多，逐渐回升反复。这种周内呈现的工作日旅游者人数较少，周末旅游者人数较多的时间分布规律，与旅游网站在一周内的访问行为相反，周内旅游网站使用者与周内景区旅游者的时间分布走势基本互补。人们平时浏览旅游网站较多，休息日出游较多，两者的联系性比较强，导引作用是存在的(图10-16)。

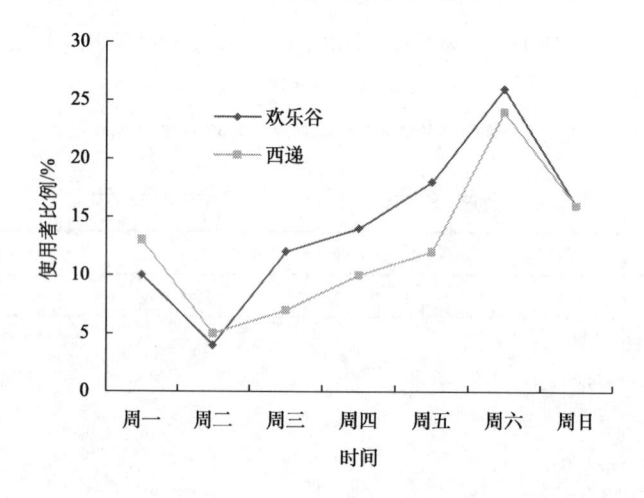

图10-16 2003年深圳市欢乐谷和2001年黄山西递旅游者人数的周内变化规律

10.4.3 使用者行为的年分布特征

1. 自身特征及其区域差异

根据Alexa排名、访问量、页面浏览量查询系统获取的旅游网站6个月每百万人中日平均访问人数走势和6个月每百万人中日页面浏览量资料，可发现旅游网站年内使用者的时间行为十分复杂，呈多种类型。国内综合性的和地域季节性不明显的旅游网站的起伏规律受黄金周作用显著，其他起伏以周为时间单位，如携程旅游网、广东旅游网，其年内访问量的高峰出现在黄金周前的一段时间，黄金周期间访问量最低。

而国外旅游网站，如澳大利亚旅游网的访问量走势却没有大的起伏，呈现均匀波状形态，相邻两个访问低潮出现的时间是一周。仔细观察发现，访问的低潮都是出现在周末，这与旅游网站周内时间行为是一致的。

国内南方旅游网站的访问量走势更多地呈现均匀波状形态，如云南旅游网、江南旅游网、桂林旅游网。国内北方旅游网站访问量走势更多呈现单峰形态，如哈尔滨旅游网、东北旅游网，都是11月底和12月访问量最大，这是由冰雪旅游性质决定的。还有一种是准单峰形态，如承德旅游网、大连旅游网、威海旅游网2个访问高峰相连，在7月初和8月初，这是避暑旅游性质决定的。当然，在这类旅游地还可能有自然季节高峰和社会季节(黄金周)高峰共存的情况，如北戴河。

2. 旅游网站信息流对人流的导引

1) 自然季节明显的旅游地呈现旅游人流较网站访问量同波动稍滞后的规律

中国北方旅游地的旅游网站使用者人数与旅游者人数的走势皆呈明显对应(图10-17)，如承德旅游网、南戴河旅游网、洛阳旅游网、天津蓟县旅游网。承德旅游网、南戴河旅游网访问量最高的时段与旅游人数最多的时段走势相同，并有一个月左右的提前期。洛阳旅游网站4月访问量远高于其他月份，这时正是洛阳"牡丹"旅游月。可见此类旅游网站信息流对现实旅游人流是有导引作用的。自然季节性因素是形成自然型旅游地旅游人流季节分布的主要因素，社会季节因素又在自然季节性因素形成的旅游季节上产生了叠加作用。

2) 自然季节不明显的旅游地呈现不出信息流对人流的作用规律

地理纬度偏南或是城市型旅游地呈现不出信息流对人流的作用性(图10-17)，如张家界旅游网和海南旅游网的网站访问量与旅游人数曲线分别向两个方向延伸，上海旅游网和三亚旅游网的网站访问量与旅游人数曲线在几个主要时段都是相反的。这些旅游地自然季节适宜期较长，其旅游网站访问量的影响因素较多，网站访问量与旅游人数的对应性显现不出来。

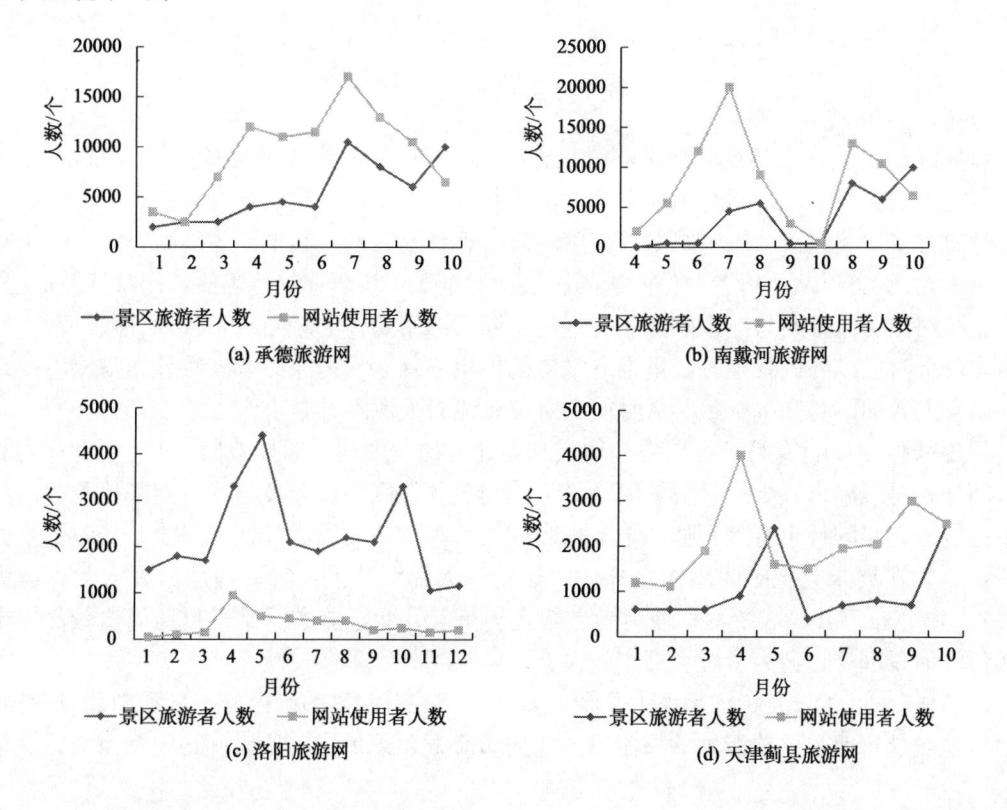

(a) 承德旅游网

(b) 南戴河旅游网

(c) 洛阳旅游网

(d) 天津蓟县旅游网

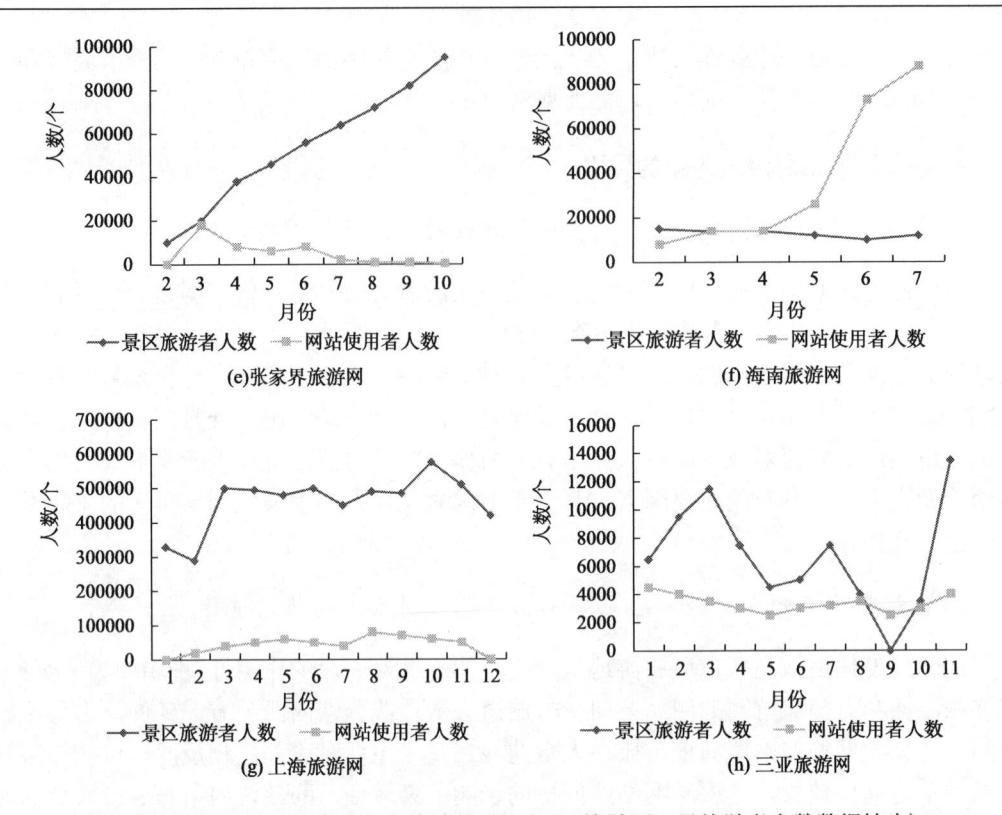

图 10-17 各旅游网信息流与人流波动对比(三亚旅游网 9 月旅游者人数数据缺失)

10.4.4 小　　结

(1)日内：①自身特征为一种双峰状态，10:00 和 14:00 是使用尖峰时段，20:00~22:00 也是使用的频繁时段，同时中外不一致，南北方也不一致。访问行为与使用者的生活作息时间有密切关系；②旅游网站的使用时段与整体互联网及其主要的网站类型之间也有较大差异；③可以从使用者身份变量的深层次背景进一步解释其行为的时间特征及成因；④旅游网站访问行为与电视媒介阅听行为不同，网络媒体的时间分布较为分散，网络使用在黄金时段以外的其他时段里也有一定的使用率；⑤日内旅游者人数分布与旅游网站使用者人数的走势基本一致，从时间上看信息流对人流不具导引作用。

(2)周内：①自身特征在国内外比较和南北方比较中均无明显差异：其使用者行为的时间分布呈现周末较少平日较多的特征；②与整体互联网比较及与互联网其他类型的网站比较既有相同性也有差异性，与非内容网站类型周末使用时间比平日少是一致的，大多是因为在周末会把时间用在户外休闲活动与人际互动上；③周内旅游者人数走势为"Z"形分布，其与旅游网站使用者人数走势呈互补状，旅游网站平日访问量较高周末较低，而景区平日游客量较少周末较多。

(3)年内：①自身特征呈现为复杂的多种类型，有明显的国内外差异和南北方差异。对于地域性不明显的旅游地的旅游网站年内黄金周出现的前一段时间访问量最大，其他时间是以周为周期的，访问量起伏较小；对于地域性明显的旅游地的旅游网站年内访问量呈现单峰形态；②网站使用者的时间行为与旅游者人数的波动有紧密关系，自然季节因素决定了旅游者人数的季节分布，进而决定了旅游地旅游网站访问的季节分布，社会季节因素又在自然季节性因素基础上产生叠加作用，使旅游地旅游网站年内访问量走势与该旅游地旅游者人数分布表现为波浪状，可解释为旅游网站信息流对旅游人流发生导引作用。

(4) 总之，当前各种信息源的作用力正在发生变化，网站信息流是增长最快的因素并且正在成为最主要的因素(孙中伟和路紫，2006；Lu，2002)。对网站信息流导引人流的作用的详细认识已成为人文地理学以信息为对象的相关研究的重要方面。根据以上找到的若干旅游网站信息流导引人流的时间分布规律，可以认为旅游网站虚拟访问量与旅游者人数之间在部分时间和区域类型上是相关的。这种探索对于推进半虚拟半现实的新地理空间形态的研究是有益的。由于旅游网站大规模导引人流的作用形成尚晚，高精度的研究方法的支持尚为缺乏，因此本节也只是基于质化研究方法得出结论。

10.5　网络使用者行为时间分布的复杂化与网站功能深度使用

以往的研究曾描述了旅游网站使用者行为时间分布的一般特征(路紫等，2007)，形成了一些重要认识，奠定了深入分析的基础。经过跟踪研究之后，旅游网站使用者行为时间分布的一些复杂性变化逐渐被注意。所以讨论使用者对网站功能多样性需求的特征，以及空闲时间对网站功能多样性需求的影响，进而讨论访问行为的变化便十分必要。研究中，仍然应用时间日志调查系统，以及 Alexa 排名、访问量、页面浏览量查询系统，以获得旅游网站使用者时间分布的较完整数据。Robinson 和 Godbey(1999)指出，管理时间日志的方法能够精确测量各种活动的时间使用情况。这种方法曾由 Chris(2006)在解释 Amazon 图书和 Netflix DVD 租赁系统用于客户访问网站和网上购买的研究中成功应用。将这种方法进一步延伸也可应用于针对旅游网站使用者行为时间分布的研究，即通过将时间行为划分为一系列的时段，刻画出一系列折线以反映转折与趋势，前者表现为折线的陡峭结点，后者表现为折线结点后面逐渐延长的部分，从而可以直观分析、比较访问行为时间分布特征，揭示和解释访问行为与使用习惯、使用目的，以及与可自由支配时间和不可自由支配时间之间的关系。

10.5.1　使用者日内行为

以前的研究曾将旅游网站使用者日内行为的一般规律概括为10:00和14:00的双峰形态，现在考察其仍为主流。进一步研究还可将这种峰值规律扩展成单峰规律(一天中的一个峰值出现在上午、下午或晚上，图10-18)、双峰规律(一天中的两个峰值出现在上午和下午、下午和晚上或上午和晚上，图10-19)、三峰规律(一天中的三个峰值出现在上午、下午和晚上，图10-20)(路紫和李晓楠，2011)。

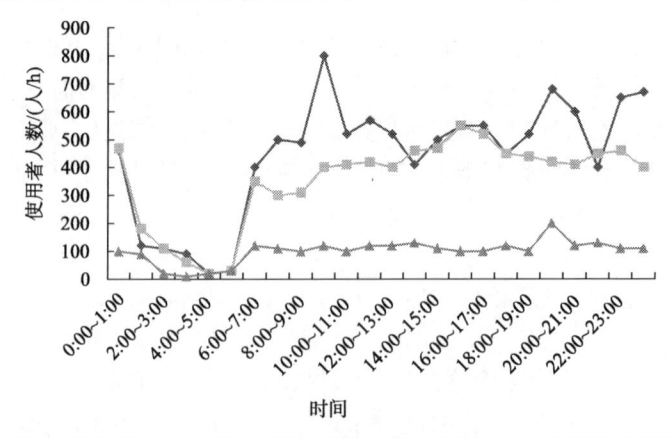

图 10-18　旅游网站日内访问行为的单峰规律(路紫和李晓楠, 2011)

图 10-19~图 10-27 资料来源同

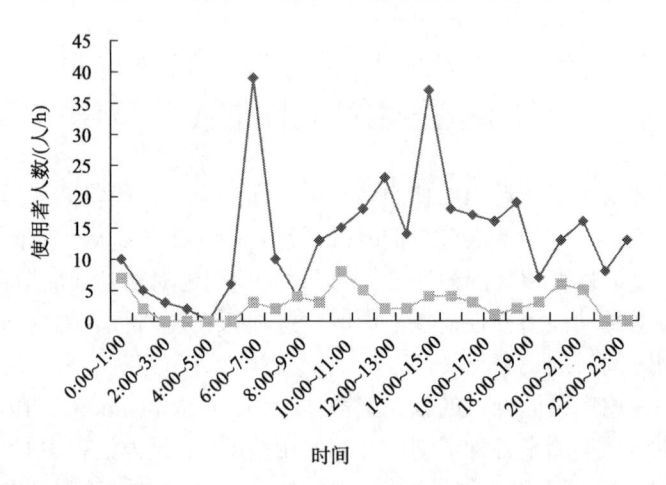

图 10-19　旅游网站日内访问行为的双峰规律

关于不同地区的旅游网站使用者日内行为的差异, 除了有传统认识的南北差异外, 尽心研究还注意到东西差异。南北差异被解释为南北方因作息习惯而产生的差异。北方地区旅游网站(如中国草原旅游网——内蒙古、蓟县旅游网——天津)日内访问量的峰值的确较南方地区(如游山玩水——上海, 嘿哟哟.户外——广东)强劲(图 10-20、图 10-22)。东西差异明显受到不同时区的影响, 西部地区旅游网站(如阿克苏旅游网——新疆)日内访问量的峰值较东部地区(如旅途中国——浙江)错后(图 10-21)。

几年来, 旅游网站日内访问行为愈发呈现出均匀性分布特征, 访问量除了凌晨明显偏低外一天中各个时段高峰与低谷的差异趋于减少。具体分析可见, 网上交流与组织功能较强大的旅游网站, 如俱乐部旅游网站(嘿哟哟.户外、背包客栈)、论坛旅游网站(华中旅游论坛、游山玩水)与一般规律差异最大(图 10-22)。可见, 不同性质的旅游网站间存在的日内访问量差异是旅游网站的功能性决定的。旅游网站日内访问行为时间分布的均匀化较非旅游网站更加明显,既不像软件网站那样日访问量主要分布在白天工作时间,也不像体育网站日访问量主要分布在晚上空闲时间(图10-23)。

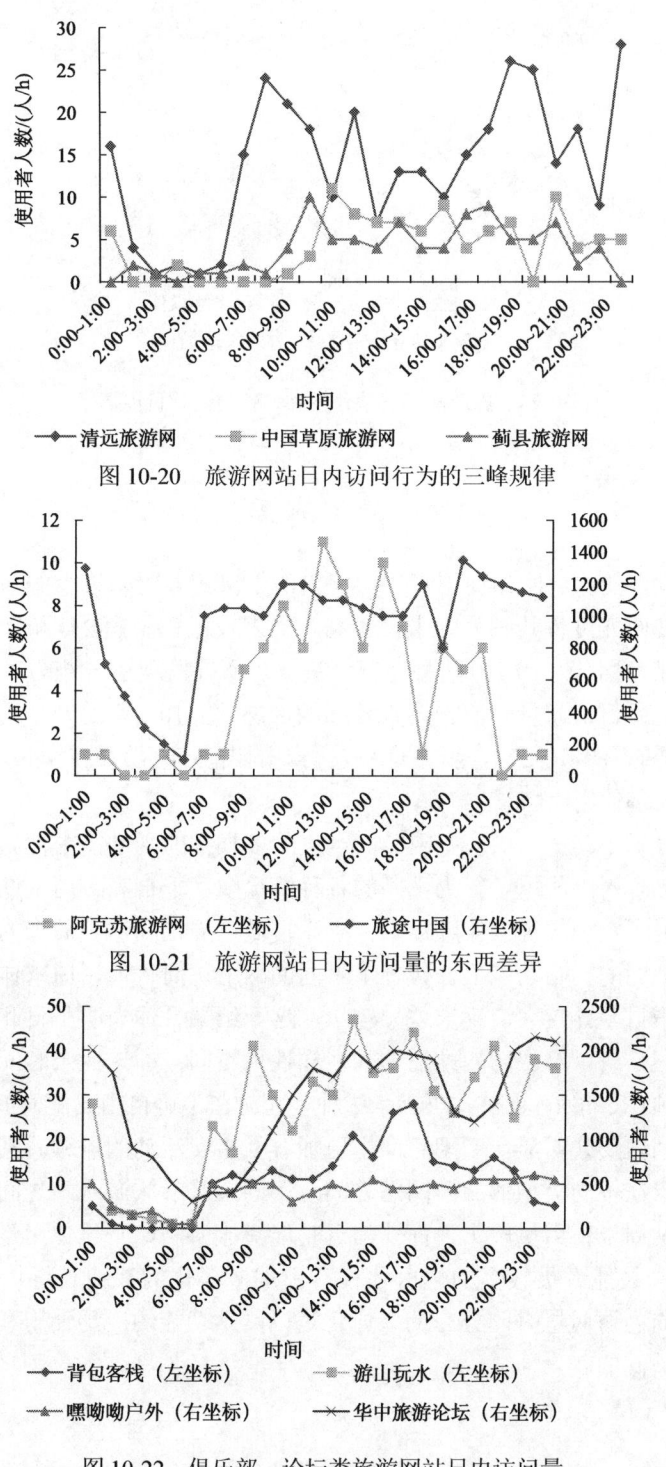

图10-20 旅游网站日内访问行为的三峰规律

图10-21 旅游网站日内访问量的东西差异

图10-22 俱乐部、论坛类旅游网站日内访问量

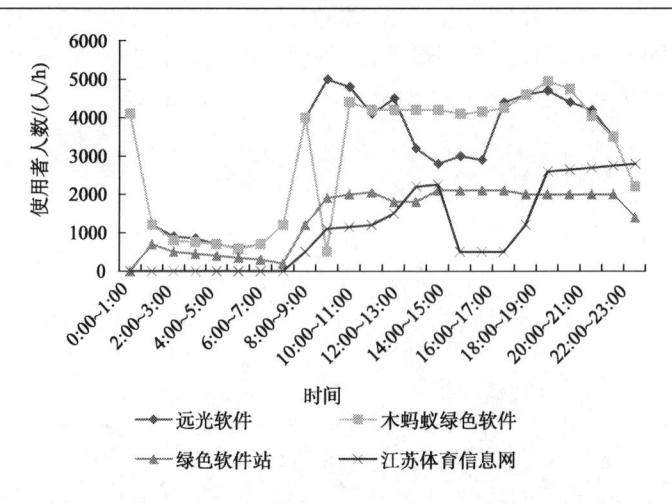

图 10-23　旅游网站与软件网站、体育网站日内访问量

10.5.2　使用者周内行为

前人研究发现的旅游网站使用者周内行为的平日较多周末较少的基本规律现在仍呈主导形态，扩展研究可将其细分为平日较高、周末较低(图 10-24)和平日较高、周末较低且中间有明显差别(图 10-25)两种情况。进一步研究发现了一些与以前结论不相符合的案例：一类是平日访问量较低、周末较高的形态(图 10-26)；另一类是平日与周末没有明显差异的形态(图 10-27)，新近资料表明，周内访问行为的时间分布正在多元化，其又以周末的大量使用为特征。

可作如下分析。其一，周末空闲时间产生的多样性的网站需求使旅游网站访问量整体趋向于多样化。周内使用者行为不同的各种情况中"平日高、周末低"类周末的多样性小，周末体现了较少的行为兼顾需求；"平日低、周末高"类周末的多样性大，访问量分散在较多不同的网站功能上，执行了不同的网上访问目地，周末体现了较多的行为兼顾需求，且平日差异较大，周末差异较小，这一结果具体表明平日和周末用户可获得的业余时间不同，所以对旅游网站需求的多样性也不同，周末业余时间较多，更加容易实现活动的兼顾(Robinson et al., 2000)。这种多元化在不可自由支配时间内反映较弱，在可自由支配时间内反映明显，空闲时间内更加容易实现活动的兼顾。其二，周内访问兴趣的多样化现象在不同类型的旅游网站之间及不同地区的旅游网站之间有所不同。信息功能类旅游网站周末使用量较大，而非信息功能类旅游网站平日使用量较大，移入人口较多的地区或高技能人员较多的地区往往有更加多样化的兴趣和更加多元化的在线需求，旅游网站周内访问量时间分布的多元化是以网站功能的广泛使用和地区用户的人口特征两方面为基础的。

第10章 网络使用者行为

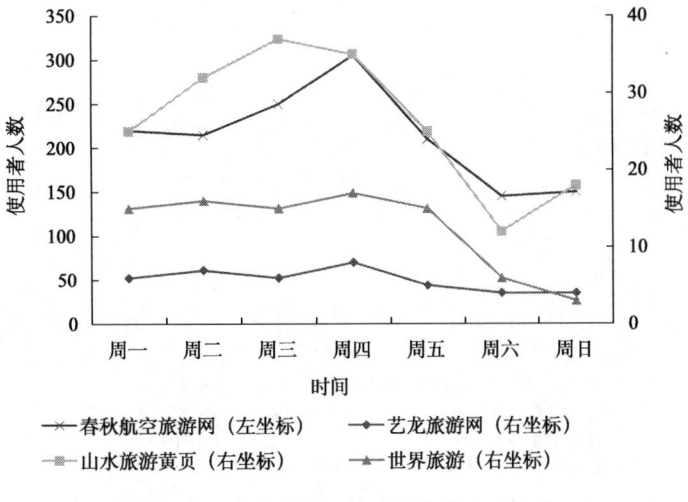

图10-24 平日较高、周末较低的分布规律

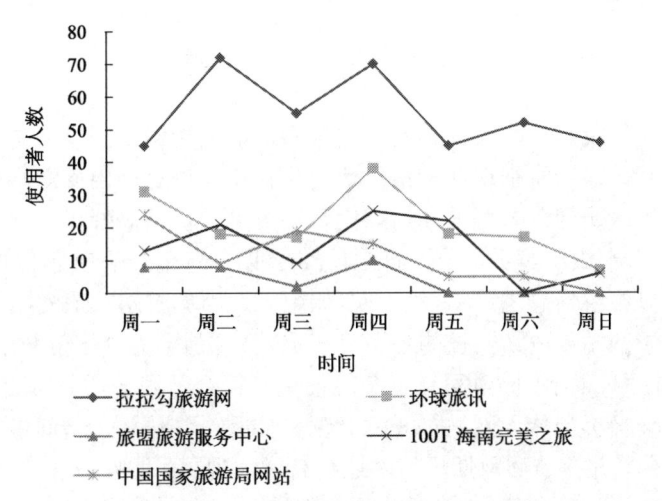

图10-25 平日较高、周末较低且中间有明显差别的分布规律

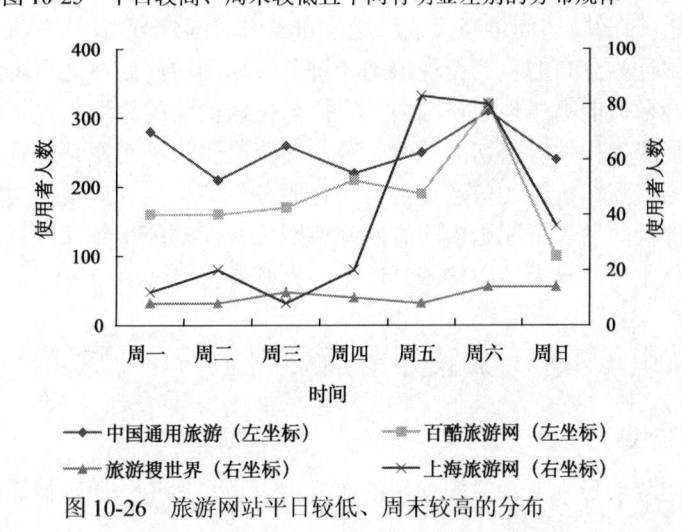

图10-26 旅游网站平日较低、周末较高的分布

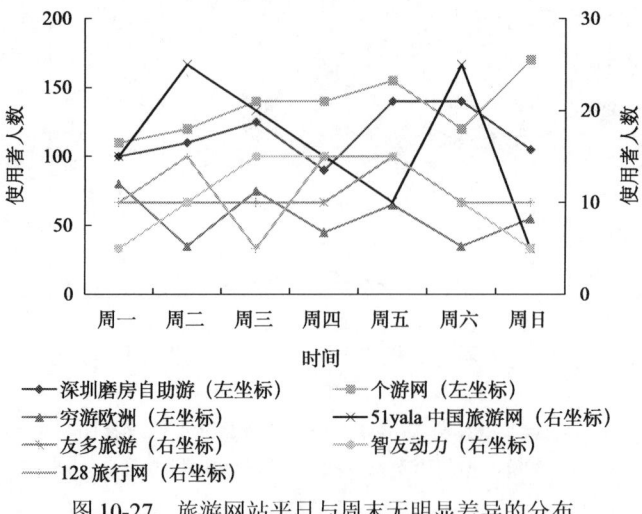

图 10-27　旅游网站平日与周末无明显差异的分布

10.5.3　使用者年内行为

综合性旅游网站及地域季节性不明显的旅游地的旅游网站的年内访问峰值出现在黄金周前的一段时间，这一特征现在考察仍然明显存在。通过国内旅游网站每百万人中日平均访问人数的年内访问量节假前期的峰值状态可见，访问高峰可出现在十一黄金周前期(如指南针网、山水旅游黄页、中国旅游联盟在线)，春节长假前期(如乐途旅游网、同程旅游网、张家界旅游信息港)，暑假初期(如中国通用旅游网、最爱四川旅游网)。

不同功能旅游网站年内访问量的分布有一定差异。预定类型旅游网站(如中国订房联盟、游易航空旅行网、中国旅馆网)访问量峰值基本符合节假前期分布的一般规律；自助类型旅游网站和会员类型旅游网站(如深圳磨房自助游、自游人)访问量峰值出现在一般节假前期峰值之前，并在节假前期峰值时还会有增大现象；信息服务类型旅游网站(如中国旅游新闻网、中国旅行热线)访问量峰值表现较弱；出境类型旅游网站(如穷游欧洲、世界游网、出国在线)访问量峰值或广泛分布，或与国外节假活动有联系。

年内访问行为分布的一个新现象是经过节假期间访问低谷之后再次形成一个访问高峰，十一长假之后的高峰现象在国内综合排名位居前列的旅游网站上表现普遍，其也与旅游网站功能的多样性有密切的关系。节前高峰产生于利用网站工具进行景点内容、电子地图、交通与宾馆价格的信息查询与预订服务，节后高峰产生于实际出游之后的网上交流与服务评价。后者说明国内旅游网站的网上交流功能得到深度开发，由此可以预测旅游业信息化正以信息为核心转变为以交流为核心。

10.5.4　使用者行为时间分布的解释

1. 时间替代

在互联网改变日常活动时间使用的研究中，较早讨论的原理问题是时间替代假说。

Nie 和 Hillygus(2002)曾提出时间使用的液压学说，认为时间更像液体而不是气体。Gershuny(2002)和 Kestnbaum 等(2002)也讨论了日常活动在互联网作用下的时间位移问题，认为不同活动的时间利用之间必须进行权衡。Kraut 等(2002)在解释这种位移时，指出在家使用互联网的时间大部分转移自以前大众媒体的时间。可以确信互联网使用时间主要来自容易权衡的可自由支配时间与活动，这种假说在旅游网站访问行为时间分布多样化表现中得到证明，各种新变化均与那些可自由支配时间和可控性较大或灵活性较高的活动关系密切，可自由支配活动时间在一天中的分布就决定了旅游网站日内访问行为的分布。实际上使用者已经把上网看作另一种形式的出行与娱乐活动。依据以上关系，进一步还可以预计旅游网站的时间使用将会取代周末的大量出行与娱乐的时间使用。互联网使用者与非使用者之间每天可自由支配时间相差 4~5 小时。同理，时间替代假说也适用于正常睡眠时间份额的下降。

2. 时间效率

为了有效解释日内访问行为均匀化和周内访问行为多元化现象，可以引入时间效率假说。Franzen(2000)的观点更接近"气体学说"，认为互联网的应用并不影响其他活动，互联网使使用此技术的人工作生活更加便利化，从而增加了时间。旅游网站访问行为时间分布的广泛化也体现在不可自由支配的时间与活动上，网站技术的提高使工作生活效率得到提高，使用于不可自由支配时间和活动减少，使不可自由支配时间被挪出来用于旅游网站的访问，这些不可自由支配时间的分散分布也决定了日内和周内访问行为的分散分布。时间效率假说和时间替代假说共同为进一步考察使用旅游网站和从事其他活动之间的时间权衡奠定了基础。深入分析可见，维持这种影响的是旅游网站不断增加的功能性。以前旅游网站的使用较多地针对信息部分，加之使用时间有限，所占用必要工作生活时间会设定在一个明确的界线内，但网站功能性的增强推动人们朝着"更短的时间内安排更多的活动"方向发展(Lu et al., 2009)，并渐渐达到相同时间安排诸多活动的协调，最终导致时间分布更加灵活。

3. 活动兼顾

Kumar 等(2009)已经通过互联网需求研究证实空闲时间内更加容易实现活动的兼顾。据此可以考察旅游网站使用者是否会在空闲时间内产生较多的活动兼顾，这种考察可通过对空闲时间不同的白天与晚上，或平日和周末的网站功能需求特征来进行。旅游网站日内、周内访问量的新变化都表明，多功能的需求与可自由支配时间关系密切，反过来即是说空闲时间对网站多功能需求有明显影响，可获得的空闲时间的不同决定了使用者的功能需求的差异，实际上这种需求是与其他活动如休闲娱乐结合起来的。这里所提出的活动兼顾理论是以旅游网站使用时间大部分来自于可自由支配时间为基础的，这些不同形态的活动(Lu et al., 2010)在互联网使用中相互兼容(Lu and Ruan, 2007)。空闲时间用户开发了更多的个人兴趣，导致了网站访问行为时间分布的复杂化。用活动兼顾假说补充时间替代假说和时间效率假说，综合分析了时间因素对网站需求的影响，扩大了前述学者的既往研究。旅游网站访问行为时间分布的变化也证明了这种活动兼顾的假设。基此可以预期网站功能需求的多样化和传统访问行为分布规律的弱化。

10.5.5 小　　结

(1) 对传统认识的日内使用者行为在一天中存在上、下午两个使用尖峰时刻的一般规律可进一步拓展为单峰规律、双峰规律、三峰规律，与以前峰值规律不相符合的行为均匀化表现增多，日内行为的多样化既来自于可自由支配时间，也来自不可自由支配时间。周内使用者行为平日较高而周末较低的一般规律仍占主流，但平日较低、周末较高的案例和没有时间规律的案例增多，周内访问行为的时间分布正在多元化，且不同类型的旅游网站表现出差异。年内访问行为在综合性旅游网站和地域季节性不明显的旅游地的旅游网站上呈现出节假前期访问高峰的一般性规律，同时年内访问量经过十一期间低谷后又出现一个高峰，这种现象反映了对旅游网站功能的多样化需求。由此可以确定旅游网站多样性需求极大弱化了使用者分布的传统规律。

(2) 旅游网站访问行为时间分布的复杂性和多样性变化是由时间替代、效率补偿和活动兼顾并存的三种机制共同作用而形成的。旅游网站的时间转换行为的实质是大量可自由支配时间用于互联网使用，出行与娱乐时间是最有可能被替代的。互联网也提高了活动的效率，不可自由支配时间内较可自由支配时间内活动效率的提高具有更重要意义。使用者空闲时间内对旅游网站功能的使用更加多样化，进而使旅游网站访问量时间分布整体上趋于多样化，空闲时间内对旅游网站的使用更容易形成与娱乐活动的兼顾。这种影响很好地说明了既要看到绝对减少又要看到相对减少的重要性。

(3) 弄清楚旅游网站使用者行为时间分布的多样性变化，有助于实行针对性的准确的网上产品设计与服务。对网站拥有者开发电子商务而言，可建立理解用户需求行为变化的网络营销战略(Zhang et al., 2007)，划出更多的资源用于多样性需求；对技术供应商而言，可建立基于用户访问时间的互联网缓存算法，以减少网络挤塞给用户带来的延误和延迟(Datta et al., 2003；Zhang and Lu, 2009)；对以互联网为基础的电子服务企业而言，可根据时间分布和兴趣的多样性(Kumar and Norris, 2008)分配网站广告设置和预算；对旅游目的地而言，可应用网站功能改善景区管理。未来，在努力洞悉访问行为变化与网站功能深度使用之间的因果关系和方向的同时还应尝试认识不同地区的旅游网站使用者行为时间分布的微观差异，以指导旅游网站在更多同构地区关注主流产品，并在更多异构地区放置不同的产品。

10.6　网络交互功能下的使用者行为多时间维度特征

跟踪旅游网站使用者行为时间分布特征的演变，可以发现其复杂化十分明显，同时发现这种复杂化与网站功能的多样性需求关系密切，并且间接地也发现与空闲时间对网站功能多样性需求有联系。因此论证基于旅游网站功能的使用者时间行为的变化就成为这项研究的目的。研究中，仍然应用时间日志调查系统，以及 Alexa 排名、访问量、页面浏览量查询系统，用以获得旅游网站使用者时间分布的较完整数据。这种日志资料调查对时间管理的研究意义曾被 Robinson 和 Godbey(1999)评价为能够精确测量各种时间活动使用情况,并且曾由 Chris(2006)成功应用于客户访问网站和网上购买规则的研究中。在旅游网站使用者行为时间分布的研究中,先将时间行为划分为一系列的时段,然后刻画出一系列折线以反映转折与趋势,用前者表示折线的陡峭结点,用后者表示折线结点后面逐渐延长的部分,最终可以分析、比较、揭示和解释访问行为与使用目的之间的关系。

由于这项研究是针对一组不同周期的时间序列资料,共同描述不同功能网站同一时间过程内的使用者行为及其可能受到的不同旅游网站功能的影响,所以设年、周、日三种不同时间起始点,在此将这种方法称为多时间维度方法,该方法能用一组不同的集合数据测量基于时间周期的访问量变动。多年来,许多重要的商业系统和生态系统都曾应用多时间维度的思维解决使用者行为问题,如预测 SETI@home 参与者的贡献率(Breeden,2007)、分析树木年轮与气候条件的相关性(Helama et al.,2004)等。本节拟用这种方法来分析旅游网站使用者时间序列的年、周、日三种时间维度问题,以说明基于旅游网站交互功能的使用者时间行为的复杂性(路紫等,2010)。

10.6.1 理论基础

1. 双重时间动力学

应用双重时间动力学(DtD)(Cox and Oakes,1984)对多维度时间序列资料进行分析时只强调两个要素,即时间和使用者。时间序列基础数据可被用于描述使用者行为的强烈程度和演变过程。对旅游网站使用者行为进行跟踪即可获得一个时间序列资料,在此使同一组时间遵循一个设定了起始点,并视其为因变化形成了特有周期,测量访问量函数的关键就是应用不同起始时间的序列资料;使用者要素是反映不同功能网站同一时间过程内使用者行为的变量,可以认为是该时间序列中针对每一个时间间隔的一个使用者组群,以组群的形式分析它们之间的关系就产生了 DtD 分析的数据集。应用 DtD 可以在设定起止点后制作出时间函数的访问量曲线。实际上,基于旅游网站交互功能的使用者行为研究,正是要展示这样的结构。多维度时间序列确保了当外部影响发生时,它对不同周期的尖峰点的表达。双重时间动力学方法最重要的成分是具有不同起始日期的多重时间序列,以测量行为组成。

2. 活跃率与成熟曲线

活跃率是某一旅游网站某一时刻的访问量实际数据与整个时间段访问量实际数据的比值,代表的是这一时刻访问量的活跃程度。通过样本内数据求平均值绘制的活跃率曲线叫成熟曲线,是按照若干个时间间隔设定的,是估计并显示旅游网站使用者保持相对活跃水平状况的时间变化曲线。设计成熟曲线的目的是用来模仿使用者时间行为的结构,或描述访问量在每个时间段的振荡状况。使用者在日内、周内、年内的行为特征将通过比较由平均比例拟合的活跃率及其成熟曲线来完成。DtD 将成熟曲线作为使用者时间分布的组群函数(Therneau and Grambsch,2000;吴士锋和路紫,

2007），DtD 关注成熟曲线时，不仅观察事件之间的时间间隔，也对一系列比例作连续测量。本数据集针对 24 小时、7 天、6 个月和 16 个月使用者群体行为。用多时间维度图比较成熟曲线与时间之间的结果时，每次显著尖峰代表一个使用节点，尖峰之间的时间代表一个使用间隔。每一个沿 x 轴分布的成熟曲线点代表一个访问量的特定时间序列，时间序列的每一个折点都代表一个访问群体的特殊点，这个特殊点的上升和下降很好地显示了通过量化的活跃率的变化及它的影响；y 轴代表访问量群体模式化后的比例，即活跃率，它是解释旅游网站功能的重要组成部分，这里利用了平滑近似法对成熟曲线进行描述。

10.6.2 以活跃率作为性能指标的多时间维度分析

1. 日内

从 DtD 的角度分析，最重要的变量是活跃率，使用者日内行为可以通过比较拟合的成熟曲线与相应的活跃率来完成。对比发现，访问活跃率除了凌晨明显偏低外，一天中各个时段高峰与低谷的差异不大，与以前相比日内访问行为时间分布均匀化特征越来越明显，其中网上交流与组织功能较强大的旅游网站，如俱乐部旅游网站(嘿哟哟.户外、背包客栈、拓步中国户外旅行网)、论坛旅游网站(华中旅游论坛、游山玩水、苍南驴坛户外网)与以前的差异最大。可见不同性质旅游网站间存在的日内访问量差异深受旅游网站功能的影响。同时综合性旅游网站(旅途中国、走遍欧洲)的多功能频道与新型功能的应用也加强了日内行为复杂化特征。

2. 周内

对比成熟曲线，周内访问行为活跃率的时间分布研究也发现了多元化走势，其又以周末的相对较高的活跃率为特征。包括平日较低周末较高的形态(旅游搜世界、中国通用旅游网、上海旅游网、百酷旅游网)，也包括平日与周末没有明显差异的形态(深圳磨房自助游、全游网、穷游欧洲、智旅动力、51yala 中国旅游网、友多旅游、128 旅游网)。从周内访问行为活跃率分布的新情况可见，周内访问兴趣的多样化现象在不同类型的旅游网站之间有所不同，信息功能类旅游网站周末使用量较大。另外，访问不同的网站功能、执行不同网上目的地应用较多，体现了多样性行为的兼顾需求。旅游网站周内访问量时间分布的多元化是以网站功能的广泛使用为基础的。

3. 年内

年内使用者时间分布的测试中又对每个月设定多个参数点建立，以便更加准确地反映活跃率水平，对比成熟曲线可见访问行为时间分布的复杂化在不同功能旅游网站间有一定差异。预定类型旅游网站(如中国订房联盟、游易航空旅行网、中国旅馆网)活跃率峰值仍然形成于节假日前期，与过去一般规律基本相符；自助类型旅游网站和会员类型旅游网站(如深圳磨房自助游、自游人)活跃率峰值则再提前出现；信息服务类型旅游网站(如中国旅游新闻网、中国旅行热线)活跃率峰值表现较弱；出境类型旅游网站(如穷游欧洲、世界游网、出国在线)活跃率峰值更为广泛分布，或与国外节假活动相联系。

对数据的分割性分析还可以显示访问行为活跃程度的某些具体特征。年内活跃率分布的一个新现象是节假之后出现访问高峰，如十一长假之后的高峰现象在国内综合排名位居前列的旅游网站上表现普遍，其也与旅游网站功能的多样性有关。节前高峰产生于信息查询与预订服务，节后高峰产生于实际出游之后的网上交流与服务评价。说明旅游网站交流功能已经能得到深度开发，旅游业信息化也正以信息为核心转变为以交流为核心。

10.6.3 小　　结

第一，旅游网站日内、周内和年内访问行为活跃率的分散分布得到加强，维持这种影响的因素之一即是对旅游网站功能的多样化需求，不同类型的旅游网站在此表现出差异性。以前旅游网站的使用较多地针对信息部分，所占用时间会设定在一个明确的界线内，但网站功能性的增强最终导致时间分布更加灵活，推动人们朝着较短时间安排较多活动的方向发展。进一步分析，日内、周内访问行为活跃率的新变化都表明，多功能的需求与可自由支配时间关系密切，即可获得的空闲时间的不同决定了访问行为的网站多功能需求的差异。空闲时间内用户开发了更多的个人兴趣，产生的多样性的网站需求，导致网站访问行为的活跃率分布整体趋向于多样化。年内的活跃水平最高的是节前和节后，很大程度上对应于网站的交互功能。可以预期网站功能需求仍将继续多样化，传统访问行为规律仍将继续弱化。

第二，使用者时间行为的分析受益于多时间维度方法，DtD 分析有助于多时间维度方法的应用。DtD 揭示出不同时间维度的独立变量可能会从一个单维的数据集中提取，其形态又可以进行直观地解释。在评测旅游网站使用者时间行为方面，可以通过成熟曲线与均值线的比较和衡量来说明活跃率的偏离情况，最终解释不同类型旅游网站所产生的影响，这些对于解释使用者组群特征是有益的。应用 DtD，通过平滑近似法对样本拟合可获得使用者组群的活跃率及成熟曲线，并基此估计旅游网站使用者行为的相对活跃水平。

参 考 文 献

董观志, 刘芳. 2005. 旅游景区游客流时间分异特征研究：以深圳欢乐谷为例. 社会科学家, (1): 132-135.

杜丽娟, 路紫, 李彦丽, 等. 2007. 我国老年人应用互联网的态度与相关行为决策的调查——以信息查询与电邮收发为例. 地理与地理信息科学, 23(4): 110-112.

胡智雄. 1998. WWW 网站浏览行为之研究. 中国台湾东华大学企研所.

李建民. 2001. 老年人消费需求影响因素分析及我国老年人消费需求增长预测. 人口与经济, (5): 10-16.

刘绍华, 路紫. 2004a. 我国酒店网站服务功能探讨. 情报杂志, 23(3): 7-10.

刘绍华, 路紫. 2004b. 浅议旅游目的地营销系统的区域整合功能. 旅游学刊, 19(2): 84-88.

卢松, 陆林, 王莉, 等. 2004. 古村落旅游客流时间分布特征及其影响因素研究: 以世界文化遗产西递、宏村为例. 地理科学, 24(2): 250-256.

路紫. 2006. 信息经济地理论. 北京: 科学出版社, 269-283.

路紫. 1996. 东北亚经济圈ICTs发展与通信网络需求. 人文地理, 11(4): 28-32.

路紫, 李晓楠. 2011. 旅游网站访问者行为时间分布的复杂化与网站功能深度使用分析. 人文地理, 26(2): 7-12, 48.

路紫, 李彦丽. 2005. 北京旅游在线服务满意度的供需差研究. 经济地理, 25(5): 732-735.

路紫, 刘岩. 2000. 商品邮购(电话购物)的空间扩散与消费者抉择. 人文地理, 15(1): 6-9.

路紫, 刘岩. 1998. 论通信网络的使用者形态——个人对通信媒介的选择. 地理科学, 18(2): 139-146.

路紫, 刘岩. 1996. 信息通信技术ICTs: 区域发展的催化剂. 地域研究与开发, 15(4): 23-25.

路紫, 李晓楠, 杨小彦, 等. 2010. 基于旅游网站交互功能的访问者行为多时间维度研究. 经济地理, 30(12): 2100-2103.

路紫, 赵亚红, 吴士锋, 等. 2007. 旅游网站访问者行为的时间分布及导引分析. 地理学报, 62(6): 621-630.

路紫, 郭来喜, 白翠玲. 2004. 河北省旅游网站使用评估分析. 地球信息科学, 6(1): 68-71.

孙中伟, 路紫. 2006. 我国"人文地理学以信息为对象的研究": 15年发展回顾. 地球科学进展, 21(9): 925-930.

吴必虎. 1994. 上海城市游憩者流动行为研究. 地理学报, 49(2): 117-127.

吴士锋, 路紫. 2007. 网站信息流对现实人流替代函数的计算与应用: 以中国互联网络发展状况统计报告为例. 经济地理, 27(1): 22-25.

武红, 路紫, 刘宁. 2004. 我国旅游网站功能评估及对策研究. 情报杂志, 23(2): 72-74.

Brune C. 2000. E-business misses the mark on old customer service. The Internet Auditor, 57(3): 13-15.

Breeden J L. 2007. Modeling data with multiple time dimensions. Computational Statistics & Data Analysis, 51(9): 4761-4785.

Chris A. 2006. The Long Tail: Why the Future of Business is Selling Less of More. New York: Hyperion Books.

Cox D R, Oakes D O. 1984. Analysis of Survival Data. London: Chapman & Hall.

Datta A, Dutta K, Thomas H, et al. 2003. World Wide Wait: A study of Internet scalability and cache-based approaches to alleviate it. Management Science, 49(10): 1425-1444.

De la Torre J, Moxon R W. 2001. E-commerce and global business: The impact of the information and communication technology revolution on the conduct of international business. Journal of International Business Studies, 32(4): 617-640.

Ferguson D A, Perse E M. 2000. The World Wide Web as a functional alternative to television. Journal of Broadcasting & Electronic Media, 44(2): 155-174.

Franzen A. 2000. Does the Internet make us lonely. European Sociological Review, 16(4): 427-438.

Gershuny J. 2002. Social leisure and home IT: A panel time-diary approach. IT & Society, 1(1): 54-72.

Giaglis G M, Paul R J, Doukidis G I. 1999. Dynamic modeling to assess the business value of electronic commerce. International Journal of Electronic Commerce, 3(3): 35-51.

Hanna J R P, Millar R J. 1997. Promoting tourism on the Internet. Tourism Management, 18(7): 469-470.

Hans O. 1991. The choice of communication media conceptual issues. Netcom, 5(2): 526-543.

Harvey A S. 1990. Time use studies for leisure analysis. Social Indicators Research, 23(4): 309-336.

Helama S, Lindholm M, Timonen M, et al. 2004. Detection of climate signal in dendrochronological data analysis: A comparison of tree-ring standardization methods. Theoretical and Applied Climatology, 79(3-4): 239-254.

Helander M G, Khalid H M. 2000. Modeling the customer in electronic commerce. Applied Ergonomics, 31(6): 609-619.

Katz J, Aspden P. 1997. Motivations for and barriers to internet usage: Results of a national public opinion survey. Internet Research: Electronic Networking Applications and Policy, 7(3): 170-188.

Kestnbaum M, Robinson J P, Neustadtl A, et al. 2002. Information technology and social time displacement. IT & Society, 1(1): 21-37.

Kraut R, Kiesler S, Boneva B, et al. 2002. Internet paradox revisited. Journal of social issues, 58(1): 49-74.

Kumar C, Norris J B. 2008. A new approach for a proxy-level web caching mechanism. Decision Support Systems, 46(1): 52-60.

Kumar C, Norris J B, Sun Y. 2009. Location and time do matter: A long tail study of website requests. Decision Support Systems, 47(4): 500-507.

Lu J, Ruan D. 2007. Intelligent knowledge engineering systems. Knowledge-Based Systems, 20(5): 437-438

Lu J, Lu Z. 2004. Development, distribution and evaluation of tourism on line service in China. Electronic Commerce Research, 4(3): 221-239.

Lu J, Bai C, Zhang G. 2009. Cost-benefit factor analysis in e-services using Bayesian networks. Expert Systems with Applications, 36(3): 4617-4625.

Lu J, Tang S, McCullough G. 2001. An assessment for internet-based electronic commerce development in businesses of New Zealand. Electronic Markets, 11(2): 107-115.

Lu Z. 2002. On the telecommunication geography in China. Netcom, 16(3-4): 209-214.

Lu Z, Han R, Duan J. 2010. Analyzing the effect of website information flow on realistic human flow using intelligent decision models. Knowledge-Based Systems, 23(1): 40-47.

Lu Z, Lu J, Zhang C. 2002. Website development and evaluation in the Chinese tourism industry. Netcom, 16(3-4): 191-208.

Ng H I, Pan Y J, Wilson T D. 1998. Business use of the World Wide Web: A report on further investigations. International Journal of Information Management, 18(5): 291-314.

Nie N H. 2001. Sociability, interpersonal relations, and the internet reconciling conflicting findings. American Behavioral Scientist, 45(3): 420-435.

Nie N H, Hillygus D S. 2002. Where does Internet time come from. IT&Society, 1(2): 1-20.

Patrick A S, Black A. 1997. Who is going online? Results from the National Capital FreeNet. Internet Research, 7(4): 305-319.

Poon S, Swatman P. 1999. A longitudinal study of expectations in small business Internet commerce. International Journal of Electronic Commerce, 3(3): 21-33.

Rietveld P, Rossera F. 1993. Telecommunication demand: The role of barriers. Netcom, 7(1): 1-16.

Robinson J P, Godbey G. 1999. Time for Life: The Surprising Ways Americans Use Their Time. University Park, PA: Pennsylvania State University Press.

Robinson J P, Kestnbaum M, Neustadtl A, et al. 2000. Mass media use and social life among Internet users. Social Science Computer Review, 18(4): 490-501.

Therneau T M, Grambsch P M. 2000. Modeling Survival Data: Extending the Cox Model. New York: Springer Science & Business Media.

Zhang G, Lu J. 2009. A linguistic intelligent user guide for method selection in multi-objective decision support systems. Information Sciences, 179(14): 2299-2308.

Zhang G, Lu J, Dillon T. 2007. Decentralized multi-objective bi-level decision making with fuzzy demands. Knowledge-Based Systems, 20(5): 495-507.

Zhang P, Von Dran G M. 2000. Satisfiers and dissatisfiers: A two-factor model for website design and evaluation. Journal of the American Society for Information Science, 51(14): 1253-1268.

第 11 章 网络信息流导引

11.1 网络信息流整合及其对人流导引作用的机理

网络信息流是指互联网所提供的各种信息在空间和时间上由静态向动态转变的一个虚拟过程,即信息由某一个网站(信息源)向其他任何网站及信息接收者(网民)传递的全部信息集合。网络信息流在国外的研究已深入到了理论层面(Castells,1996; Lawrence and Giles, 1999; Taylor, 1997),在国内的研究多集中在具体的政务、旅游等(李曙光,2005;路紫和樊莉莉,2005;张捷等,2004)应用领域。在互联网高速发展的今天,网络信息流对人的影响和作用与日俱增。Adams 和 Ghose(2003)从新 ICTs 的地理视角,对互联网在促进印度向美国移民中的真实作用进行了定性分析。本节力图在整合网络信息流基础上对人流的导引及其人流变化情况做以尝试性探析。

11.1.1 网络信息流的整合

1. 网络信息流流向的梳理

网络信息流的流向是网络信息流在网络工作者与网站、网站之间,以及网站与网民之间交互流动的方向。它既要克服因熵的增加而导致的混乱状态,又要依靠负熵的导入来构建新的秩序,在负熵的增加大于正熵增加的情况下,其整体熵的变化才会小于零而形成新的秩序,以向更高层次推进。网络信息流流向梳理的实质就在于创造一个负熵流持续增加的环境,通过与环境不断地进行信息交换而产生自组织现象,即会由无序到有序,由较低程度的有序到较高程度的有序,使巨量的网络信息流由紊流态向有序化和秩序化转变(柳礼奎和路紫,2007)。网络信息流要想生成用于抵消正熵并强化其有序度的负熵,则必须借助人为地信息流向设计,才有可能使网络信息流形成负熵流而导引人流(图 11-1)。

2. 网络信息流流量的调剂

全世界每年的信息传递量都以 15%~20%的速度持续增长(刘永和杨伟政,2000)。如何将这海量信息通过网站高效的传输于网民,是能否有效导引人流的关键因素。网络信息系统根据网民和用户组的标识符、访问权限,以及存取访问规则,决定网民对网络信息流的存取访问,数量上并非越多越好,而是讲求适时适量,从而使信息流得到根本性的组织、协调、规划和控制。一方面系统地组织网络信息内容,对信息进行有计划地组织和规范,以有限的载体容纳更多、更新、对网民更有价值的信息,使其使用价值能在价值理念中得到充分体现;另一方面提供新的内容或知识,在适当的时间以适当的方式传递给适当的对象，才能最大限度地发挥其效益，而这新的内容或知识就是从不确定性到确定性，否则信息量越大越会出现滞塞现象以至于产生负效应。

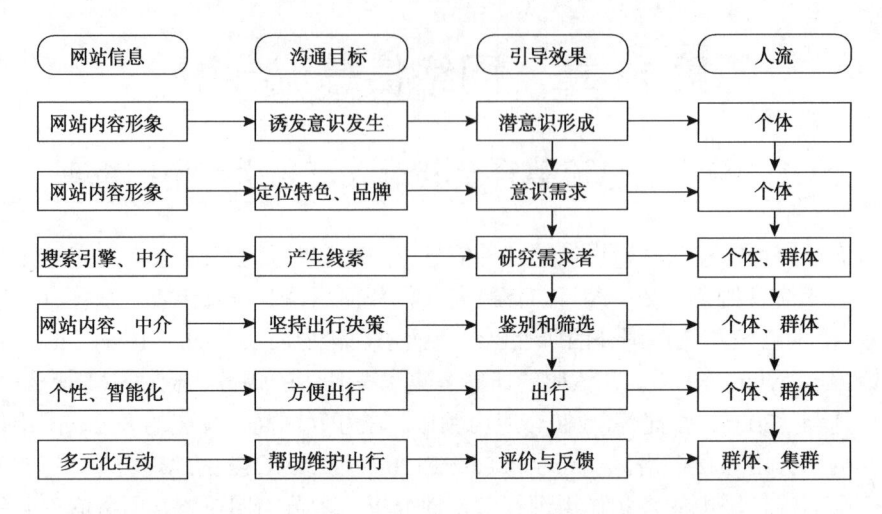

网站信息	沟通目标	引导效果	人流
网站内容形象	诱发意识发生	潜意识形成	个体
网站内容形象	定位特色、品牌	意识需求	个体
搜索引擎、中介	产生线索	研究需求者	个体、群体
网站内容、中介	坚持出行决策	鉴别和筛选	个体、群体
个性、智能化	方便出行	出行	个体、群体
多元化互动	帮助维护出行	评价与反馈	群体、集群

图 11-1　网络信息流对人的影响及人流的形成（柳礼奎和路紫，2007）

图 11-2～图 11-3 资料来源同

3. 网络信息流流质的融合

网络信息流以文字、声音、图画等作为信息介质而承载流动。信息通过不同感官进入大脑时的吸收率分别为：视觉通道 83%、听觉通道 11%、其他通道 6%（甘仞初，2004）。图画信息生动、直观、活泼动感，直接作用于网民的视觉器官，形象、具体易接受，易于使人产生回忆和联想，但其解释、说明能力差，难以表达深刻的内涵与主题；声音在网络信息流中不受空间的限制，可描述性强，易于模仿、传播，能直接、准确地被网民所接受，但其可感性与可捕捉性差，难以留下深刻印象；文字信息能对信息主题作说明、注释与强调，以清晰性、明确性及深刻性配合画面与声音，但缺乏生动性，容易引起厌烦。通过对各种规格流质优化组合，使不同层次的信息质相融，通过多媒体技术与网络信息流对接，使网络信息在动态和变化中有机地统一与融合，突出信息流主题的单一性、鲜明性、集中性、独特性、显著性。

4. 网络信息流流时的压缩

网络信息流流通时间越等于零或近于零，它的自行增值就越大。用加速流通时间的方法，可以相对缩短人流流通的时间。因为空间广延所以不利流通，是由于它占用的流通时间长，因此能缩短网络信息流流通的时间，也就减少了人流在空间的转移，就等于使空间由远及近，从而提高人流的时空效益。另外，人流经历的时间越长，占用的时间越多，导致流转中可能出现的各种价值越大。所以，流通时间越短，就越能减少占用和支出相应的物质流、资金流等多种流态。网络信息的储备量处在动态变化的状态之中，信息流动时间选取合理与否，是决定信息及时性和适时性的关键所在，既适时又及时的网络信息流对人流流转的时间节约有显著作用。

5. 网络信息流流速的提高

网络信息流流速可表示为信息量随时间变化传输信息快慢的量与质的反映。它是信息的瞬时性特征决定，反映了网民的信息需求变化快慢以及信息自身竞争的强度，又通过网站及其管理者对这种变化与竞争的反应速度表现出来。计算机技术提高了信息的加工处理速度，网络技术则扩大了信息的传播速度和传播范围。反过来网络技术在促使信息量极大膨胀的同时对计算机技术加快信息加工处理速度方面产生了更大的压力，即迫使信息的质做出进一步的改进，以适应信息增值服务的需要。一方面，对现有网络进行改造和扩容，拓展信息流传输的带宽，使影响信息流传输的硬件设施得到改造，以尽可能地减少网络和设备自身因素对信息流流速及流时的阻滞；另一方面，降低上网费用，从主观方面吸引网民在线停留时间，以此来弥补信息流速缓慢，流时较长所带来的缺失。

11.1.2 网络信息流对人流的导引方式

网络信息流对人流的导引在实质上是一个信息决策和执行过程(图11-2)，这个过程中人的作用已经在很大程度上被网络信息流所左右。网络信息流一方面是对人流的替代，如美国的交通量正被转化为电信通勤、远程办公、远程购物、远程会议和电子公文交换，减少了通勤车辆、购物旅行、公务出行和航空运输(Kitchin，1998)；另一方面使人流增强或与其他流态相协同。这些都得经过网络信息流不同导引方式才会产生应有的效能。

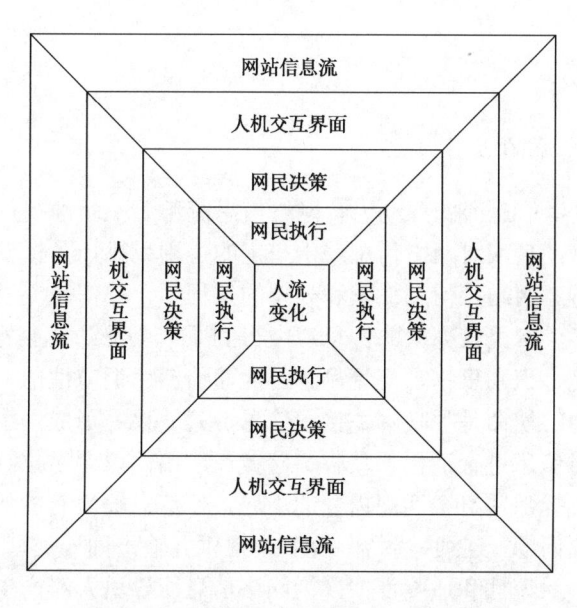

图 11-2　网络信息流导引人流的产生过程

1. 主动式导引

1) 培养网民的信息意识

基于信息需求的网民主动搜索信息，容易在心理上对网络信息流产生认同感。因而信息意识成为网民接受信息流的第一个环节，并表现为前期性信息能力。树立信息意识，形成自觉加工信息、创造信息、利用信息、传递信息的能力，对依托于网络的各种理论、观点、事物、现象进行理解、感受和评价，促使信息行为产生，以此构建对网络信息的敏感度和态度。网站为迎合信息需求，适时地对它引导并进一步强化，增强网民对信息的敏感程度，使其对信息的认识从感性上升到理性，将潜在的信息需求得以呈现，并转化为能表达出来的信息产品，以至于实施具体的信息行为。

2) 拓宽网民的信息渠道

网络信息流是削弱网民与需求之间信息不对称的重要渠道。信息获取途径的增加、获取速度的快捷实质上扩大了网民的视野，增加了面对面交流及出行的需求。从上网到决定是否出行的过程本身就是一种信息搜索、生产、传播、消费的行为，其目的不外乎要掌握更充分的信息或者充分享受信息所带来的愉悦感。网民在自己方便的时间里选择不同媒体的信息渠道获取信息和处理信息，提高了信息资源利用的自由度，为最有效地开发信息资源、形成信息流、配置信息资源提供了可能。从而实现了信息不平衡状态到平衡状态再到新的不平衡状态的螺旋式上升。充分拓展网民信息接纳渠道，注重分路与分流，在信息流接收终端利用多媒体技术加以集成，发挥多媒体信息包容量大、导引效果明显的优势。

2. 被动式导引

1) 增加网络信息流的吸引力

吸引力是网民接受信息流的原动力。网络信息流源源不断地提供给网民，他们不一定完全接受网络信息，甚或对网络信息产生一定的挑剔或排斥，接受信息的过程需要反复的磨合与连续渗透。网站在信息加工和处理的过程中，使信息流以层序性、明确性、流畅性等特征诱导广大网民在庞大的信息流中得到原本企及乃至意外而有益的信息。网民通过网络认识环境、识别事物、交流见解、沟通情感、调节性情，这就需要与外界进行信息沟通。吸引力的使命是呼唤网民接受信息，其效果是形成网络信息流的影响力，它们共同促使网民对信息进行消化、吸收、储藏、应用，以至于执行信息行为。为此，搞好专题信息流，选择那些符合客观需要的主题，使信息输出有的放矢，紧紧围绕网民需要及现实中的重要问题，连续、系统、完整地提供并输出同一类型或同一事件的信息，保持信息的连续性、系统性和适度反馈，为网络信息流导引人流产生积极的推动作用。

2) 提高网络信息流中个性化的含量

网络环境下网民需求呈现出差异性和个性化的趋势。网络信息流应是对当今信息泛化的一种再规划和管理，找出差异和个性所在，能较为容易的实施个性化导引。网民基于个性特征和个体对创造和自我价值的渴望而站在自主立场选择信息、接受信息。因而要求网站既能按网民需求提供信息服务，又能按网民或网络用户群的特点来组织信息，极力表现出对信息流新颖度、及时性、各种信息类型的关注和渴求，创建个性化的环境。在网络信息流对人的导引过程中，正是由于网民发现了与自己意向相符或主观需要的信息，使个性化的价值追求得到最大限度的释放，从而产生共鸣以至于决定是否出行。网民自身对网络信息的重视和依赖程度决定了网络信息流中必须要大量的注入符合网民个性化的内容，使网络信息流能为网民们量体裁衣地提供各类信息而导引人流。

3) 赋予网络信息流的智能性成分

网络信息流呈现的智能性是信息空间中能够快速适应用户兴趣和环境的变化，经过网络信息控制程序进行逻辑判断、严密推理、逐级筛选，从而帮助用户尽量多地找到与其感兴趣的有用信息，同时尽最大的可能排除与网民要求不相关的无用信息。凭借掌握信息的方法、快捷的信息过滤技术、敏锐的信息触角，代替网民完成繁杂的信息收集、过滤、分类等任务，实现信息的高检索率和高精度，最终达到网站内容呈现的智能化而促使网民产生出行或节制出行的意愿，通过这种信息流的智能性推进，使网民对自身产生的动机给予更高的期望值并使网民及时付诸实施。因而，加强网民信息需求行为特点的研究，推出有针对性的信息流，通过建立网民信息库并加以分析，获得网民的消费模式、需求爱好、使用习惯等非常细节化、具体化的结果，从而准确地把握信息流受众的个性和需求，及时调整信息流的各要素以满足网络信息流对人流的智能性导引。

3. 互动式导引

1) 促使非实时性向实时性转变

互动式导引是指网络信息流在网民和网站信息之间的双向交互传输，并在线下对网民产生导引作用。这是网络信息流的供给方与需求方发生的最直接关系，对网民的导引最明显。网民对网络信息捕捉的敏感度取决于网络信息流自身的实时性特征。它是通过信息的及时和适时两种形式展现。信息的及时性，强调信息要保持一定的新鲜度，排除不合时宜的信息。适时性，即提供信息要选择最佳时机，因为接受信息的能力是受时间控制的，一定时期内，人们的吸收能力最强，吸收率高。相反，即便是有用的信息，也得不到应有的重视。实现从电子邮件、表单提问、留言板和 BBS 等非实时方式向在线通话、QQ、Chat 聊天室、页面推送、同步浏览等实时交互式转变。促使网民在瞬时产生动机，采取进一步的垂询，或直截了当地采取线下行动。

2) 激励多方参与

激励网民积极主动的参与网站所设置的内容，即网站如何使网民在选择与不选择网络信息流时，从其自身效用最大化出发，自愿的或不得不选择与信息相一致的行动。引导网民开创性的参与到网络信息流的运行当中，论坛、网络日志、聊天、即时声频、视频传送等均可应用物质、精神等形式给予网民一定的激励,从而导引网民对自己的在线及线下决策和行为产生影响,以至于对现实人流的各要素产生作用。组织网民、网络信息流的前台、后台等多方的参与,形成一种多方联动的激励体系,使网络信息流与网民形成对等机制,改变信息流的单向传递性而使其成为双向互动流。网民在此情景下虽然有了更充分的信息选择,但这种激励无疑会导引网民做出最终的决策与执行。

3) 注重亲身体验

网民对网络信息流的认识和需求正随着互联网的飞速发展而逐步产生变化。由原来对网络信息流听之任之地冲刷到以网民为主体的亲身体验,在这一转变过程中网民对网络信息流形成了感官体验及精神等方面的体验,实现了视、听、感的完美结合与信息创造、生成、发布的有机交融,以此给予网民一定的情感体验和成就感,以加深认知并在促使网民决定自己的出行与否。充分利用 QQ 及多种形式的聊天室等工具,网民获得身临其境感受的同时网络信息流发挥了最大价值。网络信息流存储及流动的便利性和自由性为体验模式的设计提供了方便,将网民接受信息的过程转变为对预先设计好的信息程式的一种体验,巨量的信息经过编目和标引,以多种交互并存方式发挥强大的导引力。Holloway 曾论述了虚拟花园能让人通过鼠标遨游于自然之中(Holloway,2002),便是网民对网络信息流直接体验的典型。

11.1.3 网络信息流所导引的人流

人既是信息的生产者又是信息的接受者,信息的处理工具、环境、产品等都是为人服务的,信息系统是一个典型的人机系统,人是信息社会的主体。网络信息流通过在线多种导引形式的不断作用,使网民线下流动的方向、速度和时间等相互协同而产生人流。以商务、政务、休闲、修学等为目的的人流便是与网络信息流紧密相关的主体反应,从而引发人流的聚集、扩散和交叉并行式分化(图 11-3)。

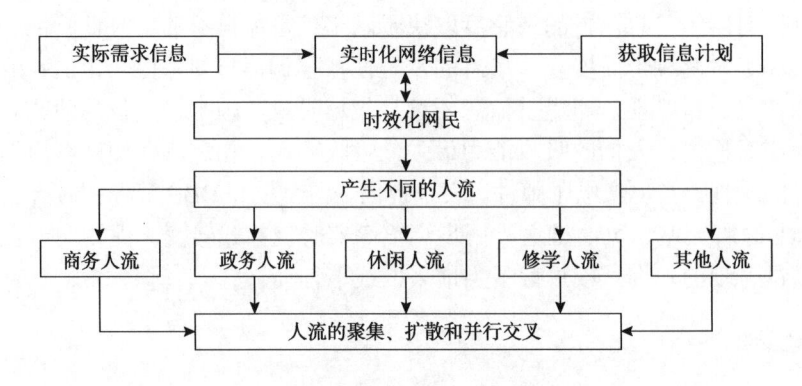

图 11-3 网络信息流所导引的人流

1. 商务人流

商务人流在流向上的异向扩散机制非常的明显,行业流向和地区流向是其显著特色;流量变化则表现在各地商务活动的频繁度及活跃度影响,大城市每年的商务活动带动了大批商务人流。因为大城市固有的地位,使其成为大量信息集聚的中心,吸引了大批的信息消费群,由此而衍生出更多需求,需求则刺激信息供给机能的进一步发展(姚士谋等,2001a);流速与流时按照商务需求,操纵网络信息流控制人流,并根据网络信息流的实时性导引商务人流实效化,以此在缩短商务人流流时的同时不断提高流速。

2. 政务人流

网络信息流导引的政务人流在流向上主要体现在省会城市与省内各城市之间、各省与首都之间的异向扩散;流量取决因素在于各地电子政务发展水平,电子政务发展程度愈高,政务人流的流量将会越少。因为通过互联网构建虚拟的在线政府,信息流使各部门拥有了统一的服务平台,政务人员在任何时间和任何地点都可以提供政府的在线服务,没有必要进行空间位移以完成服务。公众只要通过政府的一站式网站和网上链接就能获得所需服务,这样将大大减少人流的生成;流向的规律性加强,而流量又不断的减小,自然会导致流速的加快和流时的缩短,既提高了行政效率,节约了成本,又减少了人流所带来的物质流的拥塞现象。

3. 休闲人流

休闲人流的流向多表现为交叉并行,不同目的驱使的休闲人流从不同的地理空间向同一目的地集聚的同时,也会使休闲人流向多个方向扩散而形成流向的并行交叉;流量的不断增加与网络信息量和信息流传递速度是正相关的,网民获得的信息越多,就越能促进网民的休闲出游动机,从而加大休闲人流的流量;休闲人流流时随着交通条件的改进而相对缩短,并进一步提高流速,扩大吸引人流的半径。同时为了追求休闲的质量和品位,又会适时、适地的选择流向以调整流量,改变流时而调整流速。

4. 修学人流

网络信息流导引的修学人流是多层面的。首先是各类学生参照目标网络信息而达成意愿后便发生相应的空间位移。校际间各类交流、社会实践及寒暑假集中往返,均会形成井喷式人流,流量大而集中、流速快、流时短暂;其次是网站所发布的各种招聘信息及个人推荐信息形成巨大的就业人流,以此而成为修学人流的时间延伸和空间广延,就业流流向以交叉并行为主,流量逐渐增大,流时持续较长;再次是各种培训、学术交流和研讨活动的组织,各界专家、学者、技术人员集中、形成决策到最终鉴定都会有产生人流,并受到网络信息流的较强导引,具有流向多变、流量逐年增大、流速快而流时较短的特点。

5. 其他人流

网络信息流导引的人流结构复杂，除上述几种主要人流外还有如购物流、就医流等。网络信息流所发布的商品、医疗等信息将满足不同需求的网民，消费信息的结果必然会改变人流的现状而致使总体人流的相应变化。

11.1.4 小　　结

网络信息流的虚拟性使其摆脱了物质、时空等因素的影响，并成为互联网信息传递的基本形式和唯一介质，很容易对人产生导引作用。有效整合其流向、流量、流质、流速、流时等因素，将网络信息流放在本体的情境中考察、理解，真正把握生动丰富的导引意义。使得其更加系统化、密集化、综合化、适用化，从而大幅度提高网络信息流的利用率，发挥网络信息流对信息受众的主动式导引、被动式导引和互动式导引的多种导引并存机制，最终导引人流产生结构性分化。受网络信息流影响较大的各种人流在其导引下，发生了相应的流向、流量、流速和流时的变化，并形成了自身规律共同作用于巨大的人流。

11.2　网络信息流导引现实人流的替代作用与增强作用

关于网络信息流对现实人流替代与增强问题，不少学者曾进行了定量研究，构造了两者的替代与增强模型并进行了部分印证，研究者通过加工中国互联网络发展状况统计报告的数据也对其方法予以推广检验，得到网络信息流和现实人流两列指标，代入模型中计算出网络信息流对现实人流的替代函数和增强函数，并应用所获得的函数关系对模型进行预测检验。

11.2.1　网络信息流对现实人流的替代作用

1. 研究回顾

近年来，关于无形信息流对有形物质流的替代作用的研究一直被国外学者所关注。早在 1996 年 Graham 和 Marrin 就将 ICTs 与信息产业对城市的作用概括为协作、替代、衍生和增强等 4 种效应，为后人的相关研究提供了极有价值的借鉴。国内学者真虹等(2000)就信息流与交通运输相关性理论开展了较为深入的研究。就具体的定量研究而言，刘红和真虹(2000)构造了电信技术发展与城市交通客流量两者之间的替代模型，并给出了利用多项式最小二乘拟合和方差分析法求解替代函数的一般过程，成功地对上海 1989~1997 年 ICTs(电话)与城市交通客流量的替代函数进行了拟合。下文旨在认识这种方法应用的广泛性问题，证明网络信息流对现实人流的替代作用。基此，以中国互联网络信息中心(CNNIC)发布的《中国互联网络发展状况统计报告》为数据基础，首先应用统计方法进行相关数据处理，得到网络信息流指标和现实人流指标，再参考前面提到的替代模型，利用多项式最小二乘拟合和方差分析法得出替代函数。

2. 数据处理

关于网络信息流数据处理，因网络信息流产生的外部因素中，上网用户人数、上网计算机数、CN 域名数、网站总数 4 项数据的影响最为明显(Lu et al., 2005a)，故选取其作为网络信息流指标的参考因子。依据中国互联网络信息中心(CNNIC)发布的《中国互联网络发展状况统计报告》的数据，4 项参考因子对网络信息流指标具有不同的影响作用："上网用户人数"最为直接有效地增强了网络信息流，作用力最强；"上网计算机数"作用较为间接，为网络信息流的增强提供了客观条件，但较为依赖于前者，作用最弱；"CN 域名数"和"网站总数"作为网络信息流主要的源和枢纽，较为重要，为用户上网的主要目的所在，也依赖于上网用户的存在，作用居中。采用加权综合指数法处理后可获得最终网络信息流参考因子的权重分配。以互联网报告数据为基准，各年数据除以该基准数据，可统一量纲并获得各时期网络信息流指标，作为网络信息流指标拟合数据(吴士峰和路紫，2007)。

关于现实人流数据处理，从历年互联网报告中发现，"用户经常使用的网络服务功能"统计项中的网络购物、网上炒股、网上教育、网上银行四项网络服务对现实人流的替代作用最为明显，且历年统计数据比较完整，故选取其作为现实人流指标的参考因子。由其所占比例乘以当年上网用户总人数可得现实人流数据。由于现实人流数据不存在统一量纲的问题，可直接计算获得各时期现实人流量，作为现实人流数据指标拟合的基础。

关于网络信息流指标与现实人流指标的相关性分析，可利用 SPSS11.5 软件进行计算。

3. 替代函数的计算

网络信息流对现实人流的作用关系是具有极大的一致性的(Lu and Lu, 2002)。自变量 t 代表时间，函数 $f_1(t)$ 为被网络信息流所替代的现实人流的变化曲线，$f_2(t)$ 表征网络信息流的变化曲线，网络信息流 $f_2(t)$ 与现实人流 $f_1(t)$ 同向发展，给出原始模型(11-1)：

$$f_1(t) = \delta(t) f_2'(t) \tag{11-1}$$

式中，$f_2'(t)$ 为 $f_2(t)$ 的导数，为信息流的发展速率。该模型能满足关于网络信息流对现实人流的替代作用的分析。应用多项式最小二乘法拟合两数据与年份的函数关系 $f_1(t)$、$f_2'(t)$ 如下：由式(11-1)，根据每一时间点数据 $[t_i, f_1(t_i)]$，$[t_i, f_2(t_i)]$，$(i=1, 2, \cdots, f_n)$，计算网络信息流指标对人流指标的替代函数 $\delta(t_i)$：

$$\delta(t_i) = f_1(t_i) / f_2'(t_i) \tag{11-2}$$

计算时间 t 的 m 次($m \leqslant n$)多项式 $\delta_m(t)$：

$$\delta_m(t) = a_0 + a_1 t + a_2 t^2 + a_3 t^3 + \cdots + a_m t^m \tag{11-3}$$

令在各数据点上按上式计算所得的对 $\delta_m(t_i)$ 的估计值 $\hat{\delta}_m(t_i)$ 与真值 $\delta(t_i)$ 之间的残差平方和 Q 最小。即

$$Q = \sum_{i=1}^{n}\left[\hat{\delta}_m(t_i) - \delta(t_i)\right]^2 \to \min \tag{11-4}$$

此时所得 $\delta_m(t)$ 置信度最高,可作为 $\delta(t)$ 的最终结果。

上述命题的求解可以按如下步骤进行:

第一,应用将未知量高次变多元的变量代换方法把 $\hat{\delta}_m(t_i)$ 化为多元线性方程:

$$\hat{\delta}_m(t_i) = \hat{\delta}_m(\vec{u}) = a_0 + \sum_{k=1}^{m} a_k \cdot u_{ik} \tag{11-5}$$

第二,将式(11-5)代入式(11-4),并令残差平方和 Q 对系数 $a_i(i=1,2,\cdots,m)$ 的偏导 $\dfrac{\partial Q}{\partial a_i} = 0$,即

$$\frac{\partial Q}{\partial a_i} = 2\sum_{i=1}^{n}\left[\sum_{j=0}^{m} a_j u_{ij} - \delta(t_i)\right] \circ u_{ik} = 2\sum_{i=0}^{m}\left[a_j t_i^j - \delta(t_i)\right] \circ t_i^j = 0 \tag{11-6}$$

第三,解式(11-6)所代表的 $m+1$ 个线性方程,求得式(11-3)系数。

第四,按式(11-5)计算残差平方和 Q。

判断拟合多项式对残差平方和减小的贡献是否显著(即显著性检验)的判据为

$$F_{m+1} = \frac{(Q_m - Q_{m+1})}{Q_{m+1}/(n-m-2)} \geqslant F_a(1, n-m-2) \tag{11-7}$$

式中,Q_m 为拟合多项式次数为 m 时的残差平方和;F_{m+1} 服从概率分布 $F(1, n-m-2)$;a 为显著性水平。当式(11-7)成立时,认为增加项对残差平方和减小的贡献是显著的,予以保留;反之则认为增加项对残差平方和减小的贡献不大,予以丢弃。

按上述步骤求得拟合曲线并确定了合适的多项式次数 m 后,若其满足下述条件:

$$F = \frac{Q_{回}/m}{Q_m/(n-m-1)} \geqslant F_a(m, n-m-1) \tag{11-8}$$

式中,$Q_{回} = \sum_{i=1}^{n}\left[\hat{\delta}_m(t_i) - \bar{\delta}\right]^2$ 为回归平方和,$\bar{\delta} = \dfrac{1}{n}\sum_{i=1}^{n}\delta(t_i)$,则认为拟合曲线是高度显著的,可以作为预测模型使用。

4. 实证分析

现实人流的变化状况以现实人流指标 $f_1(t)$ 来表征,而网络信息流的变化状况以信息流指标 $f_2(t) - f_2(t-1)$(即差商,可作为信息流指标的增量 $f_2'(t)$ 的近似值)来表征。通过观察 $\delta(t)$ 的散点图可以看出 $\delta(t)$ 的函数图像类似于正弦曲线,因此 $\delta(t)$ 曲线存在奇次项显著而偶次项不显著的特性。由数据拟合替代函数可以看出,在给定显著性水平 $a=0.05$ 的情况下,存在着七次项显著而九次项不显著的现象,因此 $\delta(t)$ 的形式为

$$\delta(t) = \delta(t)5.87 - 0.999t' - 0.905t'^2 + 0.294t'^3 + 0.083t'^4 - 0.02t'^5 + 0.002t'^6 + 0t'^7 \tag{11-9}$$

此时的回归平方和 $Q_{回}$ 为 15221.84,残差平方和 Q_m 为 3.067,据式(11-8)可求得

$F = 2836.06 > F_{0.05}(2,4) = 6$，因此拟合是成功的。基本反映了网络信息流指标对现实人流指标的替代关系，可用于预测中国网络信息流部分替代现实人流的变化规律。

仍以互联网报告数据为依据以前述方法进行数据处理，对模型做进一步检验，可得现实人流指标和信息流指标，根据式(11-1)可得替代系数，将其对应的时间序列代入$\delta(t)$方程，可得替代系数拟合值，结果是$\delta(t)$方程拟合值与现实实际值同为正向，反映了替代函数的总体走势曲线大致相同。另网络信息流的替代作用也受诸多社会因素的影响，观察$\delta(t)$散点图可知替代系数高速增长后出现一个平缓期，导致预测结果与实际数值有所偏差。

11.2.2 网络信息流对旅游人流的增强作用

关于虚拟网络信息与现实人流作用的研究一直是被国内外学者所关注的。Liu(2004)提出在信息流的研究中不考虑对人流的影响是不完善的。路紫等(2007a)运用多种网上查询系统和网站访问量统计工具，获取了旅游网站访问者时间分布的较详细资料，讨论了旅游网站访问者人数与景区旅游者人数之间的相关性及其信息流对人流的导引作用。李彦丽和路紫(2006)对中美旅游网站的类型、市场规模和经营模式进行对比分析，提出了预测旅游网站发展模式的新方法——"虚拟距离衡量法"。下文旨在认识这种方法应用的广泛性问题，证明网络信息流对旅游人流的导引作用。基此，研究者以中国互联网络信息中心(CNNIC)发布的《中国互联网络发展状况统计报告》为数据基础，首先应用统计方法进行相关数据处理，得到网络信息流指标和旅游人流指标，再参考前面提到的模型，得出网络信息流对旅游人流的增强函数。

1. 数据处理

关于网络信息流数据处理，指标选取和数据获取处理方法与前文相同，以互联网报告数据为基准，各年数据除以该基准数据，获得各时期网络信息流指标拟合数据。关于旅游人流数据处理，从历年互联网报告中，发现"用户经常使用的网络服务/功能"统计项中的网上预订网络服务对旅游人流的增强作用最为明显，且历年统计数据比较完整，故选取其作为旅游人流指标的参考因子。由其所占比例乘以当年上网用户总人数可得旅游人流数据。由于人流数据不存在统一量纲的问题，经计算可获得各时期旅游人流指标拟合数据(吴士锋等，2009)。

2. 实证分析

数据拟合增强函数在不同多项式次数情况下的方差分析如表11-1所示。表中$n=9$，$t' = t - \bar{t}$，$\bar{t} = \dfrac{1}{n}\sum\limits_{i=1}^{n} t_i$。

通过观察$\delta(t)$的散点图可以看出$\delta(t)$的函数图像类似于正弦曲线，因此$\delta(t)$曲线存在奇次项显著而偶次项不显著的特性。因此$\delta(t)$的形式为

表 11-1　2002 年 7 月～2006 年 7 月 $\delta(t)$ 在不同多项式次数时的方差分析

m	$\delta(t)$	Q_m	F_m	$F_{0.05}(1, n-m-2)$
1	$2.496+1.25t'$	21.940		
2	$0.831+0.917t'+0.333t'^2$	3.314	33.72239	5.99
3	$0.922+0.744t'+0.302t'^2+0.020t'^3$	3.069	0.399153	6.61

资料来源：吴士锋等，2009。

$$\delta(t)=\delta(t')=0.831+0.917t'+0.333t'^2 \tag{11-10}$$

此时的回归平方和 $Q_回$ 为 84.217，残差平方和 Q_m 为 3.314，据式(11-8)可求得 $F=63.524>F_{0.05}(2,6)=5.14$，因此拟合是成功的。基本反映了网络信息流指标对旅游人流指标的增强关系，可用于预测中国网络信息流增强旅游人流的变化规律。

仍以互联网报告数据为依据以前述方法进行数据处理，对模型做进一步检验，可得旅游人流指标和信息流指标，根据式(11-1)可得增强系数 $\delta(t)$；将其对应的时间序列代入 $\delta(t)$ 方程，得增强系数拟合值。结果是 $\delta(t)$ 方程拟合值与现实实际值同为正向，反映了增强函数的总体走势曲线大致相同。另网络信息流的增强作用也受诸多社会因素的影响，导致预测结果与实际数值有所偏差。

11.2.3　小　　结

第一，前人曾利用多项式最小二乘拟合和方差分析法，研究并构建了传统电信技术发展与城市交通客流量两者之间的替代模型，研究者参考这一原理并把研究领域从单一城市扩展到国家范围，把研究对象从电话这一传统信息流传输工具推广到网络信息流这一新兴信息流传输工具上，应用于信息流对现实人流的导引作用的研究中，并获得网络信息流对现实人流的部分替代作用函数。拟合网络信息流指标与现实人流指标数据进行分析，可为无形信息流对有形物质流的替代作用研究奠定了一定基础，表明对虚拟—现实这类非线性问题开展宏观研究是可行的。对比网络信息流指标与现实人流指标变化可以看出：①现实人流曲线与网络信息流曲线总体走势大体一致，网络信息流指标和现实人流指标之间呈较大的正相关关系；②现实人流曲线的下降可解释为特殊事件的影响，并且随后该曲线迅速上升，说明网络信息流导引现实人流的部分替代作用有一定的滞后并且是逐渐增强的。网络信息流对中国现实人流的增长将有缓解作用，相关分析图显示信息流增长快于人流增长。

第二，以"网民经常使用的网络服务/功能"的网上(旅游)预订统计项中网络服务统计数据为依据拟合出旅游人流指标，参考前人的定量模型，计算出网络信息流对旅游人流部分增强作用的增强函数，并在实证分析中得以检验。对比网络信息流指标与旅游人流指标变化可以看出：①旅游人流曲线与网络信息流曲线总体走势大体一致，网络信息流指标和旅游人流指标之间呈较大的正相关关系；②中国旅游业迅速发展，并结合网络经济的发展，网上预订用户规模增长很快，说明网络信息流导引旅游人流的增强作用是逐渐增强的。网络信息流对中国旅游人流有增强作用,相关分析图显示信息流增长快于人流增长。

11.3 户外运动网站信息流对人流的导引

户外运动已经渗透到当代社会任何一个阶层,深刻影响着诸如社会地位、商业活动、自主化设计、服饰风格、英雄观念,以及价值体现等完全不同的各个方面,曾被描述为民族繁荣的一部分。20世纪末户外运动在中国大中城市兴起,户外运动俱乐部借助网站在线服务和互助性功能构建出了相应的参与群体。

11.3.1 户外运动网站信息流对人流生成的导引机制

1. 研究对象与研究数据

研究者以"全国户外运动网址大全"所列网址为统计标准,对全国500余家户外运动俱乐部网站,依会员规模分为大型、中型和小型3类。可以看出,中小型户外运动俱乐部网站是主体。因而以中小型户外运动俱乐部网站为研究对象(王杨等,2006)。户外运动俱乐部网站研究的学术兴趣,在传统意义上集中于信息科学领域和运动教育学及最近出现的电子商务领域,特别关注新的通信渠道和媒体力量发展户外运动商业的研究。然而研究发现,这种"自我依托"户外运动网站中存在的人(物质)流的本质和机理有待做人文地理学方面的解释。下文旨在探讨个体俱乐部户外运动网站对人流生成的导引作用以使该议题的研究工作继续发展。

乐游户外运动俱乐部网站建站以来逐步发展成较为活跃、较为全面、较为知名、较为专业的网站(樊莉莉等,2004),这个从小型发展为中型的网站正有效地承担着延伸传统服务方式的角色。乐游网站有一个很好的设计结构和资料系统,依据此资料库可以有效展开相关研究。乐游网站在石家庄市区域户外运动网站中功能、满意度评测的得分均是最高的(表11-2、表11-3),所以以它为研究对象,并且采用访问调查的方式。

表11-2 石家庄市区域户外运动网站功能评测的指标体系及得分

网站功能	俱乐部名称					
	健野户外	乐游户外	三峰户外	行者户外	清峰户外	卓峰户外
1 在线会员注册及管理系统	6	10	7	9	6	6
2 论坛、聊天室	2	8	6	7	5	4
3 邮件列表系统	5	8	6	8	6	5
4 新闻动态管理发布系统	5	8	7	7.5	7	7
5 产品发布及查询系统	4	8	6	7	6	5
6 客户反馈系统	3	10	6	8	6	4
7 网上购物系统	4	8	8	8	6	6

续表

网站功能	健野户外	乐游户外	三峰户外	行者户外	清峰户外	卓峰户外
8 在线技术支持系统	6	10	8	10	7	6
9 动态管理系统	4	9	5	9	5	4
10 其他订制服务	4	8	4	6	4	3
11 销售与库存实时监测系统	2	9	3	6	3	3
12 网上贸易撮合系统	6	9	8	8	5	5
13 网上洽谈系统	6	8	6	8	6	6
14 网上调查系统	6	10	8	8	6	6
15 网上招聘系统	4	7	5	6	5	4
16 主题总数/个	46	16458	1768	2138	3566	1058
17 每日平均发帖数/个	0.2	330	24	10	56	27
18 注册会员数/人	45	3789	4651	1902	944	630
19 平均每月活动总量/次	0.2	24	4	4	12	4
20 平均每月活动人数/人	0.8	840	40	40	84	2.8

注：1~15 项网站功能指标是结合户外运动网站的特点从 http://www.hengyanggit.com/guang.as p 选取的，其得分是根据数量与质量、速度与便利、信誉与安全、功能与效果的评分标准，对以上 6 个网站共计 100 名网上行为活跃的会员进行问卷调查获得的（按 0~10 分赋值）；16~20 项人流指标是实际统计值。

资料来源：王杨等, 2006。表 11-3 资料来源同。

表 11-3 石家庄市区域户外运动网站使用者满意度评测的得分（网站功能和人流）

网站名称	网站功能指标得分	人流指标得分	网站功能与人流的相关系数
石家庄健野户外俱乐部	1.64	1.00	
石家庄乐游户外俱乐部	5.80	6.00	
三峰户外运动俱乐部	3.67	3.30	0.829
石家庄行者户外运动俱乐部	5.07	3.50	
清峰户外运动俱乐部	2.87	4.60	
石家庄卓峰户外运动俱乐部	1.97	2.60	

由表 11-2 可见，在反映网站对人流的信息、集聚、交流、组织作用的"在线会员注册及管理系统、客户反馈系统、活动人数等"指标中，乐游户外运动网站的水平明显高于其他 5 个网站，因此下文选择乐游网站作为研究对象。表 11-3 将反映信息流的 1~15 项指标和反映人流的 16~20 项指标分别应用多个相关样本检验，得出各网站两类指标的满意度分值，再使用 SPSS 软件对各个网站功能指标和人流指标进行相关分析，得出二者之间具有极大相关性。这说明网站的功能水平极大地影响使用者的满意度，而使用者的满意度又直接作用于其决定过程，并为出行的实施奠定基础。

2. 基于使用者角度的信息流对人流的导引机制

信息流对人流的导引机制可从使用者的认知过程来分析。具体而言是个人获取信息、转化知识、认知与决定的一个完整决策过程。它是受个体认知基础与外界行为环境的共同影响，并在人脑中通过认知作用而最终实现的(图11-4)。人的信息认知机制是循环往复、不断衍生的，因而与之紧密联系的个人决定也呈现出反馈性和持续性，这个决策过程完成的同时，也实现了可能流动的决定。

(1) 信息获取。人的行为决定是信息和认知基础共同作用的结果。认知基础是在大脑中形成的对信息的认知和处理能力。在认知基础确定的情况下，信息是人做出决定的关键影响因素。使用者通过报纸、书刊、杂志、广告、电视媒体，以及网站等途径从信息源获取各个种类的信息。信息源自于人们感知的那部分客观环境(即行为环境)。这些已获得的信息从使用者角度来看可以被分为4类：完全接受的信息、认知机制弹回或过滤掉的信息、部分接受部分过滤掉的信息、反馈回来的信息(图11-4)。对于网站来讲：如乐游户外运动网站获得信息主要通过两种方式：一是直接在网站上浏览信息；二是通过在线的信息交流获得。当然，俱乐部氛围下的面对面交流也是信息获取的重要方式。

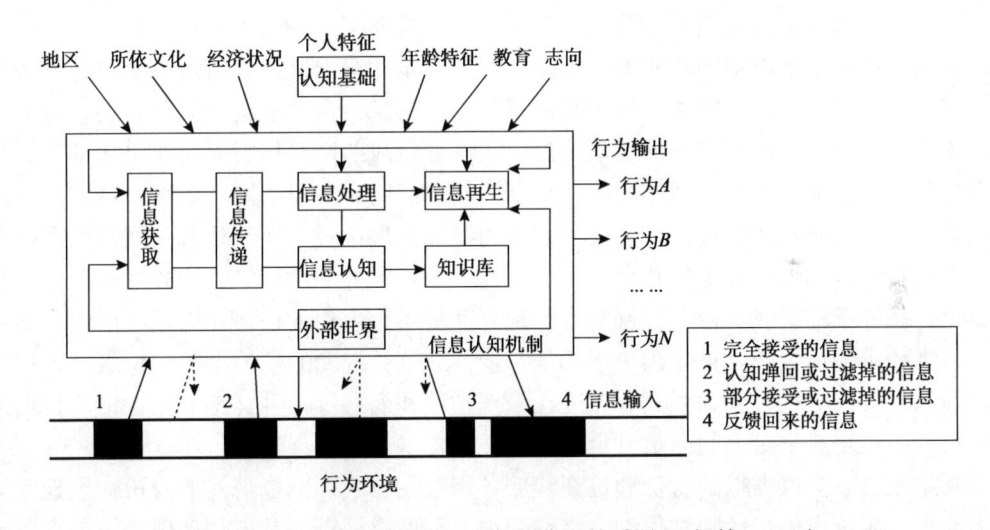

图11-4 信息流对人流的导引机制作用关系图(王杨等，2006)

(2) 知识转化。不是所有的信息都可以最终转化为知识而指导人的决定，这里的知识转化是指有用信息转化为知识储备的过程。使用者根据自身的认知基础，对输入大脑中的信息进行有用提取和无用排除。这样，一部分信息将在大脑中发生存储和处理。信息处理即是出于各种目的对信息的形式化关系做出的变换，或对信息资料的层次化关系做出生成的过程。而最后获得的知识正是个人行为决定的基础。个人从决定中又会获得相应信息，从而对脑中成熟的知识再行修订以强化或改变其决定，如乐游户外运动网站，知识转化有两种方式：一是将有形的户外活动图片和实物信息等转化为无形的感性知识，属于直接知识转化；二是将驴友出行经验、技巧和交流心得等上升为理性认识，经过再加工为我所用，属于间接知识转化。

(3)认知与决定。在信息获取已完成,信息已转化为知识储备之后进入信息认知与决定阶段,即对人员的决定做出指引,使人生成不同的决定。作为客观世界认知主体的人由于所处地理位置、依托文化、个人经济状况、个人特征、年龄经验、教育、志向等认知基础的不同,对相同知识的认知也会互不相同,从而导致即使获得相同信息,也会做出迥异决定的情况出现;相反,在认知基础一定的情况下,信息或知识储备的可得性、准确性和丰富程度的不同也会产生不同的决定结果。由乐游网站信息促成的决定有三类表现形式:一是浏览出行信息临时形成的随机性决定;二是基于某种需要查找相关户外活动信息做出的目的性决定;三是获得支持信息后加强了已有决定。

3. 网站会员交流模式与信息流对人流生成的导引作用

乐游俱乐部网站会员交流模式的本质是依托网站的交流媒介发布信息,形成集聚场,会员以共同的兴趣讨论计划,反馈的信息用于决策,形成一个组织的虚拟社区。再通过户外旅游线路、运动装备商城支持,实现会员在现实地理空间中的活动。在这个循环过程中,网站通过信息、集聚、交流、组织四个平台功能最终实现了信息流对人流的导引作用。

会员以虚拟身份登录俱乐部网站,并因特殊目的在网络空间中查找、获取、吸收信息,所以信息流是地理空间真实的人员流动的第一步。乐游网站栏目增设了户外资源下载、户外活动图库、友情链接、日记和留言簿等,信息平台功能也进一步发展,形成了由俱乐部信息、商品信息和户外运动信息三大部分组成的网站信息系统。俱乐部信息包括俱乐部介绍、现行章程、疑难解答、近期活动等;网站下设的网上购物商城,以"网上超市"的形式面向会员提供户外运动装备的商品信息;户外运动信息是网站信息的主体,主要有俱乐部组织者上传和会员上传两种,包括户外活动信息、户外活动图库、驴友日记、户外资源下载4部分。同时有效地互动将所衍生出的信息在虚拟社区内反馈给网站,再经重组后发布,衍生出更多的信息流(Kikulis, 2000)。乐游论坛总版主曾提出活动计划,规定活动时间、强度和难度、景观指数和名称等,并详细介绍了活动目的地的特色,经过交流平台上的会员讨论,成型了一套出行方案。

网站吸引会员以虚拟的身份通过在线服务集聚在一起,并以现实的身份在地理空间集聚起来。乐游户外运动网站作为网络空间中一个虚拟地点,其俱乐部现已成为京津冀户外运动爱好者的一个重要集聚场所,这依赖于网站设置的细致性与专业性(Lu and Lu, 2004)。乐游网站当前所设置的功能服务又可细分为五个方面:网上发布信息、网上论坛、信息库、户外装备商城、最新调查。其中,商城与论坛是主要经营的业务,从更多层面集聚了消费群体(Lu and Zhang, 2003),集聚形式正日益多样化。人员的集聚与户外活动、商品的信息集聚互为促进。

交流平台意指由网站提供的网站管理者与在线会员之间及会员之间交互传递思想、情感、经验的虚拟场所(Lu, 2003)。与传统社区通过地缘关系建立的联系有明显不同,虚拟交流是通过在线关系进行,它消除了许多面对面沟通的障碍,交流平台使信息的传导模式转向多元化。乐游俱乐部网上通告一经发布便能实现信息一对多、多对一的网上和网下、数据和声话的瞬间响应。乐游论坛是信息交流最好的场所。管理者与会员间的交流常以管理者将近期活动等发布到网上、会员进行在线咨询或者发帖回复的形式进行；会员间交流常以网上留言、发帖、线上求助、E-mail 和 OICQ 等形式进行，时效性、互动性均较强。例如，乐游驴友出行版块某会员发帖介绍出行感受后，在线会员以回帖、看帖、跟帖诸多形式积极发表评论。"乐游大家庭"版块鼓励会员对网站的经营特色、发展趋势等发表建议。网站提供的交流具备的最短间隔，最小间接损耗，最快传播速度等特征，符合现代消费群体对灵活、主动、轻松、自由的方式和宽松环境的追求。

组织平台是由俱乐部网站发起，通过网站各种功能的使用，针对会员需求，在线组织会员有效开展一系列户外活动，并对活动予以协调与监督的平台。它具有与网站其他平台平行的作用，把旅游产品的需求方与供给方实际地连接起来了。至今乐游网站的人流组织形式已形成网站领队负责形制和会员个人自发形制两类。依托网站会员个人组织出行活动的形式渐成主流，表现出活动项目扩展、地域范围增大、活动路线增多、活动季节延长、选择余地增加（乐游俱乐部下设有乐游行版和自发组织精彩线路栏目）、活动频率加大、团队出行小型化和个性特征（目的地的一次性）等。它由相同爱好和共同线路选择的成员自己发起，由俱乐部向参加者提供相关装备、提供附近线路的技术支持及提供聚会的场所。网站组织平台强调会员集体可参与性的互动与合作。

4. 网站信息流对人流生成的导引作用影响因素

该项研究认为有许多影响户外运动网站信息流导引人流的相关决策方面的因素，包括网站计划、会员、资金、赞助商和媒体的吸引力4种。

（1）计划。网站管理者制订适当的近、中期出行计划是俱乐部实现其发展目标的基础，是网站成功运行的主要部分。长远计划的确定涉及该俱乐部方向的选择，可确保其目标不仅是每天的运作和即得的利益，也是长期的行为。正确计划制订最重要的依据是俱乐部会员的反应状况。得到会员中多数人的支持的计划来自于网站交流媒介作用的发挥，网上论坛中管理者与会员的交流及其会员之间的交流都是完善计划的不可或缺的步骤。

（2）会员。会员出行量是俱乐部发展程度的主要标志，会员的规模是出行数量和出行种类的基础。据乐游网站在线人员统计数据表明，出行总次数和参加总人数都有增加。同时还表明乐游网站的吸引潜力仍然很大，新增会员以网上接触类型为主。鉴于俱乐部网站的特殊性，会员所涉及的空间分布问题很重要，乐游俱乐部网站的客户遍布京津冀，网站信息平台能通过互联网目录针对个人发送邮件，将信息传递给那些远距离会员的手中，对于扩大会员规模起了很大作用。

（3）资金。中小型户外运动网站资金不足问题相当突出，户外运动网站资金收入来自于俱乐部会员会费和户外运动装备、器械及出行服务。把网站网上购物商城和俱乐部装备商城结合在一起，增加了购买自由选择的灵活度，是俱乐部稳定的收入来源。当今会员出行花费的降低是强势竞争地位的指示物，包括会员在户外运动组织阶段需要的装备成本的降低和会员出行前联系、训练和比赛时所需联系成本的降低。网站使俱乐部在一些通常的花费降低了，电子邮件传递信息的方式不仅几乎不增长成本，而且能够为俱乐部提供额外增加会员的机会。

(4)赞助商和媒体。赞助商和媒体联手将能为俱乐部网站增加收入和为会员增加服务提供条件,网站须充分利用互联网能够将赞助商的信息传播出去的优势,或利用连接赞助商网页的方式,来创造户外运动网上消费与赞助商推销的对接,还可以帮助赞助商发展自己的数据库和新的顾客。同样,赞助商也可以利用互联网来检测户外运动的需求。媒体的曝光率能够反映俱乐部活动被关注的程度,也可以激发那些潜在成员加入俱乐部。事实上媒体很乐意公布户外运动的事件,网站也经常通过传统的媒体方式直接公布结果证明其实施的有效性。

11.3.2 户外运动网站论坛功能评估及其互动作用对个人出行行为的导引

户外运动俱乐部借助网站在线服务和互动性功能吸引了大批参与者,在网站的功能板块中,论坛无疑是最具互动性的平台。它为参与者提供一个活动发布、经验交流、装备讨论、放飞心情的自由话语空间,是组织者与参与者双向交流的场所和网络传播条件下公平参与的虚拟社区,也是网站为管理者与会员之间及会员之间交互传递思想,经验的虚拟场所。这种交流通过在线来进行。网站会员交流模式的本质是,依托网站的交流媒介,发布信息,形成集聚场所,并在会员中交流,以共同的兴趣参与计划,反馈信息又用于决策,形成一个组织的虚拟社区,组织会员出行,实现地理空间的活动(Lu et al.,2005b),整个过程都在论坛上有所体现,正是论坛的这种互动性,使之具有活力成为户外运动网站中最为活跃的一个组成部分。

网站的发展趋势是个性化和智能化(Smith,2001),智能化的一个重要方面就是网站的互动性。论坛的互动能力的强弱代表了网站互动能力的大小,而户外运动网站的宗旨是在AA制的基础上实现人员的出行,可见,最终出行是户外运动网站的目的,那么,论坛的互动能力对个人的出行行为有导引作用吗?程度是多大?基于这一问题,下文选取了若干个户外运动网站,使用具体的人员出行资料对其进行了研究。并不排除区域差异、地区经济及个人出行观念对人员出行行为的作用,在此只考虑户外网站论坛的互动作用对个人出行的影响。

国内关于户外运动网站内容的研究较少,路紫和樊莉莉(2005)以乐游户外运动俱乐部为例研究了中小型旅游网站服务功能与商业模式的区位问题。下文以户外运动网站的互动论坛为研究对象进行研究。

1. 研究资料选取与评估框架设计

1)资料选取

参照中国户外网站大全提供的782家户外运动网站,考虑到资料的全面性,又利用 Google、百度等搜索引擎以"户外运动财务报告"为关键字进行搜索,以网站论坛具有较详细的财务报告为标准,根据可用性原则,最后确定了19个户外运动网站作为研究对象。研究者选择的网站包括所有类型,且以中小型为主。通过详细调查选定的户外运动网站论坛，得到相关的研究数据。主题数、发帖数均来源于网站论坛的统计系统(表 11-4)。

表 11-4 户外运动网站论坛信息统计

户外运动网站	主题数/个	发帖数/个
绿野户外	47806	551138
珠海逍遥驴谈	29737	401538
珠海户外	36247	742129
重庆驴友会社	20965	273731
U3U4 论坛	45972	833318
天涯户外	7283	95984
自由人户外	20581	296676
窗外探索者	5458	67355
丛林穿行者	4801	52614
爬虫部落	5038	48062
福州热点户外	6575	59069
新起点户外	3479	36743
豺狼户外	4411	62701
山北村	5117	63597
行摄旅户外	6115	78666
蜀道户外	895	6119
深圳火马户外	2526	28433
天津泰达生态	2408	8283
山鹰户外	705	5850

资料来源：韩冰、路紫，2007。表 11-5~表 11-11 资料来源同。

2) 户外运动网站论坛功能评估框架的建立

以选定户外运动网站中会员规模最大，发展最好的绿野户外运动网站为基础，构建户外运动网站论坛功能评估框架。绿野户外运动网站(北京市)全称是绿野自助户外活动网站，经过数次改造、扩充，形成了较大规模。绿野户外网站的出行极具规模，所以本节选择绿野户外运动网站作为研究基础。其户外论坛部分栏目和内容设置见表 11-5。研究者参照 Lu 等(2001)的旅游网站评估体系，以及路紫和樊莉莉(2005)的乐游网站功能评估框架，并考虑户外运动网站论坛的特点(韩冰和路紫，2007)，构建户外运动网站论坛功能评估框架，将户外网站论坛的功能概括为七大主要功能和若干子功能(表 11-6)。

表 11-5　绿野户外网站论坛部分栏目和内容设置

栏目设置		内容	栏目设置	内容
绿野公用论坛	绿野风版	户外主体论坛，有关户外的活动报道、留言、问问题、新人报到，等	装备论坛	户外装备的交流探讨及二手装备交易
绿野各地	绿野行版	户外主题论坛，以登山为主，论坛活动，发表游记攻略、随感等	户外通信	登山、户外活动中的专业技术应用，如通信、GPS、GIS 等支持
	绿野广州	广州及周边地区的户外活动商谈、发布、报名，广州本地话题	绿野湖南	湖南周边户外、休闲、自助旅游计划发布，交流户外活动、旅行方面的话题
	绿野巴蜀	绿野论坛为四川和重庆山友们提供的交流空间	Oversea Version	Green Wonderland; the place for information, or sharing your happiness of hiking with friends
结伴出行	周末户外活动	周末时间北京周边户外活动计划发布，活动形式包括：登山、野外穿越、定向越野、野外探路	远期自助旅游	远期(长期)的非北京周边的自助旅游计划及相关内容在本版发布
	周末休闲活动	市内文化游、1 日郊游活动、野营、风光摄影等	账目公开	网友活动账目公开，绿野财务明细
兴趣小组	体育活动	为绿野的体育活动爱好者提供组织和讨论活动，信息交流的版块	时尚活动(车/马/滑雪)	为爱好滑雪、自驾车、滑翔、骑马的驴友提供活动的空间
网站管理	网站建设	自助网站的规则论坛，投诉、处理	铁杆茶社	

表 11-6　户外运动网站论坛功能评估框架

主要功能		子功能
论坛功能评估框架	活动信息发布	介绍功能：户外活动发布、报道、讨论、户外知识发布、结伴出游等
		支持功能：相关的体育活动信息，不同地区户外活动信息
	扩展服务	活动图片，景点介绍，户外之余的话题，娱乐、美食、音乐、电影、摄影等
	资讯调查管理	信息反馈、出行经验交流、问问题、财务报告、网站建设、规划讨论等
	装备服务	户外装备的交流探讨、二手装备的交易
	ID 注册	会员申请、论坛注册
	娱乐互动	灌水区、自由发帖

2. 研究方法与计算

1) 评估指标的选取、赋值标准及权重计算

在论坛功能评估框架基础上，以论坛内容的吸引力、论坛对网站发展的作用、论坛对出行的指导 3 个方面为标准，选取评估指标。有许多可能因素影响访问一个网站的使用者的数量，网站的吸引力状况就是其中的一个分析视角，户外运动网站论坛对使用者

的吸引力直接影响网站的使用者的数量,进而影响人员的出行。户外运动网站论坛的项目多,划分细致明确,设计新颖,信息量大都能使浏览者产生参与的意图,所以从论坛内容的吸引力方面确定了特色信息和论坛项目两项指标;论坛是户外运动网站重要的互动板块,从虚拟空间到现实空间的活动的每一个阶段在论坛中都有所体现,论坛对网站的发展极其重要,从这方面确定的评估指标有论坛管理、会员注册、论坛统计、友情链接;户外运动网站的目标是成功组织出行活动,所以论坛对出行指导指标的选取也很有必要,包括:出行召集、户外装备和财务报告(表11-7)。

表11-7 户外运动网站论坛互动能力评估指标及等级划分标准

指标	评估标准	赋值 1	2	3	4
特色信息	娱乐、美食、音乐、电影、摄影等,以数量为标准	很少			很多
论坛项目	包含不同信息的板块,以划分细致、明确为标准	不细致			很细致
出行召集	出行召集的信息,以数量为标准	很少			很多
论坛管理	网站的规则讨论、投诉、处理,以参与程度为标准	不大			很大
户外装备	户外装备的探讨及交易,以数量为准	很少			很多
会员注册	以便利性以及获取信息的充分性为准	便利			不便利
论坛统计	论坛所设的信息统计项,以项数为准	很少			很多
财务报告	每次出行后的财务总结,以重视程度、细致与否为准	不重视细致			重视细致
友情链接	论坛内提供的与其他网站或搜索引擎的链接,以数量为准	无			多

2) 综合评估指数的计算及网站论坛互动能力的确定

将综合评估指数(composite evaluation index,CEI)作为反映户外运动网站论坛互动能力大小的依据,根据选取的评估指标及赋值标准对选定网站论坛进行评估,可得出各户外运动网站论坛互动能力的综合评估指数得分(表11-8)。

表11-8 网站论坛互动能力综合评估指数得分

网站	综合评估指数	网站	综合评估指数
绿野户外	0.812677	山北俱乐部	0.53064
重庆驴友公社	0.764458	新起点户外	0.527138
珠海户外	0.709972	豺狼户外	0.501992
珠海逍遥驴谈	0.702793	丛林穿行者	0.498101
天涯户外	0.673108	行摄旅户外	0.496958
U3U4论坛	0.67059	福州热点户外	0.469307
自游人户外	0.629987	爬虫部落	0.418552
天津泰达生态	0.45632	山鹰户外	0.353267
深圳火马户外	0.455156	蜀道户外	0.302323
窗外探索者	0.446714		

3. 结果分析

为了能直观显示，将相关数据依方便性原则进行处理，并按综合评估指数降序排列后，做出出行人数、出行次数和综合评估指数三者间关系折线图，见图11-5。从中可见：①三条折线走向一致；②出行人数和出行次数折线的变化趋势几乎相同，并且折线的落差很大；③出行人数和出行次数两条折线出现了明显的一个陡降点(重庆驴友公社)和两个陡升点(珠海自游人户外、丛林穿行者)。基于出行次数和出行人数折线的变化趋势几乎相同，下面只选用出行人数折线，结合网站论坛评估的具体情况来进行折线变化的原因分析。

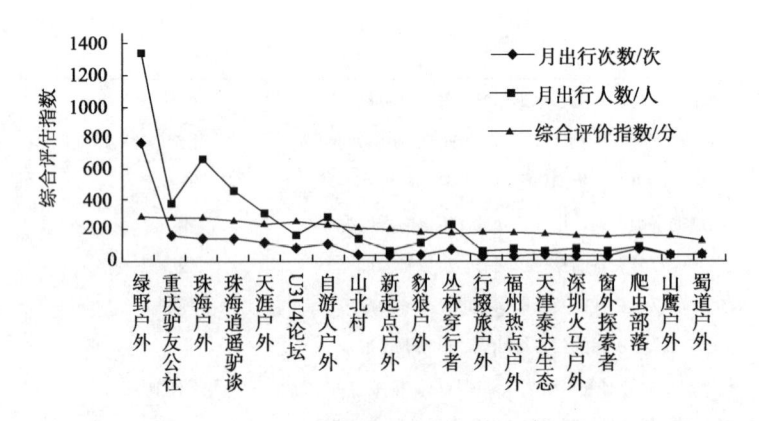

图11-5 出行人数、出行次数、网站互动能力综合评估指数对比(韩冰和路紫，2007)

1) 出行人数折线总体变化分析

总体变化分析包括：①三条折线走向一致，说明户外运动网站论坛的互动作用对个人出行具有很强的导引，使用SPSS10.0统计分析软件分析综合评估指数与月出行次数、出行人数两两之间的相关关系，结果显示综合评估指数与月出行次数、月出行人数呈强相关；②出行次数与出行人数折线变化趋势几乎相同，并且两条折线的落差大，说明中小型户外运动网站与大型户外运动网站在对人员的导引上存在较大的差距。

2) 出行人数折线陡降变化分析

决定陡降规律产生的第一位要素是论坛管理的严密性。用户认为一个成功的网站必须具备信息量大、更新及时、使用方便等因素。户外运动网站的大量互动信息都体现在论坛上，论坛通过其管理板块，对信息进行分类，管理使之方便易用，使用者对网站的满意度从"信息内容"和"方便使用"两方面体现出来。很显然，管理板块是论坛不可或缺的一个重要组成部分。浏览网站论坛发现，绿野论坛的管理板块下设有网站建设和铁杆茶社两个子板块，为会员提供了规则讨论，投诉和处理的平台；珠海户外论坛的管理板块包括论坛服务和财务公开两个子板块，用于发布网站最新消息，聆听会员的意见，以及发布每次活动的财务报告；重庆驴友公社的管理板块是社员大会板块的子板块之一，只发布公告和通知，颁布职务任命或解除，以及禁止某用户的发言。具体发帖情况见表11-9，其中，百分比为所列帖数或主题数占该论坛总帖数或总主题数的百分比。

决定陡降规律产生的第二位要素是财务报告的严密性。户外运动网站会员出行完全是 AA 制，出行费用公开透明是合理且必要的，每次成功出行后，活动的组织者及时发布此次活动的财务报告，也为网站访问者创造了参与的信任度。通过网站论坛的调查，发现财务报告在绿野论坛和珠海户外论坛受到了足够的重视，设立了发帖专区，并受到严格的管理，方便会员的查询和监督，也体现了管理的严密性和参与的广泛性(表11-9)。

表 11-9 三个网站论坛的论坛管理和财务报告的帖数和主题数的对比

论坛名称	论坛管理				财务报告			
	帖数	比例/%	主题数	比例/%	帖数	比例/%	主题数	比例/%
绿野户外	42743	7.76	3904	8.17	2704	5.66	2691	5.63
珠海户外	11158	1.5	798	2.1	1730	4.56	1701	4.70
驴友公社	3336	1.22	313	1.34	1621	0.51	181	0.86

3) 出行人数折线陡升变化分析

论坛管理和财务报告板块的建设也是陡升变化的决定要素。从珠海自游人户外论坛进行分析，出行人数折线陡升变化明显。其论坛的管理、财务两项指标的得分均高于其他两个网站。自游人户外论坛第一项为网站管理，下设公告及财务和驴友献爱心两个子栏目，在公告及财务子板块中，两类帖子分别用红黑颜色显示，非常醒目。公告包括网站通知、版主任免、帖子管理等，参与人员较多；U3U4 论坛在驴的心声项目下设网站BUG(漏洞)与建设。事件回放项目下设 4 个子栏目，最后一个为 AA 全账单，记录每次活动的财务情况。山北村论坛在山北村委下设村委办和财务室，项目单调(表 11-10)。这些原因共同决定了珠海自游人户外论坛的出行人数折线的陡升变化。

表 11-10 三网站论坛的管理财务的帖数，主题数的对比

论坛名称	论坛管理及财务报告			
	帖数	比例/%	主题数	比例/%
U3U4 论坛	1829	0.219	89	0.312
山北村	1127	1.77	137	2.66
自游人户外	6481	2.18	461	3.02

召集板块是出行人数折线陡升变化的另一个重要原因。出行召集是会员发布户外出行信息、游伴征集、路线讨论的板块，为会员提供详细的出行信息实现其最终出行，所以召集板块也是论坛众多板块建设的重要方面，是出行人数折线陡升的重要原因。丛林穿行者论坛出行人数折线有明显的陡升。在网站论坛的评估中，丛林穿行者论坛的出行

召集指标得分高于其他两个论坛，反映在论坛的出行召集帖数的对比上（表 11-11）。从论坛主页面看，在划分上都属于中型户外运动网站，但是丛林穿行者户外论坛的出行召集题目的设计别具一格，为每次成功出行活动编号，为浏览者了解网站组织活动情况提供了参考，也便于网站管理者的管理。以上两点使得丛林穿行者的出行人数折线出现了陡升变化。

表 11-11　三网站论坛的召集帖数和主题数对比

论坛名称	出行召集			
	帖数	比例/%	主题数	比例/%
豺狼户外	2458	3.92	79	1.77
行摄旅户外	14439	18.35	839	13.62
丛林穿行者	26262	49.9	1858	38.27

11.3.3　小　　结

第一，研究者以乐游户外运动俱乐部网站为案例，探讨中小型"自我依托"户外运动俱乐部网站信息流对人流生成的导引作用问题，认为这种作用经过网站使用者的信息获取、知识转化、认知与决定的过程而发生，经过网站交流媒介的信息、集聚、交流和组织 4 种平台而完成。研究者也初步确定与信息流对人流生成的导引作用相关的决策影响要素，认为计划、资金、会员，以及赞助商和媒体 4 种要素对俱乐部网站的良好运行能起到决定性作用。通过将网站使用者作为出发点来研究虚拟现实组织特征也能发现许多信息社会人文地理学发展的问题。

第二，户外运动俱乐部网站通过媒介作用吸引会员以虚拟身份登录，并在网络空间获取和解读信息，并根据自身的兴趣集聚，创造了一个交流场所。其最终结果是通过网站组织实现地理空间中的旅游活动。俱乐部网站的会员交流模式在信息流导引人流生成的过程中起到主导作用。在整个过程中，所有可获得的信息都将再次通过网络空间反馈给网站，并经重组后发布，信息流与人流间发生了增强和衍生作用。会员交流模式的形成是受俱乐部网站质量和服务的激励。

第三，网站基础上的会员交流模式为网站成功发展提供了独特的机会，计划的重要性就体现在它能反映会员意愿使组织保持成功，未来网站必须制订更策略的计划，吸引更多的会员，并使其发展表现在效益上，与赞助商和媒体实现双赢。这项研究的结果有助于户外运动网站制定决策。由这些问题也可以看到，为了虚拟现实旅游的长远发展，进一步向网站提供最佳发展模式的研究是很必要的。

第四，在这种自我依托网站信息流与人流的循环过程中，网络空间的信息流是不能取代地理空间的人际交流的。现阶段大量的中小型户外运动网站的业务对象都放在当地的消费者群体上，所以地理距离含义的空间概念在虚拟社区中仍占有重要地位。随着未来户外运动网站的发展，其对于地域限制的突破也是有限的。研究者发现了网上交往与现实接触的互补与加强的一些迹象，那就是不断增强的网络提供的机会并不能取代出行，反而却有利于交往。可以认为，当应用网站使会员间的交流大量增加时，人与人之间的接触依旧也是非常重要的。

第五，依据前人的网站功能评估框架理论和成果，结合户外运动网站论坛的实际情况，构建了户外运动网站论坛的功能评估框架，并对户外运动网站论坛的互动作用进行了初步研究。结果显示，户外运动网站论坛的互动作用对个人的出行行为具有明显的导引作用。在分析过程中发现，户外论坛的互动作用对个人出行行为影响的焦点集中到管理、财务和出行三项指标上。户外运动网站论坛凭借其管理板块对信息进行管理，使之合理有序，方便易用；户外运动网站的出行 AA 制使得出行费用公开透明是必要的，财务板块恰恰满足了这一必要性，管理严密的财务报告也促进了潜在客户向现实客户的转化；召集板块为会员提供及时更新的出行信息，有效指导了会员的出行。在资料的选取中发现，中国大部分户外运动网站论坛缺乏有效的财务报告，这使得户外运动网站论坛的互动作用打了折扣，直接反映到人员的出行上。加强网站论坛的互动作用的建设，是户外运动网站发展的一个决定性方面。本节研究将有助于户外运动网站的发展，可帮助组织者了解对户外运动网站论坛互动作用建设产生影响的多种因素，及其准确把握论坛改进的目标和方向。

11.4 国家间网络信息流对现实人流的导引作用

网络信息流对不同类型空间人流的导引作用研究是揭示信息社会的地理学特征的重要切入点之一(孙中伟和路紫，2006)。由于区域关系和网站类型多样，网络信息流对空间人流的导引作用十分复杂。根据区域距离、边界等因素可将区域关系划分为洲际间、遥远国家间、邻国间、不同国间区域间、一国内区域/城市间、一国单一区域/城市内等六种类型。其中，以遥远国家间和一国单一区域/城市内两种类型最具代表性。下文选择最能体现网络信息流对地理空间压迫作用的遥远国家间区域关系类型，结合对人流导引十分明显的网站实例展开研究，以有效揭示网络信息流对遥远国家间空间人流导引作用机理。

11.4.1 中澳留学网站信息流对留学人流的导引作用

1. 中澳间留学交流地理网络空间构成与应用

中澳两国留学生交流已经成为两国间教育交流与合作中最重要的部分，其特点为明显的向澳流动单向性(孙中伟，2006)。在此，互联网成为(准)留学生生活必备条件(表11-12)，留学服务基本可通过网络实现。目前，几乎所有的专业留学中介都建立了自己的网站。它们凭借"网站为服务前台+公司为操作后台"的新型留学工作模式，为客户提供实时的留学咨询和服务(孙中伟和路紫，2007a)。

表 11-12　中国赴澳留学生在留学前、留学申请过程中及成行后对互联网的应用

阶段划分	一级指标	比例/%	二级指标	比例/%	互联网使用说明
留学意愿执行前	网络使用率	96	2 小时以下/天	62	高上网时间，网络为生活必备
			1~2 小时以下/天	30	较高上网时间，网络参与生活
			1 小时以下/天	8	低上网时间，网络点缀生活
留学目的地确定	自主信息比较	67	网络信息检索	99	查询心仪教育留学等相关信息
	亲朋介绍	29	网络信息检索	81	开展进一步印证及补充信息查询
	DIY	20	网络参与 DIY 过程	95	侦测等留学信息检索及在线免费评估
留学手续办理及成行	中介代办	80	网络参与前期咨询	99	留澳信息查询，古文在线咨询，免费资格评估
			网络参与学校申请	86	登录学校网站审核资质及通过中介的资料提交和申请
			网络参与签证申请	97	在线预评估，材料传送及签证办理
			网络参与留学成行	99	查询出行的留澳行李清单等注意事项及在澳生活信息
在澳留学期间	时常出于不同目的登录留学网站			84	登录留学中介网站及相关论坛咨询信息或发表感言
移民或归国后	与亲朋好友的在线留学交流延续			99	使用留学论坛、E-mail、QQ 或 MSN
合计	在澳中国留学生赴澳过程中的网络参与			94	信息检索、院校及签证申请、在线交流

资料来源：孙中伟和路紫，2007。

全部中澳留学网站构成了中澳留学网络空间的全貌。研究者称其与中澳两国区域关系式相衔接之后的表达为"中澳间留学交流地理网络空间图式"。其明显的特征为中澳两国在地理空间上的分离及距离尺度上的遥远性，以及网络空间中不同类型节点形成的圈层。在地理空间中以实体存在的留学生习惯于经由这些节点之一进入中澳留学网络空间，并以虚拟化身形式存在。这种图式基本揭示出了中澳留学交流地理网络空间的结构，但需要说明：①除展示的相关链接外还存在很多的链接形式；②还有很多类型的直接涉及中澳留学交流的网站节点没有被展示；③跨越中澳地域分隔的网站还有很多类型，它们间接促进了两国留学交流，如澳官方对外宣传网站。

2. 中澳留学网站信息流对留学人流导引机理

其导引机理主要从网站使用者角度、网站功能平台角度、新旧空间作用角度加以分析（图 11-6）。

1）网站使用者角度的导引过程机理

此处的留学网站信息流对人流的导引过程机理是指时间过程，即从留学生确定留学意愿到留学成行后对互联网的全接触。

第一阶段：留学目的地选择时段。留学生根据留学目标，结合自身的文化水平和学

习能力，对留学的国别、院校和专业进行初步确定。按照网络时代思维方式，资料完全可通过互联网直接访问国外院校、驻华使领馆和留学中介网站获得，即使与留学生交流也可借助 E-mail 和在线论坛实现。

第二阶段：合法留学中介选取时段。确定了留学目的地后，考虑到自主办理留学手续的非专业性，会选择一个合法、效率高且信誉好的留学中介协助。中介选取一般包含 3 方面：①可在网上浏览留学预警信息，并从中国教育部涉外监管网上查询具有教育部自费留学中介资质的合法中介；②可登录澳大利亚驻华大使馆教育处和澳官方网站留学澳大利亚获取最权威的留学信息并下载相关文件；③可登录澳大利亚留学生论坛，通过在线交流帮助确认中介选择。

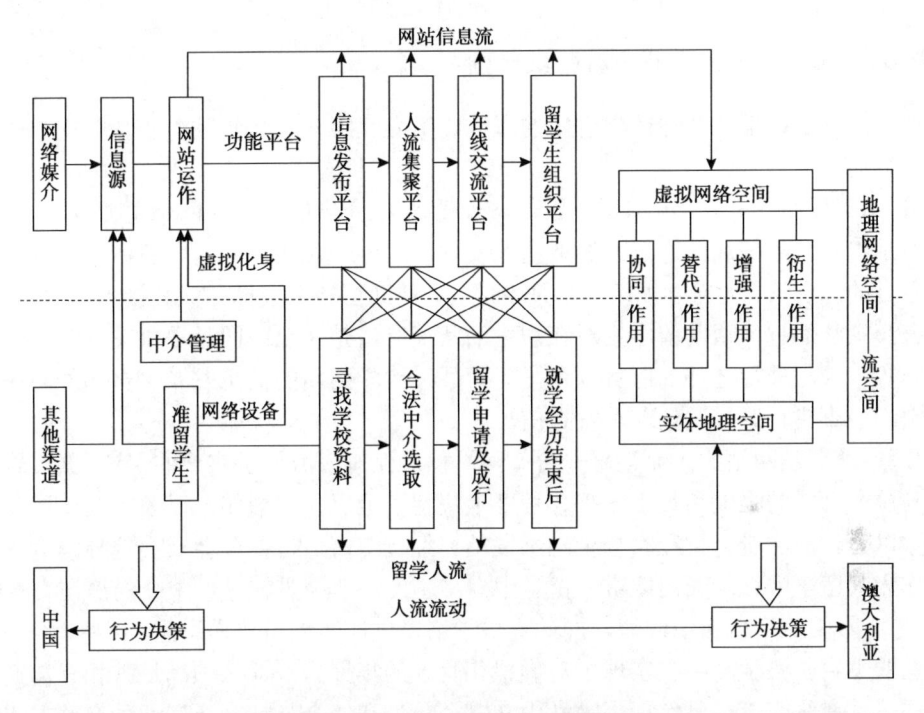

图 11-6　中澳留学网站信息流对空间人流导引作用的机理(孙中伟和路紫, 2007)

第三阶段：留学申请及成行时段。当留学生确认了某中介协助其办理留学手续后，可登录中介网站了解更多信息并接受服务。留学中介则采用网站数据库营销和专业顾问服务模式，提供同步(在线咨询工具)或者不同步(专用留言板、Email)服务，并通过后台运作完成留学手续办理。目前，留学中介借助网站媒介，提供涵盖前期咨询—申请学校—申请签证—留澳成行—抵澳后续 5 个阶段的服务(图 11-7)，并提供贯穿全程的在线交流社区协助留学申请与成行。

第四阶段：留学经历结束后时段。当留学经历完成后，留学生无论选择移民还是归国，一般会继续通过留学网站论坛与各种类型的留学生展开多话题交流。

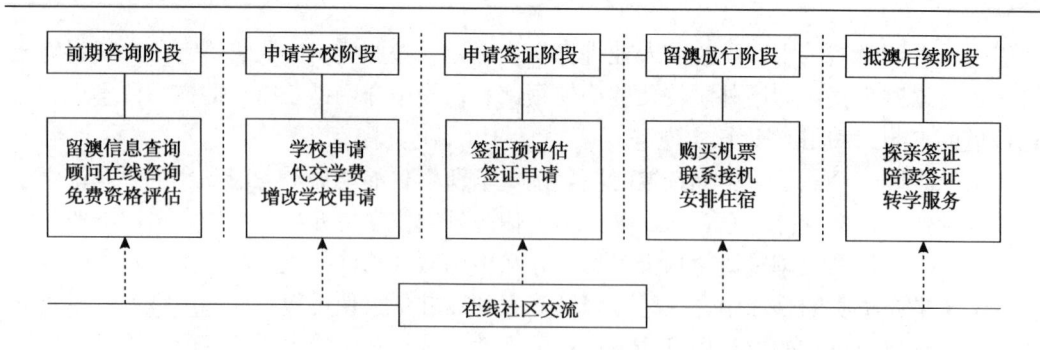

图11-7 留学中介在各阶段提供留学服务项目(孙中伟和路紫，2007)

2) 网站功能平台角度的导引组织机理

留学网站是留学中介与留学生间的在线虚拟交互媒介，其通过4个功能平台作用于留学生流动。

(1) 信息发布是互联网的基本职能之一。留学中介借助自己的网站主要发布4类信息：一是中介自身信息，通过对企业资质及基本服务的说明；二是一般留学服务信息，如留学目的地资讯、如何办理留学手续及成行，帮助留学生抉择并促其接受本网站服务；三是在澳生活信息，帮助留学生对在澳生活状况有清楚认知；四是提供辅助服务信息，如转学等申请与成行之外的服务。留学生可通过留学网站的信息发布平台功能，在虚拟网络空间中查找、选择、处理和发布信息。

(2) 中澳留学网站的人流集聚平台是网站信息流对人流导引实现的保证，其集聚网站会员与过客功能的强度和数量在很大程度上决定了导引作用强弱。以澳大利亚留学网为例，数以万计的注册会员经常登录网站发帖。经过交流后，部分会员会选择澳大利亚留学网作为其留学中介。确切地讲，留学中介网站的注册会员就是该中介的潜在客户群。

(3) 在线交流平台指中澳留学网站提供了诸多供在线人员传递思想、情感、经验等信息交互的平台。留学网站在实现了对虚拟化身人的集聚后，就必须满足其相互沟通与交流的需求。在线交流主要包括"网站中介—会员"和"会员—会员"两种交互方式。前者又由两部分所组成：一是留学顾问通过QQ和MSN回答留学生在线咨询；二是网站管理者通过论坛留言方式与留学生交流。在线交流可以改变留学生的原有经验值和信息输入获取程度，从而导致一系列留学行为的输出。

(4) 中澳留学网站信息流对人流的导引，主要是通过其作为留学组织平台功能实现。当留学生确定了中介后，就可参照其提供的留学服务流程，在自助留学申请和指导、学生陪读签证、全退款全套留学、全退款代办签证、中国境外生转澳留学、先签证后付费、高中留学等多种服务类型中选择。然后按照网上办理留学的一般步骤，即"用户注册—免费评估—挑选顾问—选择合约—学校申请—PVA申请—COE&签证—行程安排"进行办理。留学网站一般是通过免费专业评估、在线顾问咨询和"学校申请+签证办理+后续安排"3部分主要留学服务的提供，实现对留学人流的组织。

3) 新旧空间作用角度的导引实现机理

(1) 协同作用是指网络时代的留学市场是新虚拟网络空间和旧实体地理空间共同作用的结果。留学中介借助网络沟通能力提供留学信息与服务，为方便客户获取信息，建立了作为其服务前台的网站，并通过服务人员的后台操作，满足留学生需求。留学生通过上网设备，以化身形式在网络空间中查找留学信息、相互交流、接受网上服务。留学中介和留学生在网络空间和地理空间中都是活动的主体，前者负责提供服务并维持网站运作，后者则选择中介并享受网站服务。

(2) 替代作用是指网络空间中的网站信息流对地理空间中人流、物流和资金流的替代。留学申请中的信息查询、在线咨询、学校申请及签证办理等服务都可通过网络实现，减少了相应的人流和物流。澳在华实行的电子签证替代作用尤其明显。更进一步的电子签证系统服务将包括网上体检系统、自由旅行签证，以及在澳花费向政府指定银行账号的异国存储。

(3) 增强作用是指留学网站的建立加强了中澳间的留学生交流。其主要通过3种途径实现：一是留学网站提供了大量中澳两国信息，从而使留学生克服了客观距离形成了较丰满的异国感知形象；二是与以前获取留学信息不同，网站提供的信息更加准确、便捷与丰富；三是中介网站提供的服务愈加健全，促进了更多基于中介网站的留学行为决策。

(4) 衍生作用是指作为留学网站重要组成部分的在线交流论坛可以衍生出更多的人流和信息流。通过社区 OFFICE、留学澳大利亚、休闲小站和留澳学生特区版块的信息交互，一定程度上促进了中澳留学人流的衍生。同时，论坛所拥有的信息量也在迅速增加，并发挥衍生作用。

3. 中澳网站信息流导引留学人流的影响因素

(1) 留学中介的专业化程度直接决定了中介服务的项目合理性，以及网站服务前台和中介运作后台协作的合理性。专业化的中介会充分借助互联网工具提供更专业化的网站服务。而网站服务特别是留学中介网站的服务是中澳留学网站信息流对人流导引强度的主导因素。网站服务的专业化不仅体现在材料评估、学校和签证申请等主体项目，还应加强网站界面设计、信息提供、诚信度与知名度、在线交流社区等建设。只有这样，留学网站才能提高人流集聚度，被更多留学生选择。

(2) 按中澳留学网站拥有者及其建站目的划分，可分为留学中介网站、政府网站、大学网站和留学生自建网站4类。每类网站提供服务的侧重点不同，在促进中澳留学交流中的作用也不相同。留学中介网站在中澳留学网站中所占比例最大，是提供直接留学服务的主体。政府网站提供方针政策、留学预警、最新留学信息发布、信息咨询等免费信息服务。大学网站提供了准确的留学院校信息。留学生自建网站则主要为留学生提供在线交流的场所，从而使留学申请和异国留学生活简单与丰富。

(3) 中澳间留学交流地理网络空间中的国内留学站点的特征就是由留学中介和政府留学相关网站共同组成。国内留学中介的最大特点就是面向国内学生提供目的地为多国的留学服务，并没有专门的、只针对澳大利亚的留学网站。澳大利亚留学站点则具有政府留学网站功能相对弱化、增加大量在澳生活资讯、增加了同学录和留学俱乐部一类网站内容,以及留学生自建了许多网站等 4 个特征。相对而言,在保证中介资质的前提下中国学生赴澳留学的最佳中介在澳大利亚,原因在于这些中介就是针对身在中国大陆以及其他地方的华人学生提供留学服务的。

(4)留学生形态特征主要包括与导引作用直接相关的年龄、文化素质和经济基础 3 方面。从年龄上看,现在的留学生都属于互联网诞生后出生的"网络世代"人群。此群体深受互联网影响并对互联网具有高度的依赖性。同时,留学生们普遍具有较高的科学文化素质,从而使他们对互联网具有高度认知及可接触性。这样就基本解决了网络交易中的消费者传统交易观念的束缚,为非面对面和异地运作的网络留学模式奠定了基础。

(5)网络留学的外部环境包括技术环境、政府环境和示范环境 3 种,在很大程度上会对导引作用产生影响。技术环境主要是指新技术研发和应用普及,如多媒体技术、在线交互技术、网络传输技术以及网站制作技术等,会影响到网站服务提供及运作成功率。政府环境是指两国政府对于留学网站办理留学事宜的态度,如推行电子签证和发布留学预警信息等。示范环境是指整个社会对电子商务、网络交易和网站留学的认知与示范。目前网络留学还处在发展阶段,被广大公众接受还需要有一个过程。

11.4.2 澳大利亚旅游网站信息流对旅游人流的导引:过程、强度和机理

1. 研究回顾与研究对象

早在 20 世纪 60 年代,航空公司就与旅行社合作使其计算机预订系统延伸至旅行社代理商。70 年代,一些大型国际酒店集团开始建立自己的中央预订系统和顾客管理信息系统。90 年代后期,互联网预订系统允许所有上网计算机通过超文本传输协议在 Web 服务器间检索信息和在线购买。网上信息系统业务在旅游各领域的逐步应用引发了学术界对"网站信息流"导引旅游人流的关注。

在网站本身的功能性及其与使用者的关系方面,Group(1999)研究了电子服务对顾客管理的效果问题;Palmer(2002)进一步研究了网站应用性、设计与绩效的关系;Ziethmal 等(2002)还给出了理解和改善电子服务质量的模型;Limayem 等(2003)以中国香港旅游网站为例探索了网站设计、电子商务、信息系统和网站管理等方面的内容,提出了复杂的旅游网站演化轨迹。在使用者满意度方面,如路紫和李彦丽(2005)评价了北京市旅游网站使用者的满意水平,讨论了技术、经济和组织方面的障碍。以上这些成果对于旅游网站信息流的研究都有较大的间接借鉴意义。

至于旅游网站信息流与使用者行为方面,Van Riel 等(2004)论述了互联网的变革导致的旅行代理商与顾客交互方式的巨大变化。Skadberg 等(2004)考察了网站吸引使用者访问旅游目的地的信息流,并建立了信息流模型,指出:①适时性与适用性是信息经历(信息需求、网站回访和目的地访问)的 2 个指示物;②信息经历与使用者对旅游目的地信息的接受密切相关;③信息经历可导致使用者行为和态度的变化。Davidson 和 Yu(2004)

从西方旅游者的角度分析了以中国台湾为旅游目的地的36个"名牌"旅游网站的内容，指出了信息流为旅游者提供导引时的潜力。Lexhagen(2004)调查了旅游开发者和旅行代理商通过旅游网站信息流为旅游者提供服务促进购买的重要性。总之，前人的探索使网站信息流成为一个研究焦点，并为网站信息流的深入探索奠定了基础。但大部分研究仍是注重虚拟交互界面，并未深入涉及虚拟与现实的结合，实际上半虚拟半现实的旅游行为研究无论是在信息界还是在旅游界都涉足甚浅，研究成果还属鲜见。因此电信地理学者 Grentzer(1999，2000)关于有必要将各种流作为电信地理学的一个新尺度进行研究的倡导仍然具有现实意义，必须加强对旅游流体系中各种旅游流之间存在影响的研究(唐顺铁和郭来喜，1998)。

根据已有文献可以初步形成如下定义：旅游信息流是指与旅游活动有关的并伴随旅游活动而发生的信息传递及交流。旅游网站信息流对人流的导引是指虚拟网络的无形信息流对现实有形人流发生的组织和指导作用。在这一过程中，首先是网站对使用者提供信息；其次是使用者在信息传输网络及相应软硬件的支撑下通过虚拟化身形式登录网站，并在网站信息功能基础上进行决策；最后是实现在地理空间上的真实流动。

澳大利亚旅游业已成为其规模最大、增长最迅速的产业之一，同时澳大利亚远离其他大陆，ICTs在旅游业中应用十分成熟，所以下文选择澳大利亚旅游网站为对象。首先选用澳大利亚旅游网(因具有信息量大、覆盖面广、高度外向性而吸引大量使用者，访问量中本国使用者和国外使用者各占50%。以澳大利亚旅游网作为研究对象具有较大的代表性)单一网站为例分析网站的功能性与服务性对访客的导引，而后使用全部澳大利亚旅游网站资料研究现实旅游人流与旅游网站导引的关系，以使结果更具有全面性。同时选择赴澳大利亚"国际游客整体""休闲度假国际游客"和"探亲访友国际游客"不同群体，分客源市场区分析网站信息流导引人流的结果(路紫等，2007b)。

2. 旅游信息流因素的变化

目前旅游信息流因素正在发生深刻变化。旅游决定生成前影响赴澳国际游客抉择的各主要因素中以朋友或家人、以前的知识、网站为最主要的因素，其中网站因素增长最快(图11-8)。旅游决定生成后赴澳国际游客旅游预订中，最主要的形式是直接向供应商预订，但使用网站进行旅行预订的比例增长最快(图11-9)。旅游决定生成后赴澳国际游客旅游预订的媒介应用中，网站媒介也是增长最快的(图11-10)。可见网站是近年发展最快和最具潜力的信息流因素。

如果以赴澳国际游客整体使用旅游网站的比例为指标，通过比较可看出，大部分国际客源市场区使用网站的比例都有不同程度的增长，其中日本、德国、韩国、英国、其他欧洲国家(不含英、德)、中国、新加坡、加拿大为使用网站比例较高的国家，即在这些市场区中信息流导引潜在人流作用较强。对市场区人流使用网站比例升降的原因进行准确分析将有利于促进其旅游产业的发展。

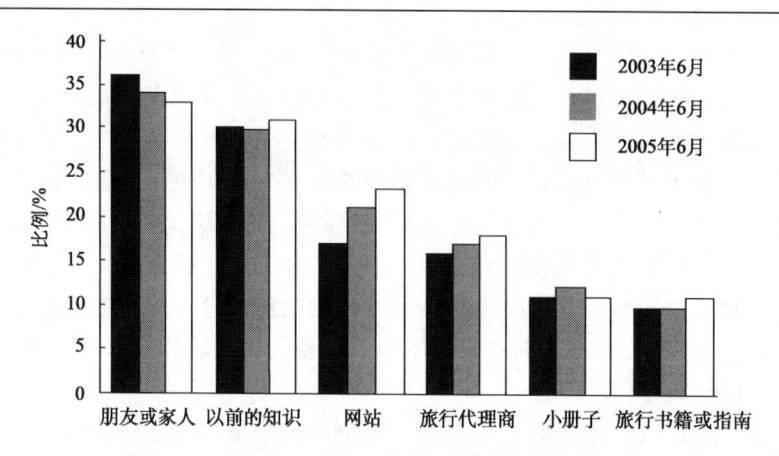

图 11-8 影响赴澳国际游客抉择的主要因素历年变化(路紫等，2007b)

图 11-9～图 11-10 资料来源同

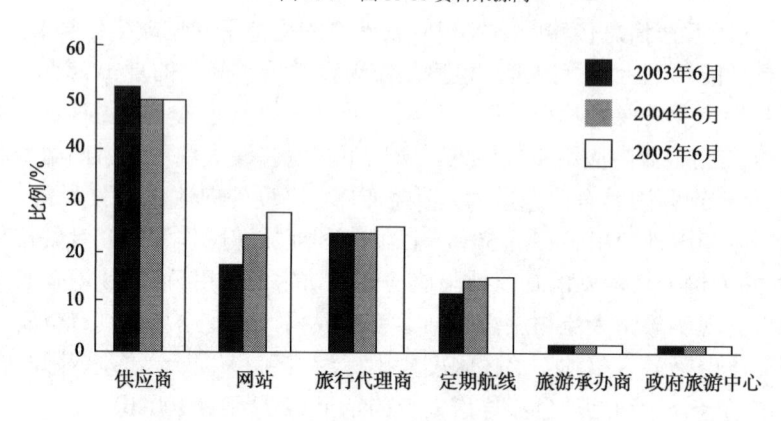

图 11-9 赴澳国际游客旅游预定形式的历年变化

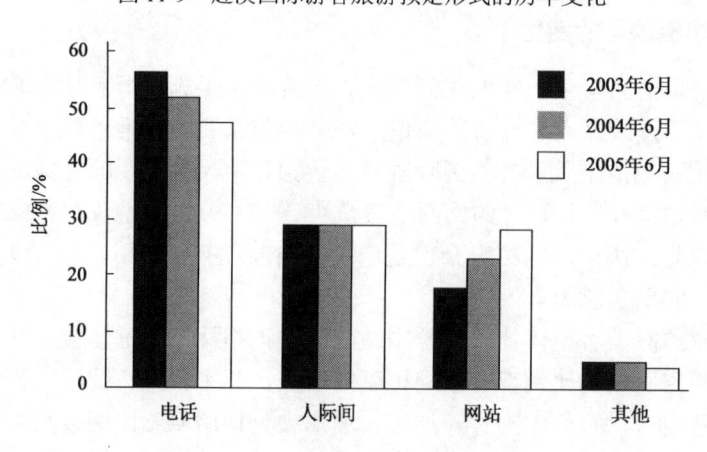

图 11-10 旅游预定的各种媒介历年变化柱状图

3. 旅游网站信息流对旅游人流导引的过程

旅游网站信息流对旅游人流的导引过程是通过网站功能性与服务性完成的，具体包括访问路径、信息应用、在线预订等，表现为对网站的点击、访问、回访等行为。

1) 网站访问路径对潜在人流的导引

表11-13是使用者进入澳大利亚旅游网前的链接域的排列情况，通过此一排列可以帮助考查使用者的有效路径问题。从表中看到澳大利亚旅游网的使用者大都从世界著名搜索引擎网站导引而来，其中链接最多的为Google，占1/4以上。

表11-13 进入澳大利亚旅游网前的链接域的排列

链接域排名		访问量/%
Google 澳大利亚	Google.com.cn	25.94
Google	未参考	25.04
雅虎	arn.com.au	14.09
Ninemsn 澳大利亚	google.com	7.52
Google 英国	yahoo.com	4.57
Google 加拿大	ninemsn.com.cn	4.24
多伦多信息港	google.co.uk	2.58
Sparklit	google.ca	1.27
Google 新西兰	torontoservice.com	1.22
MSN	adbutler.com	1.05
合计		100.00

资料来源：路紫等，2007。表11-14~表11-17资料来源同。

2) 网站信息应用对旅游人流的导引

根据澳大利亚旅游网网页点击量排名的数据可知满足使用者需求的网页内容的导引作用(Nielsen，2000)明显。从网站日志的网页点击量排名列表中可以归纳出，网站的主页以外使用者关注的内容依次为地图(高速公路)、住宿(花费和可获得性等)、订购航线、旅行指南、交通工具租赁、吸引物及其详细情况(花费和开放时间等)、特殊旅游。这与以往有关旅游目的地的调查得出的结论基本一致(Rosenfeld and Morville，1998)。

3) 网站在线预订对旅游人流的导引

在线预订是网站信息流导引人流的具体说明，是网站信息流导引下形成现实人流的最后一个行为。从赴澳国际游客使用网站进行预订来看，在赴澳国际游客整体(T)、赴澳休闲度假国际游客(H，休闲度假国际游客占58%)和赴澳探亲访友国际游客(V，探亲访友国际游客占36%)之间没有大的区别(表11-14)。以预订赴澳的国际航空旅行和澳大利亚住宿两项为主。

表 11-14 澳大利亚不同类型国际游客预订行为差异 (%)

预订类型	T	H	V
赴澳国际航空旅游	52	44	63
澳大利亚住宿	48	56	35
澳国内航空旅游	19	21	28
澳汽车出租或租赁	13	16	13
澳组织的游览参观	10	13	6
其他	7	8	5

4. 旅游网站信息流对旅游人流导引的强度

首先，旅游网站信息流导引旅游人流的强度可通过计算各国际客源市场区中使用旅游网站的游客数占总游客数的比例（使用比）来表达，以使用比较高者为旅游人流受导引强度较大。从澳大利亚六大主要国际客源市场（新西兰、英国、日本、欧洲、美国、中国）的旅游类型来看，休闲度假均列第一，其次为探亲访友。故下面分别研究赴澳国际游客整体，以及赴澳休闲度假国际游客、赴澳探亲访友国际游客的网站使用情况及网站信息流对人流的导引。赴澳国际游客中有 1/3 使用旅游网站，也就是说澳大利亚的国际游客中有近 1/3 是受旅游网站信息流导引的。

其次，旅游网站信息流导引旅游人流的强度可通过计算网站信息在游客信息源中的比例（信息比）来确定。赴澳国际游客的 72%需要寻找有关旅游信息，其中最常用的信息源是互联网，占总信息源的 34%；其他常用的信息源包括旅行代理商、从前的浏览经历、居住澳的朋友或亲戚、旅行书籍或指南等。其中赴澳国际游客整体和赴澳休闲度假国际游客的信息源排名一致，但与赴澳探亲访友国际游客的信息源有所不同，探亲访友群体最大的信息源是居住在澳的朋友或亲戚，以及从前的游览经历（表 11-15），故网站信息流的导引强度对不同类型的旅游人流的影响是不同的。

表 11-15 赴澳国际游客信息源的比例 (%)

主要旅游信息源	T	H	V
互联网	34	34	25
旅游代理商	27	27	20
旅游书籍或指南	23	23	15
从前的游览经历	27	27	36
居住澳的朋友或亲戚	26	26	51
去过澳的朋友或亲戚	13	13	10

5. 旅游网站信息流对旅游人流导引的机理

旅游网站信息流对旅游人流导引的机理即是游客如何受到旅游网站信息流影响的及其如何产生变化的。下面依据于 Tourism Research Australia(TRA)的数据形成表 11-16，说明澳大利亚各国际客源市场区旅游人流受网站信息导引情况，网站使用原因 1~10 项见表 11-17。

表 11-16 澳大利亚各国际市场游客使用网站原因和排名情况表

市场	网站使用原因										赴澳国际游客使用网站的人数排名	赴澳国际游客量排名
	1	2	3	4	5	6	7	8	9	10		
新西兰	1	27	29	1	31	42	9	19	51	6	2	1
日本	11	70	25	9	28	11	5	10	22	8	1	2
中国香港	15	46	48	12	41	29	19	19	42	11	13	12
新加坡	3	47	48	5	44	22	11	32	52	10	8	8
马来西亚	3	49	45	3	32	17	10	24	50	10	11	10
印尼	1	55	33	3	34	15	6	15	41	11	17	16
中国台湾	24	67	28	12	31	18	7	17	24	6	14	15
泰国	7	54	30	6	38	23	10	12	31	16	16	17
韩国	19	64	28	8	15	11	6	8	13	3	7	9
中国	20	75	29	18	22	18	7	9	17	7	6	7
其他亚洲国	8	51	35	2	40	15	10	19	43	17	15	13
美国	3	58	36	4	47	29	16	17	42	8	5	5
加拿大	3	62	37	3	46	22	19	24	44	12	12	14
英国	5	48	45	7	38	35	21	21	48	9	3	3
德国	6	61	39	4	32	21	15	25	41	11	9	11
其他欧洲国	6	57	39	8	41	17	17	28	43	13	4	4
其他国家	6	53	40	2	38	20	19	9	43	14	10	6
总计	7	54	35	6	34	24	12	18	38	9		

注：资料来源于 ACNielsen Research Pty Ltd.Visitor servicing study. http://www.tourismcouncilwa.com.au/admin/documents/VSS.pdfTx.。①ACNielsen Research Pty Ltd. 代表 TRA 进行了国际游客调查(IVS：International Visitor Survey)。调查时间为 2004 年，采访了 20648 位短期国际游客(即停留时间少于 12 个月)，采访地点在澳大利亚主要的国际机场。② 1,2,…,10 表示网站使用原因，具体见表 11-17。

从表 11-17 中可以看出，赴澳国际游客使用网站原因的比例中，51%的游客是在决定赴澳后寻找更多的澳大利亚相关信息，其他的主要原因还有寻找澳的住宿信息、帮助设计澳旅行路线、寻找澳国内的旅游事件或活动信息等。赴澳国际游客整体和赴澳休闲度假国际游客的动因排名相似。但两者与探亲访友国际游客不同，前两者最主要的动因是决定赴澳后寻找有关澳大利亚的信息，目的是为了建立一个有关澳旅游的综合印象。而后者最主要的动因是寻找赴澳的飞机票价或航空表，而"寻找信息以帮助决定是否赴澳旅游"的比例大为降低,说明其目标的差异所带来的使用网站原因的差异。澳大利亚各国际客源市场区使用旅游网站的原因总体相同,对于使用网站比例较高的前7个市场区而言,最主要的原因是决定赴澳旅游后寻找更多的相关信息,其他主要原因有：寻找澳国内旅游事件或活动信息；帮助设计赴澳旅行线路等。可见旅游网站信息流可直接导引旅游人流的形成。对比澳大利亚旅游网站使用者点击量前10名排名与国际客源市场现实人流前10名排名可见,两者之间是存在必然联系的。这受近年网站信息流在所有旅游信息媒介中比例提高的影响。其中链接网站信息和旅游人流的关键因素是现实游客或潜在游客使用网络获得旅游信息的情况。当然两者之间的关系很复杂,人流生成及人流运动受很多因素的综合影响,从两列排名对比可见地理距离、国民收入、语言一致性、国家关系等因素仍起很大作用。

表 11-17　赴澳国际游客使用网站原因的比例　　　　　　(%)

序号	网站使用原因	T	H	V
1	寻找信息以帮助决定是否赴澳旅游	7	8	4
2	决定赴澳旅游后寻找更多的澳相关信息	51	55	39
3	帮助设计澳旅游线路	36	41	33
4	寻找一个赴澳旅游代理商	7	7	5
5	寻找澳国内旅游事件或活动信息	33	37	28
6	寻找赴澳的飞机票价和航空表	29	25	42
7	寻找澳国内的飞机票价或航空表信息	14	15	19
8	选择在澳的交通工具(汽车租赁/公共交通)	18	20	18
9	寻找澳的住宿信息	39	43	33
10	其他原因	9	7	9

注：赴澳国际游客整体使用网站原因比例,赴澳休闲度假国际游客使用网站比例,赴澳探亲访友国际游客使用网站比例之和均大于100%,是因为游客使用互联网往往有多种原因,而不仅仅是其中一种原因；另外游客可能不仅仅使用一种信息源,而是多种。

11.4.3　小　　结

第一,研究者选择遥远国家间区域关系类型,以中国赴澳留学生在留学前、留学申请过程中及成行后对互联网的应用现状调查为基础,建立由不同类型中澳留学相关网站构成的"中澳间留学交流地理网络空间图式",并从网站使用者申请过程、网站平台组织和导引实现作用3个层面揭示中澳留学网站信息流对空间人流的导引机理。研究显示,大量中澳留学网站的建立虽在留学人流空间移动中不起决定作用,但起到了积极地促进作用。从服务提供者的角度讲,留学中介借助建立的网站为客户提供从信息查询到专业方案规划,从学校申请到签证申请的实施,以及成功以后的全部后续服务。虽然目前通过网站的信息发布、人流集聚、在线交流和留学组织等4个功能平台的作用,还不能实现完全的非物质化的信息服务,但客户材料经留学网顾问确认以后,只需要2次申请学校和签证材料等的邮寄,并没有产生多少额外费用和时间消耗。与此同时,留学中介服务人员和客户的少量现实流动也是必要的。从服务需求者的角度讲，留学生们的年龄、文化素质和家庭经济基础决定了他们视网络为生活必需，具备了通过网站办理留学的可能性。这就要求留学中介不仅要提升服务水准，还要注重网站内容丰富性、界面美观性和良好口碑的建设，提高网站外部链接的质量和数量，提高在搜索引擎中的位置，从而使中介拥有更多的会员和客户。

第二，研究者以澳大利亚旅游网站为对象，研究旅游网站信息流导引旅游人流的若干问题，旨在证实虚拟流动对现实流动的作用性。首先分析了旅游信息流因素的变化；而后透视了基于旅游网站功能性与服务性的信息流对旅游人流导引的过程；再后给出了旅游网站信息流对不同类型旅游人流导引的强度，最后从旅游网站使用比和旅游网站信息比两个方面揭示了旅游网站对旅游人流导引的机理。研究发现：①各信息流因素的作用力正在发生变化，在旅游决定生成前影响目的地选择的因素中、旅游决定生成后赴澳国际游客的预订形式上，及旅游决定生成后赴澳国际游客旅游预订的媒介应用方面，旅游网站都占有重要的地位，且是增长最快的信息流因素；②旅游网站通过功能性与服务性完成了信息流导引人流的过程，其中包括访问路径对潜在人流的导引，应着重加强旅游网站与那些著名搜索引擎的链接；网站内容对潜在人流的导引，访客最关注的内容是地图、住宿、订购航线、旅行指南、交通工具租赁、吸引物、特殊旅游等；在线预订对旅游人流的导引，以国际航空旅行和住宿为主；③旅游网站信息流导引人流的强度因不同类型的游客而有不同，对休闲度假国际游客的作用性明显高于探亲访友国际游客，不同的市场区也有不同，日本、中国、新加坡、韩国为信息流导引较强的区域；④旅游网站信息流导引人流的机理是寻找旅游信息，各市场区总体上首先是寻找决定赴澳后的更多相关信息，其次为住宿、设计路线等信息。对于赴澳休闲度假国际游客，使用旅游网站的原因是决定赴澳后寻找相关信息；对于赴澳探亲访友国际游客，使用旅游网站的原因是查找赴澳飞机票价或航空表。

11.5 虚拟社区信息流对现实居住社区人流的导引

虚拟社区在各个领域的广泛应用，也使传统的地理居住空间发生了深刻的性质变化：地理空间与虚拟空间逐步融合，形成半现实半虚拟这种新的城市居住空间形态——智能小区。下文以虚拟社区影响下城市的居住空间结构变化现象为研究对象，分析虚拟社区对城市居住空间结构的影响机理，探讨在ICTs的推动下城市居住空间在集聚、扩散、分异等方面所体现的新变化，并提出调整城市居住空间结构的具体建议。

11.5.1 虚拟社区对城市居住空间结构的作用机理

1. 背景

20世纪90年代以来，随着ICTs这种全新的信息传播方式在全球的飞速发展，人类社会系统和经济结构，以及人们的日常生活、交往模式都发生了深刻的改变。网络对城市居住空间结构及其对城市规划的深刻影响也成为近30年来西方学者研究的热点问题,特别热衷于对城市内部空间的研究。

城市的信息化发展是全球范围的必然趋势,ICTs不仅改变了人们的生活和生产方式,而且对城市的经济结构、社会结构产生巨大的影响。为了适应信息时代城市经济、社会结构的变化,城市用地布局、居住模式、交通方式等发生相应的变化,由此带来城市居住空间结构的发展和演变。下文试图从虚拟网络空间的内涵出发,辨析其现实意义,探讨网络时代城市居住空间结构的演变趋势。

从理论角度来看,着重分析虚拟社区对城市居住空间结构的作用,是一个较为典型的信息地理研究题目。从虚拟社区网站对城市居住空间结构演进影响的视角进行探讨,丰富了其理论基础。从实践的角度来看,利用对杭州市的实证分析,从实践层面,基于城市集聚、扩散、分异及其他因素等多个角度说明了虚拟社区的发展对城市居住结构的影响,在一定程度上弥补了国内信息地理研究的不足,为发展与完善提供了有益的参考。

2. 虚拟社区与城市空间结构

1) 相关概念界定

A. 虚拟社区

虚拟社区研究的先驱 Rheingold(1993)认为虚拟社区是一种社会的集合体,它源自于虚拟空间上有足够的人、足够的人类情感,以及人际关系在网络上长期发展,因此他将虚拟社区定义为:一群通过计算机网络相互沟通的人们,彼此之间有某种程度的认识、分享某种程度的知识与信息、相当程度如同对待友人般彼此关怀,所形成的群体。

Hagel 和 Armstrong(1997)认为,虚拟社区的真正意义在于把人们聚集在一起,通过网络建立起互动的基础,满足人们的兴趣、幻想、人际关系或交易等需求,而虚拟社区吸引人们的地方在于它为人们提供了一个自由交往的生动环境,使人们能够在社区里持续性的互动,并从互动中创造出一种相互信赖和彼此了解的气氛。

Porter(2004)将虚拟社区定义为一种个体或商业伙伴的集合体,该集合体的成员拥有共同的兴趣,按照一定的协议或标准彼此沟通交流,相互间的交互或完全以技术为媒介,或部分受技术支持。

虚拟社区存在着许多不同的分类方式。国外学者曾从虚拟社区的互动时效、成员需求、经营焦点、创建与关系导向、价值分析等不同角度对虚拟社区进行分类(表11-18)。

表11-18 从多学科的角度考察虚拟社区的分类

分类角度	类型	特征	典型实例
根据社区的功能	综合类社区	包含多个板块,涉及多个领域的专业综合类大型社区	猫扑、天涯社区、西祠胡同
	门户类社区	依托大型门户网站建立的社区	搜狐社区、新浪论坛
	主题(专业)类社区	针对某一类特定用户群体提供专业主题交流、互动、分享的平台	游戏论坛、榕树下社区、Donews、CSDN

续表

分类角度	类型	特征	典型实例
根据社区的一般关系定位分类	商业类社区	提供商品信息，买卖双方交易的场所	网上商店
	非盈利性社区	用于社区成员交流或公益性社区	绿色家园
	政府社区	由各级政府部门主办	杭州社区网
根据沟通的实时性	同步虚拟社区	成员之间相互交流同时进行	网络联机游戏
	异步虚拟社区	成员之间相互交流可同时在线，也可留言	BBS MUD USENET
根据成员之间关联纽带的不同	社区成员因为某种现实联系而构成	现实社会中的团体其行为向互联网的延伸	IBM 笔记本用户论坛
	社区成员因为某种虚拟联系而构成	社区成员在某一方面有着共同的兴趣或爱好，相互交流的主题比较明确单一	影迷会 歌友会
根据社区经营模式的不同	作为独立商业模式的社区	社区主要通过广告收入、会员费、会员捐款或是出售社区纪念品来维持生存	各类救助基金会
	作为网络企业多样化模式之一部分的社区	主要目的是提供与顾客相互交流的场所，并希望通过社区增进顾客忠诚，为企业的总体营销战略服务	各类会员论坛
根据社区形成的原因	交易型社区	具有交易愿望的买卖双方提供交易场所，社区的主要收入来源于交易佣金及广告收入	易趣
	兴趣型社区	以兴趣为基础，让许多分散各地，但对某一个主题有共同兴趣或专长的人得以聚集在一起	QQ 棋牌室
	幻想型社区	为其成员提供了虚拟空间，让他们扮演自己所欲扮演的角色，满足幻想的动机	传奇魔兽

本节所指的虚拟社区是与现实社区相对应的，即主要由某一社区居民所参与的以本社区为主题的虚拟社区。现代社区是虚拟社区和现实社区所组成的复合式社区，其特点是虚拟地点与现实地点一致，如广州市丽江花园、汇景新城、杭州市德加社区等。与一般的虚拟社区不同，由于这些虚拟社区成员大多是社区内的住户，因此其成员较为稳定，并可在现实中承担一定的责任和义务。这样的网络空间为社区发展、居民生活提供了新的发展契机，客观要求社区必须发生某种程度上的重组，为住户提供更加积极主动的自在性发展空间。随着生产活动、商业活动逐步向网络空间转移，人类生活也将日益凸显出虚拟化的特征。人们生活在现实社区当中，利用互联网又生活在虚拟社区当中，你可以足不出户达到学习、购物、工作、娱乐和交流的目的，从而实现着一种前所未有的生活方式。尤其是社区物业管理者和业主们自发建立的网站所形成的虚拟社区，同样起效的和现实社区一起服务和影响着整个社区。

B. 智能小区

目前，国内以智能小区来称谓大量采用 ICTs 的住宅小区。1998 年年初，德达公司率先提出了智能小区的概念，从此拉开了国内小区智能化的序幕。1999 年 1 月国家建设部住宅产业化办公室提出的住宅小区智能化的基本概念为："住宅小区智能化是利用现代 4C（即计算机、通信与网络、自控、IC 卡）技术，通过有效的传输网络、对多元信息服务与管理提供高技术的智能化手段，以期实现快捷高效的超值服务与管理，提供安全舒适的家居环境"。从一定角度讲，智能化住宅小区是国家信息化的基础，是网络经济、网络化生存的基本单元，具有重大的战略意义。

中国居住小区的智能化建设是近几年才兴起来的。建设部1999年颁布了"全国住宅小区智能化系统示范工程工作大纲"，制定了"全国住宅小区智能化系统示范工程建设要点与技术导则(试行)"，2003年2月，随着居住小区智能化系统建设要点与技术导则》的印发，智能小区的建设逐渐以需求为导向，由盲目建设转为理性发展，智能化市场也具有了一定的规模。在过去的几年，全国在许多大中城市，特别是在经济发达地区的大城市当中，已经建立了一批具有一定智能化功能的住宅小区。智能小区中大范围采用ICTs，特别是其中的互联网技术，创造了网络空间和虚拟社区，而城市住宅小区未来的发展趋向很大程度上就是建立在此基础上的。

归纳起来，住宅小区应用ICTs所提供的功能服务可分为3部分：居住安全、生活方便、信息灵通。把"居住安全"放在首位是因为小区"以人为本"，所以必须保证居住安全；物业管理档次的高低直接影响到住户生活的方便程度，所以必须提高物业管理水平；据统计25~35岁这个年龄段的置业人员迅速增多，互联网的知识在这个年龄段是普及的，所以小区的信息服务极为重要。与此相对应，小区智能化主要由3部分组成：小区安全防范系统、物业管理系统、公共信息网络系统(图11-11)。在全国现已交付使用的智能化小区中，智能化的前两部分完成的相对较好，而第三部分一般只是提供了电话线、有线电视和宽带接口，对于更高层的小区多功能网站建设则少有涉及或是水平不高。

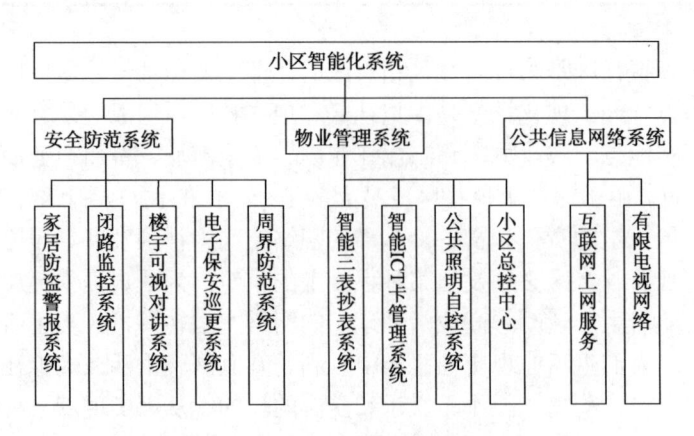

图11-11 住宅小区智能化系统概念框图

2) 研究回顾与评述

在城市研究方面，甄峰等(2004)认为信息时代区域与城市功能的转化及信息网络的应用对区域空间结构产生的一个重要结果，就是世界城市体系和新型空间极化格局的形成；姚士谋等(2001b)就从信息网络到城市群区内数码城市的建立问题进行了探讨；周年兴等(2004)对信息时代城市功能及其空间结构的变迁进行了深入论述；李和平和严爱琼

(2002)分析了不同时期城市空间结构演化规律,预测了信息时代城市空间结构发展的可能趋势;方维慰(2006)针对 ICTs 与城市空间结构的优化进行了论证。

在虚拟社区与地理学相关研究方面,研究者认为,虚拟社区是 ICTs 发展之后形成的崭新的人类生存空间,从某种意义上说它更接近滕尼斯所谓的共同体的那种"天然的状态"(滕尼斯,1999)。现实社区通常强调地域环境的影响,其社区形态都存在于一定的地理空间中,社区实际上是居住在同一地域内的人们形成的地域性的共同体。虚拟社区则没有物理意义上的地域边界,虚拟社区的非空间组织形态以及成员的身体缺场,使其成员可能散布于各地,即一个个体可以超越空间的障碍生活在好几个虚拟社区里(Wilson,1967)。所以说,虚拟社区与现实社区最大的差异是在地域空间的界定上。

虚拟社区使网络空间内的人际交往超越了地理界线的限制,可以说是一个无物理边界的社区,在虚拟社区里具有共同兴趣和爱好的人经过频繁的交流形成了共同的文化心理意识和对社区的归属感、凝聚力,所以,虚拟社区可以界定为跨地域的人们所形成的精神共同体,即社区是一种观念形态,是一种人际关系模式(刘瑛和杨伯溆,2003)。虚拟社区的出现,解构了人们对社区只是关于地域性生活共同体的统一认识,拓展了人们重新认识社区概念的视野,形成了关于社区概念界定的两种不同的取向——地域性社区和精神共同体(侯自强和李建华,1997)。

有关虚拟社区的内容在城市地理领域研究也非常深入。在研究过程中出现了许多相应的新名词,如智能城市(Leigh,2000)、虚拟城市(Batty,1990)、远程城市(Fathy,1991)、信息化城市(Castells,1994)、比特之城(Mitchell,1996)、网络城市(Townsend,2001)等。

国内城市学方面研究虚拟社区的文章多半侧重其对空间发展的影响,尤其对城市空间、城市关系的影响,并且也将虚拟社区作为信息社会的一个特征出现。例如,孙世界(2001)仅把虚拟社区作为促进城市社区功能更新的一个 ICTs 手段;曹国华和崔功豪(2002)也仅把虚拟社区作为电子空间技术对城市发展影响的一个方面;仅此而已,并没有把虚拟社区作为一个完全的因素来加以考虑和论述。

分析国内外城市居住空间结构研究现状,可以发现通过大量的城市居住空间实证研究,已经建立了较为完善的理论体系,同时也形成了不同的理论学派。在研究的方法论上,ICTs 的发展使得研究者们非常重视传统范式的改变。由于多学科的参与,研究手段也不断更新,一些新的技术如虚拟现实及统计模型等也被应用到了具体的研究中。从研究内容来看,主要集中于信息网络的空间影响、信息产业空间重构、区域创新网络及大都市区空间结构变化方面,对要素空间结构研究较多,还缺乏对区域空间结构的系统研究。下文在分析国内外研究成果的基础上,对信息时代的城市空间结构的演进进行了探讨。

3. 虚拟社区对城市居住空间结构的作用机理

随着 ICTs 和各种公共信息环境的不断完善,生活同网络的关系已经越来越密切。人们已经几乎可以足不出户,就搜集到自己日常生活所需要的大部分信息并加以处理。人们也已经可以很方便地实现各种形式的网上聚会和远程通信活动——如网上聊天、网上竞拍等。因此，人们就已经完全可以做到把很大一部分必要的日常生活事务处理和社会交往活动从实体空间转移到虚拟空间。这无疑意味着，随着ICTs与应用的进一步发展，建立在互联网之上的城市有了双重空间——物质空间和虚拟空间。虚拟空间作为揭示未来城市走向的重要因素，从而引起城市空间结构的变化，导致引起城市居住聚集、扩散、分异的原因和实现的条件都已经发生了深刻的变化。

1) 虚拟社区的发展加速城市居住空间集聚

A. 城市的"集聚效应"

城市经济的本质特征就在于其空间性和聚集性(郭鸿懋等，2002)。"集聚性"产生城市地域系统所特有的"集聚效应"，而"聚集效应"即是形成城市居住区空间"集中"与"分离"，它是城市各种经济要素、经济活动的相关性与结构性产生的重要机制，也是城市空间形成的内在动力。这是辩证发展过程的一个主要因素，所以它对城市的发展以及居住区的空间结构的演变，产生很大的影响。

城市规模及空间结构的扩展，在于它的内在本质属性，即各种要素的空间"集聚性"，主要有两层意义："同质"集聚与"异质"集聚。对于城市居住区空间结构特征来说，"同质"集聚就是指相同社会阶层在城市空间某些特定地点的"集聚"，"异质"集聚则是指不同社会阶层在城市空间上的"集聚"与混居现象。

B. 虚拟社区加速"同质"集聚

为了明确虚拟社区对城市居住空间布局的影响，以及居民对居住区位选择相互关系，有学者对杭州市居民居住选址做了一次实地调查。调查地点选择在绿园、桂花城、紫桂、春江花月、九溪玫瑰园、清水公寓、金都华庭、浅水湾、富春山居、山水人家等大型智能化社区。调查对象主要选择年龄为25~40岁的白领阶层。包括：会计、建筑师、工程师、医生、办公室工作人员、教师和行政管理人员等。调研发现，在居住区位的选择中，当月收入超过5000元后，居住区位选择对工作地点的依赖性明显减弱，在选择到市中心以外居住的理由中，多数人最看重的是环境因素，即可以摆脱市中心的喧闹和拥挤，居民购房选址的郊区化倾向将会进一步发展。虚拟社区的发展与应用为住宅智能化提供强有力的技术保障，奠定了住宅智能化的发展基础，推动住宅向信息化、智能化方向发展。城郊大规模的智能住宅区开发，加快了城市的形态演化。由居住区开发为先导的郊区城市化，也加快了城市郊区化的进程。虚拟空间会使郊区化成为未来发展的主要趋势，信息时代的住宅不仅是一个休憩场所，还是一个活动中心。住宅公寓需要提供接待室、会议室和其他家庭办公室无法具备的专用设施。信息时代住宅的吸引力不再是卧室的大小，而是信息基础设施的水平。届时，信息基础设施完备、安静宜人的居住环境将首先受到人们的青睐。

信息和网络经济时代的到来，信息和网络技术渗透进社会经济生活的各个角落，互联网连接着千千万万的公司和家庭，以至于远程办公和电子商务成为可能和现实。网络迅速传递着信息，把个人—家庭—公司—社会—世界虚拟化为一体。随着未来工作与生活方式的改变，社区的功能将会多样化，社区的形态将会发生改变，社区的边界将会更加模糊。虚拟社区与物质社区相融合，出现了智能小区这样的新型社区类型的大规模发展。

居住空间将会更加集中在自然环境优美、气候宜人的郊区，这些地区将会吸引那些可以自由地进行远程工作的白领阶层人士到此居住，从而加速城市居住区的"同质"集聚现象(图11-12)。

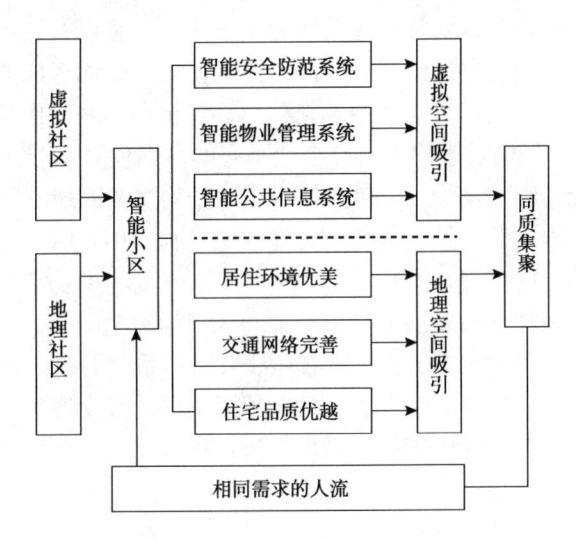

图 11-12　虚拟社区与同质集聚互动关系图

2) 虚拟社区的发展加速城市居住空间扩散

A. 虚拟社区推动"线状扩散"

互联网使人类真正摆脱了空间距离对信息交流的羁绊，并导致了虚拟空间的出现。阿伦索提出的城市土地竞租模型，将同一城市内农业用地、商业用地和住宅用地的竞标地租函数和曲线相互重叠在一起，得到在自由竞争市场下整个城市的市场均衡地租水平。可以证明，互联网将最大限度地减缓土地竞租曲线的斜率，同时，由于互联网创造出了一种崭新的工作方式——SOHO，因此，它将使居住区位的选择更加松散化和自由化。

B. 区位差异减小

网络技术的发展使城市中不同的区位差异减小，信息城市的辐射力更多的是以信息流来传递，信息流与物质流一起成为城市正常运转的基础要素。同时，城市中心土地价格也由于信息化使土地成本差异的缩小而降低，部分城市中心职能会向城市中心区以外扩散，如与信息服务有关的电子商务、咨询业、部分办公、商业职能等。城市空间结构是城市的各项功能活动区位选择的结果，传统的区位因子主要是原料、燃料、运费、劳动力、资金、市场、集聚，而ICTs以传统区位因子新的内涵，使得区位差异减小。

C. 城市土地空间使用的兼容化

网络时代，家庭办公、电子购物、网络会议、网上学习等新的工作和生活方式的产生，使得商业区、工业区和居住区在一定程度上相互融合。集居住、工作、休闲于一体的网络化多功能社区将会出现，这样，各个功能区之间的边界变得模糊，城市土地空间的使用出现兼容。

D. 交通功能的虚拟化

信息时代，Internet 构成的电子运输网将承担和替代部分现有交通网络承担的运输功能，城市各种物流、人流交通不再是城市功能联系的唯一方式，因为 SOHO、电视会议、信息流通、远程服务已把部分实际交通转化为电子交通，将现有城市的一部分交通需求转化为虚拟，大量城市活动通过信息互联网络完成。电子交通形成的虚拟交通代替部分实际的交通需求。人们在工作与生活中频繁使用计算机和上网。作为数字化生活的两项主要标志，它能从一个侧面反映出整个社会所具有的对现代 ICTs 的应用能力，而这是推动社会进步和各种社会结构演变——包括城市空间结构演变的最重要的技术基础。现代快速交通系统，如轻轨电车、地铁等，大大缩短了人们的出行时间，引起了居住的郊区化和城市空间结构的外向扩展，ICTs 的普及使人们的信息联系方便快捷，大大减少了出行，提高了效率，交通技术的发展解放了产业和人口的时空限制，使得城市居住空间沿交通线呈线状扩散，如图 11-13 所示。随着环线公路体系及射线公路体系的不断完善，地铁网的不断扩张，大型的智能小区也专门配置了小区的公交服务，越来越多的市民拥有私人小车，方便居住在郊区的居民到城区上班或进行其他活动，这又从反方面证明了智能小区郊区化沿交通沿线扩展的趋势。

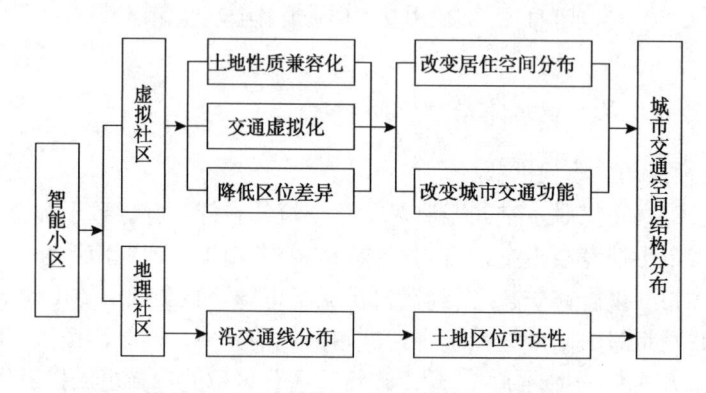

图 11-13　虚拟社区与城市交通互动关系图

3) 虚拟社区的发展加剧城市居住空间分异

A. 城市的"居住分异"

当城市居住空间呈现出以不同地位、收入状况、职业、风俗等同类相聚或趋于相对集中的状态，身份特征相类似的集聚于同一特定地区，不相类似的则彼此分开时，则产生了城市居住空间分异现象。"聚居在不同的空间范围内，整个城市形成一种居住分化甚至相互隔离的状况。在相对分异的区域内，同质人群有着相似的社会特性、遵循共同的风俗习惯和共同认可的价值观，保持着同一种亚文化。城市空间的整体性、连续性受其影响，呈现出一种被分割的不和谐状态(Lefebvre and Enders, 1976)。

从表 11-19 中可以看到，不同收入水平的居民对房价的关注有很大的差异。收入水平越低，对房价的关注程度越大。较高收入居民对购房时主要关注环境与交通等因素；

高收入居民购房时关心房价的比例已经很低。从总体上讲，房价仍然是居民购房时考虑的第一个因素，其次分别是交通、环境和地理位置，而注重网络的比例最低。但这也表明，网络对居民购房选址的影响已经开始逐步显现。

表 11-19　收入水平与购房因素选择　　　　　　　　　　　(%)

	低收入	较低收入	较高收入	高收入	总计
房价	58	41	16	12	39
位置	13	8	10	12	11
交通	13	17	20	32	16
环境	12	28	43	28	26
网络	4	6	10	16	8
总计	100	100	100	100	100

资料来源：本书研究调查整理。

上述调查结果表明，一定程度的城市居住区空间分布分化现象，是合理也是需要的，这是城市不同阶层群体由于社会经济地位的差异必然引起的。虽然社会经济差异性是产生城市居住区空间分异的最主要原因，但是不同群体的职业背景、文化层次等方面也是城市居住空间的分化主要原因。

一方面，在住宅开发建设中，开发商以自身利润最大化为目标，投资对象主要是区位、环境优越地段的中高档商品住宅小区；而政府兴建的一部分经济适用房位于地价低廉的边远地区，以降低开发成本。这为形成潜在居住质量不同的居住用地的空间分布提供了规划基础。另一方面，城市规划作为政府调控空间资源的工具，基于对土地级差效应的发挥，并由此确定和划分不同类别的居住用地，其表现之一为不同层次的住宅区在空间布局上形成分化，尊重土地价值规律，在级差地租相对较高的地区布置高档住宅区或公寓式住宅，在级差地租相对低的地区布置普通住宅、经济适用房及廉租房等。为多层次居住空间分异提供了更大的物质基础。

B. 虚拟社区加剧城市的"多层次居住区分异"

随着ICTs的普及和应用，虚拟社区与现实社区相结合的智能化小区飞速发展，在知识经济时代占有信息和知识的人优先和更多的创造社会价值与个人收入，而处于分层结构下层的知识贫乏者则处于劣势。由此造成的收入不均会加剧目前社会上正在出现的贫富分化，由此产生城市居住空间分异。体力劳动和脑力劳动的分化将更加明显。劳动的分化将引起收入的差距，进而带来对居住区的多层次化需求(图 11-14)。

公众对住房的选择一方面由居住环境的客观因素决定，如交通便捷性、住房位置、住宅价格、周边环境、基础配套设施等；另一方面由公众的个体属性所决定，如经济收入水平、家庭结构、职业类型、年龄结构、婚姻状况等。一般来说，居民对居住环境的选择，会倾向于环境良好、基础设施配套完善、住宅价位合适、交通便捷、通勤距离短等居住区；而个人属性对住宅选择产生影响的首要因素是家庭经济收入水平，高收入阶层会选择环境优越的中高档住宅,而低收入阶层往往会考虑经济适用房和其他普通商品住宅。

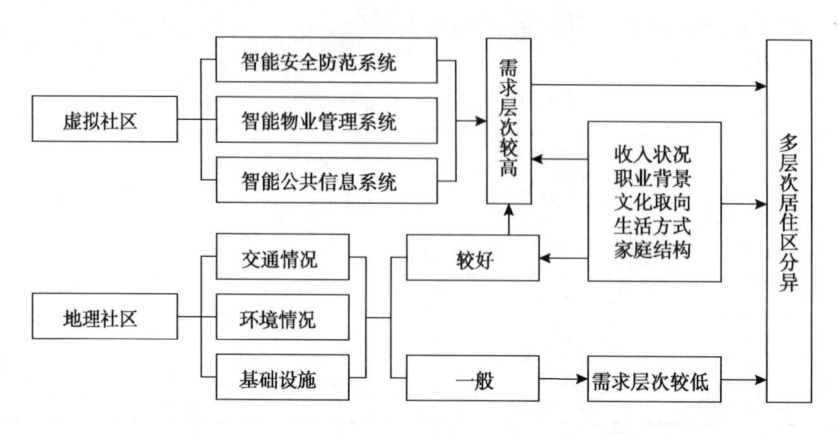

图 11-14 虚拟社区与多层次居住区分异关系图

11.5.2 杭州市虚拟社区信息流对现实居住社区人流的导引作用

虚拟社区的广泛应用已给现实社区带来了多方面的深刻影响。其中一类虚拟社区与现实社区已逐步融合,并形成了半虚拟半现实的社区结构,城市智能居住小区即属于这种情况,它为地理学研究虚拟社区问题提供了参考对象。下文的研究目的是为了揭示虚拟社区信息流对现实居住社区人流导引作用的特征。在对国内外研究进行回顾后,以杭州市智能小区为例,分析了其网站信息流导引人流的两点表现——存在性与同质性。研究发现虚拟社区对现实居住行为的导引是客观存在的,其中网站智能性在导引中发挥了巨大作用;而受影响人群的同质化是虚拟社区信息流对居住人群导引的突出特征。

虚拟社区正在改变着现实社区内人群的交流方式,也带来了虚拟信息流对现实人流的导引,所以虚拟社区及其对区域的深刻影响成为近年来西方信息地理学的热点问题之一(Lu,2002)。当前国外关于虚拟社区的"新地理学"研究集中于对空间约束的跨越及信息流导引人流等方面,如 Wilson(2003)曾就虚拟空间与实际地理位置的相互影响及关系问题进行了探讨,从虚拟环境和现实运作的相互作用等层面详细论述了虚拟空间的结构与机理;同样,国内对网络信息流导引人流的作用的认识已成为人文地理学以信息为对象的相关研究的重要内容(孙中伟和路紫,2007b),研究者拟直接探讨互联网时代虚拟社区与现实社区的相互作用,即以杭州市为例,说明虚拟社区信息流对现实社区人流导引的特征。

1. 研究资料与加工

智能居住小区在大范围上采用互联网技术为虚拟社区的形成创造了条件。鉴于杭州市具有比较先进的智能居住小区,故以杭州市作为研究对象。该项研究的样本选择依据如下：从国家建设部住宅产业化促进中心网站公布的"部分国家康居示范工程项目"中选取了杭州市的3个智能小区，从杭州网公布的符合《国家康居示范工程建设技术要点》(2004年5月)要求并获得国家康居工程创新楼盘奖的九个楼盘中选取了9个智能小区。以这12个样本为对象，意在有效地处理虚拟社区与现实社区的结合(韩瑞玲等，2010)。

在百度网上对所选12个智能小区的虚拟社区进行搜索可见，这些小区的建设单位和物业管理部门都没有建设自己的虚拟社区网站，它们的虚拟社区服务主要来自于3个方面：①全国性的虚拟社区专业服务网站"中国网上小区"；②全国性房地产信息专业网站"焦点房地产网"和"搜房网"；③地区性房地产信息专业网站"住在杭州"和"人居杭州"。其中，地区性房地产信息专业网站最受欢迎。由于"住在杭州"网站的信息最为全面，栏目细致(图11-15)，故选择该网站的虚拟社区为研究对象。

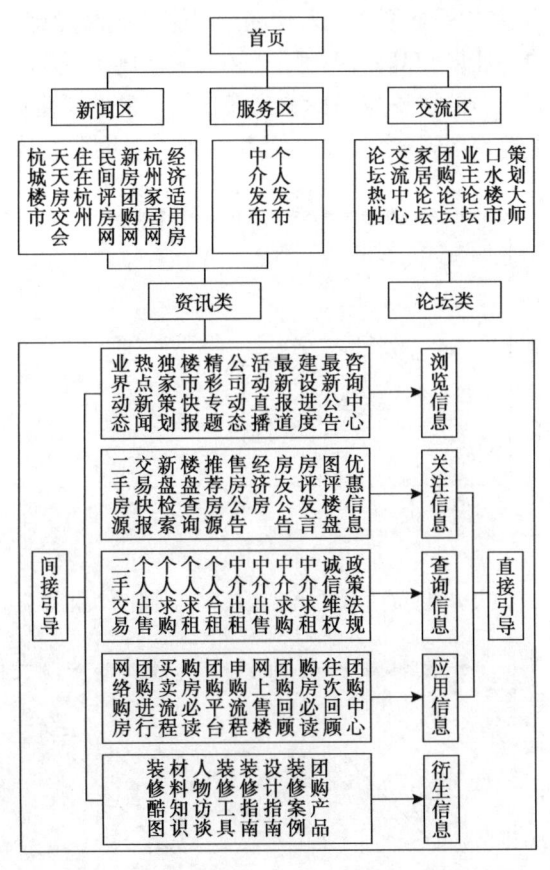

图11-15 "住在杭州"(http://www.zzhz.com.cn)网站信息导引功能图(韩瑞玲等，2010)

图11-6～图11-7资料来源同

2. 导引的产生过程

信息交流的主要途径是论坛。现实人流根据个人目的选择论坛内容，从不同的智能小区进入不同的论坛主题，形成了差异性的信息导引关系。从图11-15中列出的论坛栏可见，使用者通过浏览信息、感知信息、关注信息、查询信息、应用信息、衍生信息，完成了网上虚拟社区信息流对现实社区人流导引的客观过程。

通过网上搜索选择样本的虚拟社区(智能小区)，浏览其成立以来历年的帖子并对其进行归类(图11-16、图11-17)，可以总结出3种导引关系：新型邻里关系、旧住户对新住户的导引关系、信息扩散关系，发现智能小区中现实与虚拟的分割通过网上论坛结合起来，并且不同阶段居民关注的论坛主题表现出明显差异。包括：①对求租求售的关注一直持续在整个小区建设、交房、入住过程中，尤其在小区建设的开始关注度最高，交房过后又逐渐走高，前者在交流中的确形成了同质人群的集聚，在房地产商的期房交易中，自小区建设之始就进行信息扩散，所以初始时期导引了人们对社区的关注；后者更多地依赖于人群交流，在共同心理作用下，导致对求租求售的关注再次提高；②收交看房与网上讨论在交房期间关注度最高，交房前看房高峰与收交看房论坛的关系密切，其高峰在2005年出现，交房过后对于已经入住的居民来说关注度迅速下降；③同样在居住小区建设初期对物业的关注度较高，但初期对物业关注度仍低于求租求售，交房入住期间最低；业主对物业和环境的讨论也会影响到潜在用户的购买意向，所以对物业的讨论是导引同质人群的一个特定要素，这是先入住居民通过对物业具体问题(小区道路、物业

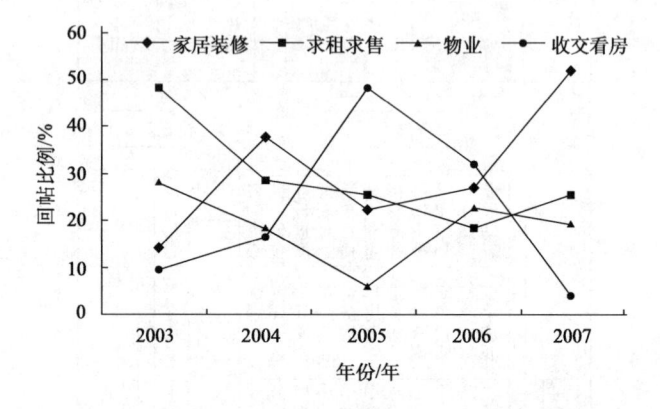

图11-16 世贸丽晶城业主论坛历年回帖分类汇总表

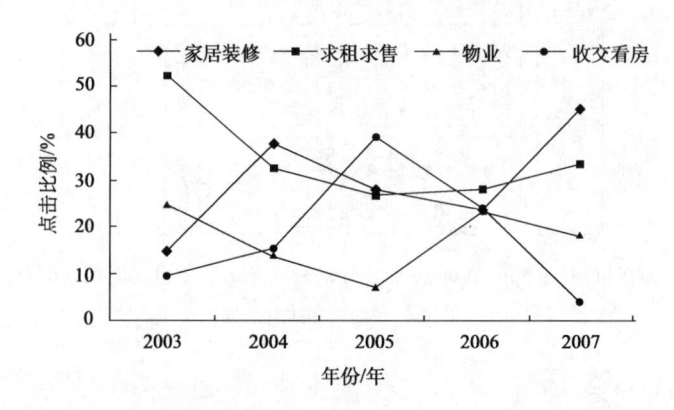

图11-17 世贸丽晶城业主论坛总历年点击分类汇总表

回帖数在论坛中体现为"回复"，点击数在论坛中体现为"人气"；世贸丽晶城在2006年4月30日交房；截至2007年9月15日世贸丽晶城业主论坛(http://bbs.zjol.com.cn/index.asp?boardid=49)所有回帖数和点击数汇总

费、安全保障等)的讨论而形成的；④业主们时常对本小区与其他已建成小区进行对比，在吸引某类人群的同时也排斥了其他类型的人群，这种讨论通过影响房产销售对象，最终影响购房人流；⑤虚拟社区上关于远景讨论的话题潜在地也影响了同质人群的流动，如整个过程中对"孩子入学"等具体问题的提出，且随着人们日常生活的展开而逐渐成为最为关注的问题，远超过对其他问题的关注。

论坛相关主题的发帖数与点击数基本呈正相关，小区居民的许多现实活动是由地产商来召集、并通过虚拟社区的成员来组织的，这也是虚拟社区初级阶段的一个重要特征。

3. 导引的方式、机制、结果与维系

(1) 联盟方式导引与口碑方式导引。①通过联盟方式的导引：通过建立网上居民联盟的方式来统一居住小区出租价格和出售时间，进而对外来住户产生有规律的导引作用；②通过口碑方式的导引：口碑导致居住小区求租、求售等外来人流的进入与分异，进而产生导引作用。以上2种方式在论坛中主要通过发帖、QQ群的形式来完成信息的传播、扩散、交互，实现信息流对人流的导引作用，尤其是QQ具有方便、快捷、经济、突破时空界限等特点，其将在虚拟社区居民交流中扮演着越来越重要的角色。

(2) 信息功能、交流功能、电子商务功能。虚拟社区对现实社区具有多方面的作用，最集中的表现有信息功能、交流功能、电子商务功能(武红等，2004)：①当有关居住小区所有的信息在网上公布后，网站会吸聚大批社区成员介入浏览，完成信息的传递，大多数论坛网站的首页即可以实现查询，有的网站进入二级菜单可实现查询；②当所有关注信息的社区成员在网站集聚后，成员间会借助论坛的形式对最关注的话题展开讨论，也可以与建筑师或估价师等专业人士进行在线咨询，开发商也可能对关注问题予以解决。经过交流平台上的讨论后，形成了更多、更为有效的信息流；③一批导购等板块的出现在解决了居民关注问题的同时也会衍生出许多消费的潜意识。

(3) 同质人群的集聚与非同质人群的分割。虚拟社区在不同的时间有不同的导引内容。最初虚拟社区成员在相关网络上进行的是浏览、查询，仅仅局限于对信息的了解，这个时期通过虚拟社区导引了住户群体；此后，虚拟社区成员可登录论坛，对感兴趣的问题进行讨论交流，从而完成信息一对多、多对一的传递，导引的是居住此地以外的同质寻房人群，通过论坛使得同质人群集聚，而非同质人群被不同类型的居住小区所分割。论坛的作用又具体包括：①导引了对房产理念的共同认知；②导引了对周边环境的共同需求；③先入居民对后入居民实施的导引。

(4) 四个要素维系了虚拟社区与现实社区的关系。虚拟社区内成员的维系主要体现在趣味、功能、态度、契约4个要素中，它们共同支撑着虚拟社区信息流导引人流的过程：①在缺乏乐趣与态度时，功能可以直接作用于契约，完成交易，网站通过功能区(新闻、服务)将信息传达给现实人流(Gupta and Kim, 2008)，人流以积极的态度对信息进行分类并有选择地应用，获得已知信息，从而完成信息流的导引过程；②在功能符合的情况下，成员的一致性态度促使了交易的成功，所以小区的信息服务也极为重要；③在趣味性吸引下，社区成员的主观态度决定了其是否参与虚拟社区；④ 4个要素中趣味的作用最为强烈，虚拟社区成员可能因为网站的趣味性而直接参与契约交易。

11.5.3 小　　结

研究发现，虚拟社区信息流对现实居住社区居住行为的导引作用是客观存在的，这种导引是通过网上信息(主要是论坛形式)的传递而实现的，同时被导引人群是以同质集聚来表现的。该研究的地理学意义主要有：①居住小区的虚拟社区具有与现实社区存在于共同地理空间中的特征，它虽然没有物理意义上的地域边界，但这种非空间组织形态的成员因与某一具体居住地点产生联系，进而有了信息流导引人流的地理学命题，这种主题虚拟社区具有虚拟和现实的复合性，其特点是虚拟地点与现实地点一致，虚拟社区导引现实社区的探索对于推进半虚拟半现实的新地理空间形态的研究是有特殊意义的；②其虚拟社区成员大多是社区内的住户或潜在住户，根据以上网站使用者的参与规律可以认为网站使用者受到网站信息流的导引，因此在虚拟社区发展上提供了新的空间导引模式，虚拟社区的应用提高了居住人群集聚与扩散的强度，使局部居住空间出现同质人群集聚的状态，同时也加剧了城市居住空间分异。

参 考 文 献

曹国华, 崔功豪. 2002. 信息社会电子空间与城市发展研究. 国际智能交通, (12): 81-84.
樊莉莉, 路紫, 耿斌. 2004. 中小型旅游网站发展现状及其对策浅析——以乐游户外运动俱乐部网站为例. 河北师范大学学报(自然科学版), 28(2): 70-74.
方维慰. 2006. 信息技术与城市空间结构的优化. 城市发展研究, 13(1): 30-33.
廿彻初. 2004. 信息系统原理与应用. 北京: 高等教育出版社.
郭鸿懋, 江曼琦, 陆军, 等. 2002. 城市空间经济学. 北京: 经济科学出版社.
韩冰, 路紫. 2007. 户外运动网站论坛功能评估及其互动作用对个人出行行为的导引. 人文地理, 22(1): 58-62, 128.
韩瑞玲, 张秋娈, 路紫, 等. 2010. 虚拟社区信息流导引现实社区人流的特征——以杭州市智能居住小区网站为例. 人文地理, 25(1): 31-34.
侯自强, 李建华. 1997. 网络空间上的交互式电视服务——互联网上的实时视频. 中国图像图形学报, 2(4): 257-260.
李和平, 严爱琼. 2002. 信息时代城市空间结构的发展. 重庆建筑大学学报, 24(4): 1-6.
李曙光. 2005. 论电子政务信息流. 情报科学. 23(7): 1029-1024.
李彦丽, 路紫. 2006. 中美旅游网站对比分析及"虚拟距离衰减"预测模式. 人文地理, 21(6): 115-118.
刘红, 真虹. 2000. 信息技术发展对城市交通客流量替代作用的定量研究. 系统工程理论与实践, (9): 78-98.
刘瑛, 杨伯溆. 2003. 互联网与虚拟社区. 社会学研究, (5): 1-7.
刘永, 杨伟政. 2000. 信息空间拓展与信息流控制. 理论探讨, (3): 4-5.
柳礼奎, 路紫. 2007. 论网站信息流整合及其对人流的导引. 情报科学, 25(4): 511-516.
路紫, 樊莉莉. 2005. 中小型旅游网站服务功能与商业模式的区位问题: 以乐游户外运动俱乐部旅游网站为例. 人文地理, 20(1): 103-106.
路紫, 李彦丽. 2005. 北京旅游在线服务满意度的供需差研究. 经济地理, 25(5): 732-735.
路紫, 赵亚红, 吴士锋, 等. 2007a. 旅游网站访问者行为的时间分布及导引分析. 地理学报, 62(6): 621-630.

路紫, 刘娜, Zui Z. 2007b. 澳大利亚旅游网站信息流对旅游人流的导引、过程、强度和机理问题. 人文地理, 22(5): 88-93.
孙世界. 2001. 信息化城市: 信息技术与城市关系初探. 城市规划, 25(5): 30-33.
孙中伟. 2006. 互联网时代中澳间相互作用类型、演变与形成机理. 世界地理研究, 15(2): 10-16, 47.
孙中伟, 路紫. 2007a. 中澳留学网站信息流对留学人流导引作用机理. 地球信息科学, 9(6): 37-42.
孙中伟, 路紫. 2007b. 网络信息空间的地理学研究回顾与展望. 地球科学进展, 22(10): 1005-1010.
孙中伟, 路紫. 2006. 我国人文地理学以信息为对象的研究: 15 年发展回顾. 地球科学进展, 21(9): 925-930.
唐顺铁, 郭来喜. 1998. 旅游流体系研究. 旅游学刊, 14(3): 38-41.
滕尼斯. 1999. 共同体与社会. 林荣远译. 北京: 商务印书馆.
王杨, 路紫, 孙中伟, 等. 2006. 中国户外运动网站信息流对人流生成的导引机制分析——以乐游户外运动俱乐部网站为例. 地球信息科学, 8(1): 84-90.
吴士锋, 路紫. 2007. 网站信息流对现实人流替代函数的计算与应用——以中国互联网络发展状况统计报告为例. 经济地理, 27(1): 22-25.
吴士锋, 陈兴鹏, 路紫, 等. 2009. 网站信息流对旅游人流增强作用研究. 现代情报, 29(11): 215-217, 224.
武红, 路紫, 刘宁. 2004. 我国旅游网站功能评估及对策研究. 情报杂志, (2): 72-74.
姚士谋, 陈爽, 朱振国, 等. 2001a. 从信息网络到城市群区内数码城市的建立. 人文地理, 16(5): 20-23.
姚士谋, 朱英明, 陈振光. 2001b. 信息环境下城市群区的发展. 城市规划, 25(8): 16-18.
张捷, 刘泽华, 解杼, 等. 2004. 中文旅游网站的空间类型及发展战略研究. 地理科学, 24(4): 493-499.
甄峰, 曹小曙, 姚亦锋. 2004. 信息时代区域空间结构构成要素分析. 人文地理, 19(5): 40-45.
真虹, 刘红, 张婕姝. 2000. 信息流与交通运输相关性理论. 北京: 人民交通出版社.
周年兴, 俞孔坚, 李迪华. 2004. 信息时代城市功能及其空间结构的变迁. 地理与地理信息科学, 20(2): 70-72.
Adams P, Ghose R. 2003. The construction of a space between India. Progress in Human Geography, 27(4): 414-437.
Batty M. 1990. Invisible cities. Environment and Planning B: Planning and Design, 17(2): 127-130.
Castells M. 1996. The Rise of the Network Society. Cambridge: Blackwell publishers.
Castells M. 1994. The Informational City: Information Technology, Economic Structuring, and the Urban-Regional Process. Cambridge: Blackwell Publishers.
Davidson A P, Yu Y. 2004. The Internet and the occidental tourist: An analysis of Taiwan's tourism websites from the perspective of western tourists. Information Technology & Tourism, 7(2): 91-102.
Fathy T A. 1991. Telecity: Information Technology and Its Impact on City Form. London: Greenwood Publishing Group Inc.
Gramham S, Marrin S. 1996. Telecommunication and the City. London: Electronics.
Grentzer M. 2000. Approach for a geography of telecommunications. Netcom, 14(2): 379-382.
Grentzer M. 1999. Economic-geographic aspects of a geography of telecommunications. Netcom, 13(3-4): 211-224.
Group A. 1999. E-Service: Using the Internet to manage customers. Servicesoft Technologies, 9: 138.
Gupta S, Kim H W. 2008. Linking structural equation modeling to Bayesian networks: Decision support for customer retention in virtual communities. European Journal of Operational Research, 190(3): 818-833.
Hagel J, Armstrong A. 1997. Net Gain: Expanding Markets Through Virtual Communities. Harvard Business

Press.

Holloway L. 2002. Virtual vegetables and adopted sheep: Ethical relation, authenticity and Internet-mediated food production technologies. Area, 34(1): 70-81.

Kikulis L. 2000. Continuity and change in governance and decision making in national sport organizations: Institutional explanations. Journal of Sport Management, 14(4): 293-320.

Kitchin RM. 1998. Towards geographies of cyberspace. Progress in Human Geography, 22(3): 385- 406.

Lawrence S, Giles C L. 1999. Accessibility of information on the web. Nature, 400(6740): 107-107.

Lefebvre H, Enders M J. 1976. Reflections on the politics of space. Antipode, 8(2): 30-37.

Leigh G. 2000. People versus place: Telecommunications and flexibility requirements of the CBD in cities in the telecommunications age. The Fracturing of Geographies, 6: 302-331.

Lexhagen M. 2004. The importance of value-added services to support the customer search and purchase process on travel websites. Information Technology & Tourism, 7(2): 119-135.

Limayem A, Hillier M, Vogel D. 2003. Sophistication of online tourism websites in Hong Kong: An exploration study. In: 9th Americas Conference on Information Systems. Tampa, USA.

Liu Z. 2004. Trans border information flow through human movement: Implications for professional interactions. The International Information & Library Review, 36(1): 39-45.

Lu J. 2003. A model for evaluating e-commerce based on cost/benefit and customer satisfaction. Information Systems Frontiers, 5(3): 265-277.

Lu J, Lu Z. 2004. Development, distribution and evaluation of online tourism services in China. Electronic Commerce Research, 4(3): 221-239.

Lu J, Zhang G Q. 2003. Cost benefit factor analysis in e-services. International Journal of Service Industry Management(IJSIM), 14(5): 570-595.

Lu J, Tang S, McCullough G. 2001. An assessment for internet-based electronic commerce development in businesses of New Zealand. Electronic Markets, 11(2): 107-115.

Lu Z. 2002. On the telecommunication geography in China. Netcom, 16(3-4): 209-214.

Lu Z, Lu J. 2002. Development, distribution and classification of online tourism service in China. In: Proceedings of the 3rd International Web Conference, "Economy-From Here to Where?", Perth, Australia, 405-414.

Lu Z, Li Y, Zhang Z, et al. 2005a. A" pentagon" compound model in the evaluation of customer satisfaction for tourism websites. In: Proceedings of the Eighth Joint Conference on Information Sciences, Salt Lake City, Utah, USA. 1526-1529.

Lu Z, Wang Y, Zhang Z, et al. 2005b. E-service model of outdoor sports club: Information flow guides people flow. In: Proceedings of the 8th Joint Conference on Information Sciences. 1537.

Mitchell W J. 1996. City of Bits. MIT Press.

Nielsen J. 2000. Designing Web Usability: The Practice of Simplicity. Indianapolis: New Riders Publishing.

Palmer J. 2002. Web site usability, design and performance metrics. In- formation Systems Research, 13(2): 151-167.

Porter C E. 2004. A typology of virtual communities: A multi-disciplinary foundation for future research. Journal of Computer-Mediated Communication, 10(1): Article 3.

Rheingold H. 1993. The Virtual Community: Homesteading on the Electronic Frontier. Addison-Wesley, Reading, Mass.

Rosenfeld L, Morville P. 1998. Information Architecture for the World Wide Web-Designing Large-Scale

Web Sites. USA: O'Reilly & Associates, Inc.

Skadberg Y X, Skadberg A N, Kimmel J R. 2004. Flow experience and its impact on the effectiveness of a tourism website. Information Technology & Tourism, 7(3-4): 147-156.

Smith A G. 2001. Applying evaluation criteria to New Zealand government websites. International journal of information management, 21(2): 137-149.

Taylor J. 1997. The emerging geographies of virtual worlds. Geographical Review, 87(2): 172-192.

Townsend A M. 2001. Network cities and the global structure of the Internet. American Behavioral Scientist, 44(10): 1697-1716.

Wilson M I. 2003. Real places and virtual spaces. Networks and Communication Studies, 17(3-4): 139-148.

Wilson A G. 1967. A statistical theory of spatial distribution models. Transportation Research, 1(3): 253-269.

Van Riel A C R, Semeijn J, Pauwels P. 2004. Online travel service quality: The role of pre-transaction services. Total Quality Management & Business Excellence, 15(4): 475-493.

Zeithaml V A, Parasuraman A, Malhotra A. 2002. Service quality delivery through web sites: A critical review of extant knowledge. Academy of Marketing Science Journal, 30(4): 362-375.

第 12 章　网络人际节点空间联系

12.1　SNS 社区人际节点空间分布特征及地缘因素

社会性网络服务(SNS)专指帮助人们建立社会性网络关系的互联网应用服务，其核心在于制造一个虚拟的社交社区。快速增长的社会性网络服务引起了学界的密切关注，产生许多针对该社区新的研究成果，既有理论方面的，也有实证方面的。就前者而论，Backstrom 等(2006)、Golder 等(2007)较早研究了 SNS 社区的结构特性，并发现该网络成员中平均好友数的"150 法则"。Subrahmanyam 等(2008)、Rau 等(2008)的研究指出社交网站上的好友与现实生活中的好友有重叠性，且在线用户和隐藏用户的语言和感情的亲密程度有显著差异。Domingo-Ferrer 等(2008)、Schnettler 等(2009)利用"小世界现象"提出了社会性网络中寻找目标的短链子理论，并提出了社交网络隐私的保护与用户之间的信任水平两个重要问题。在实证研究方面，有多位学者以大学生使用社交网站为例，指出大学生使用社交网站的方式和原因的不同取决于他们的社会文化背景，分析了在线社交网站促进社会关系的发展问题，并且发现社交网站可以用来进行教学及协作(Pempek et al., 2009；Kim et al., 2011；Waters et al., 2009)。无论是理论研究还是实证研究都从不同角度分析了 SNS 社区的特性，以及在 SNS 社区中人际联系行为的特征，为研究 SNS 社区中人际节点空间分布奠定了理论基础和提供可靠的实践方法。

现实生活中人际节点空间关系的建立受到地缘因素影响较大，但是随着虚拟社区(韩瑞玲等，2010)的建立，基于空间距离约束的人际交往已被社会性网络提供的即时进入平台所突破，将可能产生一种新的人际空间关系。那么，SNS 社区中信息流是否具有衰减特征，在虚拟社区中地缘因素的影响是否依然存在，本节以开心网大学群虚拟社区为例，引入信息熵和度分布模型从定量角度进行社会性网络服务社区中人际节点空间分布及地理特征的说明，进而探讨地缘因素在网络时代的意义(路紫和王文婷，2011)。

12.1.1　数据及方法

1. 数据

通过对 2009 年 12 月至 2010 年 5 月开心网大学群的统计，得到本书基础数据。首先，登录开心网所设置的全部大学群，依据资料的丰富性、可用性和研究对象的知名度，从中选取同济大学、北京大学、暨南大学、天津大学、重庆大学、东北大学、四川大学、兰州大学、河北大学、湖南大学、南京林业大学、山东大学、西北工业大学、燕山大学、郑州大学 15 个大学群作为案例。随后，从 15 个大学群全部成员列表中分别选取前 200

个成员，他们之间可能依据话题、文件共享等形成交流与互动，故称为"好友"，经过逐人调查其现居住地所在城市，并统计各城市好友分布的百分比(图 12-1)。再后，又从各大学群话题区功能板块中，调查所有"话题"的回复量，选择每个大学群中回复量最高的话题，经与浏览量综合考虑，确定北京大学、同济大学、东北大学、南京林业大学、兰州大学 5 个大学群为案例，其话题的最高浏览量为 5081 人，回复量为 372 人；最低浏览量为 1006 人，回复量为 91 人。分别针对其"话题"中参与回复的好友的现居住地所在城市进行调查，并统计各城市好友分布的百分比。本节使用中国机动车网全国公路里程查询所测到的公路距离为研究数据。

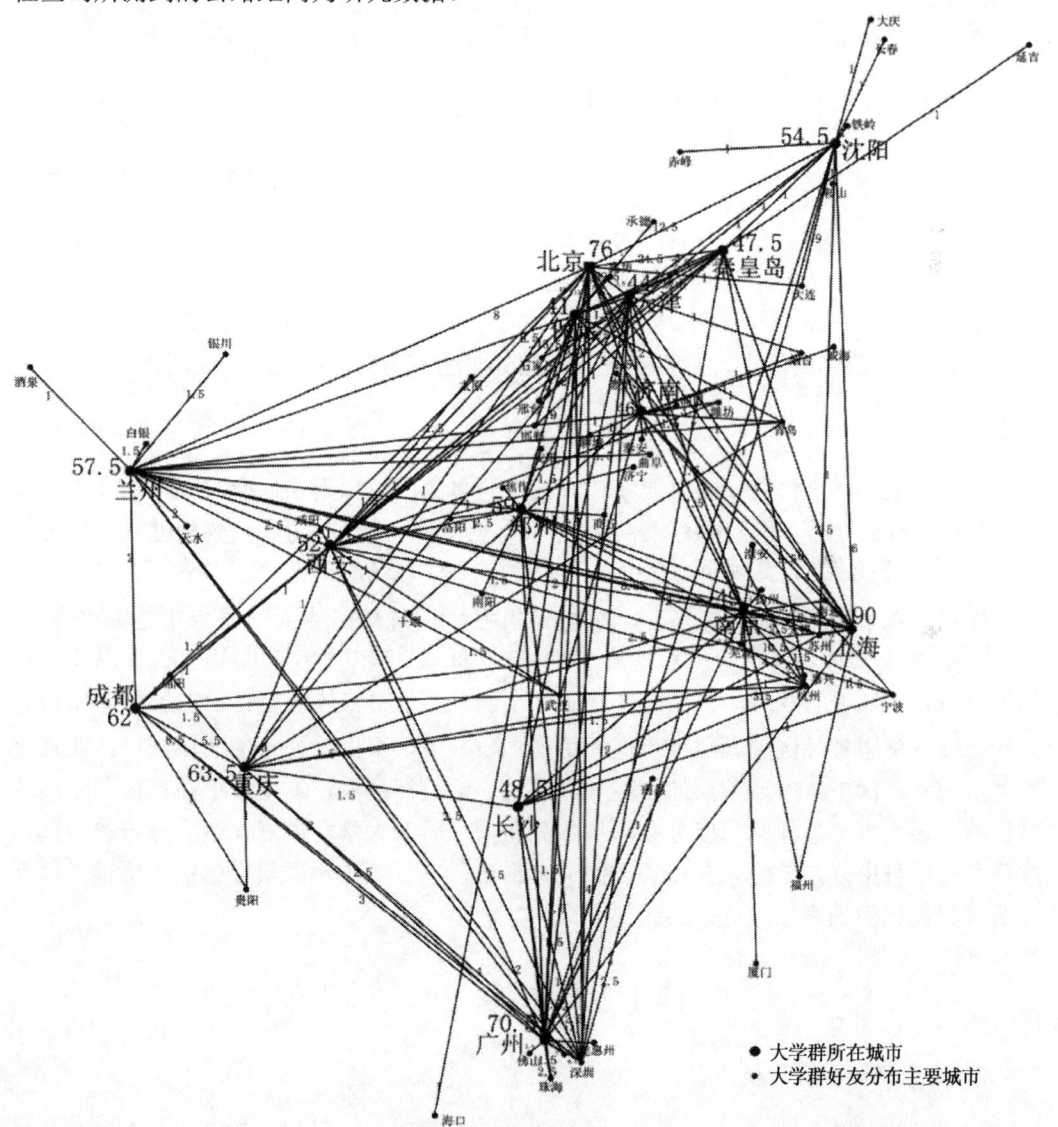

图 12-1 15 个大学群所在城市、好友分布的主要城市及好友在各城市的百分比(路紫和王文婷，2011)

图 12-2～图 12-4 资料来源同

2. 方法

1) 信息熵

信息熵在行为科学领域已被广泛用于衡量某一区域居民出行空间分布的均衡程度(陆汝成等，2009)，一个区域的信息熵越低，其居民出行空间分布的均衡程度就越低。本节采用信息熵指标衡量开心网中人际节点空间分布的均衡程度，信息熵越接近于0，系统受干扰程度越小，系统越简单，好友空间分布越不均匀。设每个大学群中好友总数为 A，每个城市的好友数量为：$A_i(i=1,2,\cdots,N)$，则有 $\sum_{i=1}^{N}A_i=A(i=1,2,\cdots,N)$。参照Shannon Weaner指数，定义好友空间分布的信息熵为

$$S=-k\sum_{i=1}^{N}(P_i)\ln P_i \qquad (12\text{-}1)$$

式中，S 为各大学群中好友节点空间分布的信息熵；k 为玻尔兹曼常数，在进行比较分析时，令 $k=1$；P_i 为城市 i 分布的好友数量占该大学群好友总数的比例；N 为好友分布的城市数量。当各城市分布的好友数量相等时，即 $P_1=P_2=\cdots=1/N$（N 为好友分布的城市数量），熵值达到最大，则表明好友空间分布达到均衡状态。

2) 度分布

度分布是网络规模的一个重要统计特征，这里的度也称为连通度，节点的度指的是与该节点连接的边数，在社会性网络中度可以表示个体的影响力和重要程度：个体的度越大，其影响力越大。度分布通过节点度的概率分布函数 $P(k)$ 表示，其含义为节点有 k 条边连接的概率。在目前的研究中，度分布的两种形态较为常见：一种分布是指数分布，$P(k)$ 即随着 k 的增长以指数形式衰减；另一种分布是幂律分布，即 $P(k)\sim k^{-\gamma}$，其中 γ 称为度指数，不同 γ 的网络，其动力学性质也不同。本节将描述网络特征的度分布模型引入社会性网络服务社区中人际节点空间特征的研究中，根据度分布的变化规律：在社会性网络服务社区中，本地节点的度越大，即建立的链接越多，本地集中性特征和距离衰减性越明显。本节具体应用度分布的指数分布模型研究大学群中好友空间分布的特征，并探究大学群中好友随距离分布的空间衰减形态，以各城市距离累计比例为横轴，以好友数量累计比例为纵轴，进行曲线拟合。

12.1.2 数 据 分 析

1. 信息熵计算及分析

应用信息熵计算式(12-1)，对开心网 15 个大学群中各大学群好友节点分布结构信息熵及各大学群的最大信息熵进行计算，结果见图 12-2。

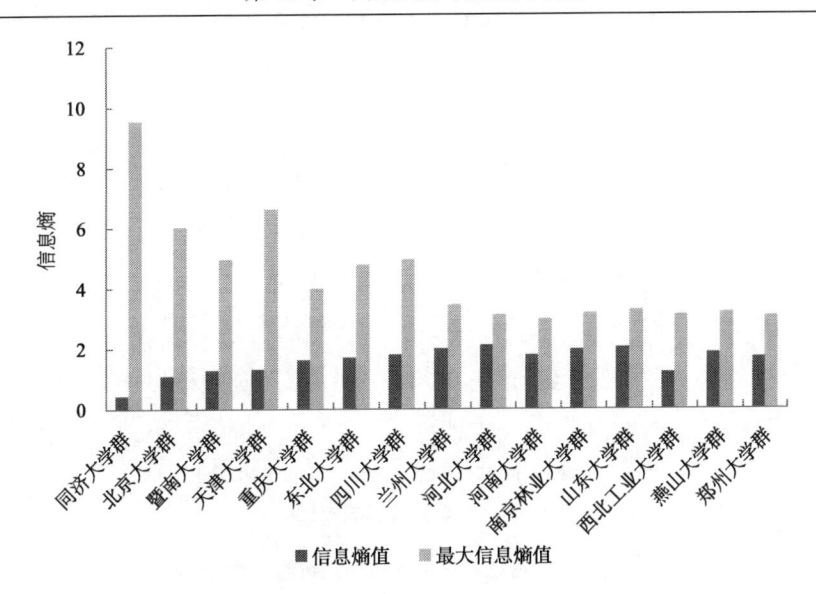

图 12-2 好友节点空间分布信息熵及最大信息熵

基于上述计算，可进行空间分布非均匀性特征及其城市作用分析。经过信息熵值与各大学群最大信息熵值的比较可以看出，各大学群好友分布结构信息熵值均较小，好友空间分布总体上不均匀。具体而论，其一，各大学群的信息熵值均小于该大学群的最大信息熵值，即表达出一种普遍性的非均衡状态，15 个大学群的好友空间分布都不均匀；同时多数大学群的信息熵值小于 2，也表明大学群好友空间分布为集中状态。其二，最大信息熵值越大表示的大学群好友分布的城市数量越少，如同济大学、天津大学、北京大学 3 个群中最大信息熵值较大而好友空间分布的城市数量较少。其三，最大熵值与信息熵值的差值越大表明大学群好友空间分布越集中，15 个大学群的最大熵值与信息熵值的差值均较大，体现出其空间分布显著不均匀，其中上海的大学群信息熵值与最大信息熵值差距最大，表明好友的空间分布最不均匀。各大学群所在城市 GDP 与各大学群好友空间分布信息熵值的线性拟合系数为 0.866，较符合负相关关系，好友空间结构信息熵值的大小与城市经济规模呈反比（图 12-3）。其中上海城市经济规模最大，其大学群的信息熵值最低，说明该大学群好友空间分布均匀程度最低，集中程度最高，这与经济规模对人流、信息流的引力有关。

2. 度分布模型拟合结果及分析

1) 各大学群好友分布随距离变化的度分布模型拟合

对各大学群中好友在各城市的分布比例随距离变化进行度分布的指数模型拟合，形成度分布拟合曲线图。采用惯例的模型评价指标，用 Chi^2/DoF、t、R^2 来评价研究模型，得出度分布模型曲线拟合结果。各大学群的 Chi^2/DoF 远小于临界值 2，在显著性水平 a 为 0.05 下对各大学群进行 t 检验，t 值均大于临界值，各大学群均通过了方程检验和 t 检验，对模型的符合程度可通过 R^2 来确定，13 个大学群 R^2 达到 0.9 以上，其中同济大学群

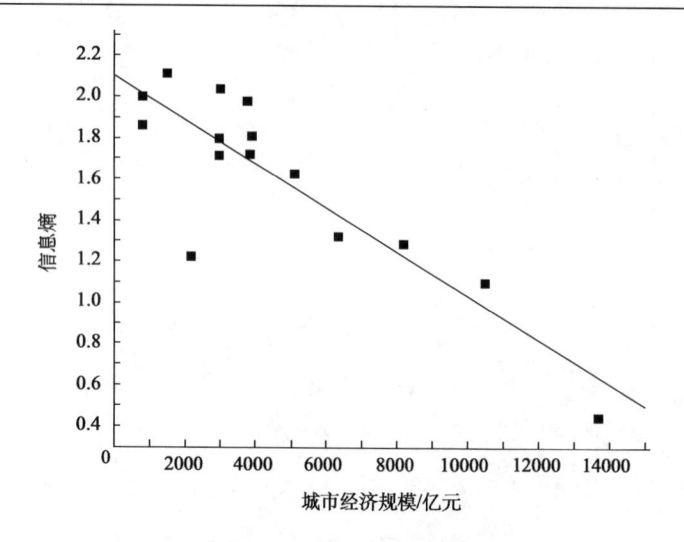

图 12-3　城市经济规模与信息熵线性拟合

最高；山东大学和燕山大学群略低，但也达到 0.8 左右，均较符合度分布模型。

依据度分布模型拟合结果，可进行好友空间分布衰减性与集中性特征的分析。度分布拟合参数中，空间距离衰减系数 b（李彦丽和路紫，2006）可用于深入识别大学群中各城市好友空间分布的衰减特征（张秋奕等，2010），系数越大则表示该大学群好友分布数量对距离的敏感性越强。15 个大学群平均系数值为 0.113，其中最大值为 0.264，表现出明显的距离衰减特征。这点与传统的人群空间节点关系有一致性。各大学群间存在一定内部差异，是样本个性特征造成的，应该没有"群"本身固存的原因。

通过参数 R^2 也可以看到各大学群本地集中性均很明显。15 个大学群衰减形态均表现为近似直角的衰减，其中同济大学群的拟合优度指数最高，本地好友分布数量的比例也最高，本地集中性最强；北京大学、重庆大学、东北大学、暨南大学、四川大学、同济大学、西北工业大学、郑州大学等 8 个大学群本地分布的好友数量均达到 50%以上，呈现为本地集中形态；其他大学群的本地分布的好友数量也均为首位分布（图 12-4）。

2）大学群话题区中好友分布随距离变化的度分布模型拟合

为了进一步验证大学群中人际节点空间分布的本地集中特征，对前文所选的"话题"中浏览量或回复率较高的 5 个大学群的数据分别进行度分布的指数模型拟合，形成度分布拟合曲线图。度分布拟合参数 R^2 中，4 个大学群达到 0.8 以上，可以看到大学群话题区中好友分布呈现出较明显的本地集中特征。从拟合图可见，各大学群话题区中好友空间分布的衰减形态均表现为近似直角的衰减，其中上海、北京的大学群的拟合优度指数最高，本地好友分布数量的比例也最高，集中性最强，这是信息城市作用的客观反映；其他城市受到信息城市的影响而表现出不同程度的变形，南京的大学群的拟合优度指数最低，就是受上海信息城市影响的结果。验证结果显示，好友空间分布同样体现出本地集中性特征。

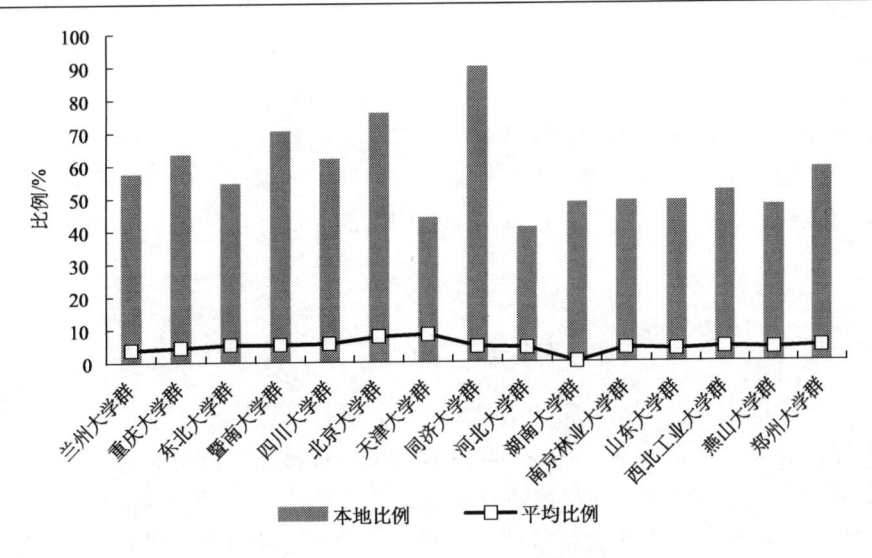

图 12-4　好友本地比重与平均比例

12.1.3　网络时代地缘因素的影响

1. 仍然是通过地理距离衰减而显现

网络时代人际交往是人的社会行动在网络空间中的延伸,在网络空间(卢鹤立和刘桂芳,2005)中任何人可以随时跨距离与人交往,在理论上网络人际交往已经超越了传统意义上的时空限制,SNS 社区为使用者提供了一个隐匿和自由的交往虚拟空间,所以地缘因素的作用备受关注(张捷等,2000)。通过对开心网大学群中好友空间分布情况的研究发现,即使是在网络时代虚拟社区中人际交往仍较强烈的受地缘因素所影响,地理距离上越接近的人越容易建立网络链接,总体上 15 个大学群好友空间分布高度符合度分布模型,显示出明显的本地集中,说明了开心网大学群中人际交往仍脱离不了地理空间(路紫等,2008)限制。虚拟社区中人际节点之间的联系仍然受到历史继承性的影响。

2. 由地域结构与群组结构共同构成

传统人际交往形成的空间结构是基于地理距离约束而形成的地域结构,即距离越近的核心圈层中人际节点关系密度越大,信任度越高。一般说来,某一特定地域的人们,由于其生活的历史文化背景、生活自然环境等的相似性,就有了共同或相近的生活习惯和联系,他们在感情和心理上就具有了地方观念和乡土观念的情感。网络和信息流所主宰的时代,空间接近的地缘优势,与以兴趣和需求所产生的人际关系相伴而生,形成一种地域结构与群组结构共同构建的人际关系结构。

3. 地缘因素由"血缘与亲缘"向"情缘与业缘"转换

伴随着地域结构与群组结构共同构成的复合结构的出现,传统空间中人际交往的血缘与亲缘关系，即人与人的面对面的、直接交往的形式受到挑战，在社会性网络服务社区中单纯的物理时空限制被打破，增加了由相同兴趣和爱好构成的"群组"关系，而任何一个人都可以加入多个群组，这就使人际节点关系更加丰富与多样化，使用者不是被圈定在某一个圈子里，而是从自己的兴趣出发，多线索地编织起自己的人际网络。这种以兴趣爱好为纽带的人际关系的扩展，将地缘因素的"血缘与亲缘"与"情缘与业缘"有效结合。

12.1.4 小　结

开心网大学群中好友空间分布的信息熵值均较低，且呈现出 3 个基本特征：①大学群中好友空间分布不均匀，具有明显的集中性，受城市特征的作用显著；②大学群中好友空间分布符合度分布模型，好友数量随距离变化而衰减，呈现出明显的本地集中特征；③人类的虚拟活动仍然带有历史继承性，虚拟社区没有超越地理空间的约束，地缘因素对于人际节点空间联系的影响依然存在。社会性网络服务社区中空间的限制性与交流的非限制性并存。本节的研究结论是依据样本调查而获得的，尚不足以证明更广泛的普遍规律。未来社会性网络服务社区的研究可以与博客社区研究结合起来以获得更多类型的资料，弥补数据的局限。另外，进一步人际节点空间关系的研究还应该通过多种人群的对比加以深化，从而实现对经典的杜能"圈层理论"的补充和拓展。

12.2　SNS 社区人际节点等级特征

信息时代的人际交互活动已经拓展到复杂的地理实体空间与虚拟空间相融合的地理—网络空间中(孙中伟等，2007)，SNS 社区人际节点交互作用即是在这种空间上表现出来的。人文地理学者从实证与理论的研究角度，集中于社区人际节点交流与共享动机(Amichai-Hamburger and Vinitzky，2010)、信息流通形式(Hogg，2010)、信息流通的空间特征与信息流通的空间影响(甄峰等，2012；张秋奕等，2012；王杨等，2006)、社区价值(Mayer，2009；Roblyer et al.，2010)等方面的研究，目前逐渐由宏观向微观深入，发展到人际节点空间相互关系(路紫和王文婷，2011)、人际节点信息等级(甄峰等，2012)诸方面。但多局限在逐个分析不同群组样本的特征上，以及基于样本连接得出所存在的等级差异上，未具体到节点个体与等级差异特征及其关系。基于此，本节拟在人际节点个体层面，结合路径依赖理论，尝试利用图论的度数中心度、点入度与点出度，定量研究 SNS 社区信息交互过程中人际节点等级特征，揭示并解释地理-网络空间中不同等级人际节点集中、分散及辐射的态势，从一个新的视角加深对地理-网络空间特征的认识，并为社区成员快速获取信息及 SNS 社区网站功能优化提供理论支持。

12.2.1 方法与数据

当前，图论方法已被有效地引入到地理实体的结构特征及其动态预测的研究中(郭峰等，2011)，其度数中心度、直径、平均距离、簇系数等指标被用于评估地理要素及其所建构的网络结构，点入度与点出度能很好地反映地理要素在整个网络结构的活跃性与影响力(彭语冰和周莹莹，2009)。路径依赖理论则强调"状态"与"过程"两个方面，已应用于区域经济发展的分异、过程、演化模式等研究(尹贻梅等，2012)。这些为 SNS 社区人际节点等级特征的分析奠定了方法论的基础。本节以点入度、点出度、度数中心度为基本指标，分别用回帖量、被回复量及回帖量与被回复量之和表示，利用线性回归实现节点量化分级，使用 ArcGIS 软件将各等级节点空间化，加入路径依赖的"状态"，剖析地理-网络空间人际节点等级特征分异。并在具体分析节点归属群组数量、亲密好友(互为好友的两个节点间存在的发帖与必定回复关系)、空间分布等方面等级特征时，提出社区成员与网站拥有者提高社区信息交互量的具体做法(田晓雪等，2014)。

"你好全球社区"网是一个以分享海外留学相关信息为主旨，兼具校园性质与娱乐性质的社交网站，使用者的需求特征决定了其能够真实反映人际节点交互行为。研究数据来自于 2012 年 6 月 1 日至 2012 年 12 月 31 日对其成员基本信息与成员活动信息的统计。步骤如下：首先应用类型随机抽样法从积分排名前 10 名的群组中分别选取 10 名成员作为样本节点，将分组法与抽样法结合应用减少了信息数据的大幅变动，样本能更准确地反映社区成员实际交互行为。其次进入成员主页，利用网站访问统计工具，从成员基本信息中获取地理位置、归属群组数量等，从成员分享信息中获取各样本回帖量、被回复量、发表或转载帖子量及字符量等。最后剔除无对外互动信息的异常节点，确定 96 名社区成员为样本人际节点。

在确定样本人际节点与基础数据的前提下，引入图论中的度数中心度，赋予节点量化值并对节点量化分级。具体数据分析过程如下：基于统计的样本人际节点的回帖量与被回复量整理节点度数中心度，并建构节点度数中心度与编号(度数中心度降序排列自动生成)的对数回归图，可见人际节点序列分布存在明显分叉点，经逐一线性回归后确定人际节点序列分布的具体分叉点为 17、61；经回归拟合确定回归方程，相关系数为 0.92 及以上水平时，节点的度数中心度呈等级序列，人际节点可划为领袖节点，参与者节点，飘客节点 3 个等级，领袖节点是社区内活动最多的节点，参与者节点活动量相对较小，飘客节点为社区内的沉默节点。

12.2.2 等级特征

1. 点入度与点出度等级

根据上述方法分别对节点的点入度与点出度分级，结果见表 12-1，相关系数为 0.93 及以上水平时，节点的点入度与点出度均呈等级序列，由综合度数中心度的人际节点等级划分结果，以及点入度与点出度等级划分结果，可得出 3 个等级人际节点量化特征(表 12-2)：领袖节点的点入度与点出度均属于一级，活跃性与影响力较强。55.56%参与者节点的点入度与点出度相对较高，均属于一级或二级，较为活跃。飘客节点的点入度与点出度相对较低，少数节点的点入度与点出度同属于二级或三级。以上特征表明，节点度数中心度等级由高到低的变化与其点入度、点出度等级变化相对一致。通过 3 个等级节点发表或转载帖子量及字符量的比较，领袖节点拥有大量信息资源，平均每人发表或转载 1228 篇帖子，1219648 个字符，远远高于参与者节点、飘客节点信息资源量。可见，不同等级节点的信息资源量与其活跃性、影响力一致。SNS 社区成员可通过搜索框查找回帖量(点入度)或被回复量(点出度)较高的领袖节点，并与之建立好友关系以快速获得信息。

表 12-1 人际节点点入度与点出度等级划分

等级名称	点入度分级	相关系数	回归方程	点出度分级	相关系数	回归方程
一级	≥3000	0.94	$\ln P(k)=8.90-0.29\ln k$	≥2000	0.95	$\ln P(k)=8.71-0.32\ln k$
二级	800~3000	0.96	$\ln P(k)=10.85-0.92\ln k$	500~2000	0.96	$\ln P(k)=11.95-1.32\ln k$
三级	0~800	0.93	$\ln P(k)=47.55-9.46\ln k$	0~500	0.93	$\ln P(k)=17.68-2.73\ln k$

资料来源：田晓雪等，2014。表 12-2 及图 12-5~图 12-6 资料来源同。

表 12-2 三个等级节点的点入度与点出度等级比较

等级名称	点出度等于点入度			点出度大于点入度			点出度大于点入度		
	一级	二级	三级	一级/二级	二级/三级	一级/三级	二级/一级	三级/二级	三级/一级
领袖节点	16	0	0	0	0	0	0	0	0
参与者节点	1	24	0	6	1	0	2	11	0
飘客节点	0	1	14	0	12	0	0	8	0

2. 群组与亲密好友梯度

将统计的样本节点归属群组的数量与节点度数中心度进行相关分析发现，在 0.01 置信水平上，相关系数 r 为 0.932，呈显著性的正相关，节点归属的群组数量越多其度数中心度相对越高，节点归属群组的数量与其等级相对一致。3 个等级节点平均归属群组数量分别为 91.06 个、39.78 个、13.66 个，归属群组的数量表现出梯度性变化。领袖节点归属群组较多，其交互行为呈现出多个群组的分散性分布；而参与者节点、飘客节点归属群组较少，其交互行为是以若干群组集聚的形态存在。同样，将统计的人际节点是否拥有亲密好友的结果按照节点等级进行分类汇总,3 个等级节点拥有亲密好友的比例分别为 87.5%、73.3% 和 17%，也呈现出由多到少的梯度性。综上可知，网络空间设置的群组与亲密好友要素影响 SNS 社区不同等级节点的信息交互。领袖节点与某(些)节点形成亲密好友关系，在多个群组内进行信息交互，形成局部信息资源分享圈，使节点在其发展过程中进入一种属于自己的路径依赖交互模式。网站拥有者可以遵循路径依赖规则设置引导模块改变此路径依赖，这对于增加社区吸引力尤为重要。

3. 不同等级节点的空间分布

依据样本人际节点的基本信息所赋予的地理位置属性，利用 ArcGIS 软件建立 3 个等级的点要素集合，生成 3 个等级节点空间分布。结果可见，3 个等级的节点分布于 12 个省的 49 个城市，领袖节点分布于 8 个城市，表现出空间上的集中性和大城市与中小城市的均衡性，节点数量则在北京与西安占明显优势。参与者节点分布于 31 个城市，相对分散且在中小城市占优势。飘客节点分布于 27 个城市，明显分散且在中小城市占优势。领袖节点倾向于特定大城市，是因为社区及社区信息具有一定的群体针对性，其对外交互活动需要使用者、信息资源的支撑。现实地理空间对网络空间的植入，制约了网络社区不同等级人际节点的空间分布。社区成员可通过条件查找功能搜索、选择添加有价值节点为好友，快速获取需求信息。而网站可增设大城市专区模块汇集多数领袖节点，为社区成员无意识的摄取大量信息资源提供平台，进而增加网站粘度。

4. 不同等级节点的好友空间分布

将整体样本节点、领袖节点、参与者节点、飘客节点的好友按本省、邻接省份、其他省份三个圈域分类汇总，生成人际节点好友空间分布金字塔图(图 12-5)。整体上，样本节点的好友数量表现出本省远超过邻接省份、其他省份，即形成以省为单位的本地集中趋势。不同等级节点的好友多集中于以省为单位的本地地域，这与已有研究的 SNS 社

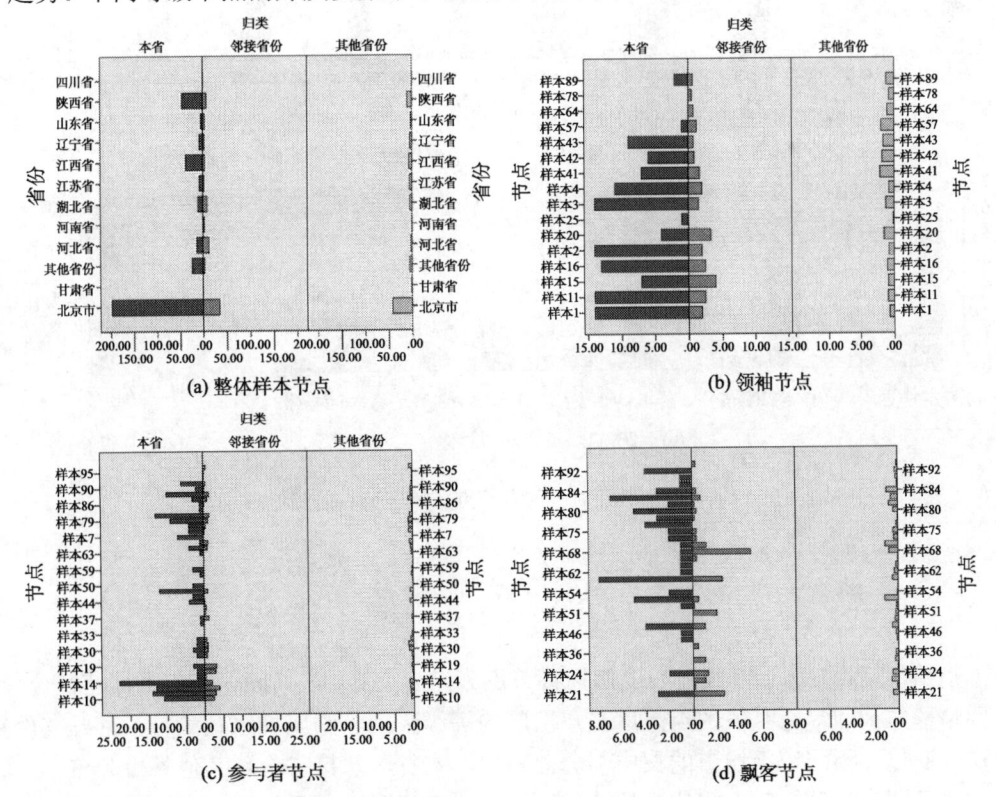

图 12-5 人际节点好友空间分布金字塔图

区人际节点好友空间分布本地集中性特征一致(路紫和王文婷，2011)，也说明人际节点的好友空间分布依赖于节点的现实地理空间。网站拥有者可增设省内人际节点交互模块扩大节点的好友数量，维持与扩展节点的信息交互。

5. 辐射形式

领袖节点将通过"主动联系"或"无意浏览"与参与者节点、飘客节点进行信息交互，并产生正向辐射、跳跃辐射、反向辐射的辐射效应(图12-6)。由图可见，正向辐射表现为本省、邻接省份、其他省份3个圈域内依次递减，是主要形态；跳跃辐射表现为本省、其他省份、邻接省份3个圈域内依次递减；反向辐射表现为本省、邻接省份、其他省份3个圈域内依次递增。比较3个圈域内参与者节点与飘客节点数量，发现正向辐射与跳跃辐射呈现出本省集聚的空间格局，而反向辐射相对分散。综上可知，在正向辐射形式为主的作用下，领袖节点较多的省份，社区成员可能会无意识获取大量信息，这说明圈域要素对于参与者节点、飘客节点接受领袖节点辐射效应具有重要作用。

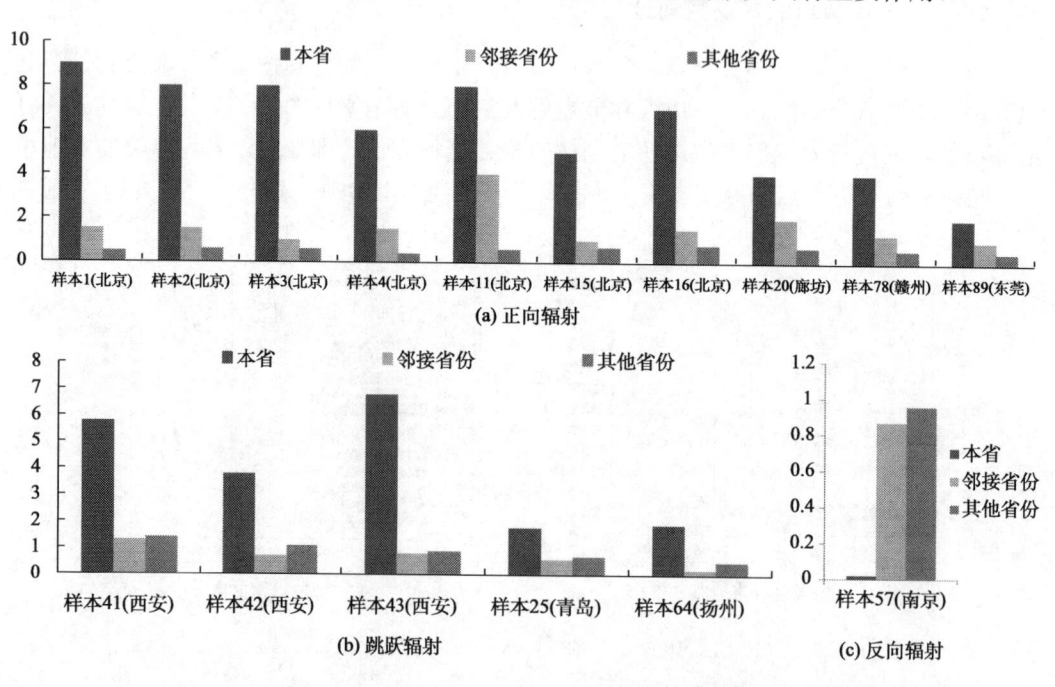

图12-6 领袖节点对参与者节点、飘客节点的辐射形式

12.2.3 小　　结

小结包括：①基于度数中心度指标将节点分为3个等级，其间存在5方面特征分异：以回帖量与被回复量赋值的点入度与点出度的等级区别，归属群组数量与亲密好友份额的梯度变化，不同等级城市的集中与分散差异，本省、邻接省份、其他省份分布的圈域构成的不同，3种辐射形式的数量差异；②网络空间要素与现实地理空间要素共同作用

SNS社区人际节点等级划分，网络空间中的群组与亲密好友影响节点的信息交互，以及信息交互的等级，现实地理空间中城市和圈域影响节点的空间分布及辐射效应；③3个等级节点表现出路径依赖，在群组与亲密好友要素影响下进入个人交互模式。社区成员可通过条件查找等方式快速获取大量需求信息，SNS社区网站拥有者可通过设置特定功能的模块优化网站的结构与功能。本书仅依据个案样本，尚难以概括广泛普遍的人际节点多方面等级特征，未来可结合各个不同性质的SNS社区进行对比，将能更进一步地剖析人际节点的等级特征与规律。

12.3 SNS社区人际节点空间关系的中心性

SNS社区是社交网络(社交网站)的总称，这种服务允许网民在一个限制系统上构建一个公开或半公开的个人空间，在空间里列出用户名单、查看自己和关联用户的链接。社交网络表达了个人同与其存在各种关系的人彼此间联系的一种结构。Watts和Strogatz(1998)验证了在物理世界适用的社会化网络"小世界特征"在虚拟世界中也同样适用，颠覆了网络即虚拟的传统观念，动摇了"物理现实"与"虚拟现实"之间的不可通约性，因此引起了国内外地理学的关注。Hargittai(2007)以Facebook、MySpace、Xanga、Friendster四个代表性的SNS网站为例，对使用SNS网站的用户分布特征的研究，以及Baker(2009)对用户使用SNS的动机的分析、Ellison等(2007)对SNS与特定人群桥接、整合关系的分析，均发现使用SNS对社会网络资本的创造与维持具有积极作用，也提出了人际空间关系的可能性变化。Yuta等(2006)还利用日本最大的SNS网站——Mixi网站的36万个节点和190万个链接的资料，划分出网站内部社区规模结构的差异、归纳出节点联系的规则。Lewis等(2008)进一步以Facebook为对象，研究朋友的距离等对SNS用户隐私设置的影响，发现朋友的距离反向影响隐私设置水平。综上所述，国内外SNS研究普遍涉及社区结构、用户特征、传播模式、空间关系等方面，发现了社交网络这种复杂网络结构的一些共同性质：网络结构中存在不均衡特征，节点间联系有紧密与稀疏的差异。这为SNS人际节点空间关系研究奠定了初步基础。

12.3.1 研究方法

图论方法作为网络结构分析的重要手段，通过量化不同节点间相互作用的能力，可为解释网络中地理要素在地域空间上的运动形式，以及它们的空间联系奠定基础。利用图论进行社交网络空间结构分析，旨在揭示信息在整个网络中的传播规律及个人或群体在该网络中的"中心性"。图论中使用度来评价节点在网络结构中的重要性。节点的度等于它所关联的边的条数，是研究网络可靠性和稳定性的重要途径。一些学者利用图论方法对网络中的节点的重要性或节点的多样性做了大量的研究，已取得较好效果。在行动者及其之间关系构建的社交网络中，也可针对其地理实体位置和相互间联系，经过一定的简化和抽象，给出多种关于节点地位和存在形式的量化界定，描述为图论意义下的地理网络。

这项研究尝试由图论的中心性及其测量方法出发，选取能够反映 SNS 社区特点的节点的度数中心度、度数中心势、凝聚度和集聚系数 4 项指标，分别从节点在整个网络中的中心性地位、整个网络的中心性趋势、局部网络的连通属性、局部网络的集聚特征 4 个方面，说明 SNS 社区人际节点空间结构的中心性特征。对 4 个指标间的关系解释如下：节点是 SNS 社区网络的核心元素，节点间的连接方式影响着 SNS 社区人际节点网络的空间关系，空间关系"中心性"描述中包括网络整体测度指标和网络局部测度指标，前者细分为中心度与中心势：中心度指节点在网络中居于核心地位的程度，中心势考察的是整个网络图的整体整合度或者一致性；后者细分为凝聚度和集聚系数：凝聚度反映了局部网络空间结构的连通性和节点在局部网络中的重要性，集聚系数反映了局部网络的集聚特征和节点间联系的不均衡性（路紫等，2013）。

首先，对 5 个案例所涉及的节点成员和联系频度进行汇总，绘制出"话题"的人际节点结构的网络关系图，为发现 SNS 社区人际节点空间结构中不同等级节点和整体网络结构的中心性特征做出数据支持；其次，鉴于不同等级节点联系频度不同，综合比较 5 个案例之后，对不同案例中人际节点间的网络结构做出具体和有针对性的评鉴和分析。为了有效应用图论的方法，描述网络中节点间的空间关系用节点代表成员所在的城市，用连接每个节点关系的边表示城市间的连线。

12.3.2 案例选取与数据处理

新浪微博是目前中国用户数量庞大、话题群组多样、可获得资料丰富、数据动态性极强的微博产品，其 SNS 媒体结合了移动互联网与固定互联网资源，其人际节点关系的构建既来自于人际网络关系的延续，也基于共享信息形成的比较稳定的"关注—被关注"关系，即博主与粉丝之间建立的信息展示欲望与信息索取需求的双方网上互动。当博主展示的信息有较高质量并形成一定风格后，就会形成以博主为中心的一个有同质化兴趣的松散网络关系群体——话题群组。为确保研究资料能够满足需要，也为了便于图论应用，本书于 2011 年 3 月对新浪微博进行资料调查。调查结果表现为 4 个方面：①依据微博中话题的展开而形成群组，成员在相互关注评论过程中逐渐扩大数量，并将具体话题的界限模糊化，调查统计该群组不同类型用户即可建立样本资料；②依据新浪微博栏目将话题分类为热点、事件、人物和生活，选取出现频率较高的"卡扎菲""农夫山泉砒霜案""罗志祥广州演唱会""魔兽游戏""诺基亚 5230"关键词为话题类型；③对 5 个案例的众多数据进行反复处理，针对节点数量超过 30 个以后会出现无效孤立节点、不利于样本分析的情况，确定每个群组的前 30 个关联节点为研究对象。针对微博匿名用户中其昵称多变的情况，统计中以最先得到的用户名为准；④利用各节点间联系表现在空间层面上的特征绘制出网络关系图，利用图论中度数中心性的相关分析指标量化不同节点间空间关系和群组分布结构。

以话题群组内部成员趋于稳定的状态时所存在的发回帖者为节点构造点集和边集组成 SNS 社区网络关系图，从"评论与被评论"维度，对所选定的话题群组进行人际节点空间结构描述。为了更好地确定微博中的关系圈层，引入"都市圈"概念并确定其辐射范围，在都市圈域界定上分两级，范围分别是中心城市半径在 100km 和 200km。将同一个地点中与其有关联的节点算作一个圈，或者在符合其辐射范围内有关联的节点形成一个圈，按照样本节点的地理位置做出人际节点网络关系图。图中以线条粗细表示关系紧密程度，从细到粗分为 3 种：①评论；②评论与回评；③多次评论与回评。

12.3.3 人际节点网络空间关系的中心性

1. 基于度数中心度的节点中心性

鉴于话题行动者节点在整个网络中与其他多个节点有直接联系，该行动者节点即居于一系列联系的中心地位，故而度数中心度可用于测量 SNS 社区人际节点核心地位的程度。节点的度数中心度越大，则该节点的重要性越突出，中心性强度越大。度数中心度可分为绝对中心度和相对中心度。绝对中心度即是一个节点的实际度数，节点 v_i 的绝对中心度 C_{ADi} 的表达式为

$$C_{ADi} = p(i) \tag{12-2}$$

式中，$p(i)$ 为该节点与其他节点间联系的帖子数。

考虑到该节点的重要性还受到图的规模与图的结构的影响，为了更客观准确地反映节点的重要性，引入相对中心度 C_{RDi} 指标，即节点绝对中心度与图中节点的最大可能的绝对中心度之比，其表达式为

$$C_{RDi} = \frac{C_{ADi}}{n-1} \tag{12-3}$$

在本书中，设相对中心度为该节点圈层内群组成员数与该话题群组成员总数之比。首先计算节点的度数中心度，然后根据 C_{ADi} 的值，将节点划分为主节点（$C_{ADi} \geqslant 10$）、次节点（C_{ADi} 为 5~10）和边缘点（C_{ADi} 为 0~5），主节点的度数中心度见表 12-3。

由表 12-3 可见：①某节点对其他节点的吸引度不同，节点的绝对中心度和相对中心度具有等级差异，每个案例形成的网络空间中，均存在若干主节点、次节点和边缘点，各节点的中心性地位存在很大差异，北京和上海的中心性地位最高，除了由信息化发达程度而呈现出的区域性外，代理商和运营商集聚也发挥重要作用；②各主节点在其吸引半径内具有更高的节点集聚，半径外的节点联系受访问者对异地信息追逐影响，产生同集聚现象相异的情况，从这个角度来说网络空间表现出中心化与去中心化并存的特征；③在附近的主节点的覆盖下，边缘点在信息传输中往往会跨过现实的次级节点而直接与主节点相联系，使现实的次级节点受到遮蔽效应而明显降低集聚水平。

表 12-3 案例 1~5 中主节点的绝对中心度和相对中心度

节点	案例 1 绝对	案例 1 相对	案例 2 绝对	案例 2 相对	案例 3 绝对	案例 3 相对	案例 4 绝对	案例 4 相对	案例 5 绝对	案例 5 相对
北京	25*	0.2381*	57*	0.2425*	15*	0.0682*	42*	0.2937*	26*	0.1529*
上海	24*	0.2286*	12*	0.0511*	21*	0.0955*	29*	0.2027*		

续表

节点	案例1 绝对	案例1 相对	案例2 绝对	案例2 相对	案例3 绝对	案例3 相对	案例4 绝对	案例4 相对	案例5 绝对	案例5 相对
广州	11*	0.1048*	2	0.0086	30*	0.1364*	4	0.0279	25*	0.1471
杭州	10*	0.0952*	16*	0.0681*	6	0.0273	11*	0.0769*		
南京	16*	0.1524*	22*	0.0936*			6	0.0419		
青岛					9	0.0409	2	0.0140	15*	0.0882*
武汉	10*	0.0952*	4	0.0171					25*	0.1471*
重庆			14*	0.0595*			17*	0.1188*		
成都			13*	0.0553*			10*	0.0699*		
郑州			6	0.0256	4	0.0182	10*	0.0699*		
泉州			21*	0.0893*	4	0.0182				
宁波					4	0.0182			18*	0.1059*
台北					29*	0.1318*				
德阳					12*	0.0545*				
海口			29*	0.1234*						
南宁			27*	0.1149*						
包头	16*	0.1524*								
石家庄	15*	0.1429*								
太原									16*	0.0941*
丽江									16*	0.0941*
安阳							15*	0.1048*		
黄冈							13*	0.0910*		
济南					14*	0.0636*				
台东					12*	0.0545*				

*表示主节点,国外节点略。

资料来源:路紫等,2013。表12-4～表12-6资料来源同。

2. 基于度数中心势的整体网络中心性

相对于节点的度数中心度来说,图的度数中心势用以刻画网络图的整体中心性趋势。度数中心势作为一个网络图的中心度,考察的不再是点的相对重要性而是整个网络图的总体整合度或者一致性,度数中心势反映了网络图中各个节点的中心度的差异。因而度数中心势可用来测度人际节点网络空间的整体中心性。在网络图中节点的度数中心度差异很大时该图的中心势差异也较大,因此通过找出网络图中的最大中心度的数值,再计算该值与其他的中心度的差,即可计算图的中心势。图中节点的绝对中心度最大值记为$C_{AD\,max}$,相对中心度最大值记为$C_{RD\,max}$。文中,根据相对中心度C_{RDi}来计算图的度数中心势,其公式为

$$C_{RD} = \frac{\sum_{i=1}^{n}(C_{RD\max} - C_{RDi})}{n-2} \quad (12\text{-}4)$$

度数中心势越接近于 0，人际节点网络空间结构的整体中心性越不明显。基于对 5 个案例的人际节点网络关系图分别进行中心势计算，得出测度指标具体值(表 12-4)。由表 12-4 所见：①网络中虽然存在多个中心度稍大的节点，但未出现极度最大值，首位度节点不突出，即未呈现一个相对于整个网络的中心点，总体上网络空间结构的度数中心势较小，说明网络空间的整体向心趋势不明显，整体呈现出去中心化特征和分散化特征；②基于现实政治与经济吸引度指标分析，人际节点空间结构分散化趋势突出，即社区成员及其相互联系表现出超越地理距离的网状联系结构，信息的传播不会因网络中某个节点的消失而受到很大的影响，一定程度上验证了虚拟网络的去空间性和去中心化特征。

表 12-4 案例 1~5 中各主要节点区的度数中心势

	节点区	绝对中心度	相对中心度	图的度数中心势
案例 1	北京区	25	0.2381	0.1009
	石家庄区	15	0.1429	
	包头区	16	0.1524	
	上海区	24	0.2286	
	南京区	16	0.1524	
	杭州区	10	0.0952	
	广州区	16	0.1524	
案例 2	长春—通化区	8	0.0342	0.1395
	北京区	57	0.2425	
	武汉—孝感区	16	0.0683	
	上海区	52	0.2214	
	成都—重庆区	27	0.1148	
	海口—南宁区	48	0.2042	
	广州区	27	0.1148	
案例 3	北京区	12	0.1621	0.1026
	上海区	38	0.1702	
	广州区	64	0.2470	
	台北区	51	0.2038	
案例 4	北京区	42	0.2937	0.1774
	上海区	46	0.3217	
	郑州—安阳区	25	0.1748	
	广州区	14	0.1044	
	重庆—成都区	26	0.1818	

续表

	节点区	绝对中心度	相对中心度	图的度数中心势
案例5	北京区	28	0.1647	0.0902
	太原区	20	0.1177	
	青岛—日照区	17	0.1000	
	常德—武汉区	29	0.1705	
	宁波—金华区	25	0.1471	
	广州区	33	0.1941	

注：部分节点区由多个节点组成。

3. 基于链接性质的局部网络连通性

许进等(1994)在定义规则网络图核心节点的基础上，提出了测度节点链接性质的指标，即节点 v_i 的链接程度 c_i 和凝聚度 cd_i。c_i 是与某节点直接相连的顶点之间的边的总数，反映以该节点为中心的局部网络空间结构的局部连通属性。cd_i 是局部网络空间中该节点重要性的评价指标，计算公式为

$$cd_i = d_i(d_i-1)/2c_i \tag{12-5}$$

式中，d_i 为直接与 v_i 相连的边的数量。

根据网络中节点与边的关系可知 $cd_i \geqslant 1$。当 $c_i=0$ 时 cd_i 无穷大，表明此节点不能被其他节点替代，在局部网络中有重要地位。分别计算 5 个案例图中各节点的链接程度和凝聚度(表 12-5)，可以看出，北京、上海、广州、杭州、武汉、南京和郑州 7 个节点的

表 12-5 案例 1~5 中主要节点的链接程度和凝聚度

节点	案例1 链接程度	案例1 凝聚度	案例2 链接程度	案例2 凝聚度	案例3 链接程度	案例3 凝聚度	案例4 链接程度	案例4 凝聚度	案例5 链接程度	案例5 凝聚度
北京	18	29.3333	61	26.1639	19	7.1579	23	37.4301	4	12.5000
上海	14	19.7143	30	2.2000	19	11.0526	18	22.5621	—	—
广州	2	7.5000	0	—	27	16.1111	10	0.6000	24	12.5000
杭州	2	18.0000	37	3.2433	4	3.7500	14	3.9286	—	—
武汉	2	18.0000	70	0.2142	—	—	—	—	22	13.6364
南京	6	20.0000	54	4.2778	—	—	9	1.6667	—	—
郑州	—	—	49	0.3062	10	0.6000	4	26.2500	—	—
重庆	—	—	38	2.3948	—	—	5	27.2000	—	—
成都	—	—	54	1.4445	—	—	7	5.1429	—	—
青岛	—	—	—	—	9	7.3333	—	—	11	9.5556
东莞	—	—	—	—	2	7.5000	—	—	12	1.2500
泉州	—	—	45	4.4667	2	3.0000	—	—	—	—
宁波	—	—	—	—	10	0.6000	—	—	10	15.3000

注：仅列出在 2 个以上案例中出现的节点。

链接程度高,证明以这些节点为中心的局部网络空间的连通性良好;同时,北京、上海、广州、杭州、武汉、南京和郑州 7 个节点的凝聚度较大,构成了以这些节点为中心的局部网络空间的重要节点。此外还可以看出,在这些局部网络空间结构中,主节点的存在使周围边缘点往往略过次节点而直接与主节点联系,也反映出主节点对于周围的次节点产生的较强"遮蔽"效应。综上,具体话题的圈层构建仍主要围绕地缘因素而展开,互动关系形成的网络群组节点与地缘关系组建的圈层节点结构部分重叠,这说明群组结构的形成没有完全摆脱地理距离的局限,这也是 SNS 社区人际节点空间关系的重要特征。

4. 基于集聚系数的局部网络集聚特征

在描述网络拓扑结构的诸多属性中,集聚系数有效地描述了网络关系图的两个邻接点间结集成团的程度,图中任一个集聚节点的出现对说明网络节点空间分布的不均衡性都具有指示作用,采用集聚系数 $C(i)$ 作为集聚程度的参量,定义为节点的邻居之间互相连接的概率,一个顶点(即节点 v_i)的集聚系数 $C(i)$ 取值于[0, 1],设一个顶点 $v_i \in V$ 的相连闭三角数为 $\lambda_G(v_i)$,也就是图中所有的包括了 v_i 的闭三点组(即包括 v_i 在内的三个节点两两相连形成的闭合三角形)的数目,再设 v_i 的相连开三角数为 $T_G(v_i)$,也就是图中所有的包括了 v_i 并且满足两条边都与 v_i 相连的开三点组(即 v_i 与其他两节点相连,而其他两节点并没有相连,所形成的未闭合三角形)的数目,顶点 v_i 的集聚系数表示为

$$C(i) = \frac{\lambda_G(v_i)}{T_G(v_i) + \lambda_G(v_i)} \tag{12-6}$$

集聚系数反映了局部网络空间结构的集聚特征。集聚系数为 0~1,反映某节点为中心的局部网络空间集聚特征加强,由表 12-6 可见,部分局部网络空间存在明显集聚特征,一些节点的集聚系数为 1 或接近 1,如北京、上海、广州、南京和成都,说明以这些节

表 12-6 案例 1~5 中各级节点的集聚系数

节点	案例 1	案例 2	案例 3	案例 4	案例 5
北京	1.0000	1.0000	0.4000	0.9000	0.6667
上海	0.8000	0.8600	0.6667	1.0000	—
广州	1.0000	0.3333	0.5319	1.0000	0.5000
南京	0.7500	0.8000	—	1.0000	—
成都	—	0.7500	—	1.0000	—
杭州	0.3333	0.7500	0.3333	0.7500	—
武汉	0.7500	0.5000	—	—	0.1500
泉州	—	0.7500	0.5556	—	—
重庆	—	0.7500	—	0.3333	—
包头	0.7500	—	—	—	—
石家庄	0.7500	—	—	—	—

注:集聚系数≥0.7500 的节点。

点为中心的局部网络空间关系具有明显的集聚特征,在人际节点网络空间中出现了多个

集聚小网络,反映出节点空间分布和节点间联系具有不均衡性。进一步分析可见,主节点吸引半径内外的集聚性有差异,一些主节点吸引半径内具有更高的节点密度,半径外节点间联系受访问者对异地信息追逐心理的影响而相异,与距离相对遥远的节点组成相关联系组。对于后者可以认为,SNS社区提供了跨地域的交流空间,突破了圈层结构的束缚实现了人际节点关系的网络化。

12.3.4 小 结

小结包括:①依据度数中心度计算可见,SNS社区中节点因对其他节点的吸引度不同而形成绝对中心度和相对中心度两个方面的等级差异,与主节点、次节点和边缘点的差异相对应,在整个网络空间中,节点重要性呈现出不平衡的状态,进一步导致整体网络空间呈现出不均衡性;②根据中心势计算可知,总体上网络空间度数中心势较小,整个网络空间结构向心趋势不明显,图中虽然存在多个中心度相对较大的节点,但未呈现一个相对于整个网络的首位中心点,社区成员及其相互联系表现出了超越地理距离的网络状结构,验证了虚拟网络的去空间性和去中心化特征;③根据凝聚度和集聚系数计算可见,图中一些节点链接程度很大且处在关键位置,使其网络凝聚度加大,成为网络主节点,并对网络中的局部连通属性发挥重要作用,导致了网络中局部集聚的出现,这些主节点吸引半径内外的集聚性有差异;④基于主节点分析可见,SNS社区中地缘因素在特定范围内依然发挥重要作用,限制其他次级节点的发展,话题中节点的影响力及定向流动也会产生冲击,所以人际节点空间传播规律对SNS营销具有重要影响,有针对性地植入广告、建立分销联盟、提供订阅服务是当前SNS吸引用户及盈利的重要基础和关键所在。

12.4 模糊中心性分析模型与SNS社区人际节点空间关系

Nair和Sarasamma(2007)最早指出了社会网络的模糊属性,认为模糊社会网络是由行动者及其之间的关系构成的网络结构的集合,并给出模糊图作为模糊社会网络的抽象表达,将社会网络中的行动者在模糊图中表示为节点,行动者间关系表示为边,其中的要点是行动者间关系为一种不确定的模糊关系,可用概率计算其间存在的多种可能关系状态。随后,Ignjatovic等(2010)进一步指出了所有社会网络都是模糊社会网络,而一般社会网络只是模糊社会网络的一种特殊情况,由此将模糊社会网络的研究推向一个新的高度——用数学语言表示模糊社会网络内部的节点、联系、边界、结构的具体模糊关系。

基于社会网络模糊属性形成的主流研究方法即是社会网络分析方法(SNA)与模糊数学相结合产生的模糊社会网络分析方法(F-SNA)。对于SNA,学者们聚焦于将复杂多样的关系状态表征为一定的网络构型,并借助一些数学模型对构型及其变动进行简化的定量分析。例如,Abbasi等(2011)即开发了一种由图论、矩阵法、社会计量方法、代数方法等一系列方法所组成的评估模型,用于直观表达网络组织关系和描述网络结构。对于F-SNA,学者们从社会学、经济学视角研究了模糊社会网络的结构特征与属性及其在企业关系、组织结构等方面的应用,如廖丽平等(2013)基于社会网络中所包含的模糊图论内容,从结构洞、密度、位置属性等多个侧面给出模糊社会网络的基本概念及计算公式。

近些年来,关于模糊社会网络的研究主要集中于结构属性方面,包括中心度、结构等价性、结构洞等关键问题,构成模糊社会网络的研究热点,如 Fan 等(2008)将结构等价性和正则等价性的概念引入到模糊社会网络研究中,利用模糊关系方程定义了模糊正则相似性和一般模糊正则等价性,并将正则相似性和一般正则等价性应用于模糊状态转换系统中,给出了计算方法和算例。此外,在结构属性研究中还有其他一系列的应用,如通过若干算法说明网络上两个节点的联系及位置的相似性程度等。

这些学者深入讨论了模糊社会网络中的模糊结构属性特征,为模糊社会网络结构关系分析提供了依据(Tseng, 2010),但均未具体给出模糊社会网络结构中的空间位置分析方法,也没有应用于模糊社会网络的节点空间位置与关系实证分析中。所以模糊社会网络分析方法的进一步发展面临两个挑战:一是能否应用于互联网基础上的半虚拟半现实的社交网站的研究;二是能否应用于具体的人际节点空间关系领域的研究。有必要以 SNS 社区内的人际节点空间关系为对象,从结构属性方面构建一套指标体系,给出一个模糊 SNS 中心性分析模型,并应用于模糊社会网络节点空间位置与关系分析中。其对拓展半虚拟半现实的地理学空间关系理论,深化地理学对 SNS 社区结构的研究具有重要意义。该研究结果也可以支持社会网络在线服务与管理。

12.4.1 研究目标、路径与结构

首先引用模糊社会网络分析方法于 SNS 社区研究中,提出模糊 SNS 社区的概念;又将图论中的空间位置地理信息表达于模糊社会网络关系结构图中;为了揭示 SNS 社区人际节点空间分布的均衡性/中心性问题,以及多元中心性问题,提出一种基于模糊图论的模糊中心性分析模型;最后选取 3 个 SNS 社区案例,应用该方法具体分析 SNS 社区网络结构特点,以及 SNS 社区人际节点的分布特征(路紫等,2015)。

为了更全面说明中心性分析方法的应用,选择了开心网大学群组、天涯社区旅游论坛群组、人人网两类机缘话题群组 3 个案例,从研究内容看,大学好友群组、论坛群组、机缘群组三种类型呈层层递进关系,分别解决节点分布的均衡性特征、节点联系的中心性特征、节点联系的中心性差异等问题。第一个案例关注节点,以好友的城市分布为资料建设视角,解释模糊信息熵指标所描述的问题,揭示 SNS 社区人际节点空间分布的中心性特征,以尝试获得集中性和不均衡程度的结论;第二个案例关注节点联系构成,以区域板块为资料建设视角,构建各区域版块"精品文章"与发帖人、回帖人位置关系网络,强调综合的联系关系,解释模糊中心度及模糊点入度/模糊点出度指标所描述的问题,以尝试获得节点的中心性地位和类型的结论;第三个案例关注类型比较,以学缘和趣缘两个最基本的机缘类型为资料建设视角,解释模糊凝聚度、模糊集聚系数和模糊地理集中指数 3 个指标所描述的问题,以尝试从节点联系差异视角获得两类机缘群组的网络中心性差异的结论。

本节针对节点中心性问题,从方法论层面推进了隶属度与节点不均衡性、联系强度

的渐进性、由凝聚度和集聚系数引出的结构洞与不完全网络等研究。第一部分回顾了研究进展,说明了研究目标、路径与结构。第二部分描述方法与数据,通过构建一套指标体系给出模糊 SNS 中心性分析模型。第三部分进行了 3 个案例的研究,以说明所提出方法的应用。第四部分为结论。

12.4.2 模型与数据

1. 模型

1) 模糊 SNS 社区定义

经过多年研究,模糊社会网络已形成很完整的概念体系,并总结出若干虚拟社区网络(陈映雪等,2013)具有的与现实地理网络(唐澜等,2012;朱桃杏等,2011)相同的基本特征。基此给出模糊 SNS 社区的基本特征:节点分布信息加工与归并过程的模糊性,由节点联系次数变化区间决定的节点间联系强度的模糊性,以某个节点为核心所构成的点群网络化程度的模糊性。所以平移模糊概念到 SNS 社区中,应用社会网络的模糊属性定义模糊 SNS 社区:节点间关系存在多次联系的情况,社区为一种模糊关系结构(Nair and Sarasamma,2007):

$$\widetilde{U} = (V, \widetilde{E}) \tag{12-7}$$

式中,$V = (v_1, v_2, \cdots, v_n)$ 为节点集合;$\widetilde{E} = \sum_{i=1}^{n}\sum_{j=1}^{n}\left[\widetilde{E}(e_{ij})/e_{ij}\right]$ 为节点间关系,用节点间连接强度表示。

将一个模糊 SNS 社区网络规模 A 定义为在模糊社会网络中节点的数量总和,规模影响节点间关系的复杂性。

2) 节点分布特征评价指标

节点是构成社会网络的最基本单位,应该首先界定和表达节点在社会网络中的分布特征,信息熵作为分析节点分布规律的有效手段已经得到证实和检验。节点分布的处理过程决定了模糊信息熵概念。在 SNS 社区人际节点空间关系网络中,每个城市的节点集属性的边缘是模糊的,如对城市节点集中市域范围的边缘节点进行归并,节点集的空间差异被模糊化处理,通过节点分布的模糊比例计算的信息熵界定为模糊信息熵,可作为模糊 SNS 社区中人际节点空间分布的均衡状态衡量指标。设每个城市的网络规模为 $A_i(i=1,2,\cdots,N)$,则有:$A = \sum_{i=1}^{N} A_i(i=1,2,\cdots,N)$。参照 Shannon Weaner 指数,定义网络节点空间分布的模糊信息熵:

$$\widetilde{S} = -k\sum_{i=1}^{N}(P_i)\ln P_i \tag{12-8}$$

式中,k 为玻尔兹曼常数,在进行比较分析时令 $k=1$;P_i 为城市 i 分布的节点数量占该网络节点总数的比例；N 为节点分布的城市数量。

3) 节点联系特征评价指标

节点联系是构成网络关系结构特征的基础，可揭示节点的网络位置的地位特征。节点联系强度变化区间相对关系决定了模糊评价指标的应用，其中又包括节点间的联系数量和节点间的联系矢量，现以模糊中心度作为节点间联系数量基础上的模糊评价指标，表示节点位置的中心性地位的差异；以模糊点入度/模糊点出度作为节点间联系矢量基础上的模糊评价指标，表示节点位置的中心性类型的差异。两者共同构成 SNS 社区整体网络中节点的模糊中心性表达。模糊中心度表示为

$$\widetilde{C}_{Di} = \overline{d}_i \tag{12-9}$$

式中，$\widetilde{d}_i = \sum_{j=1}^{n} e_{ij}$，$\widetilde{d}_i$ 为某节点与其他节点联系强度的总和；n 为节点数目。

模糊中心度由模糊点入度和模糊点出度组成，前者代表网络中节点的受欢迎程度，后者代表活动水平。综上，模糊中心度及模糊点入度/模糊点出度指标可描述某区域节点对其他区域节点的直接影响，从而识别关键区域节点及其关系结构。

4) 节点联系的网络特征评价指标

可通过若干人际节点联系指标进行模糊 SNS 社区网络中心性分析。模糊凝聚度和模糊集聚系数能较好地描述多种局部网络化类型的存在状态。其中用模糊凝聚度评价节点重要性，表示为

$$\widetilde{cd}(i) = \widetilde{d}_i \left(\widetilde{d}_i - 1 \right) / 2\widetilde{c}_i \tag{12-10}$$

式中，$\widetilde{d}_i$ 为节点 v_i 与其他节点的联系强度总和；$\widetilde{c}_i$ 为与节点 v_i 直接相连的节点间的联系强度总和。模糊凝聚度趋于无穷大表明该节点在局部网络中有重要地位。

用模糊集聚系数评价模糊网络关系图的邻接点间结集成团的程度，图中集聚节点的出现对说明模糊社会网络节点空间分布的不均衡性具有指示作用，反映局部网络空间集聚特征，根据 Watts 和 Strogatz(1998) 提出的集聚系数概念，表示为

$$\widetilde{C}(i) = \lambda_U(v_i) / \left[T_U(v_i) + \lambda_U(v_i) \right] \tag{12-11}$$

式中，$\lambda_U(v_i)$ 为 v_i 的相连闭三角形数；$T_U(v_i)$ 为 v_i 的相连开三角形数，模糊集聚系数越接近 1 表明由该节点为中心的局部网络空间结构集团化程度越大。

模糊地理集中指数 $\widetilde{G}$ 是以模糊凝聚度为基础获得的计算值，用于评判整体网络化特征，衡量网络空间人际节点分布的集中程度，反应整个网络是否存在绝对的网络中心点，计算公式为

$$\widetilde{G} = 100 \sqrt{\sum_{i=1}^{n} \left[\frac{\widetilde{cd}(i)}{T} \right]^2} \tag{12-12}$$

式中，T 为所有节点模糊凝聚度之和；$\widetilde{cd}(i)$ 为第 i 个节点的模糊凝聚度，模糊地理集中指数值越大说明人际节点空间分布的中心趋势越明显。

5) 模糊中心性分析模型

基于上述分析，以模糊 SNS 社区为基础，可构建一套由节点、节点联系、节点联系的网络差异三组中心性指标构成的模糊 SNS 社区中心性指标体系，最终组合为一个模糊中心性分析模型(图 12-7)。

2. 数据

对所选择的大学好友群组、论坛群组、机缘群组 3 种类型，依据资料的丰富性、可用性和对象的知名度，建立 3 个案例所使用的群组数据系统。进行节点研究时，将可能的虚拟关系转变为确定的虚拟现实关系，从群组中选取成员和成员间依据话题、文件共享等形成交流与互动的话题好友。进行节点联系研究时，从群组中提取精品帖(文章)，分别统计好友所在地(城市)及其比例或回复人所在地(城市)及其回帖总量。于 2009 年 12 月至 2010 年 5 月选取开心网 15 个大学群好友群组数据，从好友列表中选取前 200 个好友进行统计；于 2012 年 9 月至 2012 年 11 月选取天涯社区旅游论坛 21 个区域版块的群组数据，以每个板块中回帖人最多的精品文章表示该区域的整体情况；于 2012 年 8 月至 2012 年 10 月分别选取人人网主题讨论版块中学缘关系下的《爱在华师大》和趣缘关系下的《魔鬼名单》作为两类话题群组，分别选取其中浏览量和回复量最高的两个话题内的 200 个回复者作为研究数据，话题"华师大的后门没了。郁闷。""校园随拍！"和"怎样兑换元宝？""房间怎么升级？"分别用 $I_①$、$I_②$ 和 $II_①$、$II_②$ 表示。需要说明的是：研究过程中，第二个案例将省级区域作为节点，第三个案例以省会城市替代省域作为节点，进行数据统计整理与分析。

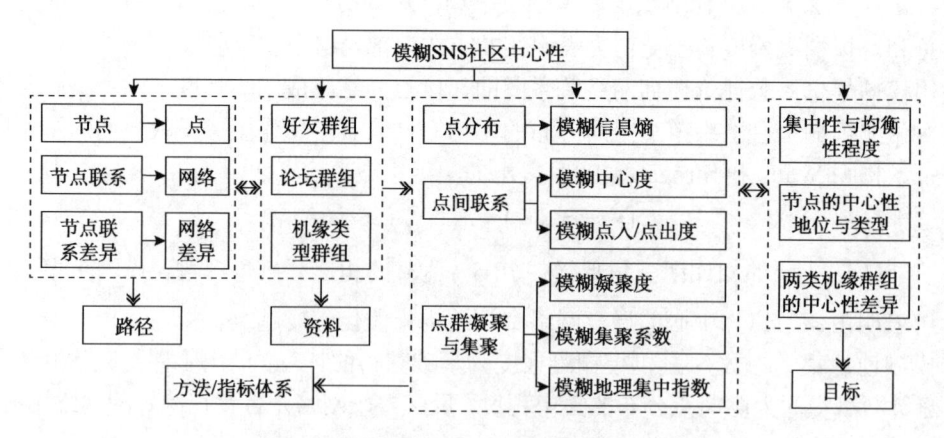

图 12-7 模糊中心性分析模型(路紫等，2015)

图 12-8~图 12-10 资料来源同

12.4.3 节点分布的均衡性及其群组极差的隶属度

对第一个案例分别计算开心网 15 个大学群中好友节点分布的模糊信息熵及最大模糊信息熵，形成图 12-8，进行分布非均匀性特征分析。由图 12-8 可见，各群的模糊信息熵值均小于该群的最大模糊信息熵值，且各群的最大熵值与信息熵值的差值均较大，表明普遍性的好友节点分布的非均衡状态；同时多数大学群的信息熵值小于 2，表明好友节点分布的集中状态。集中性特征具体表现为突出的本地集中性：各大学群本地分布的好友数量均为首位分布，本地比例远远高于平均比例，各群本地集中性均明显；通过计算，发现各群好友空间分布符合度分布指数模型，呈现以本地为中心的指数衰减形态。

应用极差论对各个大学群进行比较，将每个大学群的最大信息熵与模糊信息熵相减，得到的每个大学群距离均衡的极差值(图 12-8)都是正数，说明所有大学群均没有达到均衡状态，但其差值又不尽相同，表明各个大学群的不均衡性又有一定差别，将 15 个大学群的极差值作为是一个模糊集，总的判断均为不均衡分布，又按模糊集的隶属度将其分为极不均衡大学群组、一般不均衡大学群组、相对均衡大学群组 3 个等级，每个大学群内部的不均衡决定了整体分布的不均匀性。这与付丽丽等(2009)总结的社会网络结构具有非平衡性特征相一致。

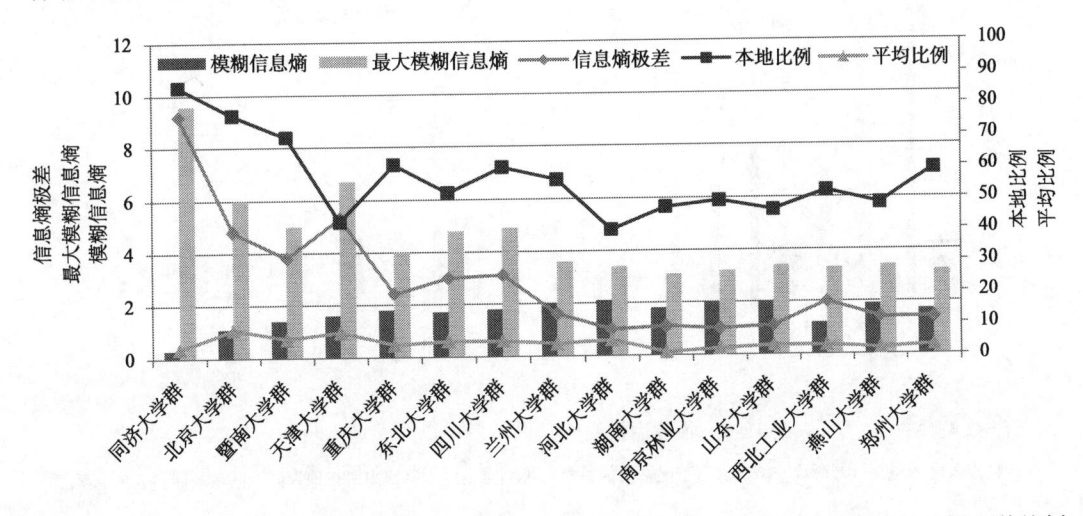

图 12-8 各群好友分布的模糊信息熵/最大模糊信息熵/信息熵极差、以及好友分布的本地比例/平均比例

12.4.4 节点联系中的节点中心性地位及其渐变

对第二个案例计算 21 区域节点的模糊中心度及模糊点入度/模糊点出度，各区域节点的模糊中心度存在较大差异，模糊中心度最大的 5 个区域节点在整个网络中的中心性地位显著，模糊中心度最小的 5 个区域节点与之相反，表明其网络中心性具有多元化特征，存在多个热点区域节点。这与以微博信息传输为对象的中心化特征研究结果具有一致性(陈映雪等，2013)。每个区域节点的模糊点入度/模糊点出度之间存在较大差异，差

值为29~482，分为模糊点出度大于模糊点入度或模糊点入度大于模糊点出度两种状态。在网络中模糊点入度显著大于模糊点出度的节点，具有较高的关注度和吸引力；模糊点出度显著大于模糊点入度的节点，在网络中活跃程度较高(图12-9)。

用模糊中心度、模糊点入度/模糊点出度指标值可以说明模糊集边界渐变的模糊性，从而来描述各节点特征的渐变过程。在案例中用模糊中心度及模糊点入度/模糊点出度作为描述节点间联系强度的变量，在模糊集划分模糊子集的过程中依据不同的映射关系，把模糊中心度及模糊点入度/模糊点出度按照数值从小到大区间排列，可确定模糊子集的边界，并划分出多种模糊子集，如按模糊点入度可确定出顶尖模糊子集划分系统(一档为新疆、四川、山东)和大类模糊子集划分系统(一档为新疆、四川、山东、湖南、安徽、海南、江西)等，将数值按排序划分模糊子集，不论子集间的边界如何，所表达的都是各节点模糊点入度强度渐变过程中模糊子集所体现的强度特征的模糊变化。模糊点出度和模糊中心度同理。模糊点入度越强对应的模糊子集的节点越活跃，模糊点出度越强对应的模糊子集的节点越受关注，模糊中心度越强对应的模糊子集的节点越活跃并且越受关注。

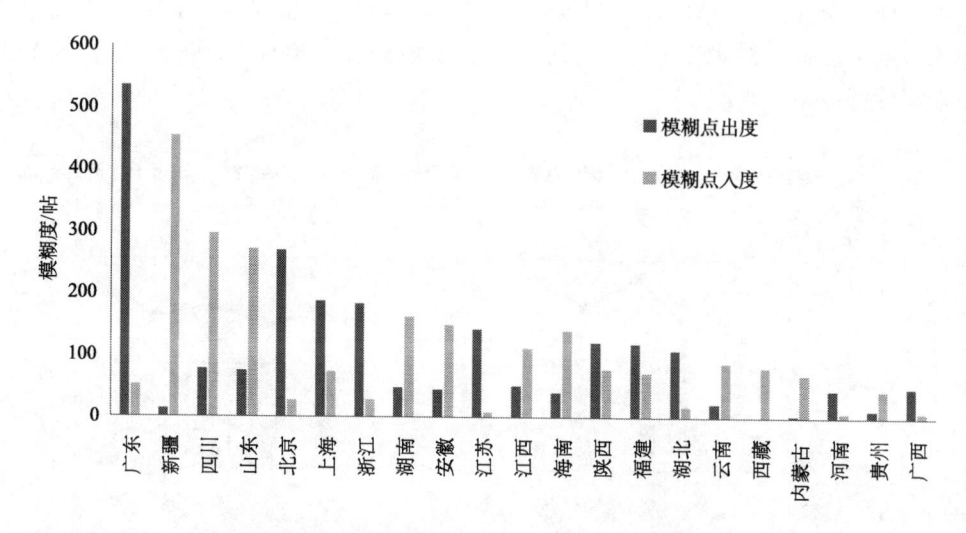

图12-9　各节点模糊点入度与模糊点出度对比图

模糊点入度为每个区域版块"精品文章"回帖人的总数，模糊点出度为网络中所在地为同一区域的回帖人的总数

12.4.5　节点联系的网络中心性差异及网络化

对第三个案例计算每个话题群组网络节点关系的模糊凝聚度、模糊集聚系数，形成图12-10。又根据节点的模糊凝聚度曲线分岔转折情况，通过位序线性回归分析法进行等级划分，分岔点的各部分线性回归相关系数为0.956~0.971，验证了等级划分的合理性。按模糊凝聚度大小将节点划分为4个等级。将处于关键位置的一级和二级模糊凝聚度视为网络中强凝聚节点，每个群组均具有多个强凝聚节点，说明SNS社区人际节点空间分布的多中心特征。

通过模糊凝聚度指标构建的分级系统显示，不同群组节点分布的中心化特征存在规律性差异。学缘关系下的空间分布呈多中心特征。I①和I②中分别有3个强凝聚节点，其分布相对集中且局部集聚，受现实具体地点的限制呈现出本地集中性。趣缘关系下的空间分布也呈多中心特征。II①和II②中分别有6个强凝聚节点，因没有现实具体位置的特定局限致使强凝聚节点分布较为分散。通过模糊集聚系数指标可表述以该节点为中心的局部网络集团化程度，I①、I②、II①和II②的平均模糊集聚系数分别为0.356、0.352、0.179、0.205，可见学缘关系下的人际节点网络集团化程度较强。通过模糊地理集中指数公式计算的I①、I②、II①和II②的结果分别为38.37、35.19、25.43和26.78，可见，学缘关系下群组节点分布相对集聚，集聚地区可能是在群组形成的虚拟现实地点或者发达地区。

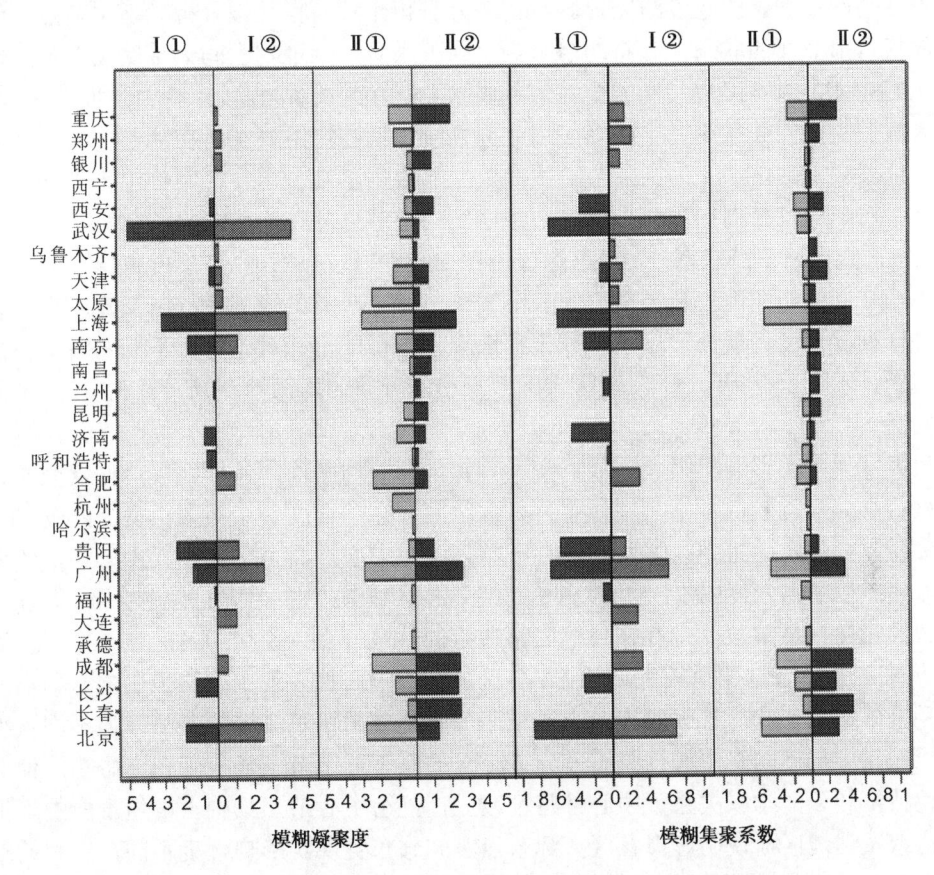

图 12-10 人人网话题群组中各节点的模糊凝聚度与模糊集聚系数

应用"模糊区位研究方法"（路紫等，2011）的分类思想，鉴于存在结构洞的网络中节点的地位不同，同时不同地位的差别又没有明确的界限，所以有结构洞的网络中各节点地位的划分也就成为模糊子集的划分。凝聚度高的、集聚系数低的模糊子集中的节点为中心构成的局部网络可以看作不完全网络，即网络化程度低的网络；凝聚度低的、集聚系数高的节点所组成的网络可看作完全网络。中间存在一部分过渡网络。通过不完全网络和完全网络状态可以推测出整体网络中结构洞的存在：学缘关系下更接近于不完全网络，所形成的结构洞的数量较趣缘关系为多。也就是说网络中的节点的机遇和作用是不同的,如济南节点模糊凝聚度偏小、模糊集聚系数偏大,以其为中心的局部网络趋于完全网络状态;太原节点模糊凝聚度偏大、模糊集聚系数偏小,局部网络趋于不完全网络状态。

12.4.6 小　　结

　　针对社交网站人际节点半虚拟半现实关系,依托模糊社会网络分析方法,提出了SNS社区模糊中心性问题,界定了若干基本概念,构建了一套指标体系,开发了一个基于模糊图论的模糊中心性分析模型,并在话题群组人际节点空间关系研究中予以应用,有助于模糊社会网络理论的建设与完善。与传统方法相比较而言,该分析模型用节点间的联系强度代替节点间的联系,并将网络节点空间关系研究推进到空间矢量层面上。具体通过3个SNS社区案例,从"节点""节点联系""节点联系的差异"3个层面依次递进,在其人际节点空间关系研究中予以应用。分别统计话题群组好友所在地,构建发帖人、回帖人位置关系网络,作为人际节点空间关系的数据基础。第一个案例选择"好友群组节点"为对象通过模糊信息熵指标判断网络空间中节点分布的均衡状态;第二个案例选择"论坛群组区域节点联系"为对象通过模糊中心度以及点入度/点出度指标评估节点在网络中的空间中心性地位和类型;第三个案例选择"两类机缘关系群组节点联系"为对象通过模糊凝聚度、模糊集聚系数和模糊地理集中指数指标对比分析不同网络中心性的差异问题。本节旨在揭示SNS社区人际节点空间分布的均衡性/中心性问题以及多元中心性问题。

　　研究发现:①话题群组人际节点空间分布具有非均衡性,具体而言,好友空间分布的模糊信息熵值均较低,中心性显著;好友空间分布符合度分布指数模型,好友数量随距离衰减,呈现本地集中;②网络不存在整体绝对中心性而是呈现多元中心性,依据模糊中心度、模糊点入度/模糊点出度分析可见,各区域节点的中心性差异显著,既存在中心地位突出的区域节点,也存在处于网络边缘的区域节点;论坛中各区域节点的模糊点入度/模糊点出度普遍相差较大,网络中各区域节点中心性表现出网络吸引中心和辐射中心两种基本类型;③尽管强凝聚节点的空间分布呈现出相对集聚的趋势,但不同机缘群组节点联系中局部网络中心性具有差异。趣缘关系下群组节点较少受距离影响而使节点中心性特征较弱,学缘关系下中心性特征明显,群组中心节点集中于群组形成的虚拟现实地点或发达地区,说明虚拟社区人际节点空间分布受现实影响程度不同,空间的限制性与交流的非限制性并存。通过"好友群组""同一论坛群组""不同机缘群组"为对象的资料体系与思维体系建设,并按3个层面确立描述指标,形成由"点分布"、"点间联系强度"和"点群凝聚与集聚"所组成的中心性分析模型,可清晰说明社交网站人际节点模糊中心性的本质。清晰认知话题群组在一定区域内的集聚发展而又相互影响的规律可为舆论定向扩散和企业商业运行提供一定的指导。

　　未来模糊社会网络的研究还需克服两方面的不足。首先是获取行动者之间模糊关系数据时面临的困难,只选取整个网络中一部分行动者的关系数据,影响了关系属性的描述与分析。其次是测度人际节点关系时,对行动者间模糊关系的表达面临的困难,如何用三角模糊数、梯形模糊数或 L-R 模糊数来表示模糊社会网络人际节点空间关系,是未来量化分析的一个发展方向。

12.5 教育 SNS 社区空间交流特征

目前中国教育SNS社区人际节点空间交流整体表现为稀疏的类星型和线型结构,由低聚类系数表征出高扩散连接特性,由点出度和点入度的空间不对称表征出围绕中心节点的局部集聚交流态势;人际节点空间交流具有非距离衰减性,较少依赖地方行政-经济中心,较大程度上突破了行政区划界限,行政区域内部的连接弱于跨行政区的连接;行动者个体特征在SNS社区交流中的作用较强。以上认识证明教育社会资源理论在空间应用上的有效性,具体包括个体主观意义、主体间相互作用、区域性、符号表达等要素的实际应用,这对中国改善地区间教育发展不平衡提供了一种路径。

12.5.1 研究回顾与研究方法

1. 问题的提出

"信息沟"假说绘制了地区信息沟进一步扩大的模式图:在信息传播过程中获取信息的机会和享受媒介带来的利益并不公平,知识优势人群通常能更快地获得新知识,大众信息传播越强烈知识鸿沟越大(Tichenor et al., 1970)。在中国近年来各地互联网迅速发展的同时普及率差异扩大,网络教育与地方经济发展的相关度远大于传统教育。但是SNS 社区作为一种新型的传播媒体,以其互动性深刻地改变了交流手段和交往方式,逐渐成为一种常用的知识获取渠道,中国 SNS 社区的网民渗透率已经达到51.4%,各主要SNS 社区都设有教育主题板块,如新浪教育论坛、百度贴吧教育类主题贴吧,以及各类校内网论坛学术类小组等,使得行动者可以直接利用所形成的人际节点关系网络对外交流获得学习资源,突破了现实世界空间限制。那么,SNS 社区人际节点空间交流特征能否在更大空间范围内更有效地分享教育信息资源,并且什么样的个体行动者能更好地在虚拟空间上拓展人际关系均需要回答。本节依据教育主题 SNS 社区的行动者访问量空间分布数据,应用社会网络分析方法,旨在探讨网络时代教育社会资源理论对 SNS 社区人际节点空间交流特征解释的有效性,并在此基础上提出应用符号表达透视个体特征和推广交流方式的建议。

关于教育社会资源对学生学习效果影响的研究长期以来一直受到密切关注并做出若干独特贡献。Bourdieu(1986)定义其为产生于个人和组织的、实际和潜在的网络资源;Portes(1998)将其列入学生成功发展的重要因素;Coleman(1988)尝试揭示其在学生学习动机上的积极影响,认为衡量教育社会资源是否被激活取决于行动者个体的内生性和外部性的互动;Putnam(2000)甚至将其提升到区域发展公共政策领域;Dika 和 Singh(2002)还基于 34 项教育社会资源影响研究预测了教育效果的心理因素(如教育愿望等)。根据以上观点可见,针对教育社会资源的人际节点关系既有个人拥有的也是个人积累的,因此在社交网络基础上的教育社会资源影响研究中捕获可视化人际节点关系的某些范式(网络结构和网络位置),从空间视角探讨基本规律及对行动者个人的学习行为的影响是可行的。

2. 研究方法

社会网络分析(SNA)是公认的适用于衡量教育社会资源的一种方法(Lee,2014),它通过互相连接的节点图表征社会网络中的人际联系,不仅能描述整体网络空间结构特征,也能揭示网络中个体特征,包括等级集中性和中间状态集中性等。在借助社会网络分析方法研究 SNS 社区人际节点空间关系问题上,Fu 等(2007)以大学生校园 SNS 社区为例提出其成员网络具有小世界性特性;Ryymin 等(2008)研究教师群体在网络社区内的交流过程,以及人际节点网络结构,发现以网络结构中不同属性的行动者为中心构建的社会网络的规模和密度差异很大,深度的专业化交流或浅层人际非正式互动影响其在整个网络关系上的中心地位;欧治花和汤胤(2012)以豆瓣网社交网站为例,利用 NetworkX 复杂网络分析软件,选取网络规模、网络密度、成分分析、小团体分析、中心性和度中心性等指标解构了社交网络结构的度异配性特性;王波等(2013)关注了微博用户的网络信息关系与地理关联,分析了微博网络信息空间的地理特征、表现形式及其原因。

基于以上基础,本节构建了网络密度、网络中心度、网络聚类系数等指标,默认节点间的连线为无向连线,通过矩阵分析、聚类分析等描述其结构特征。用网络密度指标在主题帖中衡量所有发帖人彼此交流的紧密程度,计算公式为

$$D = \frac{2\sum_{i=1}^{k} d_i(n_i)}{k*(k-1)} \tag{12-13}$$

式中,$d_i(n_i) = \sum_{j=1}^{k} d_i(n_i, n_j)$;$k$ 为网络中节点总量。

又进一步将网络密度分解为 3 个二级指标:整体网密度、局部网络密度和行政区范围内网络密度。

用点的网络中心度衡量各城市节点在整个 SNS 社区网络中的中心地位,又可分为点的绝对中心度、相对中心度及点度的累计概率 3 个指标。绝对中心度即节点直接与其他节点相连的个数,表示为

$$C_{AD} = p(i) \tag{12-14}$$

相对中心度即实际度数与图中点的最大可能的度数之比,表示为

$$C'_{AD} = \frac{C_{AD}}{n-1} \tag{12-15}$$

点度的累计概率即度为 k_i 的节点集合在总数为 n 的节点网络中的概率,计算公式为

$$p(k) = n_k / N \tag{12-16}$$

文中根据城市节点的对外联系次数计算各城市节点的绝对中心度、相对中心度,以联系频率来表征城市节点间的联系强度及空间特征。

用网络聚类系数反映与某节点相连的其他节点是否也具有相互直接联系,网络聚类系数越高说明整个网络节点的"聚团"效果越好,能够产生较为明显的层级体系,计算公式为

$$C(k)=\frac{\sum_i \delta(k_i-k)c_i}{\sum_i \delta(k_i-k)} \quad (12\text{-}17)$$

式中,$\delta(k_i-k)=\begin{cases}1 & k_i=k\\0 & k_i\neq k\end{cases}$;$c_i=\dfrac{1}{k_i(k_i-1)}\sum_{j\neq k}a_{ij}a_{ik}a_{jk}$,$a_{ij}$、$a_{ik}$、$a_{jk}$ 为邻接节点,如果相连接则为1。从几何关系上来看,聚类系数为包含 i 节点三角形实际数目除以包含该节点的三角形最大可能数目。

12.5.2 资料选取与处理

通过个人注册用户信息确定其所在城市为节点,以用户围绕主题帖的发帖和回复为节点间的交流。从百度贴吧的"高考吧"中选取回复量和浏览量最高的精品帖"从高二末段倒1到现在估分660+.给有梦想的同学"为主题帖。截至2012年8月10日共有2719次浏览、2663篇回复帖,回复率为97.9%,将未显示网站注册用户现居地的样本视为无效,按照回复顺序共选取了760个回帖和被回帖的行动者,将500个能获得现居地信息的行动者归并到212个城市中;将人际节点界定为两个同时发生直接互动交流的行动者,筛选出132个城市连接关系;为了更符合样本资料选取的随机性,避免主题帖创建者引发的干预,又去除与创建者的交流节点,只考虑回帖者之间的交流,筛选出81个城市节点,构建成一个SNS社区人际节点空间交流关系图(图12-11)。又在城市间信息连接强度的基础上构建城市节点间的连接矩阵,对城市节点连接关系进行自然分割,将整体网络划分成18个局部网络,分别计算其网络密度,并与省级行政区范围内网络密度作比较(图12-12)。

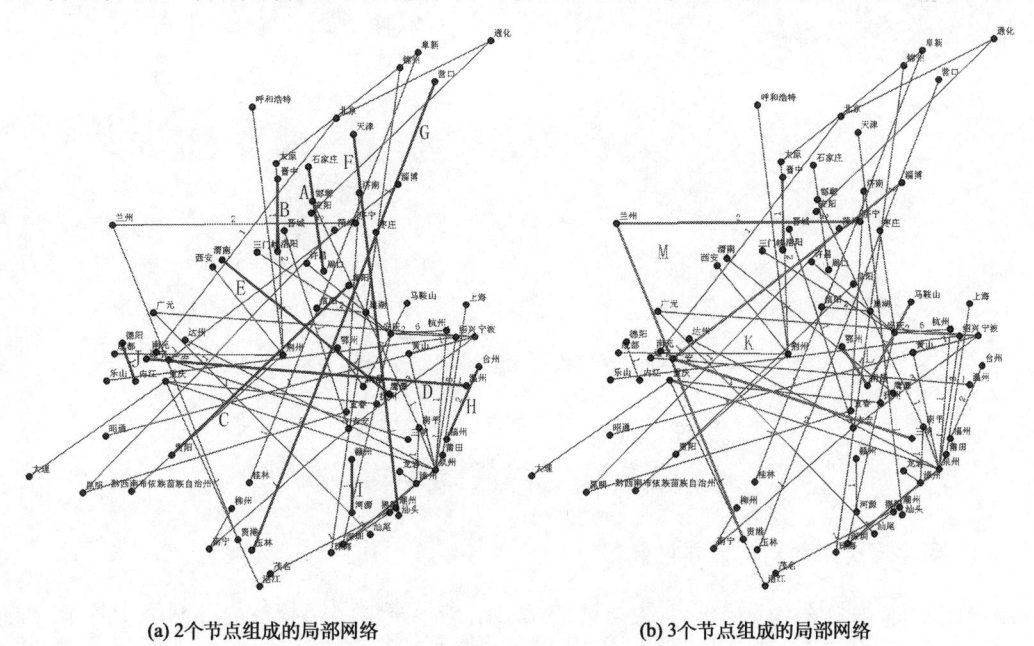

(a) 2个节点组成的局部网络　　　　　　(b) 3个节点组成的局部网络

(c) 4个节点组成的局部网络　　　　　　　(d) 8个节点组成的局部网络

(e) 32个节点组成的局部网络　　　　　　(f) 全部节点组成的整体网络

图 12-11　SNS 社区人际节点空间交流网络分布图

12.5.3　结果分析

1. 网络聚类系数与广域扩散特征

人际节点间直接联系表现为低聚类系数的网络结构，整体网络和各局部网络中各节点的

第12章 网络人际节点空间联系

网络聚类系数 $C(k)$ 为 0,人际节点网络呈现出扁平化组织特征和高度开放性特征,吸引的外围联系节点较多。局部网络中节点数量 $k \geqslant 4$ 的复杂网络共 5 个,其中由 8 个节点和 32 个节点组成的局部网络均为类星型结构,4 个节点组成的 3 个局部网络均为简单线型结构。说明网络结构缺乏强有力的中心节点。再从全部 81 个城市节点的度的累计概率分布来看,节点度数 $k=1$ 的累计概率分布为 66.67%,节点度数 $k=2$ 的累计概率分布为 81.48%,可见低度数的节点在整个样本网络中占有较高比例,大量的城市节点偏向于与单一城市节点联系,高连接度(Granovertter,1973)的城市节点较少,网络结构具有广域扩散特征。再用网络密度表征各节点间的紧密程度,考虑节点间的连接强度,即当两个节点间联系频率较大时 $d_i(n_i,n_j)$ 大于 1,得出所有局部网连接强度的总数 $d_i(n_i)$ 为 83,最终计算出整体网络密度值 D 为 0.0227,属高度扩散连接网络。综上认为其人际节点空间联系为低度数、稀疏的类星型网络结构和线型结构。

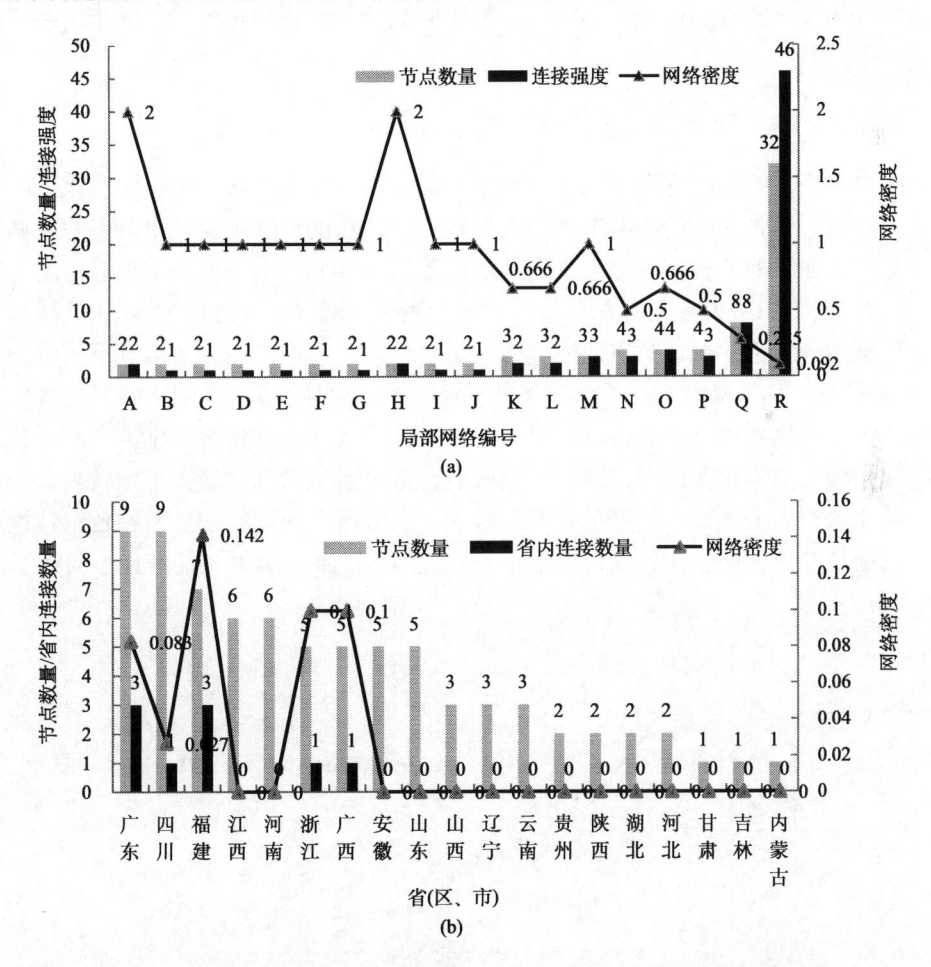

图 12-12 SNS 社区各局部网络内和省级行政区内节点数量、连接强度和网络密度比较

2. 网络中心度与非距离衰减性特征

通过某城市节点的绝对中心度&相对中心度选择以该城市节点为中心的局部网络，与前对应仍表现出强中心节点的缺乏。在城市节点的绝对中心度大于3的局部网络中，相对中心度排名靠前的5个城市为安庆(13&0.1625)、泉州(9&0.1125)、宁波(8&0.1)、杭州(7&0.0875)、重庆(5&0.0625)，剔除对外直接联系城市个数为2的杭州，仅分析这4个强中心城市节点的所有与之产生直接联系的城市节点的空间距离与联系强度的关系，按照与其空间距离排列为横轴，联系强度为纵轴，随距离的变化情况是，除了安庆表现出了一定程度的随距离的增加而递减外，其他的3个城市都表现出非距离衰减的联系特性，即网络空间上距地理空间中心区较远的城市节点的联系强度不随地理空间距离的增加而减小，如重庆为中心的人际节点网络中，距其最远的泉州节点的联系强度远大于距离较近的几个节点。可见行动者间的趣缘联系的主导作用远大于实际距离联系成本的影响。

3. 点入度/点出度不均衡与缺少强中心节点特征

人际节点联系的点出度和点入度空间不对称进一步体现出城市中心性弱化、网络中聚合效应较差、强吸引力的中心节点缺乏的特征。顶点的出度用此城市节点的发帖数表示，计算整个网络的各省节点总出度的基尼系数为0.5028，对各城市节点的点出度以省份进行汇总(图12-13)发现省际相差较大，不均衡程度较高，各地区的SNS社区参与不均衡。顶点的入度用此城市节点的回复数表示，计算整个网络的各省节点总入度的基尼系数为0.4375，对各城市节点的点入度以省(区、市)进行汇总(图12-14)发现省际空间差异仍较大。对比点出度省(区、市)排名和点入度省(区、市)排名可见，点出度和点入度均呈现出较高的不均衡状态。节点密集区域内部节点数量和连接数量均较高，形成多个中心节点的空间形态。点出度的基尼系数大于点入度，说明行动者发帖数量较被回复数量不均衡程度更为明显，说明形成的中心节点较少。而回复帖中的统计也验证了这一

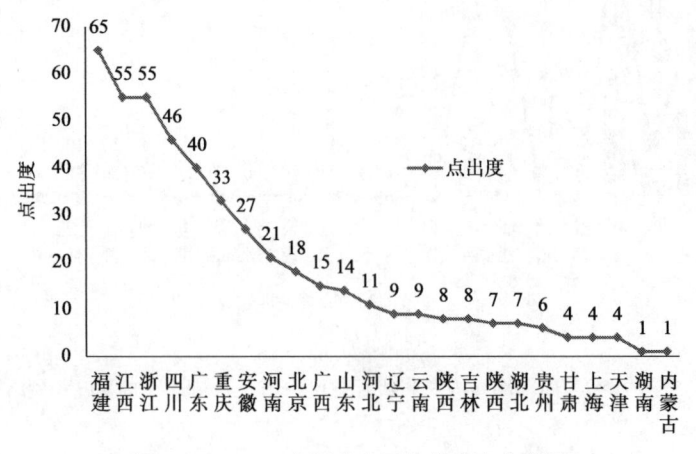

图12-13 SNS人际节点网络分省点出度图

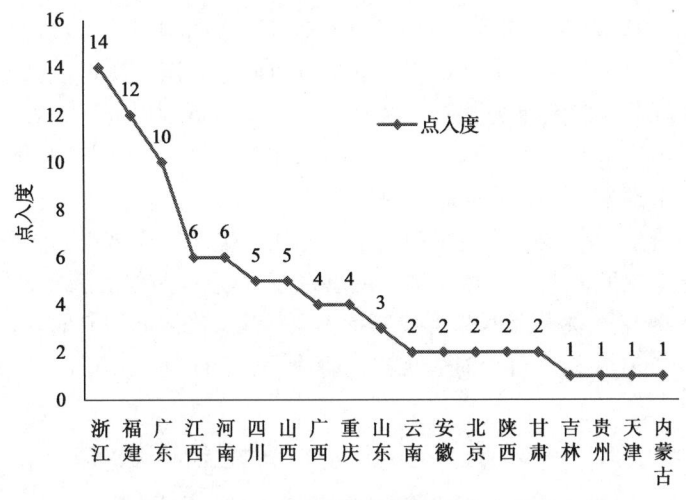

图 12-14　SNS 人际节点网络分省点入度

点,将回复帖按内容分为两部分:一部分为与主题帖讨论内容关系密切,即学习交流讨论的回复帖,在样本总量中占 42.93%,这一类内容被回复比例为 64.8%;其余 57.07% 的行动者回复属非正式互动交流,被回复比例仅为 14.3%。虽然主题帖学习讨论的内容被回复率较高,能够形成具有较高吸引力的强节点,但是由于这一类内容在整体内容中所占比例较小,导致人际节点网络整体点入度远小于点出度。

4. 局部网络密度与跨行政区特征

通过省级行政区内部各城市节点间联系合并后计算得出的网络密度(图 12-12)可见,SNS 社区人际节点空间联系打破了省级行政区界限,形成了局部网络的较强空间连接。18 个局部网络中,除德阳-内江局部网络全部处于四川省内,其他局部网络的节点联系均突破了省级行政区的界限;除拥有节点数最多的 2 个局部网络密度为 0.092 和 0.285 外,其他各局部网络的网络密度均大于 0.5,18 个局部网络平均密度为 0.910。相较于省级行政区内部的平均网络密度 0.0252 来说,局部网络远高于省级行政区内部,且也远高于整体网络密度 0.0227。表明跨省级行政区的城市节点间的联系紧密程度远高于省级行政区内部。SNS 社区人际节点网络的联系表现出了跨省级行政区的特征。行动者通过 SNS 社区有效的扩展了联系范围,形成广域扩散的节点联系。通过教育主题 SNS 社区的不同区域的行动者交流情况,可具体分析不同地区的学生个体的差异。

5. 非行政-经济中心城市倾向特征

通过对 19 个省份的省会、省内经济中心城市、其他城市三类城市节点的分类统计发现,非行政-经济中心城市倾向突出,其他城市节点数量最多(占 74.03%);而省会和省内经济中心城市节点数量均较少(占 16.88%、9.09%)。有 6 个省会城市未出现 SNS 社区行动者,13 个出现 SNS 社区行动者的省会节点仅与 1~2 个城市节点产生联系;13 个省份的经济中心城市未出现 SNS 社区行动者,在 7 个出现 SNS 社区行动者的经济中心城市节点中,除泉州、宁波外,其余仅与 1~2 个城市节点产生联系。表明行动者空间差异并不以行政-经济中心为主导因素。同时,由行动者形成的网络节点数量与交流访问量形成的网络密度呈现出负相关,可以认为与行动者对问题的深度探讨能力不强、无法形成较大吸引力的人际节点联系有关。在 SNS 社区中原本小范围内的行动者就某一问题进行深度探讨应体现出高密度的紧凑网络关系(如石家庄—周口、台州—福州),但是随着节点数量增加,由于部分行动者的问题探讨能力差,出现了大量的非正式互动回复,无法继续吸引更多高质量、高强度的回复和联系,无法产生新的高吸引力人际节点,导致整体网络表现为随着规模扩大、节点增多,网络密度逐渐减小的特点。以上说明行动者个体特征对于 SNS 社区人际节点网络形成发挥重要作用。在 Web 2.0 时代,个体特征更多的是表现为在参与 SNS 社区讨论时表现出的行为(McQuail,2010)。

12.5.4 教育社会资源理论关键要素对 SNS 社区空间交流特征的解释

1. 个体主观意义

就社会交往发生而言,学生与教师在课堂上的互动方式和他们与网友在一个 SNS 上的互动方式不同,后者面对的是他们自定义的象征意义的对象,采取的是他们自定义的行动。使用 SNA 可以看出相互作用过程中网络行动者个体主观意义构成了教育社会资源形成和功能的基础,这可以解读 SNS 社区中整体网络广域扩散特征的形成机制。应用教育社会资源理论考查社交网络使用和学习效果的关系时(Lee and Madyun,2012),就发现其与个体主观意义关系紧密,这种个体主观意义包括已经概念化了的动机、情感、价值观、目的和期望(Fine and Kleinman,1983),正是这种主观意义决定了其在网络中的身份(Fuhse and Mützel,2011),进一步决定了不同的个体行动和网络特征差异。当然,全面理解人际节点空间交流形成的机理时,还要注意防止教育社会资源解释的切片性,教育社会资源的利用与发掘也不完全产生于个体主观意义(Johnson and Knoke,2005),还与地方和学校政策的干预和举措有关(Conchas,2006)。

2. 主体间相互作用

SNS 社区效应分析中需要结合个体行动者所处的网络"位置",以提高分析精度和加强解释力。如果将整个网络划分成若干个较小的结构等价的个体,其网络位置就是个人表现出的网络角色。在解释为什么行动者会表现出不同行为并影响点入-点出平衡时,可发现这是被主体间相互作用所构造的。因此通过主体间相互作用的建设能改善不对称现象,其与增强联系频率通常是一致的。在交流过程中行动者与信息提供者(发帖者)共同促使个体主观意义嵌入到网络关系的形成中。中心节点的空间形态是通过主体间相互作用实现的(White et al.,2007)。强中心节点的缺少已成为当前制约学习效果的重要因素。当然,密切关注行动者和信息提供者(发帖者)之间的相互作用有助于避免网络数据陷阱:网络研究者可能会发现理想网络结构与实际网络结构不符,这是教育社会资源有效性的另一方面:社交网络是一个社会协商的渠道,学习内容导致点入-点出度的分离。

3. 区域性与位置

应用教育社会资源理论的区域差异分解方法估测学校所在区域对教育效果的影响，能确定外部变量是否有助于解释教育效果差异。大量研究显示出不同区域和位置的教育效果与环境条件关系密切(Meunier, 2011)，学校所处区域(位置)对学生表现和学习成绩的影响是持续显著的(Blackwell and McLaughlin, 1999; Young, 1998)。据此 Chiswick 和 DebBurman(2004)通过国际学生评估项目 PISA(Program for International Student Assessment)证明，与环境变量结合研究时最能解释不同区域学校的教育效果差异。可见在分析此类影响因素时基本形成共识，学校所在地区是一个影响学生表现的关键因素。按照教育社会资源理论对内生外部性的定义，外部性生成了实际的教育社会资源并产生正面影响(Fisher, 1981)。在对等体的网络中外部性的实质源于一组反复交往的社会关系网络结构。当然，学校以外学习机会的塑造力和学生网络结构之间的联系不是线性的，个体间的交流行为是确定教育社会资源利用的主要力量，网络结构产生的本质是内生性的，其组合是由内生性支持的，这很好地解释了某些区域的良好表现。

4. 符号表达

为了进一步应用教育社会资源理论揭示人际节点空间关系，可从概念出发建立一组象征性的符号表达，包括关系、规范、信任、准则、互惠、义务等，由此可将教育社会资源的组成分为结构和符号两部分：结构特征针对个体行动者间的联系及其社会资源的流动，通过结构特征可以预见个人交流行为的形成和调节及其社交网络的持续、增强或减弱的影响；符号表达旨在对教育社会资源的利用进行解释(Uzzi, 1996)，教育社会资源理论强调结构研究需要结合符号表达以测度并可视化社会关系，用个体特征代表其社会边界进而支持一个复杂网络。符号表达相互结构特征是通过个体相互作用嵌入到网络中的，根本上依赖于一个个被组合的异质性的个体，通过个体社会关系或微社会环境来实现。总之，SNA分析方法与符号表达相协同可以进一步解析包括个体主观意义、主体间相互作用、区域性与位置在内的教育社会资源对人际节点空间关系的影响。

12.5.5 小　　结

中国教育基础设施的地域差异显著并形成地域鸿沟，但是网络环境及其应用却在均衡发展，那么Web.2.0时代个人信息交流对提高学习效果能否发挥特殊作用，以及如何解释教育主题SNS社区人际节点空间交流特征值得研究。选择百度贴吧中"高考吧"代表性教育主题帖为案例，以行动者地点和回复量体现人际节点空间交流，利用社会网络分析方法，旨在说明与解释SNS社区人际节点空间交流特征及对行动者学习效果的影响。

本节的主要目的是应用教育社会资源理论解释人际节点空间交流特征，以证明教育社会资源理论在网络时代的实际应用意义。研究发现：①SNS社区人际节点空间联系表现为低聚类系数的高开放性、高扩散度连接特征，整体上为类星型结构和线型结构；联系强度不因远离强中心节点而呈现递减性，局部表现为较高密度的强连接；整体网络形成长距离的稀疏的跨行政区的空间特征，省级行政区之间的连接紧密程度远高于省级行政区内部各城市节点间；②个体主观意义是影响访问者数量与空间分布的重要因素，弱势地区注重培育行动者通过互联网获取信息的主观性尤为重要，将是实现中国教育均衡发展的重要力量；主体间相互作用可通过SNS平台增加信息提供者，使行动者在更大的范围内拓展人际节点关系，以提高SNS社区整体网络的集聚性；③将个体间社会关系的结构特征与行动者的符号表达结合在一起，可形成一个连贯的教育社会资源研究范式（Crossley，2010；Powell and Dépelteau，2013），既考虑了社会互动关系的方式，也考虑了个体主观意义及外部环境，为加强人际节点空间关系提供了有用的方法，也为地方和学校的政策干预提供了依据。

基于网络数据的个案研究方法是为了获得确定目标人群并收集自我为中心的资料，选用一个共享网络的课外学习群组是因为可以把所有参与活动学生都作为调查对象，并基于网络数据形成学生群体的社会网络图解读网络数据，进而通过半结构性引申定性分析使用者的网络联系特征。这种方法具有教育社会资源属性数据的优势，但收集的网络数据难以完整，容易缺失不参与数据衍生的个体；同时这项研究基于单一个案展开也存在一定局限性，不能很好地反映整体联系特征。这不只是SNS社区人际节点空间交流数据是否增加的问题，也对数据采集方法与结构提出新的挑战，未来有必要设计新的SNA分析方法以利于提供更深入的规律阐述和结果解释。

12.6 基于SNS社区人际节点关系的微博舆情时间扩散与空间分布

本节以新浪微博转发行为作为舆情时间扩散与空间分布的研究对象，分别选取雅安地震事件代表重大社会舆情、凤凰古城收费事件代表公众生活舆情、郭美美事件代表网络热点舆情3类案例，总结不同微博舆情类型的时间扩散和空间分布的基本特征和差异性。研究认为：①不同舆情事件时间扩散有不同特征，在转发量与微博发布时间之间，重大社会舆情呈长尾形，公众生活舆情呈山字形，网络热点舆情呈各个时段上的波浪形；②空间分布上普遍呈现核心-边缘等级结构，又分3类分别描述，即舆情转发量空间分布呈等级与城市数量间的"始终金字塔"结构、信息转发与时间轴对应具有范围伸缩的"始终金字塔"结构、在距离要素作用下形成城市等级的"始终金字塔"结构；③不同类型微博用户间的时间扩散和空间分布存在差异：第一类中的普通用户与认证（V）用户之间；第二类中的企业认证、个人认证、微博达人、普通用户之间；第三类中的一次受众和二次受众之间；受时空因素影响产生特征差异；④微博舆情时间扩散与空间分布研究描绘了不同舆情类型发展过程，其中中心城市等级效应和距离摩擦阻尼效应仍然影响网络信息空间扩散，进一步细化与拓展了信息地理学的信息扩散理论，并为网络舆情时空预测、跟踪、引导、管理与环境建设提供了一定的参考依据。

12.6.1 研究案例和研究意义

SNS社区使民众所拥有的国家政治民主思想大为增强，微博以独特的人际节点扩散方式已成为重要的舆情源头,尤其是在突发事件和热点事件的信息传播上表现突出。新闻事件、民众诉求、娱乐消息正通过微博等网络虚拟空间快速传播,公众在广阔的公共空间参政议政的意愿得以放大。网络舆情作为一种对事件的认知、态度、情感、行为倾向,形成了一种短时间内在网络人际节点间快速关注、转载、扩散的信息流动(方付建和汪娟,2012)。网络节点扩散形式及扩散格局形成了新的舆情扩散场并改变了传统的扩散模式(王首程,2011)。近几年有关微博方面特别是微博中信息传播扩散方面的相关理论与研究逐渐出现并发展。

本节以新浪微博的转发行为作为信息时间扩散与空间分布的研究视角,以新浪微博为数据源,选取新浪微博进行跟踪,截取一段时间进行阶段性数据统计,通过评论、转发、@、赞等形式查看每条微博被赞的次数和点赞的用户,并应用专业数据分析工具,如百度指数、百度搜索风云榜、Alexa和微博风云榜获取不同受众类型群体的时间、空间等多个方面相关关注度数据作为研究资料,结合统计软件进行文本分析、结合节点图加入传统地理实体空间要素进行人际节点间信息扩散过程分析。目标是从时空角度采用个案研究方法总结网络空间微博舆情事件信息扩散的时间与空间特征。依据微博用户自带的时间属性和空间属性统计所有评论者的评论时间数据和地理位置数据,应用转发者的时间和空间信息论证时空本质关系是可行的,也可比较微博信息时间分布形态和地区间信息扩散强度的差异性。研究中将微博传播时间特征分阶段、空间特征分级别进行,研究侧重于网络信息空间与地理空间的关联。为了使研究更具有针对性也关注了不同人群的特征。

研究案例的选择依据舆情类型的不同,首先以420雅安地震事件为案例,分别选取新浪微博中的普通用户和认证(V)用户的两篇微博的转发情况为对象,从这类典型案例可以揭示基本的空间分布"始终金字塔结构";其次以凤凰古城收费事件为案例,分别选取不同类型的微博用户进行样本有效数据抽取,说明有特定影响人群基础上的"始终金字塔结构"与空间范围伸缩;再次以郭美美事件为案例,说明相对较少空间概念下的微博舆情的地理变化,在一次受众和二次受众信息基础数据统计前提下描述"始终金字塔结构"与距离衰减问题。所有数据资料均在剔除不完善的异常节点后整理形成最终样本,经对其微博下转发用户进行时间和空间信息统计加工,可对微博信息时间扩散与空间分布特征进行分析。

理论意义是:从时间和空间的角度分析人际节点信息扩散与分布特征,尝试回答若干理论问题:不同微博舆情事件中各类人际节点表现出的信息时空扩散规律是怎样的,这种表现是否能反映为一种新的时空结构,并且时间与空间两大维度间存在什么样的关系。根据基本数据分析地理要素或地理事件的动态特征,旨在挖掘微博的扩散力,以及分析舆情事件在微博上的扩散,发展信息地理学的信息扩散理论。实践意义是:网络舆情与网络信息扩散已成为建设网络空间环境的关键问题,归纳总结网络空间舆情危机事件人际节点信息扩散特征,提出一些完善网络空间环境建设的建议,如舆情监督机制、互联网空间优化、公平信息扩散等,可以为国家网络空间环境建设提供一定的参考。

12.6.2 重大社会舆情的时间扩散与空间分布

1. 时间扩散特征

现以"420雅安地震事件"微博舆情为研究案例说明重大社会舆情的时间扩散特征。资料选取时间为2013年4月20日8:00至23:59,在微博搜索栏中输入"雅安地震"对全部相关微博进行搜索并对检索到的微博内容进行高级搜索,统计转发量在1000条以上的微博,包括雅安受灾现场、灾区消息转播、救灾现场线路、寻人、祈福、受灾各县接收捐赠物资等。在收集到的符合要求的微博中,将受众群体分为普通用户(转发用户)和认证用户(V用户)两类,普通用户微博共37个,V用户微博共95个。又分别从这两类用户中选择转发量居中的微博,普通用户选择受灾区"meaningless_批话多"(4454条)的微博,V用户选择著名慈善家"陈光标"(11310条)的微博,形成图12-15。

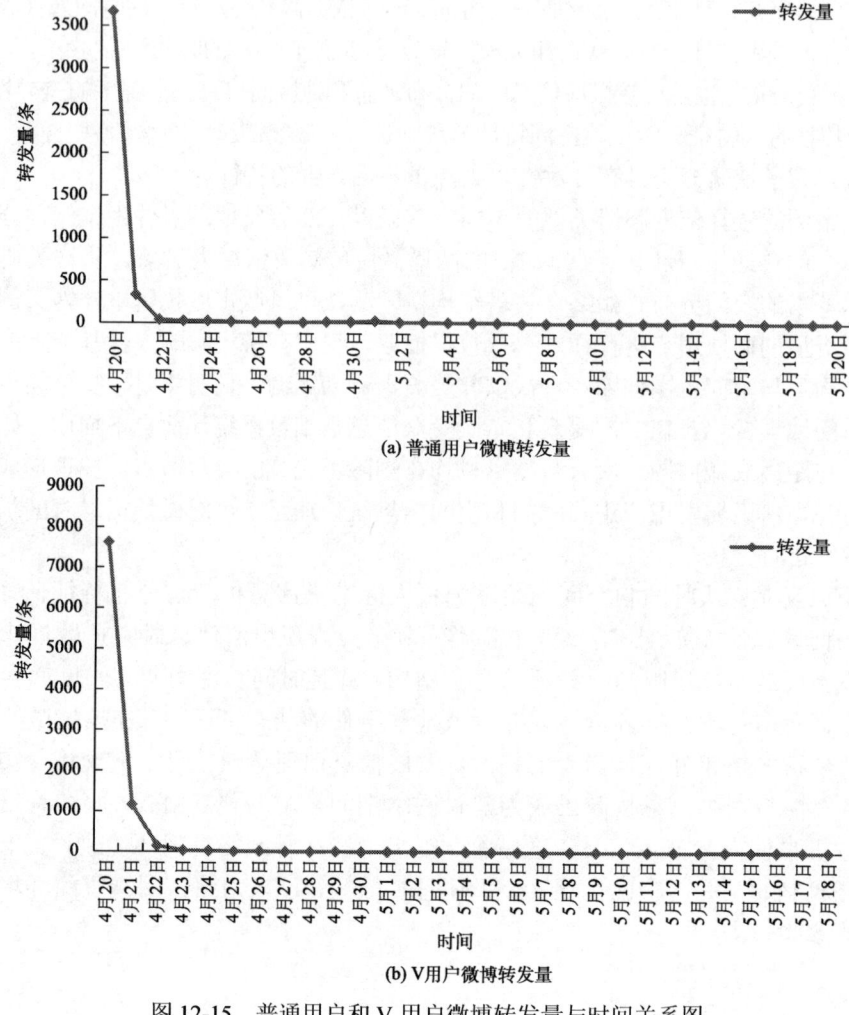

(a) 普通用户微博转发量

(b) V用户微博转发量

图12-15 普通用户和V用户微博转发量与时间关系图

由图 12-15 可见，两条微博第一天转发量各占其总转发量的 84.56%和 83.86%。4 月 21 日与 4 月 20 日相比转发量锐减。雅安地震微博信息时间传播的特征表现初始的信息量爆炸式增长和随后的信息量放缓。可见重大社会舆情的普通用户微博与 V 用户微博的大部分转发量均集中在微博发布首日，特别是雅安地震信息曝光后的前 16 小时，尤其是最初曝光的 4 小时，即最初的原创微博在发布后迅速被受众获取并进行评论或转发而快速扩散，而后转发量迅速减少，以较低的转发量持续一段时间后结束，可将这种首日信息集中分布而次日较为分散的状态定义为"长尾形"时间扩散。这是社会重大舆情的急性演变形式在微博信息扩散即时性特征中的最主要反映。长尾理论可有效描述微博事情发展变化趋势，诸多案例均证明转发量基本是在博主发出微博的 10 小时以内进行的，所形成的长尾模式一般变化幅度很大(刘彤，2014)，袁立庠(2011)曾提出微博具有爆发性扩散特征，金晓春和金永成(2011)曾提出微博扩散表现出突发性特点，喻国明等(2011)曾提出舆情事件下微博节点呈现出原子裂变式的扩散形态，卢金珠(2010)曾提出微博信息具有实时性传播特征，均认为其扩散初期具有强大的扩散速度，这些讨论与重大社会舆情时间扩散的长尾形规律基本是一致的。

2. 空间分布特征

经高级搜索可分别查看并记录每一条转发的用户地理位置，从而可在微博转发量长尾型时间特征的前提下分普通用户和 V 用户两类研究其空间分布特征。对信息扩散强度(微博信息转发到 i 城市的数量/微博转发总量)进行相应的等级划分后得到图 12-16。

从图 12-16 可见，一些城市在信息分布中发挥较大作用，普通用户微博转发者中前三等级城市数量占 8%~13%，V 用户微博转发者中前三等级城市数量占 6%~15%，但转发量均占 60%以上，且转发量位于前三等级的城市均较固定，意味着微博中大部分转发量来自于少数城市，为主要信息扩散的集聚地；而第四等级城市数量大、参与地区多、分布范围广、微博转发量少。信息分布等级与城市数量的关系呈现出金字塔结构，证明微博信息分布具有等级效应和集聚效应。微博中信息分布的强度和范围不仅反映了城市信息扩散能力，也反映了不同微博用户信息再扩散能力。

就时间变化基础上的空间分布而言，金字塔结构的另一个重要特征是不同时段信息扩散始终趋向于高等级中心城市。通过对 3 个时段(首日、次日、次日之后)普通用户和 V 用户信息扩散强度等级与城市数量之间的关系分析，以及各个等级城市节点信息统计分析(表 12-7、图 12-16、图 12-17)可见，信息扩散强度等级与城市数量成反比。3 个时段信息转发均集中在少数信息扩散强度等级较高的一线城市、二线发达城市和二线中等发达城市。普通用户的 20 个前三等级城市包括 5 个一线城市、7 个二线发达城市和 8 个二线中等发达城市；V 用户的 19 个前三等级城市包括 5 个一线城市、6 个二线发达城市和 7 个二线中等发达城市以及 1 个二线较弱城市。可将这一现象称之为"始终金字塔结构"。

进一步对普通用户和 V 用户信息扩散城市节点进行核密度分析可见，微博信息在整个阶段表现为空间等级集聚，集中于北京、上海、广州、成都、深圳等较高等级的全国

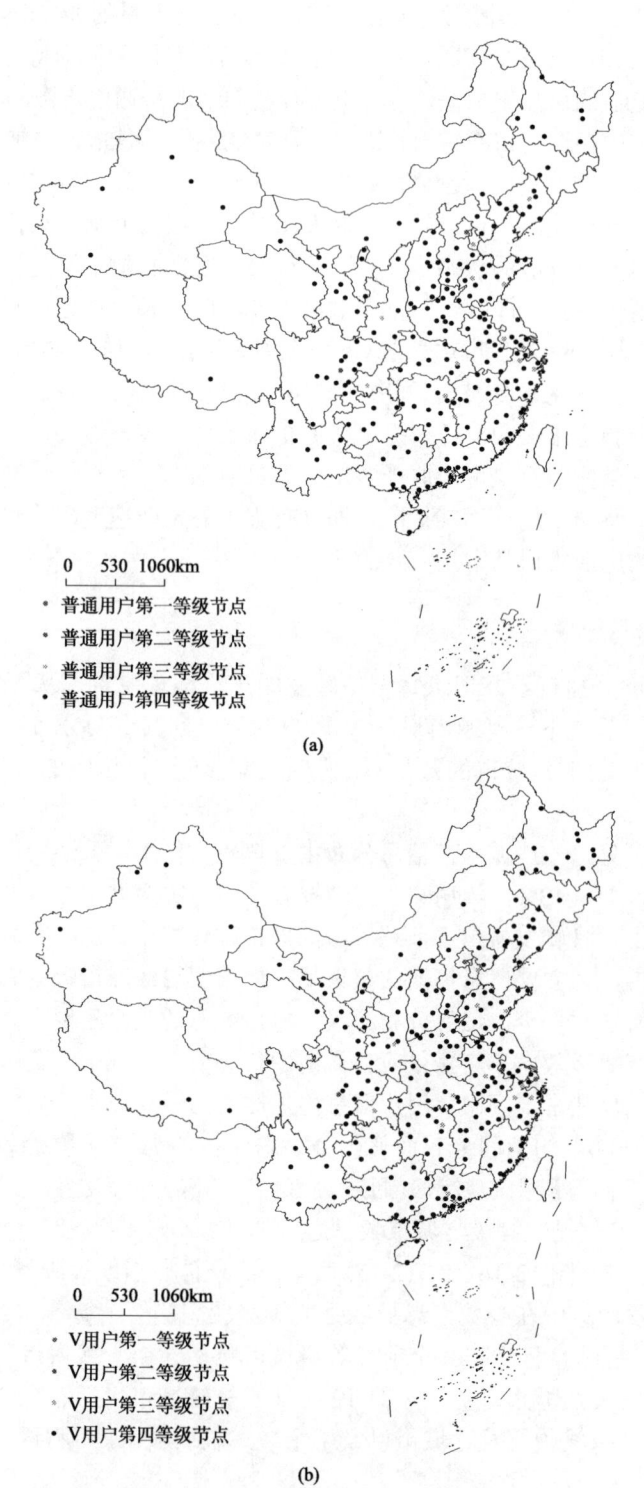

图 12-16 普通用户和 V 用户信息扩散人际节点空间分布

城市节点表示微博信息被该城市用户转发，按照信息扩散值将各城市微博用户对两条微博的扩散强度从 >0.1、0.05~0.1、0.01~0.05、<0.01 为第一至第四等级

表 12-7　普通用户和 V 用户各个时段信息扩散等级与城市数量

信息扩散等级	第一时段(4月20日) 普通用户城市数量	第一时段(4月20日) V用户城市数量	第二时段(4月21日) 普通用户城市数量	第二时段(4月21日) V用户城市数量	第三时段(4月22日—最后) 普通用户城市数量	第三时段(4月22日—最后) V用户城市数量
第一等级	1	2	1	1	1	1
第二等级	3	2	3	3	4	3
第三等级	16	15	16	15	13	16
第四等级	232	280	161	169	59	86

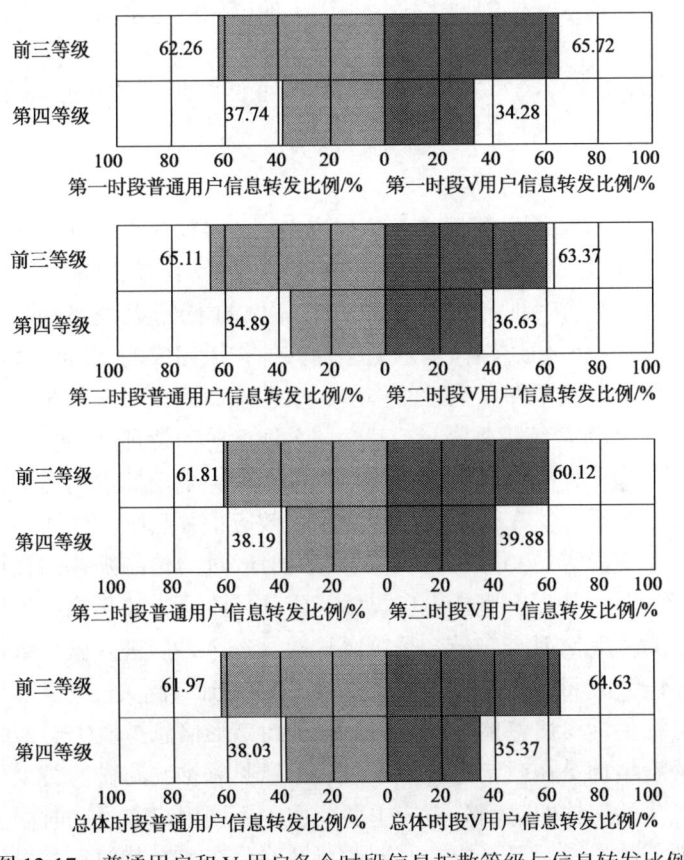

图 12-17　普通用户和 V 用户各个时段信息扩散等级与信息转发比例

性和区域性中心城市及周边地区。微博信息的空间扩散表现为趋向于高等级城市节点，呈现出等级扩散特征，信息扩散强度、城市等级、城市数量之间的关系具体表现为两种信息扩散趋向：高信息扩散强度—高城市等级—低城市数量的两高一低格局、低信息扩散强度—低城市等级—高城市数量两低一高格局。在省域和区域层面，信息扩散普遍也集中于等级较高的中心城市，同样表现为向高等级城市聚集的特点，信息扩散第二等级节点主要为省会城市或省域中心城市，省会城市周边区域是省域空间内高密度节点地区。

金字塔结构体现的信息扩散强度还受人口流动和事件所在地的影响。微博用户存在长时间的跨区域的空间流动,流入流出地的微博用户规模在信息接收和扩散方面发挥重要作用,形成了信息的跨区域传播。"4.20 雅安地震事件"中四川省人口流动空间对事件微博信息的空间扩散影响显著,强化了一线城市的信息集聚。雅安地震事件信息扩散前三等级城市节点与四川跨省人口流动的区域相一致(四川省流动人口计划生育管理中心,2011)。同时四川作为事件发生地而成为事件信息的来源地,成都成为信息分布中心。上述分析表明,信息扩散前三等级城市节点分布在用户活跃度较高的发达地区和事件发生地中心城市,微博用户的网络人际地域结构影响微博信息的空间分布,每个微博用户所具有的个体地理空间属性和社会属性影响其微博信息的空间传播和扩散。

所以,当 3 个时段所有影响要素没有发生变化的状态下随时间变化空间结构不发生变化,空间上表现为基本一致的城市等级基础上的"始终金字塔结构"。

12.6.3 公众生活舆情的时间扩散与空间分布

1. 时间扩散特征

现以"凤凰古城收费事件"微博舆情为研究案例,资料获取时间为 2013 年 8 月 13 日至 9 月 13 日,由微博数据形成图 12-18,说明公众生活舆情的时间扩散特征。公共生活舆情与上不同,大多具有"地方性"需求(如该案例的本地居民和外地游客)。其时间扩散更多是经过政府、受众、传统媒体和意见领袖共同作用完成的,Singer 和 Endreny(1993)曾论述了媒体在舆情危机事件发生时的作用。事件经微博预热—传统媒体预热—微博热议—门户网站专题报道/传统媒体报道,其微博关注度时间特征不同于重大社会舆情的急性特征,而是表现为一种由引发期、预热期、爆发期、蔓延期、消退期多个扩散期构成的演变形式。公众生活舆情在微博扩散中的大众效应很强且阶段性明显,谢岚(2010)、陈月生(2005)、李雯静等(2009)、谢科范等(2010)经过与传统媒体比较均对其传播模式进行过时间阶段划分,基本上概括出自媒体初级传播阶段、非正式组织群体传播阶段和大众传播阶段。对本案例而言,最初是缓慢扩散,一个月后进入微博事件转发量的高峰期(4 月 13 日至 4 月 14 日),通过爆发增长使得微博得到广泛关注,之后又经数月淡出舆情视野,因此公众生活舆情整体时间走势呈一种山字形信息扩散(图 12-18)。

凤凰古城收费事件是在政策出台一个月后由意见领袖发布微博带来巨大转发量而形成的,所以公共生活舆情的时间分析应主要集中于不同用户在不同时间上的表现。该事件在凤凰县门票新政出台后而形成,经湘西新闻网公布和经其他各类媒体评论后引起网民的关注并持续增长,此时意见领袖迅速跟进随即带来大量网络转发,在地方政府回应后经意见领袖和主流媒体介入掀起大众转发高潮。在地方政府政策调整后媒体和意见领袖及用户关注度下降。可见,该事件的信息扩散体现出以微博和传统媒体为主导、新闻和门户网站及线下受众相互作用的机制,政府引发信息扩散,各类媒体推动信息扩散,意见领袖引爆信息扩散。事件发生初期新浪微博较少有原始相关信息,但因意见领袖微博的介入而使微博自身扩散发生转变并在各类节点间扩散,呈现出的对爆发期的强化(图 12-18)。

第 12 章　网络人际节点空间联系

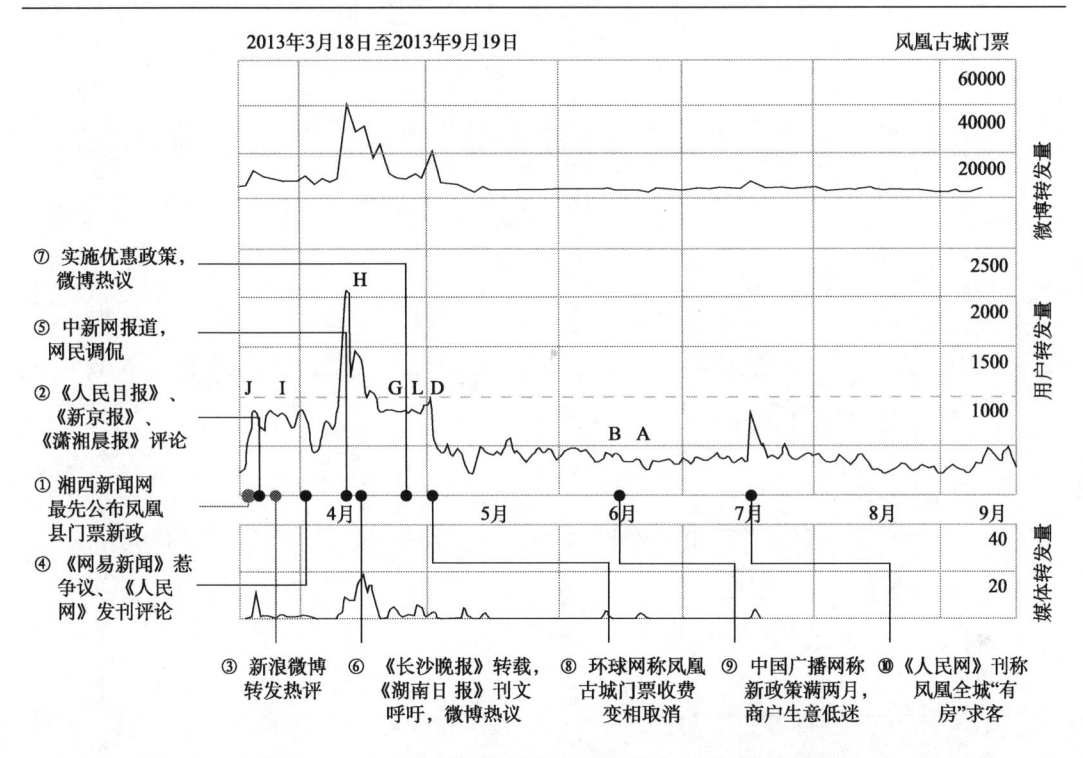

图 12-18　凤凰古城收费事件微博转发量时间扩散趋势图

鉴于以上山字形扩散规律，需对短时间内微博的转发情况进行考察。选取 20 个不同类型的参与凤凰古城收费事件扩散的微博用户作为样本，其中企业认证用户、个人认证用户、微博达人用户和普通用户 4 类各 5 名，分别统计每个用户原创微博信息随时间转发量（图 12-19）。由图 12-19 可见，单个微博信息的时间扩散表现出由强到弱的走势；微博达人较其他三类用户微博信息的时间扩散表现出更明显的山字形特征；微博信息的时间扩散特征与微博信息发布时间、微博信息转发持续时间无必然关系。

2. 空间分布特征

现以凤凰古城收费事件公众生活舆情为例，依据山字形时间扩散特征说明微博中舆情扩散的空间过程，并分具体的时段去探讨微博舆情事件中微博节点地理空间分布。将微博转发者的数量分 5 个不同时段分别进行统计，如图 12-20～图 12-24 所示。

通过对各个阶段信息扩散节点空间分布分析可见，不同时段的空间分布存在一定的差异，各等级节点数量在事件发展过程各阶段中均表现为伸缩（增—减）变化。引发期舆情由发现者扩散而使城市节点数量较少，信息转发量较高等级节点集中在事发地及周边省份中心城市和全国性中心城市。预热期、爆发期和蔓延期 3 个阶段，预热期意见领袖出现使爆发期节点数量达到最大，较高等级节点在前期转发量较高的省份扩散，使事件信息扩散空间范围扩大。从蔓延期向消退期过程中，转发量在事件发生地及周边省份城市节点仍较高，但城市节点数量降低，信息扩散空间范围缩小，在消退期扩散范围最小。在空间伸缩的同时，在事件发展的各个阶段，仍能反映出中心城市的等级作用。与

(a) 企业认证 (b) 个人认证

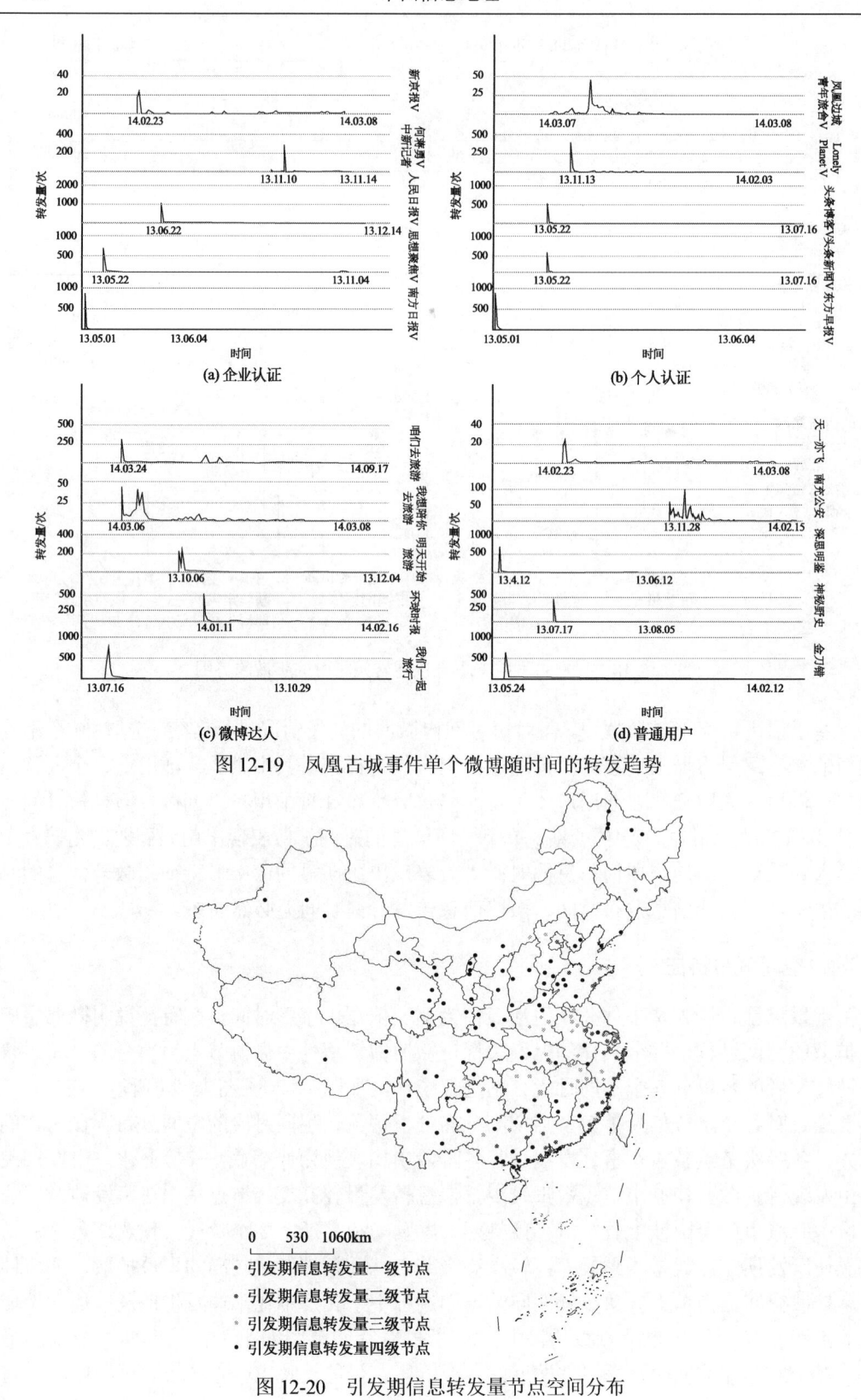

(c) 微博达人 (d) 普通用户

图 12-19　凤凰古城事件单个微博随时间的转发趋势

- 引发期信息转发量一级节点
- 引发期信息转发量二级节点
- ＊引发期信息转发量三级节点
- 引发期信息转发量四级节点

图 12-20　引发期信息转发量节点空间分布

第 12 章 网络人际节点空间联系

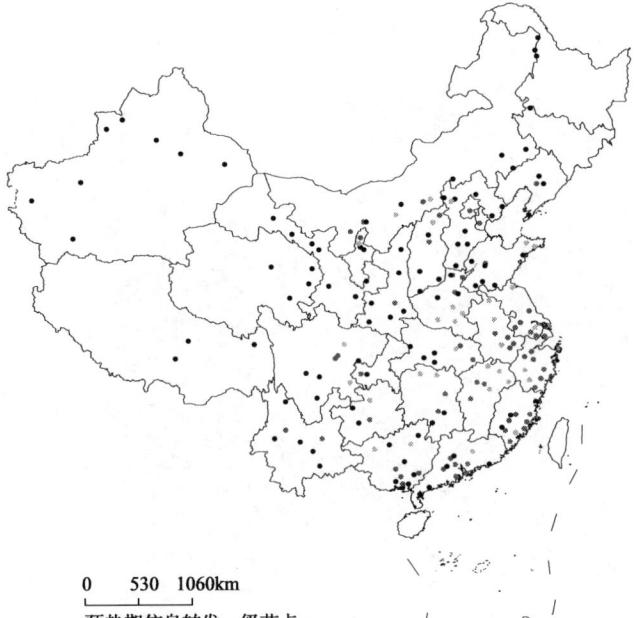

0   530   1060km
· 预热期信息转发一级节点
· 预热期信息转发二级节点
* 预热期信息转发三级节点
· 预热期信息转发四级节点

图 12-21 预热期信息转发量节点空间分布

0   530   1060km
· 爆发期信息转发一级节点
· 爆发期信息转发二级节点
* 爆发期信息转发三级节点
· 爆发期信息转发四级节点

图 12-22 爆发期信息转发量节点空间分布

· 480 ·   中国信息地理

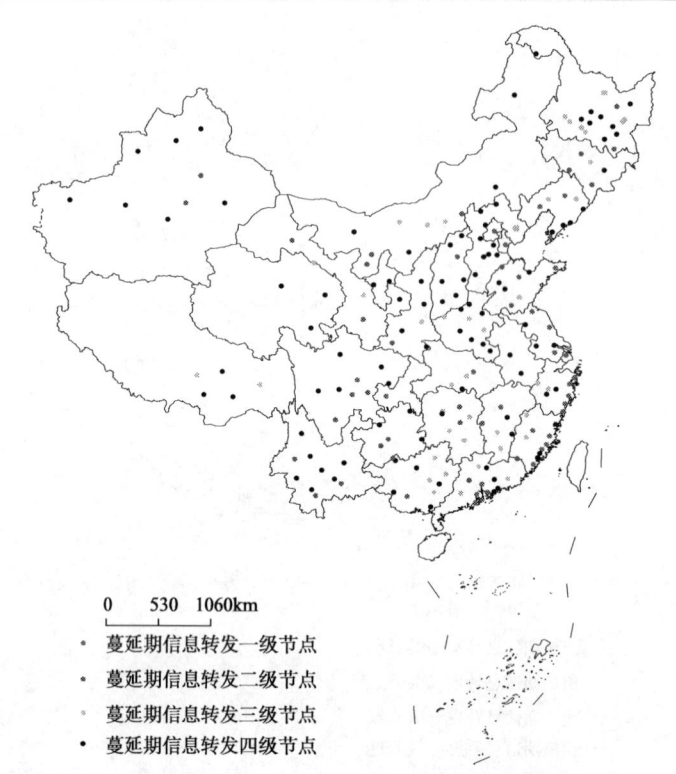

0   530   1060km
· 蔓延期信息转发一级节点
· 蔓延期信息转发二级节点
· 蔓延期信息转发三级节点
· 蔓延期信息转发四级节点

图 12-23　蔓延期信息转发量节点空间分布

0   530   1060km
· 消退期信息转发一级节点
· 消退期信息转发二级节点
· 消退期信息转发三级节点
· 消退期信息转发四级节点

图 12-24　消退期信息转发量节点空间分布

前一个事件相同，参与信息转发的高等级城市对微博信息具有较强的集聚功能，在信息扩散中贡献突出（图 12-20～图 12-24）。此外，事件发生地与周边区域对事件的高关注度与距离衰减规律存在关联性，事件发生地居民及其旅游客源地居民，由于事件对自身权益和利益的严重影响，因而对事件的关注度与其地区相比相对较高。由上可见，微博空间扩散的伸缩性与城市等级相关，微博空间扩散仍遵守等级扩散的模式，表现为一种具有范围伸缩的"始终金字塔结构"。

将舆情事件不同用户类型微博信息转发量（表 12-8）的空间分布与转发量时间变化对照分析，也能看出时间扩散特征与所呈现出的空间分布特征在"始终金字塔结构"方面基本是一致的。该公共生活舆情的微博空间扩散具有一定的地方性覆盖特点，与山字形舆情时间特征相对应其空间分布表现出"始终金字塔结构"与空间范围伸缩并存的特征。

表 12-8 舆情事件不同用户类型微博信息的空间扩散排序 （%）

用户类型	微博名称	微博信息的空间扩散排序									
企业认证	《中新网》记者何蒋勇V	广东 17.2	北京 9.7	上海 7.0	海外 5.3	江苏 5.0	山东 3.7	浙江 3.1	四川 3.1	辽宁 2.8	其他 20.2
	《南方日报》V	北京 14.1	广东 12.6	上海 10.0	浙江 4.7	河南 4.6	四川 4.3	湖南 4.2	江苏 4.2	山东 3.7	其他 6.9
	《新京报》V	广东 10.4	北京 9.6	上海 8.2	浙江 6.3	山东 5.6	江苏 5.2	河南 4.5	辽宁 3.8	福建 3.2	其他 10.3
	《思想焦距》V	北京 27.8	上海 12.2	广东 11.9	浙江 7.2	江苏 4.8	陕西 2.7	山东 2.3	海外 2.1	湖北 2.0	其他 2.7
	《人民日报》V	广东 20.9	北京 7.4	上海 6.7	江苏 5.6	河南 5.0	浙江 4.2	山东 3.8	湖北 3.6	湖南 2.9	其他 6.1
个人认证	《头条》博客V	北京 13.0	上海 12.4	广东 10.0	浙江 7.2	山东 6.0	江苏 5.0	河南 3.4	河北 3.0	天津 2.8	其他 10.8
	《凤凰边城青年旅舍》V	广东 25.0	北京 9.5	湖北 7.3	浙江 6.5	重庆 6.0	湖南 5.3	河南 4.2	广西 4.1	江苏 3.5	上海 3.2
	《东方早报》V	广东 15.7	北京 8.7	江苏 6.9	上海 6.7	浙江 4.2	山东 4.0	福建 3.8	湖北 3.6	河南 3.5	其他 14.2
	《头条新闻》V	广东 10.4	上海 7.3	浙江 6.8	北京 6.6	江苏 6.4	山东 3.8	河南 3.5	陕西 3.5	福建 3.3	其他 22.4
	Lonely Planet V	广东 10.4	上海 7.3	浙江 6.8	北京 6.6	江苏 6.4	山东 3.8	河南 3.5	陕西 3.5	福建 3.3	其他 22.4
微博达人	《咱们去旅游》	广东 69.9	北京 2.3	安徽 1.8	福建 1.8	河南 1.6	河北 1.3	浙江 1.1	湖北 1.1	江苏 1.1	其他 1.0
	《环球时报》	上海 55.0	北京 15.4	广东 5.3	浙江 3.9	江苏 3.2	福建 3.2	陕西 1.4	安徽 0.9	四川 0.7	其他 5.7

续表

用户类型	微博名称	微博信息的空间扩散排序								
微博达人	我们一起旅行	广东 16.6	北京 12.0	上海 7.1	江苏 6.0	浙江 5.4	山东 4.6	福建 4.1	湖北 3.6	湖南 2.7	其他 10.7
	明天开始旅行	广东 10.1	北京 7.1	浙江 5.7	江苏 5.3	四川 4.8	上海 4.4	福建 4.3	海外 3.7	湖北 3.5	其他 16.9
	我想陪你去旅行	上海 38.1	北京 11.7	江苏 5.6	山东 5.3	广东 5.2	辽宁 3.8	河南 3.4	安徽 2.7	四川 2.5	其他 3.8
普通用户	天一亦飞	广东 22.26	北京 8.9	上海 8.0	浙江 6.5	江苏 5.9	福建 4.7	四川 3.5	河南 4.7	湖北 3.9	山东 3.6
	南充公安	上海 29.3	辽宁 29.1	北京 8.2	山东 4.4	浙江 2.7	河南 2.3	广东 2.3	江苏 2.1	陕西 2.1	其他 5.7
	金刀错	广东 10.6	北京 9.9	江苏 8.5	湖南 6.0	山东 5.7	福建 5.7	重庆 4.6	四川 4.2	浙江 3.2	其他 11.0
	深思明鉴	北京 15.1	上海 10.6	广东 9.0	四川 8.5	江苏 8.0	浙江 5.5	山东 4.5	重庆 3.9	福建 3.1	其他 8.0
	神秘野史	上海 24.1	浙江 10.7	广东 9.9	江苏 9.1	北京 4.7	河南 3.6	辽宁 2.8	安徽 2.8	山东 2.4	其他 9.5

12.6.4 网络热点舆情的时间扩散与空间分布

1. 时间扩散特征

现以"郭美美事件"微博舆情为研究案例说明网络热点舆情的时间扩散特征。郭美美事件信息源是"郭美美baby"新浪微博，一次受众资料基于"郭美美baby"新浪微博受众(最早获得信息的"郭美美 baby"新浪微博粉丝)，二次受众资料利用百度指数实现部分基础数据资料构建(所有针对郭美美事件进行百度信息检索的互联网网络用户)，确定此事件最高等级词频的郭美美、郭美美baby、郭美美炫富事件、红十字会郭美美事件、郭美美不雅照 5 个关键词后，在生成时间与词语含义上层层递进，串联成事件形成发展整个过程。网络热点舆情与前两类舆情相比受关注时间更长，所以时间段数据取自 2010年 12 月 27 日至 2013 年 7 月 31 日。期间可分别记录与统计事件引发阶段(2010 年 12 月 27 日至 2011 年 6 月 19 日)、事件形成阶段(2011 年 6 月 20 日至 2013 年 5 月 27 日)、再次事件形成阶段(2013 年 5 月 28 日至 2013 年 7 月 31 日)不同时段的微博信息。分 3 个时段统计微博信息的所有评论者架构事件形成和发展整个过程以得出时空扩散特征。一次受众和二次受众两类转发量时间变化曲线见图 12-25。

第 12 章 网络人际节点空间联系

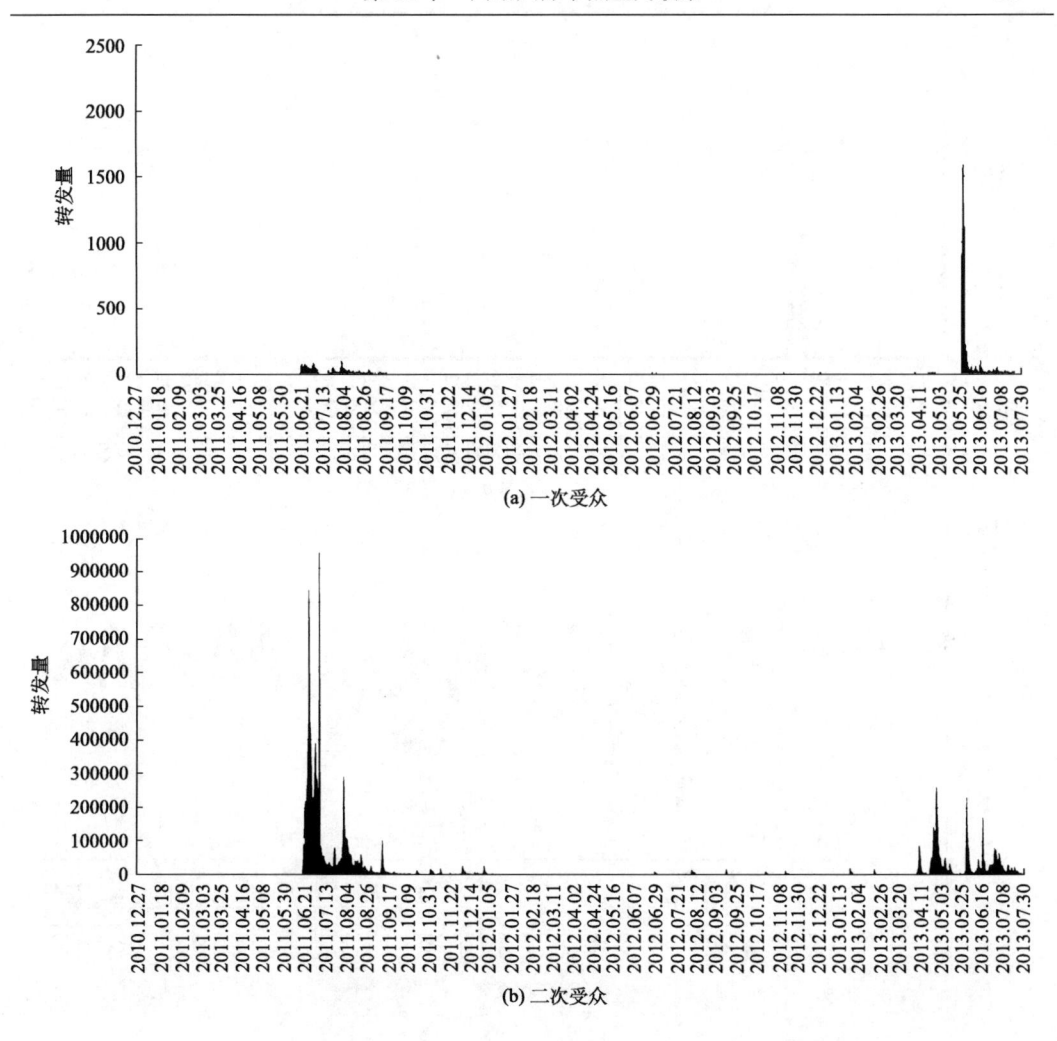

图 12-25 一次受众、二次受众转发量曲线

由图 12-25 可见，与前面的长尾形和山字形不同，两类受众信息转发均表现出峰谷相间的波浪形扩散。细致比较各时间段两类受众的转发量峰谷值可知，二次受众较一次受众的波浪更明显（图 12-26~图 12-28）。事件引发阶段已表现出波浪循环态势，二次受众的峰谷波浪明显多于一次受众；事件形成阶段表现出较前阶段更突出的波浪形态，二次受众峰谷值的爆炸次数少于一次受众；再次事件形成阶段也表现出波浪形态，一次受众峰谷值次数少于二次受众。可见在事件形成与再次事件形成阶段，受众波谷值变化发出信息时间扩散具有一次受众-二次受众的次序差异。

2. 空间分布特征

为了表示空间分布形式，特别是为了说明网络热点舆情是否仍然体现地理性，现以一次受众、二次受众资料为基础，选定 3 个时段和整个时段，对各节点城市信息转发量等级与城市等级（依据《中国中小城市发展报告（2012）》分为 6 个等级）、信息源城市（北

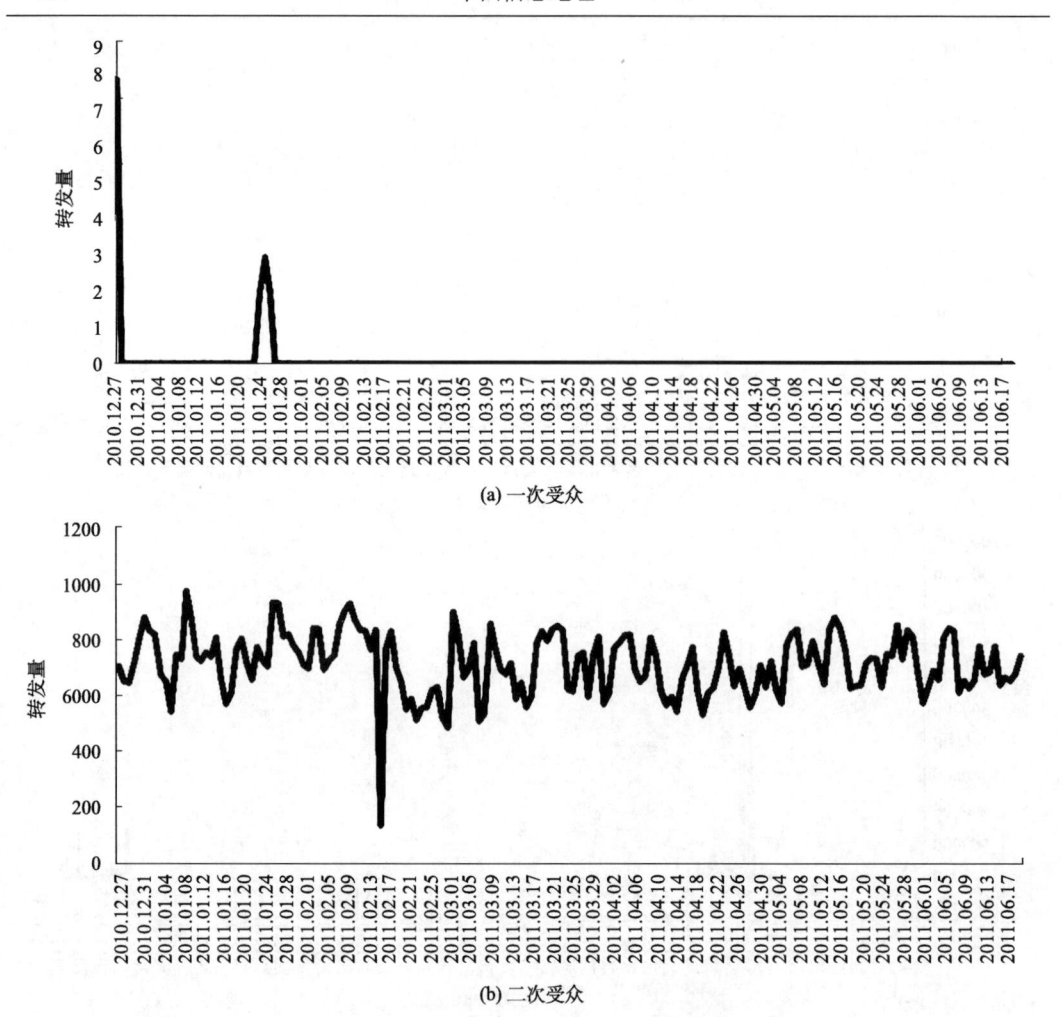

图 12-26　事件引发阶段一次受众、二次受众转发量

京)距离三个要素绘制空间倾向等值线图,分别将各城市节点数值植入相应的地域单元,并实现节点分级,从而建构表现具有量化等级的空间倾向。首先对信息源城市(北京)距离进行分级,并根据分级结果形成信息源城市(北京)距离的若干等值线(受众距离等值线分成由近及远 7 条)。然后将信息源城市(北京)距离等值线按照城市信息转发量等级(分为 3 个等级)进行显示,并将城市等级以数字的形式表示在图上,将各阶段一次受众和二次受众的群体空间化,用于表示网络热点舆情各个时间段受众城市信息转发量等级与城市等级、距信息源城市间的距离两要素的空间关系。

通过受众的城市信息转发量等级与城市等级相关性可见,一次受众在整个时段,在由近及远 7 条距离等值线上,信息扩散表现为:整体随距离增加城市信息转发量等级属于一级和二级的城市逐步递减,且在较远的距离等值线上其转发量较高等级的节点主要是一级或二级城市,呈现出信息分布的城市等级金字塔结构。二次受众城市信息转发量等级与城市等级、信息源城市(北京)距离回归分析可见,各时段不同层级的人际节点网络结构形态各异,但存在多个高等级节点,基于时间轴的空间特征分析可知,同样也形

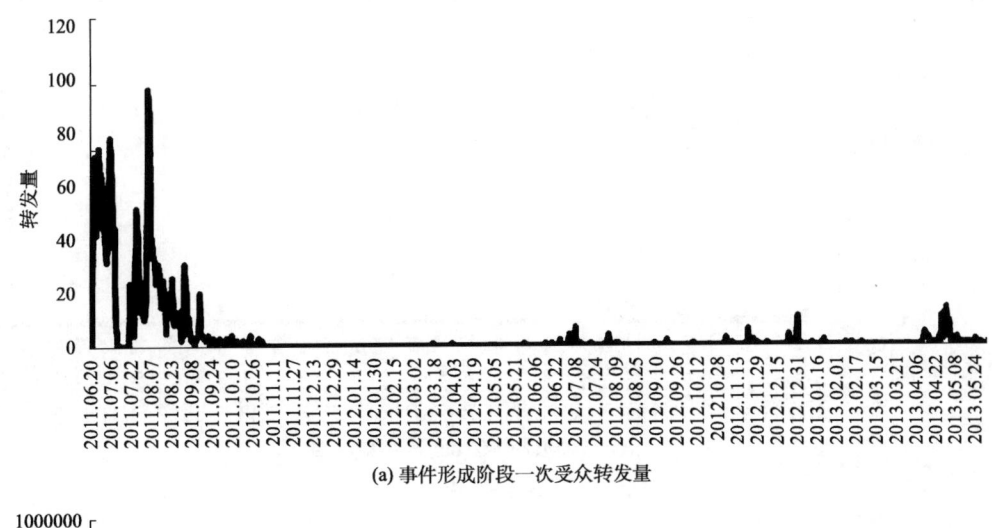

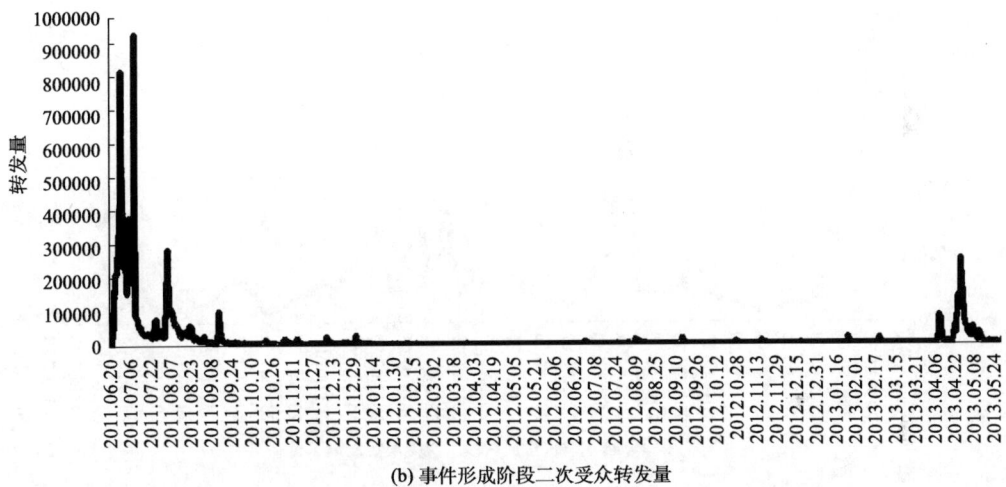

图 12-27 事件形成阶段一次受众转发量和二次受众转发量

成了城市等级金字塔结构。具体到各时间段信息分布，一次受众受城市等级因素影响更突出，表现出信息分布程度与城市等级两要素的偏强相关性，而二次受众仅仅是在再次事件形成阶段表现出偏弱相关性。王康弘(1999)曾引入信息扩散思想进行文化扩散与环境要素、区域引力、距离摩擦等要素影响的相关分析，所提出的文化源地等相关概念有助于解释信息分布与城市等级的关系。

关于城市信息转发量等级与信息源城市(北京)距离分析，前文已述，甄峰等(2012)在研究中国城市网络发展特征时也提出微博社会空间下的中国城市网络信息联系具有明显地距离衰减性。在网络热点舆情这类地理含义较不明显的信息扩散中信息分布的距离衰减尤其值得研究。对城市信息转发量等级与距信息源城市(北京)距离进行相关性分析可见：一次受众在事件形成阶段属高度相关，再次事件形成阶段属低度相关，整个时间段属低度相关。二次受众在事件引发阶段属中度相关，事件形成阶段属高度相关，再次

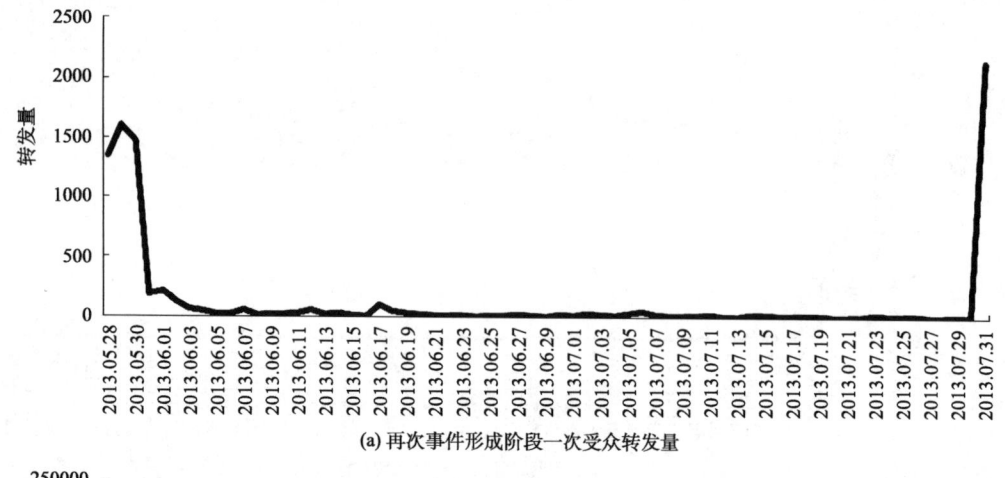

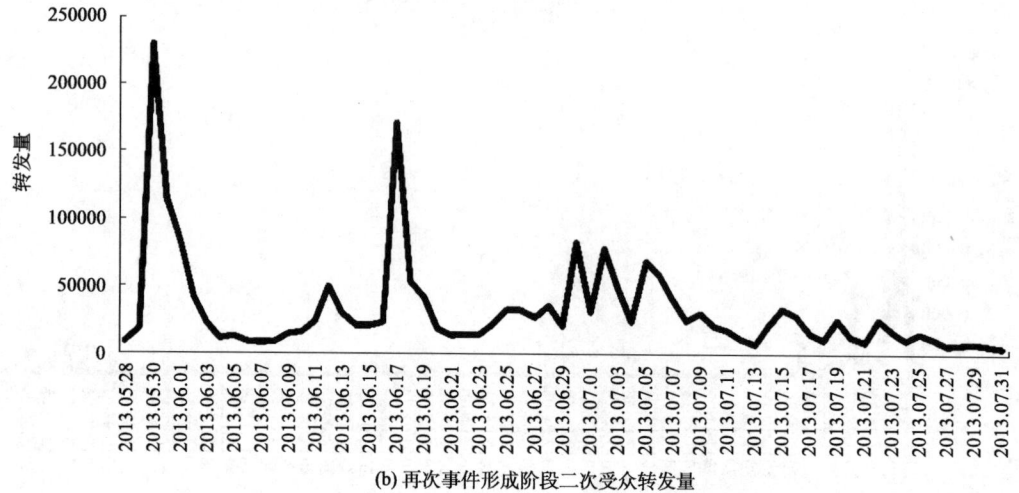

图 12-28 再次事件形成阶段一次受众转发量和二次受众转发量

事件形成阶段属高度相关,整个时间段属高度相关。可见,一次受众在再次事件形成阶段的相关程度大幅下降,二次受众在再次事件形成阶段相关程度大为提高。

对一次受众整个时段人际节点转发量等级分析(图 12-29)可见,一次受众空间分布中的一级节点主要由前两级城市构成,二级节点主要由前三级城市构成,三级节点主要由六级城市构成。表明信息在较高等级城市节点得到更为广泛的扩散,呈现出城市等级的金字塔结构,表现出与前两类事件相似的趋势,只是网络人物事件的周期较长,说明信息分布的广度并不完全取决于时间积累。但比较信息传播的城市节点数量,郭美美事件信息扩散人际节点较多,在非经济文化发达地区的中心城市也形成若干较高密度区域。表明长周期网络事件的信息空间扩展性强于短周期突发性事件。

第 12 章　网络人际节点空间联系

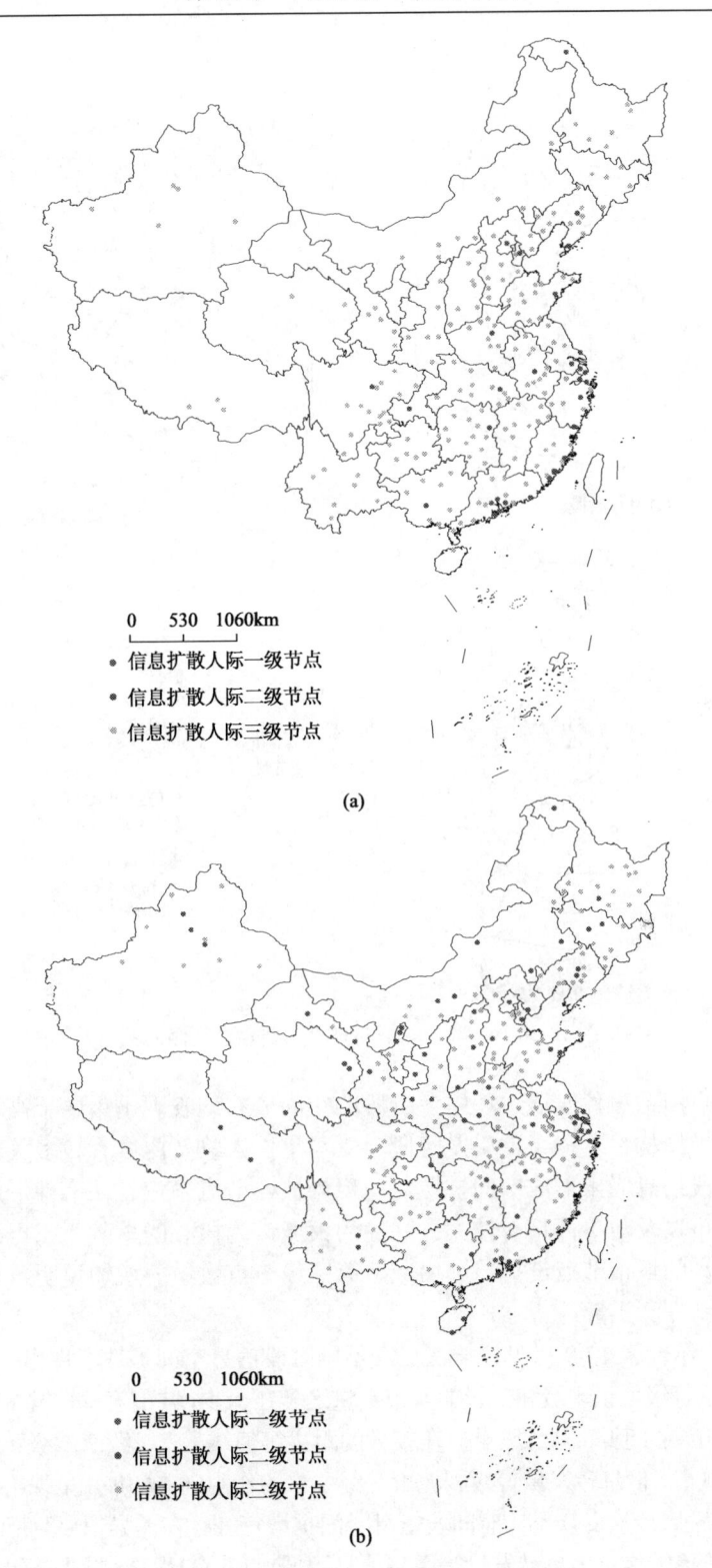

图 12-29　一次和二次受众整个时段信息扩散人际节点空间分布

(a) 整个时段

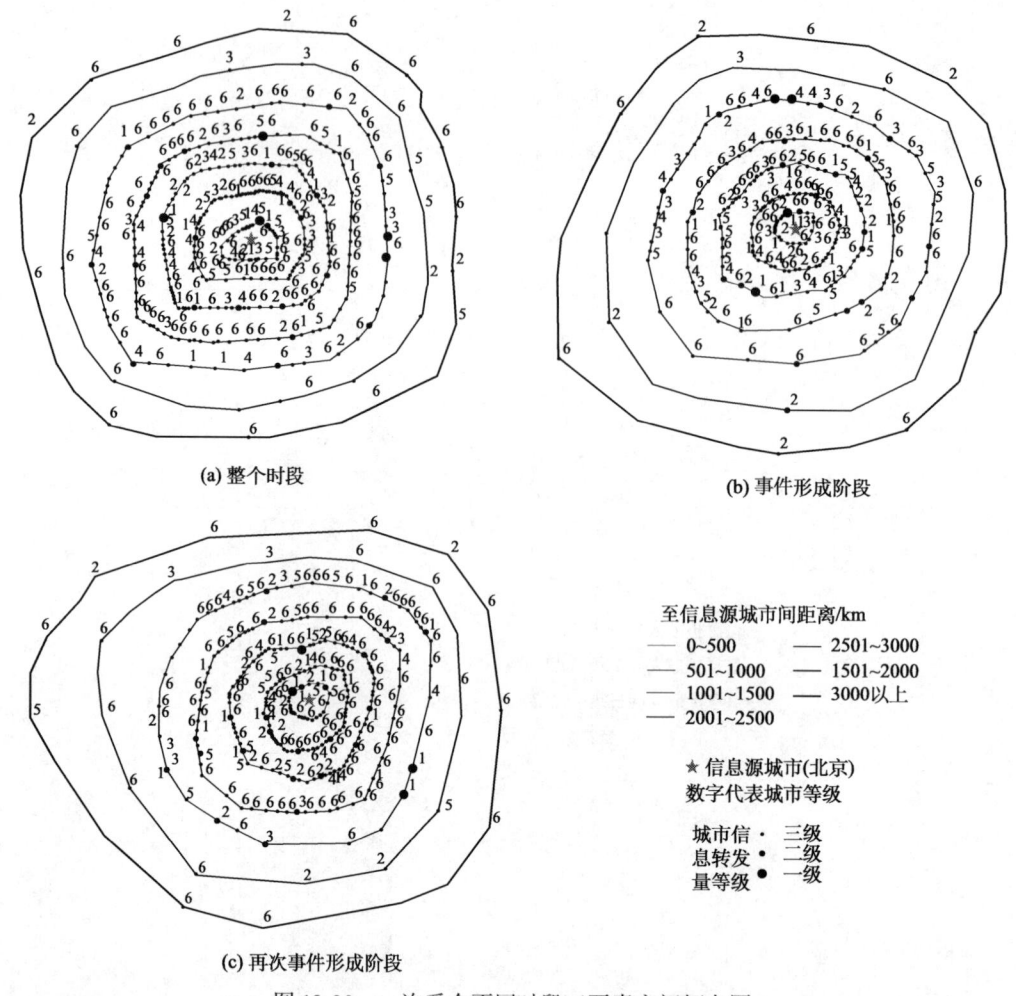

(b) 事件形成阶段

(c) 再次事件形成阶段

图 12-30　一次受众不同时段三要素空间倾向图

总之，热点舆情事件发展过程中各阶段的空间分布均表现出集中于高等级城市节点的"始终金字塔结构"。在事件引发阶段，受与事件人物及内容有较多关联性的城市节点关注，此阶段信息尚未形成空间扩散，表现为核心节点聚焦。在事件形成阶段，形成以中心节点城市以及与事件具有较大关联性的大城市为核心的扩散。在再次事件形成阶段，转发量较高的城市节点没有显著增减。第三级节点数量的增加说明事件发展后，信息在空间上得到广泛扩散。

由图 12-30 结合表 12-9 可见，一次受众不同时段信息空间扩散表现出：随距离增加，城市信息转发量等级属于一级和二级的城市数量之和在减少，城市信息转发量等级因距离要素的作用向外拓展；随城市等级变化，在较远的距离等值线上，一级或二级转发量节点为一级城市或二级城市，信息转发量等级因城市等级要素的作用向外拓展，呈现出信息分布的城市等级金字塔特征。一次受众不同时间段信息空间扩散特征存在差异，与事件形成阶段相比，再次事件形成阶段的城市信息转发量等级与信息源城市(北京)距离、城市等级两要素的相关程度大幅度下降，表明再次事件形成阶段信息空间分布的等级金字塔特征在弱化。

表12-9 一次受众距离等值线、转发量等级与节点数量、城市等级与节点数量对照表

时间段	距离等值线/km	不同转发量等级的节点数量			不同城市等级的节点数量					
		1	2	3	1	2	3	4	5	6
整个时段	0~500	1	1	29	3	2	3	2	3	18
	501~1000	0	3	59	3	3	4	6	5	41
	1001~1500	1	7	61	6	7	6	5	8	37
	1501~2000	1	4	56	3	3	3	2	3	47
	2001~2500	2	7	40	4	5	6	3	2	29
	2501~3000	0	0	12	0	2	2	0	0	8
	>3000	0	0	12	0	3	0	0	0	11
事件形成阶段	0~500	1	1	23	3	2	4	2	2	12
	501~1000	0	1	45	3	3	3	4	4	29
	1001~1500	1	6	45	6	6	5	3	7	25
	1501~2000	0	4	39	4	4	6	3	2	23
	2001~2500	2	7	33	1	3	4	1	1	16
	2501~3000	0	1	7	0	2	1	0	1	4
	>3000	0	0	9	0	3	0	0	0	6
再次事件形成阶段	0~500	1	2	28	3	2	3	2	2	17
	501~1000	0	4	55	3	3	4	6	5	38
	1001~1500	1	7	60	6	7	6	5	8	36
	1501~2000	0	5	51	3	3	3	2	3	42
	2001~2500	2	5	43	5	5	6	3	2	27
	2501~3000	0	0	12	0	2	2	0	1	7
	>3000	0	0	12	0	3	0	0	0	9

由图12-31和表12-10可见，二次受众不同时段信息空间扩散表现出随距离增加，城市信息转发量等级属于一级和二级的城市数量在减少，城市信息转发量等级因距离要素的作用向外拓展，随城市等级变化，在较远的距离等值线上，一级或二级转发量节点为一级城市或二级城市，信息转发量等级因城市等级要素的作用向外拓展，呈现出信息空间分布的城市等级金字塔特征。二次受众不同时段信息空间分布同样也表现等级扩散特征，但与事件引发阶段、事件形成阶段相比，再次事件形成阶段的城市信息转发量等级与信息源城市（北京）距离、城市等级两要素的相关程度达到最高峰值，表明再次事件形成阶段的信息空间分布的等级特征在强化。

(a) 整个时段

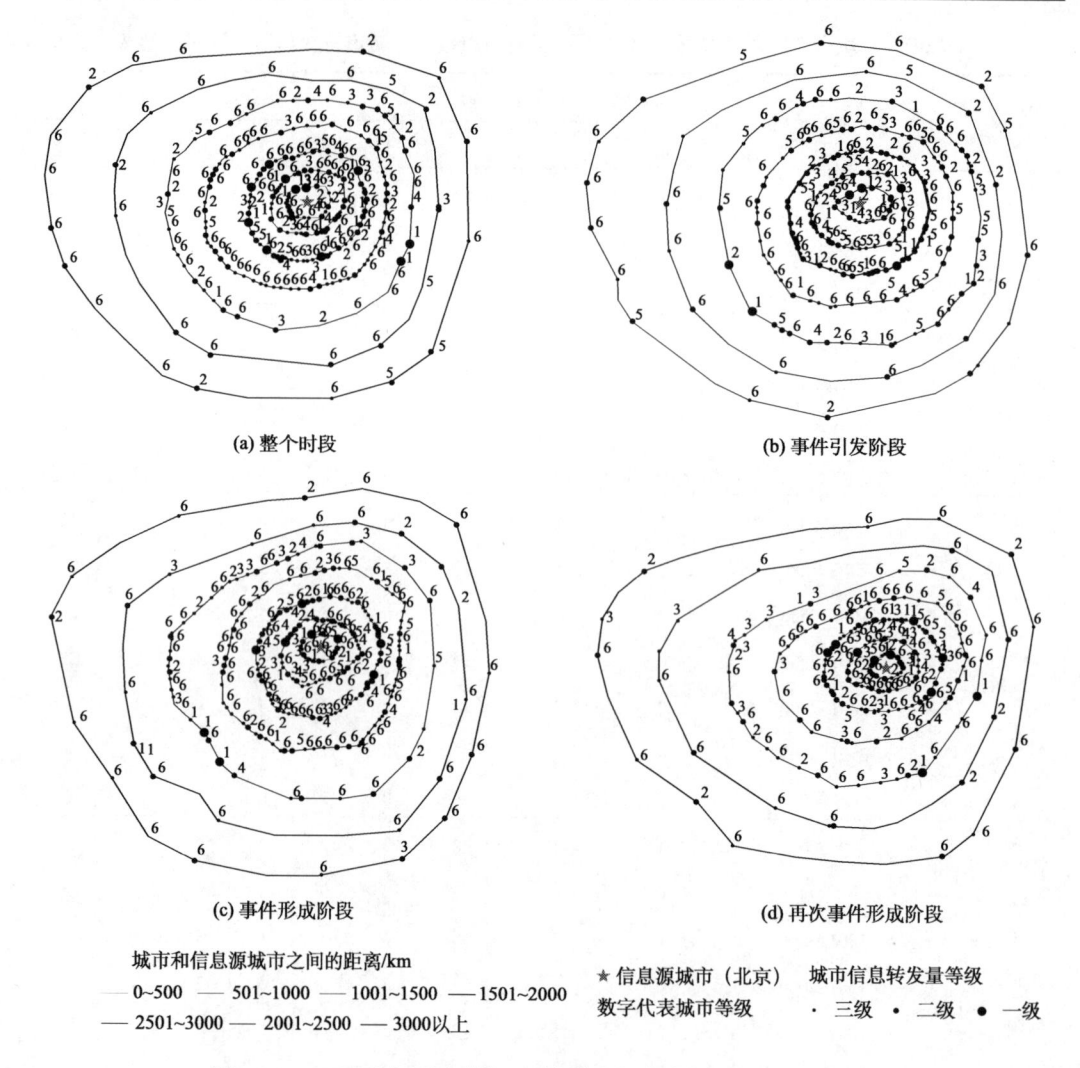

(b) 事件引发阶段

(c) 事件形成阶段

(d) 再次事件形成阶段

城市和信息源城市之间的距离/km
— 0~500　— 501~1000　— 1001~1500　— 1501~2000
— 2501~3000　— 2001~2500　— 3000以上

★ 信息源城市（北京）　城市信息转发量等级
数字代表城市等级　　· 三级　● 二级　● 一级

图 12-31　二次受众不同时段三要素的空间倾向图（事件引发阶段）

表 12-10　二次受众距离等值线、转发量等级与节点数量、城市等级与节点数量对照表

时间段	距离等值线 /km	不同转发量等级的节点数量			不同城市等级的节点数量					
		1	2	3	1	2	3	4	5	6
整个时段	0~500	2	8	16	3	2	3	2	2	14
	501~1000	1	17	29	2	3	3	6	4	29
	1001~1500	5	25	38	6	7	6	5	6	38
	1501~2000	0	22	37	3	3	3	2	4	44
	2001~2500	2	15	24	4	5	6	2	2	22
	2501~3000	0	7	7	0	2	1	0	1	10
	>3000	0	8	9	0	3	0	0	0	14

续表

时间段	距离等值线 /km	不同转发量等级的节点数量			不同城市等级的节点数量					
		1	2	3	1	2	3	4	5	6
事件引发阶段	0~500	2	8	15	3	2	3	2	2	13
	501~1000	1	17	29	3	3	3	6	4	28
	1001~1500	1	30	36	6	7	7	5	6	6
	1501~2000	0	20	31	2	3	3	1	4	38
	2001~2500	2	15	22	4	5	6	2	2	20
	2501~3000	0	6	37	0	2	1	0	1	9
	>3000	0	9	7	0	3	0	0	0	13
事件形成阶段	0~500	2	7	16	3	2	3	2	2	13
	501~1000	1	17	27	3	3	3	6	4	26
	1001~1500	4	27	37	6	6	6	5	6	39
	1501~2000	0	23	35	3	3	3	1	4	44
	2001~2500	2	14	21	4	5	6	2	1	19
	2501~3000	0	8	5	0	2	1	0	0	10
	>3000	0	7	8	0	3	0	0	0	12
再次事件形成阶段	0~500	2	9	13	3	2	3	2	2	12
	501~1000	1	10	21	1	2	3	4	2	20
	1001~1500	5	23	28	7	6	6	4	5	28
	1501~2000	0	11	23	2	1	3	1	2	25
	2001~2500	2	13	18	3	5	6	2	1	6
	2501~3000	0	6	5	0	2	1	0	0	8
	>3000	0	6	7	0	3	0	0	0	10

总之，中心城市效应和距离摩擦阻尼效应仍然影响网络空间的信息扩散。该事件的一次和二次受众的信息空间扩散均表现为城市等级与距离要素作用下的城市等级金字塔特征。但是与一次受众相比，二次受众空间扩散的等级特征更为突出。

12.6.5 小结与讨论

第一，三类网络舆情事件表现出不同的信息时间扩散和空间分布特征：①重大社会舆情的时间扩散具有长尾形特征，微博转发量集中在微博发布首日，次日的微博转发量发生锐减，之后的转发量保持较低数量；与舆情时间特征相对应的空间分布呈现出扩散等级与城市数量之间的始终金字塔结构，少数城市贡献了较大信息量，其信息时空扩散符合位序-规模分布特征；②公共生活舆情的时间扩散具有山字形分布特征，与重大社会舆情相比，其变化趋势较为和缓；事件信息空间扩散趋向于高等级中心城市的表现存在于事件发展各个阶段，城市等级和信息空间扩散等级存在相关性，空间分布与时间轴对应表现出金字塔结构基础上的范围伸缩特征；③网络热点舆情的时间扩散表现为波浪形特征，基于时间轴的信息空间分布形成了在距离与城市等级要素作用下的城市等级金字塔结构，中心城市效应和距离摩擦效应仍然影响网络空间的信息扩散。

第二，网络舆情事件时间扩散和空间分布与多种因素有关：①各类微博用户的属性特征成为事件信息时空扩散的重要影响因素，具体包括媒体及意见领袖微博对事件的关注和参与程度，以及用户使用行为、用户网络人际结构等；②微博用户空间分布属性和跨区域流动对微博事件信息的空间扩散产生直接影响，微博用户都具有不平衡的空间分布属性，事件信息扩散在高等级城市节点表现明显；③基于时间轴作用的信息空间扩散受地理等级规律与地理距离规律的共同影响。早在20世纪50~60年代Hagerstrand(1967)即从传统地理实体空间角度提出了最初的信息空间扩散理论，认为受信息交流过程影响信息扩散具有等级效应和集聚效应。到20世纪70年代学者们已经形成了信息基础设施推动信息扩散的观点。甄峰等(2012)发现微博社会空间下中国城市网络等级差异与层级区分显著，网络信息联系具有明显地距离衰减性。王波等(2013)也提出微博用户对外连接存在等级差异。这些研究与网络舆情空间扩散特征受地理等级与地理距离共同影响的研究结论一致。

第三，从舆情监督的角度来看，引起事件发生时间范畴质变的帖子数量峰值和时间界限应成为思考的重点。从某种程度来讲，政府是舆情事件监控和引导的主体，应该与媒体间相互信任，协同好相互之间的责任，在必要的情况下还要适当对信息进行监控，以利于舆情事件的整体发展和空间扩散。

第四，应用微博信息研究时空扩散问题存在一定缺陷和不足。研究数据随用户量的变化而不断更新，更新过的数据很难找回，加之微博搜索工具的限制，每次搜索的数据结果也并不一致，微博数据存在人为删除现象；在采集数据的过程中，一些无效数据的存在也限制了微博数据的使用，以后的研究中仍面临更全面数据统计的挑战。

参 考 文 献

陈月生. 2005. 突发群体性事件与舆情. 天津：天津社会科学院出版社.
陈映雪，甄峰，王波，等. 2013. 基于社会网络分析的中国城市网络信息空间结构. 经济地理，33(4)：56-63.
方付建，汪娟. 2012. 突发网络舆情危机事件政府回应研究——基于案例的分析. 北京理工大学学报(社会科学版)，14(3)：137-141.
付丽丽，吕本富，裴瑞敏. 2009. 关系型虚拟社区用户参与机制研究. 经济管理，31(5)：134-139.
郭峰，吴晋峰，王鑫，等. 2011. 基于SNA的西安入境旅游市场倒二八结构研究. 人文地理，26(5)：127-132.
韩瑞玲，张秋娈，路紫，等. 2010. 虚拟社区信息流导引现实社区人流的特征：以杭州市智能居住小区网站为例. 人文地理，25(1)：31-34.
金晓春，金永成. 2011. 微博的"广播"效应探析. 新闻界，(2)：36-37, 137.
李雯静，许鑫，陈正权. 2009. 网络舆情指标体系设计与分析. 情报科学，27(7)：986-991.
廖丽平，胡仁杰，张光宇. 2013. 模糊社会网络的结构洞分析方法. 东南大学学报(自然科学版)，43(4)：900-904.

刘彤. 2014. 微·博: 以雅安地震等为例探析微博在突发事件中的传播作用. 重庆: 重庆大学出版社.
卢鹤立, 刘桂芳. 2005. 赛博空间地理分布研究. 地理科学, 25(3): 317-321.
卢金珠. 2010. 微博客传播特性及盈利模式分析. 现代传播, (4): 127-130.
陆汝成, 黄贤金, 李衡. 2009. 基于信息熵的建设用地演化和人文驱动分析: 以黑龙江省为例. 经济地理, 29(5): 827-831.
路紫, 王文婷. 2011. 社会性网络服务社区中人际节点空间分布特征及地缘因素分析. 地理科学, 31(11): 1293-1300.
路紫, 张秋奕, 郜芳, 等. 2015. 社交网站(SNS社区)人际节点空间研究. 经济地理, 35(6): 17-23.
路紫, 张秋奕, 邢晨宇, 等. 2013. 基于图论的SNS社区中人际节点空间关系的中心性研究: 以新浪微博为例. 经济地理, 33(12): 77-83.
路紫, 李晓楠, 杨丽花, 等. 2011. 基于邻域设施的中国大城市网络店铺的区位取向——以上海、深圳、天津、北京四城市为例. 地理学报, 66(6): 813-820.
路紫, 匙芳, 王然, 等. 2008. 中国现实地理空间与虚拟网络空间的比较. 地理科学, 28(5): 601-606.
李彦丽, 路紫. 2006. 中美旅游网站对比分析及"虚拟距离衰减"预测模式. 人文地理, 21(6): 115-118.
欧治花, 汤胤. 2012. SNS社交网络结构实证研究——以豆瓣网为例. 科技管理研究, (5): 198-201.
彭语冰, 周莹莹. 2009. 我国航空客运网络结构研究. 经济地理, 29(11): 1850-1854.
四川省流动人口计划生育管理中心. 2011. 四川省人口流动调查报告——2011年流动人口调查动态监测调查结果.
孙中伟, 路紫, 王杨. 2007. 网络信息空间的地理学研究回顾与展望. 地球科学进展, 22(10): 1005-1011.
唐澜, 吴晋峰, 王金莹, 等. 2012. 中国入境商务旅游流空间分布特征及流动规律研究. 经济地理, 32(9): 149-155.
田晓雪, 路紫, 韩瑞玲, 等. 2014. 基于图论的SNS社区人际节点等级特征——以"你好全球社区"为例. 地理与地理信息科学, 30(1): 120-124.
王波, 甄峰, 席广亮, 等. 2013. 基于微博用户关系的网络信息地理研究——以新浪微博为例. 地理研究, 32(2): 380-391.
王康弘. 1999. 文化信息的空间扩散分析. 人文地理, 14(9): 50-54.
王首程. 2011. 微博对舆论引导格局的新构建. 广州大学学报, (8): 10-12.
王杨, 路紫, 孙中伟, 等. 2006. 中国户外运动网站信息流对人流生成的导引机制分析: 以乐游户外运动俱乐部网站为例. 地球信息科学, 8(1): 84-90.
谢岚. 2010. 微博客的分级化传播模式研究. 新闻传播, (12): 101-102.
谢科范, 赵湜, 陈刚, 等. 2010. 网络舆情突发事件的生命周期原理及集群决策研究. 武汉理工大学学报: 社会科学出版, 23(4): 482-486.
许进, 席酉民, 汪应洛. 1994. 系统的核与核度理论(Ⅱ)——优化设计与可靠通讯网络. 系统工程学报, 9(1): 1-11.
尹贻梅, 刘志高, 刘卫东. 2012. 路径依赖理论及其地方经济发展隐喻. 地理研究, 31(5): 782-791.
袁立庠. 2011. 微博的传播模式与传播效果. 安徽师范大学学报(人文社会科学版), 39(6): 678-683.
喻国明, 欧亚, 张佰明, 等. 2011. 微博: 一种新扩散形态的考察(影响力模型和社会性应用). 北京: 人民日报出版社.
张捷, 顾朝林, 都金康, 等. 2000. 计算机网络信息空间(Cyberspace)的人文地理学研究进展与展望问题讨论. 地理科学, 20(4): 368-374.
张秋奕, 朱苏加, 路紫, 等. 2012. 旅游网站信息流距离衰减形态分异特征及其与网站功能的关系. 地理与地理信息科学, 28(4): 94-97.

张秋奕, 韩瑞玲, 元媛, 等. 2010. 论旅游网站访问者距离衰减特征之复杂性. 河北师范大学学报自然科学版, 34(1): 108-114.

甄峰, 王波, 陈映雪. 2012. 基于网络社会空间的中国城市网络特征: 以新浪微博为例. 地理学报, 67(8): 1031-1043.

朱桃杏, 吴殿廷, 马继刚, 等. 2011. 京津冀区域铁路交通网络结构评价. 经济地理, 31(4): 561-565, 572.

Abbasi A, Altmann J, Hossain L. 2011. Identifying the effects of co-authorship networks on the performance of scholars: A correlation and regression analysis of performance measures and social network analysis measures. Journal of Informetrics, 5(4): 594-607.

Amichai-Hamburger Y, Vinitzky G. 2010. Social network use and personality. Computers in Human Behavior, 26(6): 1289-1295.

Backstrom L, Huttenlocher D, Kleinberg J, et al. 2006. Group formation in large social networks: Membership, growth, and evolution. In: Proceedings of the 12th ACM SIGKDD international conference on Knowledge discovery and data mining. ACM, 44-54.

Barker V. 2009. Older adolescents' motivations for social network site use: The influence of gender, group identity, and collective self-esteem. Cyber Psychology & Behavior, 12(2): 209-213.

Blackwell D L, McLaughlin D K. 1999. Do rural youth attain their educational goals. Rural Development Perspectives, 13(3): 37-44.

Bourdieu P. 1986. The Forms of Capital. In: Richardson J G. Handbook of Theory and Research for Sociology of Education, Greenwood Press, New York, 241-258.

Chiswick B R, DebBurman N. 2004. Educational attainment: Analysis by immigrant generation. Economics of Education Review, 23(4): 361-379.

Coleman J S. 1988. Social capital in the creation of human capital. American journal of sociology, 94: S95-120.

Conchas G Q. 2006. The Color of Success: Race and High-achieving Urban Youth. New York: Teachers College Press.

Crossley N. 2010. Towards relational sociology. New York: Routledge, .

Dika S L, Singh K. 2002. Applications of social capital in educational literature: A critical synthesis. Review of Educational Research, 72(1): 31-60.

Domingo-Ferrer J, Viejo A, Sebé F, et al. 2008. Privacy homomorphisms for social networks with private relationships. Computer Networks, 52(15): 3007-3016.

Ellison N B, Steinfield C, Lampe C. 2007. The benefits of Facebook "friends:" Social capital and college students use of online social network sites. Journal of Computer-Mediated Communication, 12(4): 1143-1168.

Fan T F, Liau C J, Lin, T S. 2008. A theoretical investigation of regular equivalences for fuzzy graphs. International Journal of Approximate Reasoning, 49(3): 678-688.

Fine G A, Kleinman S. 1983. Network and meaning: An interactionist approach to structure. Symbolic Interaction, 6(1): 97-110.

Fisher S. 1981. Race, class, anomie, and academic achievement: A Study at the high school level. Urban Education, 16(2): 149-173.

Fu F, Chen X J, Liu L H, et al. 2007. Social dilemmas in an online social network: The structure and evolution of cooperation. Physics Letters A, 371(1-2): 58-64.

Fuhse J, Mützel S. 2011. Tackling connections, structure, and Meaning in networks: Quantitative and qualitative methods in sociological network research. Quality & quantity, 45(5): 1067-1089.

Golder S A, Wilkinson D M, Huberman B A. 2007. Rhythms of social interaction: Messaging within a massive online network. In: Proceedings of the Third Communities and Technologies Conference. USA: Springe, 41-66.

Granovertter M. 1973. The strength of weak ties. American Journal of Sociology, 78(6): 1360-1380.

Hagerstrand T. 1967. Innovation diffusion as a spatial process. Chicago: The University Chicago Press.

Hargittai E. 2007. Whose space? Differences among users and non - users of social network sites. Journal of Computer - Mediated Communication, 13(1): 276-297.

Hogg T. 2010. Inferring preference correlations from social networks. Electronic Commerce Research and Applications, 9(1): 29-37.

Ignjatovic J, Ciric M, Bogdanovic S. 2010. On the greatest solutions to weakly linear systems of fuzzy relation inequalities and equations. Fuzzy Sets and Systems, 161(24): 3081-3113.

Johnson L R, Knoke D. 2005. Skonk works here: Activating network social capital in complex collaborations. Advances in Interdisciplinary Studies of Work Teams, 10: 243-262.

Kim Y, Sohn D, Choi S M. 2011. Cultural difference in motivations for using social network sites: A comparative study of American and Korean college students. Computers in Human Behavior, 27(1): 365-372.

Lee M. 2014. Bringing the best of two worlds together for social capital research in education social network analysis and symbolic interactionism. Educational Researcher, 43(9): 454-464.

Lee M, Madyun N. 2012. Deciphering Somali immigrant adolescents' navigation and interpretation of resources embedded in social relationships. International Handbook of Migration, Minorities and Education. Springer Netherlands, 659-676.

Lewis K, Kaufman J, Gonzalez M, et al. 2008. Tastes, ties, and time: A new social network dataset using Facebook.com. Social Networks, 30(4): 330-342.

Mayer A. 2009. Online social networks in economics. Decision Support Systems, 47(3): 169-184.

McQuail D. 2010. McQuail's Mass Communication Theory. London: Sage Publications Ltd, .

Meunier M. 2011. Immigration and student achievement: Evidence from Switzerland. Economics of Education Review, 30(1): 16-38.

Nair P S, Sarasamma S T. 2007. Data mining through fuzzy social network analysis. In: Proceedings of the 26th Annual Meeting of the North American Fuzzy Information Processing Society, San Diego, CA, 251-255.

Pempek T A, Yermolayeva Y A, Calvert S L. 2009. College students' social networking experiences on Facebook. Journal of Applied Developmental Psychology, 30(3): 227-238.

Portes A. 1998. Social capital: Its origins and applications in modern sociology. Annual Review Sociology, 24: 1-24.

Powell C, Dépelteau F. 2013. Conceptualizing relational sociology: Ontological and theoretical issues. New York: Palgrave Macmillan.

Putnam R D. 2000. Bowling alone: The collapse and revival of American community. New York: Simon and Schuster.

Rau P L P, Gao Q, Ding Y. 2008. Relationship between the level of intimacy and lurking in online social network services. Computers in Human Behavior, 24(6): 2757-2770.

Roblyer M D, McDaniel M, Webb M, et al. 2010. Findings on Facebook in Higher Education: A comparison of college faculty and student uses and perceptions of social networking sites. The Internet and Higher Education, 13(3): 134-140.

Ryymin E, Palonen T, Hakkarainen K. 2008. Networking relations of using ICT within a teacher community. Computers & Education, 51(3): 1264-1282.

Schnettler S. 2009. A structured overview of 50 years of small-world research. Social Networks, 31(3): 165-178.

Singer E, Endreny P M. 1993. Reporting on Risk: How the Mass Media Portray Accidents, Diseases, Disasters, and Other Hazards. New York: Russell Sage Foundation, 123-174.

Subrahmanyam K, Reich S M, Waechter N, et al. 2008. Online and offline social networks: Use of social networking sites by emerging adults. Journal of Applied Developmental Psychology, 29(6): 420-433.

Tichenor P J, Donohue G A, Olien C N. 1970. Mass media flow and differential growth in knowledge. Public Opinion Quarterly, 34(2): 159-170.

Tseng M L. 2010. Implementation and performance evaluation using the fuzzy network balanced scorecard. Computers & Education, 55(1): 188-201.

Uzzi B. 1996. The sources and consequences of embeddedness for the economic performance of organizations: The network effect. American Sociological Review, 61: 674-698.

Waters R D, Burnett E, Lamm A, et al. 2009. Engaging stakeholders through social networking: How nonprofit organizations are using Facebook. Public Relations Review, 35(2): 102-106.

Watts D J, Strogatz S H. 1998. Collective dynamics of 'small-world' networks. Nature, 393(6684): 440-442.

White H C, Fuhse J, Thiemann M, et al. 2007. Networks and meaning: Styles and switchings. Soziale Systeme, 13(1): 514-526.

Young D J. 1998. Rural and urban differences in student achievement in science and mathematics: A multilevel analysis. School Effectiveness and School Improvement, 9(4): 386-418.

Yuta K, Ono N, Fujiwara Y. 2006. Structural analysis of human network in social networking services. Transactions of Information Processing Society of Japan, 47(3): 865-874.

区域篇

第 13 章 区域信息化的动力作用

13.1 区域发展的新动力

信息化正在深刻地改变着社会经济方式(Graham and Marvin, 1996)。区域信息化是国家信息化的重要组成部分，在现代区域发展中发挥重要作用，其变化已经引起了来自各学科学者强烈关注，信息化时代的区域发展已成为学界的热点议题，地理学家是这场争论的先锋。

13.1.1 信息化是区域发展的催化剂

回顾从信息化的一般影响到区域空间重组、空间演化、空间组织等方面的具体影响研究进展可见，信息化在区域空间变化中只是一种提供可能或促成发生的要素，并非决定性的，所造成的空间变革是一个复杂的过程，它的趋势可以从不同的空间层级来观察。

区域信息化，从地理学角度可以理解为 ICTs 的广泛应用导致的信息和知识传递时空阻碍性的大幅度减低。在信息基础设施到达的地方，信息和知识的可获得性趋同，空间距离摩擦定律一定程度上失去作用。因此，信息化的进步促进了经济的区域一体化，推动了区域发展。对于经济地理学者来说，信息化会促进区域集聚和分散(刘卫东和甄峰，2004)。陆大道(1995)在《区域发展及其空间结构》中分析了 ICTs 对区域空间结构的影响；20 世纪 90 年代末以来，国内地理学者对 ICTs 之影响的研究逐渐覆盖了区域发展各领域，核心问题包括区域信息化的等级特征、空间特征与梯度推进等。

虽然中国 ICTs 起步较晚，但它是世界上发展最快的国家之一。2014 年，中国信息网络加速完善，ICTs 继续深化应用，效益提升明显，全国信息化发展呈现以下几个特点：一是信息化发展指数保持快速增长态势。2014 年全国信息化发展指数增长高于同期 GDP 增速。其中增长幅度超过 8%的有 4 个省(区、市)，分别为贵州、重庆、湖南、浙江；增长幅度在 5%以上的有 20 个省(区、市)，增长幅度超过全国平均增长水平的有 14 个省(区、市)。二是信息网络建设受政策驱动明显。在网络就绪度、ICTs 应用、效益 3 个指数中，网络就绪度指数增长最快，这主要得益于国家政策强力支持宽带网络建设。2013 年，国家发布了《关于促进信息消费扩大内需的若干意见》《"宽带中国"战略及实施方案》。工信部制定了《信息化和工业化深度融合专项行动计划(2013~2018 年)》，组织实施了"宽带中国 2013 专项行动"，住房和城乡建设部组织开展 193 个智慧城市试点。这些政策有力地促进了各地信息网络基础设施的演进升级。三是东部和中部地区信息化发展水平差距基本保持不变，东中地区与西部地区的差距小幅缩小。2014 年，西部地区的信息化发展指数增长幅度高于东部和中部地区。这主要得益于国家支持西部地区开发，促使西部地区网络基础设施建设和 ICTs 应用大幅提升。

信息化对于区域一体化具有促进作用。通过分析不平衡的区域信息化空间格局对区域发展的影响，提出基于区域一体化要求的公平高效、地区统筹、城乡互动的信息化建设理念。信息化建设要从协调信息基础设施建设、构筑信息化空间开发模式、规范信息标准与法规、提高信息公共服务水平、缩小城乡数字鸿沟、强化信息产业集群优势等途径，全方位、多层次地展开，以推动区域一体化进程。但是，信息化在给予区域更多便捷与舒适时，同样也带来更多的利益分化与权利重组。特别是，当区域内信息化自身发展极度不平衡时，区域经济的均质化程度不但无法提高，而且区域固有的矛盾和冲突还会加剧，形成新一轮的不稳定因素。因此，基于区域一体化的信息化建设的目标就是要构建一个公平、有序、协调的信息化空间，以最大限度地发挥信息化对区域一体化的促进作用(方维慰，2007)。诸多信息化对区域一体化的贡献都是基于一个较为均衡、公平、有序的信息化。但是，如果信息化自身发展扭曲、偏颇，信息资源拥有量在地域之间、个体之间极不均衡，出现信息化"马太效应"，信息化不仅不能促进区域的协调发展与一体化进程，而且还会加剧区域发展的不平衡性，带来新的地域分化。中国实施信息化战略30年来，信息化的空间不平衡性已经十分显著。目前，信息化正在打破原有的平衡，而新的平衡正在建立之中。信息化发展得当可以带动区域发展、协调区域关系、减少区域差异，发展不当则会扩大区域差异、激化区域矛盾。因此，为了最大限度地发挥信息化对区域一体化的促进作用，必须对信息化的不公平性与不协调性早作准备，及时、有效地调控区域信息化的空间运行。

13.1.2 区域信息化助推"一带一路"开放战略和区域整体脱贫战略的实施

1. 区域信息化有助于"一带一路"开放战略

2015年3月国家发改委、外交部和商务部联合发布了《推动共建丝绸之路经济带和21世纪海上丝绸之路的愿景与行动》，这标志着对中国发展将产生历史性影响的"一带一路"战略进入全面推进建设阶段。"一带一路"是中国推动经济全球化深入发展而提出的国际区域经济合作新模式，旨在促进经济要素有序自由流动、资源高效配置和市场深度融合，推动开展更大范围、更高水平、更深层次的区域合作，共同打造开放、包容、均衡、惠普的区域经济合作框架。沿线各国资源禀赋各异，经济互补性较强，以政策沟通、设施联通、贸易畅通、资金融通、民心相通为主要合作重点。其中，基础设施互联互通是"一带一路"建设的优先领域，而推动跨境光缆等通信网络建设便是基础设施建设中的重要一项，是提高国际通信水平，畅通信息丝绸之路的关键步骤。同时，ICTs的发展有利于拓宽贸易领域，推动新型产业合作。因此，区域信息化水平的提高对于扩大国内外信息交流与合作，推动"一带一路"战略的实施具有重要战略意义。

事实上，从中国的改革开放到"一带一路"建设，本质上是一场重塑中国经济地理到重塑世界经济地理的革命。在这场根本变革中，突出表现为交通革命、能源革命、互联网革命和城镇化革命(胡鞍钢，2015)。其中，互联网迅速发展是ICTs不断进步的结果，因此，在推动开放型世界经济的发展中，区域信息化是基础。"一带一路"战略是在世界格局大调整和经济全球化大背景下产生的，是推动经济全球化深入发展的一个重要框架(刘卫东，2015)。而信息化对于经济全球化的促进作用更是毋庸置疑，它不仅提高了企业尤其是跨国公司的生产效率，也增强了各国的国际竞争力(武锋和郭莉军，2009)。

纵观国际国内发展形势，信息化引领第三次工业革命的发展，各行各业均呈现出全球化、精益化、协同化、服务化、智能化的发展态势。移动互联网、物联网、云计算、大数据、智慧城市已经成为当今社会发展的主流趋势，使经济、技术与交通的发展相得益彰。如阿里巴巴、京东等众多电子商务平台的崛起及成长，均依赖互联网、电子商务等信息化发展做虚拟交易平台，利用便利的交通设施实现实物运输。可以说，信息化手段与交通便利性的完美结合，打造了一批新兴的具有巨大潜力的电商企业，这也迎合了新时期经济发展的特色(徐德英和韩伯棠，2015)。同时，与"一带一路"战略中提到的"创新贸易方式，发展跨境电子商务等新的商业形态"相一致。在这种新形势下，有学者提出了建设"一带一路"空间信息走廊的构想，其价值在于整合沿线国家的空间信息市场和空间信息资源，支持沿线各国资源开发及基础设施建设等项目，作为实现各国互联互通的立体空间信息系统(胡伟等，2015)。因此，可以看出，信息化水平的提高有助于实现"一带一路"沿线国家和地区贸易、交通、物流、资源、人文等信息的互联互通，支撑"一带一路"战略的顺利实施。

2. 区域信息化有助于区域整体脱贫战略

中共十八大五中全会提出了全面建成小康社会的新目标，要求中国现行标准下农村贫困人口实现脱贫，解决区域性整体贫困。中国城乡二元经济结构一直是区域发展的梗桔，而信息化作为继工业化后城市化的动力之一，将推动区域增长极——城市的功能转化，即从强大的工业中心向商务中心、知识中心、决策中心、创新中心转化。在数字化、网络化、智能化发展的趋势下，城市将其技术、理念、服务、能量向腹地辐射，溢出的功能大为强化。互联网对于地域空间的超越性特点非常适合乡村分散的居住模式，通过互联网城乡信息拥有量的差别在减少、城乡交流的障碍在化解，有助于城乡之间通过生产力的梯度转移和优势互补，来获取城乡关系的协调和区域的共同繁荣。

信息化对区域经济发展具有明显的推动作用，它不但可以作为地区经济发展的促进因素，更应当作为地区全面发展的必要条件之一(Gibbs and Tanner，1997)。德国鲁尔区从煤炭和金属工业中心到以汽车制造业为支柱产业，再到建立世界范围的信息网络公司，该地区利用信息网络技术，成功地实现了工业结构的转变及新兴产业的市场化。当然还有 ICTs 成功地应用于农村发展的事例，如"绿色系统"在法国农村得到了广泛应用，它提供农产品质量、市场发展、气象条件等多方面的信息资料(路紫和刘岩，1996)。此外，中国各省(区、市)信息产业、信息设施与区域经济增长之间存在不同程度的正相关关系(王铮等，2006；滕丽等，2006)，一方面，说明信息化促进了区域经济增长；另一方面也表明各地区之间信息化水平差异明显，而且有研究证实，区域信息化投入差异与区域经济增长差距有密切关系(刘慧等，2006；许慧玲，2008)。可见，信息化水平的发展对于缩小区域间的差距，减少地理资源等因素对经济发展的制约有重要作用(丁疆辉等，

2010)。

农业信息化是农业现代化建设的重要内容，也是实现农业增效、农民增收、农村发展的关键举措，以信息化推进现代农业发展，是实现"四化同步"的最佳路径。目前，山东省已经开展了省级农村农业信息化综合服务平台建设,在全省范围建设了 2000 多个示范性基层信息服务站点，围绕蔬菜、果树、畜禽、水产等重点产业开展了科技信息服务、电子商务、农业物联网等示范工程，推广了一大批信息化成果，探索建立了农业信息化工作长效机制，有力推动了山东省现代农业发展和新农村建设，促进了信息化与农业现代化的融合发展(阮怀军等，2014)。因此，加大农村信息化建设力度，促进城乡经济协同发展，对解决区域性整体贫困显得十分重要。

13.1.3 信息化带动创新园区建设

新的历史时期，国家高新区承担着促进技术进步和增强创新能力，成为区域自主创新中心的新使命，因此以信息化带动创新型园区建设是国家高新区发展的必然选择。①信息化是国家高新区提升自主创新能力的基础。随着通信和互联网技术的发展，远程的、即时的、网络的、虚拟的、协同的信息化技术，以及智能化、数字化、网络化成为技术创新和应用的发展方向。同时，ICTs 变革推动和影响着创新的结构和条件，导致创新行为的量子式跃迁。因此，信息化对于国家高新区提升自主创新能力起着决定性的作用，是提升自主创新能力的重要组成部分。②信息化是国家高新区体制和机制创新的必要手段。首先，信息化可以提高对信息收集、处理、分析的效率和准确性，从而有助于高新区实现管理决策的科学化；其次，信息化能最大限度地整合各种创新资源或生产要素，使其在一定的技术条件下达到最佳结合，实现创新资源和创新主体的有效聚集。③信息化是完善国家高新区创新环境的合理选择。以 ICTs 为支撑，国家高新区将能够建立起一个基于信息资源共享和互动的网络化创新创业组织形态，并导致多种效应的产生。具体包括以下内容：知识、信息、新技术等流动和扩散的敏捷性；降低市场的不确定性；增强企业和产业对于知识创新复杂性的适应性。通过信息化，国家高新区能够将原先分散和割裂的信息与资源要素实施有效的联系和组织，使之成为一个系统，从而发挥其整体性的功能。

例如，上海紫竹高新技术产业开发区软件和信息服务产业示范基地是第五批创建的国家级示范基地。2015 年，紫竹高新技术产业开发区软件和信息服务产业示范基地积极响应上海实施创新驱动发展战略，围绕建设具有全球影响力的科技创新中心工作，发展高新技术产业和战略性新兴产业，营造良好的科研、产业、创业和生活配套环境。紫竹高新区已实现软件和 ICTs 服务业平稳较快发展，应用水平明显提高。园区软件和信息服务业营业收入占比达到 62%，对 GDP 增长的贡献率为 80%。紫竹国家高新区软件和信息服务业从业人数占高新区总从业人数的近 70%，新增就业量占高新区新增就业总量超过 80%。园区积极推进软件和信息服务业发展，形成了包括服务外包业务、嵌入式软件开发、数字内容游戏动漫、新一代 ICTs 在内的四大类产业特色鲜明的重点发展领域。同时，高新区企业英特尔、微软、上海电气风电、花王等公司通过提供科研经费及软硬件支持，在大学设立联合实验室、课程共建、联合科技攻关、共享实验平台和检测设备等联合科研合作项目，优化了联合创新的环境。

再如，武汉东湖高新技术产业开发区是国家自主创新示范区，被原国家计委、科技部批准为国家光电子产业基地，即武汉·中国光谷。它基本形成了光电子信息产业为主导，生物、节能环保、高端装备制造、现代服务业竞相发展的产业格局。其中光电子信息产业是代表国家参与全球光电子产业竞争的主力军。武汉东湖高新技术产业开发区在光通信、激光、集成电路、光显示、半导体照明、地球空间信息等领域，在国内具有较强竞争优势。具体表现为：①基础设施基本形成，园区规模以上企业大部分配置了相当规模的并行系统或大规模的计算机集群系统，企业网络建设得到了快速发展，搭建了内部信息交流的基础硬件平台；②专业软件应用普遍，园区规模以上企业的信息化建设一般都围绕企业的主营业务，开发和部署各类专业应用系统，包括ERP系统、办公自动化系统(OA)、人力资源管理系统(HR)、各类生产监控系统，以及相关研究与分析系统等；③数据库系统基本成型，园区规模以上企业都建立了比较完善的数据库系统，主要包括财务和资源管理数据库系统，以及一些直接面向专业技术应用的系统；④信息化服务共享，科技园各园区建立了服务于园区中小企业的公共信息中心，科技园正在进行"空间信息云"的探索和建设，这些企业数据库系统的建设，为将来以数据为中心的ICTs应用(如使用云计算技术)奠定了基础，也使得数据库的建设和维护成为这些企业现阶段信息化建设的重点工作。

13.2 大区域协同发展的重要基础

大区域信息化与区域经济的发展密切相关，把区域经济发展与信息化建设结合起来，以信息化带动区域经济的发展，整体推进区域经济发展与信息化建设是当前一个值得探讨的重要课题。中国区域发展已从"擎极增长"进入强调互动和谐的"多轮驱动"的发展时期，大区域一体化共建成为区域发展的重点。

基于区域一体化的信息化发展理念就是冲破行政管理制度的界限，以资源、价格、利润为纽带，以企业为主体，市场机制和宏观调控相结合，构建信息设施合理布局、信息资源高度共享、信息法规规范有效、信息产业有序竞争、ICTs相互渗透、人才自由流动的信息化地区。通过构筑公平高效、地区统筹、城乡互动的信息化可推动区域一体化更上一层楼(方维慰，2007)。

13.2.1 大区域经济圈构建及其信息化需求
——以东北亚经济圈为例

随着ICTs的出现和社会技术系统与电信的联系，传统的生产布局的"接近市场"将越来越会被"联系市场"所代替。研究者从分析东北亚经济圈各国经济合作特征和前景所导致的对电信网络的需求出发，探讨区内诸国类型不一的通信障碍和通信网络构建的地区间的等级体系。研究中特意关注了大的信息设备制造跨国公司(INCs)的全球战略对

ICTs 采用的影响，最后就东北亚各国积极发展 ICTs 和通信网络问题，对中国东北地区和环渤海地区电信息通信网络的建设做一论证(路紫，1996)。

东北亚经济圈包括日本、朝鲜半岛、蒙古和俄罗斯远东地区，以及中国东北三省和内蒙古。京、津、冀、鲁环渤海区由于经济地理要素的特殊性也具有参与东北亚区域合作的广阔前景。

1. 东北亚国家通信网络需求：经济结构的基本特征与发展阶段

东北亚经济圈各国的经济条件和经济结构对通信网络提出了全局性的需求。

1) 经济要素的互利与依存性

东北亚经济圈拥有丰富的尚未开发的自然资源、人力资源和雄厚的资本、技术实力，但这些自然、社会要素的国家(地区)分布在某种程度上是相互分离的。发达国家的资本和技术寻找市场，发展中国家的开发构成了多边贸易的可能性，从而必然要求国家间、区域间、城市间各层次的通信联系。

东北亚国家已开始从发达国家吸引大的跨国公司，也包括来自日、韩的公司，并通过合资使本地区内的公司大幅度扩展。这些跨国公司对于 ICTs 的依赖日益增强，它们需要在 ICTs 的支持下，在东亚地区的下属公司间实现更多的直接电信联系，它们也试图通过使用更加精密复杂的电信服务来改善其地区性经营的完整性，及将这些经营活动与它们的全球性网络的其他部分联系起来。日本的大公司都是 ICTs 自身的主要使用者，控制着亚太地区租赁的电路网(circuit networks)，这些电路网为他们的顾客传输了大量电信流，这有利于加速其后勤基地对亚洲不同工厂之间的原料、零部件及产品的分配。ICTs 在控制和促进这些设备的流动方面具有重要作用。

从国际电信业务看，电信成本的削减正使距离成为次要因素，跨越远距离的电信使这种国际性互补的实现不再令人怀疑。反过来说，国际电信业中竞争的引入使线路满负荷与轻负荷通信量间扩大了成本差异，电信技术越不发达，成本越高，最终还是影响到区域进步。

2) 经贸结构的转变

东北亚地区各国在经济结构存在互补的同时，也为争夺市场和投资场所而竞争，经济联系的新特点和贸易的新趋势是由以原材料和半成品为主向机器和设备等为主转变，资源大国也注意较大幅度地降低原材料出口产品比例及增加成品半成品出口比例，发展多形式的对外经贸联系。目前各国对外贸易机构普遍认为，为促进经贸发展，除双边贸易外，还须开展多边合作、建立自由贸易区，实现外贸联系的多元化。这种经贸结构的转变带来了非物质传输，如信息流、资本流等对物质传输的替代。ICTs 的采用对于东北亚经济圈商贸业及金融业等的国际化来说更加至关重要。

3) 产业结构的升级

东北亚经济圈各国生产力发展的不平衡性及由此派生出来的流动性将带来区内各国

经济结构的共同变化,发展中国家的产业结构在合作中升级,由劳动力密集型产业结构逐步向资本密集型过渡,发达国家的产业结构在合作中逐步高级化,逐步转向以知识技术密集型产业为主,并向信息产业经济转变。这是被东北亚经济圈各国所共同推动的。信息产业将成为区域经济的主导产业。目前信息领域内的大公司已不仅仅制造电信设备,由于附加电信业务会产生价值,它们正积极发展计算机软件来获取更多的利益。日本的增值网络(value added network,VAN)经营就有电通信服务(如信息分发和公共租赁线路)和信息处理服务两种基本类型,日本电气股份有限公司(NEC)就正在试图转入高附加值的信息服务,这又同时给本国提供了通信和信息处理能力。未来 ICTs 和通信网络将成为区域进步的基本工具。

4) ICTs 市场的国际化

就全球而言,信息设备制造业公司在很大程度上具有生产的国际化趋向,且这些公司必将进入 3 个关键市场——美国、西欧、东亚,许多跨国公司将行政权力和 ICTs 能力分散到这 3 个地区上。这一产业的国际化意味着许多机构越来越通过使用电信来完成其全球性经营,共同的信息网又促进着正在增长的生产国际化。对东北亚而言,一方面美、日的跨国公司看到了该地区经济迅速增长所表现出的机会;另一方面许多公司已亲身经历了进入该市场所遇到的巨大困难特别是在高层次服务业领域,为此许多大的信息设备跨国公司扩大使用 ICTs 以促进其战略的实施。

日本的信息设备公司还正将其软件生产向国际扩散,这种战略又对本地区的信息交流模式的形成具有深远的地理学意义。从传统上讲,日本在软件生产上并不具有优势,这种短缺成为日本公司实现全球联合的重要因素,当前已将其业务规划到中国和韩国,这又将促使区域性的 ICTs 发展,从而产生普遍的带动作用。

2. 中国的 ICTs 和通信网络

中国邮电通信业的进步是举世公认的。根据 2015 年国民经济和社会发展统计公报,2015 年完成邮电业务总量 28220 亿元,电信业全年移动电话交换机容量达到 211066 万户,2015 年年末全国电话用户总数达到 153673 万户,其中移动电话用户 130574 万户,移动电话普及率上升至 95.5 部/百人,固定互联网宽带接入用户 21337 万户,移动宽带用户 78533 万户,互联网普及率达到 50.3%。根据 CNNIC 发布的第 37 次《中国互联网络发展状况统计报告》显示,移动互联网塑造了全新的社会生活形态,"互联网+"行动计划不断助力企业发展,互联网对于整体社会的影响已进入到新的阶段。具体表现如下。

第一,网民的上网设备正在向手机端集中,手机成为拉动网民规模增长的主要因素。有 90.1%的网民通过手机上网;只使用手机上网的网民达到 1.27 亿人,占整体网民规模的 18.5%。

第二,".CN"域名注册保有量居全球第一,国际出口带宽创新高。2015 年年底,中国国家顶级域名".CN"总数为 1636 万,已超过德国国家顶级域名".DE",成为全球注册保有量第一的国家和地区顶级域名(ccTLD)。同时,2015 年中国国际出口带宽为 5 392 116 Mbps,年增长 30.9%,标志着中国国际通信网络能力的显著提升。

第三，无线 Wi-Fi 普及迅速，移动互联网更贴近生活。随着政府和企业开展"智慧城市"与"无线城市"建设，公共区域无线网络迅速普及。网民通过 Wi-Fi 无线网络接入互联网的比例高达 91.8%，Wi-Fi 无线网络已成为网民在固定场所下接入互联网的首选方式。网络环境的逐步完善和手机上网的迅速普及，使得移动互联网应用的需求不断被激发。2015 年，手机网上支付增长尤为迅速，手机网上支付用户达 3.58 亿，手机网上支付比例提升至 57.7%。互联网的普惠、便捷、共享特性，已经渗透到公共服务领域。

第四，企业互联网使用比例上升，"互联网+"行动计划助力企业发展。2015 年，中国企业计算机使用比例、互联网使用比例与固定宽带接入比例，分别达到 95.2%、89.0% 和 86.3%。企业开始将"互联网+"行动计划纳入企业战略规划的重要组成部分，这突出表现在企业对互联网专业人才的重视、开展网上销售和采购业务，以及应用移动端进行企业营销推广等。随着网络移动端的广泛使用，移动营销成为企业推广的重要渠道，其中，微信营销成为最受企业欢迎的移动营销推广方式。

中国通信基础设施建设将选择自己独特的道路，即跃过工业时代，直接采用最先进技术，短时间进入信息时代。发达国家多是在新技术研制成功后，拆除和改造过时的通信系统以适应新的要求，而中国没有这些负担，可以在普遍电话满足供给之前就建成信息国道。前提条件就是实现多媒体通信的两个关键因素——数字化和网络化，中国在这两方面都是有潜力的。中国信息化基础设施已形成一个以卫星综合数字业务网为基干网的连接中心城市、大中企业的国家公用经济信息通信网，将为中国与国际接轨产生重要作用。

3. 大区域信息化联系的类型体系

前文说明东北亚经济圈内的一些大潮流必将导致远距离电信的增长，但通信网络常常受到"地方倾向"的制约，如国界，通常与不同的语言、文化、机构、经济状况界线重合，就导致了通信跨越边界的减弱。这会使人们看到经济联合在多大程度上减少了边界障碍的影响。边界障碍对区域间通信水平的影响可能是通过需求与供给因素起作用的。前者由各国各地区参与意识和合作前景而产生，后者则受制于它们发展电信的规模和速度。东北亚经济圈跨边界电信联系研究可按如下 3 个区域类型体系进行。

1）中国与其他国家间的联系

两国间电信联系及在区域电信业中的角色是由两国经济地位决定的，经贸合作、电信设施、国家关系是其联合密切程度的三大决定因素。在亚太地区，日美两国间建了众多光纤电缆以联系两个国家并与本地区其他国家相连，美日电信传输量占本地区远距离电信传输的比例较大，这种统治地位便是两国经济相关增长的反映。在东亚日本国际电信传输的增长与它的海外投资的地区分布相一致。日本和韩国是传统的欧美经贸重点，但随着日元的高值率及欧美国家贸易保护主义运动正在转变，且日韩公司由区际向区内迁移不断加速，在东亚不仅有廉价的生产场地和基础设施，而且还有政府的激励机制，如减租区等，近来许多公司还认识到该地区是其产品的销售市场。

中国与东北亚各国联系强度因政治经济地缘因素而存有差异。以前中国对东北亚各国的直达电路数中,对日开通电路总数比例较大,反映了两国经济引力与其规模的对应性。随着关系正常化,中国与俄罗斯的情况随之改变。中俄国际光缆通信干线也将通过已建成的海底光缆同日、韩接通,加入国际信息网络。目前韩国已成为中国贸易伙伴,中国公用分组交换数据网不仅覆盖了全国所有省会城市,与公用电话网和用户电报网互连,且已与日、韩的公用分组交换数据网相通。就俄方,随着依赖西方援助政策的改变和东亚国家潜在贸易伙伴对远东合作兴趣的增加,远东政、企、外贸界对边贸充满信心,预言在完成合同履行规范化过程、达到国际贸易商品要求之后,边贸即将重现光辉前景,为此俄在产业调整中较突出地加速通信基础设施建设,并已开通了边界通信,使供给水平有较大提高。

2) 国家间城市与城市间的联系及城市系统

跨国家城市间的联系大多与国家间联系水平一致,下面就中心城市的信息枢纽功能做一考查。

本地区经济增长正在对电信地理产生重要影响,一些主要的地方性传输流的控制枢纽城市正在扮演着强有力的国际性角色。地区性电信中心业务有许多组成部分,其中之一就是电信传输者都竞相吸引中转电信,即两个国家之间的电信通信由于直达电路不可利用而需经第三国中转传输,这将依托于城市电信基础设施的能力,各国在构建这些中心上都取得了巨大的成就。同时这些城市还将对地区信息密集型工业有所吸引,包括信息设备业、银行业、金融业、交通业等,随之这些城市将拥有比预料的更为高度集中的信息设备和服务业。再一方面,位于本地区主要城市的大跨国公司为了比过去以更为固定的方式使用更便宜的电信息通信,在电信中枢城市建立起地区性计算机中心、电信中心和办事机构(IPOs),这些城市很有可能集中更复杂的信息通信设备,导致产生一种信息业的倍增效果。日立(Hitachi)公司就将已建立起来的巨大的通信网络的中心设在东京,将地区性次级中心设在各国大城市中。东京作为世界性中心及亚太地区中心正在发挥着作用,次级中心城市的枢纽作用也日益明显。相比较而言,位于"外围地区和国家"的城市将会距经济枢纽中心有"更远的距离"。东北亚地区也同整个亚太地区国家一样对电信中心的竞争越来越激烈。

3) 国内省区间的联系与局域网供给

省际联系在很大程度上消除了边界的障碍影响,并且与文化区、经贸区的界线相吻合,从规划学角度看,也多具有共同的需求与供给前景。鉴于通信规模的地区分布受制因素中具有主要意义的、最为积极的是经济水平,所以调整通信网络之依据根本在于与地区发展水平相适应,保持运能和运量在地域上的协调。伴随着中国快递邮件干线运输网的建设和光纤线路的发展,东北亚地区省际联系大幅度加强。

环渤海地区作为新的发展区域率先开发技术最新、应用最快的电子信息服务领域,如电子数据交换(electronic data interchange,EDI)网络不仅有时代背景、供给条件,也有独特的需求。世界经济集团组织化、区域一体化、合作国际化已成为潮流,集省(市、区)地缘优势联合、发展集团作用参与国内外竞争都提出对EDI这一贸易手段的建设。日本曾采用 EDI 国际标准推出若干个商业电子联通网络，韩国设立 KTNET 全面电子资料联通服务网，使制造商、船运商同海外客户沟通大为加强。环渤海地区在北京极核辐射作用下，交通通信事业全国领先，有优越的硬件设备，也有一流的计算机、信息、电信技术力量和人才，是全国开始 EDI 最早的地区，有一定的推广基础，能满足发展 EDI 网络所需要的地域相对集中，通信、信息、金融、外贸行业发达和基础设施雄厚的供给条件。

4. 发展展望

如今对于空间而言，地理位置早已被弱化。尽管东北亚经济圈内各个国家、地区经济水平及通信水平相差很大，但在过去几年中还是出现了很高的增长速度，而且与世界经济的结合越来越紧了。这一变化正在导致对新的 ICTs 的采用率的提高，在可以预见到的未来，这种趋势还将延续下去。新的电信基础设施和电信费用将会分布到未来本地区"可塑"地理空间上；在新的东北亚经济圈中的国家和地区的位置将会发生巨大变化。

13.2.2 城市群一体化与信息化建设相互促进
——以长株潭为例

中国东部、东北、中部、西部四大板块之间的信息化指数存在着巨大差异，互联网普及率自东向西呈阶梯状递减趋势。从信息化指数来看，东部地区 ICTs 发展指数(IDI) 值远高于全国平均水平；而东北、中部和西部地区的信息化水平都低于全国平均水平。东部地区互联网普及率高于全国平均水平；东北地区的互联网普及率略高于全国平均水平；而中部和西部地区的互联网普及率基本相近，远低于全国平均水平；但中部互联网普及速度要快于西部。信息化区域一体化构建有利于进一步推进东、中、西、东北四大区域在经济发展上的区域协同共建。

为实施中部崛起战略，国家发改委于 2007 年 12 月正式批准长株潭城市群为新的国家级"两型社会"建设综合配套改革试验区。信息作为生产力中最活跃的因素，在城市群现代化进程中起着至关重要的作用。城市群信息化程度的高低是衡量其城市综合实力和竞争力的重要标志，作为 21 世纪城市群建设的新主题，城市群信息化得到各城市的广泛重视，世界许多城市相继制定并实施信息化建设规划。长株潭区域信息化是实现从农业大省向工业强省转变的战略目标的一个先决条件，实现长株潭地区区域信息化是长株潭一体化的内在要求，同时也是湖南省实施区域重点战略、实现中部崛起，促进经济合理布局，推动区域经济发展的迫切需要。

1. 长株潭城市群信息化概况

社会信息化指数是从生产和生活的信息功能角度反映区域社会信息化程度的指标，体现信息产业对社会最终需求的消费程度。长株潭三市的信息化指数在最近几年中均呈稳步上升的趋势，这说明社会最终消费中信息产品的比例在不断提高，信息经济正在不断地向社会各阶层延伸。概括起来，长株潭城市群信息化主要有以下几方面的内容。

(1) 城市信息化基础设施建设。信息基础设施是城市信息化建设的条件，能为信息化应用提供具有相当规模、结构合理、高速宽带的数字化、网络化环境。简单地说,就是要建立一个覆盖整个区域的宽带城域网。比较理想的模式是应用当代最先进的技术和设备构造一个网,将公用电信网、有线电视网、数据通信网、信息资源网等融合起来,这是将来信息基础设施建设的发展方向。

(2)城市信息产业发展。首先,信息产业的发展短期内具有准线性增长的特征,从长株潭地区的信息产业发展看,可以充分证实这一点;其次,信息产业发展的不平衡性,比较起来彼此之间仍有不小的差距,长沙市信息产业的发展速度和信息经济的规模都远大于株洲和湘潭两市的总和。

2. 信息化是长株潭城市群实现区域一体化的关键环节

长株潭城市群要实现区域发展一体化战略,应率先突破"信息同享"这一关口,关键是要加快长株潭城市群信息化建设,先行整合区域信息,实现区域信息共建共享。信息化对于能推动长株潭城市群行政管理体制的改革创新、促进长株潭城市群区域经济升级发展和完善长株潭城市群社会综合服务职能等方面有着十分重要的作用,是长株潭城市群实现城乡一体化发展的现实选择。

(1)信息化是长株潭城市群整合发展、建设"两型社会"的基础条件。长株潭城市群试验区分"三个阶段"推进:2008~2010年全面启动各项改革,初步建立"两型社会"框架,初步形成长株潭与周边衡阳、常德、益阳、娄底等市协调发展的区域经济一体化格局;2011~2015年年初步形成"两型"特色的产业结构、增长方式和消费模式;2015~2020年完成"两型社会"建设综合配套改革的主要任务,形成"两型社会"体制机制和新型工业化、城市化的发展模式。因此,要实现上述目标,信息化是其必备的基础条件。长株潭城市群区域信息化是指该区域内信息资源、信息网络、ICTs与信息管理同社会经济发展需求有机联系、协调结合的过程。

(2)信息化是促进长株潭城市群区域经济升级发展的主要驱动力。长株潭城市群区域信息化的目的在于服务区域经济的发展,促进区域内各项资源的优化配置。从服务长株潭城市群区域经济协调发展考虑,信息化可从建设物流信息服务平台、招商信息服务平台、企业综合服务信息平台、旅游服务信息平台和征信服务体系平台着手,利用网络信息传播服务平台实现长株潭城市群区域资源的整合,着重实现以下四大功能:一是全面实现资源整合,使资源在长株潭城市群区域经济发展中发挥更大效率。二是加速产业优化升级,信息化会极大地提高传统产业的生产效率和管理水平,加速传统产业结构的优化升级。三是刺激科技创新,长株潭城市群内各政府可通过打造城市群技术转移服务联盟,联合区域内各高校,建立网络技术研究合作中心,将科技成果转化为经济生产力。四是推进金融一体化,长株潭城市群区域市场一体化在金融领域大有可为,信息化将实现银行卡跨区域联网,三市可通存通兑、同步结算,使区域金融一体化成为现实。

3. 信息化在长株潭一体化进程中的促进作用

近年来,随着长株潭一体化进入"实战"阶段,区域信息化程度及其区域信息化指数持续提高,信息化建设将持续对区域一体化起到重要的促进作用。湖南省电子信息产业制造业(星沙)基地、国家软件产业长沙基地两大基地吸引了全省 35%的电子信息产业企业，销售收入占全省电子信息产业总收入的 49%。湖南社会科学研究院一项关于中部省会城市信息化程度的调查表明，长沙的信息化水平排在 6 个中部省会城市的前列。长株潭地区信息产业在社会最终需求中的比例已经逐渐提高，信息化推动工业化、工业化促进信息化的战略也已经初步奏效，长株潭地区信息化的建设将持续促进长株潭一体化的进程。

  信息化建设有利于实现长株潭地区城市化进程的稳步推进。长株潭一体化包含了与区域内城市化的同步进行，而城市化水平则是区域发展的重要标志，同时也是区域发展的目标之一。因此，信息化对城市化促进作用更应得到重视：它不仅是城市化新一轮的动力源，还是长株潭一体化的质量与水准的体现。可以说，通过城市信息化建设，区域信息资源的整合，区域信息共享的实现，正在成为中国新一轮城市改革的重要驱动力。

  因此，在近几年内加大信息化建设的力度，成为实现当前长株潭一体化的主要而又迫切的任务。应当把握住信息化的契机，通过实现区域信息化推动长株潭地区城市化进程以及农村信息化建设，以达到城乡一体化的最佳区域发展状态。与此同时，区域一体化也包含贸易、金融、交通、科技、人才等方面的一体化，这就对区域信息化提出了新的要求。由此，可以建立发达的信息传输体系和各种具有动态性和权威性的数据中心，使长株潭地区不仅向区域内提供先进的信息产品与服务，并向城市群乃至中部地区提供各类市场信息和技术支持，增强自身在区域中的中心辐射、扩散功能，带动区域内的小城镇和农村的共同繁荣，进而由信息化带动区域一体化。长株潭地区的信息化也应当在城市信息化到达一定阶段后，让农村地区的信息水平也得到相应的提高，从而到达城乡交融的长株潭地区稳定、和谐地步入一体化时期。

13.2.3 京津冀地区新型城镇化与信息化耦合分析

  在京津冀协同发展这一重要国家发展战略推进过程中，新型城镇化和信息化必然将发挥一定的作用，二者之间的关系值得探讨。研究者构建京津冀地区新型城镇化与信息化发展测度指标体系，通过灰色关联度模型，计算出该地区 13 个城市 2004~2014 年新型城镇化与信息化的耦合协调度，并深入分析了二者相互作用的主要关联因素以及时空演变情况。

  京津冀地区涉及北京、天津以及河北共计 13 个城市，其发展在环渤海地区、北方地区乃至全国经济发展中均起到"领军"作用。2014 年以来，国家多次强调要加强环渤海及京津冀经济协作，并将京津冀协同发展作为重要国家发展战略。目前，如何实现京津冀协同发展已经成为各方专家热议的焦点。新型城镇化和信息化二者将在推动京津冀地区协同发展中起到举足轻重的作用。通过新型城镇化和信息化推动京津冀协同发展，清楚认识二者之间的作用关系及时空演变规律十分必要。那么，新型城镇化与信息化之间究竟是如何相互影响的？为此，通过构建新型城镇化与信息化发展综合测度指标体系，展开对京津冀地区进行城镇化与信息化耦合协调度的计算，可分析二者相互影响的主要因素及时空演变规律。

1. 指标体系与数据来源

以京津冀地区的 13 个设区市为研究区，在充分考虑京津冀地区的地域特征前提下，坚持指标选取的科学性、可操作性、动态性和互补性原则，选取了能够充分合理反映新型城镇化和信息化发展水平的综合评价指标。受数据可获得性限制，最终确定了京津冀新型城镇化与信息化发展评价各 10 个指标(表 13-1)。

表 13-1 新型城镇化与信息化耦合指标体系

系统层	子系统层	指标
U 城镇化	U1 人口城镇化	U11 城镇人口规模/万人
		U12 城镇人口比例/%
		U13 非农从业人口比例/%
	U2 经济城镇化	U21 人均 GDP/(元/人)
		U22 城镇居民人均可支配收入/元
		U23 人均第三产业产值/元
		U24 第三产业产值比例/%
	U3 社会城镇化	U31 全年公共汽(电)车客运总量/万人次
		U32 百人民用汽车拥有量/辆
		U33 人均年末实有城市道路面积/(m^2/人)
I 信息化	I1 信息通信基础设施与设备使用	I11 固定电话用户数/万户
		I12 移动电话用户数/万户
		I13 互联网宽带接入用户数/万户
		I14 年末邮电局/所个数/处
	I2 信息通信产业	I21 信息传输、计算机服务和软件业建设项目投资/万元
		I22 人均交通运输、仓储和邮电通信业产值/(元/人)
	I3 信息通信人才	I31 普通高校在校大学生数/万人
		I32 中等职业学校在校学生数/万人
		I33 普通高中在校学生数/万人
		I34 交通运输、仓储和邮电通信业从业人员比例/%

数据来源：2004~2014 年《河北经济年鉴》以及同期京津冀地区共 13 市的国民经济和社会发展统计公报。

2. 耦合分析

1) 主因素分析

通过灰色关联模型计算分别得到 2014 年京津冀地区 13 个设区市新型城镇化与信息化耦合关联度，两耦合系统指标间为中等关联，即两系统之间耦合作用强度中等。在此基础上，对关联度进行行列平均并排序，再对子系统内各指标因子的关联度进行平均得到子系统对另一系统的关联度，进而分析两者之间的主要驱动因素。

第一，经计算得出 2014 年京津冀地区 13 市城镇化各个指标同信息化耦合关联度和地区均值(表 13-2)。从整个地区关联度均值来看，不同城镇化指标对信息化具有不同强度的作用，如人均第三产业产值同地区信息化发展的关联程度最强，而第三产业产值比例的关联度最小。在京津冀地区，除北京(76.85%)、石家庄(73.42%)、廊坊(59.97%)、秦皇岛(59.87%)外，其他各市第三产业产值比例均不足 50%，因此该指标同信息化的关联性不明显。就具体城市而言，同一城市的信息化系统受不同城镇化指标的影响程度不同，如同石家庄信息化水平高度关联的城镇化指标是百人民用汽车拥有量，低关联指标为第三产业产值比例；此外，同一城镇化指标对不同城市的信息化作用大小不同，如城镇人口规模与衡水信息化高度关联，同石家庄的关联度最低。

表 13-2 城镇化指标同信息化耦合关联度

关联度	U11	U12	U13	U21	U22	U23	U24	U31	U32	U33
北京	0.685	0.709	0.702	0.697	0.695	0.684	0.702	0.642	0.690	0.724
天津	0.680	0.610	0.619	0.689	0.701	0.674	0.577	0.630	0.693	0.560
石家庄	0.650	0.640	0.689	0.681	0.674	0.682	0.566	0.684	0.690	0.636
承德	0.811	0.787	0.669	0.700	0.752	0.820	0.824	0.752	0.551	0.807
张家口	0.785	0.778	0.515	0.682	0.763	0.822	0.710	0.786	0.690	0.747
秦皇岛	0.817	0.653	0.830	0.764	0.690	0.720	0.521	0.821	0.676	0.446
唐山	0.789	0.664	0.794	0.520	0.713	0.835	0.574	0.829	0.759	0.783
廊坊	0.793	0.575	0.790	0.774	0.517	0.780	0.479	0.787	0.550	0.776
保定	0.729	0.694	0.741	0.696	0.682	0.706	0.510	0.717	0.575	0.677
沧州	0.732	0.733	0.555	0.443	0.722	0.779	0.667	0.754	0.779	0.611
衡水	0.826	0.627	0.501	0.802	0.748	0.837	0.662	0.793	0.766	0.760
邢台	0.730	0.749	0.751	0.441	0.615	0.768	0.737	0.725	0.659	0.664
邯郸	0.719	0.723	0.562	0.614	0.682	0.699	0.747	0.744	0.632	0.729
地区均值	0.750	0.688	0.671	0.654	0.689	0.754	0.637	0.743	0.670	0.686

第二，通过计算得到地区信息化指标同城镇化耦合关联度的均值和各城市关联值(表 13-3)。同理，信息化指标对城镇化的耦合作用也体现在 3 个方面。首先，从整个地区关联度均值来看，年末邮局个数是同城镇化关联度最高的指标，交通运输、仓储和邮电通信业从业人员比重与城镇化关联度最低；其次，就某一信息化指标而言，其对不同城市的城镇化耦合作用不同，如信息传输、计算机服务和软件业建设项目投资额同石家庄的城镇化关联度最小，同衡水的关联程度最大；最后，同一城市的城镇化受不同信息化指标的耦合作用不同，如承德移动电话用户数同城镇化最耦合关联，而人均交通运输、仓储和邮电通信业产值与城镇化的耦和关联值最低。

2)京津冀城镇化与信息化耦合空间性分析

京津冀地区城镇化与信息化相互作用复杂同时，其耦合度也显示出显著的空间差异性。利用 ArcGIS10.0 中的 Standard Deviation 方法自动生成 2014 年该地区耦合度的总体空间分布(图 13-1):耦合协调度以天津、石家庄和廊坊为低值中心,由此三个中心向外呈现环状增高态势,耦合度最高值出现在承德。

表 13-3　信息化指标同城镇化耦合关联度

关联度	I11	I12	I13	I14	I21	I22	I31	I32	I33	I34
北京	0.737	0.743	0.687	0.726	0.402	0.672	0.807	0.817	0.681	0.623
天津	0.681	0.659	0.497	0.680	0.454	0.772	0.801	0.725	0.762	0.492
石家庄	0.846	0.724	0.775	0.849	0.393	0.833	0.550	0.497	0.513	0.637
承德	0.808	0.817	0.814	0.793	0.769	0.414	0.776	0.802	0.767	0.647
张家口	0.780	0.776	0.782	0.778	0.785	0.434	0.698	0.780	0.694	0.751
秦皇岛	0.790	0.758	0.784	0.807	0.751	0.720	0.834	0.728	0.634	0.406
唐山	0.754	0.743	0.758	0.775	0.682	0.728	0.775	0.776	0.471	0.734
廊坊	0.804	0.804	0.752	0.803	0.439	0.703	0.718	0.648	0.613	0.435
保定	0.673	0.526	0.667	0.755	0.756	0.768	0.494	0.755	0.677	0.652
沧州	0.716	0.672	0.742	0.816	0.691	0.491	0.666	0.796	0.748	0.511
衡水	0.773	0.808	0.758	0.710	0.804	0.779	0.817	0.767	0.633	0.441
邢台	0.708	0.720	0.719	0.739	0.724	0.631	0.700	0.720	0.720	0.480
邯郸	0.815	0.689	0.781	0.815	0.400	0.424	0.827	0.781	0.773	0.497
地区均值	0.760	0.726	0.732	0.773	0.619	0.644	0.728	0.738	0.668	0.562

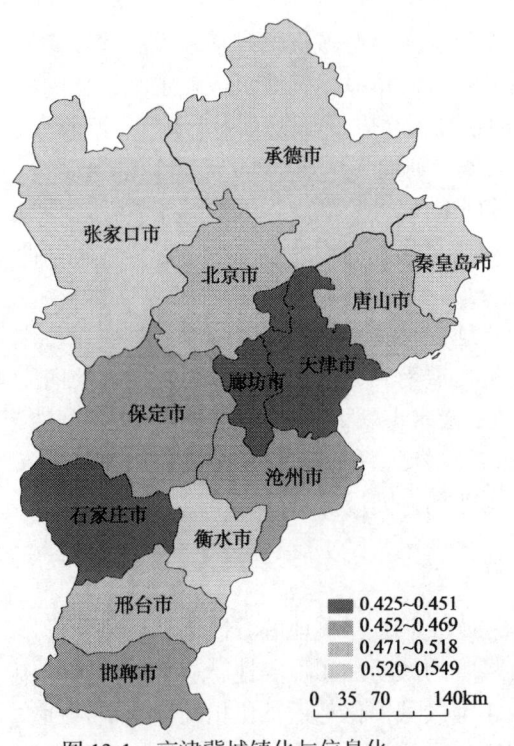

图 13-1　京津冀城镇化与信息化耦合协调度空间分布(2014 年)

图 13-2　京津冀城镇化与信息化耦合调性类型空间分布(2014 年)

在耦合度计算值的基础上综合考虑了地区城镇化与经济发展水平,将研究区划分为协调型、适应型、磨合型和拮抗型等4种类型,以更清楚地反映京津冀城镇化与信息化耦合的空间分布特点。具体分类步骤如下:首先依据城镇人均可支配收入、人均第三产业产值和第三产业产值比例,划分区域城镇化与经济发展水平。然后利用SPSS中聚类分析方法进行归类,将归类结果与耦合度划分的类型进行叠加;最后经过调整,得出最终的组合类型(图13-2)。

第一,协调型。包括北京、天津、石家庄,该类型城市经过多年的发展建设,城镇的基础设施逐步完善,城镇化发展到地区最高水平;人才、技术和资金不断向这些城市聚集的过程中,新兴的ICTs也已在此有了较高水平的应用、信息产业迅猛发展,信息化的发展对城镇化起到了相当程度的带动作用。总体上,该类型城市的城镇化与信息化发展趋向较高层次上的协调,耦合度属地区内最小。

第二,适应型。包括廊坊、保定、唐山,该类型城市环京津,受到京津经济社会发展的一定带动作用,城镇化与信息化发展处于地区中等偏上水平。廊坊市与京津两市在资源、市场和产业方面密不可分,承接了北京市部分产业转移,电子通信产业等发展良好;唐山市的地理优势与海洋资源,使得基础设施建设和港口贸易得到了重点发展,经济发展在一定程度推动了信息化水平的提高;保定以劳动密集型传统产业和交通设备制造业为支柱产业,信息化水平略低于全省均值。该类型城市信息化有了一定程度的发展,只是目前还未达到与城镇化发展相匹配的水平,整体上城镇化与信息化彼此还需要不断适应。

第三,磨合型。包括邯郸、沧州、邢台、秦皇岛,这些城市信息基础设施建设略低于整个区域的平均水平,ICTs相关产业发展较为缓慢,信息化发展更依赖于城镇化的发展,如邯郸市钢铁、煤炭、电力等行业产值比例较高;沧州市城镇居民人均可支配收入、人均第三产业产值、移动电话和互联网用户数均低于河北省平均水平;邢台以装备制造、汽车工业、新型建材等为主;秦皇岛市第三产业贡献值多来源于当地滨海旅游业,信息化方面仍有很大发展空间。这些城市的城镇化和信息化发展均处于地区中低等水平,两者正不断磨合以适应彼此的发展速度。

第四,拮抗型。包括张家口、衡水、承德,地理位置和气候因素决定了张家口市作为首都生态屏障,其发展以生态建设为主,经济发展受到了一定程度的限制;承德的支柱产业为高能耗、高污染排放的粗放式冶金工业;衡水市三大传统支撑产业为装备制造、现代生态化工、食品加工。总的来说,该类城市经济城镇化对信息化限制作用明显,低水平的信息化对城镇化推动的消极影响显著,因此耦合度最大。

3) 京津冀城镇化与信息化耦合时序性分析

从时序角度分析耦合度的变化以揭示2004~2014年京津冀地区城镇化与信息化作用时间特征:城镇化与信息化的耦合关联度具有显著的波动性和阶段性。从整个地区的年平均耦合关联度值来看(图13-3),2004~2014年地区城镇化与信息化相互作用耦合性较强,两者密切联系,也能说明不同的时期,城镇化与信息化耦合的强度、重点和协调程度存在着显著差别。

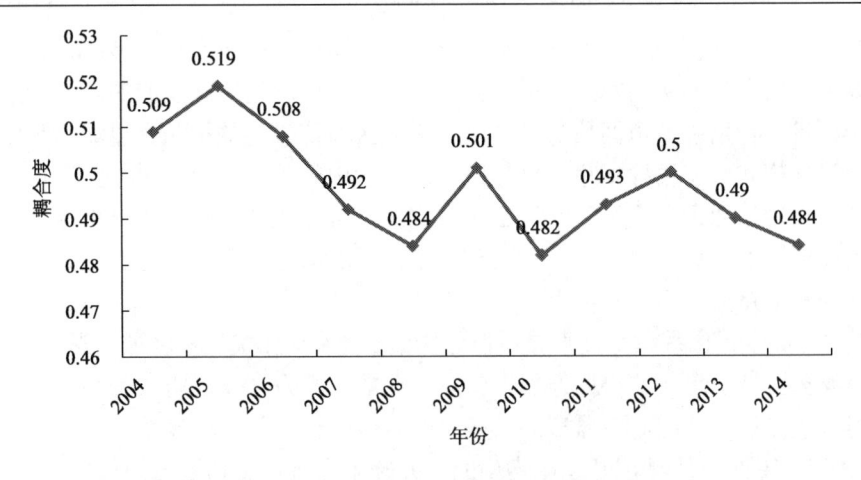

图 13-3　京津冀新型城镇化与信息化耦合度变化曲线(2004~2014)

依据京津冀新型城镇化与信息化耦合度变化特征，以 2008 年为时间节点可将耦合度曲线分为两个阶段：第一阶段为 2004~2008 年，整体表现出城镇化与信息化相互作用由拮抗逐渐趋向磨合、协调状态。该阶段受经济迅猛发展和城镇化进程快速推进的影响，地区信息化取得了长足发展，逐渐与该地区城镇化同步发展。第二阶段为 2008~2012 年，耦合度值在波动中降低，城镇化与信息化彼此影响，不断向着更高层次的协调态势发展。随着经济、社会发展，城镇化对信息化的发展需求不断提高，不仅要求 ICTs 的普及率提高，更对 ICTs 在城镇居民使用深度、城镇经济发展支撑强度和城镇同外界信息交流广度提出了更高的要求。而信息化的发展又会通过信息产业发展和信息基础设施建设，刺激城镇经济社会发展；ICTs 的广泛使用也为城镇向外扩张提供了一定的技术支撑。另外，具体城市的城镇化与信息化耦合协调性的波动性也有很大差异。波动性较大的城市有石家庄、廊坊、承德；中等波动的城市有张家口、天津、邯郸、保定、唐山、秦皇岛、沧州、邢台、衡水；波动性较小的城市为北京。

3. 研究结果与发展对策

前文通过构建新型城镇化和信息化发展评价的指标体系，应用灰色关联度模型计算了京津冀地区新型城镇化与信息化的耦合协调度，分析了城镇化与信息化的相互作用因素、耦合度的空间差异分布，以及时序演化特征，从而得出如下研究结果：第一，京津冀区域新型城镇化与信息化之间耦合因素作用机理复杂，总体上城镇化是信息化发展的基石，信息化是推动城镇化向前发展的动力引擎。城镇化依次通过社会城镇化、人口城镇化和经济城镇化支撑着信息化发展；信息化通过信息通信基础设施与设备使用、信息产业的发展不断推进城镇化进程。第二，京津冀区域新型城镇化与信息化耦合协调性空间特征是耦合协调度以天津、廊坊和石家庄为低值中心，向外呈现环状增高态势。根据耦合度并结合城市经济发展现状，将 13 个设区市划分为 4 种类型，即协调型、适应型、磨合型和拮抗型。第三，京津冀区域新型城镇化与信息化耦合协调度在时间序列上表现出显著的阶段性和波动性。根据区域信息化空间发展的一般规律，结合京津冀信息化发展的客观差异与目标规划，切实加强京津冀区域信息化的整体布局和战略协作，从而实现京津冀区域信息化的协同发展，可提出京津冀区域信息化协同发展的若干对策。

第一，进一步增强城市间信息一体化，引领区域信息化的增长。以城市为中心主导的信息一体化模式必将发挥城市在区域信息化进程中的重要作用。以"数字城市"带动信息化增长，推进北京、天津、石家庄等数字化、智能化城市建设和城市体系的构建，进一步提高城市的信息辐射能力，从而带动全辖区的信息化进程，这将是京津冀区域信息化发展的基本路径。

第二，进一步强化京津石三大城市信息化中心作用，加快建设区域信息化产业集群。要实现京津冀区域信息化的协同发展，信息产业群的建设与发展将成为必然选择。以北京中关村、天津滨海新区、石家庄高新技术开发区为核心点，以廊坊、保定、唐山、秦皇岛等河北省10个二级城市开发区为扇面，并覆盖京津冀全辖区域的信息化产业集群。重点是自主创新和分工合作，逐步形成错位竞争、交叉互动、优势互补的空间格局；同时，推动信息产业向市场的区位下层渗透；天津、河北要充分利用北京信息化的先行经验，努力实现超常规、跨越式发展。

第三，进一步加快信息基础设施建设，拓展区域信息化覆盖面。为了实现京津冀区域信息资源共享，提高信息公共服务质量，应逐步构建集信息传播、信息处理、信息资源库为一体的信息基础设施平台。通过规模效应降低信息服务的单位成本，"两市一省"共同构建区域信息交互网，真正实现京津冀区域信息化的协同发展。

13.2.4 环渤海区域信息化合作模式与合作框架

下文从信息地理学研究视角，尝试建立环渤海区域信息化合作的模式与框架。首先分析了环渤海区域信息化合作的内在需求与特征，从政府间、企业间，以及政府、企业与研究机构3个信息化合作层面揭示了环渤海区域信息化合作的模式，提出环渤海区域信息化合作由筹划组织、重点推进和全方位合作3个阶段构成；在此基础上建立一个包括各阶段运作主体、合作内容、组织平台和信息平台的框架体系，提出促进环渤海区域信息化合作的建议(孙中伟和侯春良，2008)。

区域信息化合作是指具有紧密联系的区域间为了更好地协调发展而进行的信息化联合建设，其既是区域合作的重要组成部分，又是区域合作赖以实现的前提。环渤海区域狭义上指辽东半岛、山东半岛、京津冀为主的环渤海经济带，同时也延伸辐射至山西、辽宁、山东及内蒙古中东部地区，是继泛珠三角、长三角之后中国第三个区域经济合作板块，环渤海区域经济合作自20世纪80年代中期提出后，20多年来基本处于"概念"阶段，直到2004年6月26日达成《环渤海区域合作框架协议》，才标志着合作的正式启动。2004年9月，首届环渤海信息产业联席会议在天津召开并签署《环渤海信息产业合作框架协议》，成为该区域信息化合作的开端。目前，国内外学者开展的信息化研究主要集中于对区域社会经济发展的作用和区域信息化合作两方面。针对前者，Briam发现高新技术区和信息服务区形成的增长极和次增长极，以及由此构成的区域经济网络创新体系，是信息化作用下区域经济发展的基本构架(Braim，1998)；Biswas提出信息化主要通过影响生产技术和消费结构两种形式促进经济增长(Biswas,2004)。国内学者研究视角涉及信息化与工业化(彭鹏等,2002)、信息化与城乡一体化(许大明等,2004)、信息化与区域空间结构(甄峰等,2004)、信息化与省域经济增长(王铮等,2006)等。针对后者,施兴德(2003)就长三角、黄克亮(2004)和吴伟萍(2005)就泛珠三角指出信息化合作的若干问题,而李彦丽和路紫(2006a)则给出京津冀旅游信息化合作模式。上述研究较好地展示了信息化对区域社会经济发展的推动作用,也对区域信息化合作的部分问题进行了初步探究,但在区域信息化合作模式与框架等要点把握上还亟待深入与系统化。

1. 合作的内在需求与特征

1) 环渤海区域信息化合作的内在需求

环渤海区域合作对信息化合作的需求。环渤海区域合作对信息化合作具有迫切需求:①环渤海区域信息化合作是区域合作的重点领域之一,它与能源、基础设施、产业与投资、商务与贸易、农业、旅游、劳务、科教文化、环境保护共同构成区域合作的十大领域;②其他各领域的区域合作需要发挥信息化合作的基础作用,信息化的技术属性使之成为其他领域合作的支撑环境和实现手段,并将逐渐渗透到区域合作的方方面面;③合作各方间社会经济发展的强互补性也为区域信息化合作提供了广阔的发展空间,随着环渤海区域合作的全面展开,区域信息化合作将愈加深入和广泛。

信息化合作是加速环渤海区域发展的重要步骤。信息化建设对区域经济增长具有很强的推动作用,而区域信息化合作则是强化此作用的重要途径:①环渤海区域信息合作所建立的基础设施共建共享机制,尤其是其中的公共信息基础设施和行业ICTs研发支撑设施,可为区内企业提供技术资源共享条件,降低企业投资风险,保障产品间的兼容性,并提供中介、合作、咨询与技术培训服务,从而提高本区域产业链的竞争优势;②环渤海区域信息产业合作可进一步发挥互补优势,促进各种信息资源的融合,推动信息产业的梯度转移,形成区域信息产业联动发展的良好局面;③环渤海区域在政府层面以及信息基础设施、大型信息建设项目、ICTs重点应用方面所开展的信息化合作,可以促进传统产业升级,推动要素市场内生产要素的自由流动。

信息化合作可促进环渤海区域和谐社会建设。首先,信息化合作可促进区域信息产业发展和产业结构调整,从而引导经济增长方式的根本转变和物质财富的急剧增长;其次,信息化合作可促进该区域缩小地区及城乡间的数字鸿沟,带动区域社会经济的协调发展;第三,信息化合作各领域的发展目标与现阶段和谐社会建设的要求基本一致,信息化建设即和谐社会建设。

2) 环渤海区域信息化合作特征

与珠三角和长三角的区域信息化合作相比,环渤海区域信息化合作具有3个特征,其将在未来一定时期内抑制环渤海区域信息化合作成效。

环渤海区域合作基础较差。环渤海区域合作起步晚,主要是由于合作意识淡薄、市场分割严重所造成。环渤海区域与泛珠三角和长三角的差距主要在于文化观念导致现代市场经济意识淡薄。环渤海区域没有从市场角度建立起内在联系，一方面，区域市场分割严重，不仅京津冀、辽东半岛、山东半岛3个增长群自成体系，各省(区、市)也相互排斥；另一方面，不仅区域整体产业关联度小，即使在京津冀内部也缺乏关联性，没有形成产业链或产业链很短。

环渤海区域信息产业分工合作局面尚未形成。环渤海区域信息产业具有很好的合作基础，但优势并未转化成分工合作与发展局面。环渤海区域是中国传统的电子工业基地；集中了全国基础软件开发的主要力量，具备构建大型系统和开发高端解决方案的能力；在信息安全、电子政务等领域优势明显，软件产业是该区域电子信息产业发展的亮点。

此外，微电子产业互补优势也很明显。北京是中国微电子产业的发祥地，重点科技开发能力强；天津的电子制造业很强；山东具有整机应用和进出优势；河北的基础材料和辽宁的分离器件也有一定竞争力。这种现状需要通过信息化合作机遇，将各省(区、市)优势转变为区域整体优势。

2. 合作模式

1) 政府合作层面——初期主导型正式合作模式

在环渤海区域信息化合作过程中，要充分发挥政府的宏观引导、监督、协调和服务功能。特别是在区域信息化合作初期，政府更要发挥主导作用。主要措施包括：①确立有效的环渤海信息产业联席会议制度，共同确定信息化合作的领域和项目，以及相关的政策、制度、规章、协议、标准等，并成立下属负责日常工作的机构——环渤海区域信息化合作推进办公室；②建立并有效管理"环渤海区域信息网""环渤海地区信息产业及信息化交流网"，使之效能最大化；③制定《环渤海区域信息化合作专项规划》，以此提升合作层次，推动合作向广度和深度发展。

2) 政府、企业与研究机构层面——点式合作模式

点式合作是指对信息化合作项目中项目节点与节点间渠道的合作，项目节点的规模决定了合作渠道，从而影响合作效果。点式合作模式的优势是合作速度快，允许存在的形式多样，运行机制灵活，较适宜于信息化合作初期的区域。环渤海区域点式合作的具体操作模式以项目点合作形式体现，也表现为企业信息化项目的公私合作 PPP 模式(public private partnerships)。该模式以项目为合作突破口，协调信息化合作项目在政府、研究机构、企业和技术供应商之间的合作关系。模式组成包括：实施项目的企业作为信息化合作的主体；研究机构作为非营利性机构成为项目的直接参与者；软硬件供应商作为赢利机构直接参与项目；政府信息化部门制定合作政策作为项目的环境营造者。合作部分表现为：政府通过电子政务带动信息化合作，供应商通过合作将技术转移给项目的实施主体，研究机构提供合作咨询并负责项目全程监理(Spackman, 2002)。此模型使信息化项目合作各方间的相互协作形成共享网络，对于整个区域信息化合作具有积极作用。

3) 企业与企业层面——多模式选择

(1) 梯级合作模式。环渤海区域各省(区、市)信息化水平差距较大,决定了信息化合作的梯级发展模式。环渤海区域梯级合作模式可分为两阶段四层次:第一阶段主要关注各省(区、市)的合作效益,从信息化的局部开发与应用到各省(区、市)间的应用集成,以及各合作方网络互联,业务流程的集成及网络应用互通,以省(区、市)间同类企业间的横向合作为主;第二阶段塑造环渤海区域信息化的整体能力,由各省(区、市)的业务流程重组到省(区、市)间基于信息化的合作,以不同类型企业间的纵向合作为主。通过阶段性的同类及非同类企业间信息化合作的梯级转移,环渤海区域信息化合作也将逐步转移并取得实效。

(2) 供应链企业合作模式。信息时代的供应链企业合作也属于区域信息化合作中企业合作模式之一。目前,供应链不再是由人、组织简单组成的实体,而是以信息处理为核心、以计算机网络为工具的"人-信息-组织"集成的超智能体。在这种情况下,供应链企业可以看作一个个代理,是在供应链环境下能独立自主运行的实体,具有自己的知识、目标和能力。企业之间的合作也可看作是代理实体之间的合作。基于多代理集成的供应链合作模式是涵盖两个世界的三维集成模式,即实体世界的人-人、组织-组织集成和软体世界的信息集成(横向集成),以及实体世界与虚拟世界的人-机集成(纵向集成)。

(3) 运营商合作模式。在环渤海区域企业信息化合作中,信息企业间的合作是一项重要内容。移动通信技术时代到来为移动通信运营商提供的新挑战是,如何缩短"通信运营商-厂商-内容提供商"产业链,通过构建运营商合作模式促进产业链之间的竞争。运营商整合产业链、构造生态系统的能力决定着业务发展的状态。因此,运营商在价值创造的过程中扮演的是一个主导者。最终,通过运营商的运作,与之相关的信息企业以产业链形式被有效的组织为一个利益相关的统一体。

3. 合作框架

环渤海区域信息化合作是传统地理空间和网络空间共同作用的结果,主要通过地理空间中的实体组织平台"环渤海信息产业联席会议"和网络空间中的虚拟组织平台"环渤海区域信息网"实现。完善的环渤海信息产业联席会议体系大致包含筹划组织、重点推进和全方位合作3个较为明显的发展阶段。在每个阶段都有相应合作的具体内容,且环渤海信息产业联席会议和环渤海区域信息网会一直发挥重要作用。

第一阶段:筹划组织阶段。本阶段的合作主体是政府,主要开展的是政府层面的信息化合作。其目的是建立区域信息化合作机制。首先,要以环渤海信息产业联席会议为媒介,促进各方间的充分了解和协商,特别是就区域内信息产业合作、公共ICTs开发、信息安全管理、电子商务发展、政策法规建设、无线电管理等方面进行广泛交流。其次,共同建设并初步开通区域合作综合信息交流平台,形成一个政府、企业、个人之间开展合作、进行互动交流的网上社区。最后,要以强化政府引导、市场配置资源、体现优势互补和注意相互衔接为原则,联合编制包括推进信息产业发展的协作、ICTs联合推广应用、科研院所和ICTs人才交流合作、创建统一共享平台等内容的《环渤海区域信息化合作专项规划》。

第二阶段：重点推进阶段。本阶段的合作主体是政府和企业，即在政府引导下，开展企业层面的信息化合作，目的是确立信息化合作的重点方向。第一，以联席会议为支撑，在构建环渤海区域各合作领域信息化支撑环境、协作推动信息产业发展、联合推广ICTs应用和加强无线电管理合作进程方面，分别选择若干合作的切入点；第二，补充建立信息合作各领域的相应制度，如环渤海区域电子商务合作与交流机制、环渤海区域无线电管理合作工作会议制度等；第三，在环渤海区域信息网的基础上，建立环渤海区域各领域的信息应用系统，建立稳定通畅的信息沟通渠道，实现环渤海区域各领域信息互通共享、业务互动协作以及联合监管；第四，开通其他合作领域的信息交流平台，并与主平台"环渤海区域信息网"建立链接。

第三阶段：全方位合作阶段。本阶段合作的主体是企业，政府作用相对弱化，主要是根据环渤海区域的全方位合作需要，提供相应的信息化支撑环境。其目的是在前两个阶段信息化合作的基础上，确定更广泛的信息合作领域，促进本区域的全方位合作和跨越式发展，缩小与泛珠三角和长三角的差距。本阶段的重点是在网络空间中建立与地理空间需要相对应的支撑系统，使企业在实体世界的合作与虚拟世界的合作融为一体。

4. 合作建议

1) 协调好内部关系，树立整体发展观念

环渤海地区在很大程度上还只是一个地理范畴的区域概念，区内京津冀都市圈、辽东半岛和山东半岛间相对独立，信息与资源流通不畅，整体合作局面尚需拓展；信息化合作态势也是如此，如京津冀召开了"京津冀三省市信息化工作联席会议"。因此，如何找准区域利益的共同点，建立有效的合作机制，成为环渤海区域信息化合作取得实效的关键。具体而言，区域信息化合作应以各级联席会议和环渤海区域信息网为平台，以企业为主体，充分发挥市场的资源配置作用，最终实现区域的共同繁荣。

2) 明确不同信息职能部门分工

在环渤海区域信息化合作中，涉及很多政府行政部门与合作协调机制。在省级行政管理层面，主管部门有信息产业厅、信息办和(经济)信息中心；在区域信息合作机制层面，包括环渤海信息产业联席会和环渤海区域信息合作联席会；此外，还有涉及信息化合作的其他区域合作机制。因此需要明确不同信息职能部门的分工。在区域信息合作方面，应充分利用环渤海信息产业联席会议、环渤海区域信息网、环渤海地区信息产业及信息化交流网等进行日常交流。

3) 立足区域实际，注重借鉴信息化经验和自主创新

环渤海区域信息化合作应立足区域内实际，虽然区域内信息化水平参差不齐，但在信息化人力资源、信息服务资源(如物流、信息化教育)等方面优势突出；需要借助信息化手段，加强信息化基础设施建设，促进区域信息化协调发展，推动区域社会经济发展，

提升区域综合竞争力。因此,既要充分借鉴国外和泛珠三角在信息化合作机制建立、领域选择和项目对接等方面的成功经验,也要提高信息化作用实效与区域优势的发挥,如建立企业信息化合作效应反馈机制、区域信息化合作定期研讨机制等。

13.3 省域现代化的重要衡量标志

信息化与区域经济发展的关系问题是信息地理研究的一个重要命题,国外有学者专注于 ICTs 对经济增长作用的研究,划分出 20 世纪 90 年代特别是后半期经济增长中 ICTs 的贡献率和 2000 年后 ICTs 对经济增长作用的可持续性两个阶段(Dedrick et al., 2003)。国内研究主要集中于 3 方面:①信息化与区域经济增长的关系研究,腾丽等(2006)测算了信息化对中国区域经济发展的作用;刘慧等(2007)对信息化在江苏省经济发展中的作用进行了实证研究;孙中伟和侯春良(2008)分析了区域信息化合作在环渤海地区经济发展中的基础性作用,此外,孙中伟等(2008)还从信息化内涵角度揭示了其对区域经济发展的组织作用机理。②信息资源对经济增长的作用研究,俞立平和周曙东(2005)将信息资源作为一种生产要素投入,估算了它对中国经济增长的贡献。③区域经济对互联网分布的影响研究,刘文新和张平宇(2003)指出了中国互联网分布与传统经济梯度的异位性;卢鹤立和刘桂芳(2005)证实了互联网与区域经济间的紧密关联;孙中伟等(2009)则阐释了世界互联网的空间布局与各国经济发展水平间的关系规律。

国内外无论是以 ICTs、信息化,还是信息资源为题,都属于新 ICTs 和经济增长的关系研究,只是切入点略有不同。与国外研究成果相比,由于受统计标准与数据的局限,国内普遍缺乏较长时段的综合研究。同时,国内的互联网研究侧重于经济发展对互联网资源空间分布的影响,而缺乏后者对前者带动作用机理的解释。

13.3.1 互联网资源与中国省域经济发展的关系

为了考察中国互联网资源与省域经济发展之间的关系,选择 CN 域名和网民作为互联网资源指标,以 GDP 和人均 GDP 为经济发展指标,定量分析省域经济发展水平对互联网资源分布的影响,并尝试寻找互联网资源对省域经济发展带动作用的基本规律。

互联网作为信息社会最重要的媒介和信息基础设施,在社会经济发展模式变革和空间重构方面扮演着决定性的角色。互联网资源是指能够衡量区域互联网整体水平和区域间发展差异的指标体系,主要包括网民、IP 地址、域名和网站 4 项指标。按照中国互联网络信息中心的定义,IP 地址是标识上网计算机、服务器或者网络中的其他设备的互联网基础资源,只有获得 IP 地址才能和互联网相连;域名是指与 IP 地址相对应的层次结构式互联网地址标识;网站是指以域名本身或者 "WWW.+域名" 为网址的 Web 站点。通过互联网资源指标体系,可以与区域经济数据建立联系,从而有效评估互联网资源与区域经济发展之间的关系。

为此,研究者利用中国互联网络信息中心多年来公布的数据,从时间纵向和省域横向系统分析互联网资源与区域经济发展的关系。此外,考虑到数据的连续性与完整性,最终在域名、网民、IP地址和网站中选择域名、网民作为互联网资源的指标展开研究(孙中伟等，2010a)。

1. 省域经济发展与互联网资源空间分布格局

1) 省域互联网资源空间分布格局的演化

域名是显示区域互联网资源数量的指标，而网民则是显示区域互联网应用程度的指标。中国的域名主要包括中国国家顶级域名CN和通用顶级域名(general top level domain，gTLD)。由于CN域名已正式成为中国的主流域名，且数据完整，因此确定它为衡量省域域名整体水平和变化的替代性指标。研究者为了最大限度地降低误差，选择省域网民占全国的比例作为比较依据。集中化指数可用于进一步衡量省域互联网资源地域分布的不均衡程度。计算公式为

$$I = (A - R)/(M - R) \quad (13\text{-}1)$$

式中，I 为集中化指数，在[0，1]范围内取值，数值越大说明指标分布的集中化程度越高，反之则分布越均衡；A 为实际数据的累计比例总和；R 为均匀分布时的累计比例总和；M 为集中分布时的累计比例总和。

计算结果显示，省域CN域名分布的集中化指数变幅很小。比较合理的一种推断是省域CN域名的分布已接近均衡，但该推断还需要通过今后互联网的发展来检验。网民在各省域的分布逐渐趋于均衡。

2) 省域经济水平与互联网资源的相关分析

选择GDP和人均GDP作为省域经济发展总量和质量的指标，并将其分别与CN域名和网民进行相关分析，从而发现省域经济发展水平与互联网资源分布的关系规律。

省域GDP与CN域名的相关系数大都较低。人均GDP与CN域名显著相关。这种结果的出现主要有3方面原因：①中国2007年启动的"国家域名腾飞计划"使得CN域名超越COM在顶级域名中排名第一；②CN域名的空间分布与省域GDP有一定的关系，GDP总量越大的地区对域名的需求一般也越大，但并不绝对，同时，各省域在GDP和互联网快速发展时期的CN域名增长上都存在较大变数，这是导致CN域名与GDP相关性非稳定态的主要原因；③CN域名的注册需要支付费用，随着人均GDP与互联网认知水平的提高，个人出于店铺营销、投资和网络自我价值实现等多种原因注册域名并建立网站的数量日益增加，同时考虑到IPv4地址日渐枯竭而引发的通用顶级域名申请难度的加大，注册CN域名正成为中国公民的首选，这是CN域名与人均GDP显著相关的重要原因之一。

省域网民分布与GDP和人均GDP相关性变化的曲线特征明显。其中，GDP与网民的相关性逐步提高，并最终维持在较高水平；与之对应，人均GDP与网民的相关性逐渐下降，并最终保持在较低水平。人均GDP与网民相关性逐渐下降的原因在于，最初几年中国居民的消费水平较低，购置上网设备和上网资费方面的高经济门槛是制约互联网普及的重要因素之一。随着ICTs进步、网络运营商竞争的加剧，以及网络效应的显现，上

网的经济门槛迅速降低，同时中国多年来经济的快速发展，使得包括农民在内的越来越多的公民具备了上网条件。当经济因素对上网的限制性下降，区域网络需求和网络环境、网民的累积，以及个人科学文化素质就成为制约网民数量增长的主要因素：①相对而言，经济发达省域的商业贸易和个人交流较多，网络需求大，同时，这些地区在人口密度和电信基础设施建设方面有优势，因此其网络环境也更好；②互联网具有高粘性和高传播性，即用户一旦触网后流失率极低，且互联网具有的高交互功能也促进了网民对非网民的宣传，这样经济相对发达地区网民数量的积累优势就在地区网民规模扩张中起到重要作用；③互联网的应用需要使用者具备一定的科学文化素质和上网技能，因此经济相对发达的地区拥有的人力资源优势得到发挥。

2. 互联网资源对省域经济发展的影响

互联网资源对区域经济发展的带动作用，主要通过互联网经济、互联网带动信息产业发展，以及互联网应用促进传统产业的革新实现，准确量化难度大。首先，互联网经济不仅在界定上存在很大分歧，而且省域归属困难：①互联网经济可界定为因互联网的存在而产生，并且以互联网为主要发生载体的经济形态，这就排除了仅以互联网作为交易手段而非依赖型的传统贸易行为，目前与互联网经济最相近的概念包括网络经济和电子商务，三者基本上都以互联网为基础，但具体界定分歧较大；②人类借助互联网创造的网络空间具有跨区域特性，其中许多企业和经济活动很难确定其省域归属；③互联网上经济活动的虚拟性更增加了统计难度。其次，从企业类型来看，信息产业中的设备制造商和电信运营商既有与互联网相关的部分，又有无关的部分；从产品类型而言，电子信息产品中的微型电子计算机、服务器和显示器等本身就是上网的硬件基础，而打印机、移动通信手持机、数码相机等与其关系密切。因此，在信息产业中提取出互联网部分有一定难度。第三，互联网在传统产业发展中的作用究竟有多大，更难用数字衡量。

由于没有直接的统计标准与数字可供参考，因此有学者从其他角度对互联网带动区域经济发展进行了尝试性研究。侯明帅和李俊雅(2007)利用1997~2006年中国互联网在网民人数、上网计算机数、域名个数、网站总数和国际出口带宽方面的数据，利用主成分分析得出互联网应用水平指标，之后将其与全国GDP做回归分析并得到一回归方程。张越和李琪(2008)则选用2006年全国省域数据，借助总量生产函数模型，将互联网作为经济影响因素列入模型计算。其结果显示，区域经济发展最重要的影响因素是资本和劳动，但互联网水平对经济发展也产生了重要作用，互联网普及率每增长1%带来的经济增长为0.17%，而1%的宽带端口增长带动值则仅有0.09%；2000~2005年的互联网发展水平与经济发展相关，但影响系数大部分不显著，并进一步指出互联网发展对省域经济的影响是局部和不稳定的。研究者也试图确定10年来省域CN域名和网民增长与GDP增长之间的规律，但最后由于CN域名变化过于剧烈、网民增长也远比GDP变化复杂而失败，因此只能定性地对其作用机理予以解释。

互联网资源对省域经济增长作用的定性分析如下：

(1)互联网是区域最重要的信息基础设施。信息网络和交通网络是区域重要的基础设施，前者是无形信息流的流动通道，后者是有形物质流的移动路径。互联网作为区域信息网络的主体，是区域最为重要的信息基础设施。首先，信息资源已广布于社会经济各个领域，成为国民经济和社会发展的重要战略资源。信息资源作用的发挥在很大程度上取决于其流动的数量、准确性和有效性，而这主要是通过互联网实现的。其次，互联网建立了供给与需求之间跨区域的信息桥梁，地理距离的作用相对弱化。第三，信息交互是人类知识创造的源泉，互联网构建了"在线交流"的新人际交流模式，其作为面对面交流的重要补充促进了人类的发展。最后，通过互联网在教育、知识和文化传播方面的功能，大幅度提高了全民族特别是网民的科学文化素质，间接推动了区域经济的发展。正是由于互联网的这种基础性作用，使得其在不同省域的疏密分布必将对区域经济增长产生重要影响。

(2) 互联网产业链是区域经济的重要组成部分之一。中国的互联网产业链由设备供应商、网络运营商、服务提供商和最终用户构成。设备提供商主要提供技术平台、网络设备、技术开发与支持，以及各种类型实现互联网服务的终端。网络运营商主要承担前端的网络搭建、网络服务、运营，以及后端的接入服务等职能。互联网内容提供、应用开发与系统集成等则主要由各种类型的服务提供商单独或共同承担。此三者创造了该产业链的主要经济产出。互联网产业链上下游链条之间的利益共享、风险分担的合作经营模式促进了产业链上企业的效益获得，其已成为区域经济的重要组成部分。

(3) 互联网产业链间接带动的经济增长。如果将互联网产业链视作对区域经济增长的直接作用，那么与它们相关的企业所带动的经济增长则为间接作用之一。一方面，互联网产业链中的设备供应商、网络运营商和服务提供商的存在并不是孤立的，而是需要很多的其他企事业单位和人员为其提供服务。另一方面，互联网上企业的生存也不是完全虚拟的，因为在网络空间中只能完成无形信息的交易，而有形物质的流动离不开非网络企业的协助。以网络购物为例，首先要有商品的生产，其次是营销，最后是配送。网络企业一般只负责营销部分，至于生产和配送都要由其他企业完成。事实上，互联网对区域经济增长的间接带动作用很强。

(4) 互联网促进了传统产业的革新。互联网促进传统产业的革新，这在农业和工业中都有体现。对农村而言，互联网通过农村与外界信息交互的实现，不仅提高了农民的文化素质与信息意识，而且增强了农业生产和市场需求的对接，有效地促进了中国农业发展的革新。对工业而言，利用互联网可以提高企业的综合竞争力，进而提高区域的整体经济实力：①通过智能化改进劳动工具的质量，并提高其内隐藏的知识含量，从而在很大程度上实现了企业生产的智能控制；②通过与企业组织架构变动的共同作用，实现企业内部信息的顺畅流动，有效促进组织简化和管理效率的提升；③互联网促进了市场的信息共享和加速变化，从而迫使企业要更好地适应市场变化，以最优化的方式进行资源配置；④互联网是信息时代最重要的企业营销媒介，也是与市场和其他企业接轨的重要手段；⑤利用互联网开展电子商务，进行供销链和客户关系管理，促进了企业经营思想和经营方式的升级；⑥互联网提高了企业生产的技术水平，大大缩短了技术与产品的更新周期，催生了大量以高新技术为核心的产业。

互联网是推动信息社会形成的最重要媒介。人类借助此媒介创造了形式虚拟但效用真实的网络空间，从而将社会经济生活从传统的物质形式的地理空间延伸到了网络空间之上。同时，作为信息资源中最重要的部分，互联网资源空间分布的差异将对区域发展产生重要影响。中国互联网资源在各省域的分布逐渐趋于平衡，其中网民的分布变化较大，而 CN 域名则较小。因为世界互联网发展的一般规律是区域网民比例超过 50% 后增速放缓，CN 域名在各省域的分布较为均衡，但尚需互联网的发展来进一步验证这究竟是一个特殊的发展阶段，还是其空间分布确实已经接近均衡。10 年来省域经济发展对 CN 域名和网民的影响规律是，CN 域名是区域人均 GDP 的反映，而区域 GDP 对网民影响逐步提高的同时，人均 GDP 与网民分布的相关性却相应下降了。虽然省域经济发展水平对互联网资源的分布影响较大，但 CN 域名和网民的增长却与 GDP 增长没有规律可循。这可能与缺乏统计数据和恰当的研究方法有关，最主要的还是因为中国的互联网仍处在高速发展期以及互联网资源对区域经济发展作用的复杂性造成的。

由上可见，CN 域名是区域人均 GDP 的反映，而区域 GDP 对网民的影响在逐步提高，并维持在一个很高的水平，同时人均 GDP 对网民的作用则逐渐下降，并最终保持在在较低水平上；由于 10 年来中国的互联网仍处于高速发展期，并且人们对互联网的认知及互联网经济效益的充分发挥都需要一个过程，因此在互联网资源增长带动省域经济发展方面并未发现明显规律，需要进行进一步的实证研究。

13.3.2 上海市信息化建设与数字上海

1. 信息基础设施与服务能级

上海市信息基础设施建设围绕"统筹智慧城市建设、夯实信息通信基础"，以宽带城市、无线城市和通信枢纽为建设重点，信息基础设施建设水平持续提升，继续保持全国领先。光纤宽带网络建设方面，上海城镇化地区全面实现光纤到户，截至 2013 年年末，全市光纤到户覆盖总量约为 800 万户，接入宽带起步 10Mbps，家庭光纤宽带普及率 42%，居全国首位。启动新建住宅建筑通信配套第三方专业维护，在这一模式下，通信运营商在新建住宅通信配套建设中享有平等接入权，而用户对不同运营商具有自主选择权。无线局域网（WLAN）覆盖范围进一步扩大，累计建成 WLAN 接入场点 2.2 万个，成为国内 WLAN 覆盖密度最高的城市之一。通过政府购买服务的方式，在人流较密集、窗口功能突出的 456 处公共场所，包括公共交通枢纽候客区、公园绿化及旅游景区游客休憩区、行政服务办事大厅等开通免费上网服务，切实满足市民随时随地上网的需求（李欣欣和陈桂龙，2014）。

2. 信息化应用与数字惠民

上海信息化应用向纵深方向发展。上海城市管理的数字化、智能化、精细化体系初步形成。城市管理网格化管理平台已覆盖城市核心区域，面积 1200 余平方千米，涉及街镇 214 个，划分万米网格 39445 个。城市智能交通系统功能进一步完善，高速公路不停车收费系统覆盖面不断扩大，公交信息发布服务试点推进，浦东地区采用液晶屏电子站牌和太阳能电子站牌两种发布方式进行车辆实时到站信息发布。公共服务领域ICTs应用深入推进。电子政务各项应用进一步深化,通过服务渠道的整合,基本实现政府门户网站"一站式"访问、呼叫中心"一号式"呼入、综合服务大厅"一口式"服务、社会生活领域"一卡通"服务,以及法人网上办事"一证通"。"中国上海"门户网站已汇聚1698个办事项目,提供在线受理、状态查询、结果反馈、网上咨询投诉等服务功能。

3. 信息产业发展与新兴产业体系

2012年信息服务业增加值占全市GDP比例达到6.1%,上海成为国内新一代ICTs创新引领区和产业集聚区,以及信息服务业发展高地。电子信息制造业稳步发展。全行业规模以上企业达到1073家。其中集成电路产业能级逐步提升。2012年,中国银联、宝信软件等6家企业软件业务收入位于中国百强;盛大、巨人等28家企业入围全国互联网信息服务收入百强;钢联、易贸等大众商品交易平台在国内外的影响力日益显现。截止到2012年年底,登记软件产品3822个;累计认定软件企业3715家。上海已有1个国家级软件产业基地和11个市级信息服务业产业基地,形成以国家级产业基地为引领,市级产业基地为骨干,特色基地协调发展的软件和信息服务业产业格局;微软、华为、腾讯等公司的一批云计算中心、项目落户上海。2013年4月,国家工信部正式授予上海"中国软件名城"称号。

4. 智慧城市建设框架体系

上海智慧城市建设取得积极进展。便捷、高效的信息感知和智能应用效果逐步显现,教育、医疗、社区等公共服务领域ICTs应用效果突出;一体化电子政务服务体系深入推进;创新、活跃的新一代信息技术产业体系初步形成,围绕社会发展重点需求形成云计算、物联网、TD-LTE、高端软件、集成电路、下一代网络、车联网、信息服务等新一代ICTs围绕打造航运、贸易公共信息平台,以及电子商务应用拓展的建设目标,2013年3月上海国际航运中心门户网站开通试运行。通过统一门户网站,各类航运物流企业可以使用一站式查询功能,对船、箱、货在上海口岸的流转动态和作业信息进行查询;可以订制与自己业务相关的各类口岸物流作业信息并进行状态跟踪;可以使用统一入口接入各类行业应用。网站的开通有效促进了上海国际航运中心口岸便捷和透明化,基本形成满足各方需求的"一站式"跨区域航运信息共享平台。"智慧社区"步入百姓生活,居民按动遥控器就能通过电视远程挂号,不再受排队之苦;在社区菜场,只要刷一刷卡,就能轻松买菜,不怕再收到假钞;通过智能手机,能够轻松查询小区停车位和公告信息,参与社区投票;电子公交站台可以实现公交车到站预报,动态显示所有停靠站点的公交线路信息。2012年,上海市在浦东新区、长宁、闵行等区域打造了陆家嘴街道、周家桥街道、古美路街道、石门二路街道、友谊路街道智慧社区等16个智慧社区试点,以社区居民为服务核心,为居民提供安全、高效、便捷的智慧化服务,包括远程服务、个人健康、数字生活、智能家居、路网监控等诸多领域的智慧应用,全面满足居民的生存和发展需要。2013年智慧社区试点已增至50个,以便更好的服务申城百姓。为了让广大市民切实感受智慧城市建设的成果,上海连续两年举办"上海智慧城市宣传周"活动,首批 9 家上海市智慧城市体验中心面向市民开放。除红星美凯龙 2050/2500 未来生活体验馆外，云计算创新展示中心、天脉聚源新媒体云计算体验中心、上海市民健康生活方式体验馆等体验中心均免费对外开放，让市民能亲身体验到智慧生活就在你我身边。在 2013 年，上海智慧城市的发展取得了令人欣喜的成果。

13.3.3 信息化对河北省区域经济发展的促进作用

信息化对区域经济发展的影响问题是近年来研究的热点之一。研究者首先从直接和间接两方面分析了信息化对区域经济发展的作用机理，之后具体分析了信息化对河北省经济发展的促进作用，最后给出了信息化作用下河北省未来经济发展的对策(孙中伟等，2010b)。

1. 信息化对区域经济发展的作用机理

1) 信息化对区域经济发展的直接作用

第一，将信息资源变成重要的生产要素。信息资源已广布于社会经济各个领域和部门，成为国民经济和社会发展的重要战略资源，同时其本身就是商品或是作为组分构成其他商品。信息资源具有可再生、可共享、可传递、可存储、高附加值和环保优势，其符合信息社会低消耗高产出的资源价值取向和可持续发展理念，并导致了原有生产要素结构调整及传统资源作用的下降。

第二，催生出信息产业这种新的产业形态。信息产业具有知识与智力密集、低消耗、高增值、污染小等特点，代表了未来产业发展方向。其不仅作为高级产业形态促进了区域产业结构优化，而且在区域经济总量中占据很大比重。

第三，促进区域劳动生产率提高。劳动生产率提高是区域经济增长的重要源泉，是判断经济体是否健康运行的重要指标。ICTs 通过改善投资、多要素生产率和劳动力质量可有效提高劳动生产率。

2) 信息化对区域经济发展的间接作用

第一，通过优化区域产业结构促进经济发展。除催生了信息产业外，信息化还可以通过多种方式提升及改造传统的农业和工业，为其注入新的内涵与活力，同时也丰富了传统服务业的结构体系并提高了其服务水准。这样，信息化帮助实现了区域产业结构的优化升级，从而间接促进了区域经济的快速发展。

第二，通过优化区域空间组织结构促进经济发展。空间组织是人类为实现自身的发展目标而实施的一系列空间建构行动及其所产生的空间关联关系，要素配置是中国释放"发展潜力"的第一动力源泉，而空间组织优化和空间效率提升则是释放中国"发展潜力"的第二动力源泉(金凤君，2007)。孙中伟和金凤君(2010)构建了包括时空背景、组织主体、客体、要素组成、要素状态、空间效率和技术 7 部分空间组织模式框架，并据此分析了信息化对空间组织的重构作用。信息化导致的区域空间组织结构变化以正面为主,并间接促进区域经济的良性发展。

2. 信息化对河北省经济发展的促进作用

电子信息产业成为全省经济的重要组成部分。河北省信息产业电子信息产业(包括电子制造业和软件业)和通信产业。电子信息产业是河北省信息产业的主导力量,近年来保持了较快增长速度。电子信息产业对全省经济社会发展的带动作用不断增强。河北省电子信息产业在自身发展壮大的同时,其工业增加值占全省 GDP 比例也在不断增加。目前,电子信息产业以先导产业和经济重要组成部分的双重身份带动全省经济健康发展。

通信产业成为全省经济发展的重要推动力。通信产业是提供信息传输服务的行业。近年来,河北省的通信产业得到了较快发展:一方面,固定电话用户、移动电话和上网用户总数增加;另一方面,近年来通信业务总量和业务收入都得到了持续的增长。虽然通信产业不及电子信息产业在河北省 GDP 中所占比例大,但也是促进河北省经济发展的重要力量。

改造提升传统产业效果显著。河北省利用 ICTs 改造提升传统产业涉及面极广,工业实施重点包括钢铁业、医药业、石油化工业、装备制造业、建材建筑业、煤炭业、食品业和纺织服装业,农业,传统服务业实施重点包括商贸流通业、交通运输业和旅游业。河北省 ICTs 改造提升传统产业目前已经取得了实效,卓有成效地促进了河北省经济的发展。但由于 ICTs 改造提升传统产业涉及面广,且其经济贡献与传统产业交叉融合,因此在统计上很难准确计量。

有效提高了经济发展速度。从省内看,河北省是传统产业大省,高度重视信息产业发展,把信息产业发展作为调整结构、转变经济发展方式的重大举措。近几年来,信息产业工业增加值增速均达到全省 GDP 增速的 3 倍以上;销售利润率明显高于发达省(区、市),且连年攀升。这表明河北省信息产业发展环境日趋优化,产业转移的承载能力不断增强。目前,河北省正通过一系列强有力举措,将信息产业打造成为全省战略支撑产业。综上,信息产业不仅提高了河北省经济发展速度,而且有效缓解了艰巨的环保及节能减排的压力。

3.信息化作用下河北省经济发展的对策

1)发挥本省优势促进信息产业发展

河北省发展信息产业具有独特的优势和条件。一是产业基础优势。河北省信息产业连续保持快速增长,近年来投资建设了一批重大项目。二是技术和人才优势。京津冀地区拥有大批高等院校和科研院所,是河北省发展信息产业的有力技术与人才支撑。三是生产要素和区位优势。与东部省(区、市)相比,河北有人力资源、土地资源等生产要素优势和成本优势;与西部省(区、市)相比,河北有区位优势和交通物流优势。四是市场优势。京津冀地区聚集了全国市场容量的 12%,蕴藏着巨大的电子信息产品消费市场;环渤海区域经济的快速发展和中国第三大经济增长极的逐步形成,为 ICTs 应用和通信产业发展提供了巨大市场空间。

2) 尽快实现全省范围的电信普遍服务

电信普遍服务是指任何人在任何地点都能以承担得起的价格享受电信业务,而且业务质量和资费标准一视同仁。现在普遍服务已经成为各国及地区电信政策的重要目标,并且成为电信企业的义务。普遍服务的核心内涵就是对任何人提供无地域、质量、资费差别的且能承担得起的基本电信服务。经过了十几年的发展,随着信息化的逐渐成熟导致的软硬件资费的急剧下降,以及前期建设奠定的坚实基础,河北省的信息建设与服务已经由城市地区的重点服务开始向农村地区普遍服务扩散。通过完善的普遍服务措施推进农村信息化建设,不仅可以消除城乡之间的"数字鸿沟",而且能对扩大内需,增加就业机会和经济发展起到拉动作用。

3) 利用信息化实现跨越式发展

在信息化作用下,区域发展的环境、内涵和决定因素都发生了变化。在外部环境方面,信息化和信息社会已成为当今世界发展的主要特征。在内涵方面,区域已经俨然变成了一个信息填充体。信息网络可以提高偏远地区或不受青睐地区的可进入性,并降低物理距离和邻近的重要性。在区域发展的决定因素方面,生产要素在全球范围内自由、大量地流动和不断重组,改变了区域产业和空间结构主要依据地理位置和资源禀赋布局的规律。区域发展越来越取决于其所处全球网络中的"切换点"与"节点"隐喻,而非个体本身。不仅企业在区位选择上获得了更多的自由,某些企业可以避免在经济中心布局,而且很多学者都对信息化在促进外围地区发展中的作用持乐观态度。这样,信息化为河北省提供了跨越式发展与赶超先进的可能,但必须在投资、基础设施建设和政策等方面做得更好。

13.4 中国东部地区信息产业集群发展

信息产业(IT产业)主要以ICTs为核心进行产业增值,工业发达国家一般将IT产业作为新兴产业。IT产业发展是中国东部地区率先实现现代化、增强区域综合实力和区域综合竞争能力的一个重要组成部分。中国的珠三角地区、长三角地区和环渤海地区IT产业发展具有特殊性。从产业角度进行考虑,IT产业发展将对信息化全面发展和国民经济结构的合理化产生重要的影响和拉动作用。

13.4.1 东部地区IT产业集群基本特征

从全国东、中、西三大经济地带来看,IT产业附加值:东部沿海地区为80%,中部为10%,西部为10%;销售收入:东部、中部、西部的比值为13∶1∶1;中国IT产业空间布局集中在东部沿海地区,占整个工业产值的80%以上(表13-4)。

表 13-4 东部地区三大 IT 产业集群基本特征

区域	主要省份	重点城市	重点产品
珠三角地区	粤	广州、深圳、东莞、中山、珠海等	家用电器、视听产品、通信、计算机及外部设备
长三角地区	沪、苏、浙	上海、杭州、南京、苏州、无锡、常州等	集成电路制造、封装等、通信、计算机装配、电子元器件类产品、视听产品
环渤海地区	京、津、冀、辽、鲁	北京、天津、大连、石家庄、济南、青岛等	通信、计算机、集成电路设计、微电子、软件、家用电子电器类产品等

1. 长三角地区 IT 产业集群

1）长三角地区 IT 产业集群的基本特征

长三角地区 IT 产业集群是指由上海、江苏、浙江三省（市）16 个地级以上城市组成的复合型区域，具体包括上海市，江苏省的南京、苏州、无锡、常州、镇江、南通、扬州和泰州，以及浙江省的杭州、宁波、嘉兴、湖州、绍兴、舟山和台州市。其主要分布在沪宁、沪杭、杭甬 3 条交通轴线上，形成了以上海为中心的"之"字形经济辐射路径。长三角地区位于中国东部沿海最中间的区域，对外交通便捷，对内市场腹地辽阔。人文优势也为 IT 产业发展提供了良好的空间。根据发展趋势看，长三角地区对跨国公司及各类人才的吸引力不断增强，这为长三角地区 IT 产业的不断发展提供了最基础的条件。生产环境、生活环境、现代服务业，共同支撑起无限广阔的发展前景。近年来，以上海为中心的长三角地区已成为全球电子信息产品制造业的一个重点投资地，囊括了从芯片到外壳的所有计算机零部件生产。在布局上，江苏省沿沪宁线已形成一条以微电子、软件、移动通信和网络设备为主的产业带，浙江省环杭州湾地区已经成为国内重要的家电产业研发与生产基地。在全球 IT 增长放缓的趋势下，以上海为龙头的苏中南、浙东北 IT 产业走廊，包括上海、苏州、杭州 3 个国家级 IT 产业基地（表 13-5）。

表 13-5 长三角地区 IT 产业集群重点城市 IT 产业发展概况

行政区划	重点城市	IT 产业发展概况
上海市	上海市	国家级 IC 设计产业基地；国家级软件园；全国集成电路芯片产业的龙头
江苏省	南京市	国家级软件园；国家级 IC 设计产业基地；国家集成电路设计产业基地
	苏州市	国家级软件园；半导体集成电路生产、研发基地；中国大陆最密集、最完善和最具规模的集成电路产业基地
	昆山市	全国最大的笔记本电脑和相关器件生产基地
	无锡市	国家级软件园；以 IT 产业研发和高科技龙头项目为重点
	常州市	常州高新区电子园；集成电路设计、加工制造和封装测试基地
浙江省	杭州市	国家级 IC 设计和制造产业基地
	宁波市	信息产品零部件和信息家电产品重要的生产基地；拥有宁波保税区 IT 产业园
	嘉兴市	新型电子基础元件、电信类整机产品、软件业基地

2) 长三角地区 IT 产业集群发展的对策

由以上分析可见,长三角地区是中国重要的信息制造业基地和信息化发展的领军地区。总体上,长三角地区 IT 产业集群已经初具规模,但是其中也存在着信息资源割据、IT 产业趋同等信息化发展不协调的现象。上海一直处于绝对的领先地位,浙江、江苏的信息化发展次之,相对其经济水平却稍显滞后,各项信息要素的发展也参差不齐,其内部均衡化程度还远远不能满足 IT 产业集群的要求,需要通过有效建设来协调与统筹。

第一,协调信息基础设施建设,构建覆盖全区的高效、稳定、便捷的信息网络平台,将"数字城市"作为 IT 产业集群发展的保障,即构筑一个信息传播网络、信息处理设施、信息资源储库三位一体的信息基础设施平台。目前,长三角地区信息基础设施的重点领域应是优先发展高性能宽带信息网络,继续拓展信息网络覆盖面,以便为区域内的"信息联盟"搭桥建路。同时,基于区域一体化的信息化并非追求地域空间的绝对平均,而是力求在尊重信息化布局规律的前提下,倾向大城市,因此应将大中城市规划为增长极,以区域固有的交通线与传统的电信线为"轴线"。上海无疑是长三角地区信息化"核心增长极",未来上海应进一步拓展其信息与服务辐射范围,为其成为世界性的大都会集聚能量,南京、杭州等省会城市作为长三角地区信息化"次级增长极"。推动信息化空间逐步从非均衡化向均衡化的演进。

第二,强化沪宁信息制造业的集群优势。在世界产业转移的浪潮中,IT 产业也在积极寻求最佳的产业区位,进行着频繁的集中与分散。通信技术的突破、空中运输的快捷以及信息产品的灵活性,是 IT 产业全球扩散的诱因。规模经济、范围经济、专业化分工、外部经济、创新氛围,是 IT 产业空间集聚的动力。长三角地区的沪宁高速公路沿线的 IT 产业集群是 IT 产业空间集聚的代表。沪宁线 IT 产业是沿沪宁高速公路的南京、无锡、苏州、常州、镇江等几个城市 IT 产业的总称,沪宁线 IT 产业总产值占江苏省 IT 产业总产值的 90%以上,已成为江苏省经济发展的第一支柱产业。在江苏省,沪宁高速公路沿线区域 IT 产业带是中国 IT 产业发展最具活力和潜力的地区之一,产值约占全国的 21%,已逐步成为全国乃至全球重要的电子产品制造基地。因此对沪宁线 IT 产业发展模式及结构的研究有利于提高江苏省整体经济发展水平(赵蓓等,2012)。近年来对沪宁线 IT 产业的研究也逐渐深入,如陶拯从空间维度、时间维度、内生因素和外生因素 4 个角度提出区域 IT 产业发展的四维度分析模型,并对沪宁线 IT 产业进行实证分析,展现了沪宁线 IT 产业的基本发展规律(陶拯,2007)。

2. 珠三角地区 IT 产业集群

1) 珠三角地区 IT 产业集群的基本特征

珠三角地区 IT 产业集群包括 14 个市(县):广州、珠海、深圳、佛山、江门、东莞、中山等 7 个市,以及惠州市的市区和惠阳、惠东、博罗三县,肇庆市的市区及高要、四会 2 个市。珠三角地区的 IT 产业发展很多年来在全国居于领先地位。随着海外 IT 制造业的转移,产业链的打造比较完整。珠江东岸的东莞、深圳、惠州以电子及通信设备制造业为主，是全国最大的电子通信制造业基地，被称为"广东IT产业走廊"（表13-6）。

表13-6 珠三角地区IT产业集群重点城市IT产业发展概况

行政区划	重点城市	IT产业发展概况
广东省	广州市	以市场需求为导向，调整和优化行业机构和产品技术结构。重点开发了生产移动通信、数字视听、集成电路三大产品，建设软件、计算机及外围设备、光电子产业三大基地，同时增强数据、网络、咨询三大服务中心功能，集中发展了具有优势的软件产业、移动通信产业和现代信息服务业，进一步增强了IT产业的支柱产业地位
	中山市	IT产业由加工装配为主逐步转向生产制造为主，电子信息产品的品种增多，科技含量不断提高，行业中有相当规模的企业不断增多，行业规模不断扩大。同时也出现了一些信息产品上、下游配套制造企业在中山落户的迹象
	东莞市	已成为全球最大的IT制造业基地之一，其IT产品在全球市场占有相当大的份额
	珠海市	主要发展电子信息、光机电一体化、航空航天等产业；重点扶持IT产业中的软件、数据通信与网络等行业
	深圳市	从昔日的高新技术盲点城市发展成为全国重要的高新技术产业基地之一，IT产业发展迅速，产业后劲十足，科研成果的产业化成为重要技术来源，自主知识产权产品所占比例迅速上升
	佛山市	自主创新效果显著，生产半导体发光器件、LED应用产品和电子组件等产品，占据国内较大市场比例
	惠州市	在国内占有重要地位，已成为全国首批九个IT产业基地之一，国家(惠州)视听产品产业园被首批批准为国家级产业园，石化数码产业名城框架初步形成

IT产业是珠三角地区信息化建设合作与发展的"龙头"，珠三角地区IT产业集群发展与信息化合作呈现出如下特点。第一，总体发展水平较高。信息化在很大程度上就是以IT产业集群的发展来推动的。从珠三角地区的实际情况看，IT产业已成为具有主导性和战略性地位的第一支柱产业。珠三角地区IT产业结构不断调整，IT产业发展迅速，集群效益继续提高，对GDP增长的拉动作用进一步增强。第二，区域发展差距较大，产业发展互补性较强。珠三角地区体现了中国区域发展东—中—西的互动，由于历史原因及自然条件等客观因素的制约，地区之间的发展很不平衡。珠三角地区中西部的经济发展水平与东部存在着一定差距。珠三角地区内IT产业的发展差异性较大，互补性也较强。在整个珠三角地区中，广东省IT产业占全国IT产业的1/3以上，成为中国重要的IT产业集聚基地。第三，IT产业集群发展是珠三角信息化建设与发展的重要目标：充分发挥信息化在优化资源配置、提高市场效率等方面的作用，营造现代化的区域交流与协作平台，推进珠三角地区的IT产业集群化。

2) 珠三角地区IT产业集群发展的对策

第一，营造良好的发展环境。珠三角地区应不断营造IT产业良好发展的社会环境、市场环境、法制环境、服务环境和舆论环境，不断推进珠三角地区IT产业的联合，形成新型协调机制和发展模式。第二，促进梯度发展。珠三角地区IT产业发展差异性也比较明显。由于生产要素供求关系的变化，IT产业从沿海相对发达的地区向珠三角地区内地的梯度转移已是一种必然趋势。产业梯度转移作为珠三角地区 IT 产业合作的重要途径,不仅是珠三角地区 IT 产业发展、扩张和进行资源整合,也是其实现产业梯度转移的客观要求。第三,明确产业发展方向。珠三角地区 IT 产业集群发展要确定具体领域,明确如下的发展方向,如发展 IC(集成电路设计)业和软件业。IC 业和软件业应是珠三角地区 IT 产业集群发展的重点。目前,IT 产业已经成为广东省的第一支柱产业,但广东的 IT 产业存在规模大、档次低、分散化的问题。广东应选择集成电路设计和软件业作为突破。广东是国内最大的进口集成电路市场。而同时由于广东省家电和玩具制造业发达,中低端集成电路制造技术成熟,完全有条件承担中低端集成电路产业转移。为此,广东应建设"集成电路设计产业化应用基地"和"集成电路设计研究开发基地"。在 IC 和软件上寻求突破,这本身也是促进广东 IT 产业集群发展的需要。第四,建立产业联盟,推动产业协调发展。珠三角地区 IT 产业的主体不应是单独的个体或松散的产业机构群体,而应是一个由具有共同信息功能的不同职能部门组成的系统或联盟。应根据各地情况和珠三角地区合作现实条件,积极探索建立政府间 IT 产业协调管理机构或联盟,协调和沟通珠三角地区 IT 产业的结构调整和科技创新,促进珠三角地区 IT 产业集群加快发展。

3. 环渤海地区信息化与 IT 产业集群

1) 环渤海地区 IT 产业集群的基本特征

目前环渤海地区的经济总量和对外贸易占到全国的 1/4,在环渤海地区 5800 km 的海岸线上,近 20 个大中城市,环渤海地区 IT 产业企业上千家,其中外资企业数百家,环渤海地区 IT 产业集群的产值占全国 IT 产业增加值约 30%。京津唐、沈大、胶东半岛构成了环渤海地区 IT 产业带的总体框架,环渤海地区 IT 产业最值得骄傲的地方是北京积聚了全国许多最大型的 IT 产业公司,北京联想、方正、清华同方的 PC,天津摩托罗拉的手机、三星的显示器,胶东半岛海尔、海信的家电等大型企业,都是该区的代表性电子制造商。本区 IT 产业集群是以北京中关村—天津高新技术开发区为纽带的京津 ICTs 产业走廊,及以该走廊为核心的辽、冀、鲁 ICTs 产业集群。本区的 IT 产业发展程度参差不齐(表 13-7)。

表 13-7 环渤海地区 IT 产业集群重点城市 IT 产业发展概况

行政区划	重点城市	IT 产业发展概况
北京市	北京市	信息化整体水平全国领先,"数字北"框架基本实现,信息服务业的高度发展,信息化带动产业优化升级效果显著
天津市	天津市	中国大陆第一个获"世界七大智能化城市"殊荣的城市。IT 产业是第一支柱产业。滨海新区港口物流信息化快速发展
辽宁省	沈阳市	ICTs 在各领域得到较广泛应用,IT 产业加速发展,企业信息化进一步普及,信息化水平有了较大幅度提高

续表

行政区划	重点城市	IT 产业发展概况
河北省	大连市	位于环渤海地区的入海口，外向型经济需求量大，对日软件外包业务市场在国内首屈一指。IT 产业值占东北三省的 1/2
	石家庄市	提供信息化应用服务的京津冀第三方信息化平台，开展业务服务。信息化和 IT 产业发展齐头并进
	唐山市	工业信息化发展加快，唐钢、开滦、唐陶等大型企业应用 ICTs 改造传统产业取得较好成绩
	廊坊市	利用区位优势，打造良好的产业环境，形成 IT 产业架构雏形，但规模偏小、布局松散
山东省	济南市	全国重要的软件基地之一，电子信息产品制造业形成了以计算机服务器、通信网络设备、数字家电和半导体元器件为主要产品的产业集群
	青岛市	IT 产业已成为支柱产业之一，电子信息产品制造业规模不断扩大，产品在国内市场占有重要地位
	烟台市	信息化深入发展，制造业企业信息化程度高，84.4%的企业具有信息化发展规划

2) 环渤海地区 IT 产业集群发展路径与策略选择

环渤海地区 IT 产业集群发展应遵循"集群内企业自身能力提升→集群内 IT 产业链优化升级→IT 产业集群优化升级"的路径(张亚明等，2010)。为此，其整体策略应从以下三个层面来考虑。

(1)微观层面，即企业层面。企业层面发展策略的制定要在分析整个 IT 产业发展情况及发展环境的基础上，结合环渤海地区 IT 产业的特点来进行，其目的在于通过提升区域内 IT 企业的竞争能力来促进环渤海地区 IT 产业集群的优化升级。

(2)中观层面，即企业间互动层面。环渤海地区 IT 产业集群的发展不仅要依靠集群规模支持度和资金与科技人员集聚度等物质基础和人力基础，同时还需要战略和控制因素及竞争力因素等来处理 IT 企业之间的互动关系，发挥协调和控制作用，保证环渤海地区 IT 产业集群的快速发展(张亚明和王帅，2008)。中观层面发展策略的制定就是要通过分析不同的选择机制和组织结构对 IT 产业集群优化升级的影响来协调环渤海地区 IT 企业之间的互动关系，从而确保环渤海地区 IT 产业集群的良性发展。

(3)宏观层面，即公共环境层面。演化经济学认为，产业集群与其地理区域环境共同构成了一个区域生态系统(冯玫，2008)。为此，环渤海地区 IT 产业集群宏观层面发展策略的制定要综合考虑地理区域环境、制度环境、人文环境、社会生态环境，以及其他外部环境，构建一个可持续发展的 IT 产业集群。

3) 环渤海地区 IT 产业集群发展的政策建议

(1)做好城市间定位，构建合理的产业结构。在环渤海地区 IT 产业的发展上，一方面，要实施集群战略，实现 IT 主导产业、上下游相关配套产业和支撑产业，以及专门化基础结构的集聚。另一方面，还要实施分工战略，既要在企业之间实行分工，也要在空间上体现因地制宜的分工思想，将 IT 产业链的各个环节安排到最适合的地方发展，形成环渤海地区 IT 产业研发、产业化、配套能力、发展环境等的综合优势。具体来说，北京因为拥有雄厚的资金和技术实力,应定位于产业链高端的核心技术研发上,同时辅助进行软件的开发等;天津不但拥有一定的资金和技术实力,同时具有港口优势,因此,将天津定位于 IT 产品制造上,依托其便利的交通运输条件提升其在 IT 产品制造中的附加价值;其他省市虽研发实力较弱,但可以实施配套发展、错位发展并积极承接两市的产业转移。环渤海地区要形成一种产业网,将北京 IT 产业的研究开发能力与天津 IT 产业加工制造优势和其他省市的低成本配套承接优势结合起来(张亚明等,2010)。

(2)建立健全风险投资机制,保证 IT 产业集群健康发展。此外,根据波特参与国际竞争的周期理论,环渤海地区 IT 产业目前还处在从投资驱动向创新驱动转变的时期,需要大量的资金和人力资源。因此,为保证环渤海地区 IT 产业集群的健康发展,要建立健全环渤海地区的风险投资机制,加大环渤海地区 IT 产业集群区自身的融资功能。

(3)加强环渤海地区 IT 产业的协调。政府在 IT 产业发展中起着重要的宏观调控作用。因此,发展 IT 产业集群,首先须发挥政府的规划和宏观管理职能。在环渤海地区 IT 产业集群发展的早期,政府的职能应集中于改善基础设施建设,而后期政府的角色则更偏重于取消扼制创新的障碍。其次应加强环渤海地区 IT 产业协调,共建产业基础与开发平台,促进该地区 IT 产业集群的创新。

(4)建设高新技术产业带,构建 IT 产业集群社会网络系统。启动 IT 产业带建设规划,使不同等级的城市相互串联构成高度集中的经济中心地带,构造和延伸 IT 产业链,形成近距离的配套能力强、产业创新能力强、竞争与合作水平高的 IT 产业基地。构建产业集群网络化互动发展机制,诉求产业集群内企业协同利益最大化,根植本地网络,形成 IT 产业集群创新网络系统,实现产业集群以创新网络的形式发展。在此过程中,并与区内企业、中介服务机构、大学和研究机构等建立直接或间接的关系"连线",构建 IT 产业集群社会网络系统(张亚明等,2010)。

13.4.2 东部地区 IT 产业集群的分区与比较

1. 产业价值链比较

长三角地区产业链:产业转移以来先后从美国、日本及中国台湾地区转入了高附加值的产品,其生产链包括高端制造业、具有自主开发的核心技术品牌产品、高附加值的技术服务等。珠三角地区产业链:是中国自改革开放以来最早建立的 IT 产业基地。其产业链既有低端制造业、组装业等低附加值产业,也有自主开发的核心技术品牌产品、高附加值的技术服务等。环渤海地区产业链:近几年,美国的高科技企业、高技术人才向亚太地区转移,韩国、日本与本区隔海相望,凭借独特的区位优势使高技术领域得到充实,合作更加广泛。本区的产业链包括:高端制造业(具有自主开发的核心技术的品牌产品、高附加值的技术服务)、制定和开发具有中国版权的信息及标准产品、建立电子商务等管理体系。环渤海地区具有研发优势,研发处于价值链的最高端。

环渤海地区的优势在于科研力量十分雄厚,全国最大的 100 家软件企业中有 1/4 集中在北京,天津拥有超过 30 家以上的高级研究所和国家的研究中心。很多国际大公司都将研发中心放在了北京，同时将生产基地放在了天津(图13-4)。

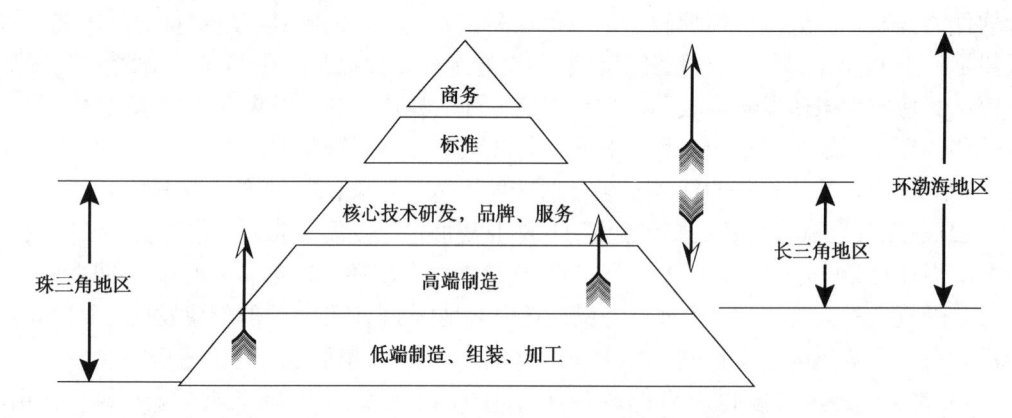

图 13-4 三大经济区 IT 产业价值链分布

2. 产业附加值比较

从产业经济角度对各区域内主要企业的"收入-税金-利润测度"进行比较：珠三角地区以加工贸易为主，规模大，但附加值低，营业收入最高。长三角地区以高端制造业为主，附加值高，营业收入低。环渤海地区以商务研发为主，规模大，附加值最高，营业收入也较高。

另外，虽然环渤海地区的IT产业基本上属于资本密集产业，但是在世界制造业特别是电子信息产品制造业加速全球化的大背景下，以青岛、大连、天津等城市为代表的电子信息产品制造业在很大程度上仍然是一种相对程度上的劳动密集型加工工业。这些产品形成的附加值相对较低(图13-5)。

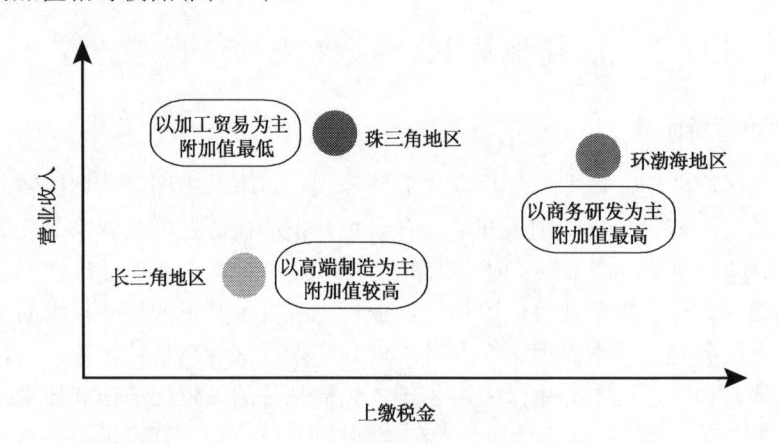

图 13-5 三大经济区企业附加值比较

3. 产业组织竞争力比较

长三角地区：大型高端制造企业+配套企业，本土企业制造能力有限，同国外高端制造企业的整合能力相对较弱,研发能力亟待提高。珠江三角洲:大型企业+中小配套企业+零配件出口,发展模式产生了路径依赖,产业环境较差,本土企业有市场活力。初步具备了研发能力,如着力培育产业环境和创新体系,其竞争力会依然很强。环渤海地区:大企业总部+部分高端制造企业,不具备城市群效应,配套能力有待提高。

4. 新一轮产业转移影响比较

传统IT产业转移的特点:产业转移梯度明显,主要基于珠三角地区"三来一补"式的产业转移。珠三角地区利用政策优势,主要承接产业附加最底端,即加工组装,以"低素质劳动投入"为特点,强调"比较优势",缺乏核心竞争优势(图13-6)。

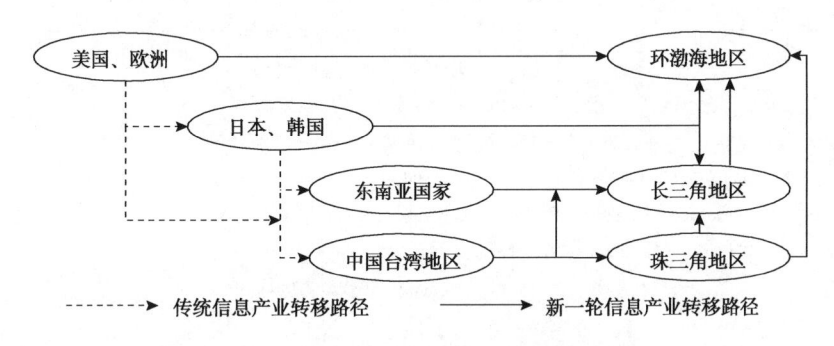

图 13-6　传统与新一轮 IT 产业转移路径

新一轮IT产业转移路径:由于长三角地区、环渤海地区竞争优势的快速提升,使IT产业向长三角地区、环渤海地区转移。东南亚向长三角地区转移,欧洲、美国向环渤海地区转移,韩国、日本向长三角地区和环渤海地区转移,中国台湾地区向长三角地区转移,同时珠三角地区、长三角地区也向环渤海地区转移。

新一轮IT产业转移的特点:①从转移动机看,由成本单一导向型转变为成本与市场双重导向型;②从转移模式看,由单个企业的分散转移转变为企业集群的集中转移;③从转移要素看,由加工制造的单一环节转移转变为包括销售、制造、研发在内的产业链的多环节转移;④从转移形式看,由以直接投资设厂为主的单一投资转变为以投资设厂和整合并购相结合的多元投资。

5. 综合 IT 产业竞争格局比较

通过前文对于东部地区三大IT产业集群在附加值、产业链、企业组织结构、新一轮产业转移影响等方面的比较,得出综合IT产业竞争格局的区域特征。环渤海地区各省(区、市)普遍没有完全摆脱政府主导型的行政区经济封闭发展模式,政府干预较大、资源流动不畅、市场意识较差、缺乏合作动力。此外,产业趋同现象较明显,几个实力较强的省市均将IT产业作为各自发展的主导产业,竞争多于合作。与长三角地区、珠三角地区相比,环渤海地区IT产业发展相对较慢,区域经济分工、合作、发展的局面尚未形成(表13-8)。

表 13-8 东部地区三大 IT 产业集群竞争格局比较

比较内容	珠三角地区	长三角地区	环渤海地区
竞争格局	劳动密集型 技术密集型 主导产业：PC、通信设备元件 重点产品：家用电器、视听产品、通信、计算机及外部设备	技术密集型 资本密集型 主导产业：集成电路、笔记本电脑、显示器 重点产品：集成电路制造、封装等、通信、计算机装配、电子元器件类产品、视听产品	知识密集型 信息密集性 主导产业：通信设备、器件、手机、软件 重点产品：通信、计算机、集成电路设计、微电子、软件、家用电器类产品
附加值比较	以加工贸易为主、附加值较低	以高端制造为主、附加值较高	以商务研发为主，附加值最高
重点省市信息产业实力分析	广东：产业规模大，组装加工能力强，形成了完整的产业配套体系，拥有华为、中兴、TCL 等一批优势民族企业，经济外向度高	上海：综合优势明显，市场辐射力巨大，金融、物流、基础设施发达，工业基础雄厚，人才资源丰富，集成电路产业具有一定规模 江苏：形成产业集聚效应，高附加值信息产品制造能力强；各层次人力资源丰富，产业配套环境总体形成 浙江：中小企业活跃，民营经济发达，市场经济意识强	北京：科技实力雄厚，高层次人才供给充足；拥有一批大型优势企业；跨国公司总部集中 天津：产业利润高，拥有 Motorola、三星、NEC 等国际知名企业，产品附加值最高 山东：拥有海尔、海信等一批大型企业，但产业集聚效应和配套能力较弱

13.5 区域旅游协同发展和集成化的重要"引擎"

发展区域旅游业必须解决旅游客体地方差异性与旅游主体选择组合性之间的矛盾，而区域旅游信息化协同发展是解决矛盾的关键。因为旅游信息化协同发展可实现资源共享与整合，树立区域品牌，满足多样化和个性化需求，并且成为旅游区域化发展的必然趋势。本节首先以京津冀为例进行了旅游信息化协同发展模式的选取，并对所选的点式模式进行了分析，细化为 PPP 项目点模式、4—C 领域点模式和 5+2 基地点模式。其次分析了省(区、市)旅游信息化规划呈现出的集成化趋势，从集成驱动力、集成表现、集成外部结构以及集成形式四方面予以论证，旨在对未来省(区、市)旅游信息化建设提供参考(李彦丽和路紫，2006a，2006b；路紫、李彦丽，2005)。

13.5.1 京津冀旅游信息化协同发展及其策略

1. 协同发展依据

为寻找出京津冀旅游信息化协同发展的适宜模式首先对区域协同发展依据进行了分析。就区位而言，京津具有交通网、电信网、计算机网等优势，利于推广旅游信息化技术与经验，而河北对京津的互补表现在：京津旅游高新技术的扩散区，京津生态旅游、休闲度假、商务会展旅游的延伸区。京津冀地域综合性为区域旅游信息化协同发展奠定了区位基础。

旅游经济发展是京津冀旅游信息化协同发展的基础。区域旅游信息化协同发展推进的程度与内部各地旅游成熟度有正相关关系。从地方旅游业总接待量、国际旅游接待量、旅游业总收入、旅游外汇收入等项可初步判断出区域旅游业的发展水平。

京津冀区域内旅游业发展在各城市之间呈现出双核多中心结构，区域内旅游业发展极不均衡，这直接影响到三地旅游信息化协同发展的方式。

旅游资源的状况及资源的信息化开发程度是区域旅游信息化协同发展的前提，其差异性是协同发展的动力因素。虽然与北京旅游资源的雷同性和可替代性弱化了河北旅游的品牌效应，但立足各地实际，从比较优势出发不难发现，京津旅游信息的开发重点是古都名胜及历史文化名城，而河北以清代遗迹、滨海草原风光为主，其产品无疑是京津旅游最直接、最经济的补充。对于旅游信息服务而言，也存在明显层次差异，可通过合作交流扩散服务，打破传统的垂直分工，扩大水平分工合作范围，从而完善区域旅游信息服务体系。

京津冀旅游信息流对旅游人流具有导引作用。旅游活动以人的流动为主要特点，一般对于一个区域而言，游客的区域性流动越强则表明该区域旅游合作越好，若以本城市流动为主则反映出内部竞争性大。由于信息流对人流具有导引作用，合理地对旅游者进行导向将促进信息化协同发展进程。

数据资料显示，京津冀三地跨城市流动性差。三地各城市间游客联系不紧密，客源主要以本城市为主，区域性流动不够。只有通过京津冀旅游信息交流使旅游信息流服务于人流，通过三地旅游信息化合作实现真正的资源共享，才能实现带动区域旅游发展的目的。

京津冀地区信息化水平及旅游信息化建设将是产生三地旅游信息化合作的需求因素，尤其是三地信息化优势的互补性。由《中国各地区信息化水平测算与比较》研究报告等显示，北京在信息网络、信息化人力资源及信息化环境三方面优势突出；河北表现出迅速的信息化发展速度，提供给区域广阔的信息化需求市场；而天津旅游网站建设比例高，此外，其外向型经济拓宽了区域的投资融资渠道。

京津冀旅游信息化协同发展的外部环境。从国际上看区域旅游信息化协同发展已成为世界信息化发展的趋势，这将推动京津冀旅游信息化协同发展的开展。从国内来看，泛珠三角区域旅游信息化合作取得实质性进展，粤港澳旅游信息平台成功启动，为旅游信息化合作提供了经验借鉴。

2. 协同发展模式

京津冀三地旅游信息化协同发展依然处于初级阶段，京津冀区域旅游信息化协同发展经过初步实践，多层次问题日益凸现，这些问题制约着区域旅游信息化协同发展。主要表现在：①旅游信息化协同发展的总体水平低，在合作观念、投资力度及工作协调等方面尚有差距；②政府旅游信息化协同发展滞后，政府的指导和辐射作用没有充分发挥；③旅游信息资源开发分散、综合利用和共享程度较低，缺乏旅游信息资源开放、共享的机制以及协同发展的便利政策条件等，区域内分散的公路收费关卡影响旅游交通通畅；④旅游信息化协同发展的软环境支撑体系尚待完善，协同发展的组织体系、安全体系、法规体系等不够健全，没有统一的旅游者投诉程序，缺乏区域内处理投诉的联合机制等；⑤旅游信息化协同发展的研究和开发力度不足，各地科研、校企间的技术、商务交流与合作稀疏。

针对京津冀旅游信息化建设过于突出本土化，又缺乏区域旅游信息化协同发展的理论研究，从现实条件与理论层次分析了京津冀旅游信息化协同发展的差异与互补等依据，从而提出了该区域协同发展的三种点式模式及具体的策略思路。

京津冀旅游是环渤海地区旅游的核心之一，其信息化协同发展对各组成地区的社会经济发展具有积极作用(单汨源等，2004)。寻求符合区域经济规律、实践上具有可操作性的旅游信息化协同发展理论，尤其是合作模式选择尤为重要。由京津冀区域旅游信息化协同发展特征函数检测结果显示，模式3即点式模式的适宜度最大，另外鉴于区域旅游不均衡所呈现的双核多中心结构，京津冀一时难以开展全面的旅游信息化协同。在差异性和互补性分析基础上，京津冀较宜选择点式模式。从京津冀协同发展的突破点构建了3种点式模式。

(1) PPP 项目点模式。此模式的构建借鉴了企业信息化项目的公私合作 PPP 模式，发展后的 PPP 项目点模式主要是以项目为合作突破口，协调旅游信息化合作项目在政府、研究机构、旅游企业和技术供应商之间的合作关系。模式的组成包括：实施项目的企业作为信息化协同发展的主体；研究机构作为非营利性机构成为项目的直接参与者；软硬件供应商作为赢利机构直接参与项目；政府旅游信息化部门制定协同发展政策作为项目的环境营造者。其分工表现为：政府通过电子政务带动信息化协同发展，供应商将技术转移给项目的实施主体，研究机构提供咨询并对项目全程监理(吴必虎，2001；Fagence，1996)。此模式使信息化项目合作各方相互协作形成共享网络，对于整个区域旅游信息化协同发展发挥积极影响。

(2) 4-C 领域点模式。4-C 领域点模式是针对京津冀有吸引力的协同发展领域而提出的一种旅游信息化合作模式(the information Platform cooperation, traffic for tourism, brand marketing cooperation, and information Product cooperation, 4-C 模式)。其实质是由领域点到旅游面逐步推动和实现整个区域旅游信息化协同发展。其动力以区域旅游信息化建设的差异性和互补性为背景，以利益共赢为基础，以虚拟市场交易为基本方式，以政府协作为补充，在塑造和推销各相关地方及景区特色的基础上，最终完成区域旅游目的地营销系统(DMS)。4-C 模式其分开建设、分步实施的特点对区域旅游信息化协同发展可以起到显著的协调作用，并推动实现"共赢"的区域旅游信息化发展格局(陶伟和戴光全，2002；孙根年，2001)。

(3) 5+2 基地点模式。鉴于京津冀区域旅游业发展不均衡的现状，北京发挥不了区域中心城市的作用，京津竞争大于合作，河北又有承德和秦皇岛等省内中心城市。目前城市旅游信息化现实的选择是走基地合作之路，利用基地合作的辐射和带动作用逐步达到区域旅游信息化协同发展。京津冀旅游信息化协同发展基地的选择依据"线路模式"和"资源互补"，突出特色、实现差异定位，北京重点为古都名胜，天津是历史文化名城，廊坊作为京津走廊上的明珠有利于发展会展旅游，以京津为界，北以承德和秦皇岛的皇家园林、沿海景观为主，南以石家庄和保定的自然山水和文物古迹为主，形成"5+2"区域旅游信息化协同发展基地，有利于充分发挥资源、区位、市场等优势，发展京津冀的深层次联合协作。"5+2"旅游信息化务实性合作是形成虚拟旅游联合体，扩大京津冀各方之间的双向旅游规模，引导投资区域内旅游信息化协同发展项目，开展区域旅游的联合促销，尤其在共塑整体形象上应开发跨区域精品旅游线路和联合的旅游服务。因此，河北应以5个城市为依托与京津联合打造各具特色的旅游网点基地。

3. 协同发展策略

在推进京津冀信息化协同发展中旅游信息化协同发展具有先导作用。旅游信息化协同发展可促进人的流动，人流促进物流、资金流、技术流的形成，最终实现京津冀旅游信息一体化。京津冀可以借鉴国外的多元调控模式，参考以下策略思路，构建区域旅游信息化协同发展体制。

(1)京津冀政府的统一规划及协同发展引导。粤港澳旅游目的地营销系统的成功运作表明政府主导对旅游信息化合作的价值所在。首先，针对旅游信息误差及重复建设问题，要统一技术规范和数据标准，加强政府网站的联系、沟通、共享、协调，逐步形成旅游宣传的官方网站联盟；共同引导与营造电子政务系统，为区域旅游电子政务开展提供平台。其次，完善机构设置，推进京津冀旅游信息中心的建立，并采用京津冀旅游协调会议制度，由信息中心主持、相关部门参加，共同形成高层次的主导与协调。

(2)京津冀旅游信息化协同发展主体的多元化。京津冀旅游业存在着诸如管理体制不顺、区域发展不平衡、网络不健全等问题，而问题的解决则需要各相关部门与行业的信息化技术支持。京津冀旅游信息化协同发展应该致力于形成区域大旅游产业，集聚多部门、多行业的信息化合作，以多种方式（包括优惠政策）来拉动旅行社、饭店宾馆、航空公司、IT业界等各行业的企业介入整个区域的旅游信息化领域。此外，各方互相合作推进的项目要体现多边合作机制和合作的多样性，并建立多元化的协调机制。通过政府间的磋商协调，完善旅游政策法规体系；通过企业间的市场化调节，构建旅游产业结构体系；通过城市间的网络技术协调，构筑区域性旅游目的地营销系统。集多方合作来实现京津冀旅游的信息化协同发展。

(3)京津冀旅游企业信息化协同发展推进区域旅游行业信息化协同发展。京津冀旅游企业的信息化协同发展重点解决区域性办公、电子商务、信息服务等问题：①建立旅游企业信息协同发展交流网，通过"企业间网络"建立虚拟的企业联合体，以产品互补、分工互补、客源共享为业务纽带，变单体运作为网络化联合运作，促进京津冀区域旅游的协同运作；②各地旅游部门和企业要积极配合区域旅游电子商务平台建设，构建完善的旅游信息产品体系，实现在网上进行旅游咨询—报价—预定—支付—配送（服务）等一系列商务活动，提供新的旅游交易模式；③以旅游信息服务业的合作带动旅游企业信息化协同发展，一方面依托区域骨干软件企业，形成集研究、开发、生产、销售和服务为一体的旅游软件产业基地；另一方面指导各类旅游信息网络服务商建立良好的协同发展机制，营建京津冀旅游信息服务业的大市场。

(4) 京津冀城市旅游信息化协同发展带动区域旅游信息化协同发展。京津冀审视本区域特色，以点带面共建旅游目的地营销系统。借鉴中国第一个区域性DMS——"粤港澳旅游信息平台"的建设经验，从以下方面完善京津冀DMS建设：①集成化的网站建设，服务型集成旅游网站是未来京津冀旅游目的地营销网站的理想模型，面对旅游消费者对旅游在线服务的"一站式"需求，开发DMS作为一种旅游信息化应用系统，使其具备"一个旅游网站多个主体板块"运作机制，以提高区域旅游信息化合作的实现度；②品牌化的整合营销，DMS的建设过程是一个资源整合过程，其营销的关键是：由产品营销向品牌营销过渡，京津冀合力推出区域旅游品牌；支持政府和企业等多元化营销主体的参与，采用集团作战方式，达到双赢和多赢的营销效果；采用区域整合和深度联合的方式营销，京津冀旅游营销形成旅游局、主要景区和旅游企业间旅游商品提供商的横向联盟，与旅游销售服务商的纵向联盟，利用ICTs的优势，整合旅游资源，进行网络化营销。此外，随着京津冀旅游信息化合作的不断深化，同时也应积极发展与"长三角旅游区""泛珠三角旅游区"的交流与合作。

13.5.2 新时期省域旅游信息化规划的集成化

当前DMS正在成为区域旅游信息化服务的核心平台，并逐渐成为旅游主管部门、旅游企业和旅游消费者互动的第一界面，它对于解决以往旅游信息化建设中出现的基础工作薄弱、信息共享不足、建设模式单一、市场机制缺乏等问题发挥了巨大作用。其发展水平也已成为衡量区域旅游信息化程度的主要标志。因此省域旅游信息化规划呈现出集成化趋势。本节拟从集成化驱动力、集成化表现、集成化的外部结构，以及集成趋势的形式4方面予以论证，旨在对未来省域旅游信息化建设提供参考。

1. 集成化的驱动力

直到今天，中国在线服务模式涉及旅游企业整体业务的比例仍然很小，通过网上交易集成企业业务流程的程度也很低(Lu J and Lu Z, 2004)。究其原因，网络交易集成度太差必为其一。因此旅游信息化规划集成化趋势的直接驱动力来自于信息时代对旅游在线服务商业模式转换的需求。

(1) 解决旧有模式在旅游信息化推广中存在的资源分割问题。以往省(区、市)内数量众多的旅游网站状态分散，且对外接口也仅仅是简单的网页链接，难以包容外部网络和外部信息，使相当部分资源难以共享、业务不能协同，为此建立一种集成的旅游网站整合区域内软、硬各类有形和无形资源十分迫切。集成网站内各个企业均可有效使用共同的信息资源、网络营销资源、网络服务器，以及管理系统和服务软件等(刘绍华和路紫，2004)，特别是中小型旅游企业将不必再费力建立企业信息管理系统来进行电子商务活动。使人们盼望已久的"共享"进入到实践阶段。

(2) 解决旧有模式在旅游信息化推广中存在的效益低下的问题。省(区、市)信息化集成平台成功实施的效益可以概括为以下4点：①为正在进行的旅游结构升级提供支持和辅助手段，避免资源浪费和重复建设；②为旅游企业的市场开拓方向提供指导，并为旅游企业带来管理革命；③为使用者提供更全面的旅游在线服务，满足个性化高层次的需求；④将确保旅游产品销售收入、旅游信息咨询收入、广告收入等明显增加。现有 DMS 实例已经表现出聚集大量目的地旅游企业及相关机构，提供目的地全方位的旅游信息，以及实现目的地内完全自我的个性化定制服务的能力，所以它作为一种全新的集成式旅游网站得到共识。2002年4月金旅雅途与南海市旅游局正式签约，建设中国第一个旅游 DMS，当年就显示出经济优势。广东省旅游主管部门建设广东旅游 DMS——"活力广东"网，走在了省(区、市)旅游信息化集成的前沿，对粤港澳区域旅游组织产生了良好收效。

(3) 解决旅游在线供需对接中物质流、信息流流动无序的问题。就供给而言，集成的旅游网站一改旧有旅游网站由旅游主管部门、旅游企业自筹资金建设，运作模式单一的状况，形成了一个多方供给的流动平台(包括资金、技术、人力、设施等)(Lu and Zhang，2003)；就需求而言，能及时反映客源市场信息、集中一站式服务加强了纵深协作。新时期这种旅游在线供需流向的集成化创造了旅游信息合理布局、标准统一的环境，从根本上结束了传统旅游主管部门采用的单机版数据库(FoxPro、Access等)很难与其他供给部门兼容的状态，实现了物质流与信息流合一的集成(Lu et al.，2002)。

(4) 来自于业内的较高的认识水平也成为旅游信息化集成建设的重要推进力。国家旅游主管部门的权威人士曾强调：必须主动占领技术制高点；旅游信息化必须先于行业达到世界旅游强国的水平。2003年中国省(区、市)旅游网站发展的一个特征便是旅游网站在旅游服务中的整合进程加快，旅游网站服务的综合集成加强。省(区、市)旅游信息化规划的集成化趋势已经成为发展潮流。

2. 集成化的表现

1) 组织集成

以 IT 为基础的管理手段使组织得以从地理与运作范围两个方面扩张，支持了组织的合理化。福建省按照国家旅游局"金旅工程"建设、省政府"数字福建"总体规划和《关于加强我省旅游信息数字化工程建设的通知》的要求，各级旅游局成立领导机构，重点旅游市和县旅游局还设立专门执行机构，省旅游信息中心、各地旅游局和旅游企业共同完善福建旅游之窗、旅游公众网，以及各级旅游局政务网等10多个网站，促进了旅游信息化的集约发展，为未来跨部门跨行业的宏观调控和综合协调工作做了物质准备。浙江省旅游信息化近年来的建设，在旅游主管部门和旅游集团负责的同时，呈现出良好的依托政府引导、社会参与投入、使用市场运作的面貌，其他各相关产业的成功企业渐成主角，如南都房产、横店集团、广厦集团等。这些不同类型旅游组织的横向集成必将加快省(区、市)旅游信息化的步伐。

2) 营销整合

南海 DMS 的建设成功标志着 DMS 演变为一种新的集成化旅游营销模式。DMS 实施过程中，旅游信息化规划将及时把握营销方式转变：①由产品营销逐步向品牌营销过渡，通过 DMS 对目的地旅游资源和产品的整合、策划、包装、推广等一系列活动，可以提升目的地的整体旅游形象，如"广东——活力广东"、"福建——福天福地福建游"以及"浙江——诗画江南，山水浙江"等，品牌营销在国内已受到关注；②由单一营销主体向多元化营销主体过渡，以往旅游网站建设者是旅游目的地的营销主体，也是营销经费的主要来源，单体作战能力较弱，因此许多省(区、市)信息化规划中实行政府和企业联合营销机制，DMS 恰好提供了一个旅游主管部门和所有相关产业如民航、交通的受益企业共同参与的环境，能达到多赢的效果；③分散营销逐步向由旅游主管部门主导，联络旅游相关部门，开展区域整合和深度联合的营销方式过渡。四川省旅游信息中心、九寨沟管理局、九寨沟网络旅游有限责任公司曾举办"四川省旅游目的地网络化营销合作会议"，四川省政府、省旅游局、主要景区和数十家合作企业形成了旅游商品提供商的横向联盟，与旅游销售服务商的纵向联盟，整合了旅游资源，实现了网络化营销的协同。九寨沟网络旅游有限责任公司，作为"四川世界遗产景区最佳旅游精品线"的经销商，联合各景区形成了旅游服务链，建立网上、网下全国性、全球性营销渠道，实现了九寨沟景区的门票、观光车票和九寨沟地区 100 多家酒店的网上销售，交易额达 1 亿多元。DMS 的建设过程也是一个资源整合过程，它使用网络互动式营销、网络整合式营销、网络定制营销、网络"软营销"拉开了旅游营销的新时代。

3) 网站联盟

DMS 是一种全新的集成式旅游网站，涵盖了旅游主管部门、旅游目的地、旅游企业、旅游者各方面，为旅游在线网站(旅游频道)联合提供了技术平台，提供了集聚办公、商务和旅游信息的多功能服务。通过 21 世纪第一年开始的"世界在线联盟——(中国)首届旅游在线高峰会暨发展论坛"，中国主要的旅游网站(旅游频道)负责人探讨了中国旅游信息化发展、旅游网站分工协作与横向联合、旅游网站电子商务赢利的模式与途径等问题，显示了网站联盟的意向，促使以往分散的旅游网站纷纷寻求联营集成——联盟，如广西旅游网联盟整合了广西旅游网、桂林旅游网、北海旅游网、百色旅游网、防城港旅游网、崇左旅游网、河池旅游网钦州旅游网、武宣旅游网等 13 家省内旅游网站，使旅游在线网站(频道)以新的风貌、新的分工合作模式和集团力量来提供高层次的旅游服务。再如广东省近两年通过旅游信息化建设，在 21 个地级以上城市的 11 个独立旅游网站中已改进了 6 个加盟应用 DMS，得到积极反响。

3. 集成化的外部结构

1) 组织系统的集成

省(区、市)旅游信息化集成发展规划的实施路线是：由省旅游主管部门组建网站，分级布点引入各级各类参与者，构成多元投资——管理体系，构建集成的省(区、市)大旅游在线组织系统。包括如下两部分。

(1) 不同类型旅游组织商户关系的集成。网商大会曾断言新的互联网应用不同以往之处在于互联网服务对象将从网民到网商改变。审视这一变化趋势,省(区、市)旅游信息化建设在着眼于参与者时必须构建多元化的虚拟旅游市场主体,包括旅游各个环节的供给者的集成合作。相应地,旅游消费者在整个旅游过程中的地位日益提升,从而也提出了从以产品质量为中心向以游客满意为中心的商务模式的转变,要求以集成服务为中心,缔结商户信任关系,形成互动局面。DMS自身具有的统一规划的功能有利于最终形成覆盖全省不同类型旅游组织的完整集成的商户网络。

(2) 不同等级旅游主管部门纵向关系的集成。旅游信息化使旅游主管部门信息交流的等级体系转向"扁平"集成,这种"扁平"集成又表现出独特的"四位一体"格局:一是省级旅游主管部门构建权威的省区旅游信息库;二是省会城市旅游主管部门利用电信网、计算机网等网络基础设施结点的优势,联合商业集团、旅游企业和银行等构建旅游EC交易平台;三是省内重点旅游城市构建旅游DMS;四是选取省内重点旅游县为"绿色田园旅游"网站建设者。这种格局高度重视对旅游信息化规划的组织和指导,致力于统一规划、统一标准和相互开放性,为未来跨部门跨行业的宏观调控和综合协调打好基础。

2) 旅游网站的集成

通过行政推动和市场运作相结合的方式,规划旅游、办公、商务等信息集成的省(区、市)旅游网站已成为旅游信息化的关键。服务型集成旅游网站是未来省(区、市)旅游网站的理想模型,主要特征包括旅游在线服务力(OSA)和旅游在线应用力(OAA)两部分。前者以充实性、交互性、时效性、个性化为特点,后者具有实用性、安全性、开放性、灵活性、艺术性等属性。相对于以往分散的旅游网站以信息发布功能为主、双向互动和网上事务处理性能薄弱、网站的品牌推广困难而言,集成的旅游网站综合信息化水平将大为提高。

(1) 在线服务力建设。充实性反映了一个省(区、市)旅游网站在内容和服务上的广度和深度,集成的旅游网站可以提供涵盖旅游主管部门、旅游目的地、旅游企业、旅游者各方面的相对充实的信息和服务;在线交互和在线业务处理已成为消费者对旅游网站更高层次的要求,所以交互性是省(区、市)旅游在线服务力建设的重点,集成的旅游网站基于各企业的共同利益、人缘地缘环境、网络内部信任及相互合作的氛围优势,将使目前简单的单向交互向双向交互和成熟的旅游事务处理阶段推进,使区内各子系统间的旅游信息高效流转。时效性将通过集成的旅游网站的"四位"联合管理、分层建立用户数据库、及时反馈用户信息而实现;个性化指的是集成旅游网站建立旅游消费者分类机制;给不同的旅游消费群提供不同的服务内容。

(2) 在线应用力建设。网站实用性是旅游在线应用的核心、是对网站服务力的有效支持;安全性上应致力于为私人信息和操作过程提供足够的技术保障和法律支持;开放性包括多语言版本的国际化程度、多类型对外接口的网页链接、多区域的使用者群体等;灵活性要求发挥其建站主体多元化的优势,采用多种模式,即"一个旅游网站多个主体板块"的运作、扩展和变化,适应建站旅游机构调整造成的变化,避免遭遇较大内容变化时的重新规划;艺术性和整体美学风格一直是中国旅游网站的长项,省内各个机构、企业旅游网站一般均可做到给游客一个鲜明、生动和富有文化内涵的目的地形象。集成的旅游网站采用文字、图片、flash 动画、音频、视频和三维全景环视等多种表现手段，对资源形象、产品形象和企业形象进行整体网络营销具有明显优势。当今国内一些 DMS 网站，如活力广东旅游网、浪漫之都大连旅游网等名称本身就有一种文化内涵。重视旅游网站应用力，才能依托集成旅游网站综合提高省区旅游信息化的实现度。

4. 集成趋势的形式——"四位一体"分级布点式集成

基于旅游在线的集成供需大势，"四位一体"分级布点的集成形式逐步形成。省(区、市)旅游信息化统筹规划、分级布点、联合建设的总体思路是国家旅游局信息化"统一规划，分级建设"的基本原则的细化。主要内容可解释为，由省(区、市)旅游主管部门对涉及信息化发展的政策、标准、项目和措施统一进行规划，并承担信息系统主体部分的建设任务，并在此框架内，在保证省级总体规划确定的方向的前提下，由省内各地各相关参与者在小区域和小部门内进行相应的建设。

省(区、市)旅游信息化建设总的集成体系分为 A 级(旅游信息化建设的组织/投资方)、B 级(旅游信息化建设的联合方)和 C 级(众多参与者)。各级各点共同完成由"五网一库"，即由政务网、办公网、业务管理网、EC 网、信息网和旅游数据库所集成的省(区、市)旅游网站的平台建设。旅游信息化建设的主体工作分解为：A1 省旅游主管部门统一规划并完成政务网、办公网、业务管理网的建设；A2 省内重点旅游城市承担本市 DMS 建设，联合各旅行社 B1、酒店 B2，以及 A4 省区重点旅游县，完善配送体系，A1、A2、A3、A4 共同服务于信息网和旅游数据库建设；A3 省会城市联合 B3 商业集团及 B4 银行集团，建设旅游 EC 平台，实现旅游在线交易。可见最终的集成旅游网站体系是在多层次旅游主管部门引导开发，多家相关企业、机构合作下建成的，该集成的网站包括了 D1 核心服务系统——旅游综合信息数据库及信息服务系统、网站内容管理系统、业务管理系统、网络分销系统等；D2 旅游主管部门服务系统——目的地信息审核、目的地综合信息管理(新闻信息、促销主题、文件资料、节庆活动、招商引资管理)、目的地企业管理、旅游投诉管理、业务管理系统集成、旅游网站管理、统计报告等系统；D3 旅游企业及相关机构服务系统——企业信息管理、企业信息发布、产品订单管理、同业交流等系统。

5. 关于集成趋势的展望

省(区、市)旅游信息化规划的集成趋势对应了旅游业在网络空间上集群的特征。在效果上，该集成平台的成功实施：一方面，为旅游企业及相关机构之间信息的流转提供了一种有效的通道，使在现实空间难以聚集的各旅游机构/企业完成了网络空间内的集群整合，实现了网络空间的范围经济；另一方面，为游客提供了尽量大的旅游产品及信息服务的使用价值，降低了信息比较及预订选择的成本。这种集成的旅游网站会同时聚集大量的目的地内旅游企业及相关机构，能实现目的地内完全个性化的订制服务。所以省(区、市)旅游信息化规划顺应时代需求、信息需求表现出走集成化之路。

参 考 文 献

丁疆辉, 刘卫东, 吴建民. 2010. 中国农村信息化发展态势及其区域差异. 经济地理, 30(10): 1693-1699.
方维慰. 2007. 基于区域一体化的长三角信息化建设. 上海经济研究, (6): 70-74.
冯玫. 2008. 京津冀产业协调发展的障碍与对策. 产业与科技论坛, (7): 84-86.
胡鞍钢. 2015. "一带一路"经济地理革命与共赢主义时代. 光明日报, 2015-7-16(11).
胡伟, 刘壮, 邓超. 2015. "一带一路"空间信息走廊建设的思考. 工业经济论坛, (5): 125-133.
侯明帅, 李俊雅. 2007. 互联网发展对我国区域经济的影响. 现代经济, 6(10): 47-48.
黄克亮. 2004. 论"泛珠三角"区域信息化建设的合作与发展. 探求, (5): 51-55.
金凤君. 2007. 空间组织与效率研究的经济地理学意义. 世界地理研究, 16(4): 55-59.
李彦丽, 路紫. 2006a. 京津冀旅游信息化合作模式及策略研究. 情报杂志, (2): 112-114.
李彦丽, 路紫. 2006b. 区域旅游信息化合作模式及其适宜度检测与应用. 地球信息科学, 8(1): 91-96.
李欣欣, 陈桂龙. 2014. 上海: 建设信息化标杆城市. 中国建设信息, (2): 64-67.
刘慧, 甄峰, 梁作强, 等. 2007. 信息化对江苏省经济社会发展的影响. 经济地理, 27(4): 547-552.
刘慧, 甄峰, 周红生. 2006. 南京市信息化与城市经济增长关系分析. 天津师范大学学报(自然科学版), 26(3): 78-80.
刘绍华, 路紫. 2004. 浅议旅游目的地营销系统的区域整合功能. 旅游学刊, 19(2): 84-88.
刘卫东. 2015. "一带一路"战略的科学内涵与科学问题. 地理科学进展, 34(5): 538-544.
刘卫东, 甄峰. 2004. 信息化对社会经济空间组织的影响研究. 地理学报, 59(增): 67-76.
刘文新, 张平宇. 2003. 中国互联网发展的区域差异分析. 地理科学, 23(4): 398-406.
卢鹤立, 刘桂芳. 2005. 中国互联网与区域经济. 人文地理, 20(5): 95-98.
陆大道. 1995. 区域发展及其空间结构. 北京: 科学出版社.
路紫. 1996. 东北亚经济圈ICTs发展与通信网络需求. 人文地理, 11(4): 28-32.
路紫, 李彦丽. 2005. 新时期省区旅游信息化规划的集成化趋势. 旅游科学, 19(4): 49-53.
路紫, 刘岩. 1996. 信息通信技术(ICTs)—区域发展的催化剂. 地域研究与开发, 15(4): 23-25.
彭鹏, 朱翔, 周国华, 等. 2002. 湖南信息化带动工业化机制研究. 经济地理, 22(3): 306-309.
阮怀军, 封文杰, 唐研, 等. 2014. 农业信息化建设的实证研究——以山东省为例. 中国农业科学, 47(20): 4117-4127.
单汨源, 吴娟, 贺国海. 2004. 项目融资模式在企业信息化中的应用研究. 经济与管理, 18(7): 49-52.
施兴德. 2003. 长江三角洲地区信息化合作与发展的两个问题. 上海财税, (6): 15.
孙根年. 2001. 论旅游业的区位开发与区域联合开发. 人文地理, 16(4): 1-5.
孙中伟, 金凤君. 2010. 信息与通信技术对空间组织的影响及其空间效率的测算. 地域研究与开发, 29(1): 49-54.
孙中伟, 侯春良. 2008. 环渤海区域信息化合作模式与框架研究. 地理与地理信息科学, 24(1): 61-65.
孙中伟, 张兵, 王杨, 等. 2010a. 互联网资源与我国省域经济发展的关系研究. 地理与地理信息科学, 26(3): 44-48.
孙中伟, 赵旭阳, 贺军亮, 等. 2010. 信息与通信技术对河北经济发展的促进作用. 经济论坛, (8): 101-103.
孙中伟, 路紫, 贺军亮. 2009. 世界互联网信息流的空间格局及其组织机理. 人文地理, 24(4): 43-49.
孙中伟, 金凤君, 王杨. 2008. 信息化对区域经济发展的组织作用. 地理与地理信息科学, 24(4): 44-49.
陶伟, 戴光全. 2002. 区域旅游发展的"竞合模式"探索: 以苏商三镇为例. 人文地理, 17(4): 29-33.

陶拯. 2007. 沪宁线信息产业带发展战略研究. 南京: 南京师范大学.

滕丽, 王铮, 庞丽, 等. 2006. 信息化对中国区域经济的影响. 人文地理, 21(1): 72-75.

王铮, 庞丽, 滕丽, 等. 2006. 信息化与省域经济增长研究. 中国人口·资源与环境, 16(1): 35-39.

吴必虎. 2001. 区域旅游规划原理. 北京: 中国旅游出版社.

吴伟萍. 2005. "十一五"期间泛珠三角信息产业与信息化合作思路探讨. 南方经济, (5): 75-78.

武峰, 郭莉军. 2009. 信息化对经济全球化的影响. 北京邮电大学学报(社会科学版), 11(4): 34-37.

许大明, 修春亮, 王新越. 2004. 信息化对城乡一体化进程的影响及对策. 经济地理, 24(2): 221-225.

徐德英, 韩伯棠. 2015. 地理、信息化与交通便利邻近与省际知识溢出. 科学学研究, 33(10): 1555-1563.

许慧玲. 2008. 信息化水平测度及对区域经济增长影响研究——以南京市为例. 南京: 南京农业大学.

俞立平, 周曙东. 2005. 我国信息资源对经济增长贡献的实证研究. 情报杂志, (10): 22-24.

张亚明, 王帅. 2008. 京津冀区域经济差异分析及其协调发展研究. 中国科技论坛, (2): 67-70.

张亚明, 朱秀秀, 刘海鸥. 2010. 京津冀IT产业大集群战略模式创新研究. 科学学与科学技术管理, (3): 88-93, 123.

张越, 李琪. 2008. 互联网对我国各省区经济发展的影响. 山西财经大学学报, 30(6): 38-44.

赵蓓, 钱钢, 乔爱萍. 2012. 社会网络视角下沪宁线信息产业集群分析. 价值工程, (4): 127-128.

甄峰, 张敏, 刘贤腾. 2004. 全球化、信息化对长江三角洲空间结构的影响. 经济地理, 24(6): 748-752.

Biswas D. 2004. Economics of information in the web economy: Towards a new theory. Journal of Business Research, 57(7): 724-733.

Braim S. 1998. Policy evolution in the information economy: An assessment of the Victoria 21 strategy. Telecommunications Policy, 22(4): 443-452.

Dedrick J, Gurbaxani V, Kraemer K L. 2003. Information technology and economic performance: A critical review of the empirical evidence. ACM Computing Surveys(CSUR), 35(1): 1-28.

Fagence M. 1996. Regional tourism cooperation. Annals of Tourism Research, 23(3): 717-720.

Gibbs D, Tanner K. 1997. Information and communication technologies and local economic development: The British case. Regional Studies, 31(8): 765-774.

Graham S, Marvin S. 1996. Telecommunications and the City: Electronic Spaces, Urban Places. London: Routledge.

Lu J, Lu Z. 2004. Development, distribution and evaluation of online tourism services in China. Electronic Commerce Research, 4(3): 221-239.

Lu J, Zhang G Q. 2003. Cost Benefit Factor Analysis in E-Services. International Journal of Service Industry Management(IJSIM), (5): 570-595.

Lu Z, Lu J, Zhang C. 2002. Website development and evaluation in the Chinese tourism industry. Special Issue of Network and Communications on the Internet Development in Asia, 16(3-4): 191-208.

Spackman M. 2002. Public–private partnerships: Lessons from the British approach. Economic Systems, 26(3): 283-301.